COLECCIÓN
ESTUDIOS DE EMPRESAS, DERECHOS
HUMANOS Y MEDIO AMBIENTE

1

HACIA LA DILIGENCIA DEBIDA OBLIGATORIA EN DERECHOS HUMANOS

Propuestas regulatorias y lecciones aprendidas

COLECCIÓN
ESTUDIOS DE EMPRESAS, DERECHOS HUMANOS Y MEDIO AMBIENTE

COLECCIÓN
ESTUDIOS DE EMPRESAS, DERECHOS
HUMANOS Y MEDIO AMBIENTE

1

HACIA LA DILIGENCIA DEBIDA OBLIGATORIA EN DERECHOS HUMANOS

Propuestas regulatorias y lecciones aprendidas

Dirección

Daniel Iglesias Márquez

Estrella del Valle Calzada

Maria Chiara Marullo

COLEX 2024

GENERALITAT VALENCIANA
Conselleria d'Educació, Universitats i Ocupació

Esta obra ha sido financiada por el Proyecto de I+D+I:

«Oportunidades y desafíos en la implementación de las normas de debida diligencia empresarial en materia de Derechos humanos y medio ambiente» -CIGE/2022/63- de la Conselleria d'Innovació, Universitats, Ciència i Societat digital de la Generalitat Valenciana. IP: Maria Chiara Marullo.

ICIP INSTITUT CATALÀ INTERNACIONAL PER LA *PAU*

También se ha realizado en el marco del Proyecto de I+D+I:

«Acceso a la justicia en el contexto de abusos corporativos: la litigación como estrategia de resistencia y de empoderamiento a las víctimas (ACCJUSTEDH)» (ref: ICI023/23/000001), financiado por el Instituto Catalán Internacional para la Paz. IP: Daniel Iglesias Márquez.

COLECCIÓN
ESTUDIOS DE EMPRESAS, DERECHOS HUMANOS Y MEDIO AMBIENTE

Autores y autoras

Mikel Berraondo
Humberto Cantú Rivera
Federico Chunga Fiestas
Céline Da Graça Pires
Estrella Del Valle Calzada
Miguel Ángel Elizalde Carranza
Beatriz Flügel Assad
Adoración Guamán
Daniel Iglesias Márquez
Marouane Laabbas-El-Guennouni
Nerea Magallón Elósegui
Aintzane Márquez
Carmen Márquez Carrasco
Maria Chiara Marullo
Alexandre Moreno Urpí
Tatiana Sachs
Lorena Sales Pallarés
Tara Scally
Daniel Schönfelder
Sebastián Smart
Orencio Vázquez Oteo
Anna Luisa Walter De Santana
Francisco Javier Zamora Cabot

© Editorial Colex, S.L.
Calle Costa Rica, número 5, 3º B (local comercial)
A Coruña, C.P. 15004
info@colex.es
www.colex.es

I.S.B.N.: 978-84-1194-232-4
Depósito legal: C 967-2024

SUMARIO

INTRODUCCIÓN

LA DILIGENCIA DEBIDA OBLIGATORIA EN DERECHOS HUMANOS: AVANCES Y DESAFÍOS

Daniel Iglesias Márquez, Estrella del Valle Calzada, Maria Chiara Marullo

PARTE I
LEGISLACIÓN Y PROPUESTAS LEGISLATIVAS DE DILIGENCIA DEBIDA EN DERECHOS HUMANOS

TRANSNACIONALIDAD Y EXTRATERRITORIALIDAD: ALGUNAS (BREVES) REFLEXIONES

Humberto Cantú Rivera

LA PROPUESTA DE DIRECTIVA SOBRE DILIGENCIA DEBIDA EN MATERIA DE SOSTENIBILIDAD EMPRESARIAL DESDE UNA PERSPECTIVA JURÍDICA TRANSNACIONAL

Carmen Márquez Carrasco

LA LEY DE DEBER DE VIGILANCIA FRANCESA Y LA LEY ALEMANA DE CADENA DE SUMINISTRO: MIRADAS CRÍTICAS DESDE LA PRÁCTICA Y LECCIONES APRENDIDAS DESDE SU IMPLEMENTACIÓN

Céline da Graça Pires
Daniel Schönfelder

LEGISLACIÓN DE DILIGENCIA DEBIDA EN LOS PAÍSES BAJOS

Tara Scally

DILIGENCIA DEBIDA EN DERECHOS HUMANOS Y SOSTENIBILIDAD: DE LA LEY FRANCESA AL BORRADOR DE ANTEPROYECTO DE LEY ESPAÑOL

Adoración Guamán y Tatiana Sachs

MECANISMOS DE IMPLEMENTACIÓN DEL DEBER DE DILIGENCIA DEBIDA EN UNA FUTURA LEY ESPAÑOLA

Nerea Magallón Elósegui

LA LEGISLACIÓN SOBRE DEBIDA DILIGENCIA DE EMPRESAS Y DERECHOS HUMANOS EN CHILE: INFLUENCIAS INTERNACIONALES EN UN EMINENTE DEBATE NACIONAL

Sebastián Smart

LA (PROPUESTA DE) LEY DE DEBIDA DILIGENCIA EMPRESARIAL OBLIGATORIA E IMPLEMENTACIÓN DEL PRIMER PLAN NACIONAL DE ACCIÓN SOBRE EMPRESAS Y DERECHOS HUMANOS DE PERÚ

Federico Chunga Fiestas

PARTE II
DILIGENCIA DEBIDA EN DERECHOS HUMANOS EN CONTEXTOS Y SECTORES ESPECÍFICOS

MINERALES DE TRANSICIÓN: ¿CARTA BLANCA PARA EL EXTRACTIVISMO?

Francisco Javier Zamora Cabot y Lorena Sales Pallarés

EL NUEVO HORIZONTE DE LA ERRADICACIÓN DEL TRABAJO FORZOSO EN LA UE: LA PROHIBICIÓN DE SUS PRODUCTOS Y SERVICIOS

Alexandre Moreno Urpí

DEBIDA DILIGENCIA EN DERECHOS HUMANOS: DESAFÍOS Y PERSPECTIVAS REGULATORIAS PARA EL SECTOR TECNOLÓGICO

Anna Luisa Walter De Santana y Beatriz Flügel Assad

LA INFORMACIÓN CORPORATIVA SOBRE LA GESTIÓN DE IMPACTOS EN DERECHOS HUMANOS EN LA LEY 11/2018. ESTUDIO DE CASO: ANÁLISIS DE LA INFORMACIÓN EN DERECHOS HUMANOS EN LAS EMPRESAS DEL IBEX 35

Orencio Vázquez Oteo

LOS DERECHOS LABORALES Y AMBIENTALES EN UN MUNDO GLOBALIZADO: ESPECIAL REFERENCIA A LOS ACUERDOS MARCO INTERNACIONALES Y LOS ACUERDOS DE LIBRE COMERCIO

Marouane Laabbas-El-Guennouni

PARTE III
ESTUDIO DE CASOS: RESPONSABILIDAD, ACCESO A LA JUSTICIA Y DILIGENCIA DEBIDA EN DERECHOS HUMANOS

DE AQUELLOS POLVOS, ESTOS LODOS: UNA LECTURA POSITIVA. DE LOS *BUZOS MISKITOS* A *ENVOL VERT VS. CASINO*

Lorena Sales Pallarés

LAS EMPRESAS ESTATALES PETROLERAS: LA VIABILIDAD DE LA INMUNIDAD DEL ESTADO EN CASOS DE VULNERACIÓN DE LOS DERECHOS HUMANOS

Miguel Ángel Elizalde Carranza

DERECHOS SEXUALES Y REPRODUCTIVOS Y RESPONSABILIDAD CORPORATIVA: EXPLORANDO EL USO DEL LITIGIO ESTRATÉGICO DESDE EL FEMINISMO INTERSECCIONAL EN LA DEBIDA DILIGENCIA EMPRESARIAL

Aintzane Márquez

DEBIDA DILIGENCIA Y DERECHOS DEL PUEBLO WAYUU FRENTE A LAS ENERGÍAS RENOVABLES EN LA GUAJIRA COLOMBIANA

Mikel Berraondo

INTRODUCCIÓN

LA DILIGENCIA DEBIDA OBLIGATORIA EN DERECHOS HUMANOS: AVANCES Y DESAFÍOS

Daniel Iglesias Márquez*
Universitat Rovira i Virgili

Estrella del Valle Calzada**
Universitat de València

Maria Chiara Marullo***
Universitat Jaume I

SUMARIO: 1. De la responsabilidad de respetar los derechos humanos a la diligencia debida empresarial: apuntes preliminares. 2. La transición hacia la obligatoriedad de la diligencia debida en derechos humanos. 3. *Lost in transition:* entre avances y desafíos. 4. La reciente Directiva europea sobre diligencia debida de las empresas en materia de sostenibilidad.

---

* Profesor e investigador postdoctoral «Juan de la Cierva» del Departamento de Derecho Público de la Universitat Rovira i Virgili. Investigador asociado al Instituto de Derechos Humanos y Empresas de la Universidad de Monterrey y del CEDAT-URV. Parte de este texto se ha realizado en el marco del proyecto de investigación «Sostenibilidad ambiental, social y económica de la justicia. Retos de la Agenda 2030» (PID2021-126145OB-I00) y del proyecto de investigación «Acceso a la justicia en el contexto de abusos corporativos: la litigación como estrategia de resistencia y de empoderamiento a las víctimas» (ICI023/23/000001).

** Profesora Ayudante Doctora del Departamento de Derecho Internacional «Adolfo Miaja de la Muela» de la Universitat de València, e investigadora del Institut de Drets Humans de la Universitat de València. Estrella.valle@uv.es. Proyecto de investigación «Acceso a la justicia en el contexto de abusos corporativos: la litigación como estrategia de resistencia y de empoderamiento a las víctimas» (ICI023/23/000001).

*** Profesora Permanente Laboral de Derecho Internacional Privado, Universitat Jaume I. Proyecto: CIGE/2022/63. Oportunidades y desafíos en la implementación de las normas de debida diligencia empresarial en materia de derechos humanos y medio ambiente.

1. De la responsabilidad de respetar los derechos humanos a la diligencia debida empresarial: apuntes preliminares[1]

Desde la segunda mitad del siglo XX asistimos a cambios trascendentales en la conformación y funcionamiento de la sociedad internacional, lo que ha permitido la expansión de las empresas y de sus actividades en un mundo sin fronteras económicas. Esto ha ampliado de forma exponencial el poder, influencia y participación de las empresas no solo en las esferas económicas, sino también en los ámbitos políticos, sociales y culturales, tanto a nivel nacional como internacional. Sus actividades transnacionales, por tanto, impactan de distintas maneras en las sociedades contemporáneas, tanto positiva como negativamente.

La importante presencia y los impactos de las empresas en la escena global han generado intensos debates en distintos foros internacionales sobre cuáles son las medidas regulatorias y de gobernanza necesarias para hacer frente a las externalidades —negativas— de las actividades de las empresas[2]. Estos debates se han centrado sobre todo en los impactos negativos de las grandes empresas sobre el disfrute de los derechos humanos y el medio ambiente asociados, por un lado, a la búsqueda del mayor beneficio económico para los *shareholders* al menor coste posible y, por otro lado, a la falta de capacidad o de voluntad de los Estados de cumplir con sus obligaciones internacionales. Esto ha impulsado la idea —y la necesidad— de configurar un marco jurídico internacional que aborde de forma adecuada el impacto negativo de las empresas sobre los derechos humanos y el medio ambiente.

Así, desde la década de los setenta, en el ámbito internacional se han debatido propuestas de instrumentos de *hard law*, que imponen obligaciones directas a las empresas, como el Proyecto de Código de Conducta para las Empresas Transnacionales[3] o las Normas de las Naciones Unidas sobre Responsabilidades de las Empresas Transnacionales y otras Empresas Comerciales en la esfera de los Derechos Humanos[4], cuyo eventual fracaso es consecuencia, entre otras cuestiones, de la fuerte oposición de las empresas y

---

1 Este apartado se basa y actualiza los resultados de la siguiente investigación: IGLESIAS MÁRQUEZ, D.: (2022). «La debida diligencia en materia de derechos humanos: Estado de la cuestión y perspectivas», en: *Tomo XVI. Derechos humanos y Empresas de la Colección de Estudios en Derechos Humanos*, Comisión Estatal de Derechos Humanos Jalisco, Instituto de Derechos Humanos Francisco Tenamaxtli, 2022, pp. 32-65.

2 CHARNEY, J.: «Transnational Corporations and Developing Public International Law», *Duke Law Journal*, vol. 32, núm. 4, 1983, pp. 748-788.

3 Véase, *Adoption of the agenda and other organizational matters. Code of conduct on transnational corporations. Note by the Secretary-General*, 1 February 1988, E/1988/39/Add.l.

4 Véase, *Norms on the responsibilities of transnational corporations and other business enterprises with regard to human rights*, 26 August 2003, E/CN.4/Sub.2/2003/12/Rev.2.

de los Estados del Norte Global a extender la responsabilidad social de las empresas más allá del *soft law*. Una oposición que se ha mantenido hasta el día de hoy y que se ha hecho evidente durante las sesiones del Grupo de Trabajo intergubernamental de composición abierta encargado de elaborar un instrumento jurídicamente vinculante para regular las actividades de las empresas transnacionales y otras empresas en el derecho internacional de los derechos humanos. A lo largo de los diez años de negociaciones, algunas delegaciones y varias ONG han sostenido que el futuro instrumento debe establecer obligaciones directas para las empresas trasnacionales y expresaron la esperanza de que en el futuro instrumento se establecieran obligaciones de esa índole. No obstante, otros Estados del Norte Global y organizaciones internacionales representantes de las empresas y de los empleadores han manifestado su preocupación ante una posible transferencia indebida de obligaciones del Estado a las empresas. Por lo que han pedido que no se sobrecargue de obligaciones a las empresas[5]. Así, las distintas versiones de los borradores del tratado se han alejado de la imposición directa de obligaciones legales internacionales a las empresas y, en su lugar, se centran en la regulación de la actividad empresarial en relación con los impactos en los derechos humanos a través del prisma de las obligaciones de los Estados[6]. Por tanto, se mantiene la invisibilidad de las empresas en el Derecho internacional que ha perdurado en el tiempo[7].

Ante las posiciones encontradas entre los distintos actores de interés respecto a las obligaciones directas de las empresas en virtud del Derecho internacional[8], los Principios Rectores de las Naciones Unidas sobre empresas y derechos humanos[9], aprobados en 2011 por el Consejo de Derechos Huma-

5 Informe del Grupo de Trabajo intergubernamental de composición abierta sobre las empresas transnacionales y otras empresas con respecto a los derechos humanos sobre su cuarto período de sesiones, 2 de enero de 2019, A/HRC/40/48, párr. 55.

6 Véase, «Open-ended intergovernmental working group on transnational corporations and other business enterprises with respect to human rights», disponible en: https://www.ohchr.org/en/hr-bodies/hrc/wg-trans-corp/igwg-on-tnc.

7 JOHNS, F.E.: «The Invisibility of the Transnational Corporation: An Analysis of International Law and Legal Theory. *Melbourne University Law Review*», vol. 19, núm. 4, 1993, pp. 893-923.

8 Sobre las obligaciones directas a las empresas en virtud del Derecho internacional de los derechos humanos, véase, IGLESIAS MÁRQUEZ, D.: «Explorando las fronteras del Derecho internacional de los derechos humanos: hacia la adopción de un tratado internacional sobre empresas y derechos humanos», *Akademía. Revista Internacional y Comparada de Derechos Humanos*, vol. 1, núm. 1, 2018, pp. 165-214; LÓPEZ LATORRE, A.: «In Defence of Direct Obligations for Businesses under International Human Rights Law. *Business and Human Rights Journal*, vol. 5, núm. 1, 2020, pp. 56-83.

9 Véase, *Informe del Representante Especial del Secretario General para la cuestión de los derechos humanos y las empresas transnacionales y otras empresas, John Ruggie. Principios Rectores sobre las empresas y los derechos humanos: puesta en práctica del marco de las Naciones Unidas para «proteger, respetar y remediar»*, 21 de marzo de 2011, A/HRC/17/31.

nos y que en 2021 cumplieron su primer décimo aniversario, han aportado de manera deliberada una fórmula alineada con la primicia de los Estados como los principales sujetos obligados de proteger los derechos humanos frente a los impactos de terceros, incluidas las empresas[10]. El Pilar II de los Principios Rectores reconoce que las empresas tienen la responsabilidad de respetar los derechos humanos. Esto significa de manera general que deben abstenerse de infringir los derechos humanos de terceros y hacer frente a las consecuencias negativas que se produzcan para los derechos humanos. Es decir, las empresas deben realizar sus actividades de tal manera que no interfieran ni tengan consecuencias negativas para el disfrute de los derechos humanos de los empleados y empleadas, de las comunidades, de los consumidores u otras personas que se puedan ver afectadas directa o indirectamente por sus actividades o relaciones comerciales.

Si bien los Estados, las organizaciones de la sociedad civil y las empresas no se ponen de acuerdo sobre la imposición de obligaciones directas en virtud del Derecho internacional de los derechos humanos, existe un mayor consenso a nivel internacional o reconocimiento casi universal respecto a la responsabilidad de las empresas de respetar los derechos humanos, que constituye una norma social transnacional acreditada e institucionalizada[11]. El balance del primer decenio de los Principios Rectores confirma que muchas empresas están desarrollando un aprendizaje y unas prácticas internas continuas para los diferentes aspectos del respeto de los derechos humanos y para abordar las repercusiones negativas en sus operaciones y en toda su cadena de valor[12].

La responsabilidad de las empresas de respetar los derechos humanos se ha expandido a través de distintas declaraciones de las propias empresas y de diversos instrumentos e iniciativas —de *soft law— que* promueven una conducta empresarial responsable, adoptadas en el seno de reconocidas organizaciones como la OIT, la ISO, la OCDE y el Pacto Mundial de las Naciones Unidas. De esta manera, se ha reconocido como una norma de conducta global aplicable a todas las empresas y las industrias dondequiera que operen, sin importar su tamaño, sector, contexto operacional, propietario y

---

10 Sobre los Principios Rectores, véase, Esteve Moltó, J. E.: «Los Principios Rectores sobre las empresas transnacionales y los derechos humanos en el marco de las Naciones Unidas para "proteger, respetar y remediar": ¿hacia la responsabilidad de las corporaciones o la complacencia institucional?», *Anuario de Derecho Internacional*, vol. XXVII, 2011, pp. 317-351, pp. 316-321.

11 Ruggie, J. G. y Sherman, J. F.: «The Concept of "Due Diligence" in the UN Guiding Principles on Business and Human Rights: A Reply to Jonathan Bonnitcha and Robert McCorquodale», *European Journal of International Law*, vol. 28, núm. 3, 2017, pp. 921-928.

12 Véase, Grupo de Trabajo de la ONU sobre la empresa y los derechos humanos: *UNGP 10+: una hoja de ruta para el próximo decenio de las empresas y los derechos humanos*, Naciones Unidas, Ginebra, 2021, pág. 16.

estructura[13]. Incluso, la responsabilidad empresarial de respetar los derechos humanos se aplica igualmente a las empresas estatales, que debido al estrecho vínculo con el Estado, estas, que están controladas por el Estado o cuyos actos pueden atribuirse al mismo, tienen una responsabilidad reforzada de respetar los derechos humanos.

Esta responsabilidad de respetar se diferencia de la responsabilidad legal por el incumplimiento de normas y, por ende, va más allá de configurar obligaciones y deberes. Es decir, la expresión «responsabilidad de respetar» indica que el respeto de los derechos no constituye una obligación que el actual Derecho internacional de los derechos humanos imponga de manera general y directa a las empresas. Asimismo, esta responsabilidad empresarial es independiente y complementaria a la capacidad o voluntad de los Estados de cumplir sus propias obligaciones de derechos humanos y no reduce esas obligaciones[14]. En consecuencia, aunque los Estados no cumplan con sus propias obligaciones en materia de derechos humanos, esto no proporciona a las empresas una excusa para no cumplir con su propia responsabilidad de respetar.

Si bien esta responsabilidad empresarial no supone nuevas obligaciones, ha sido considerada por los tribunales nacionales en litigios relacionados con empresas y derechos humanos[15]. En 2021, el Tribunal de Distrito de La Haya, en el caso *Milieudefensie et al. v. Royal Dutch Shell plc*, se basó en el Principio rector 11 para interpretar el estándar no escrito de cuidado bajo la ley holandesa y determinar que Royal Dutch Shell tiene la obligación de reducir las emisiones de gases de efecto invernadero. De acuerdo con el Tribunal, el respeto de los derechos humanos requiere la acción por parte de las empresas, de las que se espera que prevengan, limiten y, cuando sea necesario, aborden los impactos negativos de sus empresas sobre los derechos humanos. Estas consideraciones del Tribunal apuntan a que las empresas deben tener un papel más activo en la lucha contra el cambio climático que afecta el ejercicio de los derechos humanos. Así, se intuye que el cumplimiento de su responsabilidad de respetar implica que las empresas identifican, previenen, mitigan y dan cuenta de cómo abordan los impactos adversos reales y potenciales sobre los derechos humanos asociados a sus contribuciones al cambio climático[16].

---

13 Véase, *Informe del Representante Especial del Secretario General sobre la cuestión de los derechos humanos y las empresas transnacionales y otras empresas comerciales*, 22 de abril de 2009, A/HRC/11/13, párr. 47.

14 CDH: *La responsabilidad de las empresas de respetar los derechos humanos. Guía para la interpretación*. Consejo de Derechos Humanos, 2012.

15 Véase, Pigrau Solé A. e Iglesias Márquez, D.: *Litigación en materia de Empresas y Derechos Humanos: estudio de casos*, Tirant lo Blanch, Valencia, 2023.

16 Iglesias Márquez, D.: «Milieudefensie & otros v. Royal Dutch Shell plc: la delimitación de la responsabilidad empresarial de respetar los derechos humanos en tiempos de crisis

El alcance de la responsabilidad de respetar ha sido objeto de controversia, ya que las empresas pueden afectar un amplio espectro de derechos humanos. Según el Principio rector 12 de los Principios Rectores, la responsabilidad de respetar se aplica, como mínimo, a todos los derechos humanos internacionalmente reconocidos que se consagran en la Carta Internacional de Derechos Humanos y en la Declaración de la OIT relativa a los Principios y Derechos Fundamentales en el Trabajo. Esto ya que los principios que encarnan esos instrumentos son los que han obtenido un mayor consenso de la comunidad internacional[17]. No obstante, es posible que las empresas deban tener en consideración otras normas internacionales de derechos humanos para el respeto de los derechos humanos de las personas pertenecientes a grupos o poblaciones específicos, reconocidos en los instrumentos de las Naciones Unidas sobre los pueblos indígenas, las mujeres, las minorías nacionales, étnicas, religiosas y lingüísticas, los niños, las personas con discapacidad y los trabajadores migrantes y sus familias. Por otra parte, en situaciones de conflicto armado, las empresas deben respetar las normas del derecho internacional humanitario. Por tanto, las críticas en relación con el alcance de la responsabilidad de respetar los derechos humanos son que genera una jerarquía de derechos humanos y obvia, a su vez, otros instrumentos internacionales, como los ambientales que son clave para el disfrute de los mismos[18].

La responsabilidad de las empresas de respetar los derechos humanos va más allá del mero hecho de abstenerse de infringir los derechos humanos de terceros, sino que requiere la adopción de medidas proactivas para prevenir y reparar los efectos perjudiciales de sus actividades sobre el disfrute de los derechos humanos. Es decir, respetar los derechos humanos por parte de las empresas implica actuar de manera positiva para no causar daño[19]. En este sentido, las empresas, en cualquier contexto deben cumplir todas las leyes aplicables y respetar los derechos humanos internacionalmente reconocidos, dondequiera que operen; buscar fórmulas que les permitan respetar los principios de derechos humanos internacionalmente reconocidos cuando deban hacer frente a exigencias contrapuestas; y, considerar el riesgo de

climática», en: Pigrau Solé, A. e Iglesias Márquez, D.: *Litigación en materia de Empresas y Derechos Humanos: estudio de casos*, Tirant lo Blanch, Valencia, 2023.

17 Véase, Informe del Representante Especial del Secretario General sobre la cuestión de los derechos humanos y las empresas transnacionales y otras empresas comerciales, 22 de abril de 2009, A/HRC/11/13, párr.53. Véase también, Joseph, S.: «Guiding Principle 12: Minimum Human Rights Standards for Pillar II», en: *The UN Guiding Principles on Business and Human Rights*, Edward Elgar Publishing, Cheltenham, UK, 2023, pp. 92-100.

18 Véase, McCorquodale, R.: *Business and Human Rights*, Oxford, OUP, 2024, p. 93; Iglesias Márquez, D: «Empresas, derechos humanos y el régimen internacional del cambio climático: la configuración de las obligaciones climáticas para las empresas», *Anuario mexicano de derecho internacional*, vol. 20, 2020, pp. 85-134.

19 McCorquodale, R.: *op. cit.,* p. 86.

provocar o contribuir a provocar violaciones graves de los derechos humanos como una cuestión de cumplimiento de la ley dondequiera que operen.

En línea con lo anterior, el mecanismo prescrito en los Principios Rectores para que las empresas pongan en práctica y den cumplimiento a su responsabilidad de respetar los derechos humanos es la diligencia debida en materia de derechos humanos, que constituye un proceso continuo de gestión mediante el cual una empresa detecta y resuelve las consecuencias negativas que pueda generar para los derechos humanos en el contexto de todas sus operaciones y productos y en todas sus relaciones comerciales (proveedores y socios comerciales).

La diligencia debida no es una noción ajena a los Estados ni a las empresas. En el Derecho internacional, este concepto se refiere a una obligación de conducta, lo que significa que el enfoque principal está en el comportamiento del Estado en lugar de en el resultado de su comportamiento. Como tal, la diligencia debida en el Derecho internacional tiende a valorar si un Estado ha tomado medidas razonables y apropiadas para prevenir o mitigar las infracciones al Derecho internacional por parte de personas privadas[20]. En el mundo empresarial, es un concepto proveniente del derecho anglosajón que se refiere al proceso —puntal— de análisis de los posibles factores de riesgo cuando las empresas llevan a cabo operaciones de adquisición o fusión[21].

No obstante, la diligencia debida (en derechos humanos) en los Principios Rectores constituye un concepto innovador y deliberado, ya que es un término familiar para las empresas y para los Estados. Es una noción que incluso implica una alteración significativa en el propósito de la empresa, ya que a través de la diligencia debida se prioriza el respeto de los derechos humanos sobre la maximización del beneficio[22]. Por tanto, como bien señala la Oficina del Alto Comisionado de Naciones Unidas para los Derechos Humanos:

> «La debida diligencia en materia de derechos humanos no debe confundirse con otras formas de debida diligencia en el ámbito jurídico, como la que se suele exigir en preparación de fusiones y adquisiciones de empresas, o la exigida con fines de supervisión del cumplimiento normativo en ámbitos como la banca o la lucha contra la corrupción. La principal diferencia entre estos conceptos es que, mientras estas formas de debida diligencia se ocupan generalmente de identificar, prevenir y mitigar los riesgos para las empresas, la debida diligencia en materia de

20 Véase, *ILA Study Group on Due Diligence in International Law Second Report*, disponible en: https://www.ila-hq.org/en_GB/documents/draft-study-group-report-johannesburg-2016.

21 Martin-Ortega, O.: «La diligencia debida de las empresas en materia de derechos humanos: un nuevo estándar para una nueva responsabilidad», en: Zamora Cabot, F., García Cívico, J. y Sales Pallarés, L. (eds.), *La Responsabilidad de las Empresas Multinacionales por Violaciones de los Derechos Humanos* Alcalá Universidad de Alcalá, 2013, pp. 167-192.

22 Fasterling B.: «Human Rights Due Diligence as Risk Management: Social Risk versus Human Rights Risk», *Business and Human Rights Journal*, vol. 2, núm. 2, 2017, pp. 225-247.

derechos humanos se ocupa de los riesgos para las personas, específicamente de impactos negativos en los derechos humanos que una empresa puede causar o a los que pueda contribuir a través de sus propias actividades, o que pueden estar directamente vinculados a sus operaciones, productos o servicios a través de sus relaciones comerciales. Como tal, la debida diligencia en materia de derechos humanos exige metodologías que se basen, en términos de alcance y procedimiento, en las normas de derechos humanos reconocidas internacionalmente, y deberían "[i]ncluir consultas sustantivas con los grupos potencialmente afectados y otras partes interesadas..."»[23].

Además, cabe añadir que la diligencia debida en derechos humanos también difiere de la tradicional responsabilidad social corporativa, ya que su implementación es una expectativa global de todas las empresas y no un esfuerzo voluntario en el que una empresa puede decidir si pone en marcha o no el proceso, como en el caso de hacer contribuciones al desarrollo comunitario u otros esfuerzos sociales y ambientales.

Por tanto, los Principios Rectores, a través de su Principio rector 17, buscan extender el alcance de esta herramienta metodológica de conducta, con el fin de que las empresas no solo se aseguren de cumplir con las normas nacionales, sino también de identificar, prevenir, mitigar y rendir cuentas de las consecuencias negativas de sus actividades sobre los derechos humanos. Por tanto, la diligencia debida en materia de derechos humanos, según el Profesor Ruggie, es «un intento amplio y activo de descubrir los riesgos reales o potenciales que amenazan a los derechos humanos durante todo el ciclo vital de un proyecto o actividad comercial, con miras a evitar o atenuar esos riesgos»[24]. En un sentido similar, el Grupo de Trabajo de Naciones Unidas sobre Empresas y Derechos Humanos señala que este proceso «[e]s un modo de gestionar en forma proactiva los riesgos reales y potenciales de los efectos adversos en los derechos y la dignidad de las personas»[25].

El proceso de diligencia debida en materia de derechos humanos contemplado en el Pilar II de los Principios Rectores es la suma de cuatro elementos interrelacionados que en su conjunto deberían prevenir impactos negativos en los derechos humanos provenientes de sus actividades o relaciones comerciales. El primer elemento contemplado en el Principio rector 18 consiste en identificar y evaluar los impactos reales o potenciales sobre

23 Véase, *Mejorar la rendición de cuentas y el acceso a las reparaciones para las víctimas de violaciones de los derechos humanos relacionadas con las actividades empresariales: La relevancia de la debida diligencia en materia de derechos humanos para la determinación de la responsabilidad empresarial*, 1 de junio de 2018, A/HRC/38/20/Add.2, párr.8.

24 Véase, *Informe del Representante Especial del Secretario General sobre la cuestión de los derechos humanos y las empresas transnacionales y otras empresas comerciales*, 22 de abril de 2009, A/HRC/11/13, párrs. 72-74.

25 Véase, Informe del Grupo de Trabajo sobre la cuestión de los derechos humanos y las empresas, 16 de julio de 2018, A/73/163, párr. 10.

los derechos humanos que la empresa haya causado o contribuido a causar a través de sus actividades. Este primer elemento es clave para determinar cómo prevenir o mitigar las consecuencias negativas potenciales y cómo reparar cualquier consecuencia negativa real que una empresa pueda causar o contribuir a causar. Para ello, se debe evaluar el contexto de derechos humanos; identificar a los posibles afectados; catalogar las normas y cuestiones pertinentes de derechos humanos; y proyectar las consecuencias de la actividad propuesta y de las relaciones comerciales correspondientes sobre los derechos humanos de las personas identificadas. Esta información se puede recabar directamente por la propia empresa o a través de los insumos de organizaciones no gubernamentales o expertos en derechos humanos independientes. La evaluación de los impactos sobre los derechos humanos debe hacerse en la etapa más temprana posible de la vida de una actividad o relación comercial concreta, ya sea antes de emprender una nueva actividad o de establecer una nueva relación comercial, antes de adoptar decisiones importantes o de aplicar cambios operacionales, o bien, frente a posibles cambios en el entorno operacional.

El segundo elemento es la integración de los resultados de las evaluaciones de impacto en las actividades y los procesos pertinentes de la empresa (Principio rector 19). Esto implica adoptar las medidas adecuadas conforme a su participación en el impacto. Es decir, si la empresa causa directamente estos efectos, debe ponerles fin o prevenirlos mediante la adopción de medidas eficaces; o bien, si la empresa contribuye de manera indirecta a través de una entidad con la que mantiene relaciones comerciales, debe ejercer su influencia para mitigar en la mayor medida posible los efectos que no se puedan eliminar[26]. Si la empresa carece de influencia, debe encontrar la forma de potenciarla, por ejemplo, mediante la capacitación u otros incentivos. La rapidez y la facilidad con que una empresa integra los resultados de las evoluciones pueden ser decisivas para la eficacia de las medidas adoptadas para hacer frente a los impactos negativos de sus actividades o de sus relaciones comerciales.

Una vez adoptadas las medidas para poner fin o prevenir los impactos sobre los derechos humanos, un tercer elemento consiste en hacer seguimiento de dichas medidas para verificar que los efectos negativos desaparezcan o por lo menos se reduzcan, con la intención de que eventualmente puedan ser erradicados (Principio rector 20). El seguimiento implica examinar cómo la empresa ha respondido ante los impactos potenciales detectados y si esas respuestas han servido para prevenir. En caso de impactos reales, implica analizar las causas profundas o un proceso equivalente para determinar cómo y por qué se produjeron esas consecuencias negativas. Este seguimiento de las medidas le permite a la empresa obtener información sobre su

26 Se entiende por «influencia» la capacidad para modificar las prácticas perjudiciales de la parte que esté causando o contribuyendo a provocar las consecuencias negativas.

comportamiento en materia de derechos humanos, lo que fortalece su proceso interno de rendición de cuentas y sienta las bases para cualquier nivel de comunicación hacia el exterior que se considere necesario o aconsejable. Para el seguimiento, se puede hacer uso de otros sistemas de gestión de riesgos dentro de la empresa, siempre y cuando sean creíbles, sólidos y utilicen indicadores claros que demuestren que las medidas están teniendo eficacia.

Finalmente, el cuarto elemento comprende la comunicación hacia el exterior de la empresa sobre qué hace para hacer frente a los efectos adversos y demostrar a las partes interesadas, sobre todo a las afectadas, que se han dispuesto políticas y procesos adecuados para cumplir en la práctica su responsabilidad de respetar los derechos humanos (Principio rector 21). Esto no implica que la empresa revele públicamente todas las cuestiones detectadas en las evaluaciones continuas de su impacto en los derechos humanos o de las medidas que adopta para prevenirlos o ponerles fin. Más bien, se trata de generar un diálogo con las partes interesadas para incluir, en algunos casos, la comunicación de la respuesta específica ante una consecuencia negativa concreta. Para ello, la empresa debe disponer de sistemas internos de recogida de información y rendición de cuentas, con el fin de poder dar cuenta en el plano externo de sus acciones en caso de que se vea implicada en abusos de derechos humanos. La forma en que la empresa se comunique hacia el exterior puede ser a través de reuniones o bien a través de informes públicos oficiales que presenten periódicamente.

Los cuatro elementos anteriores (evaluación, integración y actuación, seguimiento y comunicación hacia el exterior) son los mínimos que deberían estar contemplados en cualquier proceso de diligencia debida en materia de derechos humanos. No obstante, este proceso es flexible y adaptable ya que se basa en un principio de proporcionalidad, por lo que la diligencia debida en materia de derechos humanos se ajusta al tamaño de la empresa, al riesgo de efectos graves y a la naturaleza y al contexto de las operaciones empresariales. Por ejemplo, en el caso que una empresa operara en zonas afectadas por conflictos, esta debería intensificar la exigencia de la diligencia debida en materia de derechos humanos. Es decir, en estos contextos el proceso de diligencia debida debe complementarse con un enfoque que tenga en cuenta los conflictos[27].

Los procesos de diligencia debida en materia de derechos humanos, a su vez, deben completarse, por un lado, con una declaración política que exprese el compromiso de las empresas de asumir su responsabilidad de respetar los derechos humanos (Principio rector 16). Este compromiso político debe ser aprobado al más alto nivel directivo de la empresa y establecer lo que la empresa espera, en relación con los derechos humanos, de su perso-

27 Véase, *Informe del Grupo de Trabajo sobre la cuestión de los derechos humanos y las empresas transnacionales y otras empresas. Empresas, derechos humanos y regiones afectadas por conflictos: hacia el aumento de las medidas*, 21 de julio de 2020, A/75/212, párr. 44.

nal, sus socios y otras partes directamente vinculadas con sus operaciones, productos o servicios. Este compromiso debe permanecer inalterado durante un amplio período de tiempo, aunque está sujeto a su actualización a medida que la empresa va adquiriendo experiencia en materia de derechos humanos.

Por otro lado, la diligencia debida en materia de derechos humanos se debe complementar con la participación activa de las empresas en la reparación de los efectos adversos sobre los derechos humanos que han causado o contribuido a causar. En este sentido, los Principios Rectores promueven el establecimiento de mecanismos de reclamación a nivel operacional para los posibles afectados por las actividades empresariales, lo que puede constituir un medio eficaz de reparación (comentario del Principio rector 22).

La diligencia debida en materia de derechos humanos contribuye, por tanto, a poner en práctica la responsabilidad empresarial de respetar los derechos humanos, ya que este proceso intenta prevenir y poner fin a los impactos negativos sobre dichos derechos. En este sentido, se trata de la norma de conducta esperada para todas las empresas comerciales. No obstante, en la primera década de existencia de los Principios Rectores, aún son pocas las empresas que ponen en marcha procesos de diligencia debida, ya sea por la falta de conocimiento o bien de capacidad o voluntad para aplicarlos. Esto se reafirma en el balance del primer decenio que indica que el número de empresas comprometidas con los Principios Rectores sigue siendo bajo[28]. Asimismo, el *Corporate Human Rights Benchmark* (2022), que evalúa el desempeño en derechos humanos de 127 empresas globales en sectores identificados como de alto riesgo de impactos adversos en los derechos humanos, resalta una brecha significativa en la implementación de procesos de diligencia debida. En 2022, 46 de las 127 empresas evaluadas obtuvieron una puntuación de cero en este aspecto[29]. En Alemania, otro estudio confirma que menos del 50 % de las empresas en dicho país demuestran cumplir con los estándares de la diligencia debida[30].

Un estudio de la Comisión Europea determinó que de 334 empresas consultadas, solo un tercio de las empresas llevan a cabo procesos de diligencia que tienen en cuenta todos los impactos en los derechos humanos y el medio ambiente, y otro tercio adicional realiza una debida diligencia

28 Véase, *Informe del Grupo de Trabajo sobre la cuestión de los derechos humanos y las empresas transnacionales y otras empresas. Décimo aniversario de los Principios Rectores sobre las Empresas y los Derechos Humanos: balance del primer decenio*, A/HRC/47/39, p. 16.

29 World Benchmarking Alliance: *Corporate Human Rights Benchmark 2022 Insights Report*, disponible en: https://www.worldbenchmarkingalliance.org/research/2022-corporate-human-rightsbenchmark-insights-report/.

30 German Federal Foreign Office: *Monitoring the National Action Plan for Business and Human Rights (NAP)*, disponible en: https://www.auswaertiges-amt.de/de/aussenpolitik/themen/aussenwirtschaft/wirtschaft-undmenschenrechte/monitoring-nap/2131054.

limitada a ciertas áreas[31]. En un sentido similar, el Grupo de Trabajo sobre Empresas y Derechos Humanos señala que:

> «[M]ás allá de un pequeño grupo pionero —en su mayoría grandes empresas radicadas principalmente en algunos mercados occidentales— en general las empresas poco saben y entienden qué significa la responsabilidad de la empresa de respetar los derechos humanos; esto se observa en especial en las más pequeñas. Además, la experiencia adquirida en los diálogos a nivel nacional indica que muchas empresas, en particular las pequeñas y medianas, consideran las expectativas de diligencia debida como una carga»[32].

La implementación (efectiva) de los procesos de diligencia debida en derechos humanos es un ámbito de mejora. La mayoría de las empresas siguen siendo más reactivas que proactivas en la detección de los efectos potenciales sobre los derechos humanos antes de que se produzcan. Según el Grupo de Trabajo, lo anterior se debe a que las empresas no comprenden cabalmente qué es la diligencia debida en materia de derechos humanos. Esto tiene como consecuencia la falta de atención a los riesgos más importantes de derechos humanos, concentrándose en los riesgos que pueden ser relativamente fáciles de resolver; la realización de demasiadas evaluaciones de impacto sobre los derechos humanos que se realizan como ejercicios simbólicos, sin una interacción significativa con las partes interesadas; y la insuficiente proactividad de las empresas en la detección de los efectos potenciales sobre los derechos humanos antes de que se produzcan[33]. En el caso de las empresas que llevan a cabo sus procesos de diligencia debida, el Grupo de Trabajo identifica que la implementación de estos procesos suele estar limitada a las empresas de nivel uno, ya que son pocas las empresas que piden a los proveedores de nivel uno que demuestren que ellos cumplen con la responsabilidad de respetar los derechos humanos mediante el requisito de las evaluaciones de los riesgos e impactos en materia de derechos humanos[34].

Uno de los objetivos previstos para la segunda década de los Principios Rectores es lograr una mayor amplitud de las prácticas de diligencia debida en comunidad empresarial, más allá de los ejercicios de marcado de casillas (*tick-box exercise*) y de los riesgos reputacionales como incentivos para la implementación de los procesos. Para ello, se espera, entre otras cuestiones, que las principales organizaciones empresariales incluyan la diligencia debida en materia de derechos humanos como criterios explícitos de adhe-

31 Comisión Europea, *Study on due diligence requirements through the supply chain Part I: Synthesis Report*, disponible en: https://op.europa.eu/en/publication-detail/-/publication/291b84d3-4c82-11ea-b8b7-01aa75ed71a1/language-en, p. 15.

32 Véase, Informe del Grupo de Trabajo sobre la cuestión de los derechos humanos y las empresas, 16 de julio de 2018, A/73/163, párr. 27.

33 *Idem*, párr. 25.

34 *Idem*, párr. 29.

sión, apoyados por la sensibilización y fomento de la capacidad para las empresas, incluidas las PYMES. Asimismo, los Estados deben promover que las empresas dispongan de políticas, mecanismos de diligencia debida en materia de derechos humanos y mecanismos de reclamación, o al menos las alienten públicamente a hacerlo.

Teniendo en cuenta, por un lado, que la implementación voluntaria de los procesos de diligencia debida por parte de las empresas es aún limitada e, incluso, simbólica en muchas ocasiones y, por otro lado, el llamamiento que hacen los Principios Rectores a los Estados a considerar una combinación inteligente de medidas —nacionales e internacionales, obligatorias y facultativas— para promover el respeto de los derechos humanos por las empresas (comentario del Principio rector 3), han comenzado a surgir —a nivel internacional, regional y nacional— varios tipos de marcos regulatorios que buscan establecer la diligencia debida obligatoria en materia en derechos humanos, como se examina en los siguientes epígrafes.

2. La transición hacia la obligatoriedad de la diligencia debida en derechos humanos

Las iniciativas de *soft law* que promueven la implementación de los procesos de diligencia debida han sido clave hasta ahora para cubrir el vacío y hacer frente a la oposición frente a las obligaciones directas de las empresas en virtud del Derecho internacional de los derechos humanos. Sin embargo, la experiencia empírica y los datos sobre el alcance del enfoque voluntario de la implementación de la diligencia debida hacen inevitable y lógico el proceso de transición hacia la diligencia debida obligatoria. En este contexto, en los últimos años, se identifica una importante tendencia a recurrir a instrumentos normativos para obligar a las empresas a que aborden sus impactos adversos sobre los derechos humanos y el medio ambiente, según el Pilar II de los Principios Rectores. Se considera que estos instrumentos, guiados e inspirados en los estándares de *soft law,* no solo contribuyen a que las empresas implementen los procesos de diligencia debida, sino que establecen expectativas claras de lo que se espera de las empresas para que cumplan con su responsabilidad de respetar los derechos humanos.

A nivel nacional, sobre todo en el continente europeo y en otros Estados del Norte Global, la diligencia debida en derechos humanos ha sido contemplada en los planes nacionales de acción sobre empresas y derechos humanos y, a su vez, ha dado lugar a desarrollos o propuestas de instrumentos normativos[35]. Si bien los primeros desarrollos normativos se centraron en

35 Iglesias Márquez, D.: *La institucionalización de las iniciativas de promoción del respeto de los derechos humanos por parte de las empresas*, Institut Català Internacional per la Pau, Madrid, 2019.

determinados sectores o productos básicos, así como en la transparencia para que las empresas que expliquen la manera en que llevan a cabo los aspectos respectivos de la diligencia debida en materia de derechos humanos, los desarrollos normativos más recientes han pasado a legislar procesos de diligencia debida más completos, ampliando al mismo tiempo el alcance de los sectores y los derechos humanos abarcados.

Al respecto, cabe mencionar la Ley de Transparencia en las Cadenas de Suministro de California (2010), la Ley sobre esclavitud moderna de Reino Unido (2015), la Ley del deber de vigilancia de las sociedades matrices y empresas controladoras de Francia (2017), la Ley sobre esclavitud moderna de Australia (2018), la Ley de diligencia debida en materia de trabajo infantil de los Países Bajos (2017), la Ley de transparencia de Noruega (2022), y, la Ley de diligencia debida empresarial en las cadenas de suministro de Alemania (2021). En otros países como Suiza, Australia, Bélgica y Finlandia, entre otros, se proponen iniciativas legislativas similares a las señaladas. Estas leyes y propuestas de leyes no solo ponen en práctica el Pilar II de los Principios Rectores, sino también aumentan la conciencia sobre la responsabilidad empresarial de respetar los derechos humanos en el nivel de adopción de decisiones de las empresas.

Durante la primera década de los Principios Rectores, estos desarrollos normativos se han considerado un paso importante para asegurar que las empresas cumplan con su responsabilidad de respetar los derechos humanos. Al respecto, el balance del décimo aniversario de los Principios Rectores señala que:

> «Uno de los avances más notables de los diez últimos años es la comprensión cada vez mayor de la necesidad de establecer requisitos legales basados en los Principios Rectores. Ese "endurecimiento» es una evolución normal de las normas, que pasan de ser una práctica de unos pocos a una aceptación más amplia, a una norma voluntaria y luego obligatoria. Aunque cabe esperar esa evolución, suele ser muy lenta. El rápido surgimiento de un amplio consenso sobre la necesidad de establecer requisitos legales basados en los Principios Rectores —en la sociedad civil, las organizaciones sindicales y las instituciones nacionales de derechos humanos, a las que se han sumado un número significativo de inversores y de las propias empresas— es, por lo tanto, especialmente digno de mención, puesto que se están desarrollando esfuerzos de diligencia debida obligatoria en materia de derechos humanos a nivel nacional, regional e internacional»[36].

No obstante, también se han detectado resistencias a la diligencia debida obligatoria por parte de los Estados, al considerar que este tipo de medidas ponen en desventaja a sus empresas nacionales, como en el caso del Con-

36 Véase, *Informe del Grupo de Trabajo sobre la cuestión de los derechos humanos y las empresas transnacionales y otras empresas. Décimo aniversario de los Principios Rectores sobre las Empresas y los Derechos Humanos: balance del primer decenio*, A/HRC/47/39, p. 10.

sejo Federal suizo, que utilizó este argumento para justificar su oposición a la iniciativa popular de empresas responsables que imponía la obligatoriedad de establecer procesos de debida diligencia[37].

A pesar de lo anterior, se espera que, a lo largo de la segunda década de los Principios Rectores, se supere este tipo de argumentos en contra y que, por tanto, los Estados de todas las regiones avancen hacia desarrollos legislativos destinados a fomentar el respeto de los derechos humanos por parte de las empresas, incluida, entre otras cosas, una diligencia debida obligatoria en materia de derechos humanos adaptada a su realidad nacional[38]. Al respecto, el Comité de Derechos Económicos, Sociales y Culturales, en su Observación General núm. 24, sugiere que la adopción de leyes de diligencia debida obligatoria forma parte de su deber de proteger los derechos reconocidos en el Pacto Internacional de Derechos Económicos, Sociales y Culturales. Para ello, el Comité señala que:

> «16. La obligación de proteger entraña el deber positivo de adoptar un marco jurídico que exija que las empresas ejerzan la diligencia debida en materia de derechos humanos a fin de identificar, prevenir y mitigar los riesgos de vulneración de los derechos del Pacto, evitar que se conculquen esos derechos y responder de las consecuencias negativas que hayan provocado o contribuido a provocar sus decisiones y operaciones y las de las entidades que controlan en el disfrute de los derechos consagrados en el Pacto. Los Estados deberían adoptar medidas como imponer los requisitos de la diligencia debida para prevenir las violaciones de los derechos del Pacto en la cadena de suministro de las empresas y por parte de los subcontratistas, proveedores, franquiciados u otros socios comerciales»[39].

El «endurecimiento» de la diligencia debida puede concebirse como una mayor credibilidad y compromiso tanto de los Estados como de las empresas para abordar las externalidades negativas de las actividades empresariales, sobre todo en el ámbito de empresas y derechos humanos, que es un ámbito tan controversial y en el que muchas veces hay una carencia de voluntad política. La obligatoriedad de la diligencia debida, por tanto, puede ser considerada como factor complementario para avanzar y extender el cumplimiento de la responsabilidad empresarial de respetar los derechos humanos.

---

37 *Ibid.*, p. 11. Sobre la iniciativa suiza, véase, Bueno, N.: «The Swiss Popular Initiative on Responsible Business: From Responsibility to Liability», en: Enneking, L. et al. (eds), *Business Operations and the Law: Providing Justice for Corporate Human Rights Violations in Global Value Chains*, Routledge, 2019.

38 Véase, Grupo de Trabajo de la ONU sobre la empresa y los derechos humanos: *UNGP 10+: una hoja de ruta para el próximo decenio de las empresas y los derechos humanos*, Naciones Unidas, Ginebra, 2021.

39 Véase, *Observación general núm. 24 (2017) sobre las obligaciones de los Estados en virtud del Pacto Internacional de Derechos Económicos, Sociales y Culturales en el contexto de las actividades empresariales*, 10 agosto 2017, E/C.12/GC/24.

Al respecto, cabe matizar que las leyes de diligencia debida obligatoria no son el objetivo final, sino que constituyen una pieza más de la combinación inteligente de medidas —nacionales e internacionales, obligatorias y facultativas– para promover el respeto de los derechos humanos por las empresas. Por tanto, las leyes de diligencia debida obligatoria no solo complementan las iniciativas de *soft law*, sino también se nutren de ellas.

Las leyes adoptadas hasta el momento demuestran que no existe un modelo único para los instrumentos normativos de diligencia debida obligatoria en materia de derechos humanos. A nivel nacional es donde más se aprecia que cuando se implementa el Pilar II de los Principios Rectores vía instrumentos legislativos existe una amplia gama de posibilidades. A pesar de ello, es posible identificar algunos patrones y tendencias comunes en los enfoques gubernamentales y en los elementos sustantivos de las leyes de diligencia debida obligatoria.

3. *Lost in transition:* entre avances y desafíos

Tal y como se ha referido, puede constatarse que el concepto de diligencia debida en derechos humanos[40] centra prácticamente la totalidad de las iniciativas en las que se trabaja a la fecha y que en algunas geografías ya comienzan a ser de aplicación obligatoria[41]. Este concepto ha venido a tratar de cubrir la incapacidad de las normas de *soft law* para lograr establecer un marco de respeto de los derechos humanos por parte de las entidades empresariales. Sin embargo, lo cierto es que la transición hacia la imposición de estos sistemas regulatorios plantea todavía numerosos desafíos de calado pendientes de resolver.

La relevancia que ha adquirido en los últimos tiempos la diligencia debida empresarial puede asentarse, en primer lugar, en su carácter normativo obligatorio y vinculante —*rara avis* en una temática dominada por instrumentos de *soft law*—; y en segundo lugar, en su carácter preventivo. El eje central de las normas de diligencia debida en derechos humanos es el desarrollo

40 Para un estudio completo, véase, GUAMÁN HERNÁNDEZ, A.: *Diligencia debida en derechos humanos. Posibilidades y límites de un concepto en expansión,* Tirant lo Blanch, 2022.

41 Pese a la clara tendencia a priorizar la debida diligencia empresarial, prosigue la iniciativa de elaborar un instrumento jurídico vinculante para regular las actividades de las empresas transnacionales y otras empresas en el derecho internacional de los derechos humanos, negociado en el marco de las Naciones Unidas. Aunque inicialmente se planteaba como la propuesta más garantista en la lucha contra la impunidad empresarial, lo cierto es que tras nueve sesiones y varios borradores presentados, sus objetivos se han mismo minimizados sustancialmente; entre otros, alejándose de la imposición directa de obligaciones a las empresas y volviendo a recurrir al enfoque de las obligaciones estatales. Para el seguimiento de las negociaciones, visítese: https://www.ohchr.org/en/hr-bodies/hrc/wg-trans-corp/igwg-on-tnc.

de procesos necesarios para promover la vigencia de los derechos potencialmente afectados[42]. Si bien se define como un fin loable, necesariamente deberá implicar —y así se prevé— un ejercicio constante de monitoreo de su implementación y de revisión de su contenido. El objetivo debe ser siempre la eficacia de dichos planes de identificación, prevención, mitigación y cesación de efectos adversos de las actividades empresariales en los derechos humanos. Es por ello por lo que el desafío real se encuentra en su implementación eficaz, logrando sobrepasar las meras formalidades y siendo capaces de lograr los objetivos que motivan su desarrollo.

Las iniciativas obligatorias en esta materia han ido surgiendo desde contextos normativos nacionales: normas que pretenden regular relaciones que son esencialmente transnacionales pero sometidas al anclaje normativo en el ordenamiento jurídico de un determinado Estado. El surgimiento de estas normas es prueba de avance por el cambio de tendencia que ha generado, pero su dispersión normativa es criticada por el riesgo que genera para la seguridad jurídica y la competencia empresarial, especialmente en el seno de la Unión Europea. Este motivo de preocupación llevó a las instituciones europeas a trabajar en una iniciativa normativa compartida de obligatorio cumplimiento para todos los Estados Miembros, con una primera propuesta del Parlamento Europeo en el año 2021, seguida de la Propuesta de Directiva de la Comisión en el año 2022, y con su aprobación final y definitiva en abril de 2024[43].

No es óbice mencionar que alcanzar una homogeneidad normativa —que aunque de mínimos, no en demasía— es un objetivo deseable desde los comienzos del debate en torno a la atribución de obligaciones a las entidades empresariales en materia de respeto y protección de los derechos humanos. Entre otros motivos, para evitar complejas estructuras normativas que desaten vacíos de impunidad, así como para garantizar la seguridad jurídica y mantener condiciones equilibradas para la competencia empresarial.

Junto a la dispersión normativa, otro desafío compartido por las iniciativas presentadas a la fecha radica en la determinación del ámbito de aplicación de las normas: es decir, la extensión de los eslabones de la «cadena de valor» a los que resultará de aplicación la obligación de control. Es en esta cuestión en la que se identifica una de las claves de la eficacia o ineficacia de las normas. El debate abarca desde la defensa de la exclusiva inclusión de entidades transnacionales —las que acompañan las graves vulneraciones de derechos cuya impunidad se pretende combatir—, a la extensión también a las pequeñas y medianas empresas.

---

42 Sanguineti Raymond, W. y Vivero Serrano, J. B.: «El imparable avance de la diligencia debida en materia de derechos humanos», *Trabajo y Derecho,* 14, 2021, 1-7.

43 European Parliament: «Due diligence: MEPs adopt rules for firms on human rights and environment», Press Releases, 24.04.2024, disponible en https://www.europarl.europa.eu/news/en/press-room/20240419IPR20585/due-diligence-meps-adopt-rules-for-firms-on-human-rights-and-environment.

También resulta complejo determinar con exactitud la delimitación de las entidades empresariales obligadas por las normas de diligencia debida. Es habitual recurrir a criterios tales como el número de personas trabajadoras o las cifras de facturación anual, de forma separada, compartida o alternativa. Asimismo, y con carácter relevante, se discute la decisión sobre la afectación a la sociedad matriz y/o a sus filiales nacionales o extranjeras, determinando hasta dónde abarcan las obligaciones de vigilancia y control. Encontramos aquí otro de los elementos nucleares a todas las normas negociadas, en particular la Directiva europea. Durante las negociaciones se fue evolucionando desde una amplia referencia a la «cadena de valor» a un criterio más restrictivo como «cadena de actividades», si bien finalmente parece que se ha logrado integrar a socios comerciales incluidos en las fases anteriores y posteriores de la cadena.

La discusión en torno al diseño de los procesos de debida diligencia conduce necesariamente a hablar sobre la necesaria implicación de las partes interesadas. Desde el contenido de los mismos Principios Rectores se hacía incidencia en la necesidad de incluir a los grupos potencialmente afectados por las actividades empresariales y otras partes interesadas en el diseño de los procesos de debida diligencia por medio de consultas directas (Principio rector 18, entre otros). Reforzar su participación garantiza mejores resultados en los procesos diseñados, en tanto se asegura la información relativa a las necesidades planteadas por los propios colectivos afectados por las actividades empresariales. Al tiempo, la descripción de este concepto de partes interesadas es relevante por cuanto determina aspectos cruciales de las obligaciones atribuidas a las empresas. Su definición ha planteado problemas desde su inclusión en la norma francesa, en la que se refiere a que será elaborado «en asociación con las partes interesadas de la sociedad». También durante las negociaciones de la Propuesta de Directiva la definición y el rol desarrollado por las partes interesadas ha sido uno de los elementos objeto de debate por parte de las instituciones involucradas en el procedimiento legislativo: desde una posición más restrictiva y limitada del Consejo Europeo y de la Comisión, a un enfoque más expansivo del Parlamento Europeo. Todo ello, sobre la base de la definición de «partes interesadas» que finalmente recoge el artículo 3 y el detalle de su participación en el artículo 8.d.

Otra cuestión relevante que abordar es la oportunidad que puedan proporcionar las normas de diligencia debida obligatoria en términos de acceso a la justicia para las víctimas. Sabemos que unido a las vulneraciones de derechos humanos que se producen en el contexto de la actividad empresarial, una de las principales fallas se encuentra en la sistémica impunidad corporativa: los obstáculos en el acceso a la justicia por parte de las personas afectadas a razón de esa diseñada «arquitectura jurídica de la impunidad»[44]. El acceso a

44 Hernández Zubizarreta, J., González Briz, E., Ramiro Pérez, P.: «Las empresas transnacionales y la arquitectura jurídica de la impunidad. Responsabilidad social corporativa, lex mercatoria y derechos humanos», *Revista de Economía Crítica,* 28, 2019, pp. 41-54.

la justicia y la tutela judicial efectiva se configuran como derechos fundamentales que se vulneran de forma persistente cuando existe una confrontación con el binomio empresas y derechos humanos. En este ámbito, la denegación de la justicia queda convertida en una práctica recurrente que revictimiza a las personas y comunidades afectadas. Esta situación, entre otros motivos, es provocada por obstáculos legales y procesales derivados de las complejas estructuras societarias de las entidades transnacionales, a la falta de voluntad de los Estados de asumir y ejecutar sus obligaciones de protección extraterritorial y a la ausencia de normativa vinculante en la materia[45].

En este sentido, el auge de las iniciativas en materia de diligencia debida despertó expectativas sobre su posible capacidad para hacer frente a esta lacra. Sin embargo, debe recordarse que si bien la diligencia debida parece abrir una posibilidad de acceso a la justicia, lo hace dentro de su limitado objeto; esto es, en caso de incumplimiento de las estrictas obligaciones de identificación, prevención, mitigación y cesación de riesgos o efectos adversos para los derechos humanos.

Sin perjuicio de derivar posibles responsabilidades de carácter administrativo, el incumplimiento de las obligaciones de diligencia debida, cuando va acompañado de la causación de daños con los que exista nexo de causalidad, podrá motivar una acción judicial de responsabilidad civil. Si bien se trata de un acceso a la justicia limitado, en el que no se ven afectadas las normas de litigación transnacional que vienen obstaculizando los procesos perseguidos en las últimas décadas —relativas a la competencia judicial y a la elección del foro—, puede considerarse un avance respecto a la situación de partida. Entre otras razones, porque gracias a la atribución de obligaciones respecto a toda una cadena de valor se facilita la acreditación de las relaciones de dependencia y control entre entidades matrices y filiales, alterando así, de forma incipiente, el principio de personalidad jurídica propia y de responsabilidad patrimonial separada[46].

---

45 Véase, Álvarez Rubio, J. J. y Yannibas, K.: *Human Rights in Business. Removal of Barriers to Access to Justice in the European Union,* Routledge, 2017.

46 Es en este avance en el que, dentro del ámbito normativo de la Unión Europea, se invoca una revisión del Reglamento (UE) 1215/2012. Véase, Durán Ayago, A.: «Derechos humanos, diligencia debida y sostenibilidad empresarial: implicaciones para el Derecho Internacional Privado europeo a propósito de una Propuesta de Directiva en el aire», *Anuario Español de Derecho Internacional Privado,* 329-257, 2022, p. 341.

4. La reciente Directiva europea sobre diligencia debida de las empresas en materia de sostenibilidad

Al cierre editorial de esta obra, la Directiva sobre diligencia debida de las empresas en materia de sostenibilidad ya es una realidad. El proceso normativo avanzó de forma pausada, desde la presentación de la propuesta por parte de la Comisión en febrero de 2022 hasta el mes de abril de 2024 en el que se sometió a la votación final del Parlamento Europeo.

El recorrido de su negociación fue tortuoso y complejo. En diciembre de 2023, y después de su debate y votación en diversas comisiones, el Parlamento Europeo aprobó el texto enmendado. La Presidencia Española del Consejo, ejercida durante el segundo semestre del año 2023, impulsó un acuerdo provisional en diciembre de 2023 entre el Parlamento y el Consejo[47]. Sin embargo, el texto acordado, rompiendo con la práctica habitual de las instituciones, no obtuvo la mayoría en su votación del Consejo Europeo del mes de febrero. Esta obstrucción provocó que el texto se viera alterado por modificaciones de última hora, no previstas en el acuerdo provisional. Entre otros, Francia acabó condicionando su voto a la reducción del ámbito de aplicación de la norma, elevando los umbrales del número de trabajadores y trabajadoras de 500 a 1000, y haciendo también lo propio con los niveles de facturación. En la práctica, este cambio reducirá sustancialmente el ámbito de aplicación de la norma europea.

Tras este escollo, el 15 de marzo de 2024 el COREPER logró desbloquear el proceso y respaldar el contenido definitivo de la norma[48]. El 19 de marzo se celebró la Comisión de Asuntos Jurídicos del Parlamento Europeo (JURI), encargada de pasar aprobación al documento definitivo. Finalmente, en los días previos al cierre de esta obra, el 24 de abril de 2024 la norma fue aprobada por el plenario del Parlamento Europeo como paso final del proceso legislativo.

A pesar de las limitaciones intrínsecas de la Directiva, se trata de un hito importante en el ámbito de empresas y derechos humanos, que ofrece nuevas oportunidades para asegurar que las empresas europeas respeten los derechos humanos y protejan el medio ambiente en sus actividades globales. Este instrumento de derecho derivado de la Unión Europea puede ser un

---

47 Del Valle Calzada, E.: «La acción de la Unión Europea en materia de empresas y derechos humanos. Avances y desafíos para la Presidencial española del Consejo de la Unión Europea», en: Aldecoa Luzárraga, F. y Esteve Moltó, J. E.: *Retos y oportunidades de la Presidencia española del Consejo de la Unión Europea,* Tirant lo Blanch, 2023, pp. 399-424.

48 Proposal for a Directive of the European Parliament and the Council on Corporate Sustainability Due Diligence and amending Directive (EU) 2019/1937, 15.3.2024, disponible en https://data.consilium.europa.eu/doc/document/ST-6145-2024-INIT/en/pdf.

detonante y una inspiración para que otros Estados en otras regiones adopten instrumentos normativos similares, que formen parte de la combinación inteligente de medidas voluntarias y obligatorias. Incluso puede ser un desarrollo decisivo para que otros Estados avancen en los procesos de adopción de las propuestas formuladas por diversos actores de interés en la materia. En este sentido, en América Latina, a día de hoy, aún no hay leyes de diligencia debida adoptadas, pero en países como México y Perú se han formulado algunas iniciativas por partidos políticos o por la sociedad civil[49]. El reciente avance alcanzado en Europa, por tanto, puede ser un aliciente para iniciar los procesos legislativos correspondientes. Incluso, la Directiva debe ser tomada como ejemplo de buenas lecciones y retos pendientes para que las nuevas leyes de diligencia debida no reproduzcan los mismos vacíos y deficiencias.

Para avanzar en instrumentos normativos más rigurosos y adaptados al contexto nacional de los Estados de América Latina, se deben tomar en consideración las orientaciones del Sistema Interamericano de Derechos Humanos. Al respecto, la jurisprudencia de la Corte Interamericana de Derechos Humanos promueve que los Estados adopten medidas de diligencia debida en derechos humanos. La sentencia *Buzos Miskitos (Lemoth Morris et al.) v. Honduras* señala que:

> «Los Estados deben adoptar medidas destinadas a que las empresas cuenten con: a) políticas apropiadas para la protección de los derechos humanos; b) procesos de diligencia debida para la identificación, prevención y corrección de violaciones a los derechos humanos, así como para garantizar el trabajo digno y decente; y c) procesos que permitan a la empresa reparar las violaciones a derechos humanos que ocurran con motivo de las actividades que realicen, especialmente cuando estas afectan a personas que viven en situación de pobreza o pertenecen a grupos en situación de vulnerabilidad. El Tribunal considera que, en este marco de acción, los Estados deben impulsar que las empresas incorporen prácticas de buen gobierno corporativo con enfoque stakeholder (interesado o parte interesada), que supongan acciones dirigidas a orientar la actividad empresarial hacia el cumplimiento de las normas y los derechos humanos, incluyendo y promoviendo la participación y compromiso de todos los interesados vinculados, y la reparación de las personas afectadas»[50].

49 Véase, *Proyecto de decreto por el que se crea la Ley General de Responsabilidad Empresarial y Debida Diligencia Corporativa*, disponible en: https://www.senado.gob.mx/65/gaceta_del_senado/documento/112449. Véase, *Proyecto de ley que regula la actividad empresarial y la debida diligencia en materia de derechos humanos y ambiente*, disponible en: https://derechosenemergencia.dhperu.org/wp-ontent/uploads/2022/11/PROYECTO-LEY-DEBIDA-DILIGENCIA.pdf.

50 Véase, *Caso de los buzos Miskitos (Lemoth Morris y otros) Vs. Honduras*, Corte Interamericana de Derechos Humanos Sentencia de 31 de agosto de 2021, párr. 49.

Las posibles leyes de diligencia debida obligatoria en América Latina pueden superar las limitaciones de la Directiva y de las leyes europeas de diligencia debida obligatoria, teniendo en cuenta que los estándares interamericanos sobre empresas y derechos humanos establecen temas y elementos transversales que deben ser tomados en consideración por los Estados en la adopción de medidas políticas o normativas en la materia[51]. Algunos de los temas son la centralidad de la persona y de la dignidad humana; la universalidad, indivisibilidad, interdependencia e interrelación de los derechos humanos; la igualdad y no discriminación; el derecho al desarrollo; el derecho a defender los derechos humanos; el cambio climático y medio ambiente; la transparencia y acceso a la información; la consulta libre, previa e informada y mecanismos generales de participación; la prevención y debida diligencia en materia de derechos humanos; rendición de cuentas y efectiva reparación; extraterritorialidad; o el combate a la corrupción y a la captura del Estado.

Al respecto, una de las cuestiones pendientes y donde queda mucho trabajo por hacer es en relación con el acceso a la justicia de las personas afectadas por las actividades empresariales. Tanto las leyes nacionales como la Directiva tienen avances muy limitados por lo que se mantienen muchos de los obstáculos persistentes que enfrentan las personas afectadas por las actividades empresariales, como la falta de voluntad política para enfrentar casos en los que están implicadas grandes empresas, la «captura corporativa», los costos para acceder a los mecanismos de reparación, que pueden ser elevados, la falta de asesoría jurídica gratuita para algunos procesos, o las posibles represalias que pueden enfrentar las personas que interponen las acciones, entre otras cuestiones.

Más allá de la centralidad de la diligencia debida, y pese a los avances que se puedan derivar de su implementación, en los que sin duda se están focalizando todos los esfuerzos, deberá asegurarse que esta iniciativa no quede convertida en una vía para evadir la responsabilidad por las vulneraciones cometidas o con la que se pueda lograr la exoneración[52]. Es nuclear establecer sistemas que permitan regular la conducta empresarial con carácter preventivo y a lo largo de toda la cadena de valor, si bien en ningún caso podrá abandonarse la preceptiva pretensión de asegurar el acceso de las víctimas a la justicia y a la reparación.

51 Iglesias Márquez, D.: «Estándares interamericanos sobre empresas y derechos humanos: Nuevas perspectivas para la conducta empresarial responsable en las Américas», Anuario de Derechos Humanos, vol. 2016, núm 2., 2020, pp. 347-379.

52 Para enfoques críticos con el resultado final de la Directiva, véase, entre otros: González, E., Hernández Zubizarreta, J. Ramiro, P. y Urbán, M.: «Diligencia debida, nada que celebrar», Diario Público, 23 de abril de 2024, disponible en https://blogs.publico.es/otras-miradas/82519/diligencia-debida-nada-que-celebrar/; Comunicado de la Campaña Global para Reivindicar la Soberanía de los Pueblos, Desmantelar el Poder Corporativo y Poner Fin a la Impunidad, «Ni diligente ni debida: la directiva de la UE, una pseudo-regulación insuficiente», 22 de abril de 2024, disponible en https://omal.info/spip.php?article10121.

Sobre la obra colectiva

No podíamos finalizar este estudio introductorio sin realizar una sucinta presentación de los capítulos que integran esta obra, que calificamos del máximo interés científico gracias a la calidad investigadora de sus autoras y autores. Pese a que el proceso de edición de esta obra finalizó ya bien entrado el año 2024, las contribuciones fueron presentadas a finales de 2023. Este hecho, si bien no resta un ápice de vigencia, calidad y actualidad a las aportaciones, motiva que no se haya podido incluir un análisis detallado de los más recientes acontecimientos, entre ellos, la aprobación definitiva de la Directiva europea a la que en numerosas ocasiones se refiere en la obra. Bien es sabido que su proceso legislativo ha devenido largo y complejo, lo cual permite dar cuenta de la importancia de su definitiva aprobación y del interés de todo el seguimiento de su negociación, recogido en las contribuciones aquí presentadas.

Esta obra colectiva queda dividida en tres grandes bloques temáticos que pretenden ofrecer una panorámica de conjunto de la debida diligencia obligatoria en materia de derechos humanos, desde el análisis jurídico preciso del contexto normativo, integrando propuestas constructivas hacia el futuro que está por venir, y hasta incluso abarcar el estudio de la casuística más reciente y relevante en la materia.

Los tres grandes apartados refieren a (i) Legislación y propuestas legislativas de diligencia debida en derechos humanos; (ii) Diligencia debida en derechos humanos en contextos y sectores específicos; y (iii) Estudios de casos: responsabilidad, acceso a la justicia y diligencia debida en derechos humanos.

Las contribuciones que integran la primera parte de esta obra profundizan y reflexionan sobre las propuestas normativas surgidas en contextos nacionales y en el ámbito regional europeo, así como en el potencial alcance y en los principales elementos que componen este tipo de regulación de la conducta empresarial. Así, en el primer capítulo de esta obra, Humbero Cantú Rivera (Universidad de Monterrey) reflexiona sobre dos conceptos cardinales en la regulación de la actividad empresarial en un mundo sin fronteras económicas: la transnacionalidad y la extraterritorialidad. El autor lleva a cabo una relectura de estos conceptos para abordar las oportunidades y las limitaciones para avanzar en la regulación empresarial para la prevención y reparación de abusos a los derechos humanos en el contexto de la transnacionalidad económica. Al respecto, Carmen Márquez Carrasco (Universidad de Sevilla) analiza en el segundo de los capítulos los elementos más relevantes de la propuesta de Directiva sobre diligencia debida en materia de sostenibilidad empresarial desde el enfoque jurídico transnacional. La autora reflexiona sobre el contenido de la propuesta normativa y sus implicaciones transnacionales, en particular, en lo relativo a las normas de diligencia debida basadas en el riesgo con efectos transnacionales.

Este estudio de la iniciativa europea abre paso a otros capítulos con enfoque nacional. En la tercera contribución, Céline da Graça Pires (NOVA Centre for Business, Human Rights and the Environment) y Daniel Schönfelder (Responsible Contracting Project) realizan un estudio comparativo entre la ley francesa de deber de vigilancia y la ley alemana de cadenas de suministro, poniendo en valor sus principales aciertos y cuestionando sus debilidades. Tras ello, Tara Scally pasa a analizar las oportunidades que presenta la legislación de diligencia debida en Países Bajos, para tras ello, en el siguiente capítulo, adentrarnos en una aproximación al borrador de anteproyecto de ley española con una mirada desde la ley francesa. Este capítulo, bajo autoría de Adoración Guamán (Universitat de València) y Tatiana Sachs (Université Paris Nanterre), parte de la concepción de la diligencia debida como piedra angular de la discusión actual, asumiendo el primer hito que supuso la norma francesa. Tras realizar un detallado análisis de su contenido y de su aplicación, se analizan las oportunidades que pudiera plantear otro modelo normativo en construcción, el español. Desde la base de este contexto, Nerea Magallón Elósegui (Universidad del País Vasco) desarrolla en profundidad la futura ley española, contextualizando la propuesta y sus objetivos y analizando los mecanismos de implementación que se proyectan.

Finalmente, esta primera parte centrada en el análisis normativo necesariamente tenía que incluir iniciativas surgidas en otras geografías, y en particular, en América Latina. A tal fin, Sebastián Smart (Anglia Ruskin University) hace lo propio desde los trabajos avanzados en Chile. Partiendo del contexto normativo internacional y regional americano, el autor analiza las propuestas legislativas en las que se está trabajando en el país, desde los Planes de Acción Nacional sobre derechos humanos y empresas hasta los intentos de avanzar hacia la debida diligencia obligatoria. Por su parte, Federico Chunga Fiestas se aproxima a las propuestas surgidas en Perú y, en concreto, a las oportunidades que ha despertado la aprobación en el año 2021 del primer Plan de Acción Nacional y la reciente propuesta de ley de diligencia debida presentada por la Plataforma de la Sociedad Civil sobre Empresas y Derechos Humanos de Perú.

La segunda parte de esta obra colectiva tiene por objeto analizar propuestas regulatorias de carácter sectorial, así como otras iniciativas y enfoques novedosos. En primer lugar, Francisco Javier Zamora Cabot (Universitat Jaume I) y Lorena Sales Pallarés (Universidad de Castilla-La Mancha) analizan con enfoque crítico el avance de los minerales en transición en sede del proceso de descarbonización mundial. Seguidamente, Alexandre Urpí Moreno (Universitat Rovira i Virgili) dedica su capítulo al progreso en la erradicación del trabajo forzoso en la Unión Europea, con referencia particular a la reciente propuesta de Reglamento sobre productos con trabajo forzoso y a sus «luces y sombras». También se aborda el sector de la tecnología, en este caso de la mano de Anna Luisa Walter de Santana y Beatriz Flügel Assad

(Pontificia Universidad Católica del Paraná). Las autoras analizan el impacto general de las empresas de tecnología en los derechos humanos para pasar después a centrarse en el estudio de la Ley de Servicios Digitales de la Unión Europea y las obligaciones en materia de diligencia debida empresarial que incorpora.

Esta segunda parte finaliza con dos capítulos de temática singular, que aportan nuevas perspectivas de estudio a la materia. Por un lado, Orencio Vázquez Oteo (Universidad Nacional de Educación a Distancia) dedica su contribución a las oportunidades que ofrece la normativa sobre información no financiera en la gestión de impactos de derechos humanos. En particular, analiza los aspectos requeridos por la Ley 11/2018 y su cumplimiento por parte de las empresas del IBEX 35. Por otro lado, y poniendo cierre a esta segunda parte, Marouane Laabbas-El-Guennouni (Universitat Rovira i Virgili) analiza la protección de derechos laborales y ambientales a través del contexto normativo que proporcionan los acuerdos marco internacionales y los acuerdos de libre comercio.

Con la finalidad de profundizar en el estudio desde un enfoque aplicado, esta obra finaliza con una tercera parte dedicada a cuatro estudios de caso. El estudio comienza con la contribución de Lorena Sales Pallarés (Universidad de Castilla-La Mancha), quien lleva a cabo un análisis evolutivo de dos casos paradigmáticos llevados ante diferentes jurisdicciones: el caso de los Buzos Miskitos (Lemoth Morris y otros) c. Honduras, con sentencia dictada por la Corte Interamericana de Derechos Humanos, y el caso Envol Vert et al. c. Casino, ante la jurisdicción francesa en invocación de la ley del deber de vigilancia empresarial. El siguiente capítulo, presentado por Miguel Ángel Elizalde Carranza (Universitat Oberta de Catalunya), examina relevantes cuestiones que ponen en conexión la actividad de empresas estatales petroleras y la figura jurídica de la inmunidad estatal. Para ello, analiza en profundidad el estatuto jurídico aplicable y concluye con un repaso por diferentes causas judiciales, en particular litigios climáticos, en los que esta figura legal puede resultar determinante.

Seguidamente, aunque cambiando de línea temática, Aintzane Márquez (Universidad Carlos III de Madrid y Centre for Research on Multinationals [SOMO]) analiza en su contribución la potencialidad del litigio estratégico desde el enfoque feminista e interseccional refiriendo a diferentes casos de responsabilidad empresarial en materia de derechos sexuales y reproductivos; en particular, son objeto de su estudio el caso chileno de los lotes defectuosos de anticonceptivos, llevado ante los mecanismos especiales de las Naciones Unidas, el caso de Yaneth Valderrama y el impacto del glifosato, llevado ante la Comisión Interamericana de Derechos Humanos por responsabilidad estatal, y el caso Kabwe, una demanda colectiva interpuesta en los tribunales sudafricanos por contaminación ambiental masiva.

Finalmente, esta tercera parte concluye con la contribución de Mikel Berraondo (Akuaipa Transformation). Su capítulo se centra en la problemática sufrida por el pueblo Wayuú, en la Guajira colombiana, actualmente asediado por la instalación forzosa de parques eólicos por parte de numerosas empresas europeas que no respetan los estándares básicos de diligencia debida empresarial ni los derechos a la fecha ya consolidados de las comunidades indígenas.

Cabe mencionar que esta obra colectiva se erige como el primer número de una colección que auguramos de gran prestigio editada por la Editorial Colex, y que lleva por título «Estudios de Empresas, Derechos Humanos y Medio Ambiente». La publicación de la presente obra se realiza en el marco de los proyectos de investigación «Acceso a la justicia en el contexto de abusos corporativos: la litigación como estrategia de resistencia y de empoderamiento a las víctimas (ACCJUSTEDH)» (ref: ICI023/23/000001), financiado por el *Institut Català Internacional per la Pau*, y «Oportunidades y desafíos en la implementación de las normas de debida diligencia empresarial en materia de Derechos humanos y medio ambiente» (ref: CIGE/2022/63), financiado por la *Conselleria d'Innovació, Universitats, Ciència i Societat digital de la Generalitat Valenciana*. Gracias al trabajo desarrollado en el marco de los mencionados proyectos, se ha podido crear un valioso espacio de discusión y debate interdisciplinar en torno a la materia, poniendo en conexión perspectivas de carácter jurídico, social y económico, tal y como recoge el resultado final de la presente obra. Esperamos que esta aportación se convierta en un material de interés para el estudio de las personas y entidades que trabajen esta materia, por la calidad científica de todos los autores y autoras, la excelencia de sus contribuciones y la actualidad de las temáticas. Aprovechamos este espacio para mostrar nuestro más sincero y sentido agradecimiento a todas las personas participantes.

PARTE I

LEGISLACIÓN Y PROPUESTAS LEGISLATIVAS DE DILIGENCIA DEBIDA EN DERECHOS HUMANOS

TRANSNACIONALIDAD Y EXTRATERRITORIALIDAD: ALGUNAS (BREVES) REFLEXIONES

Humberto Cantú Rivera*
Universidad de Monterrey

SUMARIO: Introducción. 1. La premisa inicial: la potestad regulatoria sobre las actividades económicas transnacionales. 2. Algunos dilemas e imprecisiones sobre los conceptos de transnacionalidad y extraterritorialidad. 3. Conclusión.

Introducción

En el ámbito de los derechos humanos y las empresas, pocos conceptos resultan tan complejos como la transnacionalidad y la extraterritorialidad; sin embargo, se trata de conceptos cardinales que subyacen a la problemática de la regulación de la actividad empresarial en un mundo sin fronteras económicas. Aunque con frecuencia se menciona que el problema de la regulación de la actividad empresarial es su carácter transnacional —del sujeto mismo, o bien de su actividad— y las limitaciones de la soberanía estatal para alcanzar las operaciones globales de las empresas, lo cierto es que ambos términos encubren realidades que, en la práctica, se han alimentado de teorías que difícilmente encuentran un sustento en el actuar de los Estados.

* Profesor titular de la Facultad de Derecho y Ciencias Sociales y Director del Instituto de Derechos Humanos y Empresas de la Universidad de Monterrey, así como socio fundador de la firma de consultoría RBC Strategy. Es co-Presidente del Comité sobre Empresas y Derechos Humanos de la *International Law Association*, dirige la Academia Latinoamericana de Derechos Humanos y Empresas, y es miembro del Comité Editorial del *Business and Human Rights Journal* y de la revista *Droits fondamentaux* de la Universidad de París 2 Panthéon-Assas.

Aunque de forma sumamente concisa, este texto pretende abordar los conceptos de transnacionalidad y extraterritorialidad, en un esfuerzo por clarificar su significado y, de forma modesta, plantear su relectura desde una perspectiva que permita visibilizar oportunidades para avanzar en la conversación respecto de la regulación empresarial para la prevención y reparación de abusos a los derechos humanos. Así, una segunda sección aborda brevemente la figura de la jurisdicción estatal y las implicaciones para la potestad regulatoria, que se acompaña de una tercera sección en la que se discuten brevemente los conceptos centrales del texto, a saber, la extraterritorialidad y la transnacionalidad, seguidos de una breve conclusión.

1. La premisa inicial: la potestad regulatoria sobre las actividades económicas transnacionales

Uno de los aspectos elementales del derecho internacional de los derechos humanos es la identificación de la existencia de una obligación estatal frente a las afectaciones a los derechos humanos generadas por actores no estatales. Ya sea que se identifique como el deber de garantía, conforme lo establece el artículo 2 del Pacto Internacional de Derechos Civiles y Políticos, así como otros instrumentos de carácter regional; o que se denomine como una obligación de protección, como ha sido identificado por los órganos de tratados de derechos humanos en el ámbito onusino, dicha obligación se refiere expresamente al deber de los órganos públicos de adoptar medidas adecuadas para prevenir las afectaciones a los derechos humanos que puedan originarse por actores no estatales, o en su caso, de investigar, sancionar y reparar tales afectaciones. A su vez, el derecho internacional de los derechos humanos ha establecido la obligación estatal de adoptar medidas para hacer efectivos los derechos reconocidos en los instrumentos internacionales. Cabe destacar, al respecto, que en particular el Pacto Internacional de Derechos Civiles y Políticos reconoce que el alcance de dichas obligaciones abarca a «los individuos que se encuentren en su territorio y estén sujetos a su jurisdicción»[1].

El concepto de jurisdicción en el derecho internacional tiene distintas vertientes, aunque de forma general se considera como una cuestión vinculada a los derechos y poderes de los Estados[2], es decir, a los límites acordados implícita o explícitamente en el derecho internacional para el ejercicio de la potestad estatal. Es, conforme a la práctica y reconocimiento general de la comunidad internacional, un concepto en el que predomina un enfoque eminentemente territorial, estableciendo en consecuencia un

1 Pacto Internacional de Derechos Civiles y Políticos, art. 2.1.

2 Mills, A: «Rethinking Jurisdiction in International Law», *The British Yearbook of International Law*, Vol. 84(1), 2014, pp. 187-239.

límite para el ejercicio de las distintas atribuciones estatales[3], aunque no se trate de un criterio absoluto. La doctrina y algunos posicionamientos de organismos internacionales reconocen de forma general que el ejercicio de la jurisdicción ocurre de tres formas distintas: por vía prescriptiva o legislativa; por vía adjudicativa; y por vía de ejecución[4]. A través de dichas modalidades, el Estado ejerce su potestad sobre personas, bienes o actos dentro de su territorio, y de forma excepcional, respecto de personas, bienes o actos que se encuentren u ocurran fuera de él[5]. A esa excepción es a lo que la doctrina se refiere como «jurisdicción extraterritorial», término que ha dado lugar a un importante número de discusiones en virtud de la confusión que genera[6].

La interpretación desarrollada sobre el concepto de jurisdicción por distintos órganos internacionales en materia de derechos humanos presenta algunas orientaciones al respecto. Por ejemplo, el Comité de Derechos Humanos ha señalado que todo Estado Parte debe respetar y garantizar los derechos a toda persona que esté bajo la autoridad o el control efectivo del Estado Parte aunque no se encuentre en el Estado Parte[7]. El Comité sobre Derechos Económicos, Sociales y Culturales (Comité DESC) no se pronunció al respecto en su observación sobre la naturaleza de las obligaciones de los Estados Parte, seguramente debido a la aún incipiente evolución de la temática al momento en que dicha observación se adoptó[8]. Sin embargo, aunque no se definen con suficiente detalle, dichas consideraciones se han ido matizando o trans-

3 Dupuy, P. M. y Kerbrat,Y.: *Droit international public*, 12e éd., París, Dalloz, 2014, pp. 118-119, sobre el principio de la igualdad soberana de los Estados como fundamento para el límite del ejercicio de las competencias estatales; véase en el mismo sentido, Pellet, A.: «Préface», en Alina Miron y Bérangère Taxil (dirs.), *Extraterritorialités et droit international*, París, Pedone, 2020, p. 4; y August Reinisch, «Extraterritorial Jurisdiction» en Marcelo Kohen e Iris van der Heijden (dirs.), *150 ans de contributions au développement du droit international*, Paris, Pedone, 2023, pars. 5-7.

4 Ryngaert, C.: *Jurisdiction in International Law*, 2a ed., Oxford, Oxford University Press, 2015, pp. 9-10; Asamblea General, *Informe de la Comisión de Derecho Internacional*, A/61/10 (2006), Anexo V. La jurisdicción extraterritorial, pp. 581 y ss.

5 Véase Higgins, R.: *Problems & Processes: International Law and How We Use It*, Oxford, Clarendon Press, 1995, pp. 73-74, quien señala que existe una tolerancia respecto del ejercicio extraterritorial de la jurisdicción mientras no sea excesivo y no se busque ejecutar en el territorio de un tercer Estado, aunque algunos Estados lo consideran como una práctica inaceptable, e incluso ilegal.

6 Ryngaert, C.: *op. cit.*, p. 7, quien señala que dicho término parecería indicar que un Estado ejerce su jurisdicción independientemente de la existencia de un vínculo o nexo territorial; aunque es posible, no se trata, por lo general, de una situación enteramente recurrente.

7 Comité de Derechos Humanos, *Observación general No. 31: Naturaleza de la obligación jurídica general impuesta a los Estados Partes en el Pacto*, CCPR/C/21/Rev.1/Add.13 (29 de marzo de 2004), par. 10.

8 Comité de Derechos Económicos, Sociales y Culturales, *Observación general N.° 3: La índole de las obligaciones de los Estados Partes*, E/1991/23 (1990).

formando conforme tales órganos han profundizado en sus reflexiones en la materia. Así, el Comité de Derechos Humanos recientemente ha afirmado que los Estados partes deben tomar medidas apropiadas para proteger el derecho a la vida frente a actores estatales o no estatales que operen en su territorio, aunque también plantea que se adopten medidas frente a actividades que se desarrollen o generen efectos fuera de él[9]. Por otra parte, el Comité DESC ha insistentemente enfatizado que el alcance de las obligaciones estatales no se restringe únicamente a su territorio, y que incluso, debe prevenirse que las actividades desarrolladas en una jurisdicción priven del ejercicio de un derecho protegido por el Pacto a las personas que se encuentren en otra jurisdicción[10].

Dicha premisa, sobre los deberes estatales y su alcance, ha sido especialmente importante en las discusiones sobre el papel de las empresas en materia de derechos humanos que, como se sabe, han evolucionado de forma vertiginosa en las últimas dos décadas, a partir del ejercicio de la Subcomisión para la promoción y protección de los derechos humanos[11] para desarrollar un marco normativo al respecto, pero particularmente a partir de la adopción de los Principios Rectores sobre las empresas y los derechos humanos[12] en 2011. Dicho instrumento gira alrededor de las obligaciones de los Estados bajo el derecho internacional de los derechos humanos en el contexto de las actividades empresariales, resaltando los deberes estatales de protección y de garantía del acceso a mecanismos de reparación efectivos, además de plantear medidas que las empresas pueden adoptar para prevenir impactos adversos en los derechos humanos, o en caso necesario, repararlos.

Sobre la cuestión del alcance de las obligaciones de los Estados, el Representante Especial sobre la cuestión de los derechos humanos y las empresas transnacionales y otras empresas adoptó una postura cautelosa, señalando en su comentario al segundo principio que

> **las normas internacionales de derechos humanos no exigen** generalmente que los Estados regulen las actividades extraterritoriales de las empresas domiciliadas en su territorio y/o su jurisdicción. **Tampoco lo prohíben, siempre que haya una**

---

9 Comité de Derechos Humanos, *Observación general núm. 36. Artículo 6: derecho a la vida*, CCPR/C/GC/36 (3 de septiembre de 2019), pár. 22.

10 Comité de Derechos Económicos, Sociales y Culturales, *Observación general N.° 15: El derecho al agua (artículos 11 y 12 del Pacto Internacional de Derechos Económicos, Sociales y Culturales)*, E/C.12/2002/11 (20 de enero de 2003), pár. 31.

11 Subcomisión de Promoción y Protección de los Derechos Humanos, *Normas sobre las responsabilidades de las empresas transnacionales y otras empresas comerciales en la esfera de los derechos humanos*, E/CN.4/Sub.2/2003/12/Rev.2 (13 de agosto de 2003).

12 Consejo de Derechos Humanos, *Principios Rectores sobre las empresas y los derechos humanos: puesta en práctica del marco de las Naciones Unidas para «proteger, respetar y remediar»*, A/HRC/17/31 (21 de marzo de 2011).

base jurisdiccional reconocida. En este contexto, **algunos órganos de tratados de derechos humanos recomiendan** a los Estados que adopten medidas para impedir los abusos en el extranjero de empresas registradas en su jurisdicción[13]. (Énfasis añadido)

En efecto, hasta la fecha las normas convencionales de derechos humanos no han planteado la existencia expresa de deberes extraterritoriales de los Estados, aunque tanto la doctrina como diversas decisiones judiciales, tanto nacionales como internacionales, hayan emitido distintas opiniones al respecto. Un sector de la doctrina, por ejemplo, hace un marcado énfasis sobre la existencia actual de obligaciones extraterritoriales de los Estados en materia de derechos humanos, y particularmente respecto de los derechos económicos, sociales y culturales[14]. En ese sentido, se propone que para lograr la realización de los derechos económicos, sociales y culturales, particularmente ante realidades como la globalización económica, es necesario que los Estados adopten legislaciones para regular la conducta de actores privados que, estando constituidos en su jurisdicción, operan más allá de sus fronteras. Los órganos de tratados de derechos humanos del Sistema de Naciones Unidas parecen orientarse de forma unánime hacia esa misma dirección[15], así como algunas otras organizaciones de carácter regional[16], que señalan que los Estados deberían regular con esa perspectiva.

A nivel judicial, al menos desde la lógica del derecho internacional público y los alcances y límites de la jurisdicción estatal en materia prescriptiva o legislativa, distintas sentencias y opiniones consultivas han abordado la cuestión. Por ejemplo, en la ampliamente referida sentencia en el caso *Lotus*, la Corte Permanente de Justicia Internacional proponía una interpretación al respecto desde la lógica de la existencia de una «presunción de permisibilidad», salvo que existiera una prohibición expresa respecto de la adopción de legislación con alcances extraterritoriales[17]. En dos planteamientos distintos,

---

13 *Ibid.*

14 Véanse en particular los *Principios de Maastricht sobre las obligaciones extraterritoriales de los Estados en el área de los derechos económicos, sociales y culturales*, 2011, así como el análisis doctrinal al respecto, De Schutter, O. et al.: «Commentary to the Maastricth Principles on Extraterritorial Obligations of States in the Area of Economic, Social and Cultural Rights», *Human Rights Quarterly*, Vol. 34, 2012, pp. 1084-1169.

15 Comité de Derechos Humanos, *Observación general núm. 36. Artículo 6: derecho a la vida*, CCPR/C/GC/36 (3 de septiembre de 2019), pár. 22; Comité de Derechos Económicos, Sociales y Culturales, *Observación general núm. 24 sobre las obligaciones de los Estados en virtud del Pacto Internacional de Derechos Económicos, Sociales y Culturales en el contexto de las actividades empresariales*, E/C.12/GC/24 (10 de agosto de 2017), pár. 25-37.

16 Comisión Interamericana de Derechos Humanos, *Empresas y derechos humanos: Estándares interamericanos*, CIDH/REDESCA/INF.1/19 (1 de noviembre de 2019), párr. 147-175.

17 Corte Permanente de Justicia Internacional, *The Case of the S.S. «Lotus»*, Series A.–No. 10 (7 de septiembre de 1927), pp. 18-19.

su sucesora, la Corte Internacional de Justicia, ha señalado que, en efecto, en ciertas circunstancias específicas se puede concluir que existen obligaciones extraterritoriales para los Estados en materia de derechos humanos. Por ejemplo, en su opinión consultiva sobre las consecuencias jurídicas de la construcción de un muro en el territorio palestino ocupado de 2004, la Corte señaló que el Pacto Internacional de Derechos Civiles y Políticos resultaba aplicable respecto de actos desarrollados por un Estado cuando éste ejerza su jurisdicción fuera de su territorio, como en una situación de ocupación[18], planteamiento que fue reiterado en la sentencia en el caso entre la República Democrática del Congo y Uganda[19].

En un sentido similar se ha pronunciado recientemente la Corte Interamericana de Derechos Humanos, que en 2017 señaló *expressis verbis* que

> los supuestos en que las conductas extraterritoriales de los Estados constituyen ejercicios de su jurisdicción son excepcionales y, como tal, deben ser interpretados de manera restrictiva... La Corte Interamericana estima que una persona está sometida a la «jurisdicción» de un Estado, respecto de una conducta cometida fuera del territorio de dicho Estado (conductas extraterritoriales) o con efectos fuera de dicho territorio, cuando dicho Estado está ejerciendo autoridad sobre la persona o cuando la persona se encuentre bajo su control efectivo, sea dentro o fuera de su territorio[20].

Lo anterior suscita la aparición de diversos interrogantes, particularmente en torno a la potestad regulatoria de los Estados respecto de actividades económicas transnacionales. Partiendo de la base de que existe una obligación de adoptar medidas legislativas para hacer efectivos los distintos derechos protegidos por los instrumentos convencionales, ¿puede la legislación que se adopte alcanzar indistintamente a personas físicas y jurídicas que se encuentran fuera de su territorio, considerando tanto los límites existentes en el derecho internacional, como la existencia de doctrinas en materia societaria como la personalidad jurídica separada? ¿Cómo abordar el fenómeno de la transnacionalidad económica desde la lógica de la regulación estatal? Y, considerando los ejemplos recientes de legislación en materia de debida diligencia en derechos humanos, ¿podemos efectivamente referirnos a instrumentos de carácter *extraterritorial*?

---

18 Corte Internacional de Justicia, *Legal Consequences of the Construction of a Wall in the Occupied Palestinian Territory* (9 de julio de 2004), párr. 109-111.

19 Corte Internacional de Justicia, *Case Concerning Armed Activities on the Territory of the Congo (Democratic Republic of the Congo v. Uganda)* (19 de diciembre de 2005), párr. 215-221.

20 Corte IDH. *Medio ambiente y derechos humanos (obligaciones estatales en relación con el medio ambiente en el marco de la protección y garantía de los derechos a la vida y a la integridad personal-interpretación y alcance de los artículos 4.1 y 5.1, en relación con los artículos 1.1 y 2 de la Convención Americana sobre Derechos Humanos)*. Opinión Consultiva OC-23/17 de 15 de noviembre de 2017. Serie A No. 23, pár. 81.

2. Algunos dilemas e imprecisiones sobre los conceptos de transnacionalidad y extraterritorialidad

Como ya se ha abordado en otros espacios, la cuestión de la responsabilidad empresarial en materia de derechos humanos se encuentra íntimamente vinculada, desde hace varias décadas, a algunas posiciones ideológicas o al uso de ciertas terminologías que, jurídicamente, serían difíciles de sostener, al menos desde el propósito de la regulación jurídica de las actividades empresariales[21]. Uno de los principales términos utilizados es el de «empresas transnacionales», que desde la década de los sesenta o setenta del siglo pasado se utiliza para referirse a entidades jurídicas que desarrollan sus actividades a través de las fronteras. El anterior término, inmutable desde su aparición en el ámbito onusino en el marco de la negociación de un Nuevo Orden Económico Internacional y de los esfuerzos por crear un Código de Conducta para Empresas Transnacionales, ha logrado sostenerse incluso en el contexto del esfuerzo más reciente por establecer normas internacionales para regular la conducta empresarial y su impacto en los derechos humanos y el ambiente.

Así, aunque los Principios Rectores sobre las empresas y los derechos humanos optaron por un término relativamente neutral, al referirse de forma genérica a las empresas —y enfatizando con ello que todas las empresas, independientemente de su tamaño, pueden afectar los derechos humanos—, la resolución que dio origen a la actual negociación internacional mantuvo la terminología utilizada desde la época de la Subcomisión para la promoción y la protección de los derechos humanos, a saber, empresas transnacionales y otras empresas comerciales. Aunque los debates al respecto no han logrado zanjarse del todo a una década del comienzo de dicha negociación —e incluso continúan siendo una parte central del debate en el Grupo de Trabajo Intergubernamental, como se puede observar en el informe de la más reciente sesión[22]—, propuestas de Estados latinoamericanos han resaltado la necesidad de contar con terminología que refleje cuidadosamente la realidad jurídica de las estructuras y actividades empresariales, a fin de posibilitar su efectiva regulación. Así, desde por lo menos la quinta sesión, se ha propuesto que el enfoque del instrumento gire en torno a las actividades

21 Cantú Rivera, H.: «El proceso hacia un tratado internacional en materia de empresas y derechos humanos: reflexiones sobre sus causas y efectos» en Cantú Rivera, H. (ed.), *El tratado sobre las empresas y los derechos humanos: Perspectivas latinoamericanas*, Ciudad de México, Tirant Lo Blanch, 2022.

22 Consejo de Derechos Humanos, *Informe sobre el noveno período de sesiones del grupo de trabajo intergubernamental de composición abierta sobre las empresas transnacionales y otras empresas con respecto a los derechos humanos*, A/HRC/55/59 (26 de diciembre de 2023), párr. 11-24.

transnacionales de las empresas y sus impactos en los derechos humanos y el ambiente, reconociendo que se trata de entidades jurídicas constituidas normalmente conforme al derecho del país en el que operan, pero que trabajan de forma coordinada a través de las fronteras, utilizando identidades, recursos y conocimientos compartidos[23]. Aunque aún no hay una posición de consenso al respecto, dicha posición ha ido generando un mayor grado de aceptación entre los Estados participantes, lo cual podría contribuir a la creación de un instrumento que, al menos parcialmente, logre capturar las especificidades técnicas de la constitución y operación de los grupos transnacionales de sociedades comerciales.

A la anterior cuestión se añade otra discusión conceptual y terminológica que, desde una perspectiva jurídica, se beneficiaría de una mayor reflexión: la cuestión de la extraterritorialidad. En efecto, la cuestión de la extraterritorialidad se encuentra en el corazón de la discusión sobre la transnacionalidad económica, pues se plantea que, ante actividades transnacionales, debe existir una regulación extraterritorial de parte de los Estados de origen de las empresas matrices[24]. Dicha discusión, presente tanto en las negociaciones en las Naciones Unidas como en el contexto de la negociación sobre la Directiva sobre diligencia debida de las empresas en materia de sostenibilidad (y ciertamente en el marco de las legislaciones nacionales que se han adoptado en distintos países europeos), ha generado continuas alusiones en la discusión doctrinal y en la movilización de organizaciones de la sociedad civil sobre el alcance extraterritorial que podrían tener ciertas normas. A esta cuestión nos referimos a continuación.

El concepto de la extraterritorialidad no es desconocido en el ámbito de los derechos humanos[25]. Sin embargo, los contornos del ejercicio de la jurisdicción extraterritorial se han definido con base en ciertos contextos existentes, como lo son situaciones de conflictos armados o de ocupación, en donde la presencia de un actor estatal fuera de su territorio, o bien los actos lesivos generados por este, impone una extensión de sus obligacio-

---

23 Consejo de Derechos Humanos, *Informe del quinto período de sesiones del grupo de trabajo intergubernamental de composición abierta sobre las empresas transnacionales y otras empresas con respecto a los derechos humanos*, A/HRC/43/55 (9 de enero de 2020).

24 Cf. Methven O' Brien, C.: «The Home State Duty to Regulate the Human Rights Impacts of TNCs Abroad: A Rebuttal», *Business and Human Rights Journal*, Vol. 3, 2018, pp. 47-73, quien plantea que no existen bases sólidas para afirmar la existencia de una obligación de regular transnacionalmente las actividades empresariales.

25 Véanse, por ejemplo, Milanovic, M.: *Extraterritorial Application of Human Rights Treaties: Law, Principles, and Policy*, Oxford, Oxford University Press, 2011; Shany, Y.: «The Extraterritorial Application of International Human Rights Law», *Recueil des cours*, Vol. 409, 2020; De Frouville, O.: «La responsabilité des États pour les activités extraterritoriales des entreprises et l'interprétation de la notion de "juridiction" par le Comité des droits de l'homme» en Decaux, E., Gillibert P. y Motoc, I. (dirs.), *Justice et droits de l'homme: Mélanges en hommage à Christine Chanet*, París, Pedone, 2019.

nes tradicionalmente territoriales. Aunque la doctrina y la jurisprudencia no necesariamente han compartido la misma perspectiva al respecto, la dimensión extraterritorial de las actividades estatales se configura con base en la presencia de los agentes del Estado fuera de su jurisdicción territorial habitual. Sin embargo, al abordar la cuestión de las actividades transnacionales de las empresas, los supuestos en materia de ejercicio jurisdiccional cambian de forma notoria, pues el Estado regularmente no mantiene presencia fuera de su jurisdicción[26] y no todos los actos de regulación son de naturaleza efectivamente extraterritorial[27].

La práctica reciente parecería confirmar el supuesto anterior, pues el alcance directo de las normas que regulan la conducta empresarial en relación con los derechos humanos es sobre aquellas empresas que tienen un vínculo con la jurisdicción o bien, que están presentes en ella (es decir, que tienen su «nacionalidad» o que desarrollan actividades dentro de su territorio). Por ejemplo, la ley francesa sobre el deber de vigilancia[28] dispone expresamente que se aplica a toda sociedad con domicilio social en Francia y que tenga por lo menos cinco mil empleados propios y en sus filiales francesas, o por lo menos diez mil empleados propios y en sus filiales francesas y extranjeras[29]. La ley alemana sobre cadenas de suministro[30] señala que es aplicable a empresas que tengan su administración central, principal lugar de negocios, sede administrativa o sede estatu-

26 Una potencial excepción serían las empresas públicas o de propiedad estatal, aunque la situación bajo el derecho internacional es poco clara al respecto. Véanse Cubides Sánchez, M. I.: «Empresas públicas: Cerrando la brecha de impunidad entre el deber de proteger y el deber de respetar los derechos humanos» en Cantú Rivera, H. (ed.), *El tratado sobre las empresas y los derechos humanos: Perspectivas latinoamericanas*, Ciudad de México, Tirant Lo Blanch, 2022; Schönsteiner, J.: «Inter-American Elements for a Systemic Approach to State-Owned Enterprises» Human Rights Obligations', *Business and Human Rights Journal*, Vol. 7(3), 2022; y Catá Backer, L.: «Human Rights Responsibilities of State Owned Enterprises' en Deva S. y Birchall, D. (eds.), *Research Handbook on Human Rights and Business*, Cheltenham, Edward Elgar, 2020.

27 Al respect, véase Schmid, E.: «Le champ d'application spatial des legislations nationales en matière de conduite responsable des entreprises», Revue trimestrielle des droits de l'homme, n.° 128, 2021, pp. 868-869.

28 LOI n.° 2017-399 du 27 mars 2017 relative au devoir de vigilance des sociétés mères et des entreprises donneuses d'ordre; véase al respecto Cossart, S., Chaplier, J. y Beau de Lomenie, T.: «The French Law on Duty of Care: A Historic Step Towards Making Globalization Work for All», *Business and Human Rights Journal*, Vol. 2, 2017; Savourey, E. y Brabant, S.: «The French Law on the Duty of Vigilance: Theoretical and Practical Challenges Since its Adoption», *Business and Human Rights Journal*, Vol. 6, 2021.

29 Décision no. 2017-750 DC du 23 Mars 2017 du Conseil Constitutionnel.

30 *Supply Chain Due Diligence Act* (*Lieferkettensorgfaltspflichtengesetz*), 10 de junio de 2021; véase al respecto Krajewski, M., Tonstad, K. y Wohltmann, F.: «Mandatory Human Rights Due Diligence in Germany and Norway: Stepping, or Striding, in the Same Direction?», *Business and Human Rights Journal*, Vol. 6(3), 2021.

taria en Alemania y tengan por lo menos mil empleados en Alemania, o bien, que tengan una filial en Alemania y por lo menos mil empleados en el país. La ley noruega sobre transparencia[31], por su parte, cubre a las empresas grandes que sean «residentes» en Noruega y que ofrezcan bienes y servicios en o fuera del país, así como a empresas extranjeras que ofrezcan bienes y servicios y paguen impuestos en Noruega. Por último, la propuesta de Directiva sobre diligencia debida de las empresas en materia de sostenibilidad[32] aprobada por el Consejo de la Unión Europea en marzo de 2024 y votada favorablemente por el Parlamento Europeo en abril del mismo año plantea que será aplicable, *inter alia*, a empresas constituidas conforme a la legislación de un Estado miembro de la Unión Europea, y que tengan más de 1000 empleados e ingresos netos a nivel mundial de más de 450 millones de euros, o bien a las empresas constituidas conforme a la legislación de un tercer Estado que hayan generado ingresos netos de más de 450 millones de euros en la Unión Europea. En todos los supuestos anteriores, se establecen criterios que, más allá de presentar una perspectiva extraterritorial, plantean la existencia de un vínculo tradicional con el actor que está sujeto a la normativa, ya sea por motivos de nacionalidad o de presencia en el territorio del Estado que regula. Lo anterior es significativo, pues al menos en cuanto al alcance subjetivo, la alusión a una noción de extraterritorialidad no parecería tener una suficiente justificación.

Otra perspectiva se abre en lo que concierne a las obligaciones que se imponen a las empresas matrices o a aquellas que están directamente cubiertas por dichas legislaciones, especialmente en cuanto a sus cadenas de suministro o de actividades. Al respecto, existe una tendencia generalizada de exigir a las empresas cubiertas por las leyes respectivas que impulsen procesos de debida diligencia en derechos humanos, aunque con diferentes alcances. Por ejemplo, en el caso francés, la exigencia es respecto de las propias actividades de la empresa obligada y en relación con aquellas sociedades controladas directa o indirectamente, así como respecto de sus proveedores[33]; en el caso alemán, respecto de sus cadenas de suministro, entendidas como las acciones de la empresa misma y de sus proveedores directos e indirectos, tanto en el país como en el extranjero[34]; y en el caso de la Directiva europea, la obligación recae sobre las empresas cubiertas por

31 *Transparency Act*, 10 de junio de 2021; véase al respecto Krajewski, M. Tonstad, K. y Wohltmann, F., *op. cit.*

32 *Propuesta de Directiva sobre diligencia debida de las empresas en materia de sostenibilidad*, 2024.

33 LOI n.° 2017-399 du 27 mars 2017 relative au devoir de vigilance des sociétés mères et des entreprises donneuses d'ordre, art. 1.

34 *Supply Chain Due Diligence Act* (*Lieferkettensorgfaltspflichtengesetz*), 10 de junio de 2021, secciones 2.5-8 y 9.

ella, incluyendo tanto sus propias operaciones como las de sus subsidiarias y de los socios comerciales directos e indirectos que forman parte de sus cadenas de actividades[35]. Sin embargo, en todos los supuestos anteriores el enfoque no plantea que las leyes como tal generen efectos *directos* sobre actores que no se encuentran específicamente cubiertos por ellas, es decir, que tienen un vínculo expreso con la jurisdicción competente; al contrario, exigen que, por medio de otros instrumentos, la empresa obligada adopte distintas medidas, jurídicas o de gestión, respecto de otros actores con los que mantiene relaciones de negocios.

Lo anterior resulta relevante en este contexto, pues más que un efecto extraterritorial *directo*, se trata de una *expectativa*[36] sobre la utilización de un derecho transnacional de carácter privado, distinto de la regulación pública, para impulsar, incentivar o requerir ciertos ajustes en el comportamiento de otros actores presentes en diferentes jurisdicciones. En virtud de ello, se configura una realidad jurídica distinta, una obligación de medios, que plantea más bien un esfuerzo por aplicar de forma transnacional normas privadas que busquen generar prácticas empresariales orientadas a la prevención o mitigación de daños, lo cual es técnicamente distinto a los presupuestos para la existencia del ejercicio jurisdiccional de carácter extraterritorial que se ha planteado de forma amplia por la doctrina y alguna práctica internacional[37]. Independientemente de las redefiniciones conceptuales aquí planteadas, sin duda se trata de una evolución jurídica significativa, que confirma un avance de la regulación empresarial a través de medidas preventivas que les permitan identificar y gestionar adecuadamente sus impactos a los derechos humanos y el ambiente, y que plantea interacciones normativas complejas pero necesarias para abordar las dificultades inherentes a la regulación de las cadenas de suministro globales.

---

35 *Propuesta de Directiva sobre diligencia debida de las empresas en materia de sostenibilidad*, 2024, art. 2-3.

36 Nos referimos a una expectativa, pues se plantea como una obligación de medios para las distintas partes involucradas, de adoptar medidas tendientes a identificar, prevenir, mitigar y reparar los impactos adversos que se puedan causar o a los que se pueda contribuir.

37 Al respecto, véase Cassel, D.: «State Jurisdiction over Transnational Business Activity Affecting Human Rights» en Deva, S. y Birchall, D. (eds.), *Research Handbook on Human Rights and Business*, Cheltenham, Edward Elgar, 2020, quien plantea de forma convincente que un término más apropiado sería el de jurisdicción transnacional, al no ser una cuestión meramente binaria, y en nuestra opinión, dependiente únicamente de la regulación pública. Véase también Seck, S.: «Beyond Territoriality: Symposium on Jurisdictional "Hooks" for (Extraterritorial) Human Rights Obligations — Human Rights Relationships Across Borders in the Triple Planetary Crisis», *Opinio Juris*, 1 de mayo de 2024, disponible en https://opiniojuris.org/2024/05/01/beyond-territoriality-symposium-on-jurisdictional-hooks-for-extraterritorial-human-rights-obligations-human-rights-relationships-across-borders-in-the-triple-planetary-crisis/.

3. Conclusión

El presente capítulo ha buscado plantear dos elementos sencillos: que las «empresas transnacionales» pueden ser sujetas de una regulación efectiva si se reconoce que se trata de grupos de empresas constituidas a nivel nacional que operan a través de las fronteras de forma coordinada; y que más que ejercer una jurisdicción extraterritorial, los Estados en la actualidad por lo general dependen de la existencia de un vínculo tradicional con el territorio —o de alguna otra índole— para efectos de justificar —legitimar[38]— la regulación de la actividad transnacional de las empresas *en materia de derechos humanos*. Ambos elementos plantean diferencias significativas con la forma en que regularmente se entienden (y discuten) dichas figuras.

Retomando las palabras de Rosalyn Higgins, la inmutabilidad en la comprensión y discusión de dichos términos ha generado, de cierta forma, una prisión conceptual, que no permite vislumbrar de forma clara que se trata, en realidad, de la emergencia y gradual consolidación de una regulación privada transnacional, establecida por medio de instrumentos de derecho público nacional. De tal manera, y actuando bajo los límites impuestos por uno de los principios fundamentales del derecho internacional público —la igualdad soberana de los Estados—, la emergencia de normas sobre debida diligencia en derechos humanos plantea, en la práctica, una revolución jurídica en la que implícitamente se reconocen las limitaciones de los Estados para fiscalizar de forma efectiva las actividades empresariales, y explícitamente se exige de las empresas un importante ejercicio de autorregulación a través de la figura legalizada de la debida diligencia en derechos humanos, aunque acompañado de una supervisión por distintos actores públicos, privados y sociales, cuyas herramientas complementarias podrán dar lugar, por lo menos, a sanciones administrativas o situaciones de responsabilidad civil.

38 Audit, M. y Kerbrat, Y. : «Regards croisés sur l'extraterritorialité droit international public/ droit international privé» en Miron, A. y Taxil, B. (dirs.), *Extraterritorialités et droit international*, París, Pedone, 2020, pp. 67-68; véase también Higgins, R., *op. cit.*, p. 77.

LA PROPUESTA DE DIRECTIVA SOBRE DILIGENCIA DEBIDA EN MATERIA DE SOSTENIBILIDAD EMPRESARIAL DESDE UNA PERSPECTIVA JURÍDICA TRANSNACIONAL

Carmen Márquez Carrasco*

Universidad de Sevilla

SUMARIO: Introducción. 1. El contexto regulatorio: el ecosistema de la Unión Europea en materia de sostenibilidad. 2. Una breve aproximación al Derecho transnacional. 3. El enfoque transnacional de la propuesta de Directiva sobre diligencia debida en materia de sostenibilidad empresarial. 4. Conclusiones.

Introducción

Para abordar los impactos negativos de las operaciones comerciales transnacionales que afectan a los derechos humanos y el medio ambiente, la Unión Europea (UE) se embarcó en el año 2020 en un procedimiento legislativo ordinario conducente a la adopción de una Directiva sobre debida diligencia en materia de sostenibilidad empresarial (CSDDD). Varios países

---

* Contacto: cmarque@us.es; la investigación conducente a este capítulo ha sido realizada en el marco del proyecto de I+d+i "Vacíos normativos y desarrollo progresivo de la Agenda 2030 y del principio de sostenibilidad. Especial relevancia para España". IP Carlos FERNÁNDEZ LIESA/ IP Ana MANERO SALVADOR, financiado por MCIN-2023, PID2022-138333900B-I00; así como en el marco del Grupo de investigación del Plan Andaluz de Investigación SEJ-055 "nuevos sujetos, nuevos derechos, nuevas responsabilidades: derechos humanos en la sociedad global" y en el marco de la «Red Empresas y Derechos Humanos. Incidencia especial en el extractivismo y los acaparamientos de tierra y agua» (REDH-EXATA) financiada por la Asociación Iberoamericana de Postgrado (AUIP). Más información sobre la Red en la web https://redhexata.com/la-red/. Los vínculos referidos en este estudio han sido consultados a fecha de 22 de diciembre de 2023.

miembros de la UE han venido adoptando leyes nacionales sobre diligencia debida, con diferentes ámbitos subjetivo y material. A este respecto, la propuesta de Directiva pretende evitar la inseguridad jurídica, la fragmentación del mercado interior y los costes y la complejidad innecesarios para las empresas como resultado del creciente número de normas nacionales de Estados miembros[1].

Tras presentar diversas variantes en junio de 2020, en septiembre de 2020, el Parlamento Europeo adoptó un informe para la Comisión Europea con recomendaciones para un proyecto de Directiva sobre diligencia debida empresarial en materia de derechos humanos, medio ambiente y buena gobernanza. Por parte de la Comisión, la primera propuesta de Directiva fue publicada en febrero de 2022. Por parte del Parlamento Europeo, la Comisión de Asuntos Jurídicos (JURI) publicó el 7 de noviembre de 2022 un proyecto de informe (denominado «proyecto de informe Wolters»), que no fue aprobado definitivamente hasta el 25 de abril de 2023. Entre tanto, el 30 de noviembre de 2022, el Consejo Europeo adoptó formalmente su posición negociadora sobre la propuesta de Directiva. El 1 de junio de 2023 fue adoptada la posición negociadora final del Parlamento Europeo. A partir de aquí comenzó el trílogo interinstitucional sobre la propuesta de Directiva negociado por la Presidencia española del Consejo, con el Parlamento y la Comisión[2]. Las últimas sesiones de negociación entre las instituciones se están llevando a cabo en el mes de diciembre, en la que puede constituir la ronda final que permita llegar a un acuerdo.

La propuesta de Directiva de la Comisión se aplica a las grandes empresas que han sido constituidas en países miembros de la Unión Europea u operan en el mercado interior de la UE y, por lo tanto, se dirige deliberadamente a las empresas dentro y fuera de la UE. Como parte de sus obligaciones de diligencia debida basadas en el riesgo, las empresas incluidas en el proyecto deben abordar los impactos potenciales y reales relacionados con sus subsidiarias y socios comerciales. Teniendo en cuenta la globalización de las cadenas de valor, la futura Directiva europea en tanto que Derecho derivado tendrá implicaciones jurídicas considerables para las empresas y los titulares de derechos humanos fuera de la Unión. Además, al basarse en la noción de diligencia debida fundamentada en el riesgo para los derechos humanos y el medio ambiente que se formula en los estándares internacionales de *soft law* (Dere-

1 Propuesta de Directiva del Parlamento Europeo y del Consejo relativa a la diligencia debida en materia de sostenibilidad empresarial y por la que se modifica la Directiva (UE) 2019/1937, Exposición de motivos, p. 13.

2 Puede consultarse el *iter* legislativo con referencias de fechas e instrumentos en MÁRQUEZ CARRASCO, C., «Todos los ojos puestos en Bruselas: las claves de la futura Directiva sobre diligencia debida en materia de sostenibilidad empresarial», *Revista Española de Empresas y Derechos Humanos*, n.º 1, julio 2023, pp. 5-36.

cho indicativo) sobre empresas y derechos humanos[3], la Directiva también convertiría dichos estándares en *hard law* (Derecho vinculante), una vez más, con implicaciones para las empresas activas en la UE, pero también para las empresas situadas a lo largo de sus cadenas de suministro mundiales.

Originada en el ámbito de empresas y derechos humanos (*business and human rights*), el concepto de diligencia debida basada en el riesgo se ha convertido en un elemento central de los principales marcos internacionales sobre conducta empresarial responsable. Los Principios Rectores de las Naciones Unidas sobre Empresas y Derechos Humanos establecieron el concepto de diligencia debida en materia de derechos humanos de manera integral, y las Directrices de la OCDE para Empresas Multinacionales, cuyo foco es la conducta empresarial responsable, ampliaron el alcance de la noción más allá de los derechos humanos para incluir al medio ambiente y otras preocupaciones de sostenibilidad. La revisión de las Directrices de la OCDE en junio de 2023 ha conducido a perfilar con mayor detalle esta noción de debida diligencia de derechos humanos y el medio ambiente en sus distintos alcances y elementos.

Los Principios Rectores buscaron integrar los derechos humanos en las operaciones comerciales y utilizaron la «diligencia debida», un concepto que parecía familiar en el mundo de los negocios, para traducir los derechos humanos al ámbito privado. Este movimiento, impulsado por un «pragmatismo fundamentado en principios» (*principled pragmatism*), fue característico del autor de los Principios Rectores, el Catedrático de relaciones inter-

3 Entre otros, «Principios Rectores sobre empresas y derechos humanos: puesta en práctica del marco de las Naciones Unidas para proteger, respetar y remediar», UN Doc. A/HRC/17/31, 21 de marzo de 2011; Directrices de la OCDE para empresas multinacionales 2011, disponibles en https://doi.org/10.1787/9789264115415-en . Véase también «Líneas Directrices de la OCDE para empresas multinacionales: temas de conducta empresarial responsable», disponible en http://mneguidelines.oecd.org/MNEguidelines_RBCmatters.pdf; Normas de Desempeño Ambiental y Social de IFC (2012), disponibles en www.ifc.org/wps/wcm/connect/Topics_Ext_Content/IFC_External_Corporate_Site/Sustainability-At-IFC/Policies-Standards/Performance-Standards; Organización Internacional del Trabajo, «Declaración tripartita de principios sobre las empresas multinacionales y la política social» (5.ª edición 2017); Organización Internacional de Normalización, «ISO 26000 - Responsabilidad social» (2010), disponible en http://www.iso.org/iso/home/standards/iso26000.htm; Comisión Interamericana de Derechos Humanos, «Empresas y Derechos Humanos: Estándares Interamericanos» (Documentos Oficiales OEA/Ser.L/V/II, 2019), en párrafo 50; Pacto Mundial de las Naciones Unidas y Alto Comisionado de las Naciones Unidas para los Derechos Humanos, «The UN Guiding Principles on Business and Human Rights: Relationship to UN Global Compact Commitments» (junio de 2014), disponible en https://www.unglobalcompact.org/docs/issues_doc/human_rights/Resources/GPs_GC%20note.pdf; The Equator Principles Association, «The Equator Principles III: A financial industry benchmark for determining, assessing and management environmental and social risk in projects» (2013), disponible en https://equator-principles.com/about/; International Bar Association, «IBA Practical Guide on Business and Human Rights for Business Lawyers» (Guía práctica de la IBA sobre empresas y derechos humanos para abogados de negocios, 28 de mayo de 2016).

nacionales de la Universidad de Harvard John G. Ruggie. En términos de conceptualizaciones jurídicas, su logro principal fue doble. En primer lugar, los Principios Rectores dejaron de lado los largos debates sobre la aplicabilidad «horizontal» de los derechos humanos que habían generado un estancamiento en los debates nacionales e internacionales. La naturaleza procedimental de la diligencia debida convierte a los derechos humanos en puntos de referencia de rendimiento y desplaza el debate del nivel de interpretación de los derechos a los mecanismos de control de cumplimiento. En segundo lugar, los Principios Rectores han ampliado la esfera de responsabilidad más allá del ámbito contractual y han dado sentido a las numerosas relaciones mediadas e interconexiones que caracterizan la economía global.

Rastrear tales dinámicas entre lo global y lo local, entre las prácticas de las empresas líderes y las condiciones laborales en los pequeños proveedores, entre intereses económicos, huella ambiental y desarrollo, requiere adoptar una perspectiva sistémica que rompa algunas de las estructuras cognitivas y jurídicas que contribuyen a disociar e invisibilizar en lugar de integrar dichas dinámicas. En particular, los Principios Rectores de las Naciones Unidas cuestionan los límites que los conceptos de contrato y personalidad corporativa establecen para la responsabilidad individual de una organización empresarial. Las innovaciones conceptuales vienen acompañadas del desafío de exponer los derechos humanos a una lógica de evaluación de riesgos en la que las empresas gozan de amplia autoridad interpretativa y gerencial. Los Principios Rectores han reformulado nuestra comprensión de los medios de regulación públicos y privados de una manera impactante, aunque al mismo tiempo frágil y propensa a ser cooptada por las corporaciones. Es importante señalar esta tensión inherente en la idea de protección efectiva de los derechos humanos a través de un marco procedimental de evaluación de riesgos corporativos, tensión subyacente a muchos debates en torno a la propuesta de Directiva sobre diligencia debida en materia de sostenibilidad empresarial.

Si bien la herramienta estratégica de los Principios Rectores, la diligencia debida en derechos humanos basada en el riesgo, ha recibido un amplio respaldo, la implementación efectiva de las recomendaciones pertinentes derivadas del Derecho internacional indicativo ha sido notablemente insuficiente al depender en última instancia de la voluntariedad corporativa. Es en este contexto en el que la UE se embarcó en la adopción de una norma horizontal jurídicamente obligatoria de diligencia debida para las empresas en relación con los derechos humanos y el medio ambiente.

Según la Comisión Europea, los desafíos a los que se dirige la propuesta de Directiva, es decir, los impactos adversos sobre los derechos humanos y el medio ambiente en el contexto de las actividades empresariales, tienen una «dimensión transnacional»[4]. La respuesta de la UE al alcance transnacio-

4 Propuesta de Directiva, exposición de motivos, en particular pp. 1-3 y 15-16.

nal del problema ha dado lugar a un enfoque que tendrá implicaciones para los agentes públicos y privados a través de las fronteras nacionales. Esta dimensión suscita cuestiones relevantes desde una perspectiva de Derecho transnacional.

En efecto, el Derecho transnacional fusiona elementos del Derecho público y privado y opera principalmente a través de las fronteras de los sistemas jurídicos nacionales o regionales[5]. Se aplica regularmente a las actividades de los actores privados que tienen, como la debida diligencia basada en el riesgo, un carácter transnacional, incluidos los impactos en los derechos humanos, en los derechos laborales, el medio ambiente y la salud pública[6].

El orden jurídico transnacional emergente ha estimulado diversas iniciativas regulatorias para promover la sostenibilidad, centrándose principalmente en las empresas comerciales y en sus responsabilidades comerciales en materia de derechos humanos, así como en la producción sostenible de bienes específicos (como la madera u otros recursos naturales). Este fenómeno se refleja en los debates y análisis de las formas de gobernanza y los instrumentos reglamentarios, por ejemplo, en relación con los minerales de conflicto[7] o la conducta empresarial responsable en general[8].

Es desde esta perspectiva que analizamos la propuesta de Directiva como una iniciativa regulatoria, adoptada por una organización pública, que entre otras cosas se extiende a través de los límites jurisdiccionales de esa entidad pública, para tener como destinatarios fundamentalmente a los actores privados. Mediante el examen de la dimensión extraterritorial de la propuesta de Directiva desde la perspectiva del Derecho transnacional, es posible identificar ejemplos de la constante evolución del Derecho transnacional que pue-

---

5 Jessup, P.C, *Transnational Law*, Yale University Press, 1956; Zumbasen, P., «Transnational law, evolving» en Smits, J. (ed), *Elgar Encyclopedia of Comparative Law*, 2.ª edición, Edward Elgar Publishing, 2012, p. 925; id., *Transnational Law: Theories & Applications*, TLI Think! Paper 15/2020, en SSRN: https://ssrn.com/abstract=3601385; Cotterrell, R., «What Is Transnational Law?» *Law & Social Inquiry*, *37* (2), 2012, pp. 500–524; Koh, H. K., «Why Do Nations Obey International», Yale Law Journal Vol. 106 (No. 8), 1992, p. 2599; Turégano Mansilla, I., Derecho transnacional o la necesidad de superar el monismo y el dualismo en la teoría jurídica. *Derecho PUCP*, 79, 2017, pp, 223-265, en https://doi.org/10.18800/derechopucp.201702.010.

6 Zumbasen, P., *Transnational Law: Theories & Applications*, TLI Think! Paper 15/2020, en https://ssrn.com/abstract=3601385.

7 Cusato, E., «Transnational law and the politics of conflict minerals regulation: construing the extractive industry as a "partner" for peace», *Transnational Legal Theory*, 12 (2), 2021, p. 269.

8 Buhmann, K., «Business and human rights: Understanding the UN Guiding Principles from the Perspective of Transnational Business Governance Interactions», *Transnational Legal Theory*, *6* (2), 2015, pp. 399-434.

den ser considerados como una respuesta a la globalización de los mercados y la transnacionalización del Derecho que ya ha tenido lugar[9], contribuyendo a expandir la conducta empresarial responsable[10].

La aplicación de un enfoque de Derecho transnacional a la legislación de diligencia debida basada en el riesgo con efectos extraterritoriales, como la propuesta de Directiva, también aborda nuevas cuestiones. A excepción de algunos estudios que examinan aspectos transnacionales del Reglamento sobre la madera[11], o que cuestionan la legitimidad de las leyes de diligencia debida de la UE, dados sus efectos para las empresas y los individuos en terceros países[12], hasta ahora este tema ha sido escasamente tratado por la doctrina en relación con la CSDDD.

En este trabajo se sostiene que una comprensión del carácter jurídico transnacional de la Directiva es clave para el análisis de las leyes nacionales a través de las cuales los gobiernos buscan regular los impactos adversos causados por entidades privadas que se producen en otras jurisdicciones. Un enfoque jurídico transnacional permite evaluar la eficacia de las leyes pertinentes y los posibles obstáculos relacionados con la adopción de este tipo de regulación más allá de la jurisdicción del país o región reguladores. Además, dicho enfoque permite incorporar y responder a las críticas doctrinales sobre la legitimidad del proyecto de esta propuesta de Directiva, dadas sus considerables implicaciones extraterritoriales. En tiempos de interrupciones comerciales y escasez de materias primas críticas, la sostenibilidad se entrelaza con la geopolítica, ya que los reguladores en todo el mundo utilizan cada vez más las cadenas de valor globales como un sustituto regulatorio para alcanzar diferentes objetivos políticos, incluida la seguridad de los suministros. La diligencia debida ha sido criticada como proteccionista, por colocar

9 Flores, I. B., «Hacia un derecho "glocal" o "transnacional" y una jurisprudencia "glocal(izada)" o "transnacional(izada)": repensar el derecho a la luz de la "globalización" o "gobernanza global"», en Serna, J.M. (ed.), *Gobernanza global y cambio estructural del sistema jurídico mexicano,* UNAM, 2016, pp. 91-103.

10 Buhmann, K., *Changing sustainability norms through communication processes: The emergence of the business and human rights regime as transnational law,* Edward Elgar Publishing, 2017.

11 Buhmann, K. y Nathan, I., «Regulating sustainability by combining legality verification and market access: critical reflections on the EUs FLEGT scheme as smart-mix multi-level regulation for the timber sector» en Gammage, C. y Novitz, T. (eds), *Sustainable Trade, Investment and Finance*, Edward Elgar Publishing, 2019.

12 Okowa, P., «The Pitfalls of Unilateral Legislation in International Law: Lessons from Conflict Minerals Legislation», *International and Comparative Law Quarterly*, 69 (3), 2020, p.685; Lichuma, C., «(Laws) Made in the "First World": A TWAIL Critique of the Use of Domestic Legislation to Extraterritorially Regulate Global Value Chains», *ZaöRV*, 81 (2), 2021, p. 497; id., «More than meets the eye: Participatory (in)justice and the EU Corporate Sustainability Due Diligence» (Blogging on the CSDDD, editado por Leonard Feld, University of Southern Denmark, en cooperación con la Universidad Nova Lisboa 2023), disponible en https://novabhre.novalaw.unl.pt/more-than-meets-the-eye/.

cargas excesivas en pequeños proveedores del Sur Global y carecer de eficacia para generar un impacto positivo en el desarrollo[13].

El presente estudio se estructura de la siguiente manera. El apartado primero sitúa a la propuesta de Directiva en el contexto normativo más amplio, mientras que el apartado segundo tiene por objeto exponer brevemente la teoría jurídica transnacional y su relevancia para el debate sobre las normas de diligencia debida basadas en el riego con efectos extraterritoriales. El apartado tercero incluye un análisis de la propuesta de Directiva en tanto que manifestación del Derecho transnacional. El estudio finaliza en el apartado cuarto con algunas conclusiones.

1. El contexto regulatorio: el ecosistema de la Unión Europea en materia de sostenibilidad

La propuesta de Directiva es una piedra angular del Pacto Verde de la UE y, como tal, se complementa con otras legislaciones y agendas, incluida la Regulación sobre la Deforestación, la Regulación de Minerales en Zonas de Conflicto, la propuesta de Regulación sobre Trabajo Forzado y el Plan de Acción de Economía Circular de la UE.

La regulación de la debida diligencia en materia de derechos humanos y medio ambiente ha emergido como un tema crucial en el mundo empresarial y legislativo. En Europa, varios países han adoptado leyes y propuesto iniciativas destinadas a garantizar que las empresas asuman responsabilidades más amplias en la protección de los derechos humanos y el medio ambiente a lo largo de sus cadenas de suministro globales. En 2017, Francia fue pionera en la debida diligencia obligatoria basada en el riesgo para grandes empresas y grupos corporativos[14]. Los Países Bajos, Alemania y Noruega han seguido su ejemplo con diferentes variaciones de los requisitos de diligencia debida[15], mientras que iniciativas similares están pendientes en otros Estados miembros de la UE. En este contexto, la UE anunció en 2020 que tam-

---

13 Lichuma, C., «Centering Europe and Othering the Rest: Corporate Due Diligence Laws and Their Impacts on the Global South» (Völkerrechtsblog 16 enero 2023), disponible en https://voelkerrechtsblog.org/centering-europe-and-othering-the-rest/.

14 Loi n.° 2017-399 du 27 mars 2017 relative au devoir de vigilance des sociétés Mères et des Empresas Donneuses d'ordre de 27 de marzo de 2017 (Francia).

15 Sobre leyes y políticas de diligencia debida en materia de derechos humanos en Europa, véase, Schilling-Vacaflor, A. y Lenschow, A., «Hardening foreign corporate accountability through mandatory due diligence in the European Union? New trends and persisting challenges», *Regulation & Governance,* 2021, pp. 1–17.

bién introduciría la diligencia debida obligatoria basada en el riesgo, centrada en los derechos humanos y el medio ambiente[16].

La futura Directiva complementará e integrará el marco jurídico más amplio y singular de la Unión Europea sobre conducta empresarial responsable, con el que se encuentra interconectada. La Unión Europea comenzó a desarrollar normativa de carácter sectorial en materia de diligencia debida y sostenibilidad a partir del Reglamento sobre la madera adoptado en 2010, que es anterior a los Principios Rectores de las Naciones Unidas, aunque no entró en vigor hasta marzo de 2013[17].

El Reglamento de la UE sobre la madera (EUTR) forma parte de un amplio conjunto de medidas introducidas por el Plan de Acción para la Aplicación de las Leyes, la Gobernanza y el Comercio Forestales (FLEGT) adoptado en 2003 para hacer frente a la tala ilegal en los bosques del mundo. El EUTR obliga a los operadores que comercializan madera y productos de la madera en el mercado de la Unión a desarrollar o utilizar un sistema de diligencia debida para evaluar el riesgo de que la madera haya sido talada o comercializada ilegalmente, lo que implica compilar información sobre la madera que desean importar, evaluando la probabilidad de que sea legal y tomando medidas para mitigar el riesgo de importar madera ilegal. El incumplimiento de la diligencia debida es un delito, incluso si la madera en sí no se demuestra que es ilegal. Un informe reciente sobre la implementación del EUTR señaló que es «el primer instrumento legal a nivel de la Unión Europea que incluye la debida diligencia obligatoria, un principio clave para la responsabilidad de las empresas en línea con los Principios Rectores de las Naciones Unidas sobre

16 Estas consideraciones también sirven para explicar las bases jurídicas de la futura Directiva, es decir, los artículos 54 y 114 TFUE, que otorgan a la UE la competencia para adoptar medidas destinadas a garantizar la libertad de establecimiento (artículo 50 del TFUE) y a aproximar las legislaciones de los Estados miembros para asegurar el funcionamiento del mercado interior (artículo 114 del TFUE).

17 El Reglamento UE n.° 995/2010 del Parlamento Europeo y del Consejo, de 20 de octubre, por el que se establecen las obligaciones de los agentes que comercializan madera y productos de la madera es de aplicación directa a partir del 3 de marzo de 2013 y desarrolla una serie de disposiciones que buscan asegurar que toda la madera comercializada en Europa tenga un origen legal (DOUE L 295/23). El Reglamento de Ejecución (UE) n.° 607/2012 de la Comisión, de 6 de julio de 2012, establece normas detalladas en relación con el sistema de diligencia debida y con la frecuencia y la naturaleza de los controles que las autoridades competentes deben realizar sobre las entidades de supervisión (DOUE L177/16). En España fue adoptado el Real Decreto 1088/2015, de 4 de diciembre, para asegurar la legalidad de la comercialización de madera y productos de la madera, que establece las disposiciones necesarias para la aplicación en España del Reglamento EUTR designando a la Dirección General de Biodiversidad, Bosques y Desertificación como Autoridad Competente EUTR para la coordinación, la relación con la Unión europea y la gestión del Sistema Estatal del comercio de la madera (LIGNUM); y a las Autoridades Competentes designados por las Comunidades Autónomas, como autoridades encargadas de realizar los controles a los operadores económicos que comercialicen en Europa madera o sus productos (BOE núm. 296, de 11 de diciembre de 2015).

las Empresas y los Derechos Humanos». No obstante, aunque se centra en los riesgos para la sociedad, el Reglamento de la Madera aplica un enfoque de diligencia debida diferente al establecido por los Principios Rectores.

La Directiva 2013/34 de la UE sobre información no financiera obliga a determinadas empresas a divulgar información sobre cuestiones no financieras, incluidos los principales riesgos de impactos adversos para los derechos humanos y el medio ambiente que están vinculados a las propias operaciones, productos y servicios de las empresas y a las relaciones comerciales, así como las políticas que aplican en torno a esos riesgos, incluidos los procesos de diligencia debida implementados[18]. La Directiva tiene como destinatarios a las empresas de más de 500 empleados, lo que abarca aproximadamente 6000 empresas de toda la UE, incluidas las empresas cotizadas, los bancos, las compañías de seguros y otras empresas designadas por las autoridades nacionales como de interés público. La Directiva ofrece a las empresas una flexibilidad significativa para divulgar la información pertinente. En la práctica, en la aplicación de la Directiva de la UE sobre información no financiera por parte de las empresas de los Estados miembros, parece haber una tendencia a centrarse en los riesgos materiales para la empresa, más que a riesgos para los afectados. La Directiva sobre información no financiera, así como la Directiva de contabilidad de la UE, han sido modificadas por la Directiva relativa a la presentación de información sobre sostenibilidad por parte de las empresas (CSRD)[19], con la que la propuesta de Directiva sobre diligencia debida en materia de sostenibilidad empresarial está estrechamente vinculada.

La futura Directiva sobre diligencia debida en materia de sostenibilidad empresarial perfeccionará la aplicación de la Directiva sobre información no financiera ya que incorporará un deber corporativo sustantivo para que las empresas ejerzan la debida diligencia sobre los derechos humanos y el medio ambiente en sus propias operaciones, sus filiales y en la cadena de suministro. De acuerdo con los marcos internacionales sobre conducta empresarial responsable, la divulgación es una parte integral de un proceso de diligencia debida basado en el riesgo. Sin embargo, con arreglo al Derecho de la

18 Directiva 2013/34/UE sobre divulgación de información no financiera y sobre diversidad por determinadas grandes empresas.

19 La Directiva 2014/95/UE del Parlamento Europeo y del Consejo modificó la Directiva 2013/34/UE en lo que respecta a la divulgación de información no financiera por parte de determinadas grandes empresas y determinados grupos. La Directiva 2014/95/UE introdujo la obligación de que las empresas presentaran información relativa, como mínimo, a cuestiones medioambientales y sociales, así como relativas al personal, al respeto de los derechos humanos y a la lucha contra la corrupción y el soborno. En relación con estos temas, la Directiva 2014/95/UE exigía a las empresas que presentaran información en los siguientes ámbitos: modelo de negocio; políticas, incluidos los procedimientos de diligencia debida; resultados de dichas políticas; riesgos y gestión de riesgos; e indicadores clave de resultados que sean pertinentes respecto de la actividad empresarial.

Unión, la comunicación de información pertinente entra en gran medida en el ámbito de aplicación de la futura Directiva. Nos encontramos, por tanto, con dos actos legislativos diferentes con ámbitos de aplicación subjetivo distintos. La propuesta de Directiva sobre diligencia debida se centra en políticas y procesos de gestión para identificar y abordar los impactos adversos, prescribiendo obligaciones de divulgación sólo para aquellas entidades que no están cubiertas por la CSRD.

La CSRD, a su vez, garantiza que las empresas y los grupos corporativos comuniquen información relevante, incluida una descripción de los procesos de debida diligencia de las empresas en materia de derechos humanos y medio ambiente, los principales impactos reales o potenciales resultantes de sus propias operaciones o cadenas de valor, y las acciones tomadas para prevenir, mitigar, remediar o poner fin a tales impactos adversos. A pesar de la separación formal, los dos requisitos están estrechamente vinculados. Por un lado, los procesos de diligencia debida basados en el riesgo prescrito permiten a las empresas recopilar mejor los datos necesarios para sus informes de sostenibilidad. Por otro lado, la mayor disponibilidad de información sobre sostenibilidad, resultante de los requisitos de CSRD, facilita a las empresas, especialmente a los socios comerciales de las entidades informantes, cumplir con sus propias obligaciones de diligencia debida basadas en el riesgo.

Respecto de la transición a una economía sostenible y de contribución a la limitación del calentamiento global en consonancia con el Acuerdo de París, la CSRD obliga a recopilar información y a notificar, y el Proyecto de Directiva aportará el establecimiento de procesos para la identificación de impactos adversos. En segundo lugar, la CSRD cubrirá el último paso del deber de diligencia debida, es decir, la etapa de presentación de informes, para las empresas que también están cubiertas por la CSDDD. En último lugar, a la luz del acuerdo entre las instituciones logrado en diciembre de 2023, se espera que la futura Directiva establezca obligaciones para las empresas de adoptar y publicar el plan que asegure que el modelo de negocio y su estrategia sean compatibles con la transición hacia una economía sostenible y con la limitación del calentamiento global a 1,5 °C sobre el que CSRD exige informar[20].

Por lo tanto, la futura Directiva y la Directiva sobre presentación de información en materia de sostenibilidad se complementan y refuerzan mutuamente. Asimismo, la CSDDD complementará el Reglamento de taxonomía[21] una herramienta de transparencia que facilita las decisiones sobre inversión y ayuda a abordar el *greenwashing* al proporcionar una categorización de inversiones ambientalmente sostenibles en actividades económicas, ya que ampliará la

20 Propuesta de Directiva, exposición de motivos, pp. 4-5.

21 Regulation EU 2020/852 of the European Parliament and of the Council of 18 June 2020 on the establishment of a framework to facilitate sustainable investment, and amending Regulation (EU) 2019/2088 (OJ L 198, 22.6.2020, pp. 13–43).

identificación de los riesgos a toda la cadena de suministro, lo que permitirá informar a los inversores con mayor transparencia y profundidad.

En materia de minerales de conflicto, el Reglamento fue adoptado en 2017[22]. Aplicando un enfoque de diligencia debida consistente con las normas pertinentes de la OCDE, el instrumento incluye obligaciones de diligencia debida en la cadena de suministro para los importadores de minerales y metales que contienen estaño, tantalio, tungsteno u oro con el objetivo de prevenir la violencia y el abuso de los derechos humanos en relación con la extracción y el comercio de estos recursos en zonas afectadas por conflictos y de alto riesgo. La propuesta de Directiva incluye en el alcance material de las obligaciones de diligencia debida «los efectos adversos sobre el medio ambiente y se aplicarán a las cadenas de valor de minerales adicionales que no están incluidos en el Reglamento sobre los minerales de zonas de conflicto pero que producen efectos adversos sobre los derechos humanos, el clima y el medio ambiente»[23], por lo que también contribuirá a reforzar y ampliar las obligaciones de diligencia debida incluidas en dicho reglamento.

Se han previsto disposiciones similares para las empresas que comercializan baterías recargables industriales y de vehículos eléctricos y que tienen los objetivos específicos de reducir las repercusiones medioambientales, climáticas y sociales a lo largo de todas las fases del ciclo de vida de las pilas y baterías, reforzar el funcionamiento del mercado interior y garantizar la igualdad de condiciones mediante un conjunto común de normas[24]. Esta propuesta de nuevo acto jurídico incluye en su ámbito de aplicación a los operadores económicos que introduzcan en el mercado de la Unión baterías industriales o para vehículos eléctricos (incluidas las incorporadas en vehículos) que tengan una capacidad superior a 2 kWh, estableciendo la obligación de que adopten políticas de diligencia debida de la cadena de suministro, y de que presenten documentación relativa a la conformidad para la verificación por parte de los organismos notificados y están sujetos a controles por las autoridades nacionales de vigilancia del mercado. La propuesta de Reglamento sobre baterías cubre aquellas materias primas de las cuales una parte importante de la producción mundial se destina a la fabricación de pilas y baterías y que pueden tener efectos adversos para la sociedad o el medio

22 Reglamento (UE) 2017/821 del Parlamento Europeo y del Consejo, de 17 de mayo de 2017, por el que se establecen obligaciones de diligencia debida en la cadena de suministro para los importadores de la Unión de estaño, tantalio y wolframio, sus minerales y oro originarios de zonas de conflicto o de alto riesgo (DO 2017, L 130/1).

23 Propuesta de Directiva del Parlamento Europeo y del Consejo relativa a la diligencia debida en materia de sostenibilidad empresarial y por la que se modifica la Directiva (UE) 2019/1937, exposición de motivos, p. 7.

24 Propuesta de Reglamento del Parlamento Europeo y del Consejo relativo a las pilas y los residuos de pilas, por el que se deroga la Directiva 2006/66/CE y se modifica el Reglamento (UE) 2019/1020 (COM(2020) 798 final, de 10 de diciembre de 2020).

ambiente (cobalto, grafito natural, litio y níquel). La futura Directiva «complementará al Reglamento relativo a las pilas y baterías mediante la introducción de una diligencia debida de la cadena de valor en relación con las materias primas que no están contempladas en dicho Reglamento, pero sin exigir una certificación para la introducción de los productos en el mercado de la UE»[25].

El 6 de diciembre de 2022 se produjo un acuerdo político de los colegisladores europeos en el que se decide reemplazar el Reglamento de la Madera con un nuevo Reglamento de Deforestación de la UE (EUDR), que comprende la madera, así como el aceite de palma, el ganado, la soja, el café, el cacao, el caucho y los productos derivados[26]. El nuevo acto jurídico entró en vigor en junio de 2023, exigiendo la diligencia debida no solo para garantizar el cumplimiento de la ley del país de producción, sino también para evitar la importación o exportación desde la UE de productos básicos o productos que contribuyen a la deforestación.

En comparación con las obligaciones generales de diligencia debida en virtud de la futura Directiva, sus objetivos son más específicos y diferentes. Este Reglamento incluye la prohibición de introducir en el mercado determinadas materias primas y productos derivados «si el cumplimiento del requisito de "legal" y "libre de deforestación" no puede establecerse mediante la diligencia debida». Esta prohibición será aplicable a todos los agentes que introducen los productos pertinentes en el mercado de la Unión, tanto empresas de la UE como de terceros países, independientemente de su forma jurídica y su tamaño. Ambos instrumentos se reforzarán mutuamente, constituyendo la futura Directiva un complemento al Reglamento sobre productos libres de deforestación «mediante la introducción de una diligencia debida de la cadena de valor relacionada con actividades que no están contempladas en dicho Reglamento, pero que pueden conducir, directa o indirectamente, a la deforestación»[27].

La futura Directiva debería contribuir a cumplir los objetivos de otras políticas y medidas de la Unión Europea en el campo del medio ambiente. En este sentido, se debe recordar la necesidad de coherencia con el Pacto Verde Europeo, en la lucha contra el cambio climático, y para el que la Comisión ha

---

25 Propuesta de Directiva del Parlamento Europeo y del Consejo relativa a la diligencia debida en materia de sostenibilidad empresarial y por la que se modifica la Directiva (UE) 019/1937, exposición de motivos, p. 8.

26 Reglamento (UE) 2023/115, del Parlamento Europeo y el Consejo, de 31 de mayo de 2023, relativo a la comercialización en el mercado de la Unión y a la exportación desde la Unión de determinadas materias primas y productos asociados a la deforestación y la degradación forestal, y por el que se deroga el Reglamento (UE) n.° 995/2010. Publicado en DOUE n.° 150, de 9 de junio 2023.

27 Propuesta de Directiva del Parlamento Europeo y del Consejo relativa a la diligencia debida en materia de sostenibilidad empresarial y por la que se modifica la Directiva (UE) 2019/1937, exposición de motivos, p. 8.

establecido una iniciativa de gobernanza empresarial integrada por el Plan de Acción de una Economía Circular[28], la Estrategia de Biodiversidad[29], Estrategia de la Granja a la Mesa[30] y la Estrategia Química[31], entre otros.

Asimismo, en razón de que la legislación medioambiental de la UE introduce varios requisitos para las empresas de los Estados miembros y define objetivos para la Unión, pero no se aplica a las cadenas de valor fuera de sus fronteras, donde pueden llegar a producirse la gran parte del daño ambiental causado por la producción de la UE— la futura Directiva contribuirá a cubrir ese vacío. Este será el caso la Directiva de Responsabilidad Medioambiental[32], que establece un marco para la responsabilidad con respecto a la prevención y reparación de daños medioambientales basado en el principio de «quien contamina paga» que no cubre las cadenas de valor de las empresas.

En la misma línea, la futura Directiva complementará la legislación climática de la UE, incluido el Reglamento de la UE sobre el Clima, con el objetivo de reducir las emisiones netas de gases de efecto invernadero en al menos un 55 % para 2030 y, así, colocar a Europa en un camino responsable hacia el cambio climático neutral para 2050. Más específicamente, la CSDDD complementará el paquete *Fit for 55* que integra objetivos más ambiciosos de eficiencia energética y energía renovable para los Estados miembros para el 2030 o la mejora del sistema de comercio de derechos de emisión de la UE. De hecho, este paquete solo se aplicará indirectamente a algunas cadenas de valor fuera de la UE.

La futura Directiva sobre diligencia debida complementa estos regímenes de diligencia debida específicos de los distintos sectores con requisitos generales de diligencia debida basados en el riesgo y que se aplican a menos que exista una disposición de otro acto legislativo de la Unión que persiga los mismos objetivos y establezca obligaciones más amplias o

28 Comunicación de la Comisión al Parlamento Europeo, al Consejo, al Comité Económico y Social Europeo y al Comité de las Regiones. Nuevo Plan de Acción para la Economía Circular por una Europa más limpia y más competitiva. Bruselas, 11.3.2020 COM (2020) 98 final.

29 Comunicación de la Comisión al Parlamento Europeo, al Consejo, al Comité Económico y Social Europeo y al Comité de las Regiones, *Estrategia de la UE sobre la Biodiversidad de aquí a 2030. Reintegrar la naturaleza en nuestras vidas*. Bruselas, 20.5.2020 COM (2020) 380 final.

30 *Farm to Fork Strategy. For a fair, healthy and environmentally-friendly food system*. European Union, 2020.

31 Communication from the Commission to the European Parliament, the Council, the European Economic and Social Committee and the Committee of the Regions, *Chemicals Strategy for Sustainability Towards a Toxic-Free Environment*. Brusels, 14.10.2020 COM (2020) 667 final.

32 Directiva 2004/35/CE del Parlamento y del Consejo, de 21 de abril de 2004, sobre responsabilidad medioambiental en relación con la prevención y reparación de daños medioambientales, DOUE-L-2004-81009.

más específicas. Así pues, los requisitos más especializados de diligencia debida prevalecen sobre la propuesta de Directiva en virtud del principio de especialidad normativa.

2. Una breve aproximación al Derecho transnacional

El Derecho internacional, globalmente considerado, representa solo una parte de la normatividad existente, siendo referido también como «Derecho transnacional», término con múltiples definiciones desde la propuesta de Philip Jessup[33]. Distintos autores han venido a señalar que el término «Derecho internacional» resulta limitado para describir la complejidad normativa actual, abogando por un marco más amplio. La expresión «Derecho transnacional» tiene usos diversos pero interconectados, todos referentes a un ámbito jurídico que trasciende las fronteras. En algunos contextos, se centra en la necesidad de que las normas o decisiones jurídicas sean efectivas más allá de los límites estatales o de una comunidad específica, ampliando así su alcance. Ello ha planteado interrogantes sobre si el concepto tradicional de Derecho puede adaptarse a esta realidad o si se requieren modelos normativos alternativos[34], como el Derecho transnacional que se refiere a la producción normativa dentro de una red compleja de relaciones interrelacionadas.

Por otro lado, el término «Derecho transnacional» también alude a la coexistencia en un mismo entorno social de normas jurídicas formales y no formales, independientes de sistemas jurídicos reconocidos nacional o internacionalmente, evidenciando una imagen diversa y compleja del panorama jurídico. Contrario al modelo tradicional de autoridad legal estatal exclusiva y universal, el Derecho transnacional implica la concurrencia de pretensiones de autoridad limitadas y no exclusivas en un mismo ámbito social. Este enfoque se utiliza para explorar la interrelación entre diferentes órdenes normativos, no excluyendo al Estado, sino reconociéndolo y transformándolo. No plantea categorías excluyentes, sino más bien inclusivas: representa un sistema jurídico que no se limita a lo nacional o internacional, ni a lo público o privado, sino que abarca elementos de todos estos ámbitos al mismo tiempo. La característica definitoria del Derecho transnacional es la interacción entre una diversidad de actores y entornos jurídicos para crear, interpretar y aplicar normas con las que estos actores y contextos se identifican mutuamente[35].

---

33 Jessup, P., *Transnational Law*, Yale University Press, 1956, p. 56.

34 Turégano Mansilla, I., «Derecho transnacional o la necesidad de superar el monismo y el dualismo en la teoría jurídica», *Derecho PUCP*, 79, 2017, pp. 223-265, en https://doi.org/10.18800/derechopucp.201702.010.

35 Koh, H., «Transnational Legal Process. The 1994 Roscoe Pound Lecture», *Nebraska Law Review*, 1995, 181-207.

En definitiva, el Derecho transnacional fusiona elementos del Derecho público convencional (internacional, regional y, a veces, incluso nacional) y el Derecho privado convencional, así como nuevas formas normo genéticas. Se aplica o involucra a actores públicos y privados (a menudo organizaciones internacionales o regionales, o alternativamente a empresas multinacionales), que generalmente operan a través de las fronteras de los sistemas jurídicos nacionales o regionales. Por lo tanto, con frecuencia se aplica un enfoque transnacional a las actividades de carácter transnacional, incluida la conducta empresarial a lo largo de las cadenas de valor mundiales y las redes corporativas de propiedad. De hecho, la transnacionalización del Derecho en los últimos años es en gran parte debida a la globalización de los mercados y, por lo tanto, los actores del mercado actúan a través de fronteras territoriales y jurisdiccionales, mientras que los gobiernos siguen estando por definición obligados por esos límites[36]. El Derecho internacional se está transnacionalizando cuando se refiere a cuestiones que solían estar sujetas a regulación privada o nacional, a menudo en un esfuerzo por remediar las brechas de gobernanza resultantes de la incapacidad de los sistemas jurídicos nacionales para regular adecuadamente a las empresas multinacionales y sus impactos adversos sobre derechos humanos y medio ambiente.

El Derecho transnacional combina Derecho internacional y Derecho nacional (así como Derecho regional, como el Derecho de la UE), y con frecuencia contiene elementos de Derecho internacional que se están incorporando a las estructuras jurídicas y políticas nacionales[37]. El Derecho transnacional implica una politización del derecho, cuando su objetivo reside en regular actividades o impactos fuera de la jurisdicción del Estado regulador u otra entidad pública (como la UE)[38]. Por ejemplo, cuando los Países Bajos tratan de reducir la utilización de mano de obra infantil en productos en el mercado neerlandés a través de la ley de diligencia debida sobre el trabajo infantil, la ley tiene como objetivo en gran medida tener efectos en los procesos de producción en terceros países, donde es reconocido que el trabajo infantil es un grave problema. En otras palabras, el legislador holandés persigue influir en las actividades de las empresas que operan en otras jurisdicciones, incluidos los problemas que el gobierno local (Estado anfitrión) podría o se esperaría que abordara a través de sus propias leyes y políticas.

La transnacionalización del Derecho también se debe a una mayor complejidad de las cuestiones que deben ser objeto de regulación, lo que requiere

36 BUHMANN, K., *Power, procedure, participation and legitimacy in global sustainability norms: A theory of collaborative regulation*, Routledge, 2018.

37 KOH, H., «Transnational Legal Process» en Gerry Simpson (ed), *The Nature of International Law*, Routledge, 2019.

38 SAND, I., «Changing forms of governance and the role of law — society and its law» (Centro ARENA de Estudios Europeos, Universidad de Oslo, 2000). Documento de trabajo 14/2000 de ARENA, pp. 419-440.

nuevas formas de enfoques regulatorios para alcanzar los objetivos, como la configuración de la conducta y los impactos de las empresas multinacionales[39].La difuminación de las fronteras a través de la economía, la política y el Derecho, a través de las esferas de la regulación pública y privada, a través de varios Estados, y a veces a través de las esferas del ordenamiento nacional, supranacional e internacional también se observa en el creciente debate sobre el Derecho transnacional y su manifestaciones en ámbitos como los derechos humanos, el derecho laboral, el medio ambiente y el derecho de la salud pública son ejemplos primarios de este desarrollo.

El Derecho transnacional es a menudo una respuesta a los problemas de eficacia de las leyes nacionales que resultan inadecuadas para regular cuestiones que exceden las fronteras de los Estados nacionales, y también puede responder a los resultados de la fragmentación del Derecho internacional. Así, en la relación entre el Derecho internacional económico, el Derecho mercantil internacional y el Derecho internacional de los derechos humanos, hasta principios del decenio de los años 2000 era patente que la eficacia del Derecho internacional de los derechos humanos se veía comprometida en la aplicación nacional. Este argumento tuvo su reflejo tanto en el establecimiento del Pacto Mundial de las Naciones Unidas[40] como en la adopción de los Principios Rectores[41]. La falta de coherencia entre el Derecho mercantil internacional y el Derecho internacional de los derechos humanos es precisamente la razón por la que varios actores preocupados por la sostenibilidad en la década de 1990 y principios de la década de 2000 comenzaron a diseñar y aplicar nuevas formas de regulación con elementos transnacionales, incluida la regulación intergubernamental de la conducta empresarial responsable a través de iniciativas de Derecho indicativo y códigos de conducta privados como alternativas a los esfuerzos ineficaces de los Estados para abordar estos problemas. Al mismo tiempo, al tratarse de un sistema jurídico que se aplica en todas las jurisdicciones nacionales, el Derecho transnacional en sí mismo carece generalmente de un mecanismo institucionalizado de rendición de cuentas, como los tribunales de justicia, aunque algunas normas transnacionales pueden sumarse a otras que sí tienen un sistema de rendición de cuentas, de carácter no judicial[42].

---

39 Wood, S. *et al.*, «The interactive dynamics of transnational business governance: A challenge for transnational legal theory», *Transnational Legal Theory*, 2015, p. 333.

40 Annan, K., «Address of Secretary—General Kofi Annan to the World Economic Forum in Davos, Switzerland», comunicado de prensa de la ONU SG/SM/6881, 1 de febrero de 1999 (el Secretario General propone un Pacto Mundial sobre derechos humanos, trabajo, medio ambiente, en discurso ante el Foro Económico Mundial en Davos), 1999, en https://press.un.org/en/1999/19990201.sgsm6881.html.

41 UN Human Rights Council, «Protect, Respect and Remedy»; KOSKENIEMI, M., «Fragmentation of international law: Report of the Study Group of the International Law Commission» (UN Doc. A/CN.4/L.682, 13 April 2006).

42 Buhmann, K., «Business and human rights: Understanding the UN Guiding Principles from the perspective of transnational business governance interactions», *Transnational Legal Theory*, 6(2), pp. 399-434.

3. El enfoque transnacional de la propuesta de Directiva sobre diligencia debida en materia de sostenibilidad empresarial

El régimen de diligencia debida contemplado por la propuesta de Directiva tiene un enfoque transnacional, puesto de manifiesto en el ámbito de aplicación, los efectos indirectos deliberados y las implicaciones socio-económicas, de momento impredecibles para las empresas y grupos de partes interesadas en terceros Estados. La CSDDD se ajusta a la interpretación del Derecho transnacional como Derecho público dirigido a actores privados, preocupado por los derechos humanos y el medio ambiente en el contexto del comercio, y aplicable a través de las fronteras nacionales. Así lo confirma el acuerdo provisional entre el Parlamento Europeo y el Consejo logrado tras la última sesión del trílogo en diciembre de 2023.

Conforme al acuerdo sobre su ámbito subjetivo de aplicación[43], se espera que la propuesta se aplique no solo a aproximadamente 14000 empresas de la UE, sino también a unas 4000 empresas no constituidas en la UE[44]. Estas últimas están igualmente obligadas a llevar a cabo la diligencia debida de derechos humanos en todas sus operaciones globales, independientemente de si tienen una filial o sucursal comercial en la Unión Europea. De esta manera, la Directiva afectará directamente a las empresas no constituidas en Estados miembros de la UE y a sus operaciones globales. Además, la CSDDD propuesta está diseñada para tener efectos indirectos tanto para las filiales como para los socios comerciales de las entidades reguladas, independientemente del país donde estén constituidas y de si son grandes empresas (que no cumplen los umbrales de empleados y volumen de negocios) o pequeñas y medianas empresas (pymes)[45]. Las filiales son todas las entidades controladas por una empresa que entran en el ámbito de aplicación directo. Los socios comerciales, a su vez, son empresas que operan a lo largo de las

43 El acuerdo fija el ámbito de aplicación de la Directiva relativa en grandes empresas que tengan más de 500 empleados y un volumen de negocios mundial neto superior a 150 millones de euros. En lo que se refiere a las empresas no pertenecientes a la UE, se aplicará si su volumen de negocios neto en la UE supera los 150 millones de euros, tres años después de la entrada en vigor de la Directiva. La Comisión tendrá que publicar una lista de empresas no pertenecientes a la UE que entren en el ámbito de aplicación de la Directiva. Véase en https://www.consilium.europa.eu/es/press/press-releases/2023/12/14/corporate-sustainability-due-diligence-council-and-parliament-strike-deal-to-protect-environment-and-human-rights/.

44 Véase art. 2(1)-(2) y 16 de la propuesta de Directiva.

45 Art. 3 d) ibid. El hecho de que una empresa controle a otra entidad depende de los criterios establecidos en el art. 2 f) i) a iv). No está claro si el ámbito de aplicación indirecto se extiende a las filiales y socios comerciales de las filiales.

cadenas de actividades globales de las empresas reguladas, siempre que sus actividades estén vinculadas a los productos o servicios de estas últimas[46].

Frente a la propuesta de la Comisión Europea, que limitaba el alcance de los requisitos de diligencia debida a las denominadas relaciones comerciales establecidas, es decir, las relaciones comerciales «que son, o se espera que sean duraderas, habida cuenta de su intensidad y duración y que no representen una parte insignificante o auxiliar de la cadena de valor»[47], y a la del PE, el Consejo ha impuesto su posición al abandonar el concepto de relaciones comerciales establecidas y limitar el alcance de las obligaciones de diligencia debida a los socios comerciales en las «cadenas de actividades» de las empresas, que incluyen las empresas en eslabones de la cadena ascendentes cuyas operaciones se refieren a la producción de bienes o la prestación de servicios por parte de la empresa, y a las actividades descendentes específicas encargadas de la distribución, transporte, almacenamiento y reciclaje de productos.

En cualquier caso, la Directiva propuesta afectará a miles de entidades jurídicas dentro y fuera de la UE cuyas estructuras de propiedad o cadenas de valor están vinculadas a empresas que entran en el ámbito de aplicación de la Directiva.

Estas implicaciones transnacionales resultantes de la propuesta de Directiva se manifiestan en varias formas. La propuesta exige a las empresas, por ejemplo, que adopten un código de conducta y amplíen su aplicación a las filiales y a los socios comerciales establecidos[48]. En consecuencia, las empresas deben esforzarse por aplicar en cascada sus políticas de diligencia debida, a la vista de los vínculos de propiedad global y las cadenas de suministro mundiales, un requisito que puede generar tensiones en diferentes contextos jurídicos y culturales. Como resultado de tales exigencias, la Directiva también afectará a los propietarios de empresas comerciales de terceros países, así como a sus empleados y a las personas a su cargo.

También se producirán efectos indirectos cuando se requiera que una empresa gestione los impactos adversos sobre los derechos humanos o el medio ambiente que surjan de las operaciones comerciales de una subsidiaria o socio comercial. Si una empresa descubre un impacto adverso, debe tomar las llamadas «medidas apropiadas» para prevenir y mitigar los impac-

46 Art. 3, letra e), considerando 18. Según el acuerdo provisional, La Directiva sobre diligencia debida establece normas sobre las obligaciones que incumben a las grandes empresas en relación con los efectos adversos, reales y potenciales, sobre el medio ambiente y los derechos humanos en su cadena de actividades de las empresas, que abarcan a los socios comerciales situados en los eslabones anteriores de la cadena de la empresa y, en parte, a las actividades posteriores, como la distribución o el reciclado.

47 Considerando 20.

48 Arts. 5 1) b) a c), art. 7 2) b) y d), 3), art. 8, apartado 3, letras c) y e), 4).

tos potenciales o para poner fin a los impactos reales (o, al menos, para minimizar el alcance de los mismos). En caso de impactos reales, las entidades reguladas deben actuar de manera proporcional a la importancia y escala del evento, cuando sea necesario, desarrollando e implementando un plan de acción correctiva.

Los impactos potenciales, a su vez, requieren que las empresas adopten un plan de acción de prevención, con plazos razonables y claramente definidos para la acción e indicadores cualitativos y cuantitativos para medir la mejora. Otras medidas apropiadas prescritas por la propuesta incluyen inversiones en los procesos e infraestructuras necesarios, un apoyo específico y proporcionado a las PYME y la colaboración con homólogos del sector.

En relación con los socios comerciales directos, las empresas deben exigir garantías contractuales para asegurar el cumplimiento de su código de conducta y, en su caso, un plan de prevención o acción correctiva. Del mismo modo, cuando un impacto real o potencial resulte de las actividades de un socio comercial indirecto y las medidas anteriores sigan siendo insuficientes, las empresas buscarán un acuerdo directo con el socio para hacer cumplir el código de conducta y, en su caso, un plan de prevención o acción correctiva. En principio, estos acuerdos contractuales requieren, por supuesto, un acuerdo entre las partes, que puede ser difícil de lograr, por ejemplo, en los casos en que hay pocos o ningún proveedor alternativo. En la práctica, debido a la dependencia de los proveedores, generalmente en el Sur Global, de compradores más grandes en la UE, una empresa compradora puede usar su influencia económica para ejercer la presión sobre un proveedor.

El concepto de diligencia debida basada en el riesgo surgió de una iniciativa de múltiples partes interesadas bajo los auspicios de las Naciones Unidas, una organización internacional. El origen fue un esfuerzo por proponer una alternativa al concepto de «esfera de influencia» empresarial que se consideró demasiado imprecisa para permitir a las empresas identificar, prevenir, mitigar y dar cuenta adecuadamente de los impactos perjudiciales, incluso en contextos comerciales transnacionales cuando los límites de la legislación nacional con demasiada frecuencia permiten a las empresas eludir la rendición de cuentas. La debida diligencia basada en el riesgo en materia de derechos humanos fue concebido como un enfoque de gestión para que las empresas identifiquen y gestionen sus impactos de manera continua. Una vez aceptado, el concepto y sus implicaciones operativas fueron elaborados por los Principios Rectores, un instrumento internacional de Derecho indicativo adoptado por el Consejo de Derechos Humanos de las Naciones Unidas en 2011. Desde entonces, el concepto ha sido adoptado por diversas iniciativas públicas y privadas sobre conducta empresarial responsable, progresivamente bajo términos de diligencia debida basada en el riesgo (introducida por la OCDE) o diligencia debida de sostenibilidad corporativa (según lo propuesto por la Directiva sobre diligencia debida en materia de sostenibilidad de la UE).

Y la difusión no se ha detenido. Desde el ámbito del Derecho indicativo, el enfoque de diligencia debida basado en el riesgo ha sido transferido progresivamente al Derecho vinculante, tanto a nivel nacional como regional, especialmente en Europa. La aparición de leyes de diligencia debida basadas en el riesgo en los Estados miembros de la UE, a su vez, aceleró el procedimiento legislativo de la UE para la adopción de la Directiva, ya que la creciente fragmentación de los requisitos por varios Estados miembros representaba una amenaza para el funcionamiento del mercado interior. Por lo tanto, el concepto de diligencia debida basada en el riesgo ha estado en el centro de una evolución regulatoria transnacional, que, al igual que un juego de dominó, ha ido empujando a las instituciones públicas y privadas hacia la reforma, la alineación y la adaptación.

Habida cuenta del proceso evolutivo continuo descrito, es probable que la adopción de Directiva facilite aún más la difusión de la diligencia debida basada en el riesgo, teniendo en cuenta la ambición transnacional subyacente. Esta ambición surge porque la propuesta de Directiva tiene por objeto limitar los efectos perjudiciales sobre los derechos humanos o el medio ambiente que se producen en el contexto de las actividades empresariales transfronterizas, incluso fuera de la jurisdicción de la UE. A tal fin, los co-legisladores de la UE se basan no solo en (amenaza de) la aplicación de la administración pública y la responsabilidad civil para las empresas incumplidoras en los Estados donde estén domiciliadas, sino también en las empresas, como actores privados, para hacer cumplir las normas de diligencia debida a lo largo de las cadenas mundiales de suministro.

Las empresas que entran en el ámbito de aplicación de la Directiva deben ejercer presión sobre sus filiales y socios comerciales para que adopten políticas de diligencia debida y adopten ellas mismas medidas preventivas y correctivas. El nivel necesario de cumplimiento es definido en última instancia por la UE, incluso si estas normas exceden lo requerido por la legislación nacional en los Estados de origen de esas filiales y socios comerciales. Como resultado, la Directiva aborda las deficiencias regulatorias e institucionales en otros países a través de intermediarios corporativos, que tienen la tarea de mantener y hacer cumplir los estándares de diligencia debida a nivel mundial. Aunque ello puede ser loable desde la perspectiva de la conducta empresarial responsable y la reducción de los abusos de los derechos humanos relacionados con las empresas, el despliegue de una combinación de poderes legislativos y económicos por parte de una región frente a los países en otros plantea cuestiones de legitimidad regulatoria.

Al igual que en el caso del Reglamento sobre la madera, las empresas y las partes interesadas relacionadas en Estados no pertenecientes a la UE están sujetas de facto a la regulación de un legislador de la UE. Esta dimensión transnacional de la Directiva equivale a que los gobiernos de los Estados industrializados regulen los impactos en otros países, generalmente en las economías emergentes, que con frecuencia se consideran el resultado de una legislación local (nacional) ineficaz y / o su aplicación, u otras brechas de gobernanza local, a pesar de no tener legitimidad democrática para hacerlo. Algunos podrían argumentar que las empresas de terceros países no están obligadas a actuar de conformidad con la Directiva. Sin embargo, dada la dependencia económica entre, por un lado, los proveedores o filiales de terceros países y las personas que se ganan la vida en esas empresas y, por otro, los compradores o empresas establecidos en la UE, esa voluntariedad es, de hecho, limitada.

El análisis de la Directiva plantea varias perspectivas sobre el Derecho transnacional como un proceso en evolución. Anteriormente hemos señalado que el Derecho transnacional experimentó una rápida evolución en el decenio de 1990 y principios del decenio de 2000 en respuesta al desequilibrio entre las normas internacionales de derechos humanos y el Derecho mercantil y económico en las operaciones y los efectos de las empresas comerciales transnacionales. El resultado se ha desplegado en una serie de instrumentos de *soft law* (Derecho indicativo) a nivel internacional, en particular los Principios Rectores de las Naciones Unidas y las Directrices de la OCDE. Los Principios Rectores se aplican a todos los tipos de empresas comerciales en todos los países; las Directrices de la OCDE para las empresas transnacionales que operan dentro o fuera de los países de la OCDE o países adherentes, pero como Derecho indicativo sólo son orientadoras y carecen de un sistema de aplicación efectivo.

La Directiva no solo se inspira en la diligencia debida en estos instrumentos de Derecho transnacional, sino que los transforma de una manera que no solo subraya el carácter transnacional, sino que también cambia el centro, el efecto y el nivel legislativo: en primer lugar, por tratarse del Derecho público formulado por una organización internacional (supranacional) con poderes para imponer normas vinculantes a sus propios Estados miembros y a las empresas constituidas en ellos, la Directiva convierte el Derecho indicativo internacional en Derecho nacional en los Estados miembros de la UE dentro de la jurisdicción de la UE. En segundo lugar, al aplicarse a los agentes privados de los Estados miembros de la UE e imponerles obligaciones para hacer cumplir las exigencias de diligencia debida a terceros Estados, la Directiva como norma de Derecho público que exige el cumplimiento de las normas internacionales de Derecho indicativo, amplía su carácter vinculante a nivel nacional tanto para los actores privados que se encuentran dentro de la jurisdicción de la UE, como a los actores privados que se encuentran fuera de esa jurisdicción. En tercer lugar, en términos de ejecución, lo hace mediante una combinación de sanciones o decisiones de base económica impuestas por empresas de la UE frente a sus socios comerciales en otros lugares; y para las empresas constituidas en países miembros de la UE les es aplicable un régimen de responsabilidad civil ante sus tribunales. En cuarto lugar, potencialmente exporta su propio modelo de transformación del Derecho indicativo internacional en Derecho nacional vinculante más allá de su propia jurisdicción, lo que podría dar forma al Derecho transnacional en otros países y regiones.

Este efecto se debe a la amplia aplicación global de la Directiva en las cadenas de valor empresariales, que puede crear una fragmentación de la legislación e inseguridad jurídica con respecto a la legislación aplicable en países que no tienen una legislación similar. Como resultado, al igual que la Comisión decidió contrarrestar la fragmentación de la diligencia debida debido a las leyes de los Estados miembros de la UE mediante la introducción de una norma horizontal de la UE, los países terceros pueden decidir reducir la fragmentación y mejorar la seguridad jurídica mediante la introducción de legislación nacional que contemple la diligencia debida basada en el riesgo. Ello serviría para transformar aún más las normas internacionales de Derecho indicativo que ya se aplican a las empresas de forma voluntaria, en normas jurídicamente obligatorias.

En definitiva, la Directiva sobre diligencia debida de las empresas en materia de sostenibilidad es una respuesta al Derecho transnacional sobre derechos humanos y diligencia debida ambiental; es una manifestación del propio Derecho transnacional; ejemplifica una evolución del Derecho transnacional desde el Derecho indicativo internacional hasta el Derecho regional y nacional jurídicamente obligatorios; y puede promover por sí misma la legislación de diligencia debida en otros lugares, ampliando así aún más la evolución de la legislación transnacional de diligencia debida basada en el riesgo.

4. Conclusiones

En este estudio se ha examinado la propuesta de Directiva como parte de una evolución más amplia del Derecho transnacional que aborda las externalidades negativas de las operaciones comerciales transfronterizas de actores económicos no estatales[49]. En el centro de esta reflexión se encuentra el elemento clave de la Directiva, es decir, la diligencia debida basada en el riesgo como práctica que deben realizar las empresas. La evolución de la diligencia debida basada en el riesgo en sí misma no ha comenzado ni terminado con esta Directiva, aunque sin duda será un hito de este proceso evolutivo del Derecho transnacional. En lugar de iniciar la dispersión transnacional del concepto, la Directiva impulsa un proceso continuo. Y lejos de concluir una evolución, la Directiva, con toda probabilidad, dará forma a los regímenes

49 Derecho público dirigido a agentes privados, preocupado por los derechos humanos y el medio ambiente en el contexto del comercio, y aplicable a través de las fronteras. Esta es la interpretación sostenida por la Profesora Karin Buhmann que compartimos. Véase BUHMANN, K., «UN Guiding Principles and Transnational Business Governance.» *Encyclopedia of Business and Professional Ethics*, 2023 pp. 1801-1806; BUHMANN, K., «Business and human rights: Understanding the UN Guiding Principles from the perspective of transnational business governance interactions», *Transnational Legal Theory*, 6(2), pp. 399-434; AVBELLJ, M., *The European Union under Transnational Law: A Pluralist Appraisal (Modern Studies in European Law)*, Bloosmbury 2020.

reguladores emergentes y dará lugar a nuevos regímenes regulatorios sobre la conducta empresarial responsable tanto por parte de organizaciones privadas (empresas, asociaciones industriales, auditores, sociedad civil) como públicas (Estados miembros de la UE, países no pertenecientes a la UE, organizaciones internacionales).

Desde una perspectiva europea, los impactos negativos de las actividades empresariales, como el abuso de los derechos humanos o la degradación ambiental, surgen regularmente (aunque no exclusivamente) más allá de las fronteras de la UE, en la periferia de las estructuras de propiedad transnacionales o en los eslabones iniciales de las cadenas de valor globales. Las instituciones co-legisladoras de la UE han recurrido a un enfoque transnacional al exigir a las empresas que lleven a cabo una diligencia debida basada en el riesgo con el fin de gestionar los impactos negativos para los derechos humanos y el medio ambiente, ya sean el resultado de las propias operaciones (mundiales) de las empresas o de las actividades de filiales y socios comerciales a lo largo de las cadenas de suministro mundiales. Este novedoso enfoque va mucho más allá del Derecho de sociedades de la UE y se inspira en el Derecho indicativo internacional. Introduce, sin duda, un cambio de paradigma.

El análisis anterior ha mostrado las implicaciones de la transformación de la Directiva del *soft law* internacional sobre diligencia debida en Derecho vinculante de la UE que se aplica como Derecho público en los Estados miembros de la UE. También pone de manifiesto que este instrumento puede hacer que las empresas de la UE ejerzan presión sobre sus socios comerciales para identificar y gestionar los impactos adversos sobre los derechos humanos y los impactos ambientales, y que, si bien esto ocurre en una relación comercial entre la empresa con sede en la UE y la empresa del tercer país en lo que puede parecer una relación voluntaria, la actividad en realidad se produce a través de la presión económica sobre las empresas de terceros países, con riesgos de responsabilidad civil para la empresa correspondiente.

En el lado positivo, la expansión de la legislación transnacional sobre la debida diligencia puede ayudar a reducir y gestionar las externalidades perjudiciales de las operaciones comerciales transnacionales. Desde un lado más negativo, la combinación de presiones económicas sobre las empresas establecidas en terceros países con posibles consecuencias socioeconómicas graves para quienes dependen de ellas para su sustento y, por lo tanto, también para su disfrute de los derechos humanos sociales y económicos, se deben considerar las razones que justifican una revisión cuidadosa de los efectos transnacionales de la Directiva. A la vista de la incertidumbre de los efectos que se pueden producir en terceros países, se recomienda que la UE debería actuar con cautela para evitar repercusiones adversas que puedan materializarse en la práctica, a pesar de las aspiraciones positivas de este instrumento normativo, que sin duda marca un hito en el Derecho de la Unión Europea sobre sostenibilidad y diligencia debida.

LA LEY DE DEBER DE VIGILANCIA FRANCESA Y LA LEY ALEMANA DE CADENA DE SUMINISTRO: MIRADAS CRÍTICAS DESDE LA PRÁCTICA Y LECCIONES APRENDIDAS DESDE SU IMPLEMENTACIÓN

Céline da Graça Pires

Consultora en empresas y derechos humanos e investigadora asociada del NOVA Centre for Business, Human Rights and the Environment

Daniel Schönfelder

Abogado en empresas y derechos humanos y consultor del Responsible Contracting Project diligencia debida establecidas por las leyes. 5.3.1. La falta de apoyo estatal limita el potencial transformador de las leyes de diligencia debida. 5.3.2. Desafíos relacionados a la implementación de los mecanismos de la rendición de cuentas — responsabilidad civil y control administrativo.

Introducción

Varios Estados están estudiando potenciales iniciativas legislativas sobre la diligencia debida obligatoria en materia de derechos humanos y del medio ambiente («*mandatory human rights and environment due diligence*» en inglés, más adelante «mHREDD»)[1]. Al mismo tiempo, las tres instituciones de la Unión Europea han negociado en Trílogo[2] una propuesta de directiva sobre la diligencia debida de las empresas en materia de sostenibilidad («CSDDD» por sus siglas en inglés), que los Estados miembros tienen que implementar a través de leyes nacionales. También en Naciones Unidas se sigue negociando sobre una propuesta de tratado internacional, que los Estados firmantes tendrían que implementar[3]. Este contexto europeo e internacional en favor de la debida diligencia obligatoria pone el foco de atención en las experiencias de países que ya adoptaron leyes de diligencia debida obligatoria, entre los cuales se encuentran Francia[4], Alemania[5] y Noruega[6] —para resaltar las lecciones aprendidas. Este artículo se enfoca en las experiencias de Francia y Alemania. Francia, por ser pionera en el mundo con la ley n.°2017-399 sobre el deber de vigilancia de las empresas matrices y contratantes, que entró en vigor el 27 de marzo de 2017 (*Loi del Devoir de la Vigilance* o LdV, en adelante) y Alemania con la reciente entrada en vigor de la ley de Diligencia Debida en la Cadena de Suministro (en alemán: «*Lieferkettensorgfaltspflichtengesetz*», «LkSG»).

1 Véase el mapa sobre leyes e iniciativas legales mHREDD, disponible en: https://www.bhr-law.org/map. Este se enfoca en el Norte Global pero omite otras iniciativas legales que se presentaron en el Sur Global como en Brasil (https://www.camara.leg.br/propostas-legislativas/2317904) y en México (https://www.senado.gob.mx/65/gaceta_del_senado/documento/112449). Véanse también las leyes e iniciativas legales disponibles en: https://www.carrotsandsticks.net/.

2 Véase, https://www.consilium.europa.eu/es/press/press-releases/2023/12/14/corporate-sustainability-due-diligence-council-and-parliament-strike-deal-to-protect-environment-and-human-rights/.

3 https://www.ohchr.org/en/business-and-human-rights/bhr-treaty-process.

4 Véase, Loi 2017-399, disponible en https://www.legifrance.gouv.fr/jorf/id/JORFTEXT000034290626/.

5 Véase, Lieferkettensorgfaltspflichtengesetz, texto inglés disponible en: https://www.csr-in-deutschland.de/SharedDocs/Downloads/EN/act-corporate-due-diligence-obligations-supply-chains.pdf?__blob=publicationFile.

6 Véase, Forbrukertilsynet, texto inglés disponible en: https://www.regjeringen.no/contentassets/c33c3faf340441faa7388331a735f9d9/transparency-act-english-translation.pdf.

Al respecto, el presente artículo plantea las siguientes preguntas de investigación. ¿Hasta qué punto son esas leyes de Francia y Alemania fuentes de inspiración? ¿Se trata de ejemplos a seguir o a evitar para una legislación sobre diligencia debida eficaz e implementable? Este artículo[7] pretende trazar un panorama de los impactos positivos, pero también de los principales retos prácticos en términos de aplicación efectiva de la LdV y la LkSG, desde su entrada en vigor. También expone las lecciones extraídas de sus límites para inspirar a los legisladores en el ámbito de las iniciativas nacionales de diligencia debida obligatoria que aparecen en el mundo más allá de Europa.

1. Antecedentes de las leyes

La adopción de ambas leyes está estrecha y trágicamente vinculada a distintos accidentes en las cadenas de suministro textiles: entre ellos, los casos Rana Plaza y KiK y Ali Enterprises. Estas catástrofes pusieron en evidencia las terribles condiciones laborales y la falta de medidas de diligencia debida en las cadenas de suministro de la industria textil, lo que generó una ola de indignación internacional y nacional y una movilización sin precedentes de la sociedad civil francesa y alemana.

En el caso de la LdV, la experiencia del accidente de «Rana Plaza» del que tristemente se cumplió el décimo aniversario el 24 de abril de 2023, fue decisivo. Eso facilitó la adopción de la LdV por la Asamblea Nacional dos años después de su presentación, en 2017, la primera de este tipo en Europa, también conocida como «Ley Rana Plaza»[8]. El derrumbe de este edificio, que albergaba varias plantas de fábricas textiles para grandes marcas internacionales en la ciudad de Dhaka (Bangladesh), causó la muerte de casi 1.100 trabajadoras y trabajadores. El accidente fue el resultado de una sucesión de fallos de funcionamiento y negligencia culpable[9]. En aquel momento, las ONG explicaron que habían encontrado entre los escombros etiquetas y ropa de varias marcas internacionales incluidas las francesas Auchan, Camaïeu y Carrefour (Tex)[10].

---

7 Este artículo fue desarrollado en base a la intervención conjunta de los autores en el Congreso Internacional «Hacia la diligencia debida obligatoria en derechos humanos: propuestas regulatorias y lecciones aprendidas» que se celebró los días 13 y 14 de julio en la Facultad de Ciencias Jurídicas de la Universitat Rovira i Virgili en Tarragona y dirigido por el Dr. Daniel Iglesias Márquez.

8 Véase, https://www.lexpress.fr/economie/emploi/droit-travail/loi-rana-plaza-que-signifie-le-devoir-de-vigilance-pour-les-entreprises_1881915.html.

9 El derrumbe del Rana Plaza fue el peor accidente industrial de Bangladesh y el más mortífero del mundo desde la catástrofe de Bhopal (India) en 1984. Para más información, véase: https://www.reuters.com/article/idUSKBN19P0FQ/

10 Véase, https://www.francetvinfo.fr/monde/des-etiquettes-des-marques-camaieu-et-auchan-dans-les-decombres-du-rana-plaza-au-bangladesh_1654827.html.

Por su parte, en Alemania, el caso KiK & Ali Enterprises, que tuvo lugar en Pakistán, facilitó la iniciativa de la sociedad civil de una ley de las cadenas de suministro (Initiative Lieferkettengesetz)[11], que luego dio lugar a la LkSG. La fábrica en cuestión, Ali Enterprises, vendió aproximadamente el 70 % de su producción (textil) a la empresa alemana KiK, que había sido certificada por cumplir estándares sociales. Pero cuando se destruyó en un incendio en 2012, por falta de vías de escape conforme a los más mínimos estándares de seguridad, murieron 258 personas atrapadas en el fuego[12]. El caso se llevó a la justicia alemana, donde fue archivado por prescripción[13]. Más tarde, Alemania implementó un plan de acción nacional (PAN) sobre empresas y derechos humanos para los años 2016-2020, que sugirió a las empresas con más de 500 empleados a implementar procesos de diligencia debida voluntariamente. El plan alemán fijó como meta que por lo menos el 50 % de estas empresas debían introducir mecanismos de diligencia debida. Subrayamos que en el caso de que esto no se logrará, se evaluaría si se necesitaba una ley para obligar a su implementación[14]. En la evaluación oficial, menos del 20 % de las empresas consultadas pudieron demostrar la introducción de tales mecanismos[15]. Esta situación mostró otra vez los límites de los modelos voluntarios. Sin embargo, el fracaso de la iniciativa voluntaria tuvo una consecuencia positiva: el hecho de no lograr la meta oficial le dio el capital político necesario para la iniciativa, fuertemente apoyada por ONG, las iglesias y los sindicatos y organizada de forma muy eficaz, para hacer realidad el deseo de la ciudadanía alemana[16] que consiste en una ley que obligue a las empresas a respetar los derechos humanos, la LkSG.

11 La «Initiative Lieferkettengesetz» (https://lieferkettengesetz.de/) publicó un FAQ en español sobre la ley, disponible en https://lieferkettengesetz.de/wp-content/uploads/2021/11/Initiative-Lieferkettengesetz_FAQ-Espanol.pdf.

12 Más detalles: https://www.ecchr.eu/fall/kik-der-preis-der-arbeitsbedingungen-in-der-textilindustrie-suedasiens/.

13 Véase la decisión: LG Dortmund, 10.01.2019 - 7 O 95/15 en https://openjur.de/u/2155292.html y la decisión de la segunda instancia que la confirmó: OLG Hamm, 21.05.2019 - 9 U 44/19 https://dejure.org/dienste/vernetzung/rechtsprechung?Gericht=OLG%20Hamm&Datum=21.05.2019&Aktenzeichen=9%20U%2044/19

14 Véase el PNA, p. 10, disponible en https://www.auswaertiges-amt.de/blob/297434/8d6ab29982767d5a31d2e85464461565/nap-wirtschaft-menschenrechte-data.pdf.

15 Véase el reporte final del monitoreo del PNA (2021), p. 5, disponible en: https://www.auswaertiges-amt.de/blob/2405080/23e76da338f1a1c06b1306c8f5f74615/201013-nap-monitoring-abschlussbericht-data.pdf.

16 En una encuesta representativa, el 75 % de los encuestados apoyaron la idea de introducir una ley, véase: https://www.zeit.de/wirtschaft/2020-09/umfrage-lieferkettengesetz-einhaltung-menschenrechte-unternehmen-cdu-peter-altmaier y más de 222.222 personas firmaron una carta demandando la ley: https://lieferkettengesetz.de/2020/09/09/mehr-als-222-222-unterschriften-protest-vor-dem-bundeskanzleramt/.

2. Elementos claves de la LdV

Inspirándose en los Principios Rectores de las Naciones Unidas sobre empresas y derechos humanos[17] (en adelante, PRNU) y de las Líneas Directrices de la OCDE para empresas multinacionales[18], Francia ha sido pionera en el mundo con la LdV[19]. La ley tiene el propósito de prevenir los riesgos de graves abusos contra los derechos humanos y el medio ambiente por parte de las empresas transnacionales en su cadena de suministro.

La LdV[20] introdujo nuevas obligaciones de debida diligencia en el Código de Comercio francés para las grandes empresas francesas que empleen, al cierre de dos ejercicios consecutivos, al menos a 5.000 trabajadores en Francia, ya sea en su propia empresa o en sus filiales directas o indirectas, o a 10.000 trabajadores en todo el mundo, de todos los sectores de actividades. Las empresas sometidas a la LdV tienen que elaborar y aplicar efectivamente un plan de vigilancia que incluya medidas de vigilancia razonables para identificar riesgos y prevenir daños graves a los derechos humanos y a las libertades fundamentales, a la salud y a la seguridad de las personas y al medio ambiente. Este plan de vigilancia es la columna vertebral[21] del sistema de prevención de riesgos en el que se basa la diligencia debida de la empresa. El plan, que pretende ser elaborado (*a vocation à être élaboré*) en asociación con las partes interesadas de la empresa, consta de cinco partes especificadas por la ley:

1. Cartografía para identificar, analizar y priorizar los riesgos.
2. Procedimientos para evaluar periódicamente la situación de las filiales, subcontratistas y proveedores con los que la empresa tenga una relación comercial establecida.
3. Acciones apropiadas para mitigar los riesgos y prevenir daños graves.

---

17 Disponibles en español en: https://www.ohchr.org/sites/default/files/Documents/Publications/GuidingPrinciplesBusinessHR_SP.pdf.

18 Disponibles en español en: https://www.oecd-ilibrary.org/finance-and-investment/lineas-directrices-de-la-ocde-para-empresas-multinacionales-sobre-conducta-empresarial-responsable_7abea681-es

19 Delalieux G., «La loi sur le devoir de vigilance des sociétés multinationales: parcours d'une loi improbable», *Droit et société,* núm. 106, 2023, p. 649.

20 *Loi n.° 2017-399 du 27 mars 2017 relative au devoir de vigilance des sociétés mères et des entreprises donneuses d'ordre*. El texto de la ley está disponible en: https://www.legifrance.gouv.fr/jorf/id/JORFTEXT000034290626/

21 Savourey, E. y Brabant, S., «The French Law on the Duty of Vigilance: Theoretical and Practical Challenges Since its Adoption», *Business and Human Rights Journal*, vol. 6, núm. 1, 2021, disponible en «The Vigilance Plan, Cornerstone of the Law on the Corporate Duty of Vigilance. Accesible en: https://www.cambridge.org/core/journals/business-and-human-rights-journal/article/french-law-on-the-duty-of-vigilance-theoretical-and-practical-challenges-since-its-adoption/0398716B2E8530D9A9440EEB20DB7E07.

4. Un mecanismo de alerta y recopilación de informes sobre la existencia y aparición de riesgos, elaborado en consulta con los sindicatos representativos de la empresa.
5. Un sistema de seguimiento de las medidas aplicadas y de evaluación de su eficacia.

El plan de vigilancia y el informe sobre su aplicación efectiva se hacen públicos en el informe de gestión (*rapport de gestion*) mencionado en el artículo L.225-102 en el Código de Comercio.

3. Elementos claves de la LkSG

En esencia, la LkSG establece la obligación para las grandes empresas —con al menos 3.000 personas empleadas (entrando en vigor en el 2023) o 1.000 (a partir de 2024)— de establecer sistemas de diligencia debida. A partir de las PRNU y de las orientaciones de la OECD[22], la Ley establece la obligación de prevenir, mitigar o poner fin a riesgos y violaciones a los derechos humanos y a algunos aspectos medioambientales (Sec. 2 (2) y (3)) en sus cadenas de suministro (Sec. 3 y 4 - 10).

Por lo anterior, la ley prevé obligaciones detalladas de diligencia debida (Sec. 3). Al respecto, las empresas deben analizar y priorizar los riesgos a lo largo de la cadena de suministro (Sec. 5). En este punto, existe un punto diferencial en relación con los PRNU y la OECD, ya que, generalmente, es suficiente supervisar el primer eslabón de la cadena y no a los proveedores indirectos que solo se tienen que analizar en casos excepcionales (Sec. 5(4), 9 (3))[23]. Asimismo, se deben adoptar medidas preventivas para enfrentar riesgos prioritarios (Sec. 6). Esto incluye imponer obligaciones contractuales para proveedores respecto a derechos humanos y el medio ambiente (Sec. 6 (4) No. 2), así como el deber para la misma empresa obligada de adaptar sus prácticas de compras para reducir riesgos (*responsible purchasing*) (Sec. 6 (3) No. 2). Si se provocan violaciones de derechos humanos, se debe poner fin a dichas violaciones como explica el texto legal (Sec. 7).

---

22 La exposición de los motivos de la ley presentados por el Gobierno BT Drs. 19/28649, p. 2 y 23, disponible en https://dserver.bundestag.de/btd/19/286/1928649.pdf. Eso implica que la LkSG se debe interpretar «a la luz» de estos actos, en detalle: Schönfelder, Pflicht zur Stakeholderbeteiligung nach dem LkSG, ESGZ 2023, 23.

23 Véase, BAFA, «Identificar, ponderar y priorizar riesgos. Folleto sobre la realización de un análisis de riesgos en función de lo estipulado en la Ley de diligencia debida en las cadenas de suministro (LkSG)», 1.ª edición, p. 7, disponible en español en: https://www.bafa.de/SharedDocs/Downloads/EN/Supply_Chain_Act/folleto_analisis_de_riesgos.html?nn=1469788. Esa interpretación, en contra de algunas voces restrictivas en la literatura se deriva de la interpretación correcta de la ley, véase Grabosch/Schönfelder, Das Lieferkettensorgfaltspflichtengesetz: Neue Pflichten zur Vermeidung menschen- und umweltrechtlicher Risiken weltweit, *Arbeit und Recht* 2021, 488 (492).

No obstante, la obligación de reparación no está muy claramente definida. Las autoridades competentes pronunciaron su interpretación en favor de la reparación como parte de la obligación de remediación y terminación de la violación[24], con razón, porque es difícil hablar de una «terminación» de una violación si el daño sigue existiendo y porque se debe tomar en cuenta la voluntad de legislador de «orientarse» en los PRNU y OECD MNE, que ambos prevén la remediación[25]. Empero, varias empresas y consultorías lo pasan por alto, basándose en el argumento de que la reparación se menciona en Sec. 24, pero no en la Sec. 7. A su vez, las empresas están obligadas a crear mecanismos de reclamación para que las personas afectadas y el público en general puedan llamar la atención sobre riesgos y violaciones (Sec. 8).

Las medidas contempladas en las LkSG tienen que respetar unos principios generales. Estas deben ser diseñadas para ser adecuadas (Sec. 3(2)) y efectivas *ex ante* (Sec. 4(2)) y su diseño y ejecución tiene que «tomar en cuenta» los intereses de las personas potencialmente afectadas (Sec. 4(4)). El significado de «tomar en cuenta» no está muy claramente definido. Esto llevó a que, a pesar de que las autoridades competentes —de forma razonada[26]— pronunciaron su interpretación en favor de una implicación obligatoria de las partes afectadas[27], en muchas empresas todavía se pasa por alto ese tema. Las empresas deben documentar y evaluar la efectividad de las medidas adoptadas e informar públicamente sobre ellas (Sec. 10). Las empresas matrices tienen que responder por las subsidiarias que están bajo su «influencia determinante» (Sec. 2(6)), siendo este un término bastante difuso tal y como se explicará más adelante.

4. Los efectos positivos de LdV y LkSG

Las normas voluntarias y la autorregulación empresarial, que supuestamente debían garantizar el respeto de los derechos humanos y del medio ambiente por parte de las empresas transnacionales, han demostrado ser

24 BAFA & Helpdesk Business & Human Rights, «Guidance. Collaboration in the supply chain», 1.ª edición, pp. 26 y 27, disponible en inglés en: https://www.bafa.de/SharedDocs/Downloads/EN/Supply_Chain_Act/guidance_cooperation_supply_chain.html?nn=1469788.

25 Sanabria, D., «Access to remedy under the German Act on Corporate Due Diligence in Supply Chains», Nova Centre on Business, Human Rights and the Environment Blog, 27.3.2023; Krajweski/Wohltmann, en: Kaltenborn, Krajewski, Rühl and Saage-Maaß, Sorgfaltspflichtenrecht, 2023, § 7 LkSG, Sec. 10 ff.

26 Para más información, véase: Schönfelder, Pflicht zur Stakeholderbeteiligung nach dem LkSG, ESGZ 2023, 23 ss.

27 Business and Human Rights, Supply Chain Act, FAQ, 24.7.2023, VII No. 2 y 3, disponible en inglés en: https://www.csr-in-deutschland.de/EN/Business-Human-Rights/Supply-Chain-Act/FAQ/faq.html.

en gran medida insuficientes. Estas conclusiones, compartidas primero por ONG en campañas internacionales, se han visto confirmadas sucesivamente por los resultados de los distintos informes «*Corporate Human Rights Benchmark*», publicados por la *World Benchmarking Alliance*[28] y también en el mencionado PAN alemán. Eso ayudó a generar el impulso final para las iniciativas encaminadas a crear marcos legales vinculantes en diferentes Estados europeos en los últimos años.

Las leyes de diligencia debida obligatoria ponen por primera vez el tema de los derechos humanos en la mirada de las juntas directivas empresariales. De esta manera, las empresas se han visto empujadas a actuar de manera rápida en Francia y Alemania para cumplir con los requisitos legales. Sin embargo, más allá de la mera dinámica del *compliance* para las empresas obligadas, ambas leyes abrieron nuevas posibilidades para cambiar las dinámicas económicas generales, ya que crearon una ola de acciones, sensibilización y un nuevo impulso a escala mundial sobre la necesidad de mejorar las condiciones de trabajo en las cadenas de suministro y garantizar el respeto de los derechos humanos de los más vulnerables. Dentro de las mismas empresas, estas leyes han permitido que las personas responsables de sostenibilidad puedan convencer internamente a la dirección empresarial para que las decisiones y acciones no se centren sólo en las ganancias, sino también en el impacto sobre los derechos humanos y el medio ambiente[29].

También para algunos Estados, en los que el «*race to the bottom*» de la globalización les obliga a competir con la producción más barata, se ha vuelto más atractivo invertir en mejor regulación e implementación para proteger los derechos humanos y el medio ambiente. Así, estas leyes han generado nuevas oportunidades de hacer negocios con empresas francesas y alemanas. Las normas de diligencia debida obligatoria pueden así, como efecto dominó, empezar una «*race to the top*» para el respeto a los derechos humanos y el medio ambiente[30].

---

28 Los distintos informes están accesibles en: https://www.worldbenchmarkingalliance.org/corporate-human-rights-benchmark/

29 Puede realizarse una comparativa de las siguientes encuestas: Lieferkettensorgfaltspflichtengesetz - Status Quo und Auswirkungen der Umsetzung: Gemeinsame Studie der Hochschule für angewandte Wissenschaften Ansbach und EQS Group (2023), p. 17. Se sostiene que sin la ley en aplicación muchas empresas no hubieran desarrollado actividades y que el 77 % de las empresas encuestadas sobre todo actúa por la obligación legal.

30 UN Working Group on Business and Human Rights, «UNGPs 10+ Roadmap FINAL», p. x, p. 53 f., disponible en https://www.ohchr.org/sites/default/files/2021-12/ungps10plusroadmap.pdf.

Las ONG y otros miembros de la sociedad civil, expertos y profesionales, así como las propias empresas incluidas en el ámbito de aplicación de la ley, coinciden en que la adopción, tanto de la LdV[31] como de la LkSG[32], han actuado como catalizador de la acción en favor del respeto de los derechos humanos y el medio ambiente para las empresas obligadas. Tras la puesta en marcha de esas leyes, muchas empresas en ambos países han iniciado un cambio de paradigma. Muchos procesos internos de gestión de riesgos han evolucionado hacia una mayor protección de las personas y del medio ambiente, cuando hasta ahora el objetivo de los procesos clásicos de gestión de riesgos era proteger simplemente a la propia empresa[33].

Muchas empresas francesas y alemanas han consagrado su deber de vigilancia/diligencia debida en sus sistemas de gestión. Por ello, han actualizado códigos de conducta[34] y cartas éticas para incluir los derechos humanos y el medio ambiente, han revisado los valores corporativos, y en muchas empre-

31 Véase, por ejemplo: https://www.ey.com/fr_fr/climate-change-sustainability-services/loi-sur-le-devoir-de-vigilance-l-age-de-raison-des-entreprises.

32 Sobre estudios de Alemania que muestran actividades significativas, nuevo personal, nuevas medidas, véase: El estudio de Handelsblatt: «Das Lieferkettengesetz im Praxischeck» (Enero 2024) muestra que más de un 70 % de las empresas que están incorporando el HREDD tienen más de una persona a tiempo completo dedicado a esta temática, independientemente del tamaño. El estudio «Lieferkettensorgfaltspflichtengesetz — Status Quo und Auswirkungen der Umsetzung: Gemeinsame Studie der Hochschule für angewandte Wissenschaften Ansbach und EQS Group» (2023) sostiene que el la mayoria de empresas encuestadas, el tema de derechos humanos no huberia recibido atención significativa sin la ley, dado que para el 77 % de ellas la ley es lo que las motiva a actuar — mucho más que la motivación de cumplir con responsabilidad social (65 %) o proteger la reputación (44 %) (p. 17). El estudio «Transparente, nachhaltige Lieferketten: Studie von IntergityNext und dem Bundesverband für Materialwirtschaft, Einkauf und Logistik: Wie gut sind deutsche Unternehmen für das neue Lieferkettengesetz aufgestellt» muestra que más que el 80 % de las empresas encuestadas que no se van a obligar directamente por la ley quieren implementar los estándares por lo menos parcialmente, sobre todo por un sentimiento de responsabilidad social o por presión de los compradores (p. 18 y ss.). El estudio de BDO & Kirchhoff: «Nachhaltigkeit in heißen Zeiten — Die nichtfinanzielle Berichterstattung in DAX 160, ATX und SMI» muestra que la gran mayoría de las empresas alemanas registradas en las bolsas alemanes implementa medidas de protección como mecanismos de rendición de cuentas (87 %) y que aumenta significativamente el número de empresas que reporta que lo hace accesible para la cadena de producción también (del menos de 20 % a aproximadamente la mitad), códigos de conducta (97 %) y medidas de prevención como social audits (más que el 80 %) p. 29 y s.

33 Véase, en Grabosch, Das Neue Lieferkettensorgfaltspflichtengesetz, § 5, Sec. 25 y ss.

34 Algunos ejemplos se incluyen códigos de conducta de proveedores de las empresas Hapag-Lloyd y S. Oliver, disponible en: https://www.hapag-lloyd.com/content/dam/website/downloads/pdf/23218_Supplier_Code_of_Conduct_ENG_231020.pdf; https://assets.ctfassets.net/i3pgqz40redc/3KYRRv9YwUvPHHJV0TRWTC/84867fbd2974f2fa98e5d60101b7e482/S.OLIVER_GROUP_CodeOfConduct_2023.pdf.

sas se han desarrollado por primera vez políticas de derechos humanos[35]. También se han introducido cambios en la gobernanza corporativa con la creación de puestos específicos de responsables para el «deber de vigilancia» y/o responsables de derechos humanos. Además, muchos empleados de las sedes de grupos internacionales y de sus filiales internacionales y proveedores se han concienciado y capacitado sobre la obligación de las empresas de respetar los derechos humanos y el medio ambiente, a través de programas de formación. Se han establecido proyectos de implementación y sistemas de gestión con participación de funciones muy variadas en las empresas —desde sostenibilidad, compras, *compliance* hasta el consejo directivo—[36].

Cabe también mencionar que ambas leyes, mediante un efecto de riego, han abastecido y circulado por todos los canales de la cadena de suministro y subcontratación de los grandes grupos, constituidos por pequeñas y medianas empresas, fuera del ámbito de aplicación directo de la ley[37]. Esas empresas, por el hecho de actuar como proveedores o subcontratistas de empresas obligadas dentro de la red de relaciones comerciales establecidas, fueron sensibilizadas sobre las obligaciones de respetar los derechos humanos. Sobre todo, se les exigió responder cuestionarios de análisis de riesgo, aceptar obligaciones contractuales de respeto de los derechos humanos[38] y a veces también tomar medidas más concretas vinculadas a casos puntuales. De esta manera, los grandes grupos exigen progresivamente a sus proveedores y subcontratistas que desarrollen las mismas buenas prácticas en materia de debida diligencia que les exigiría la ley mediante un efecto «bola de nieve», lo que constituye, a su vez, si existe una responsabilidad compartida en la implementación de los procesos de HREDD, un motor de cambio positivo.

Sin embargo, la cantidad de procesos y sistemas de gestión implementados por las empresas para cumplir con los requisitos legales no es una garantía de

35 Un buen ejemplo de una estrategia de derechos humanos para la cadena de suministro es «Anchoring Due Diligence In The Supply Chain» de BMW, que incluye perfiles de riesgo y medidas detalladas hasta el nivel de la materia prima, disponible en: https://www.bmwgroup.com/en/sustainability/supply-chain.html#ace-619310492 (revisado el 9 de Marzo 2024).

36 Lieferkettensorgfaltspflichtengesetz — Status Quo und Auswirkungen der Umsetzung: Gemeinsame Studie der Hochschule für angewandte Wissenschaften Ansbach und EQS Group (2023), p. 22.

37 Lieferkettensorgfaltspflichtengesetz — Status Quo und Auswirkungen der Umsetzung: Gemeinsame Studie der Hochschule für angewandte Wissenschaften Ansbach und EQS Group (2023), p. 8; Transparente, nachhaltige Lieferketten: Studie von IntergityNext und dem Bundesverband für Materialwirtschaft, Einkauf und Logistik: Wie gut sind deutsche Unternehmen für das neue Lieferkettengesetz aufgestellt (p. 17) muestra que más de 80 % de las empresas encuestadas no obligadas se están preparando para la ley — ya en el 2022., por la presión de los compradores y por responsabilidad social (p. 19).

38 Lieferkettensorgfaltspflichtengesetz — Status Quo und Auswirkungen der Umsetzung: Gemeinsame Studie der Hochschule für angewandte Wissenschaften Ansbach und EQS Group (2023), p. 29 y s.

calidad, si se sigue una dinámica de «marcar la casilla» (un *«tick box exercise»*). Esto no sería suficiente para cumplir la LkSG y la LdV. Las medidas de diligencia debida obligatoria desarrolladas por la LdV y la LkSG deben, no solamente existir, sino ser eficaces y eso tiene que ser evaluado (véase art. 1 de la LdV. *«établit et met en œuvre de manière effective»*) y de la LkSG ([ec. 4 (2), 6 (5), 7 (4), 8 (5)]). La LdV y la LkSG por ende requieren cambios positivos que realmente mejoren la situación de los derechos humanos y el medio ambiente.

A pesar del gran avance que suponen estas leyes en cuanto a la introducción de la diligencia debida para mejorar el respeto de los derechos humanos y el medio ambiente en las cadenas de suministro, existen desafíos para su aplicación efectiva que son comunes a ambas leyes y puntos notables de mejora que destacamos a continuación.

5. Desafíos comunes: límites identificados

Los retos derivados de la aplicación de la LdV y LkSG que se resumen a continuación pueden plantearse a otros proyectos de ley en fase de elaboración que quisieran introducir una obligación de vigilancia o de diligencia debida en la Unión Europea y fuera de ella.

5.1. Desafíos vinculados al ámbito personal y material de las leyes

5.1.1. Empresas obligadas: un ámbito personal de aplicación limitado y poco claro

En cuanto al ámbito personal de aplicación de ambas leyes, destacamos varias críticas recurrentes, a saber, que la LdV y la LkSG son consideradas restrictivas, ya que resultan de aplicación solamente a grandes empresas francesas y alemanes respectivamente, que cumplen con el único criterio del número de empleados. En ambos países también hay dificultades resultantes de las formas jurídicas de las empresas y la aplicación del derecho societario.

5.1.1.1. Solo establecen obligaciones a empresas registradas en Francia y Alemania

La LdV solo obligan a empresas registradas en Francia[39] y la LkSG a empresas cuya sucursal se encuentre en Alemania. Eso provoca desventa-

39 De acuerdo con el artículo L. 225-102-4 del Código de Comercio francés, la ley francesa sobre el Deber de Vigilancia es aplicable a una empresa establecida en Francia que emplee al final de dos ejercicios consecutivos (1) al menos a cinco mil personas, en la empresa matriz y en sus filiales directas o indirectas cuya sede social esté situada en Francia o (2) al

jas frente a competidores, grandes grupos extranjeros, que ejercen actividad económica en el mercado francés y alemán. También puede crear un cierto incentivo para que empresas muevan su sede societaria a otros países. Afortunadamente, el legislador europeo parece haber aprendido de ese error y el artículo 2(2) de la CSDDD[40] también establece que hay obligaciones para empresas de otros países si operan en la UE por encima de un cierto umbral de volumen.

5.1.1.2. Solo establecen obligaciones a grandes empresas

Ambas leyes utilizan como único criterio de aplicación la limitación en cuanto al número de empleados. La LdV se aplica exclusivamente a las grandes empresas constituidas o registradas en Francia durante dos ejercicios fiscales consecutivos, que empleen al menos a 5.000 personas en Francia (directamente o a través de sus filiales francesas), o al menos a 10.000 en todo el mundo (a través de sus filiales situadas en Francia y en el extranjero). La LkSG inicialmente aplica a empresas que tienen por lo menos 3.000 empleados en Alemania, lo que bajó a 1.000 desde 2024, según la Sec. 1(1). En Francia, se calcula que unas 250-280 empresas entran en el ámbito de aplicación de la ley según la sociedad civil[41]. En Alemania, se calcula que son 900 empresas a partir de 2023 y aproximadamente 4.800 a partir de 2024[42].

El ámbito de aplicación personal de estas leyes parece entonces bastante restringido. Los umbrales legales relativos al número de empleados son relativamente elevados y excluyen a muchas empresas que, cualquiera que sea su tamaño, pueden tener un impacto negativo significativo sobre los derechos humanos y el medio ambiente. También el criterio único de número de empleados excluye a sectores enteros de su ámbito de aplicación como, por ejemplo, las industrias francesas del cacao y textil, que reúnen a una serie

menos a diez mil personas en la empresa matriz y en sus filiales directas o indirectas, cuya sede social esté situada bien en Francia o en el extranjero. Las empresas cuya sede social se encuentra fuera de Francia sólo están sujetas a estas disposiciones si, y en la medida en que, un establecimiento registrado en Francia (por ejemplo, una filial francesa de un grupo internacional) cumple estos criterios en cuanto al número de empleados en él y en sus propias filiales. Ver para más detalles, las conclusiones de la misión de evaluación de la LdV del Consejo General de Economía, Industria, Energía y Tecnología (CGEIET), liderada por la Sra. Anne Duthilleul y el Sr. Matthias de Jouvenel (Enero del 2020), disponible en https://www.economie.gouv.fr/cge/devoir-vigilances-entreprises.

40 Todas las referencias a la CSDDD se refieren al compromiso final presentado por Bélgica el 13 de Marzo de 2024 y aprobado en COREPER el 15 de Marzo de 2024.

41 Dubost, C. y Potier, D, Rapport d'information n.° 5124, sur l'évaluation de la loi du 27 mars 2017 relative au devoir de vigilance des sociétés mères et des entreprises donneuses d'ordre, enregistré à la Présidence de l'Assemblée nationale le 24 février 2022. Disponible en https://www.assemblee-nationale.fr/dyn/15/rapports/cion_lois/l15b5124_rapport-information.

42 Grabosch, en Grabosch, Das Neue Lieferkettensorgfaltspflichtengesetz, § 3, Sec. 1.

de agentes intermediarios a lo largo de la cadena de suministro, incluidas empresas muy pequeñas (MPE), pequeñas y medianas empresas (PYME) y empresas de tamaño intermedio (ETI)[43]. Algunas ONG francesas y alemanas, y especialmente, Sherpa y CCFD-Terre Solidaire[44], han criticado reiteradamente la aplicación del único criterio relacionado con el número de empleados y han hecho llamados para la reducción de su consideración y para la introducción de otros criterios alternativos. La introducción de otros criterios alternativos, como el del volumen de negocios, para ampliar el ámbito personal de aplicación de la LdV ha sido propuesto por algunos informes recientes en línea con las recomendaciones de la sociedad civil[45].

La justificación para restringir el ámbito de aplicación de ambas leyes era la protección de las PYMEs, considerando sus limitaciones financieras, de influencia y de personal especializado para poder implementar las obligaciones de diligencia debida. Sin embargo, excluirlos por completo no parece adecuado, porque aún así van a estar indirectamente obligados como proveedores de grandes empresas dentro del ámbito de aplicación de las leyes. Además, ser PYME no significa tener cero riesgos. Con razón, los PRNU exigen a todas las empresas, cualquiera que sea su tamaño y forma social, respetar los derechos humanos[46]. Las PYMEs frecuentemente tienen la ventaja de tener cadenas de producción menos complejas en las que conocen generalmente a sus proveedores, lo que facilita la implementación de un proceso de diligencia debida, al menos en términos de visibilidad y trazabilidad de la cadena de suministro. De hecho, hay PYMEs que ya muestran esfuerzos importantes en este sentido[47].

---

43 Dubost, C. y Potier, D, Rapport d'information n.° 5124..., *op. cit.*

44 Véase, por ejemplo: «Ley francesa sobre el deber de vigilancia de las casas matrices y empresas contratistas: preguntas frecuentes» (julio 2017), publicado por ActionAid France, Sherpa, CCFD - Terre solidaire, Amnesty International, Les Amis de la Terre France, Collectif Ethique sur l'Etiquette, accesible en: https://plan-vigilance.org/wp-content/uploads/2019/06/2018-FAQ-espagnol.pdf. Ver también en francés, Sherpa et CCFD - Terre solidaire, Le radar du devoir de vigilance, Identifier les entreprises soumises à la loi, juillet 2021, accessible en: https://ccfd-terresolidaire.org/wp-content/uploads/2022/01/Le-radar-du-devoir-de-vigilance.-Identifier-les-entreprises-soumises-%C3%A0-la-loi.pdf.

45 Véase, Dubost, C. y Potier, D, Rapport d'information n.° 5124, mencionado arriba y el informe publicado por el Club des juristes, «Devoir de vigilance, quelles perspectives européennes?» en el marco del Grupo de trabajo presidido por Bernard Cazeneuve, ex Primer Ministro y abogado (julio 2023). Accesible en francés e inglés en: https://think-tank.leclubdesjuristes.com/les-commissions/publication-du-rapport-devoir-de-vigilance-quelles-perspectives-europeennes/.

46 Véase, PRNU 14.

47 Véase, por ejemplo, las empresas de textil alemanas Hakro (https://api.fairwear.org/wp-content/uploads/2023/09/BPC-Hakro-GmbH-2023.pdf) o Vaude (https://csr-report.vaude.com/gri-en/index.php).

Por ende, no hay que excluir completamente a las PYMEs, pero se tiene que tener en cuenta la necesidad de establecer estándares de obligación más adaptadas a sus limitadas capacidades[48]. Los primeros intentos de definir un estándar que obligue a las PYMEs sin sobrecargarlas se pueden encontrar en México[49], y en las recomendaciones de la *Platform of Sustainable Finance* de la Comisión Europea en el contexto de la Regulación de la Taxonomía[50].

5.1.1.3. Los retos creados por el derecho societario

A las limitaciones del ámbito personal por número de empleados se agrega la complejidad creada por reglas de derecho societario y exclusiones de ciertas formas jurídicas societarias en ambas leyes. La LdV no determina literalmente las formas societarias a las que aplica. Fue la inclusión de las disposiciones relacionadas al deber de vigilancia en el Capítulo V sobre «Sociedades anónimas» del Título II del Libro II del Código de Comercio francés, que ha arrojado luz sobre el tipo de empresas sujetas a la LdV, lo que ha suscitado muchos debates en cuanto a los tipos de sociedades contemplados[51], en particular respecto a su aplicación únicamente a las sociedades anónimas (SA) «así como a otros tipos de sociedades que aplican las mismas disposiciones relativas a las juntas de accionistas y los informes de gestión»[52] y superan el criterio del número de empleados. Así, a pesar de los llamados de la sociedad civil y de los evaluadores de la LdV[53], las disposiciones de la ley no aplican a varios tipos de sociedades, como las sociedades de responsabilidad limitada (SARL) y las sociedades colectivas (SNC), aunque se superan los umbrales establecidos en la legislación. La aplicación de las disposiciones de la LdV sólo a determinados tipos de formas jurídicas societarias tampoco está en

---

48 Veáse, PRNU 15.

49 SANABRIA, D. y SCHÖNFELDER, D., «*Recognising Nuances: Mandatory Human Rights Due Diligence in Mexico and Colombia*», *VerfBlog,* 2021/4/21, disponible en: https://verfassungsblog.de/recognising-nuances/.

50 Platform on Sustainable Finance, Final Report on Minimum Safeguards, Octubre 2022, p. 56, (disponible en: https://finance.ec.europa.eu/system/files/2022-10/221011-sustainable-finance-platform-finance-report-minimum-safeguards_en.pdf) basandose en una guía de la UE para HREDD para PYMES «A guide to human rights for small and medium-sized enterprises» de 2013 (disponible en: https://media.business-humanrights.org/media/documents/files/documents/SME-BHR-guide-EU.pdf).

51 SAVOUREY, E. y BRABANT, S., «The French Law...», *op. cit.*

52 Véanse las conclusiones (en francés) de la misión de evaluación de la LdV del Consejo General de Economía, Industria, Energía y Tecnología (CGEIET), liderada por la Sra. Anne Duthilleul y el Sr. Matthias de Jouvenel (Enero del 2020), 2.1.1 Les limites de la forme sociale, disponible en https://www.economie.gouv.fr/cge/devoir-vigilances-entreprises.

53 Véanse las conclusiones (en francés) de C. Dubost et D. Potier, Rapport d'information n.° 5124, y el informe publicado por el Club des juristes, «Devoir de vigilance, quelles perspectives européennes? » en el marco del Grupo de trabajo presidido por Bernard Cazeneuve, mencionados arriba.

línea con el PNRU que inspiró la ley francesa, y que requiere un ámbito largo de aplicación de la diligencia debida a todas las empresas «con independencia de su tamaño, sector, ubicación, propietarios y estructura»[54].

En Alemania, no hay una restricción a ciertas personas jurídicas, pero la dificultad surge a la hora de exigir que todas las entidades obligadas tengan que ser «empresas», de acuerdo con la Sec. 1(1). A primera vista, el término parece claro, pero actualmente varias entidades, entre ellas iglesias, universidades y seguros médicos obligatorios, entidades organizadas con personalidad jurídica de derecho público, tienen dudas sobre si sus actividades son empresariales. Sus actividades están actualmente definidas por los ministerios como empresariales: «en la medida en que ejerzan una actividad empresarial en el mercado»[55]. No parece, por tanto, justificable limitar por criterios formales obligaciones de diligencia debida que tienen la finalidad de proteger contra riesgos que pueden surgir de cualquier actividad económica.

En Alemania hay una dificultad adicional basada en determinar las subsidiarias por las que deben responder las empresas matrices en sus sistemas de diligencia debida. La Sec. 2(6) S.3 de la LkSG establece que todas las subsidiarias sobre las cuales la casa matriz «ejerce una influencia determinante» tienen que estar incluidas en el proceso de diligencia debida como operaciones propias. La exposición de motivos de la ley da unos indicadores muy complejos[56] sobre cuando existe esa «influencia determinante». Eso ha llevado a que se recomiende a las grandes empresas llevar a cabo evaluaciones complejas, lo que implica el análisis de una por una de sus cientos de subsidiarias. Eso parece ser demasiado cuidadoso y caro, gastando recursos que podrían invertirse en la mejora de la situación de derechos humanos. Al mismo tiempo, el término no explica qué pasa cuando no hay una influencia determinante. Algunos podrían pensar que en estos casos no hay ninguna obligación. Parece más convincente que sí hay obligaciones, pero no las estrictas que obligan a las propias operaciones, tratando a la subsidiaria más como un proveedor en donde las expectativas legales deben ser el ejercicio de la influencia sobre estas entidades. En cualquier caso, hubiera sido más claro utilizar el término establecido de «poder ejercer influencia determinante», utilizado en la Sec. 290 del Código Comercial Alemán (HGB) para establecer cuándo hay obligaciones estrictas y que cualquier otra participación a través de mantener acciones en otras empresas implica una obligación proporcional a la influencia que eso transmite.

54 Veáse, Principios Generales de los PRNU, p.1.

55 BMAS, Supply Chain Act, FAQ, 24 de Julio de 2023, III No. 5, disponible en inglés en: https://www.csr-in-deutschland.de/EN/Business-Human-Rights/Supply-Chain-Act/FAQ/faq.html.

56 La exposición de los motivos de la ley presentados por el Parlamento BT Drs. 19/30505, p. 38, https://dserver.bundestag.de/btd/19/305/1930505.pdf.

En relación con el ámbito personal, las lecciones aprendidas de la aplicación de la LdV y de la LkSG, nos dejan las siguientes recomendaciones para el diseño pragmático y eficaz de leyes de diligencia debida obligatoria:

- Reducir el criterio del número de empleados aplicable en línea con el texto de la CSDDD;
- Considerar, además del criterio del número de empleados, otros criterios alternativos, como el volumen de negocios, para que ciertas empresas, incluso grupos extranjeros presentes económicamente en el país, que podrían presentar un riesgo de impacto negativo, también estén cubiertas por la legislación[57]. Esto con el fin también de asegurar condiciones más justas de competencia;
- Considerar aplicar la legislación a PYMEs, pero con ajustes y flexibilidad, así como medidas de apoyo efectivas debido a sus particularidades
- Aplicar la legislación a las empresas sea cual sea su forma jurídica;
- Aplicar la legislación a todos los sectores de actividades empresariales, incluso al sector financiero en sus operaciones y actividades correspondientes a fases anteriores y posteriores (*upstream and downstream*);
- Establecer criterios claros para las obligaciones de la casa matriz por sus subsidiarias.

5.1.2. El dilema del ámbito material: encontrar el justo equilibrio en la redacción para una mayor protección

La ley alemana se remite principalmente a una lista específica de riesgos para derechos humanos y el medio ambiente que se deben afrontar (Sec. 2 (2) y (3) LkSG. Por su parte, la ley francesa obliga a las empresas a respetar de manera general a los «derechos humanos y libertades fundamentales, salud y seguridad de las personas y medio ambiente». Así, a diferencia de la LkSG, la ley francesa no tiene las restricciones a ciertos derechos humanos o ciertos aspectos ambientales.

La ausencia de una lista de referencia en la LdV presenta como mínimo dos ventajas en comparación con la LkSG. Por un lado, permite tener en cuenta la naturaleza evolutiva de las normas de protección de los derechos humanos al nivel internacional y, por otro lado, puede ofrecer una protección más amplia. Esto se torna muy evidente con respecto al medio ambiente. La LkSG se remite principalmente a una lista de convenios internacionales cita-

57 Por ejemplo, Art. 2 (2) a) de la CSDDD obliga a empresas no europeas con ventas anuales de más que 450 millones en la UE.

dos en parte en la Sec. 2(3) de la LkSG. Como ya lo resaltaron algunas ONG en Francia, muchos casos de abusos medioambientales (cambio climático, biodiversidad, desechos plásticos, etc.) no están cubiertos explícitamente por estos convenios internacionales[58].

Mientras, la Sec. 2(2) No. 9 de la LkSG crea una protección a varios otros aspectos medioambientales como el suelo, el agua, el aire y el ruido, la explícita conexión que estos deben tener con afectaciones directas a seres humanos crean más dudas. Es decir, ¿está cubierto el aspecto climático como parte de los umbrales que se deben definir como afectaciones directas?[59] Al mismo tiempo, el no cubrir explícitamente aspectos importantes como el clima o la biodiversidad, las empresas podrían estar incentivadas a no darles la prioridad correspondiente en la implementación de la diligencia debida. Por ende, a pesar de las fuertes conexiones entre cambio climático y riesgos para derechos humanos[60], varias empresas alemanas no enfrentan el impacto negativo que tienen sobre el clima como parte de su obligación de diligencia debida.

Sin embargo, las ventajas de una redacción general como en la LdV tienen límites. La LdV generó debates en sus primeros años de implementación en relación con el alcance amplio de los derechos humanos y libertades fundamentales y de las sanciones inicialmente asociadas al incumplimiento de sus disposiciones. Por ello, se plantearon las siguientes cuestiones: ¿Se refiere la ley a los derechos en convenios internacionales ratificados por Francia? ¿A los derechos mencionados en la constitución francesa? ¿El «medioambiente», se debe proteger según el derecho ambiental francés o el derecho ambiental internacional? ¿Según qué definición?

El carácter excesivamente general y amplio de los derechos humanos y las libertades fundamentales cubierto por la LdV ha llamado la atención del tribunal constitucional francés. Así, en su decisión n.º 2017-750 DC, del 23

---

58 Véase, en francés, «Directive européenne sur le devoir de vigilance et contentieux français — Enseignements et recommandations», informe publicado por ActionAid France, Sherpa, CCFD — Terre solidaire, Amnesty International, La CGT, Les Amis de la Terre France, Collectif Ethique sur l'Etiquette, FIDH, OXFAM France (Septiembre 2023). Accesible en: https://www.amisdelaterre.org/wp-content/uploads/2023/09/directive-csddd-et-contentieux-fr-devoir-de-vigilance-sept-2023.pdf.

59 Sobre esa problemática vea Schönfelder en Grabosch, Das Neue Lieferkettensorgfaltspflichtengesetz, § 4 Sec. 43.

60 UN Working Group on the issue of human rights and transnational corporations and other business enterprises: Informtion Note on Climate Change and the Guiding Principles on Business and Human Rights, disponible en: https://www.ohchr.org/sites/default/files/documents/issues/business/workinggroupbusiness/Information-Note-Climate-Change-and-UNGPs.pdf. Véase también, Iglesias Márquez, D. Empresas, derechos humanos y el régimen internacional del cambio climático: la configuración de las obligaciones climáticas para las empresas. *Anuario mexicano de derecho internacional*. Vol. 20, 2020, pp. 85-134.

de marzo de 2017[61], el Consejo Constitucional francés censuró las disposiciones generales de la LdV que establecían que una empresa que incumpliera sus obligaciones de diligencia debida podría, además de ser condenada a cumplirlas, ser condenada a pagar una multa civil de hasta diez millones de euros. Eso se hizo debido a «la generalidad de los términos [utilizados por el legislador], el carácter amplio e indeterminado de la referencia a los "derechos humanos" y las "libertades fundamentales" y considerando el alcance de las sociedades, empresas y actividades cubiertas por el plan de vigilancia». Por consiguiente, esta multa significativa que sancionaba inicialmente en la ley, las violaciones de los conceptos de derechos humanos y libertades fundamentales de carácter amplio e indeterminado, contravenía el principio constitucional de legalidad de los delitos y de las penas.

Adicionalmente, la ley francesa dejó lugar a dudas en el inicio de su entrada en vigor, sobre si, por ejemplo, se tomaba en consideración en el espectro de las libertades fundamentales protegidas, los derechos de los pueblos indígenas y tribales amparados por la Declaración de las Naciones Unidas sobre los derechos de los pueblos indígenas, y ello a pesar de la falta de ratificación. Sin embargo, las recientes acciones legales han resuelto las dudas sobre este punto[62].

Al mismo tiempo, tener una lista clara de derechos también ayuda a la hora de diseñar instrumentos prácticos de implementación, desde indicadores para riesgos[63] hasta recomendaciones para medidas específicas dependiendo del riesgo[64]. Y puede incluso producir una protección mayor.

La CSDDD ha optado por un modelo intermedio, que se basa en la lista de la legislación alemana, pero ha introducido definiciones adicionales o más amplias en varias partes para poder abarcar los derechos fundamentales protegidos a nuevos desarrollos y necesidades[65]. Eso parece pretender combinar la seguridad jurídica de la LkSG con la amplia protección de la LdV.

61 Décision n.° 2017-750 DC du 23 mars 2017, No. 13 (traducción propria), disponible en: https://www.conseil-constitutionnel.fr/decision/2017/2017750DC.htm.

62 Véase en particular el análisis del caso EDF y su filial EDF Renouvelables que han sido demandadas en aplicación de la LdV por Unión Hidalgo, Prodesc y ECCHR (Centro Europeo de Derechos Constitucionales y Humanos) por sus actividades en México. Se les acusa de no haber consultado adecuadamente y haber violado el consentimiento libre, previo e informado de las comunidades indígenas afectadas por la construcción de un parque eólico en México. Para ver los últimos casos en aplicación de la LdV, visítese la plataforma dedicada al tema del Business & Human Rights Resource Centre, accesible en: https://www.business-humanrights.org/en/big-issues/corporate-legal-accountability/frances-duty-of-vigilance-law/ Ver también el informe «Directive européenne sur le devoir de vigilance et contentieux français — Enseignements et recommandations», mencionado arriba.

63 Véanse los indicadores publicados por la autoridad alemana: https://www.bafa.de/SharedDocs/Downloads/DE/Lieferketten/lksg_risikodatenbank.html?nn=1469788.

64 Véanse las recomendaciones sobre diferentes riesgos compilados por el UNGC: https://bhr-navigator.unglobalcompact.org/?lang=es.

65 Véase especialmente Art. 3 (1) c) ii) CSDDD sobre derechos humanos y Anexo, Parte I,

Los legisladores de los países interesados en desarrollar legislaciones en diligencia debida obligatoria deberían considerar:

- Encontrar el justo balance en la redacción del texto de la ley entre una protección amplia pero demasiado imprecisa de los derechos humanos y del medio ambiente (LdV) y referencias explícitas que pueden ser claras, pero demasiado restrictivas (LkSG). Un modelo intermedio sugiere el nuevo texto de la CSDDD.
- Incluir explícitamente referencia a los derechos de grupos o poblaciones que puedan correr un mayor riesgo de estar en una situación de vulnerabilidad o marginalización o convertirse en vulnerables o marginados y que requieren una atención específica, incluidos los pueblos indígenas y tribales.

5.2. Desafíos vinculados a las obligaciones de diligencia debida establecidas por LdV y LkSG

5.2.1. Las leyes se desvían de los PRNU y de las Líneas Directrices de la OCDE en puntos importantes

Ambas leyes están basadas en los estándares globales establecidos por los PRNU y las Líneas Directrices de la OCDE, pero se desvían de ellas en puntos importantes, creando incoherencia y problemas de legitimidad. La diligencia debida no es un invento ni del legislador francés ni del alemán, sino un estándar global adoptado por unanimidad por el Consejo de Derechos Humanos de Naciones Unidas[66]. Por ende, implementarlo en las cadenas globales de producción tiene cierta legitimidad. Sin embargo, siguen siendo relevantes las críticas vinculadas a la falta de implicación del Sur Global y de alineamiento con los estándares internacionales mencionados[67].

No. 18 sobre el medio ambiente y la opción para que la Comisión Europea amplía la lista de derechos humanos y medio ambiente en Art. 3 (2).

66 UN Working Group on Business and Human Rights: The UN Guiding Principles on Business and Human Rights — An Introduction, p. 2, disponible en: https://www.ohchr.org/sites/default/files/Documents/Issues/Business/Intro_Guiding_PrinciplesBusinessHR.pdf. AN INTRODUCTION https://www.ohchr.org/sites/default/files/Documents/Issues/Business/Intro_Guiding_PrinciplesBusinessHR.pdf.

67 Global Justice Clinic at Erfurt University in cooperation with the German Institute for Human Rights and Luxembourg University, Strengthening Stakeholder Engagement in the EU Corporate Sustainability Due Diligence Directive (2023), p.3, disponible en: https://www.uni-erfurt.de/fileadmin/fakultaet/staatswissenschaften/6.2023_Policy_Briefing_Paper_Strengthening_Stakeholder_Engagement_in_the_EU_Corporate_Sustainability_Due_Diligence_Directive.pdf.

En ambos países, el desvío de los estándares globales se expresa en la restricción de aplicarse solamente a las grandes empresas cuando los PRNU y las Líneas Directrices de la OCDE, expresamente no hacen diferencias en cuanto a tamaño y formas jurídicas de las empresas (véase arriba). También, en ambos países, la falta de clara mención a que el proceso de diligencia debe cubrir toda la cadena de valor, incluyendo los actos que afectan la fase del «*downstream*» y a los proveedores indirectos. Esto, en general, y no solo excepcionalmente, demuestra una falta de coherencia con los PRNU.

El desviarse del modelo de cubrir proveedores en toda la cadena de valor es especialmente problemático, porque crea incentivos muy contraproducentes. En la lógica de los PRNU, es posible hacer un análisis abstracto de los riesgos de los productos que una empresa ofrece a lo largo de toda la cadena de valor para luego priorizar según la gravedad y enfocar sus esfuerzos en las partes de la cadena donde los riesgos son más graves[68]. Así pueden destinar recursos para intentar producir un cambio real en los puntos priorizados, colaborando con los grupos potencialmente afectados y los proveedores del *tier* 1, 2, 3 para realmente entender los problemas y producir cambios positivos duraderos. Sin embargo, la práctica ha mostrado que muchas empresas ignoran los proveedores indirectos[69] casi completamente, tanto en Alemania[70]como en Francia[71]. Ese enfoque ignora los riesgos más graves de abusos en la cadena de suministro, que frecuentemente no se encuentran en el *tier* 1 que pueden ser meros comerciantes con sede en Alemania o Francia, sino en los *tier* 2, 3 y más, en el suministro de la materia prima donde las empresas no mantienen necesariamente «relaciones comerciales establecidas».

---

68 PRNU 13 y 24.

69 Lo que muchas empresas eligen ignorar: Las secciones 5 (4) y 9 (3) en la interpretación (correcta) de los ministerios exigen una postura mucho más proactiva frente a los proveedores indirectos. Pero esa exigencia es, al menos superficialmente, pero incorrectamente, demasiado fácil de disputar por la sistemática del LkSG que formula obligaciones por los proveedores indirectos como solamente excepcionales.

70 Lieferkettensorgfaltspflichtengesetz - Status Quo und Auswirkungen der Umsetzung: Gemeinsame Studie der Hochschule für angewandte Wissenschaften Ansbach und EQS Group (2023), p. 30; Transparente, nachhaltige Lieferketten: Studie von IntergityNext und dem Bundesverband für Materialwirtschaft, Einkauf und Logistik: Wie gut sind deutsche Unternehmen für das neue Lieferkettengesetz aufgestellt (p. 13 y 15).

71 En Francia la interpretación del concepto de «relaciones comerciales establecidas» ha suscitado muchos debates ya que inicialmente fue interpretado por algunos en una forma estricta y restringida, solamente abarcando los *tier 1* con los cuales las empresas tenían una relación contractual, lo que apareció contrario a la interpretación jurisprudencial del concepto que se caracteriza, según la jurisprudencia, por su «regularidad, su carácter significativo y su estabilidad», sin que la existencia de un contrato sea una condición necesaria. Ver Cour de cassation, 15 septembre 2009, n.° 08-19 200 y Cour d'appel de Paris, 27 octobre 2016, n.° 15/01355.

Además, ambas leyes tampoco establecen obligaciones claras sobre cómo realizar consultas sustantivas con los grupos potencialmente afectados (ver más detalles en la sección 5.2.3).

En Alemania, también destaca la falta de claridad sobre la obligación de reparar a víctimas como parte de las obligaciones de diligencia debida, lo cual es otra desviación de los estándares internacionales.

Esas desviaciones de los estándares internacionales ponen en riesgo la coherencia internacional, creando doble estándares que hacen más complejo conocer y cumplir las reglas de manera sinergética y eficiente. Los estándares internacionales descritos ya son más que «soft law»: Varios tribunales en diferentes partes del mundo —desde Colombia[72] hasta Holanda[73]— han hecho referencia a los PRNU en sus decisiones[74]. Varias empresas se están comprometiendo a estos estándares, creando sistemas de *compliance* para respetarlos, incluyendo en el *downstream*[75]. En este contexto, crear estándares legales de diligencia debida que exigen menos que los estándares globales crea incentivos falsos y confusión. Por ejemplo, no es suficiente cumplir con la LkSG para poder estar cumpliendo la Regulación de Taxonomía de la UE, como bien señala la *Platform of Sustainable Finance* de le Comisión Europea[76]. Eso también aplica para otras leyes que aplican los estándares de los PRNU o de la OECD, como son las de Noruega y otros actos legislativos de la UE[77]. En resumen, la recomendación es no desviar de los estándares de los PRNU y de la OECD.

72 Corte Constitucional, Sentencia SU 123/18, disponible en: https://www.corteconstitucional.gov.co/relatoria/2018/SU123-18.htm. Para un resumen de la decisión, vea Sanabria, Diana; Schönfelder, Daniel: *Recognising Nuances: Mandatory Human Rights Due Diligence in Mexico and Colombia, VerfBlog,* 2021/4/21, https://verfassungsblog.de/recognising-nuances/.

73 Rechtsbank Den Haag, C/09/571932 / HA ZA 19-379, disponible en: https://uitspraken.rechtspraak.nl/details?id=ECLI:NL:RBDHA:2021:5339. Para un resumen de la decisión, vea Nollkaemper, André: *Shell's Responsibility for Climate Change: An International Law Perspective on a Groundbreaking Judgment, VerfBlog,* 2021/5/28, https://verfassungsblog.de/shells-responsibility-for-climate-change/.

74 Debevoise & Plimpton, UN Guiding Principles on Business and Human Rights at 10 The Impact of the UNGPs on Courts and Judicial Mechanisms (2021), disponible en: https://www.debevoise.com/-/media/files/insights/publications/2021/06/full-report.pdf.

75 Danish Institute for Human Rights, Due Diligence in the Downstream Value Chain (Diciembre 2023), disponible en: https://www.humanrights.dk/files/media/document/Downstream_Policy-Output-Paper_EN.pdf.

76 Platform on Sustainable Finance, Final Report on Minimum Safeguards, Octubre 2022, p. 21, (disponible en: https://finance.ec.europa.eu/system/files/2022-10/221011-sustainable-finance-platform-finance-report-minimum-safeguards_en.pdf).

77 Art. 4 de la ley de transparencia en Noruega, Art. 2 q EU Conflict Minerals Regulation.

5.2.2. La falta de responsabilidad compartida en práctica genera una sobrecarga a los proveedores afectados en las cadenas de suministros mundiales

La manera de implementar procesos de diligencia debida en sus cadenas de valor de muchas empresas carece de eficacia[78], ya que han obligado a los proveedores a evitar todos los riesgos y violaciones bajo la condición de terminar el contrato, omitiendo la responsabilidad de la empresa compradora para cooperar y apoyar a sus proveedores.

No obstante, la diligencia debida no es algo que una empresa pueda implementar sin costos, ya que debe llevar a cabo inversiones en sueldos dignos, protección de salud para empleados, procedimientos para prevenir daños ambientales. Esto es necesario para empresas que quieren implementar procesos de diligencia debida en sus propias operaciones, pero también, y sobre todo, para sus proveedores a quienes obligan a implementar estándares similares si quieren seguir siendo socios comerciales. Además, no hay cadenas de valor que estén exentas de riesgos en materia de derechos humanos. Esto aplica para los países del Norte como lo muestran estudios sobre el «*gender pay gap*»[79], sobre racismo[80], así como lo demuestran los casos de explotación laboral en los sectores de logística[81], de construcción de procesamiento de carne[82] o agricultura[83] o incluso el aumento de trabajo

78 Dadush/Schönfelder/Braun, Complying with Mandatory Human Rights Due Diligence Legislation Through Shared-Responsibility Contracting: The Example of Germany's Supply Chain Act (LkSG), en Contracts for Responsible and Sustainable Supply Chains: Model Contract Clauses, Legal Analysis, and Practical Perspectives, ABA Business Law Section 2023, disponible en: https://papers.ssrn.com/sol3/papers.cfm?abstract_id=4389817.

79 Véanse las cifras actuales (una brecha de 18 %) de la autoridad contra discriminación de la Federación Alemana: https://www.antidiskriminierungsstelle.de/SharedDocs/Glossar_Entgeltgleichheit/DE/14_Gender_Pay_Gap.html#:~:text=Der%20%E2%80%9EGender%20Pay%20Gap%E2%80%9C%20ist,betrug%20er%206%20Prozent%20.

80 Véase European Union Agency for Fundamental Rights, Black people in the EU face ever more racism (Octubre 2023), disponible en: https://fra.europa.eu/es/news/2023/black-people-eu-face-ever-more-racism.

81 Para un caso actual de una huelga de ambre de camioneros explotados en Alemania: https://www.etf-europe.org/grafenhausen-strikers-demonstrate-that-supply-chain-accountability-is-possible-through-workers-solidarity/.

82 German NGO Network against Trafficking in Human Beings, Labour Exploitation, disponible en: https://www.kok-gegen-menschenhandel.de/en/human-trafficking/forms-of-exploitation/labor-exploitation.

83 Pueden analizarse ejemplos graves de explotación en el sector agricultor español: https://corporate.lidl.co.uk/sustainability/human-rights/hria/hria/spanish-berry o Márquez, «Seasonal female migrant workers: the human rights violations in the Spanish strawberry industry», Nova Centre on Business, Human Rights and the Environment Blog, 3rd January 2022, disponible en: https://novabhre.novalaw.unl.pt/seasonal-female-migrant-workers-the-human-rights-violations-in-the-spanish-strawberry-industry/.

de niños y niñas en los EE.UU[84]. Y eso aplica también para los países del Sur Global, como ya se discute ampliamente por años.

Lamentablemente, ni la LdV ni la LkSG han, en un primer momento, cambiado esa dinámica. La LdV no menciona la responsabilidad del comprador de implementar prácticas de compras responsables («*responsible purchasing*»), en línea con los estándares aplicables[85]. La LkSG por lo menos cambió la dinámica aquí, ya que obliga explícitamente a las empresas a implementar *responsible purchasing* en la Sec. 6 (3) No. 2. Al respecto, en principio, muchas empresas intentaron simplemente transferir sus responsabilidades a los proveedores, pero la Oficina Federal de Economía y Control de Exportaciones (el BAFA) reaccionó, publicando una guía que detalla que eso es insuficiente[86]. Puede parecer obvio que la mera transferencia de riesgos es insuficiente para la implementación efectiva de diligencia debida. La LdV, por su parte, subraya explícitamente el requisito de la efectividad (véase arriba). Eso debería llevar a cualquier empresa seria en su compromiso de respetar los derechos humanos y la implementación de la diligencia debida, a considerar cómo implementar responsabilidad compartida, desarrollando «*responsable purchasing*»[87] y «*responsable contracting*»[88].

Por ende, la recomendación para cualquier legislador es aprender de la experiencia descrita y desde el principio formular la obligación de diligencia debida en las cadenas de valor como un ejercicio que también debe incluir *responsible purchasing, responsable contracting* y responsabilidad compartida en la implementación de las medidas preventivas y correctivas necesarias y no meras transferencias de riesgos.

84 Véase, https://www.nytimes.com/2023/12/28/us/migrant-child-labor-audits.html.

85 Loi n.° 2017-399 du 27 mars 2017 relative au devoir de vigilance des sociétés mères et des entreprises donneuses d'ordre. El texto de la ley está disponible en: https://www.legifrance.gouv.fr/jorf/id/JORFTEXT000034290626/.

86 Las autoridades allí también dan más detalles sobre cómo se debe implementar el responsable purchasing, vea BAFA y Helpdesk Business & Human Rights «Collaboration in the supply chain», 1era edición (guía oficial de la autoridad competente sobre cómo se debe trabajar con proveedores en establecer medidas), p. 22 Infobox 7, disponible en inglés en: https://www.bafa.de/SharedDocs/Downloads/EN/Supply_Chain_Act/guidance_cooperation_supply_chain.html?nn=1469788.

87 Véase, Building resilience in supply chains through responsible purchasing practices, disponible en: https://www.cfrpp.org/contact.

88 Véase, Responsible Contracting Project, Core RCP Principles, disponible en: https://www.responsiblecontracting.org/principles.

5.2.3. Una insuficiente regulación de las consultas sustantivas con los grupos potencialmente afectados en las dos leyes crea incoherencia con los estándares internacionales

Tanto la LdV como la LkSG carecen de claridad sobre la obligación de incluir consultas sustantivas con los grupos potencialmente afectados, como lo prevé el PRNU 18. En Francia, la LdV establece que «el plan [de vigilancia] tiene vocación de elaborarse en asociación con las partes interesadas de la empresa». Por lo tanto, la ley no establece la obligatoriedad clara de la implicación de las partes interesadas en la elaboración del plan que sólo pretende *«tiene vocación» ser elaborado (en consulta con las partes interesadas)*. La terminología empleada en la LdV supone una falta de carácter vinculante de la consulta, lo que no aparece en línea con los PRNU.

La LdV tampoco define muy claramente cómo se deben identificar las partes interesadas de la empresa que deben ser consultadas, ni hace una referencia explícita a las partes que según las normas internacionales son las que hay que consultar de manera prioritaria: los grupos potencialmente afectados. Sólo se menciona específicamente a una parte interesada en el texto de la ley en relación con el establecimiento del mecanismo de alerta que debe «establecerse en consulta con las organizaciones sindicales representativas en dicha empresa».

En Alemania, la Sec. 4 (4) LkSG señala que al establecer y al ejecutar el proceso de diligencia debida, la empresa debe tener en «cuenta los intereses de sus empleados, los empleados dentro de sus cadenas de suministro y aquellos que de otro modo se ven directamente afectados por las actividades económicas». A diferencia de la ley francesa, se establece claramente y en línea con el PRNU 18 a quién se debe tomar en cuenta, que incluye a cualquier persona cuyos derechos humanos pueden afectarse. Al igual que en la ley francesa, hace falta una definición clara sobre quién podría legítimamente representar a estas personas y sobre cómo se deben «tomar en cuenta» dichos intereses. «Tener en cuenta» se puede interpretar de diferentes maneras. Algunos lo interpretan como meramente «pensar en ellos»[89]. Esa interpretación que, solo se aferra a una posible interpretación literal e ignora la justificación oficial de la LkSG y las bases internacionales de esta legislación, es incorrecta. Un análisis más concreto evidencia que se tiene que tratar de consultas sustantivas con los grupos potencialmente afectados después de priorizarlos[90]. Así lo ven también las autoridades competentes[91], pero el resultado de la formulación poco clara conlleva que muchas empresas ignoran esa obligación.

89 Por ejemplo, Sagan/Schmidt, NZA RR 6/2022, 281 (287).

90 Con más fuentes: Schönfelder, ESGZ 2023, 23 ss.

91 BMAS, Supply Chain Act, FAQ, 24 de Julio de 2023, VII No. 2 y 3, disponible en inglés en: https://www.csr-in-deutschland.de/EN/Business-Human-Rights/Supply-Chain-Act/

La falta de una clara formulación en la obligación de llevar a cabo consultas sustantivas con los grupos potencialmente afectados es una contradicción con los PRNU. El PRNU 18 hace especial hincapié en una necesaria «consulta sustantiva» con los grupos potencialmente afectados y otras partes interesadas relevantes, en todas las fases del proceso de diligencia debida. Las Líneas Directrices de la OCDE[92], en su versión actualizada del 2023, mencionan específicamente que «la participación significativa de las partes interesadas es un componente clave del proceso de debida diligencia», lo que implica «procesos interactivos de participación con las partes interesadas pertinentes». Siendo «las partes interesadas pertinentes» definidas como «personas o grupos, o sus representantes legítimos, que tienen derechos o intereses relacionados con los ámbitos cubiertos por las Líneas Directrices que se ven o podrían verse afectados por impactos negativos asociados a las operaciones, productos o servicios de la empresa». La OCDE también resalta que hay que «dar prioridad a la participación con las partes interesadas más gravemente afectadas o potencialmente afectadas». Este último punto, el de poder priorizar, es importante y realista, ya que no se puede hacer una consulta sustantiva con miles de potenciales afectados en cadenas de suministros complejas. Es importante como legislador reconocer esa limitación práctica y en la formulación del texto legal claramente establecer que hay que dar prioridad a consultas sustantivas con las partes interesadas más gravemente afectadas o potencialmente afectadas.

En Francia, varias ONG[93] y los evaluadores de la LdV[94] han puesto de manifiesto que las partes interesadas no participan suficientemente en la elaboración de los planes de vigilancia. En la práctica en Francia, las empre-

FAQ/faq.html, vea también el BAFA sosteniendo que controla como se involucran a los potencialmente afectados en la creación de mecanismos de rendir cuenta internas de las empresas: https://www.bafa.de/SharedDocs/Pressemitteilungen/DE/Lieferketten/2023_21_1_jahr_lksg_-_bafa_zieht_positive_bilanz.html.

92 Las Líneas Directrices de la OCDE para Empresas Multinacionales sobre Conducta Empresarial Responsable que fueron inicialmente adoptadas en 2011, fueron actualizadas en octubre del 2023. Accesible en: https://www.oecd.org/publications/lineas-directrices-de-la-ocde-para-empresas-multinacionales-sobre-conducta-empresarial-responsable-7abea681-es.htm.

93 Véase en particular: «Stakeholders and the Duty of Vigilance», Sandra Cossart & Tiphaine Beau de Loménie, in. Revue internationale de la compliance et de l'éthique des affaires — supplément à la semaine juridique entreprise et affaires n.° 50 du jeudi 14 décembre 2017. Accesible en (francés): https://www.asso-sherpa.org/wp-content/uploads/2018/03/Stakeholders-and-the-Duty-of-Vigilance-Intl-Rev.Compl_.-Bus.-Ethics.pdf.

94 Véase las conclusiones de la misión de evaluación de la LdV del Consejo General de Economía, Industria, Energía y Tecnología (CGEIET), liderada por la Sra. Anne Duthilleul y el Sr. Matthias de Jouvene, C. Dubost et D. Potier, Rapport d'information n.° 5124, y el informe publicado por el Club des juristes, Devoir de vigilance, quelles perspectives européennes ? » en el marco del Grupo de trabajo presidido por Bernard Cazeneuve, mencionados arriba.

sas francesas deciden unilateralmente cuáles son las partes interesadas que van a ser consultadas y cómo. Muchas de ellas, siguen sin informar sobre la metodología del proceso de identificación y selección de las partes interesadas consultadas para la elaboración del plan de vigilancia.

Por tanto, siguen siendo muy pocas las empresas en el ámbito de aplicación de las leyes que crearon un comité de partes interesadas[95] (*Comité des parties prenantes*) dedicado específicamente a la consulta de una variedad de perfiles de partes interesadas más allá de los tradicionales órganos de representación de los trabajadores para implementar efectivamente el deber de vigilancia. Cabe resaltar, que además, frecuentemente, ni siquiera se implica efectivamente a los órganos de representación de los trabajadores de las empresas mismas, por ejemplo, preguntándoles qué riesgos graves ven en las propias operaciones, a pesar de que eso es una clásica «*low hanging fruit*». Sigue habiendo partes interesadas, de las más gravemente o potencialmente afectadas, que quedan excluidas en gran medida de la elaboración de los planes de vigilancia de las empresas en Francia y de los procesos de diligencia debida en ambos países. Significativamente, este es el caso de los representantes legítimos de los pueblos indígenas y tribales y de las comunidades locales. Hasta la fecha, sólo un número extremadamente limitado de empresas implica a representantes de las comunidades locales afectadas por sus proyectos en la elaboración de los procesos de diligencia debida y la elaboración de la cartografía de riesgo de sus planes de vigilancia.

Cualquier legislador debe asegurarse de que haya obligaciones claras para las consultas sustantivas con los grupos potencialmente afectados y otras partes interesadas relevantes, en todas las fases de la diligencia debida. Esto implica una obligación para las empresas de informar sobre la metodología de identificación y de priorización de las partes consultadas, especialmente en relación con la identificación de los representantes legítimos de las comunidades afectadas.

5.3. Desafíos vinculados a las obligaciones de diligencia debida establecidas por las leyes

5.3.1. La falta de apoyo estatal limita el potencial transformador de las leyes de diligencia debida

Mejorar la situación para el disfrute de derechos humanos no solo es una responsabilidad compartida de empresas compradoras y proveedores, sino también entre Estados y empresas. Por esa razón, los PRNU empiezan con

95 Véanse, por ejemplo, las iniciativas de las empresas Michelin y de EDF accesibles en (francés): file:///C:/Users/cdgpi/Downloads/Michelin_guide_PP_FR%20(3).pdf y https://www.edf.fr/groupe-edf/agir-en-entreprise-responsable/conseil-de-parties-prenantes.

el Pilar I que formula las obligaciones estatales de proteger y solo después, en el Pilar II, formulan la responsabilidad de las empresas de respetar. Las empresas necesitan al Estado como socio fiable para una mejora sostenible de los derechos humanos en las cadenas globales de valor. Juntos, pueden hacer una contribución significativa si los actores europeos de cooperación para el desarrollo y los gobiernos locales y las ONG colaboran. En Alemania y Francia, el Estado todavía no cumple con esa obligación, lo que limita el potencial de las leyes para transformar el paradigma en el que operan las empresas.

El caso es más obvio en Francia. La LdV prevé la publicación de un decreto para precisar el contenido y las modalidades de aplicación y elaboración del plan de vigilancia. Este decreto nunca se publicó, aunque este hubiera sido de gran ayuda en los primeros años de su entrada en vigor a la hora de implementar las disposiciones más abstractas de la ley. La LdV también careció de mecanismos adecuados de gobernanza y supervisión. Hasta la fecha, no existe una administración responsable de supervisar la aplicación de la LdV, a pesar de los repetidos llamados de la sociedad civil y de los evaluadores de la ley[96].

También hay deficiencias en el ámbito del acceso a la información. Si bien se entiende la dificultad en esta cuestión, ni el gobierno francés, ni el alemán, nunca han desarrollado una lista pública de empresas obligadas por las disposiciones de la LdV.

Sin embargo, en Alemania, hay que reconocer avances importantes en el acceso a la información. El *Helpdesk* de diligencia debida realiza una importante tarea en asesorar gratuitamente a PYMEs y empresas estatales. El *KMU Kompass* que ofrece instrumentos e instrucciones prácticas de diligencia debida[97], el *BHR Navigator* con instrucciones sobre cómo trabajar en varios derechos humanos específicos[98], el *CSR Risk Check* que se puede utilizar para analizar riesgos a nivel de países o productos[99] y, recientemente, una lista de indicadores son instrumentos gratuitos estatales que contribuyen significativamente al ejercicio de debida diligencia[100]. A pesar

96 Pueden consultarse las conclusiones de los informes de los evaluadores de la LdV mencionados arriba — notas a pie de página no. 95.

97 Véase, https://kompass.wirtschaft-entwicklung.de/en/.

98 Véase, https://bhr-navigator.unglobalcompact.org/?lang=es.

99 Véase, https://www.mvorisicochecker.nl/en.

100 Accessibles en https://www.csr-in-deutschland.de/EN/Business-Human-Rights/Supply-Chain-Act/FAQ/faq.html y en https://www.bafa.de/DE/Lieferketten/Ueberblick/ueberblick_node.html. También se encuentra una base de datos con fuentes que el BAFA recomienda para hacer el análisis de riesgos abstractos: https://www.bafa.de/SharedDocs/Downloads/DE/Lieferketten/lksg_risikodatenbank.html?nn=1469788 y guías sobre la implementación de varias obligaciones partes del HREDD en diferentes idiomas, incluso en español: https://www.bafa.de/DE/Lieferketten/Ueberblick/ueberblick_node.html.

de que Alemania ya ofrece ayudas relevantes, todavía hacen falta informaciones importantes. Por ejemplo, el salario digno es un derecho humano importante que ha de ser respetado[101], pero no hay datos públicos para todo el mundo y simplemente no es eficiente que cada empresa lo calcule por sí misma. Los Estados de la UE deberían asegurar la financiación de la *Wage Indicator Foundation* o instituciones similares para que publiquen sus datos para todo el mundo. También hacen falta bases de datos centrales sobre la situación jurídica frente a los derechos humanos más relevantes en todos los países.

También cabe resaltar la falta de apoyo estatal en la contratación pública. Desde la Directiva de la UE 2014/24 sobre contratación pública es posible que se apliquen, junto a los criterios de precios y calidad, criterios de sostenibilidad a la hora de elegir empresas proveedores del Estado. Alemania y Francia obligan a las empresas —con mucha razón— a respetar los derechos humanos en su contratación. Pero los Estados, a pesar de tener la obligación primaria frente a la protección de derechos humanos[102], todavía pueden hacerlo voluntariamente en su contratación pública.

Más que solo información, las empresas también requieren un apoyo más directo del Estado. En casos difíciles, las empresas llegan al límite de su capacidad de influencia. Esto aplica en particular a las PYMEs, pero también a las empresas más grandes en casos especialmente complejos. Si los Estados autoritarios que forman parte de los países de producción se oponen a la aplicación de las obligaciones de diligencia debida (por ejemplo, imponiendo trabajo forzado o prohibiendo los sindicatos o exigiendo la discriminación de ciertos grupos de personas), las empresas también se encuentran en situaciones demasiado exigentes cuando se trata de problemas estructurales de fondo. En el caso de trabajo infantil, una atención eficaz no significa simplemente terminar el empleo de los niños o terminar los contratos con los proveedores que los utilizan, porque eso por sí solo no mejora la situación de los niños, sino que incluso la puede empeorar. En estos casos, las medidas siempre tienen que atacar eficazmente las causas

101 Para la LkSG, vea: Sec. 2 (2) No. 8 LkSG y la interpretación en Schönfelder en Grabosch, Das neue Lieferkettensorgfaltspflichtengesetz, § 4 Sec. 39 y BAFA y Helpdesk Business & Human Rights «Collaboration in the supply chain», 1era edición (guía oficial de la autoridad competente sobre como se debe trabajar con proveedores en establecer medidas), p. 22, 23, 24 y 30, disponible en inglés en: https://www.bafa.de/SharedDocs/Downloads/EN/Supply_Chain_Act/guidance_cooperation_supply_chain.html?nn=1469788. Para el derecho internacional, vea ONU Consejo Económico y Social, Observación general núm. 23 (2016) sobre el derecho a condiciones de trabajo equitativas y satisfactorias (artículo 7 del Pacto Internacional de Derechos Económicos, Sociales y Culturales), No. 18, disponible en: https://daccess-ods.un.org/tmp/2776046.0972786.html

102 Vea todo el pilar 1 de las PRNU y específicamente PRNU 6 y comentario sobre la contratación pública.

profundas del trabajo infantil, incluso problemas socioeconómicos arraigados en las sociedades. Eso significa, por ejemplo, garantizar que los niños tengan un acceso efectivo a la escuela y un ingreso adecuado para ellos y sus padres, porque frecuentemente, la causa del trabajo infantil es la pobreza[103]. Mientras algunas empresas muy influyentes y con recursos económicos consecuentes, pueden implementar esos programas[104], la mayoría de las empresas por sí solas no lo lograrían. Un solo actor económico no puede resolver los problemas de violaciones endémicas de derechos humanos o medio ambiente.

En estas situaciones complejas, las empresas deben recibir apoyo activo del Estado para que no respondan con una *irresponsible exit* ante una situación de percepción de exigencias excesivas[105]. Eso se debe hacer a través de orientaciones generales, pero también con un apoyo concreto en casos individuales. Por ejemplo, estableciendo líneas de apoyo de cooperación internacional para el desarrollo, de diplomacia mediante las autoridades supervisoras cuando las empresas se encuentren en situaciones difíciles. Si después de analizar sus posibilidades y poder de influencia (*leverage*), consideran que no podrán tomar medidas eficaces por sí solas y comunican esto de forma sustantiva a las autoridades, estas deben recibir apoyo.

Especialmente con la CSDDD surge también una gran oportunidad de actuación. Si el programa *Global Gateway*[106] se diseñara también como un fuerte acompañamiento de los esfuerzos de diligencia debida de las empresas europeas, habría grandes sinergias para el desarrollo sostenible a escala global y mayores oportunidades para una política de desarrollo más coordinada y eficaz de la UE. Independientemente de eso, cualquier Estado implementando una ley de diligencia debida obligatoria o preparándose para alinearse con las nuevas exigencias europeas, debería alistarse para poder actuar como socio fiable de empresas que quieren mejorar situaciones concretas de derechos humanos.

---

103 OIT / OIE, Herramienta de Orientación de la OIT y la OIE sobre el trabajo infantil destinada a las empresas, p. 19, disponible en: https://www.ilo.org/wcmsp5/groups/public/---ed_norm/---ipec/documents/instructionalmaterial/wcms_ipec_pub_28417.pdf.

104 Véase por ejemplo los que hace Nestlé: https://www.nestle.com/sustainability/human-rights/child-labor-education.

105 Por ejemplo, la empresa austriaca Strabag ha anunciado que no va a hacer más negocios en Africa por la complejidad de respetar derechos humanos allí: https://www.zeit.de/2023/01/lieferkettengesetz-ausbeutung-import.

106 https://commission.europa.eu/strategy-and-policy/priorities-2019-2024/stronger-europe-world/global-gateway_es

5.3.2. Desafíos relacionados a la implementación de los mecanismos de la rendición de cuentas-responsabilidad civil y control administrativo

Finalmente, existen varias barreras jurídicas en la práctica para la efectividad de los mecanismos de rendición de cuentas de la LdV y de la LkSG, que son la responsabilidad civil y el control administrativo.

En Francia, debido a la falta de un órgano administrativo responsable de supervisar la aplicación de la LdV, el peso de la responsabilidad de garantizar la aplicación efectiva de la ley (y su interpretación) recae, casi de manera exclusiva, en el juez.

El control de la implementación de las obligaciones de vigilancia de las empresas se basa en dos tipos de recursos legales: una acción preventiva de requerimiento judicial (*en injonction*) y una acción *a posteriori* de responsabilidad civil de derecho común, en caso de daños derivados del incumplimiento de las obligaciones de vigilancia:

- El primer tipo de recurso preventivo (*mise en demeure*) puede presentarse por «cualquier persona con un interés legítimo» (lo que incluye, por ejemplo, empleados, sindicatos o ONGs) en caso de incumplimiento de la obligación de establecer, publicar y aplicar efectivamente un plan de vigilancia. En este primer tipo de recurso, si la empresa sigue incumpliendo sus obligaciones tras un plazo de tres meses después de la recepción de la notificación formal de incumplimiento (*lettre de mise en demeure*), el juez competente puede ordenar medidas urgentes de divulgación o modificación del plan de vigilancia, pudiendo estas ser asociadas a sanciones financieras coercitivas.
- El segundo tipo de recurso tiene por objeto comprometer la responsabilidad civil de derecho común (extracontractual) de la empresa infractora, en línea con los artículos 1240 y 1241 del Código Civil francés. La empresa incurre en una responsabilidad, si se prueban daños causados por las propias actividades de la empresa, su filial directa o indirecta, o sus subcontratistas y proveedores con los cuales se mantiene una «relación comercial establecida», que podrían haberse evitado razonablemente con un plan de vigilancia que incluya medidas razonables de debida diligencia destinadas a identificar y prevenir perjuicios graves a personas o al medioambiente, y que se hubieran aplicado efectivamente.

Sin embargo, seis años después de la entrada en vigor de la LdV, estos dos procedimientos legales han mostrado sus limitaciones. En un principio, pareció que los tribunales no estaban preparados para esta pesada tarea.

Las primeras notificaciones formales de incumplimiento se realizaron en 2019. Sin embargo, durante los primeros años después de la aprobación de la ley, los casos presentados ante los tribunales permanecieron durante mucho tiempo en la fase de una batalla procesal para determinar qué tribunal sería competente entre el tribunal judicial y el tribunal de comercio. El número limitado de acciones ingresadas por la sociedad civil entre 2019 y 2021, tiene parte de sus raíces en los años perdidos en la asignación del tribunal competente, para conocer de las acciones en relación con la aplicación del deber de vigilancia[107].

Este debate ya ha sido resuelto por el legislador, vía la ley n.° 2021-1729 de 22 de diciembre de 2021 sobre la confianza en el poder judicial[108], que atribuye competencia única al Tribunal Judicial de París (*Tribunal Judiciaire de Paris*) para conocer de las acciones relativas al deber de vigilancia.

El número de acciones judiciales en base a la LdV ha aumentado, con una aceleración en 2021 y 2022[109]. En 2023 se produjo una desaceleración, con solo tres notificaciones formales mandadas. En diciembre de 2023, había veintiún casos en curso, doce de los cuales estaban en fase de citación (*assignation*). Sin embargo, hasta la fecha, la mayoría de las acciones emprendidas por las ONG se han saldado con una serie de decisiones procesales decepcionantes[110].

Es importante señalar que, hasta ahora, solo una de ella ha prosperado muy recientemente, logrando obtener una primera resolución judicial sobre el fondo del caso en una decisión del 5 de diciembre de 2023 del Tribunal Judicial de París en el caso SUD PTT[111] contra la sociedad francesa de correos *La Poste*[112]. En este caso, el Tribunal reaccionó de una manera balanceada

107 Para un resumen de las diferentes demandas de excepción de incompetencia planteadas entre 2020 y 2021 — véase por ejemplo en francés: https://www.actu-juridique.fr/affaires/societes/291819-revision-v1/.

108 Loi n.° 2021-1729 du 22 décembre 2021 pour la confiance dans l'institution judiciaire. Disponible en francés en: https://www.legifrance.gouv.fr/jorf/id/JORFTEXT000044545992.

109 Véase en francés, AEF Info «Devoir de vigilance : le point sur les procédures en cours se fondant sur la loi de 2017», actualizado en diciembre de 2023. Disponible en : https://www.aefinfo.fr/depeche/688210-devoir-de-vigilance-le-point-sur-les-procedures-en-cours-se-fondant-sur-la-loi-de-2017.

110 Ver en francés, «Directive européenne sur le devoir de vigilance et contentieux français — Enseignements et recommandations», informe publicado por ActionAid France, Sherpa, CCFD - Terre solidaire, Amnesty International, La CGT, Les Amis de la Terre France, Collectif Ethique sur l'Etiquette, FIDH, OXFAM France (Septiembre 2023), mencionado anteriormente. Ver en particular el análisis de los casos EDF Mexique, Suez Chile, Total Ouganda y Total Climat.

111 La principal queja del sindicato eran los riesgos asociados a la subcontratación en cascada practicada por la empresa francesa, La Poste en el sector de la paquetería, con un «problema recurrente de trabajadores no declarados que trabajan en condiciones penosas en sus filiales Chronopost y DPD». El sindicato SUD PTT inició el procedimiento en 2019, con una notificación formal de incumplimiento mandada al grupo francés en julio de 2020, seguido de otra en mayo de 2021.

112 Tribunal judiciaire de Paris, 5 décembre 2023, Sud PTT c/ La Poste, RG 21/15827. Accesible en (francés) : https://web.lexisnexis.fr/LexisActu/laposte.pdf

en base al principio de no-injerencia. Si bien el juez puede (y debe) señalar las deficiencias de un plan de vigilancia, no puede suplantar a la empresa que elabora el plan y a sus partes interesadas decidiendo la introducción de medidas precisas y detalladas. Aunque el juez en este caso consideró insuficientes las medidas tomadas por *La Poste*, reconoció que la empresa demuestra un enfoque dinámico para mejorar cada año su plan de vigilancia así que le dio un margen de discreción y le ordenó completar su plan de vigilancia, pero no impuso multas[113]. El 11 de marzo de 2024, La Poste anunció que recurría contra la decisión del Tribunal Judicial de París[114].

Por lo tanto, teniendo ya un juez competente y una decisión de fondo (todavía no confirmada en la Corte de Apelación), se espera que se abra una nueva era para la aplicación efectiva de la LdV. La decisión de la Corte de Apelación de París (*Cour d'appel de Paris*) del 15 de enero del 2024, de crear una sala especializada en contenciosos "emergentes" relacionados con el deber de vigilancia, las obligaciones de divulgación de sostenibilidad y la responsabilidad medioambiental tiende hacia eso. Esta nueva sala 5-12[115] tendrá competencia para pronunciarse en apelación sobre las resoluciones dictadas por el Tribunal Judicial de París en los litigios relativos al deber de vigilancia, así como en los litigios relativos a la publicación de información sobre sostenibilidad por parte de las empresas en aplicación de la reciente directiva sobre información corporativa en materia de sostenibilidad, CSRD (*Corporate Sustainability Reporting Directive*).

La creación de esta nueva sala especializada también permitirá contestar otra limitación en el sistema de rendición de cuentas proporcionado por la LdV, que residía en buena medida, en la falta de capacitación proporcionada sobre esta nueva materia —empresa y derechos humanos— en línea con los estándares de *soft law* aplicables que inspiraron la LdV para los jueces. Eso se tradujo en la ausencia de jueces especializados para para examinar el fondo de los litigios presentados.

Sin embargo, esos avances no eliminan los principales obstáculos vinculados a la carga de la prueba, que sigue recayendo sobre las personas

113 En su sentencia, el tribunal ordenó a La Poste (i) completar el plan de vigilancia con un mapa de riesgos destinado a identificar, analizar y priorizar los riesgos, (ii) establecer procedimientos de evaluación de los subcontratistas en función de los riesgos específicos identificados por el mapa de riesgos; (iii) complementar su plan de vigilancia con un mecanismo de alerta después de previa consulta con los sindicatos representativos; y (iv) publicar un sistema real de seguimiento de las medidas de cumplimiento.

114 Véase en francés el comunicado oficial de La Poste, disponible en: https://www.laposte-groupe.com/fr/actualite/devoir-de-vigilance-la-poste-fait-appel-de-la-decision. La empresa considera que varios aspectos de esta sentencia son criticables de hecho y de derecho en lo que se refiere a la interpretación y aplicación de la ley sobre la diligencia debida. Por ello, se propone «aclarar algunos puntos de interpretación y aplicación de la ley» a falta de un decreto de aplicación.

115 Véase, https://www.cours-appel.justice.fr/paris/pole-5-economique-et-commercial#5-12.

reclamantes, ni las limitaciones en relación con la reparación de los prejuicios sufridos por las víctimas.

Además, la interpretación de la «aplicación efectiva» del plan de vigilancia sigue siendo objeto de debate, como demuestran las últimas audiencias que tuvieron lugar el 5 de marzo del 2024 ante la nueva sala 5-12 de la Corte de Apelación de París, en los casos EDF, VIGIE GROUPE (ex caso SUEZ Groupe SAS) y TOTAL ENERGIES respectivamente[116]. Un debate clave durante las audiencias se centró en si la LdV exige una obligación general de comportamiento de actuar con prudencia y diligencia en línea con los estándares de *soft law* que la inspiraron, o más bien como una obligación limitada de establecer y publicar un plan de vigilancia (*obligation de réalisation d'un plan de vigilance*[117]) sin que su «aplicación efectiva» pueda ser controlada por el juez debido en parte al principio de no injerencia. Por lo tanto, si una empresa desarrolló y estableció un plan de vigilancia que se ajusta a los contenidos y nivel de calidad requeridos (nivel que no está definido por ley), puede que no incurra en responsabilidad, aun cuando se produzca un perjuicio, más allá de la de publicar, cambiar, complementar o mejorar su plan de vigilancia. Se creó además una nueva «fase obligatoria de diálogo e intercambio amistoso durante la cual la empresa pueda responder a las críticas de la sociedad civil y partes afectadas sobre su plan de vigilancia e introducir los cambios necesarios», tras la recepción de la «*mise en demeure*», que no aparece literalmente en la ley[118].

En Alemania, el cumplimiento de las obligaciones es supervisado por el BAFA (Sec. 14-19) que puede imponer multas de hasta el 2 por ciento de la facturación anual del grupo (Sec. 24). El control administrativo del BAFA, con aproximadamente 101 personas dedicadas a la LkSG[119] y apoyado por un consejo compuesto del sector empresarial, de ONG y de sindicatos y aca-

116 Las decisiones sobre estos tres casos se esperan para el 18 de junio del 2024.

117 Véase en francés, Rapport fait au nom de la Commission des lois constitutionnelles, de la législation et de l'administration générale de la République sur la proposition de loi (n.° 2578), relative au devoir de vigilance des sociétés mères et des entreprises donneuses d'ordre, par Dominique Potier, député, enregistré à la Présidence de l'Assemblée Nationale le 11 mars 2015, pagina 31.

118 Véase en francés las dos decisiones (*ordonnances*) de 28 de febrero de 2023, del vicepresidente Primero del Tribunal de Primera Instancia de París, que declararon inadmisibles las demandas presentadas por varias asociaciones para que se condenara a TotalEnergies EP a cumplir las obligaciones que le incumben en virtud de la Ley de Diligencia Debida y a suspender las obras de dos de sus proyectos en Uganda. TJ Paris, 28 févr. 2023, no 22/53942 — disponible en: https://lext.so/R5vOnZ.
Y TJ Paris, 28 févr. 2023, no 22/53943 — accesible en https://lext.so/yar5fN.

119 Véase la entrevista de su presidente, Torsten Safarik, en: https://table.media/esg/analyse/bafa-praesident-kein-unternehmen-muss-sich-wegen-des-gesetzes-aus-einer-region-zurueckziehen/?utm_source=linkedin&utm_medium=social&utm_campaign=esg_linkedin_organic_8j9&utm_content=interview_torsten_safarik.

demia[120], parece estar funcionando adecuadamente. El BAFA está, por un lado, utilizando muy activamente sus facultades para proteger los derechos humanos. Por otro lado, se ve como socio de las empresas, sosteniendo que su definición de éxito es: «Con empresas fuertes en Alemania para derechos humanos fuertes en el mundo»[121]. Activamente utilizando sus facultades conferidas en la Sec. 17 de la LkSG, está enviando preguntas de control a muchas de las empresas obligadas desde 2023, inquiriendo por la implementación de las obligaciones de establecer un proceso de diligencia debida en general (Sec. 4 (1) de la LkSG) y de los mecanismos de reclamación internos (Sec. 8 de la LkSG). Hasta ahora ha informado de que se llevaron a cabo 486 controles generales en el primer año de aplicación (2023) —de más de la mitad de las empresas obligadas en 2023— y que el BAFA también ha empezado controles respecto a casos concretos de posibles violaciones en 78 casos[122]. Al respecto, los controles del BAFA no se cumplen con meras respuestas formales y este organismo sigue formulando preguntas más concretas hasta obtener información comprensiva, por ejemplo, sobre cómo se involucra a los potencialmente afectados[123]. Esto parece prometedor en cuanto a un control eficaz, ya que parece que se toma en serio los derechos humanos y a las víctimas. El BAFA todavía no ha impuesto multas, sosteniendo que va a aplicar y controlar la ley de manera cooperativa y solo imponiendo multas en casos de no cooperación de las empresas. Esto tiene sentido, porque las empresas, la autoridad y los consejeros estamos aprendiendo todos juntos. En el próximo año, el BAFA se va a enfocar en controlar si las empresas hicieron correctamente su análisis de riesgo[124]. La actividad de control va a ser mucho más interesante a partir de la mitad de 2024, cuando todas las empresas obligadas desde 2023 van a tener que haber publicado su reporte oficial (Sec. 10 y 12). El BAFA va a poder controlar esos reportes (Sec. 12 y 13) y utilizarlos para enfocar más su control. Parece estar planeando un análisis automatizado de todos los informes.

Por otro lado, el BAFA está controlando, de manera muy activa, los casos de posibles violaciones y riesgos a derechos humanos en los que ONG y las personas potencialmente afectadas han activado la facultad de la Sec. 14 (1) No. 2 de la LkSG de conocer quejas. Al menos 38 quejas se han interpuesto

120 Un buen ejemplo de cómo se puede implementar el *stakeholder engagement*, aunque solo hay miembros de Alemania, no del sur global, véase: BAFA, Rechenschaftsbericht nach dem Lieferkettensorgfaltspflichtengesetz, 2022, p. 10 f.

121 BAFA, Rechenschaftsbericht nach dem Lieferkettensorgfaltspflichtengesetz, 2022, p. 4.

122 Véase, https://www.handelsblatt.com/unternehmen/mittelstand/lieferkette-grosse-mehrheit-fuer-lieferkettengesetz/100002172.html; https://www.bafa.de/SharedDocs/Pressemitteilungen/DE/Lieferketten/2023_21_1_jahr_lksg_-_bafa_zieht_positive_bilanz.html.

123 Véase, https://www.bafa.de/SharedDocs/Pressemitteilungen/DE/Lieferketten/2023_21_1_jahr_lksg_-_bafa_zieht_positive_bilanz.html.

124 Véase, https://www.bafa.de/SharedDocs/Pressemitteilungen/DE/Lieferketten/2023_21_1_jahr_lksg_-_bafa_zieht_positive_bilanz.html.

en 2023, pero el BAFA ha rechazado 20 de estos casos, juzgándolos como no sustanciados y solo en 13 casos[125], ya empezó investigaciones más concretas, en 7 casos ha contactado a las empresas[126]. Pero en los casos que sí ha llevado investigaciones, se ha mostrado muy comprometido a producir resultados buenos para los derechos humanos, recomendando medidas concretas y exigiéndole a las empresas que cumplan con su responsabilidad. También ha empezado a considerar y a bajar las barreras que les pueden impedir a las víctimas acceder a ese mecanismo, por ejemplo, haciendo posible la queja en varios idiomas, incluidos alemán, inglés, francés y español, y de manera anónima[127]. Pero por la falta de certeza respecto a que, en caso de violaciones confirmadas, habrá una reparación que incluya un componente financiero, muchas víctimas van a seguir teniendo dudas sobre si vale la pena arriesgarse a interponer una queja.

Hay muy poca claridad sobre si hay responsabilidad civil en el contexto de la LkSG en Alemania[128], porque mientras la Sec. 3(3) parece excluirla con la frase «no se crean nuevas responsabilidades civiles» y la justificación oficial explícitamente excluye responsabilidad civil por la Sec. 823(2) del Código Civil, la ley no se pronuncia sobre la Sec. 823 (1) y la misma Sec. 3 (3) establece que «la responsabilidad civil ya existente no cambia». Asimismo, la Sec. 11 de la LkSG confiere la facultad a los sindicatos de representar a víctimas en procedimientos civiles. Como consecuencia de la regulación poco clara respecto a esta cuestión en la LkSG, muchos pasan por alto esa dimensión como una posible consecuencia de fallos en el proceso de diligencia debida. También hay poca claridad sobre el Derecho internacional privado, a la hora de determinar si es el derecho alemán o el derecho extranjero el que se aplica en casos internacionales[129]. Desde la entrada en vigor no se han conocido casos nuevos en los cuales haya víctimas en las cadenas globales de valor. Además de las barreras jurídicas señaladas, esto se podría explicar en razón a muchos otros factores que limitan el acceso a la justicia civil[130].

---

125 Noviembre 2023: 5 casos están conectados a China, 2 a Ecuador y a Bangladesh y uno a turkije y a Alemania, mientras 5 están del sector automovil, 2 de agricultura y de textil y uno del sector quimico y del sector de tiendas de construccion, vea BT-Drs. 20/9063 p. 1 s.

126 Véase, https://table.media/esg/analyse/bafa-praesident-kein-unternehmen-muss-sich-wegen-des-gesetzes-aus-einer-region-zurueckziehen/?utm_source=linkedin&utm_medium=-social&utm_campaign=esg_linkedin_organic_8j9&utm_content=interview_torsten_safarik

127 Disponible en: https://elan1.bafa.bund.de/beschwerdeverfahren-lksg/.

128 En detalle Wagner en: Wagner/Ruttloff/Wagner LkSG, § 12. En resumen: Grabosch/Schönfelder, Arbeit und Recht 2021, 488 (493).

129 En detalle Wagner/Wagner/Holtz en: Wagner/Ruttloff/Wagner LkSG, § 13 En resumen: Grabosch/Schönfelder, Arbeit und Recht 2021, 488 (493).

130 Véase en detalle Blackburn, Removing Barriers to Justice (2017), pp. 37-59, disponible en: https://www.brot-fuer-die-welt.de/fileadmin/mediapool/2_Downloads/Fachinformationen/Sonstiges/Removing-barriers-web.pdf.

Basándonos en estas experiencias, nuestra recomendación para el ámbito de los mecanismos de la rendición de cuentas es combinar los mecanismos de la LdV y la LkSG: responsabilidad civil proporcional y basada en el incumplimiento de las obligaciones de diligencia debida para garantizarles acceso a reparaciones a las víctimas y un control administrativo proporcional para asegurar que las empresas tomen en serio las obligaciones y estén siendo orientadas para cumplirlas. El mecanismo judicial de Francia (con la reciente creación de una sala especial 5-12 en el Tribunal de Apelación) y el sistema de supervisión administrativo de Alemania se destacan por asignar conscientemente recursos y competencia a un órgano con personal especializado, algo que parece necesario dado el grado de complejidad de la temática. Empero, frente a ambos mecanismos, los derechos de las víctimas tienen que ser protegidos con más determinación. Asimismo, hace falta impulsar más la cooperación internacional de la justicia, la protección de personas que reclaman por sus derechos y la ayuda, incluso a la hora de obtener pruebas sobre los procedimientos internos de diligencia debida de las empresas, cuando se instauren demandas sustanciadas[131]. Parece que el legislador europeo ha dado los primeros pasos en esa dirección, creando tanto un mecanismo administrativo en el artículo. 17 f. que incluye reglas de cooperación Inter europeo (artículo 21) como un mecanismo de responsabilidad civil en el artículo 22.

Los legisladores de los países interesados en desarrollar legislaciones en diligencia debida obligatoria deberían considerar:

- Crear un organismo de supervisión independiente dotado de los recursos y las competencias necesarias (poder de investigación, poder de imponer sanciones administrativas, etc.) para detectar y controlar los incumplimientos del deber de diligencia.
- Prever explícitamente el tribunal competente al que pueden recurrir las víctimas en caso de incumplimiento del deber de diligencia y de posibles violaciones de los derechos humanos y del medio ambiente, que se deriven del mismo.

6. Conclusión

En conclusión, la implementación de la LdV y la LkSG representa un avance significativo hacia el desarrollo y la implementación de prácticas empresariales responsables en las cadenas de suministro globales. A pesar de los retos destacados en términos de aplicación y eficacia, el impacto positivo de ambas legislaciones reside en el impulso dado a las empresas en Francia y Alemania para que adopten medidas concretas para prevenir, mitigar y remediar abusos

131 En Alemania, el gobierno ha anunciado que va a trabajar en la información de posibles víctimas sobre sus derechos, también en el exterior, BT-Drs. 20/9063 p. 7.

de derechos humanos y medio ambiente y el cambio paradigmático que ha acelerado en las compañías en cómo se abordan los riesgos asociados a las operaciones empresariales y sus cadenas de suministros globales.

Estas legislaciones también abrieron camino para que otros países adopten medidas similares y contribuyan a una economía global más justa y sostenible. La experiencia de Francia y Alemania con la LdV y la LkSG ofrece lecciones valiosas para el desarrollo de futuras legislaciones en materia de diligencia debida obligatoria en derechos humanos y medio ambiente. Vale la pena, para todos los legisladores en el mundo, no copiar ni rechazar lo que hicieron Francia y Alemania, pero analizar críticamente qué funcionó y qué no, y lo que se debe adaptar al contexto local. Como la debida diligencia para las empresas, la creación y mejora de las leyes es un proceso de aprendizaje continuo.

En ese orden de ideas, es fundamental reconocer los desafíos comunes que enfrentan la LdV y la LkSG, especialmente en lo que respecta a su alcance limitado, la falta de claridad en ciertas disposiciones, y la necesidad de un mayor apoyo estatal y mecanismos de aplicación efectiva de ambas leyes. También se tiene que reforzar la cooperación internacional en particular en los países productores o en los países en los que las materias primas se obtienen en una fase muy avanzada de la cadena de suministro. La noción de responsabilidad compartida emerge como un componente crucial para superar estos obstáculos, implicando que tanto las empresas proveedoras y compradores como también los Estados, los posibles afectados y las empresas deben colaborar estrechamente para asegurar prácticas empresariales responsables a lo largo de las cadenas de suministro. En este contexto, albergamos la esperanza de que la adopción de la CSDDD y su transposición al marco legal doméstico francés y alemán proporcionen una mejor alineación con los estándares internacionales, como los Principios Rectores sobre las Empresas y los Derechos Humanos de las Naciones Unidas y las Directrices de la OCDE para Empresas Multinacionales.

LEGISLACIÓN DE DILIGENCIA DEBIDA EN LOS PAÍSES BAJOS

Tara Scally
Experta en derechos humanos y empresas

Introducción

50 millones de personas del mundo entero son víctimas de la esclavitud moderna, 150 millones de niños y niñas trabajan ilegalmente y el 13 % de los trabajadores y las trabajadoras viven sumidos en la pobreza. Para obtener los productos que utilizamos a diario se violan los derechos humanos y se contamina el medio ambiente. Ante esta situación, cada vez más Estados, incluidos los Países Bajos, están elaborando una legislación de responsabilidad corporativa. Este artículo se enfocará en el desarrollo de la legislación en los Países Bajos que impone el deber de diligencia a las empresas. En primer lugar, se explicará brevemente la evolución a nivel internacional de las medidas vinculantes para empresas en materia de responsabilidad corporativa. A continuación, se esbozará el contexto histórico en los Países Bajos. El capítulo tres presentará una Iniciativa de Ley en los Países Bajos y la comparará brevemente con la legislación europea en materia de responsabilidad corporativa. El artículo finalizará con una mirada hacia el futuro y una conclusión.

1. De voluntario a obligatorio

John Ruggie creó el marco *proteger, respetar y remediar* que sirvió de base para los Principios Rectores de las Naciones Unidas sobre las Empresas y los Derechos Humanos (en adelante: los UNGP). En 2011, el Consejo de Derechos Humanos de las Naciones Unidas[1] aprobó estos principios que luego sirvieron de base para distintas guías y directrices, como por ejemplo las de la Organización de Cooperación y Desarrollo Económicos (OCDE). En 2023, 51 países aprobaron la Guía para una conducta empresarial responsable de la OCDE[2] (en adelante: las Líneas Directrices de la OCDE). Tras la publicación de las Líneas Directrices de la OCDE se llevaron a cabo varias actualizaciones, siendo la más reciente la de 2023, esta vez suscrita por 51 países de la OCDE[3]. Tanto en los UNGP como en las Líneas Directrices de la OCDE, el concepto de «*due diligence*» ocupa un lugar central. Se espera que las empresas inventaríen y mitiguen los riesgos de violaciones de derechos humanos y de daños ambientales en su cadena, y que reparen sus consecuencias si se materializan.

Los UNGP y las Líneas Directrices de la OCDE son *soft law* y por lo tanto tienen un carácter voluntario, no exigible coercitivamente. De ahí que la demanda de una legislación sea cada vez mayor, tanto en los Países Bajos como a nivel internacional. Varios países han desarrollado una legislación nacional. Algunos ejemplos son: *Modern Slavery Act* en el Reino Unido (2015), *Loi sur le Devoir de Vigilance* en Francia (2017), la *Iniciativa empresarial responsable* en Suiza (2020), *Lieferkettengesetz* en Alemania (2021) y la *Ley de transparencia empresarial con respecto a los derechos humanos fundamentales y el trabajo decente* en Noruega (2022). En los Países Bajos existen dos (iniciativas de) leyes sobre el deber de diligencia de las empresas: la Ley del deber de diligencia en materia de trabajo infantil y la Ley de conducta empresarial internacional responsable y sostenible. Ninguna de las dos ha entrado en vigor aún y aunque ya se dio el primer paso para la legislación

1 ONU. Doc. A/HRC/17/31 (21 de marzo de 2011) Representante Especial del Secretario General para la cuestión de los derechos humanos y las empresas transnacionales y otras empresas. Principios rectores sobre las empresas y los derechos humanos: puesta en práctica del marco de las Naciones Unidas para «proteger, respetar y remediar».

2 https://mneguidelines.oecd.org/due-diligence-guidance-for-responsible-business-conduct.htm, versión en español: https://mneguidelines.oecd.org/Guia-de-la-OCDE-de-debida-diligencia-para-una-conducta-empresarial-responsable.pdf.

3 https://www.oecd-ilibrary.org/docserver/81f92357-en.pdf?expires=1703002079&id=id&accname=guest&checksum=841C50F8C0F593C16873404B7091B954, versión en español: https://www.oecd-ilibrary.org/finance-and-investment/lineas-directrices-de-la-ocde-para-empresas-multinacionales-sobre-conducta-empresarial-responsable_7abea681-es.

neerlandesa de RSCI (Responsabilidad Social Corporativa Internacional) en 2014[4], parece que se está quedando atrás en comparación con los avances a nivel europeo: las negociaciones sobre una ley europea de diligencia debida ya han alcanzado la última fase. El 14 de diciembre de 2023 se llegó a un acuerdo político sobre el contenido de esta Directiva europea sobre diligencia debida. Antes de profundizar en la legislación europea de diligencia debida, el siguiente capítulo esbozará primero el contexto histórico de la situación en los Países Bajos.

2. Antecedentes del contexto neerlandés

Este capítulo ahondará en dos sucesos importantes que han contribuido al proceso de legislación en materia de RSCI en los Países Bajos: los llamados «Convenios RSCI» y una iniciativa de ley para combatir el trabajo infantil.

2.1. Convenios RSCI

En los Países Bajos, a partir de 2014 se firmaron los llamados «Convenios RSCI» sobre responsabilidad social corporativa internacional, de los cuales el primero se presentó oficialmente el 9 de marzo de 2016[5]. Los Convenios RSCI consistían en una cooperación de empresas, organizaciones sociales, sindicatos y el Gobierno con el objetivo de ofrecer soluciones conjuntas en varias áreas de riesgo, como por ejemplo en materia de trabajo infantil, salarios bajos, violaciones de los derechos humanos o degradación ambiental. Se firmaron en total trece Convenios RSCI, entre otros, en el sector de ropa y textil, energía renovable, sector metalúrgico, alimentación, seguros y horticultura ornamental. Estos convenios fueron objeto de grandes críticas: no todos los sectores estaban incluidos, la participación a menudo era baja y en muchos casos los progresos logrados eran mínimos. Más allá del intercambio de conocimientos, los convenios sirvieron de poco para pasar a la acción[6]. Esta situación incrementó las demandas para introducir normas vinculantes en forma de legislación.

4 Se toma como punto de partida la presentación del documento de la iniciativa de ley que posteriormente desembocaría en la ley del deber de diligencia en materia de trabajo infantil.

5 https://www.mvoplatform.nl/eerste-imvo-convenant-gepresenteerd/#:~:text=IMVO%2D-convenanten%20zijn%20een%20nieuw,is%20op%209%20maart%20gepresenteerd.

6 Véase entre otros documentos https://www.rijksoverheid.nl/documenten/kamerstukken/2020/07/10/kamerbrief-rapport-evaluatie-imvo-convenanten.

2.2. La ley del deber de diligencia en materia de trabajo infantil

En 2014, el Partij van de Arbeid (Partido Laboral) presentó un documento de iniciativa de ley para prohibir los productos hechos con trabajo infantil[7]. Este documento, tras un largo proceso político, pasó a ser una ley, que se adoptó el 24 de octubre de 2019: la ley del deber de diligencia en materia de trabajo infantil[8]. Esta ley obliga a las empresas a observar la diligencia debida y a declarar que hacen lo necesario para evitar el trabajo infantil. Esta diligencia debida consiste en investigar si existen sospechas fundadas de que las mercancías y/o los servicios a suministrar o a prestar están hechos con ayuda de trabajo infantil y, en caso afirmativo, en redactar un plan de acción para eliminar el trabajo infantil[9].

Sin embargo, la entrada en vigor de la ley se aplazó. El Gobierno neerlandés quería apostar por una legislación RSCI amplia en virtud de la cual no solo se prestase atención al trabajo infantil, sino también a otros derechos laborales. Por eso, el Ministerio de Asuntos Exteriores aseguró que propondría su propia ley RSCI (amplia) y presentó su política al respecto en 2020[10]. En este documento de política, el Gobierno neerlandés afirma ser partidario de la legislación RSCI, pero preferentemente a nivel europeo. La legislación neerlandesa se retrasaba cada vez más y en cuanto se empezó a divisar una legislación europea, el Gobierno neerlandés quiso esperar a que se implantara[11]. La ministra de Comercio Exterior y Cooperación al Desarrollo sostuvo que al haber publicado la Comisión Europea su propuesta de directiva sobre diligencia debida, «había empezado un capítulo nuevo para llegar a la adopción de medidas europeas»[12]. El 23 de febrero de 2022, la Comisión Europea,

7 Documentos parlamentarios: kamerstukken II 2013/14, 33963, nr. 2.

8 El 24 de octubre de 2019 se publicó oficialmente en el Boletín Oficial del Estado neerlandés: https://zoek.officielebekendmakingen.nl/stb-2019-401.html.

9 Art. 5 Wet zorgplicht kinderarbeid (Ley del deber de diligencia en materia de trabajo infantil).

10 Documento de política «Van voorlichten tot verplichten» a través de https://www.rijksoverheid.nl/documenten/beleidsnotas/2020/10/16/van-voorlichten-tot-verplichten-een-nieuwe-impuls-voor-internationaal-maatschappelijk-verantwoord-ondernemerschap.

11 Véanse las cartas de los ministros Kaag y De Bruijn, ambos ministros de Comercio Exterior y Cooperación al Desarrollo, del 16 de octubre de 2020 (Documentos parlamentarios: Kamerstukken II 2020/21, 26485, nr. 337), disponible a través de https://zoek.officielebekendmakingen.nl/kst-26485-337.html y del 5 de noviembre de 2021 (BZDOC750040436-92), disponible a través de https://www.ser.nl/-/media/ser/downloads/kabinetsreacties/2021/2021-imvo-wetgeving.pdf.

12 Carta al Parlamento de fecha de 1 de abril de 2022, no. (BZDOC-108779629-42) a través de https://open.overheid.nl/documenten/ronl-b0c324ee8f784252287896802195b6191efa990c/pdf.

a instancias del Parlamento[13], presentó una directiva sobre responsabilidad corporativa: la Directiva sobre Diligencia Debida de las Empresas en materia de Sostenibilidad (en adelante CSDDD, por sus siglas en inglés)[14].

Como la ejecución de la ley del deber de diligencia en materia de trabajo infantil se hacía esperar y el Gobierno neerlandés iba postergando la entrada en vigor de una legislación RSCI amplia, el partido ChristenUnie presentó una iniciativa de ley el 3 de marzo de 2020 para fijar un límite mínimo legal para las empresas y así combatir la explotación[15]. Otros tres partidos (GroenLinks, PvdA y SP) apoyaron la iniciativa y el 11 de marzo de 2021 se presentó la primera versión de la ley de conducta empresarial internacional responsable y sostenible. Posteriormente se unieron al grupo otros dos partidos políticos: D66 y Volt.

3. Contenido de la iniciativa de ley

El 2 de noviembre de 2022 se publicó la versión más reciente de la iniciativa de ley, en la que se incorporó el dictamen del Consejo de Estado[16]. Después se publicaron dos Documentos de Modificaciones (el 15 de septiembre de 2023[17] y el 5 de diciembre de 2023[18]). El siguiente análisis se basa en estos tres documentos. En este capítulo se analizará el contenido principal de la ley de conducta empresarial internacional responsable y sostenible. Se tratarán sucesivamente: el ámbito de aplicación, el deber de diligencia y la norma de diligencia debida y las vías de ejecución. En cada uno de esos componentes se hará una comparación breve con las Líneas Directrices de la OCDE y la CSDDD[19]. Este artículo no

13 Resolución del Parlamento Europeo, de 10 de marzo de 2021, con recomendaciones destinadas a la Comisión sobre diligencia debida de las empresas y responsabilidad corporativa (2020/2129(INL)) a través de https://eur-lex.europa.eu/legal-content/ES/TXT/PDF/?uri=CELEX:52021IP0073&from=HR.

14 Propuesta de Directiva del Parlamento Europeo y del Consejo sobre diligencia debida de las empresas en materia de sostenibilidad, COM2022 71 (final) 2022/0051 (COD) a través de https://eur-lex.europa.eu/legal-content/ES/TXT/HTML/?uri=CELEX:52022PC0071

15 https://www.christenunie.nl/l/library/download/urn:uuid:00e4606b-3255-43e4-bffe-683281f62598/initiatiefnota+tegen+slavernij+en+uitbuiting.pdf.

16 La iniciativa de ley adaptada del 2 de noviembre está disponible en línea a través de https://www.tweedekamer.nl/downloads/document?id=2022D44637.

17 El documento de modificaciones del 15 de septiembre de 2023 está disponible en línea a través de https://www.tweedekamer.nl/kamerstukken/detail?id=2023D37252&did=2023D37252.

18 El documento de modificaciones del 5 de diciembre de 2023 está disponible en línea a través de https://www.tweedekamer.nl/kamerstukken/detail?id=2023D47925&did=2023D47925.

19 En la fecha de la redacción de este artículo (21-12-2023) aún no se había difundido toda la información en torno al acuerdo político de la CSDDD. Por lo tanto, el análisis se basó en las expectativas y análisis de fuentes cercanas a las negociaciones.

pretende hacer una comparación exhaustiva entre las distintas leyes, para cuyo objetivo se pueden consultar otras fuentes[20]. Este capítulo explicará y analizará varias características de la iniciativa de ley neerlandesa.

3.1. Ámbito de aplicación

3.1.1. Ámbito de aplicación de nivel de empresas

La iniciativa de ley neerlandesa hace una diferenciación entre la mediana empresa (50-250 empleados) y la gran empresa: la mediana empresa no será incluida hasta después de realizar la evaluación. Para la clasificación del tamaño de una empresa, la iniciativa de ley se sirve de la definición recogida en la Directiva Contable[21]. De conformidad con el art. 3 de esta Directiva, la iniciativa de ley se aplicará a las empresas a partir de 250 empleados. La ley se aplicará tanto a empresas neerlandesas como extranjeras, entendiéndose por empresas extranjeras aquellas que «tienen un vínculo sustancial con los Países Bajos, demostrado por el hecho de tener una filial allí o por la cantidad de clientes o actividades en dicho Estado»[22].

Al contrario que la Directiva europea, la iniciativa de ley no hace ninguna excepción en el caso del sector financiero. En la CSDDD probablemente se exima a los organismos financieros de una obligación de diligencia debida[23], mientras que los Países Bajos siempre abogaron en las negociaciones sobre la legislación europea por incluir al sector financiero en la normativa europea. Las Aseguradoras y los Fondos de Pensiones neerlandeses comunicaron en una carta conjunta que serían partidarios de que sus sectores se incluyesen dentro de la legislación de diligencia debida, siempre que fuera a nivel europeo[24]. Por consiguiente, la legislación neerlandesa conecta mejor con las Líneas Directrices de la OCDE que con la CSDDD en lo que se refiere al ámbito aplicación.

20 Para una comparación exhaustiva, véase entre otras publicaciones https://www.oecdwatch.org/strengthening-alignment-between-the-updated-oecd-guidelines-and-legislative-initiatives-in-the-netherlands-and-the-eu/.

21 Disponible a través de https://eur-lex.europa.eu/LexUriServ/LexUriServ.do?uri=OJ:L:2013:182:0019:0076:ES:PDF.

22 Véase el artículo sobre el Documento de modificaciones del 5 de diciembre a través de https://www.tweedekamer.nl/kamerstukken/detail?id=2023D47925&did=2023D47925.

23 Así lo sostienen entre otros ECCJ y MVO Platform a través de https://corporatejustice.org/news/press-release-csddd-political-deal-a-pivotal-step-but-a-missed-opportunity-to-embrace-transformative-change/ y https://www.mvoplatform.nl/eu-deal-verantwoord-ondernemen-goed-begin-maar-wel-het-halve-werk/.

24 https://www.verzekeraars.nl/media/nhof5px5/letter-csddd-dutch-association-of-insurers-dutch-banking-association-and-federation-of-pension-funds.pdf.

3.2.2. Ámbito de aplicación sustantivo

El ámbito de aplicación de la ley se menciona en el art. 1.2, apartado 2. En todo caso se considerará que existen consecuencias perjudiciales para los derechos humanos o para el medio ambiente si en la cadena de valor se dan casos de:

a) restricción de la libertad de asociación y de las negociaciones colectivas;

b) discriminación;

c) trabajos forzados;

d) trabajo infantil;

e) cambio climático;

f) degradación ambiental;

g) condiciones laborales inseguras;

h) infracción de las normas de bienestar animal;

i) esclavitud; o

j) explotación

La iniciativa de ley tiene un carácter abierto, por lo que cubre en un sentido amplio los derechos humanos y el medio ambiente. Sin embargo, el texto incluye una enumeración (no limitativa) de las consecuencias perjudiciales. Según algunas organizaciones hubiera sido mejor si también se hubiera incluido el salario mínimo vital y los ingresos mínimos vitales. Al contrario que la iniciativa de ley neerlandesa, probablemente la CSDDD incorporará una enumeración limitativa en el anexo con referencias a tratados, pero omitiendo varias referencias importantes, como por ejemplo el derecho humanitario y los convenios de la OIT sobre seguridad en el trabajo[25]. A ese respecto, la iniciativa de ley neerlandesa, con su carácter abierto, es más acorde con las Líneas Directrices de la OCDE.

3.2. Deber de diligencia y norma de diligencia debida

La iniciativa de ley neerlandesa distingue entre un «deber de diligencia» general, aplicable a todas las empresas, y una «norma de diligencia debida» únicamente aplicable a la mediana y gran empresa.

25 ECCJ a través de https://corporatejustice.org/news/press-release-csddd-political-deal-a-pivotal-step-but-a-missed-opportunity-to-embrace-transformative-change/ .

3.2.1. Deber de diligencia

El deber de diligencia de las empresas en la iniciativa de ley implica que una empresa que sabe o puede sospechar dentro de lo razonable que su propia actividad o la de sus socios comerciales puede tener consecuencias perjudiciales para los derechos humanos o para el medio ambiente en un país fuera de los Países Bajos, está obligada a: adoptar todas las medidas que razonablemente se le puedan exigir para evitar esas consecuencias. Si esas consecuencias no se puedan evitar, está obligada a: limitar esas consecuencias en la medida de lo posible, corregirlas y encargarse de las reparaciones que sean necesarias. Si esas consecuencias no se pueden limitar en la medida suficiente, está obligada a: renunciar a esa actividad o romper esa relación comercial siempre y cuando se le pueda exigir dentro de lo razonable[26].

3.2.2. Norma de diligencia debida

En la iniciativa de ley se define la diligencia debida como «el proceso continuado en una empresa consistente en investigar, evitar, limitar o acabar con las consecuencias perjudiciales reales que sus actividades y las de las de sus socios comerciales tienen para los derechos humanos y el medio ambiente en un país fuera de los Países Bajos, y mediante el cual la empresa puede rendir cuentas sobre su manera de abordar dichas consecuencias como parte integrante de su proceso de toma de decisiones y de su sistema de control de riesgos, de acuerdo con los principios y normas de las líneas directrices de la OCDE para empresas multinacionales»[27]. Resumiendo, implicaría los siguientes pasos:

- Diligencia debida en la política: La empresa redacta una política para poder cumplir las obligaciones de diligencia debida en la cadena de valor y la recoge en un documento de política[28].
- Análisis, evaluación y priorización de los riesgos: La empresa investiga, recopila y analiza por lo menos una vez al año los riesgos potenciales y reales de que sus actividades y las de sus socios comerciales tengan consecuencias perjudiciales en los derechos humanos, el cambio climático y el medio ambiente[29].

---

26 Art. 1.2 Voorstel van wet zoals gewijzigd naar aanleiding van het advies van de Afdeling Advisering van de Raad van State (35761-9).

27 Art. 1.1 f Voorstel van wet zoals gewijzigd naar aanleiding van het advies van de Afdeling Advisering van de Raad van State (35761-9).

28 Art. 2.2.1 Voorstel van wet zoals gewijzigd naar aanleiding van het advies van de Afdeling Advisering van de Raad van State (35761-9).

29 Art. 2.3.1 Voorstel van wet zoals gewijzigd naar aanleiding van het advies van de Afdeling Advisering van de Raad van State (35761-9).

- Plan de acción: La empresa se encarga de abordar adecuadamente los riesgos potenciales y reales de consecuencias perjudiciales para los derechos humanos, el medio ambiente y el cambio climático, y formula un plan de acción para evitar, limitar o acabar con esos riesgos de consecuencias perjudiciales de sus actividades y de las de sus socios[30].
- Monitoreo: La empresa monitorea, por lo menos una vez al año, la aplicación y la efectividad de su política y de sus medidas de diligencia debida[31].
- Presentación de informes: La empresa presenta anualmente informes sobre su política y sus medidas en cuanto a la diligencia debida, salvo que ya cumpla con el deber de redactar los informes de sostenibilidad recogidos en la directiva contable[32].
- Mecanismo de reparación: La empresa se encarga de instaurar un mecanismo de reparación eficaz o participa de buen grado en un mecanismo de reparación ya existente[33].

En los puntos anteriores se pueden distinguir claramente los 6 pasos de la *due diligence*. Por consiguiente, OECD Watch concluyó que la iniciativa de ley neerlandesa es acorde con las Líneas Directrices de la OCDE. Aunque aún no queda claro cómo se incluirán precisamente esos pasos en la versión definitiva de la CSDDD, OECD Watch indica en su análisis de la propuesta original de la Comisión y de las posturas del Consejo y el Parlamento que se puede objetar algo contra cada una de ellas, y que cada una a su manera diverge de las Líneas Directrices de la OCDE[34].

3.3. Vías de ejecución

La iniciativa de ley describe tres posibles vías de ejecución: la vía administrativa, la penal y la civil.

30 Art. 2.4.1 Voorstel van wet zoals gewijzigd naar aanleiding van het advies van de Afdeling Advisering van de Raad van State (35761-9).

31 Art. 2.5.1 Voorstel van wet zoals gewijzigd naar aanleiding van het advies van de Afdeling Advisering van de Raad van State (35761-9).

32 Art. 2.6.1 Voorstel van wet zoals gewijzigd naar aanleiding van het advies van de Afdeling Advisering van de Raad van State (35761-9).

33 Art. 2.7.1 Voorstel van wet zoals gewijzigd naar aanleiding van het advies van de Afdeling Advisering van de Raad van State (35761-9).

34 OECD Watch «Strengthening alignment between the updated OECD Guidelines and legislative initiatives in the Netherlands and the EU» p.7 a través de https://www.oecdwatch.org/strengthening-alignment-between-the-updated-oecd-guidelines-and-legislative-initiatives-in-the-netherlands-and-the-eu/.

3.3.1. Vía administrativa

Dentro de la iniciativa de ley se incluye en primer lugar la posibilidad de ejecución por la vía administrativa. Se designa una autoridad supervisora con competencia para imponer requerimientos vinculantes y multas coercitivas o administrativas. El importe de la multa ascenderá como máximo al 10 % de la facturación neta[35]. La autoridad supervisora podrá aplicar estas medidas cuando se incurra en una infracción de las contempladas en los artículos 2.2.1 a 2.7.2, es decir, de cualquiera de los pasos de la *due diligence*. Por ejemplo, si la diligencia debida no se ha integrado en la política de la empresa o si no se adoptan medidas de reparación en caso de haberse producido consecuencias perjudiciales para las personas o para el medio ambiente a raíz de las actividades de la empresa.

3.3.2. Vía penal

En cuanto a la vía penal, el artículo 2.6.1. sobre la obligación de presentar informes se incluye en la ley de delitos económicos. Eso implica que si una empresa no cumple con la obligación de presentar sus informes se puede imponer una pena privativa de libertad de un año como máximo, una pena de trabajos en beneficio de la comunidad o una multa penal de la cuarta categoría[36], a saber 22.500 €[37].

3.3.3. Vía civil

Como tercera vía de ejecución, la legislación incluye la posibilidad de la responsabilidad civil mediante un artículo que aborda dos componentes del acceso a la justicia: la posibilidad de interponer una demanda y el acceso a piezas probatorias.

En la iniciativa de ley se incluye la posibilidad de que una fundación o una asociación defensora de los derechos humanos o del medio ambiente interponga una demanda judicial contra una empresa. Los promotores de la iniciativa de ley sostienen que no optaron por redactar un artículo de responsabilidad nuevo sino por reforzar la situación jurídica de los involucrados haciendo uso de las posibilidades ya existentes derivadas del concepto de acto ilícito y de su jurisprudencia, en virtud del art 6:162 del Código Civil[38].

---

35 Véase el capítulo 3 de la iniciativa de ley y el documento de modificaciones correspondiente.

36 Art. 6 apartado 4° de la ley neerlandesa de delitos económicos *(Wet op de economische delicten)*.

37 Art. 23 apartado 4 del código penal neerlandés *(Wetboek van Strafrecht)*.

38 Exposición de motivos modificada de 2 de noviembre de 2022, p. 102 a través de https://www.tweedekamer.nl/downloads/document?id=2022D44643.

El código civil neerlandés, en su cláusula relativa al acto ilícito, dice: «aquel que cometa un acto ilícito contra otro, que se le pueda imputar, estará obligado a reparar el daño que el otro sufra a consecuencia de dicho acto». El acto ilícito se puede considerar como «una violación de un derecho y una acción o una omisión que contravengan un deber legal o vulneren lo que, según el derecho consuetudinario, se ajusta a las normas de una sociedad». Es decir, los actos ilícitos se pueden interpretar basándose en normas (consuetudinarias). Los promotores de la iniciativa de ley hacen referencia a ese respecto al juicio que tuvo lugar entre Shell y Milieudefensie (Amigos de la Tierra Países Bajos)[39]. El juez determinó en dicho caso que los UNGP y las Líneas Directrices de la OCDE se pueden considerar como normas de la sociedad y consecuentemente su violación constituye un acto ilícito[40]. Los promotores de la iniciativa de ley pretenden con esta ley introducir un deber de diligencia legal (art. 1.2) que se pueda utilizar en la aplicación concreta del art. 6:162 del Código Civil.

Asimismo, la iniciativa de ley intenta reforzar la posición de las víctimas mejorando el acceso a la información y a las piezas probatorias. El artículo dice: «si hay suficientes hechos y circunstancias concretos que demuestren que una empresa incumple sus deberes de diligencia debida, la empresa deberá facilitar suficientes datos fácticos a fin de ofrecer al demandante suficientes puntos de conexión para fundamentar y, de ser necesario, para demostrar los hechos planteados por él»[41]. De esta manera se responde a la preocupación que expresaron distintas organizaciones de que los conocimientos y la información necesarios para fundamentar un caso suelen estar en manos de la empresa, a la que no le conviene y por lo tanto no estará dispuesta a facilitarlos sin más. Una versión anterior de la iniciativa de ley contenía una inversión total de la carga de la prueba, pero con esta formulación se ha intentado ajustarse más al art. 22 de la CSDDD sobre la responsabilidad civil.

Aunque de todo lo anterior se deduce que la iniciativa de ley es más acorde con el marco normativo internacional existente de la OCDE, la entrada en vigor se está dejando esperar. El siguiente apartado aclara más la causa de esta tardanza.

39 Exposición de motivos modificada de 2 de noviembre de 2022, p. 52 a través de https://www.tweedekamer.nl/downloads/document?id=2022D44643. Los fallos se pueden encontrar aquí: ECLI:NL:GHDHA:2021:132; ECLI:NL:GHDHA:2021:133; ECLI:NL:GHDHA:2021:13.

40 Más información sobre el caso a través de https://milieudefensie.nl/actueel/md_how_we_defeated_shell_es_final.pdf.

41 Artículo 3.2.6 de la iniciativa de ley y el documento de modificaciones correspondiente.

4. Visión de futuro y viabilidad política

En el momento de la redacción del presente artículo, en diciembre de 2023, tanto la ley sobre el trabajo infantil como la ley de conducta empresarial internacional responsable y sostenible aún no han entrado en vigor. ¿A qué se debe, teniendo en cuenta que la iniciativa de ley se amolda mejor a las líneas directrices de la OCDE y que el proceso legislativo gubernamental también se ha ido retrasando? Este apartado describe los principales debates políticos que han tenido lugar en los últimos años y hasta qué punto la situación política actual podría influir en el futuro.

En los Países Bajos, una iniciativa de ley puede entrar en vigor de dos maneras: el ministro responsable puede adoptar la iniciativa de ley e integrarla en su propia política, o bien una mayoría del Parlamento (los representantes del pueblo elegidos) puede votar a favor de la ley. En el segundo epígrafe ya se explicó cuál era la postura del Ministerio. En lo que respecta al Parlamento, de momento no se ha conseguido aún una mayoría en la Segunda Cámara. Los argumentos a favor y en contra se han centrado sobre todo en los debates sobre si era preferible una legislación neerlandesa o europea y sobre el clima empresarial en los Países Bajos.

Una parte de la Cámara quería esperar las legislaciones europeas a fin de poder tomarlas como punto de partida. Por el contrario, los partidarios de la iniciativa de ley objetaban que una legislación nacional ambiciosa puede contribuir a unas buenas reglas europeas[42] y la Comisión Europea también parece respaldar esa opinión[43]. Otro argumento en contra de la iniciativa de ley que se menciona con frecuencia es el clima empresarial de los Países Bajos. Por ejemplo, Boskalis, una gran empresa internacional nacida en los Países Bajos, amenazó a principios de 2023 con marcharse de los Países Bajos en caso de que se aprobara la iniciativa de ley[44]. Las asociaciones de empresarios VNO-NCW y MKB-Nederland también transmitieron su preocupación por el clima empresarial[45]. Por otra parte, también hay un grupo de empresas que se han unido dentro de la Iniciativa de Sostenibilidad y Responsabilidad Corporativas (IDVO por sus siglas en neerlandés) y se pronuncian abiertamente a favor de una legislación nacional[46]. Asimismo, hay

42 Véase, por ejemplo, el punto 10 en https://www.mvoplatform.nl/vragen-en-antwoorden-over-wetgeving-voor-verantwoord-en-duurzaam-ondernemen/.

43 Propuesta de directiva de la Comisión Europea, p. 1, nota a pie de página 3.

44 Véase, entre otros documentos, https://www.nporadio1.nl/nieuws/economie/70b65900-ef77-4d1f-8261-2babd8b94670/boskalis-topman-kans-is-concreet-dat-wij-uit-nederland-vertrekken

45 Véase, por ejemplo, la carta de VNO-NCW sobre el clima empresarial con motivo de un debate en la Segunda Cámara a través de https://www.vno-ncw.nl/brieven-en-commentaren/vestigingsklimaat-brief-aan-de-vc-voor-ezk-uit-de-tweede-kamer.

46 Véase idvo.org.

informes disponibles que indican que precisamente el clima empresarial en los Países Bajos es bueno y que el abordamiento de los problemas sociales puede ir emparejado con una buena actividad empresarial[47]. Además, según una investigación publicada en un periódico neerlandés, las empresas, si es que se deciden a adoptar medidas, por ejemplo, en materia de clima, es porque existen requisitos legales[48].

A finales de 2023 se celebraron elecciones anticipadas en los Países Bajos. Ganó por mayoría la derecha (radical). Aún no queda claro cómo estará formado el futuro gabinete, pero todo hace pensar que serán partidos que le darán poca prioridad a la responsabilidad social corporativa. Asimismo, al hecho de que la Segunda Cámara es ahora mucho más de derechas que antes se suma que una gran parte de los promotores de la iniciativa de ley no han sido reelegidos y consecuentemente no formarán parte de la Segunda Cámara. Posiblemente todo esto retrasará el proceso. ¿Cuál será el futuro para la legislación nacional RSCI en los Países Bajos?

5. Conclusión

En los Países Bajos existen varias iniciativas a favor de la responsabilidad corporativa. Parece que con los convenios RSCI y dos iniciativas de ley se han sentado las bases para introducir una legislación nacional RSCI. Sin embargo, teniendo en cuenta el contexto político actual, queda por ver si esta legislación entrará en vigor a corto plazo. Todo hace pensar que el Gobierno neerlandés esperará a que entre en vigor la ley europea. En ese caso, la iniciativa de ley neerlandesa se podría utilizar como directriz para llevar a cabo la conversión de la legislación europea a una legislación neerlandesa. Sin embargo, cabe preguntarse hasta qué punto los legisladores dejarán intacto el ambicioso contenido.

47 Véase, por ejemplo, el informe del WRR (Consejo Científico neerlandés para la Política Gubernamental) «Goede Zaken» (Buenos Negocios), a través de https://www.wrr.nl/publicaties/rapporten/2023/09/14/goede-zaken

48 https://www.nrc.nl/nieuws/2023/07/10/echt-serieus-zijn-de-grote-bedrijven-niet-bezig-met-de-gevolgen-van-klimaatverandering-a4169412?utm_campaign=share&utm_medium=clipboard&utm_source=clipboard&utm_term=in-byline.

DILIGENCIA DEBIDA EN DERECHOS HUMANOS Y SOSTENIBILIDAD: DE LA LEY FRANCESA AL BORRADOR DE ANTEPROYECTO DE LEY ESPAÑOL

Adoración Guamán*
Universitat de València

Tatiana Sachs
Université Paris Nanterre

Introducción

La «diligencia debida» es una herramienta que ha venido para quedarse convirtiéndose en una de las novedades normativas más relevantes de los últimos años en el ámbito de la regulación de los impactos de la actividad empresarial respecto de los derechos humanos y el medio ambiente. Pese a

* El presente estudio se enmarca dentro del proyecto de investigación "Acceso a la justicia en el contexto de abusos corporativos: la litigación como estrategia de resistencia y de empoderamiento a las víctimas (ACCJUSTEDH)" (ICI023/23/000001).

la expansión del instrumento, su desarrollo en distintos órdenes normativos y el creciente número de contribuciones doctrinales dedicadas a su estudio, no existe un concepto unívoco de «diligencia debida» y su contenido continúa despertando el desacuerdo de los operadores jurídicos. Así, tal y como recordaron Smit *et alt.*, los distintos modelos normativos dentro de la UE utilizan una terminología disímil que complica la comprensión adecuada del concepto: el derecho francés optó por «devoir de vigilance», traducido al inglés en el ámbito de la UE como sinónimo de «due diligence» y asentado como término equivalente «debida diligencia» en español[1].

Más allá de la denominación, la piedra angular de la discusión actual es, sin duda, el contenido del mecanismo, que se ha ido construyendo por aluvión y con importantes particularidades estatales[2]. Como es ya bien sabido, la aprobación de la Ley francesa sobre el deber de vigilancia de las sociedades matrices y las empresas contratistas[3], adoptada el 27 de marzo del año 2017 fue el primer hito en esta carrera normativa. A la iniciativa francesa le siguieron otras normas como la ley de 2019 aprobada en Holanda que introduce el deber diligencia para prevenir el comercio de bienes y servicios producidos mediante trabajo infantil[4] o la ley alemana sobre la debida diligencia corporativa en las cadenas de suministro[5] aprobada en julio de 2021. Además, en a lo largo del año 2022, los gobiernos de Austria, Bélgica, Finlandia y España señalaron su intención de aprobar una legislación integral de diligencia debida.

Mientras las iniciativas se sucedían en el ámbito estatal, la Unión Europea inició el camino hacia la aprobación de una directiva de carácter no sectorial sobre la cuestión. El Parlamento Europeo aprobó en marzo de 2021 un documento con recomendaciones a la Comisión, solicitándole, entre otras cuestiones, que «presente sin dilación indebida una propuesta legislativa sobre la diligencia debida obligatoria en la cadena de suministro, con arreglo a las

1 Smit, L., *et alt.*, *Study on due diligence requirements through the supply chain*. Final Report, European Commission, 2020.

2 Guamán, A., *Diligencia debida en derechos humanos: análisis crítico de los principales marcos normativos estatales*, en *TyD*, n. 87, 2022.

3 Loi n.° 2017-399 du 27 mars 2017 relative au devoir de vigilance des sociétés mères et des entreprises donneuses d'ordre.

4 Ley de 24 de octubre de 2019 por la que se introduce un deber de diligencia para prevenir el suministro de bienes y servicios que se han creado con la ayuda del trabajo infantil (Ley del deber de diligencia del trabajo infantil) (Wet van 24 oktober 2019 houdende de invoering van een zorgplicht ter voorkoming van de levering van goederen en diensten die met behulp van kinderarbeid tot stand zijn gekomen (Wet zorgplicht kinderarbeid).

5 Gesetz über die unternehmerischen Sorgfaltspflichten zur Vermeidung von Menschenrechtsverletzungen in Lieferketten (Lieferkettensorgfaltspflichtengesetz — LkSG), BGBl. I, 2959 ff.

recomendaciones que figuran en el anexo a la presente Resolución»[6]. La Comisión presentó la propuesta de Directiva del Parlamento Europeo y del Consejo sobre diligencia debida de las empresas en materia de sostenibilidad el 23 de febrero de 2022[7]. En esta propuesta se reflejó con claridad la preocupación de la Unión por evitar la fragmentación de los requisitos de diligencia debida en el mercado único, planteándose como objetivo la creación de un marco que dé «seguridad jurídica para las empresas y las partes interesadas en lo que respecta al comportamiento y la responsabilidad previstos»[8]. Posteriormente, el Consejo de la Unión aprobó su Orientación General sobre el texto el 30 de noviembre de 2022[9] y el Parlamento Europeo, en su sesión de 1 de junio de 2023, tras una larga negociación, aprobó las Enmiendas sobre la propuesta. La divergencia entre el parecer del Parlamento y lo redactado por las otras dos instituciones de la Unión fue considerablemente amplia en los ejes cruciales de la norma como son: el ámbito subjetivo de aplicación, la extensión (en particular respecto de la definición de la cadena global de valor[10]), los bienes jurídicos protegidos, el contenido de las obligaciones de diligencia debida o la participación de las partes interesadas. El acuerdo, que se prevé cercano en la fecha de envío de estas páginas, tendrá sin duda luces y sombras.

---

6 Resolución del Parlamento Europeo, de 10 de marzo de 2021, con recomendaciones destinadas a la Comisión sobre diligencia debida de las empresas y responsabilidad corporativa (2020/2129(INL). Véase también, GUAMÁN, A., *Diligencia debida en derechos humanos: ¿un instrumento idóneo para regular la relación entre derechos humanos y empresas transnacionales?*, en *RDS*, n. 95, 2021.

7 Propuesta de Directiva del Parlamento Europeo y del Consejo sobre diligencia debida de las empresas en materia de sostenibilidad y por la que se modifica la Directiva (UE) 2019/1937. COM/2022/71 final. Disponible en: https://eur-lex.europa.eu/legal-content/EN/TXT/?uri=celex%3A52022PC0071R%2801%29. Véase, METHVEN O'BRIEN, C., MARTIN-ORTEGA, O., *Commission proposal on corporate sustainability due diligence: analysis from a human rights perspective*, Technical Report. Publications Office European Union — Think Tank European Parliament, Brussels, 2022; GUAMÁN, A., *El borrador de Directiva sobre diligencia debida de las empresas en materia de sostenibilidad: Un análisis a la luz de las normas estatales y de la propuesta del Parlamento Europeo*, en *TyD*, n. 88, 2022; BRABANT S., *et al.*, *Due Diligence Around the World. The Draft Directive on Corporate Sustainability Due Diligence* (Part 1), 2022. Disponible en: https://verfassungsblog.de/due-diligence-around-the-world/.

8 El contenido de este texto inicial fue ampliamente criticado tanto por los sindicatos como por la patronal y otros actores sociales. La postura de la Confederación Europea de Sindicatos puede consultarse en: https://www.etuc.org/sites/default/files/2022-03/ETUC%20initial%20analysis%20of%20the%20Commissions%20proposal%20Corporate%20Sustainability%20Due%20Diligence%20Directive%20adopted.pdf.

9 Propuesta de Directiva del Parlamento Europeo y del Consejo sobre la diligencia debida de las empresas en materia de sostenibilidad y por la que se modifica la Directiva (UE) 2019/1937 — Orientación general. Disponible en: https://data.consilium.europa.eu/doc/document/ST-15024-2022-REV-1/es/pdf.

10 Para un desarrollo del concepto de cadena global de valor y su incidencia en los derechos laborales, *vid.* por todos, la imprescindible contribución de Brino 2020. También de necesaria lectura es la obra de Sanguineti 2022.

A pesar del desarrollo normativo señalado, no es posible afirmar la existencia en la actualidad de un concepto unívoco de diligencia debida ni a un acuerdo respecto de su contenido[11]. Cada una de las normas señaladas, y en particular la propuesta de Directiva marca unas fronteras distintas del instrumento desdibujándose su naturaleza. Adentrarse en la naturaleza de la diligencia debida no es tarea sencilla, dado que el uso término ha estado y está presente en distintas ramas del Derecho con objetivos y alcance disímiles[12]. De hecho, es llamativo cómo su tratamiento ha venido siendo estudiado por laboralistas, mercantilistas e internacionalistas, enfocados en distintas partes de su contenido y evidenciando un carácter mixto que ha dificultado el encuadre jurídico del instrumento[13].

Una posible vía de solución frente a esta discusión doctrinal es aceptar el carácter innovador y atípico de un mecanismo creado *ex novo* en el ámbito de la discusión desarrollada en el marco de Naciones Unidas sobre cómo afrontar la regulación de la relación entre empresas transnacionales y derechos humanos que se avivó con la no aprobación de las Normas sobre las responsabilidades de las empresas transnacionales y otras empresas comerciales en la esfera de los derechos humanos de 2003[14], en cuyo articulado ya se mencionaba, sin elaborarla, la Diligencia debida. A efectos de controlar el debate y salir del atolladero del fracaso de las Normas, en 2005, el Secretario General de la ONU, Koffi Annan nombró a John Ruggie representante «encargado de la cuestión de los derechos humanos y las empresas transnacionales y otras empresas comerciales». A partir de aquel momento, como es bien sabido, J. Ruggie impulsó la primera elaboración de la diligencia debida en derechos humanos, integrándola dentro de su construcción teórica de la relación entre empresas y derechos humanos basada en tres pilares (proteger, respetar y remediar), en los tex-

11 Baylos, A., *Empresas transnacionales y diligencia debida*, en *Diritti Lavori Mercati International*, n. 2, 2023.

12 Guamán, A., *Diligencia debida en derechos humanos: ¿un instrumento idóneo para regular la relación entre derechos humanos y empresas transnacionales?*, en *RDS*, n. 95, 2021.

13 Esta dificultad en el encuadre no es una cuestión baladí como demuestra el debate desarrollado en Francia respecto del orden jurisdiccional donde debe recaer el control del cumplimiento de las obligaciones derivadas de la Loi de Devoir de Vigilance. Sobre las dificultades en la aplicación véase, Dubost C., Potier M.D. (Députés), *Rapport d'information déposé en application de l'article 145-7 du Règlement par la commission des lois constitutionnelles, de la législation et de l'administration générale de la république en conclusion des travaux d'une mission d'information sur l'évaluation de la loi du 27 mars 2017 relative au devoir de vigilance des sociétés mères et des entreprises donneuses d'ordre*, Assemblée Nationale, 2022.

14 Normas sobre las responsabilidades de las empresas transnacionales y otras empresas comerciales en la esfera de los derechos humanos, documento de Naciones Unidas, E/CN.4/Sub.2/2003/12/Rev.2, 2003, elaboradas por la extinta Subcomisión de Promoción y Protección de los derechos humanos de Naciones Unidas.

tos de 2008 y 2009[15] y en los Principios Rectores sobre las empresas y los derechos humanos de Naciones Unidas (PRNU)[16].

La adopción de Ruggie de adoptar una terminología propia del ámbito empresarial fue completamente consciente, acogiéndola para facilitar el cambio en la dinámica corporativa que debía adaptar sus mecanismos de evaluación de riesgos económico-financieros a las obligaciones de evitar los riesgos de sus actividades respecto de los derechos humanos. En el documento de 2009, Ruggie ensayó la siguiente definición básica de «diligencia debida» (párrafo 71): «un intento amplio y activo de descubrir los riesgos reales o potenciales que amenazan a los derechos humanos durante todo el ciclo vital de un proyecto o actividad comercial, con miras a evitar o atenuar esos riesgos»[17]. Posteriormente, y como es bien conocido, los PRNU desarrollaron el concepto en 5 de los 31 principios, integrados en el apartado titulado «*Diligencia Debida en Derechos Humanos*». Además, otros dos lo mencionan (el 4 y el 15) y los comentarios lo desarrollan profusamente, conectándolo también con otros principios[18]. También es importante señalar que, pese a que se ha popularizado la consideración del mecanismo de diligencia debida como «elemento central» del segundo pilar, J. Ruggie señaló con vehemencia que este instrumento no es más que un elemento, a la par que otros, de los PRNU (Ruggie y Sherman 2017). Como es ya bien sabido, tras la adopción de los Principios Rectores, la OCDE se convirtió en un actor fundamental en el impulso del marco de *Soft Law* de diligencia debida, con la modificación

15 UNHRC «Protect, Respect and Remedy: a Framework for Business and Human Rights, Special Representative of the Secretary-General on the issue of human rights and transnational corporations; and other business enterprises» (7 April 2008) UN Doc A/HRC/8/5; UN Human Rights Council, Business and human rights: Towards operationalizing the «protect, respect and remedy» framework, Report of the Special Representative of the [UN] Secretary-General [to the Eleventh session of the UN Human Rights Council] on the issue of human rights and transnational corporations and other business enterprises, A/HRC/11/13 (22 April 2009).

16 Consejo de Derechos Humanos, A/C/17/31, Principios Rectores sobre las empresas y los derechos humanos: puesta en práctica del marco de las Naciones Unidas para «proteger, respetar y remediar». 27 de marzo de 2011.

17 UN Human Rights Council, Business and human rights: Towards operationalizing the «protect, respect and remedy» framework, Report of the Special Representative of the [UN] Secretary-General [to the Eleventh session of the UN Human Rights Council] on the issue of human rights and transnational corporations and other business enterprises, A/ HRC/11/13 (22 April 2009).

18 Reviste una particular importancia el debate sobre el contenido del concepto de diligencia debida en los PRNU que se entabló entre Bonnitcha, J., Mccorquodale, R., *The Concept of «Due Diligence» in the UN Guiding Principles on Business and Human Rights*, en *EJIL*, n. 28, 2017; y, Ruggie, J., Sherman, J.F., *The Concept of «Due Diligence» in the UN Guiding Principles on Business and Human Rights: A Reply to Jonathan Bonnitcha and Robert McCorquodale*, en *EJIL*, vol. 28, n. 3, 2017.

de las Líneas Directrices de la OCDE para Empresas Multinacionales[19] y con el conjunto de Guías para su implementación entre las que destaca la importante Guía de diligencia debida para una conducta empresarial responsable[20] publicada por la OCDE en el año 2018.

A partir de los PRNU, la eclosión regulatoria ha provocado una cierta confusión terminológica, que, en nuestra opinión, debería clarificarse aceptando que la diligencia debida empresarial en materia de derechos humanos (y medio ambiente) tiene como pilar el concepto pergeñado en los PRNU, diferenciándose de otros usos que se le puedan otorgar en otras ramas del derecho. En esta línea, la Oficina de la Alta Comisionada de Naciones Unidas para los Derechos Humanos ha definido la diligencia debida empresarial en el ámbito de los derechos humanos como el proceso que todas las empresas deben emprender para identificar, prevenir, mitigar y dar cuenta de cómo abordan los impactos potenciales y reales sobre los derechos humanos que causan o a los que contribuyen a través de sus propias actividades o que están directamente vinculados a sus operaciones productos o servicios prestados por sus relaciones comerciales[21]. Por su parte, Smit *et alt.* destacaron cuatro componentes esenciales en el concepto de diligencia debida: la identificación y evaluación de los impactos actuales y potenciales a los derechos humanos; la integración y actuación según los hallazgos; el seguimiento de la eficacia de las actuaciones y la comunicación de cómo los impactos están siendo direccionados[22].

Sobre esta base, siguen existiendo discrepancias, referidas ya al alcance. Así, otras autoras, como Ford y Nolan integran la reparación como quinto elemento de la diligencia debida en derechos humanos, algo muy discutido si navegamos dentro del marco de los PRNU y nos ceñimos al segundo pilar, que es donde se incardina la diligencia, dejando aparte el tercer pilar (acceso a la justicia y reparación)[23]. Es igualmente objeto de discusión la inclusión del medio ambiente como bien jurídico protegido distinto al «derecho al

19 La versión actual de estas líneas es la siguiente: OCDE (2013), Líneas Directrices de la OCDE para Empresas Multinacionales, OECD Publishing. http://dx.doi.org/10.1787/9789264202436-es.

20 OECD (2018), OECD Due Diligence Guidance for Responsible Business Conduct, OECD Publishing. París.

21 United Nations High Commissioner for Human Rights (2020) *UN Human Rights «Issues Paper» on legislative proposals for mandatory human rights due diligence by companies*. June.

22 Smit, L. *et al.*, *Study on due diligence requirements through the supply chain*. Final Report, European Commission, 2020.

23 Ford J. y Nolan J., *Regulating transparency on human rights and modern slavery in corporate supply chains: the discrepancy between human rights due diligence and the social audit*, en *AJHR*, 26:1, p. 27 ss., 2020.

medio ambiente» que se incardina en el conjunto de derechos humanos, algo remarcado por el Relator Especial de Naciones Unidas, David Boyd[24].

A lo largo de las siguientes páginas van a plantearse dos modelos de regulación, el primero, el clásico, ya testado por la práctica de cinco años; el segundo, aun en ciernes, elaborado sobre la experiencia del anterior y con una amplitud superior al del panorama comparado.

1. La ley francesa sobre el deber de vigilancia: las promesas aún incumplidas de la co-regulación

La Ley francesa sobre el deber de vigilancia de las sociedades matrices y las empresas contratistas fue adoptada en el año 2017[25]. Como señalan

24 En el informe redactado por Boyd y Keen se reafirma el problema principal a cuya solución deben dirigirse los mecanismos de diligencia debida, señalando que «los abusos contra los derechos humanos y el medio ambiente por parte de actores comerciales es rampante, mientras que los remedios efectivos para los titulares de derechos siguen siendo difíciles de alcanzar». Esta realidad, continúa el texto, no puede ser solucionada con regulaciones o medidas voluntarias, como las existentes en el plano supranacional hasta la actualidad. Pero el Relator va más allá, afirmando que incluso las leyes de diligencia debida vigentes en la actualidad «simplemente no son suficientes». De esta manera, el Relator entra en una crítica no solo de los marcos voluntarios sino también de las normas estatales ya aprobadas, reconociendo sus potencialidades, pero marcando sus carencias, en particular respecto de la evitación de daños ambientales. En concreto, el informe afirma que el marco regulatorio actual está «plagado de inconsistencias, ambigüedades, exenciones y otras debilidades que le impiden responder adecuadamente a los abusos ambientales y de derechos humanos, a menudo superpuestos, que afectan a las personas y los ecosistemas en todo el mundo. En el nivel global en el que operan muchas grandes empresas multinacionales, las grandes disparidades en el ámbito de aplicación de estas leyes, los deberes de diligencia debida, las sanciones y las disposiciones que facilitan la acción judicial crean una atmósfera de incoherencia, fragmentación e incertidumbre que va en contra de la previsibilidad y claridad jurídica necesaria para maximizar el cumplimiento por parte de las empresas y facilitar el acceso a la justicia para las víctimas de daños a los derechos humanos y al medio ambiente». Tras esta contundente crítica, el Relator propone diez elementos esenciales que debería contener toda norma de diligencia debida en derechos humanos y medio ambiente para ser efectiva a efectos de prevenir o en su caso remediar los efectos adversos de las actividades empresariales. Boyd, D. y Keen S., *Essential elements of effective and equitable human rights and environmental due diligence legislation,* United Nation Human Rights Special Procedures. Policy Brief No. 3, 2022. Disponible en: https://www.ohchr.org/sites/default/files/documents/issues/environment/srenvironment/activities/2022-07-01/20220701-sr-environment-policybriefing3.pdf.

25 Para una aproximación general *vid.* (entre la abundante doctrina ya existente) las siguientes obras: Moreau, M.A., *L'originalité de la loi française du 27 mars 2017 relative au devoir de vigilance dans les chaînes d'approvisionnement mondiales*, en *Droit social*, p. 792, 2017; Martin-Chenut K., *Devoir de vigilance: internormativités et durcissement de la RSE*, en *Droit social,* p. 798, 2017; Sachs T., *La loi sur le devoir de vigilance des sociétés-mères et sociétés donneuses d'ordre: les ingrédients d'une corégulation*, en *R*evue de droit du travail, p. 386, 2017; Schiller, S., *Le devoir de vigilance*, Paris: LexisNexis, 2019; Sanguineti, W.,

todos los análisis, el impulso de la norma se vinculó al crimen corporativo del Rana Plaza y el papel de las organizaciones de la sociedad civil fue fundamental durante el proceso de su tramitación[26].

El planteamiento básico que fundamentó la adopción de la ley francesa estaba claro: los mecanismos voluntarios de responsabilidad social de las empresas, que combinan una extensa red de normas internacionales, sistemas de certificación y códigos de empresa, se han demostrado insuficientes y era necesario dar un salto del *soft law* a las regulaciones dotadas de obligatoriedad. Las dificultades que desde el inicio de la negociación venía experimentando el proceso conocido como *Binding Treaty* o «Instrumento jurídicamente vinculante para regular las actividades de las empresas transnacionales y otras empresas en el Derecho Internacional de los derechos humanos» (IJV)[27], aconsejaban una aproximación distinta, en el plano micro,

---

La ley francesa sobre el deber de vigilancia de las sociedades matrices y empresas controladoras, en *TyD*, nn. 55-56, 2019; Bright, C., *Creating a Legislative Level-Playing Field in Business and Human Rights at the European Level: Is the French Law on the Duty of Vigilance the Way Forward?*, EUI Working Paper MWP 2020/01; D'Ambrosio, L., *Le devoir de vigilance : une innovation juridique entre continuités et ruptures*, en *Droit et Société*, n. 106, p. 633, 2020; Daugareilh, I., *La loi française sur le devoir de vigilance : généalogie d'une notion juridique importée en droit français,* en Zabalza, A. *Des personnes et des choses: du droit civil à la philosophie du droit et de l'Etat. Mélanges en l'honneur de J.M. Trigeaud*, Editions Bières, 2020; Sachs, T. y Tricot, J., *La loi sur le devoir de vigilance: un modèle pour (re)penser la responsabilité des entreprise, en Droit et société*, n. 106, p. 683, 2020; D'Ambrosio, L. y Barraud De Lagerie, P., *La responsabilité des entreprises reformulée par la Loi: un regard pluridisciplinaire Présentation du dossier*, en *Droit et Société,* n. 106, p. 623, 2020; Daugareilh, I., D'ambrosio, L. y Sachs T., *La ley francesa de deber de vigilancia, presente y futuro de una innovación jurídica, en Comercio internacional, trabajo y derechos humanos*, Sanguneti, W., Ediciones de la Universidad de Salamanca, Salamanca, 2021; Sachs, T., *Les dangers d'une dilution du devoir de vigilance dans la compliance*, en *Revue de droit du travail*, 2022.

26 El 12 de abril de 2012, en un acto de campaña, François Hollande, entonces candidato a la presidencia de la República, prometió que si resultaba elegido impulsaría una ley donde se plasmarían los principios de responsabilidad de las empresas matrices respecto de las actividades de sus filiales que provocaran daños ambientales y sanitarios. El primer proyecto de ley fue presentado en 2013 por los diputados Danielle Auroi, Philippe Noguès y Dominique Potier. El carácter ambicioso del texto, que incluía entre otras cuestiones la responsabilidad penal, impidió su tramitación y la cuestión se retomó con la presentación de un nuevo proyecto en febrero de 2015.

27 La Resolución 26/9, adoptada por el Consejo de derechos humanos de Naciones Unidas el 26 de junio de 2014 (A/HRC/RES/26/9) creó un grupo de trabajo intergubernamental de composición abierta para la «elaboración de un instrumento internacional jurídicamente vinculante sobre las empresas transnacionales y otras empresas con respecto a los derechos humanos». La Resolución fue impulsada por Ecuador y Sudáfrica. Todos los países de la Unión Europea presentes, así como Japón y Estados Unidos votaron en contra. Tras ocho sesiones de negociación y un borrador (el tercero) de texto articulado en fase de enmiendas, el proceso evoluciona lentamente, envuelto en un ambiente de posiciones encontradas. El sentido inicial del proceso de la 26/9 fue la «regulación de las actividades de las empresas transnacionales y otras empresas en el derecho internacional de los dere-

para avanzar paso a paso. Este fue precisamente el objetivo del legislador francés, que aprobó la Ley del Deber de Vigilancia en marzo de 2017 (en adelante LDV) como el primer paso de una dinámica con aspiración de globalidad. Seis años después de su aprobación ya es posible hacer un balance de esta pionera ley, balance que requiere, necesariamente, comenzar analizando la lógica de la norma.

1.1. El ADN del deber de vigilancia a la francesa

La LDV persigue un doble objetivo: por una parte, permitir a las víctimas, y sobre todo a los derechohabientes de las víctimas, obtener la reparación del perjuicio sufrido por parte de la empresa que en última instancia se beneficia de la actividad perjudicial; por otra parte, favorecer la instauración de procedimientos de prevención de las violaciones de los derechos humanos y del ambiente en el seno de las organizaciones de producción. La LDV descansa sobre dos lógicas de responsabilidad de las empresas matrices: la responsabilidad *ex ante,* que se concreta en una obligación de medios que conlleva la elaboración de un plan de vigilancia y su puesta en práctica; y la responsabilidad *ex post*, conectada al desarrollo de las obligaciones establecidas por la norma y que puede ser exigida, en el caso de que se actualice un daño que podría haber sido evitado con un correcto desarrollo de la obligación inicial. Así, dos aspectos son algo más que dos caras de la misma moneda, dado que establecen una auténtica dinámica para enmarcar el poder de las grandes empresas[28]. De hecho, la lógica de la responsabilidad *ex ante* de la empresa, que encuentra una expresión concreta en la elaboración del plan de diligencia debida, y la responsabilidad *ex post* se retroalimentan mutuamente: el temor a una responsabilidad *ex post* nutre la correcta realización de la responsabilidad *ex ante*[29].

El plan de diligencia debida proporciona una medida de la responsabilidad en que puede incurrirse a posteriori. Dado que la obligación que incumbe a la empresa es una obligación de medios, son el contenido del plan y su aplicación los que permiten determinar (o no) la existencia de un incumplimiento de la diligencia debida que puede dar lugar a una responsabilidad *ex post*. A cambio, el temor a la responsabilidad *ex post* alimenta el proceso de rendición de cuentas *ex ante*. Para una adecuada comprensión de este mecanismo, es conveniente subrayar que el vínculo entre la responsabilidad *ex ante* y la responsabilidad *ex post* es lo que permite distanciarse de un

---

chos humanos», incluyendo en el texto obligaciones directas para las empresas transnacionales, ambición que ha desaparecido de la redacción actual del Tratado.

28 Sachs, T., «Les dangers d'une dilution du devoir de vigilance dans la compliance», *Revue de droit du travail*, 2022.

29 *Idem*.

enfoque de diligencia debida, centrado en el control interno y la limitación de los riesgos vinculados a las externalidades negativas producidas por los componentes de la cadena de valor[30].

Esta breve caracterización de la lógica de la LDV nos permite entrar en el examen de sus fundamentos y la técnica sobre la que descansa su estructura.

La dinámica señalada descansa sobre una afirmación de partida: la LDV reconoce el poder de las empresas multinacionales y establece mecanismos para contenerlo y controlarlo más eficazmente. Para ello, la ley opta por no entrar en la definición de las estructuras de producción sujetas al deber de vigilancia, a diferencia de otras normas y muy particularmente del proyecto de Directiva, la LDV se basa en la posición de dominio de la matriz para fundamentar el nacimiento del deber de vigilancia. Esto queda claro en la propia definición de la extensión de las obligaciones de vigilancia, que abarca a las empresas que se encuentran dentro de la «esfera de influencia» de la empresa dominante[31]. Ciertamente, la norma enumera los distintos tipos de entidades afectadas (filiales, subcontratistas, proveedores), pero, como señaló el Consejo Constitucional en su importante sentencia sobre la LDV de 23 de marzo de 2017, «poco importa la naturaleza de las actividades de estas empresas, su plantilla, su peso económico o la localización de sus actividades»[32], lo realmente importante es la naturaleza de la relación entre la empresa dominante y aquellas bajo su esfera de control.

Así, la LDC contribuye a reconocer normativamente el poder que determinadas empresas ejercen sobre otras entidades económicas. Al hacerlo, la norma da carta de naturaleza a una concepción de la empresa como parte del orden político[33]. Ciertamente, las empresas no son sujetos de derecho público pero tampoco pueden ser consideradas simplemente como actores privados. Como señalaron Favereauy Roger, «las empresas nos invitan a bajar la política a un nivel intermedio entre lo público y lo privado»[34]. Además, el léxico utilizado en la ley francesa, incluso en la propuesta de directiva, establece un cierto paralelismo entre las empresas y los Estados. Las primeras, como detentadoras de poder y capacidad para transformar la realidad de las sociedades donde se ubican, deben ejercer este poder según las líneas directrices establecidas.

30 D'Ambrosio, L., «Le devoir de vigilance: une innovation juridique entre continuités et ruptures», *Droit et Société*, n. 106, p. 633, 2020.

31 Esto se expresaba con mayor claridad en la versión del texto presentada el 10 de febrero de 2015 en la Asamblea Nacional, que se refería a la «influencia decisiva» ejercida por la empresa

32 Conseil constitutionnel 23 de marzo de 2017, n.º 2017-750 DC.

33 Favereau, O. y Roger, B., *Penser l'entreprise : un nouvel horizon du politique*, ed. Paroles et silence, 2015.

34 *Idem*.

El instrumento fundamental de la LDV es la obligación de las empresas de elaborar y poner en funcionamiento el plan de vigilancia que incluirá las medidas de vigilancia razonables orientadas a identificar los riesgos y prevenir violaciones graves de los derechos humanos y las libertades fundamentales, la salud y la seguridad de las personas y el ambiente.

La ley establece un contenido mínimo del Plan[35], que debe incluir obligatoriamente: un mapa de riesgos para su identificación, análisis y priorización; un procedimiento de evaluación periódica de la situación de las filiales, subcontratistas o proveedores con los cuales se mantiene una relación de comercio, según la cartografía de riesgos; las acciones de reducción del riesgo o la prevención lesiones graves; un mecanismo de alerta y recogida de informes relativos a la existencia y actualización de los riesgos, establecido en consulta con los sindicatos representativos en la empresa; un dispositivo de seguimiento de las medidas puestas en práctica y una evaluación de su eficacia. Además, la norma incluyó la previsión de que el Plan y el dosier de aplicación efectiva se harán públicos y se incluyan en el informe de gestión presentado a la junta general de accionistas, por el Consejo de Administración o la Junta Directiva.

A pesar de esta lista de elementos que debe incluir el plan, su contenido queda en gran medida sin definir y se deja a la autorregulación empresarial que puede tener un alcance diverso dado que el plan puede establecerse unilateralmente o de manera concertada. En todo caso, el Estado no se retira y, diferenciándose de los mecanismos de Responsabilidad Social de las Empresas (RSE) «ordena» la autorregulación y la controla. En otras palabras, las normas heterónomas marcan las pautas a seguir por los actores empresariales y existen medidas de control jurisdiccional para asegurar el cumplimiento de las obligaciones autorreguladas. La originalidad del sistema francés reside precisamente en esta forma de *corregulación*[36].

En función de todo lo antedicho, es posible afirmar que el ADN de la LDV tiene tres elementos fundamentales: reconocer el poder de las grandes empresas para disciplinarlo; ampliar las prácticas de RSE existentes sometiéndolas a un control heterónomo; articular una lógica de prevención y una lógica de reparación. Seis años después de su adopción ¿es posible afirmar que la LDV ha cumplido sus promesas?

35 La ley prevé un desarrollo reglamentario que no ha sido adoptado hasta el momento.

36 Berns, T., Docquir, P.-F., Frydman, B. y Hennebel, L., *Responsabilités des entreprises et corégulation*, Bruylant, Bruxelles, 2007; SACHS, T., «La loi sur le devoir de vigilance des sociétés-mères et sociétés donneuses d'ordre: les ingrédients d'une corégulation», *R*evue de droit du travail, p. 386, 2017.

1.2. Las razones de las promesas aún incumplidas

Existe un amplio consenso respecto de los lentos y decepcionantes resultados de la LDV. En cuanto a la aplicación del deber de vigilancia por las empresas, todos los estudios convergen en las mismas conclusiones: uno de los grandes fallos de la aplicación de la ley ha residido en el deficiente contenido de los Planes[37]. La falta de detalle de la norma ha dejado en manos de las empresas la concreción de ese contenido y el resultado ha sido no solo heterogéneo sino en muchos casos absolutamente insuficiente e inválido para los objetivos perseguidos.

La edición de 2020 del Radar de Vigilancia denunció que de las 265 empresas que debían cumplir las previsiones de la ley, 72 aún no habían publicado el Plan. Entre ellas se encontraban algunos gigantes de la economía francesa como McDonald's, Yves Rocher, Avril, Castorama, EuroDisney, Bigard, France Télévisions, KPMG, Picard[38]. La calidad y extensión de los planes presentados evidencia que, como norma general, la presentación de los planes sigue siendo contemplado como una mera formalidad, elaborado por los departamentos especializados de las empresas y lejos de la idea de un proceso de levantamiento de riesgos con perspectiva de derechos humanos. Los estudios demuestran además que las partes interesadas apenas participan en la elaboración de los planes de vigilancia[39]. Más concretamente, las partes interesadas del ámbito laboral (departamentos de recursos humanos y sindicatos) no participan en la elaboración de los planes.

Por añadidura, del estudio realizado por un equipo de sociólogos sobre 111 planes en el año 2019 se desprende que la cartografía de riesgos, componente clave del plan, presenta una calidad desigual de un plan a otro[40]. Todas las empresas que han publicado un plan se preocupan por el cumplimiento

37 Véase, https://plan-vigilance.org/; Dubost C. y Potier M.D. (Députés), *Rapport d'information déposé en application de l'article 145-7 du Règlement par la commission des lois constitutionnelles, de la législation et de l'administration générale de la république en conclusion des travaux d'une mission d'information sur l'évaluation de la loi du 27 mars 2017 relative au devoir de vigilance des sociétés mères et des entreprises donneuses d'ordre*, Assemblée Nationale, 2022; Barraud De Lagerie, P., «La responsabilité des entreprises reformulée par la Loi: un regard pluridisciplinaire Présentation du dossier», *Droit et Société,* n. 106, p. 623, 2020.

38 Disponible en: https://www.asso-sherpa.org/edition-2020-du-radar-du-devoir-de-vigilance-yves-rocher-castorama-picard-mcdonalds-france-televisions-bigard-27-des-entreprises-hors-la-loi.

39 Daugareilh I., D'ambrosio L. y Sachs T., «La ley francesa de deber de vigilancia, presente y futuro de una innovación jurídica, en Comercio internacional, trabajo y derechos humanos», en Sanguneti, W., *Comercio internacional, trabajo y derechos humanos,* Ediciones de la Universidad de Salamanca, Salamanca, 2021.

40 Barraud De Lagerie, P., Bethoux, E., Mias, A. y Penalva-Icher, E., «La mise en œuvre du devoir de vigilance: une managérialisation de la loi?», *Droit et société*, n. 106, 2020, p. 699.

formal de la ley pero no se ocupan de que la cartografía de riesgos obedezca a la lógica reflexiva y a la búsqueda de la eficacia que persigue la LDV. En la mitad de los planes, la cartografía de riesgos se realiza de forma apresurada o a veces simplemente se anuncia (cartografía de riesgos de «modo menor»). Otros planes se limitan a mencionar la metodología de la cartografía, sin presentar los resultados. Sólo una cuarta parte de los planes presenta una cartografía de los grandes riesgos, sin precisar sin embargo la metodología. En resumen, el estudio de los planes ya publicados evidencia la prevalencia de una voluntad de cumplimiento formal de las exigencias de la ley, sin que la aplicación de ésta influya o modifique las prácticas reales de las empresas en materia de respeto de los derechos humanos y del medio ambiente.

Puede así afirmarse que la aplicación de la LDV se aproxima, fundamentalmente, a un ejercicio mejorado de autorregulación empresarial, una suerte de RSE mejorada.

Esta decepcionante valoración se ve reforzada por las vacilaciones y titubeos de los tribunales y la ausencia, en el momento de escribir estas líneas, de alguna decisión judicial importante y emblemática. Tras una batalla jurídica y política, el artículo 56 de la Ley N.º 2021-1729, de 22 de diciembre de 2021, sobre la confianza en la institución judicial, otorgó competencia al tribunal judicial (jurisdicción civil) de París para conocer de las acciones relativas al deber de vigilancia, tanto las acciones de cesación como las de responsabilidad, a fin de disipar la incertidumbre que pesa sobre el tribunal competente. Esta reforma fue bien acogida por las organizaciones no gubernamentales, ya que los tribunales civiles son los agentes naturales del derecho de responsabilidad civil.

El carácter tardío de esta atribución de competencia explica, sólo en parte, la ausencia de decisiones judiciales en materia de vigilancia[41].

Esta ausencia también se debe a la reticencia de los jueces a asumir el mecanismo. Así lo ilustra la decisión dictada por el juez de medidas provisionales[42] en el asunto Total Uganda en febrero de 2023. En esta decisión, el juez declaró inadmisibles las demandas presentadas por asociaciones de protección del medio ambiente y de los derechos humanos que, al denun-

41 Según el cómputo del Informe de la Asamblea y los documentos publicados por diversas organizaciones sociales, hasta mediados del año 2022 se habían presentado tan solo seis requerimientos fundamentados en el artículo L. 225-102-4 II, exigiendo la presentación adecuada del Plan y cuatro demandas judiciales. Únicamente se registra una acción del Art. 225-102-5 sobre responsabilidad civil. *Vid. Le radar du devoir de vigilance. Suivre les affaires en cours.* Terre Solidaire, Sherpa. Disponible en: https://plan-vigilance.org/wp-content/uploads/2021/07/A4-VF-FICHES-FR-020721-V3.pdf.

42 El juez de medidas provisionales es un juez de urgencia que no se pronuncia sobre el fondo del asunto. Las órdenes del juez de medidas provisionales permiten obtener medidas provisionales y rápidas para salvaguardar los derechos y libertades de los ciudadanos. El juez de medidas provisionales no resuelve el litigio.

ciar los daños y el riesgo de daños derivados del proyecto de prospección petrolífera y de construcción de oleoductos de las filiales de TotalEnergies en Uganda y Tanzania, acusaron a TotalEnergies de incumplir su deber de vigilancia[43]. Sin espacio en estas páginas para detallar los aspectos procesales que condujeron al rechazo de las demandas de las ONG, nos limitamos a subrayar la visión del papel del juez que se refleja en la decisión: el juzgador no se ve como el órgano de control y supervisión querido por la norma, sino que se coloca como un promotor del diálogo en el seno de la empresa[44]. Así, remitir un asunto al juez de urgencia para que emita un requerimiento a la empresa, y no comenzar un proceso judicial contra la misma para que se le exija responsabilidad civil por los daños causados, «sólo puede tener por objeto permitir a la empresa cumplir en el marco de un diálogo», «instituir una fase obligatoria de diálogo y de intercambio amistoso» y «persigue un objetivo de seguridad jurídica y de desarrollo de alternativas amistosas de resolución de litigios»[45]. Hasta el momento, los tribunales no han cumplido su función supervisora.

Esta ausencia de una sentencia emblemática paraliza la dinámica pretendida por el legislador en varios aspectos. En primer lugar, la no intervención del juez como elemento crucial de la responsabilidad civil es contraria al objetivo de facilitar la indemnización de las víctimas. En segundo lugar, la posibilidad de que intervenga el juez, y más aún, el temor de las empresas a que intervenga el juez es la clave de bóveda de la doble dinámica prevención/reparación antes descrita. Por último, la intervención de los tribunales como fuente de jurisprudencia es esencial para precisar los requisitos que debe cumplir el plan de vigilancia. Esta falta de jurisprudencia de desarrollo conlleva la debilitación, y a la larga la desaparición, del imprescindible control externo de la LDV.

2. El borrador de anteproyecto español

En el ámbito español, la exigencia de la aprobación de una ley sobre derechos humanos y empresas transnacionales lleva años elevándose desde la sociedad civil. El conjunto de organizaciones vinculadas a la Campaña Global para Desmantelar el Poder Corporativo y Poner Fin a la Impunidad (orientada entre otras cuestiones al impulso del proceso del *Binding Treaty*) y otras ONG, agrupadas en buena medida en la Plataforma por Empresas Responsa-

43 TJ París, 28 feb. 2023, n.° 22/53943, n.° 22/53942.

44 Boutonnet M. y Parence, B., «Prudence dans l'analyse du premier jugement sur le devoir de vigilance des entreprises. À propos du projet pétrolier en Ouganda et Tanzanie des filiales de TotalEnergies», *La semaine juridique Edition Générale* n. 12, 2023.

45 Las frases entrecomilladas son fragmentos de la sentencia citada en la nota anterior.

bles[46], así como diversos sindicatos, muy en particular Comisiones Obreras, han trabajado distintas propuestas e instado reiteradamente a la aprobación de una norma sobre la cuestión.

El Plan Anual Normativo de la Administración General del Estado 2022 incluyó la elaboración de la Ley de protección de los derechos humanos, de la sostenibilidad y de la diligencia debida en las actividades empresariales transnacionales. El objetivo de la norma sería «Garantizar de forma efectiva prácticas empresariales respetuosas de la sostenibilidad y los Derechos Humanos a través de una específica obligación de debida diligencia y buenas prácticas en la actividad transnacional de origen español». El 14 de febrero de 2022, el Ministerio de Derechos Sociales y Agenda 2030 abrió el periodo de consulta pública previa para recabar la opinión de los sujetos y de las organizaciones potencialmente afectadas por el futuro anteproyecto de Ley de Protección de los Derechos Humanos, de la Sostenibilidad y de la Diligencia debida en las actividades empresariales[47]. Según el propio ministerio proponente, con esta ley, se aspiraba a evitar las vulneraciones de derechos humanos y daños al medio ambiente derivados de las actividades empresariales a lo largo de sus cadenas globales, siguiendo el camino ya comenzado por otros Estados Miembros y adelantándose a la futura directiva sobre diligencia debida de las empresas en materia de sostenibilidad.

El proyecto de borrador se redactó en el seno de la Secretaría de Estado para la Agenda 2030 mediante una metodología participativa, conformándose una comisión de expertos, en la que participaron movimientos sociales, sindicatos y académicas. La redacción del articulado se realizó en una comisión de redacción compuesta por juristas de distintas ramas del Derecho. La comisión de expertos aprobó el texto, que fue aceptado por la Secretaría de Estado en junio del año 2022, tras meses de negociación en el seno del gobierno de coalición, la convocatoria de elecciones anticipadas en mayo del 2023 paralizó el proceso para la conversión del borrador en un Proyecto de Ley y su posterior tramitación[48]. Aun así, el interés del texto, por su amplio contenido, ameritan su descripción en estas páginas.

Debe remarcarse que, hasta el momento, no existe en España ninguna norma que regule, específicamente, las obligaciones de las empresas españolas, o con actividad en España, en materia de respeto de la normativa interna e internacional sobre derechos humanos y medio ambiente a lo largo de sus cadenas globales de valor, y que establezca medidas para garantizar

46 Véase, https://empresasresponsables.org/.

47 El texto puede consultarse en: https://www.mdsocialesa2030.gob.es/agenda2030/documentos/220208-consulta-publica-definitiva.pdf.

48 El conocimiento del texto por parte de las autoras de este artículo deriva de la participación de la profesora Guamán en la comisión de redacción del borrador de anteproyecto, como experta elegida por el Gobierno.

el derecho de las víctimas, sin importar el lugar de comisión del daño, al acceso a la justicia y a la debida reparación. Esta situación fue objeto de un comentario del Comité de Derechos Económicos, Sociales y Culturales de Naciones Unidas[49], que en el año 2018 recomendó a España el del marco normativo aplicable para asegurar la responsabilidad legal de las empresas respecto de las violaciones de los derechos económicos, sociales y culturales cometidas directamente por éstas o resultantes de actividades de sus filiales en el extranjero. Asimismo, el Comité recomendó el refuerzo de los mecanismos existentes para investigar las denuncias presentadas contra las empresas y la adopción de medidas efectivas para garantizar el acceso a recursos efectivos por parte de las víctimas, así como a las reparaciones o compensaciones correspondientes.

Teniendo presentes estas recomendaciones, el borrador de anteproyecto español (en adelante «propuesta española») se elaboró sobre la base del conocimiento del panorama comparado y de la propuesta de Directiva del Parlamento Europeo y del Consejo sobre diligencia debida de las empresas en materia de sostenibilidad elaborada por la Comisión. La propuesta española se configuró como un texto ambicioso, con concordancias con el mecanismo francés, pero con una regulación pormenorizada de cuestiones fundamentales como los bienes jurídicos protegidos, el alcance o el contenido de las medidas y la importante inclusión de mecanismos para asegurar el acceso a la justicia. En esta línea, la propuesta incluye 35 artículos y varias disposiciones finales que reforman distintas normas, en particular procesales.

Con la voluntad de superar los marcos clásicos del «Pilar II» y adentrarse en el necesario desarrollo del «Pilar III» (de la responsabilidad empresarial al acceso a la justicia), el artículo primero de la propuesta, dedicado a establecer los objetivos de la norma, incluyó cuatro ítems: regular las obligaciones de diligencia debida en derechos humanos, el trabajo decente y el medio ambiente; medidas de fomento del comportamiento empresarial responsable; medidas relativas a la responsabilidad jurídica civil y administrativa derivada del incumplimiento de las normas de diligencia debida; medidas de desarrollo de las garantías del acceso a la justicia para las personas y grupos afectados.

Del contenido de la propuesta van a señalarse seis elementos fundamentales: los bienes jurídicos protegidos; el ámbito de aplicación y de extensión de las obligaciones de diligencia debida; las obligaciones de diligencia debida; la participación de los agentes sociales y partes interesadas; los mecanismos, administrativos y jurisdiccionales de control de la aplicación de la norma y las disposiciones relativas al acceso a la justicia.

49 Comité de Derechos Económicos, Sociales y Culturales de Naciones Unidas. Observaciones finales sobre el sexto informe periódico de España (E/C.12/ESP/6) aprobadas el 29 de marzo de 2018.

2.1. Los bienes jurídicos protegidos

La propuesta se orienta a proteger los derechos humanos internacionalmente reconocidos, incluyendo en particular aquellos vinculados al trabajo decente y los derechos de carácter colectivo y el medio ambiente, entendiéndose comprendidos dentro de dicho concepto, entre otros, los recursos hídricos de cualquier naturaleza, y los recursos marinos con sus costas; la atmósfera, su clima y la calidad del aire; el suelo, y la biodiversidad con sus ecosistemas y bosques. Se evita así el sistema de lista, incluido en la ley alemana y en el proyecto de directiva. Además, y mediante la definición de «efecto adverso para el medio ambiente» se enumeran de manera pormenorizada toda una serie de daños posibles, a efectos de ampliar al máximo la protección de los elementos señalados. Como elemento transversal y de especial importancia, se incluye la perspectiva de género que permita valorar los riesgos que específicamente afectan a mujeres y niñas y adoptar las medidas adecuadas. También se incluyen disposiciones específicas para personas y colectivos en situación de especial vulnerabilidad; regímenes especiales para situaciones que comporten un mayor riesgo o gravedad y un listado de sectores de mayor riesgo.

2.2. El ámbito de aplicación y alcance de las obligaciones de diligencia debida a lo largo de la cadena global de valor

La propuesta incluye tres criterios de cumplimiento alternativo para delimitar las empresas incluidas en su ámbito de aplicación: el número de trabajadores[50], el importe neto de la cifra anual de negocios y la consideración de entidades de interés público. Además, y a efectos de evitar problemas de aplicación, se aborda una definición amplia de empresa, incluyendo las sociedades mercantiles estatales y las empresas financieras y las empresas de servicios y actividades de inversión.

Igualmente, amplia y de particular importancia para determinar el alcance de las obligaciones de diligencia es la definición de Cadena Global de Valor.

---

50 Debe tenerse en cuenta que el tejido empresarial español se caracteriza por la atomización y la presencia mayoritaria de empresas pequeñas. Según el informe de junio de 2022 elaborado por la Dirección General de industria y de la pequeña y mediana empresa del Ministerio de industria, comercio y turismo del Gobierno de España, existían en aquel momento un total de 2.940.727. De entre ellas, 5.101 tienen más de 250 personas asalariadas, el resto son PYME. Entre las PYME encontramos 1.612.736 empresas unipersonales y 1.132.153 empresas con menos de 9 personas trabajadoras. *Vid.* http://www.ipyme.org/es-ES/ApWeb/EstadisticasPYME/Documents/CifrasPYME-junio2022.pdf . Por este motivo se recomendó cifrar el número de trabajadores en 250, cifra alejada de los 5000 que se exige en la ley francesa.

Aun siendo conscientes de la importancia del concepto de control y de la adecuación de la óptica de la LDV, detallada por Sachs[51], el texto opta por seguir la línea de la Directiva y definir de manera pormenorizada, y desde una perspectiva amplia, lo que debe entender por «Cadena Global de Valor», señalando que las obligaciones de diligencia deben abordar a toda la cadena[52].

2.3. Las obligaciones de diligencia debida

Sin duda, el corazón de la norma es el detalle de las obligaciones de diligencia debida de las empresas en materia de derechos humanos y medio ambiente. Las fases de la diligencia quedan claras (y son más amplias que las establecidas en los PRNU): las empresas deberán identificar, evaluar todos los efectos adversos; prevenir y mitigar los efectos adversos potenciales; y cesar y en su caso reparar los efectos adversos reales sobre los derechos humanos, el trabajo decente y el medio ambiente de sus propias actividades, de las actividades de sus filiales y de las que se realicen a lo largo de su cadena de valor. A tales efectos, las empresas elaborarán, desarrollarán, implementarán y harán público de manera visible, clara y diferenciada en su web, un plan de diligencia debida. La propuesta detalla en cuatro extensos artículos estas obligaciones, regulando el «Plan de diligencia debida», su contenido, proceso de adopción, vigencia, publicidad y registro.

2.4. La participación de los agentes sociales y partes interesadas

Uno de los artículos fundamentales, en particular desde el punto de vista del *iuslaboralismo* es el que detalla la participación de las partes interesadas en los procesos de diligencia debida, que se constituye como un elemento fundamental para la elaboración y control del cumplimiento del Plan de diligencia. Del proceso cabe destacar que, respecto de los sindicatos, las empresas deben garantizar el derecho de la representación de las personas trabajadoras y de los sindicatos, al nivel adecuado, incluido el de empresa, sector, nacional, europeo y mundial, a ser informadas de los procesos de diligencia debida y a participar en la elaboración y evaluación del plan de

51 Sachs T., «Les dangers d'une dilution du devoir de vigilance dans la compliance», *Revue de droit du travail*, p. 352, 2022.

52 En concreto, se adopta y mejora la definición de la propuesta de Directiva, eliminando el concepto de «relación comercial establecida», incluyendo la siguiente definición: «Cadena de valor: las actividades relacionadas con la producción de bienes o la prestación de servicios por parte de una empresa principal, incluidos el desarrollo del producto o el servicio y la utilización y la eliminación del producto, así como las actividades conexas, en las fases anterior y posterior, de las relaciones comerciales de la empresa, directas o indirectas, incluyendo las que se establezcan con personas individuales».

diligencia debida, refiriéndose a los términos previstos en el Estatuto de los Trabajadores. Además, se afirma que el comité de empresa deberá ser consultado y tendrá derecho a emitir informe, con carácter previo aprobación por parte de la empresa principal del plan de Diligencia debida.

La empresa deberá considerar las propuestas contenidas en ese informe y podrá apartarse de las mismas de manera justificada. De entre las medidas incluidas en esta materia destacan especialmente dos. Por un lado, el reconocimiento del derecho de los sindicatos implantados en las entidades de la cadena o con un interés legítimo en el sector de actividad a ser informados y consultados y el derecho de los sindicatos implantados en la matriz de actuar en representación de los sindicatos presentes en las distintas entidades de la cadena. Por otro lado, la inclusión de las obligaciones derivadas de un Acuerdo Marco Internacional, si lo hubiere, como parte de las obligaciones contenidas en el Plan de diligencia, otorgándole así un reconocimiento normativo y una vía para permitir la exigibilidad ante los tribunales de los Acuerdos Marco.

2.5. Los mecanismos, administrativos y jurisdiccionales de control de la aplicación de la norma

A diferencia de la LDV, la propuesta española opta por seguir la línea de la ley alemana y la propuesta de Directiva, con la inclusión de la Comisión de Derechos Humanos y Empresas (CDHE) como autoridad nacional supervisora de naturaleza administrativa independiente con personalidad jurídica propia y plena capacidad. La Comisión se propone con amplias facultades, de impulso, propuesta, control, registro, requerimiento, investigación, establecimiento de medidas cautelares y sanción. Para ello, y evidentemente necesario dada la inclusión de potestad sancionadora, la propuesta incluye la regulación de las infracciones y sanciones que podría adoptar la comisión.

Junto con la responsabilidad administrativa, la propuesta recoge la responsabilidad civil por los daños y perjuicios que puedan derivarse del incumplimiento por las empresas de sus obligaciones en materia de diligencia debida, avisando de su compatibilidad con las anteriores y sin que su cumplimiento pueda ser causa de exoneración de la responsabilidad penal que pudiera derivarse.

2.6. Las disposiciones relativas al acceso a la justicia

Como sexto elemento de particular relevancia, la propuesta incluye sendas medidas para impulsar la garantía del acceso a la justicia de las víctimas de efectos adversos sobre los derechos humanos o el medio ambiente causados por las empresas obligadas por un incumplimiento de sus obligaciones de diligencia debida. Algunas de ellas son las siguientes: la posibilidad de acumular acciones; la ampliación del plazo de prescripción; la asistencia jurídica gratuita; la ampliación de la legitimación activa para la defensa de los derechos e intereses de víctimas de efectos adversos sobre los derechos humanos o el medio ambiente o la inversión de la carga de la prueba.

Por añadidura, la propuesta opta por modificar la Ley 9/2017, de 8 de noviembre, de Contratos del Sector Público, para incluir el cumplimiento de la diligencia debida dentro de las prohibiciones de contratación.

La enumeración, necesariamente breve, de alguno de los contenidos de la propuesta española evidencia cómo es posible ensanchar los márgenes de la diligencia debida para incluir demandas urgentes y necesarias para poner fin a la impunidad y asegurar tanto la responsabilidad de los actores económicos transnacionales por las violaciones de derechos humanos y daños ambientales cometidos a lo largo de sus cadenas globales de valor como el derecho de las víctimas al acceso a la justicia y a la reparación efectiva. Como se sostuvo durante la elaboración de la propuesta, no es necesario esperar a la Directiva para cumplir con la obligación de trasposición, antes, al contrario, la existencia de una norma propia permite adelantar un camino necesario y urgente, al que los Estados europeos, en general y con la excepción de Francia (pese a las imprescindibles mejoras que deben acometerse) llegamos tarde.

MECANISMOS DE IMPLEMENTACIÓN DEL DEBER DE DILIGENCIA DEBIDA EN UNA FUTURA LEY ESPAÑOLA

Nerea Magallón Elósegui
Universidad del País Vasco

SUMARIO: Introducción: ¿Qué son los procedimientos de diligencia debida empresarial? 1. Mecanismos de implementación de diligencia debida. 2. La Propuesta española de Ley de diligencia debida. 2.1. Contextualización de la Propuesta. 2.2. Los principales objetivos de la norma. 3. Mecanismos de implementación de diligencia debida de la Propuesta de Ley española. 3.1. Mecanismos de información y divulgación. 3.2. Mecanismos de implementación sustantiva. 3.3. Mecanismos de reclamación y reparación. 3.4. Mecanismos de responsabilidad civil y acceso a justicia.

Introducción: ¿Qué son los procedimientos de diligencia debida empresarial?

Con carácter general, podemos afirmar, que los procedimientos de diligencia debida empresarial se deben entender que son procesos graduales, compuestos por distintas fases y tipos de mecanismos de implementación, con el objetivo de asentar progresivamente la protección de los Derechos Humanos y Medioambiente como algo inherente a la política de gobernanza y gestión empresarial.

Por un lado, se componen de diferentes fases en las que el proceso se va a ir adecuando a la situación y necesidades de cada empresa, en una paulatina tarea de concienciación e instauración del respeto a los Derechos Humanos y el Medioambiente. Las empresas deben aprovechar sus propias sinergias y orientar su política empresarial hacia un incremento de los estándares de protección de los Derechos Humanos y el Medioambiente, aplicables en toda su cadena de valor, hasta asentar esos modelos como una obligación que subyace a la propia actividad empresarial.

Por otro lado, el tipo de mecanismos de implementación de diligencia debida que adopten va a estar supeditado al nivel de protección que se quiere alcanzar en cada empresa y vendrá marcado por el tipo y grado de riesgo, que variará en atención al tamaño, sector y lugar donde opera y se desarrolla la actividad empresarial.

De esta forma, es cierto, que los procedimientos de diligencia debida estarán supeditados a las especialidades de cada empresa, tanto en el tiempo, como en la forma de implementación. Ahora bien, a pesar de la heterogeneidad que los caracteriza en función de la especial idiosincrasia de cada empresa, o precisamente por esa razón, es necesario establecer una hoja de ruta común que permita alcanzar unos estándares de protección de los Derechos Humanos y el Medioambiente similares, instaurando y ayudando a asentar un procedimiento y unos mecanismos de implementación del mismo flexible, pero que aseguren la definitiva consolidación de unas obligaciones de respeto homogéneas. Ello nos permitirá, además de equiparar a las empresas a nivel competencial, alcanzar una protección de los Derechos Humanos y el Medioambiente a nivel global.

Para las empresas españolas, y para aquellas empresas que desarrollen su actividad en España, esa hoja de ruta debería trazarse a través de una Ley de diligencia debida estatal. Si bien es cierto que nos encontramos a la espera de que se establezcan algunas pautas desde Europa a través de la aprobación futura de una Directiva de diligencia debida europea, actualmente en ciernes[1], abogamos por la elaboración de una Ley de diligencia debida autónoma que nos permita ir avanzando hacia una nueva forma de entender la actividad empresarial que, sin duda, se está fraguando paulatinamente también a nivel mundial.

En esta dirección el Gobierno español incluyó en el Plan Normativo anual de 2022 la elaboración de una «iniciativa legislativa de protección de los Derechos Humanos, la sostenibilidad y la debida diligencia en las actividades empresariales transnacionales», y el Ministerio de Asuntos Sociales y Agenda 2030, el 3 de marzo de 2022, abrió una consulta pública dirigida a sujetos, asociaciones y organizaciones potencialmente afectados, sobre la necesidad y viabilidad de aprobar una Ley de diligencia debida que se convierta en marco normativo orientado a regular de manera general y obligatoria la debida diligencia empresarial en materia de Derechos Humanos y Medioambiente, impulsando una regulación de las obligaciones de las empresas que se sume a las iniciativas originadas en otros Estados europeos y anticipándose a la futura Directiva europea. Como resultado de esta iniciativa nace un

1 Propuesta de Directiva del Parlamento Europeo y del Consejo sobre diligencia debida de las empresas en materia sostenibilidad de 22 de febrero de 2022, COM (2022) 71 final; *vid.* MÁRQUEZ CARRASCO, C., «Todos los ojos puestos en Bruselas: las claves de la futura Directiva sobre diligencia debida en materia de sostenibilidad empresarial», *Revista española de empresa y derechos humanos, núm. 1, julio 2023, pp. 5-35.*

texto elaborado por especialistas de la academia y de la sociedad civil que ha supuesto un valioso punto de partida pero que, sin embargo, parece haberse quedado estancado en un contexto político inestable e incierto. En este trabajo vamos a analizar los mecanismos de implementación de obligaciones de diligencia debida que contempla el texto de Borrador de Anteproyecto de Ley de diligencia debida española.

1. Mecanismos de implementación del deber de diligencia debida

Los Principios Rectores de las Naciones Unidas definen el procedimiento de diligencia debida empresarial como un «proceso continuo» basado en el riesgo proporcional a los impactos adversos de las actividades empresariales a lo largo de toda la cadena de suministro dirigido a «prevenir, mitigar y responder a las consecuencias negativas de sus actividades sobre los Derechos Humanos». En este sentido la diligencia debida «debe abarcar las consecuencias negativas sobre los Derechos Humanos que la empresa pueda causar o a las que pueda contribuir con sus actividades, o que puedan estar directamente vinculadas con sus operaciones, productos, servicios por sus relaciones comerciales».

De modo que entendemos la «diligencia debida» como un procedimiento de gestión empresarial orientado a que las empresas 1) conozcan y den a conocer los riesgos que sus actividades pueden tener para los Derechos Humanos y el Medioambiente, con el objetivo de 2) adoptar las medidas necesarias para mitigar y evitar las consecuencias y el impacto negativo que estos riesgos puedan ocasionar; y 3) reparar los impactos o daños causados, respondiendo a las consecuencias que pueden tener los comportamientos empresariales a lo largo de su cadena de suministro.

A pesar de las pautas otorgadas desde las Naciones Unidas, las iniciativas legislativas existentes en la actualidad son de diversa índole y varían, tanto en los mecanismos utilizados para instaurar el deber de diligencia debida, como en los grados de implementación exigidos.

En las medidas legislativas adoptadas hasta el momento, con carácter general, ya sean estatales o institucionales, se distingue entre dos tipos de mecanismos de implementación del deber de diligencia debida: los mecanismos de información y los mecanismos sustantivos de implementación[2].

---

2 Magallón Elósegui, N., «La heterogeneidad de los mecanismos de implementación de diligencia debida empresarial como obstáculo en el respeto de los Derechos Humanos y el Medioambiente», *Revista española de empresa y Derechos Humanos,* núm. 1, julio 2023, pp. 63-83.

Los mecanismos de información y divulgación se dirigen a dotar de una mayor transparencia a las actividades y política empresarial poniendo de manifiesto los riesgos y potenciales riesgos derivados de su actividad. Y los mecanismos sustantivos de implementación instauran un procedimiento *pro-activo* del que se extrae el establecimiento de medidas concretas encaminadas a la identificación de los riesgos, pero también a su prevención, reducción y, en su caso, reparación de los daños derivados de esos riesgos.

Además, este tipo de medidas se pueden complementar con mecanismos de vigilancia, de reclamación y denuncia por incumplimiento de las obligaciones, ya sean de información o de implementación sustantiva, y de reparación del daño que se haya producido como consecuencia de ese incumplimiento.

Las primeras iniciativas legislativas adoptadas, tanto a nivel estatal como europeo, dirigidas a integrar la diligencia debida como objetivo inherente a la política empresarial, se limitaron, fundamentalmente, a incorporar el primer tipo de mecanismos con el objetivo de dotar de mayor transparencia a las actividades empresariales. De este modo, están basadas únicamente en deberes de información sobre la política empresarial de gestión de riesgos sobre los Derechos Humanos y en dotar de mayor trasparencia a sus actividades.

Entre ellas destacan la pionera *Ley Dodd-Frank Wall Street Reform and consumer protection,* de 5 de enero de 2010, y la Ley de Transparencia en la cadena de suministro de California también de 2010[3]. A nivel europeo cabe destacar la Directiva 2014/95/UE del Parlamento y del Consejo sobre divulgación de información no financiera e información sobre la diversidad[4]; y a nivel estatal la *Modern Slavery Act* inglesa de 2015[5], pionera entre las normas de los Estados europeos. Sin embargo, en las últimas normas aprobadas se observa una tendencia hacia la incorporación de mecanismos de implementación sustantiva dirigidos a instaurar progresivamente obligaciones de diligencia debida dirigidas a prevenir y mitigar (e incluso reparar) los efectos adversos de las actividades empresariales una vez han sido identificados.

Evidentemente, las empresas deben iniciar el procedimiento de diligencia debida planteándose un plan estratégico de actuación que tiene como punto de partida la identificación de los riesgos, ya sean reales o potenciales, sobre

---

3 *Dodd-Frank Wall Street Reform and Consumer Protection Act, HR.4173,111, Congress(2009-2010) of United States o America; California Transparency Supply Chain Act 2010(US),s 1714.43 (a) (1), vid.,* Lantaron Barquin, D., «Derechos humanos y cadenas de suministro: conclusiones a partir de una lectura comparada de legislaciones estatales anglosajones y estatales» en *Diligencia Debida y trabajo decente en las cadenas de valor globales,* W. Sanguineti y J. Bautista (dires.), Thomson Reuters–Aranzadi, Cizur Menor, 2022, pp. 183-217.

4 Directiva 2014/95/UE del Parlamento y del Consejo sobre la divulgación no financiera e información sobre la diversidad por parte de determinados grandes empresas y determinados grupos, DO15.11.2014, DO L 330.

5 *Modern Slavery Act 2015(UK), s. 54(4) (a).*

los Derechos Humanos que sus actividades pueden ocasionar. Por tanto, el primer paso es analizar y evaluar sus actividades para realizar una medición de riesgos que les permita predeterminar el marco de actuación y de mejora sobre el que basar su plan de diligencia debida.

De esta forma, la recopilación de información y su publicidad constituye una fase fundamental que sirve como medida inicial de aproximación a la política social y medioambiental de una empresa; y al ofrecer un diagnóstico donde se evidencian sus puntos débiles y fuertes en la protección de los Derechos Humanos, nos da una visión de la gobernanza empresarial que constituye un buen punto de partida para una definitiva concienciación hacia un mayor respeto a los Derechos Humanos. Sin embargo, si queremos avanzar hacia un mayor respeto de los Derechos Humanos y el Medioambiente, la clave se encuentra en cómo y para qué se utiliza la información recopilada en este primer paso; que puede realizarse con una finalidad puramente divulgativa y de transparencia, o con el objetivo de adoptar las medidas necesarias para reducir los riesgos atendiendo al impacto de sus actividades para evitar y prevenir posibles daños sobre los Derechos Humanos. De ello dependerá el tipo de obligaciones que se instauran a continuación y su finalidad, así como los mecanismos de implementación de la diligencia debida.

Una vez se han puesto sobre la mesa los riesgos que comporta la actividad empresarial se pueden instaurar obligaciones puramente divulgativas dirigidas a dotar de mayor trasparencia a sus actividades y poner en conocimiento de los consumidores e inversores la política empresarial sobre los Derechos Humanos de la empresa; u obligaciones de carácter sustantivo orientadas a mitigar y prevenir esos riesgos, o incluso a reparar los daños derivados de los mismos.

Como ya hemos dicho con anterioridad las iniciativas legislativas elaboradas hasta el momento contienen mecanismos de implementación de distinto alcance y contenido. Las normas promulgadas en Europa contemplan enormes diferencias que giran en torno al propio objeto de protección y al tipo de violaciones que van a predeterminar su contenido, los sectores y el tamaño de empresas a las que se dirigen, o el alcance de sus medidas. De hecho, observamos por ejemplo que la *Modern Slavery Act* únicamente prevé obligaciones de divulgación con el objetivo de dotar de mayor trasparencia a las actividades empresariales relacionadas con las formas de «esclavitud moderna» como la trata de personas, el trabajo forzoso o la servidumbre por deudas. En la misma dirección hallamos la Ley holandesa de debida diligencia en materia de trabajo infantil[6], mientras que la Ley de trasparencia sobre trabajo decente Noruega[7] va más allá y prevé, además de las obligaciones

---

6 Ley holandesa de Diligencia debida en materia de trabajo infantil («Wet Zorgplicht Kinderarbeid»), 14 de mayo de 2019. Disponible en https://zoek.officielebekendmakingen.nl/stb-2019-401.html

7 El 14 de junio de 2021 el parlamento noruego aprobó la Ley sobre Transparencia Empresarial y Trabajo Digno (Lovved-tak 176 (2020–2021) Lov om virksomheters åpenhet og

de identificación, las de prevención y limitación de las violaciones sobre los Derechos Humanos e incluye la reparación en el supuesto de que ya se haya producido el daño. Por su parte, la Ley francesa[8] y la Ley alemana[9] contienen obligaciones dirigidas a cumplir con las normas sociales y medioambientales de un modo más genérico y establecen sanciones y, en el caso de la Ley francesa, incluso una potencial responsabilidad civil por daños.

A continuación, vamos a analizar qué planteamientos siguió la Propuesta de Ley de diligencia debida española, que constituye uno de los Proyectos más completos y ambiciosos del panorama normativo actual.

2. La Propuesta española de Ley de diligencia debida

2.1. Contextualización de la Propuesta

Tal y como establece el Ministerio de Derechos sociales y Agenda 2030, en la Consulta previa sobre el Anteproyecto de Ley de Protección de los Derechos Humanos, de la sostenibilidad y diligencia debida en las actividades empresariales transnacionales, en 2020, la Red española del Pacto Mundial, en colaboración con la Secretaría de Estado para la Agenda 2030, realizó una consulta integral de más de 1900 empresas españolas en las que se mostraba que solo un 8 % de las empresas consultadas evaluaba el impacto que su actividad tiene sobre los Derechos Humanos. En la misma dirección, el Observatorio de Responsabilidad Social corporativa alertaba que solo el 39 % de las empresas IBEX35 realizaba una identificación de riesgos de impacto en Derechos Humanos[10].

Asimismo, el Comité de Derechos Económicos, Sociales y Culturales de las Naciones Unidas, alertó en 2018 de los vacíos que afectaban al ordenamiento

---

arbeid med grunnleggende menneskerettigheter og anstendige arbeidsforhold (åpenhetsloven) disponible en https://www.stortinget.no/globalassets/pdf/lovvedtak/2020-2021/ve-dtak-202021-176.pdf.

8 Ley francesa sobre el Deber de Vigilancia, 27 de marzo de 2017 (*LOI no 2017-399 du 27 mars 2017 relative au devoir de vigilance des sociétés mères et des enterprises donneuses d'ordre*), Artículo 1. Disponible en: https://www.legifrance.gouv.fr/loda/id/JORFTEXT000034290626/.

9 El 11 de junio de 2021 el Bundestag, el parlamento federal alemán, aprobó la Ley sobre Diligencia Debida en las Cadenas de Suministro (*Den Gesetzentwurf der Bundesregierung über die unternehmerischen Sorgfaltspflichten in Lieferketten*) disponible en https://www.bundestag.de/dokumente/textarchiv/2021/kw23-de-lieferkettengesetz-845608.

10 Tal y como mostraba el análisis de sus Memorias de Sostenibilidad de 2019.

español y hacía una recomendación a España[11] entre la que incitaba a fortalecer el marco normativo aplicable para asegurar la responsabilidad de las empresas respecto a las violaciones de los derechos económicos, sociales y culturales cometidas directamente por éstas o resultantes de actividades o de sus filiales en el extranjero y a reforzar los mecanismos existentes para investigar las denuncias presentadas contra las empresas adoptando las medidas efectivas para garantizar a las víctimas el acceso a recursos efectivos.

En España no existe ninguna norma con rango de ley, ni marco normativo, que ordene las obligaciones de las empresas españolas, o con actividades en España, de respeto de los Derechos Humanos y el Medioambiente, ni que garantice el acceso a justicia y remedio de las víctimas por daños derivados de violaciones de Derechos Humanos por parte de las empresas en el desarrollo de sus actividades. Además, los mecanismos de litigación existentes en el ordenamiento no son eficaces y no ayudan a obtener la consecuente reparación a las víctimas de vulneraciones de Derechos Humanos[12], y los mecanismos alternativos de solución de conflictos tampoco satisfacen plenamente sus necesidades; así que, una mayor regulación de las obligaciones de respeto de los Derechos Humanos por parte de las empresas se convierte en una imperante necesidad. La adopción de una norma dotaría al ordenamiento español de un marco normativo dirigido a evitar y reparar las vulneraciones de Derechos Humanos y Medioambiente con el objetivo de aportar nuevos mecanismos, tanto de prevención y mitigación de los impactos de la actividad empresarial sobre los Derechos Humanos y el Medioambiente como de reparación de los daños causados y de acceso a justicia de las víctimas.

A nivel internacional nos hallamos en un período «en construcción» en el que coinciden ambiciosas iniciativas normativas dirigidas a regular los comportamientos empresariales y a garantizar el respeto de los Derechos Humanos en el desarrollo de las actividades transfronterizas de las multinacionales, entre las que destacamos el Proyecto de Tratado Vinculante de la ONU sobre empresas y Derechos Humanos o el Proyecto de Reglas sobre arbitraje que involucre a empresas y Derechos Humanos de La Haya.

Al nivel regional, en Europa, encontramos normas de diligencia debida sectoriales ya consolidadas, entre las que distinguimos el Reglamento de la UE sobre la madera, vigente desde 2013[13], que exige que las empresas lleven a

---

11 Comité de Derechos Económicos, Sociales y Culturales. Observaciones finales sobre el sexto informe periódico de España. Sexagésimo tercer periodo de sesiones de 12-29 de marzo de 2018, UN Doc. E/C.12/ESP/CO/6, de 25 de abril de 2018, párr. 9.

12 *Vid.,* Torné Álvarez, M., «El Derecho Internacional privado ante las vulneraciones de Derechos Humanos cometidas por empresas y respuestas UE», *REDI,* vol. LXV (2013)2, pp. 157-190.

13 El Reglamento (UE) 995/2010 del Parlamento europeo del Consejo, de 20 de octubre de 2010, por el que se establecen obligaciones de los agentes que comercializan con madera y productos de la madera, DO 11.11.2010, L295.

cabo un proceso de debida diligencia para determinar la fuente de la madera y su legalidad, y la Directiva sobre información no financiera de 2014[14]. Ambas promulgadas con el objetivo de dotar de una mayor transparencia a las actividades empresariales. Pero no son las únicas normas de diligencia debida reseñables a este nivel, ya que también hallamos algunas más recientes como el Reglamento sobre minerales en conflicto que comenzó su andadura en enero de 2021 y que, sin duda, va a suponer un hito en comportamientos empresariales de diligencia debida para las empresas europeas que importan estaño, tantalio y tungsteno de zonas en conflicto y de alto riesgo[15].

Europa refleja su predisposición a instaurar un marco de diligencia debida empresarial a nivel regional que armonice las obligaciones de respeto de los Derechos Humanos de las empresas europeas (y de todas aquellas que operen en Europa) a lo largo de su cadena de suministro a través de estos primeros pasos. Así, en septiembre de 2020 se publicó el Primer Borrador de la Propuesta del Parlamento Europeo para la elaboración de una Directiva obligatoria de diligencia debida en materia de Derechos Humanos que ha desembocado en una Propuesta de la Comisión de Directiva, de diligencia debida en materia de sostenibilidad corporativa, de 23 de febrero de 2022, (2022/0051). Mediante esta Propuesta se establecen una serie de obligaciones concretas cuya finalidad no es otra que conseguir que las empresas prevean y mitiguen los efectos adversos que tienen sus actividades y que pueden derivar en la vulneración de los Derechos Humanos y Medioambientales. La aprobación de esta futura Directiva de diligencia va a suponer la armonización de unos mínimos comunes aplicables en todos los países europeos.

Como podemos observar, se ha iniciado el camino hacia la armonización material en el ámbito de la diligencia debida mediante instrumentos que permitirán a los Estados miembros imponer una serie de obligaciones a las empresas encaminadas a que sus actividades sean más respetuosas con los Derechos Humanos y el Medioambiente. Mediante la armonización material se apuntalarán los mínimos estándares de diligencia debida dirigidos a instaurar progresivamente un comportamiento empresarial más responsable, sin embargo, su consolidación no será definitiva hasta que no se acompañen con regímenes resarcitorios de responsabilidad civil eficaces que permitan a las

14 Directiva 2014/95/UE del Parlamento y del Consejo sobre la divulgación no financiera e información sobre la diversidad por parte de determinados grandes empresas y determinados grupos, DO15.11.2014, DO L 330.

15 Reglamento (UE) 2017/821, de 17 de mayo de 2017, por el que se establecen obligaciones en materia de diligencia debida en la cadena de suministro por lo que respecta a los importadores de la Unión de estaño, tantalio, wolframio y sus minerales y oro originarios de las zonas de conflicto o alto riesgo, DOUE 19.5.2017, L130, *vid.,* Diago Diago, Mª P. «El control del comercio internacional de los minerales en conflicto: el reglamento (UE) 2017/821 por el que se establecen obligaciones en materia de diligencia debida en la cadena de suministro de estaño, tantalio y wolframio sus minerales y oro», *Diario la ley*, núm. 9099, 14 de diciembre.

víctimas, en caso de que se haya producido un perjuicio como consecuencia de su incumplimiento, exigir su reparación y la consecuente indemnización.

De hecho, la mayor parte de las normas adoptadas en materia de diligencia debida no contemplan mecanismos sancionatorios y, solo la francesa, incluye medidas de responsabilidad civil por incumplimiento de las obligaciones requeridas; de modo que la potencial reclamación de daños derivados de las conductas empresariales contrarias a esas medidas y de aquellos causados en el desarrollo de la actividad empresarial, sigue dependiendo de los sistemas de responsabilidad civil extracontractual de los ordenamientos estatales[16].

En los supuestos internacionales la aplicación del sistema de responsabilidad civil de un ordenamiento u otro, depende de los instrumentos de Derecho Internacional privado que, a través de las normas de conflicto, señalarán la ley que va a regular la responsabilidad civil de las empresas en el desarrollo de sus actividades transfronterizas. Las normas de conflicto juegan un papel fundamental a la hora de elegir una ley que sea más favorable a la reparación del daño y de los perjuicios causados y, sin embargo, los actuales sistemas de Derecho Internacional privado de los Estados miembros no poseen una norma específica que cubra la responsabilidad civil extracontractual derivada de abusos de Derechos Humanos por parte de empresas. El sistema de normas de conflicto general del Reglamento Roma II sobre la ley aplicable a las obligaciones extracontractuales no se adecua a las necesidades propias de la responsabilidad civil extracontractual de las empresas por abusos de los Derechos Humanos en el desarrollo de sus actividades transfronterizas[17].

En este contexto, veremos que la armonización material debe ser complementada con fórmulas de adecuación y especialización de las normas de conflicto de responsabilidad civil extracontractual a las particulares circunstancias que rodean los supuestos de abusos de los Derechos Humanos cometidos por empresas a nivel internacional. La concordancia entre ambas técnicas (armonización material y sustantiva) ayudará a alcanzar el objetivo común de prevenir, mitigar y, en su caso, reparar este tipo de daños[18].

---

16 MAGALLÓN ELÓSEGUI, N., *La ley aplicable a la responsabilidad civil extracontractual de empresas por abusos de los Derechos Humanos,* Aranzadi, Cizur Menor, 2023.

17 ENNEKING, L. «Judicial remedies: applicable law», en *Human rights in business. Removal of barriers to access to Justice in the European Union*, Alvarez Rubio, J.J., y Yiannibas, K. (eds.) Routledge, NY, 2017, pp. 38-74.

18 Esta idea de actuación paralela subyace bajo el primer Proyecto de Resolución del Parlamento europeo con recomendaciones dirigidas a la Comisión sobre una futura Directiva europea de diligencia debida de cadenas de suministro que combinaba medidas de armonización sustantiva a través de la creación de una norma europea sobre diligencia debida, con disposiciones de Derecho procesal que apostaban por la modificación del Reglamento Bruselas I y del Reglamento Roma II. A pesar de ello, este conjunto de actuaciones no ha visto su reflejo en la Propuesta de Directiva de la Comisión, aprobada el 23 de febrero de 2022 y, sin embargo, nos parece la vía más adecuada para hacer frente a la heterogeneidad de normas coexistente, y garantizar el acceso a la reparación de las víctimas.

2.2. Los principales objetivos de la norma

De conformidad con lo establecido en la Consulta Pública previa del Ministerio de Derechos Sociales y Agenda 2030, la aprobación de una futura norma de diligencia debida española pretendía convertirse en unos de los sellos distintivos de la Presidencia europea española de 2023, erigiendo a España en un referente en la promoción de los Derechos Humanos, mejorando la imagen de las empresas españolas a nivel mundial.

La necesidad de sacarla adelante se basaba en dos cuestiones fundamentales. Por un lado, buscaba dar respuesta a la demanda social existente en la actualidad que apela a una mayor regulación de las conductas de las empresas españolas, como ya se ha puesto de manifiesto a nivel europeo e internacional, reflejada a través de la solicitud que hicieron al Gobierno de España en junio de 2021 más de quinientas organizaciones sociales, sindicatos y académicos, agrupados en la Plataforma por las Empresas Responsables[19], que solicitaban la aprobación de una Ley de diligencia debía empresarial en materia de Derechos Humanos y medioambientales.

Por otro lado, su exigencia se vinculaba directamente a la importancia de establecer unas normas claras que no distorsionen la competencia empresarial y que eviten la competencia desleal entre las empresas que no cumplen los marcos actuales de respeto de los Derechos Humanos y ambientales y las que lo incorporan como algo inherente a su política empresarial. El establecimiento de unas normas comunes y obligatorias igualará a las empresas cumplidoras y eliminará las prácticas de competencia desleal que perjudican a las empresas españolas a la par que implementarán mejores prácticas y elevan los estándares de respeto[20].

Encuadrados en estos dos grandes objetivos la norma busca convertir en general y vinculante la obligación de respetar los Derechos Humanos y medioambientales por parte de las empresas o grupos transnacionales españoles, y de aquellas empresas que operan en el mercado español, en el conjunto de las actividades desarrolladas a lo largo de sus cadenas de valor. Para ello debe instaurar planes de debida diligencia que contribuyan a prevenir, eliminar, mitigar y remediar las posibles violaciones. Todo ello con la participación de sindicatos y entidades no lucrativas.

Además, deberá regular un sistema de infracciones y sanciones para las empresas que no cumplan con el respeto, protección y promoción de los Derechos Humanos y medioambientales, y garantizar el acceso a justicia de

19 https://empresasresponsables.org/

20 Tal y como se refleja en el Acuerdo programático de Gobierno: 4.10 «Se perseguirán las prácticas de competencia desleal o abuso de posición dominante de las grandes empresas multinacionales que, en ocasiones, perjudican a los autónomos y a las PYMES».

cualquier persona afectada, así como la posibilidad de emprender acciones colectivas en nombre de las victimas a sindicatos y entidades no lucrativas.

También deberá avalar el derecho de todas las personas a ser informadas por las empresas de los riesgos que sus actividades suponen para los Derechos Humanos y el Medioambiente y de las actuaciones orientadas a eliminar dichos riesgos en el marco de los planes de diligencia debida. Y creará una autoridad competente, pública e independiente, para vigilar el cumplimiento de las obligaciones integradas en la misma.

Como podemos observar, se pretende incorporar un plan de diligencia debida muy completo, compuesto por mecanismos de información y trasparencia, pero también de implementación sustantiva de obligaciones dirigidas a prevenir las posibles violaciones sobre los Derechos Humanos y Medioambiente y a remediar y reparar los daños ocasionados en el ámbito de las actividades empresariales. Todo ello acompañado de mecanismos de vigilancia encomendados a una autoridad competente y de acceso a justicia para la reparación de las víctimas.

Vemos que los objetivos marcados en la Consulta pública para la elaboración de la norma española de diligencia debida eran muy ambiciosos y abarcaban todo tipo de mecanismos de implementación de diligencia debida y de vigilancia, apuntalando un proyecto que, como veremos a continuación, apostaba por la elaboración de una Ley que se hubiera convertido en una de las más avanzadas en términos de respeto de los Derechos Humanos y Medioambiente a nivel mundial.

3. Mecanismos de implementación de obligaciones de diligencia debida en la Propuesta de Ley española

El Borrador de Propuesta de Ley de diligencia debida española cumplió con las expectativas creadas en la Consulta pública del Ministerio dando forma a un texto de los más completos que se han aprobado en Europa hasta el momento. Sin duda, constituye un valioso punto de partida que, aunque haya quedado relegado, confiamos en que se retome y pronto se le dote el impulso político definitivo.

Con carácter general, podemos decir que el tipo de mecanismos de implementación de la diligencia debida que se instauran, o han instaurado, las normas existentes en la actualidad van a estar muy unidos a los objetivos inherentes a la norma y, del mismo modo, se acompañan de obligaciones de un tipo o de otro en virtud de lo mecanismos que se instauren.

De esta forma los objetivos de la norma nos dan una pista inicial, pero definitiva de su alcance y del tipo de mecanismos y obligaciones que contempla. En el primer artículo del Borrador de Anteproyecto de Ley de diligencia debida al referirse a su objeto integra cuatro puntos en los que identifica, claramente, el alcance del contenido. Lo primero que destaca es que no se limita a establecer como objeto de regulación las obligaciones de diligencia debida (Titulo II), sino que también va a incorporar medidas de responsabilidad jurídica civil (Título V) y administrativa (Titulo IV) derivadas del incumplimiento de las normas de diligencia debida, así como garantías de acceso a justicia para grupos y personas afectados por los efectos adversos que se hayan podido causar sobre los Derechos Humanos para asegurar una efectiva reparación. De esta forma la Ley española se equipara a la Ley francesa y a la Ley alemana, sumando medidas de responsabilidad jurídica civil y un régimen sancionador administrativo.

Con carácter general, en su artículo 5, establece las obligaciones de diligencia debida que deben instaurar las empresas otorgando una pista inicial del tipo de mecanismos de implementación de diligencia debida que va a integrar el texto más adelante. En primer lugar, se refiere a la obligación de identificar y evaluar los efectos adversos potenciales o reales sobre los Derechos Humanos y el Medioambiente augurando una instauración posterior de mecanismos de información y transparencia. En segundo lugar, alude a la obligación de prevenir y mitigar los efectos adversos potenciales, incorporando mecanismos sustantivos de implementación de diligencia debida y, en tercer lugar, alude a la obligación de cesar y, en su caso, reparar los efectos adversos reales aludiendo a mecanismos de responsabilidad.

El borrador de Anteproyecto de Ley española incluye:

1. Deberes de información y divulgación con el objetivo de dotar de mayor trasparencia a la política de responsabilidad empresarial y a los mecanismos de implementación de diligencia debida que implementa la empresa, es decir a su política de gestión de riegos.
2. Mecanismos sustantivos de implementación que establecen obligaciones proactivas de diligencia debida acompañadas de un sistema de aplicación y ejecución de esas obligaciones en caso de incumplimiento.
3. Mecanismos de vigilancia, denuncia o reclamación por incumplimiento de las obligaciones establecidas en los puntos anteriores, y de reparación del daño derivado como consecuencia de ese incumplimiento.
4. Mecanismos de reparación y acceso a justicia de los afectados.

3.1. Mecanismos de información y divulgación

El primer paso al que deben enfrentarse las empresas en el momento de plantearse una estrategia de actuación con el objetivo de integrar los deberes de diligencia debida en su política empresarial es la realización de una evaluación de riesgos en la que se refleje el impacto, potencial o real, que tienen sus actividades sobre los Derechos Humanos y el Medioambiente. Se trata de poner de manifiesto las consecuencias que sobre los Derechos Humanos sobrellevan sus actividades empresariales y, para ello, es necesario recopilar la información acerca del funcionamiento y estructura de la empresa, con la finalidad de reflejar los recursos empleados a lo largo de su cadena de valor. Mediante este diagnóstico inicial se obtiene una primera mediación de riesgos, alcance y lugar, necesaria para acotar el ámbito sobre el que se deben implementar las mejoras.

La información recopilada en este primer paso, nos sirve como medida de aproximación a la política social y medioambiental, así como de gobernanza y respeto de los Derechos Humanos y el Medioambiente de la empresa. Además, este trabajo de recopilación de información supone un revelador paso hacía la definitiva concienciación de una política de la conducta empresarial más responsable y, aunque en ocasiones, se haya utilizado como estrategia para promover una mejora de la imagen empresarial, supone un avance fundamental en la identificación de riesgos y en el conocimiento responsable de sus actividades. La información recopilada debe ser veraz, cotejable y, para ello deberá ser supervisada y revisada.

La importancia de su comprobación se basa, tanto en la necesidad de que se convierta en un cimiento sólido sobre el que diseñar un plan de diligencia debida posterior, como para que revele el tipo de actividades que realiza y las posibles consecuencias sobre los Derechos Humanos que pueden tener sus actividades, otorgando una información adecuada y fidedigna a consumidores e inversores.

El artículo 6 del Borrador de Propuesta de Anteproyecto de Ley española se refiere a la obligación de las empresas de evaluar e identificar de manera continua los efectos adversos potenciales o reales a los Derechos Humanos y el Medioambiente de sus actividades.

Lo primero que debemos plantearnos es qué tipo de información deben aportar, cómo y con qué frecuencia. Las empresas empezarán por identificar el sector en el que desarrollan su actividad y las áreas de operación y tipo de relaciones comerciales que tienen para determinar qué tipo de información va a ser relevante recopilar. El ámbito de aplicación de la Propuesta se refiere a todas las empresas y grupos de empresas que lleven a cabo la venta de bienes o la prestación de servicios en el territorio español (artículo 2) con independencia del sector en el que operen, sin embargo, no se olvida totalmente de la sectorialización que será relevante a la hora de identificar los riesgos que variaran según la actividad que lleve a cabo la empresa, así que funciona como una primera delimitación de los riesgos.

De hecho, la norma realiza una alusión específica a empresas que operen en sectores de riesgo que, conforme a la Comisión de Derechos Humanos y Empresas, tendrán un régimen de diligencia debida reforzada acorde con la afectación sobre los Derechos Humanos y el Medioambiente que puedan tener tales riesgos (art. 16). Y también establece un régimen especial para las empresas públicas (art. 17) y para aquellas que generen un riesgo que puede afectar a los pueblos indígenas (art.18).

La veracidad de la información sobre la estructura de la empresa es el segundo de los elementos que resalta la Propuesta, que alude a la necesaria identificación de las fuentes de información con el objeto de delinear correctamente el conjunto de entidades sobre el que deben establecerse las medidas de diligencia debida. Las fuentes admitidas en la norma como fidedignas son terceros independientes especializados en la materia, informes de Gobiernos o Instituciones, organizaciones internacionales, organizaciones de la sociedad civil, representantes de los trabajadores y sindicatos, instituciones nacionales de Derechos Humanos, medios de comunicación y otros expertos.

Con el objetivo de cotejar de manera continua y directa la veracidad de esa información, se prevé la participación de las partes implicadas que son conocedoras directas del funcionamiento de las actividades empresariales y podrán incluir riesgos específicos que hayan detectado a lo largo de su cadena. De hecho, para identificar los riegos reales se alude a la posibilidad de incorporar en esta evaluación los informes derivados de los procedimientos de reclamación interna previstos en la propia norma en su artículo 17. Para dotar de mayor veracidad a la información se establece que será revisada anualmente y actualizada cuando así lo requiera la evolución de los riesgos en las actividades de la empresa.

Una vez identificados los riesgos, la trasparencia y alcance de esa información dependerá de los mecanismos de divulgación que incorpore la norma. Se trata de que cualquier interesado pueda conocer la información y entenderla de una manera simple, con indicadores precisos, universales y constatables, para ello hay que utilizar un lenguaje directo y publicar la información en un sitio accesible para todo el público.

La Propuesta en su artículo 7 establece como mecanismo de divulgación, para dotar de trasparencia y alcance a antedicha información, la obligación de adoptar una Declaración mediante la que por un lado muestran su compromiso al respeto de los Derechos Humanos y, por otro, proporcionan la necesaria trasparencia a sus actividades.

En la Declaración se incluirán los sectores donde opera la empresa, se identificarán las entidades que conforman su cadena de valor y los países donde están ubicadas. Se informará sobre los principales efectos adversos y los tipos de mecanismos de evaluación aplicados para el correcto desarrollo de sus obligaciones, así como aquellos que se utilizan para conocer la trazabilidad de los productos.

La Declaración se publicará en un lugar visible y claramente identificado en el sitio web de la empresa, en sus instalaciones y, cuando corresponda, en los idiomas locales. Además, se enviará a la Comisión de Derechos Humanos y Empresas para su inclusión en el Registro creado al efecto.

Por último, hace referencia a la revisión y la frecuencia señalando que la información integrada en la Declaración se actualizará anualmente o cuando aparezcan nuevos riesgos vinculados a las obligaciones de diligencia debida.

3.2. Mecanismos de implementación sustantiva

La Propuesta de Ley de diligencia debida española contempla junto a los mecanismos de información esbozados en el epígrafe anterior, mecanismos de implementación sustantivos dirigidos a instaurar un procedimiento de hacer con el objetivo de, una vez identificados los riesgos, mitigarlos para prevenir los efectos adversos, o en el supuesto de que ya se hayan producido dichos efectos, cesar y reparar los daños ocasionados.

En esta dirección el artículo 8 establece los elementos básicos que deberá contener el Plan de Diligencia debida mediante el que se abordan los efectos adversos reales o potenciales que se pueden producir por las actividades empresariales y en aquellas que se desarrollen a lo largo de su cadena de suministro. El Plan se basará en una cartografía de riesgos en la que se deberá identificar y clasificar los riesgos en función del nivel de gravedad y previsibilidad.

Conforme a esa cartografía de riesgos se establecerán medidas de prevención, mitigación y cesación. Con el objetivo de prevenir los efectos adversos de sus propias actividades, o de las actividades de sus filiales y de las que se realicen a lo largo de toda su cadena de valor. El objetivo es que las entidades que forman parte de la cadena de valor cumplan con el plan de diligencia debida.

Hay que subrayar que, en aras a determinar qué medidas van a ser adecuadas para prevenir los efectos adversos, se tendrá en cuenta, por un lado, el contexto geográfico en el que se desarrolla la actividad, el sector de la actividad, la gravedad y la probabilidad de los efectos adversos. Por otro lado, también tendrá importancia el vínculo de la empresa con los efectos adversos, el tamaño de la misma y su capacidad de influencia sobre el causante directo del daño.

Aunque el Plan de diligencia debida deberá integrar medidas para mitigar los efectos adversos sobre los Derechos Humanos, el trabajo decente y el Medioambiente de sus propias actividades y de las de sus filiales, la norma no establece qué tipo de medidas se deben adoptar. Lo único a lo que hace alusión es que en el supuesto de que con las medidas para mitigar los impactos no sea suficiente se adoptarán medidas para cesar los efectos que se están produciendo sobre los Derechos Humanos y eliminar los efectos adversos que hayan sido detectados o que deberían haber sido detectados para evitar que se repitan. Si, a pesar de las medidas de prevención, mitigación y cesación adoptadas, el efecto adverso continúa siendo real y grave, la Propuesta establece que se deberá suspender la relación comercial con la entidad cuya actividad cause el efecto adverso y ofrecer seguridad y garantía de no repetición.

Por último, el Plan contendrá medidas de Reparación y alude a la obligación de las empresas que provoquen daños al medioambiente o violaciones de los Derechos Humanos a contribuir en su reparación, en todo caso, adoptar un papel activo y colaborar con los mecanismos judiciales de reparación de la víctima (art. 9).

El Plan tiene una vigencia anual y deberá ser revisado y modificado si la empresa identifica cambios relevantes en el conjunto de la cadena o en el entorno donde se desarrollan las actividades. Así que, la revisión corre a cargo de las empresas que, además, evaluarán la eficacia e idoneidad de sus medidas y procederán a su revisión de conformidad con el resultado de la evaluación. Sin embargo, para que la información sea realmente funcional y efectiva deberá ser cotejada y supervisada por auditores externos o por entidades de supervisión públicas. De hecho, de conformidad con la Propuesta, el Informe de evaluación deberá enviarse a la Comisión de Derechos Humanos y Empresa (entidad pública creada *ad hoc*) para que sea aprobado y lo incluya en el Registro público.

Como hemos podido observar en el texto no se especifica expresamente el contenido del Plan, ni el tipo de medidas de prevención y mitigación que deben adoptar las empresas una vez localizados los riesgos y su alcance. De hecho, se deja en manos del Gobierno un posterior y necesario desarrollo reglamentario de las pautas que van a delinear definitivamente el contenido y plazos para elaborar el Plan, junto con los informes de evaluación.

Es muy importante resaltar los artículos 11 y 12 de la Propuesta de Anteproyecto de Ley española, dedicados a la participación de las partes interesadas en los procesos de diligencia debida y la información sobre los mismos.

De un modo similar a lo establecido con anterioridad en lo que a la Declaración de riesgos respecta, se prevé la necesaria publicación y divulgación del Plan. Las empresas deberán rendir cuentas públicas de sus efectos adversos, y de los procesos implantados mediante la puesta a disposición al público de manera gratuita tanto de su Declaración como del Plan. Así en su artículo 12 se prevé la obligación de dotarle de trasparencia informando a través de su publicación de una manera visible y accesible en el sitio web de la empresa. En esa información, con el objetivo de garantizar la trazabilidad y trasparencia de sus actividades en toda la cadena de valor se harán públicos los nombres de las entidades que lo componen, su dirección y el país donde se ubican.

Por último, en lo que respecta a mecanismos de información y divulgación de las obligaciones de diligencia debida, el artículo 13 de la Propuesta prevé un canal directo de solicitud de información vinculado al derecho a la información de todas las personas afectadas que podrán solicitar por escrito a la empresa principal los resultados de la evaluación de los impactos adversos potenciales y reales y de las actuaciones de diligencia debida que han sido adoptadas por la empresa, en los términos previstos por la norma.

3.3. Mecanismos de reclamación y reparación

Una de las virtudes a resaltar de la Propuesta de Anteproyecto de Ley de diligencia debida española es la expresa dedicación que hace a los mecanismos tanto de reclamación, como de reparación y acceso a justicia, en el caso de que se hayan producido daños. De hecho, se posiciona como el texto más completo y con una regulación más detallada y extensa en lo que a mecanismos de reparación se refiere, incluso por delante de la Ley francesa, y es la única norma que integra expresamente mecanismos para mejorar el acceso a la justicia de las víctimas.

Lo primero que vamos a resaltar es que la Propuesta de Ley crea la Comisión de Derechos Humanos y Empresas a la que dedica el Capítulo III como entidad pública de supervisión. Esta Comisión se convierte en una Entidad supervisora de naturaleza administrativa independiente con personalidad jurídica propia y plena capacidad y ostenta funciones de asesoramiento (art. 24) y ayuda a las empresas en la instauración de proceso de debida diligencia, pero también es la encargada de dotar de publicidad al Plan de diligencia debida y goza de potestad sancionatoria en caso de incumplimiento de las obligaciones.

La composición de la Comisión de Derechos Humanos y Empresas se basa en un órgano colegiado de decisión, el Consejo y un Presidente, además de un Consejo Social que garantiza la participación en su actividad de las organizaciones empresariales, sindicales, del Consejo de consumidores y usuarios de la sociedad civil más representativa.

La Comisión será la encargada de coadyuvar a las empresas para llevar a cabo de manera correcta las obligaciones contempladas por la norma. Deberá servir de guía para las empresas en las tareas encomendadas, precisando los requerimientos del régimen de la debida diligencia para las empresas estatales, así como los indicadores de análisis y evaluación de riesgos que deben ser aplicados por las empresas.

También pondrá al servicio de las empresas las herramientas necesarias para desarrollar y mejorar sus procedimientos de diligencia debida de manera continua: mediante la elaboración de análisis y estudios sobre la diligencia debida empresarial, la publicación de una lista anual donde figurarán las empresas que entran en el ámbito de aplicación de la ley, los sectores en los que se requiere un régimen de debida diligencia reforzado y las zonas o países con mayores riesgos así como las empresas que operen en ellos.

Está previsto que la Comisión vele por la publicidad de los Planes de vigilancia, a través de la creación de un Registro público que deberá mantener actualizado y que servirá para publicar los planes una vez revisados, con independencia de su publicación en las páginas webs y sedes de las empresas.

Por otro lado, realizará las funciones de vigilancia y se encargará de controlar que tanto las administraciones públicas como las empresas cumplan con la ley y las directrices adoptadas. Se asegurará de que las empresas concernidas adopten y publiquen en plazo los Planes de diligencia debida, y supervisará las Declaraciones.

Y, por último, la Comisión de Derechos Humanos y Empresas gozará de potestad sancionatoria y podrá adoptar medidas provisionales y sanciones de acuerdo a la norma o, en su caso, articular mecanismos de conciliación, mediación y arbitraje entre las empresas y personas o grupos afectados.

El artículo 26 delinea brevemente las fases del procedimiento de reclamaciones ante la Comisión de Derechos Humanos y Empresas. Se trata de un procedimiento que podrá ser iniciado de oficio por la propia Comisión en el ejercicio de sus funciones cuando tenga conocimiento de posibles incumplimientos de la ley, o por cualquier persona o entidad y organización social como representante de la misma, cuando se haya producido o exista un riesgo de violación a sus Derechos Humanos o Medioambiente.

En ese caso se pedirán las oportunas explicaciones a la empresa con el objetivo de esclarecer los hechos denunciados y la empresa deberá participar y ayudar en esa tarea de manera obligatoria. A continuación, se podrá abrir un expediente de incumplimiento de la diligencia debida en el que la empresa podrá presentar las alegaciones y pruebas necesarias para demostrar que no se ha producido el incumplimiento de las obligaciones de diligencia debida. Es muy importante resaltar que la carga de la prueba recae en la empresa, rompiendo con la tendencia instaurada por el resto de las normas de diligencia debida existentes en la actualidad y trasladando, acertadamente, el coste litigioso a la parte fuerte.

Durante esta fase la Comisión de Derechos Humanos y Empresas podrá adoptar medidas correctoras o medidas cautelares de carácter provisional, para evitar una violación grave e irreversible sobre los Derechos Humanos. En el supuesto de que las empresas se rijan por el derecho de un Estado no miembro y desarrollen su actividad en el mercado exterior la suspensión temporal de la actividad puede implicar, incluso, la prohibición de operar en el mercado interior.

Concluida la fase inicial, la Comisión de Derechos Humanos y Empresas adoptará una Resolución en la que, o bien se señale la inexistencia de la responsabilidad de la empresa, o bien se identifiquen los efectos adversos o delitos para remitirla a los órganos competentes para iniciar un procedimiento judicial.

Pero también podrá adoptar una Resolución en la que inste a la empresa a adoptar las medidas de diligencia debida incumplidas y contenidas en la ley, e incoar un procedimiento sancionador de conformidad con el Título IV del que podrán derivar las oportunas sanciones.

El procedimiento para el ejercicio de la potestad sancionadora se regirá por lo establecido en la norma, así como en lo previsto por la Ley 39/2015, de 1 de octubre, del Procedimiento administrativo común de las Administraciones públicas y en su normativa de desarrollo. La resolución del procedimiento pondrá fin a la vía administrativa y contra ella podrá interponerse recurso contencioso-administrativo (art. 27). Las infracciones de la obligación de diligencia debida integradas en la norma se clasifican en leves, graves y muy graves (art. 28) y las sanciones y su cuantía variarán en proporción a la gravedad de las sanciones (art. 29), el alcance, la duración, la negligencia o, entre otras cosas, la peligrosidad de la actividad (art. 29).

Se consideran sanciones leves de la obligación de diligencia debida empresarial los incumplimientos de obligaciones meramente formales o documentales y de no colaboración con la Comisión, o ausencia de comunicación del Plan de diligencia debida en tiempo y forma.

Serán sanciones graves de la obligación de diligencia: no establecer los canales de información y reclamación establecidos y la no publicación de la Declaración y el Plan de Diligencia debida. Se considerarán muy graves la no elaboración del Plan, de la evaluación e identificación de los efectos adversos, reales o potenciales, o la no realización de las actividades de prevención, mitigación, cesación y reparación que hicieran falta a raíz del Informe de Evaluación. Entre las sanciones muy graves también se encuentran: ocultar intencionadamente efectos adversos sobre los Derechos Humanos y el Medioambiente, obstruir intencionadamente la labor de la Comisión como entidad supervisora o suscribir pactos que tengan como objeto la elusión, el fraude de ley, de las responsabilidades establecidas en la presente ley.

3.4. Mecanismos de responsabilidad civil y acceso a justicia

El Título V de la Propuesta de Anteproyecto de Ley de diligencia debida española integra medidas de responsabilidad civil de las empresas derivadas del incumplimiento de sus obligaciones de diligencia debida en materia de Derechos Humanos y Medioambiente.

En primer lugar, delimita el objeto de la responsabilidad y su relación con el procedimiento sancionador seguido ante la Comisión de Derechos Humanos y Empresas y con la responsabilidad penal. En este sentido deja claro que se trata de una responsabilidad civil independiente de las responsabilidades administrativas que pudieran haberse derivado del procedimiento sancionador (Título III) y, por tanto, con las sanciones e indemnizaciones a ese respecto. Del mismo modo, el cumplimiento de las obligaciones en materia de diligencia debida en ningún caso se convertirá en causa de exoneración por una responsabilidad penal en la que puede concurrir la empresa y sus administradores de conformidad con el Código Penal.

Por tanto, se trata de una responsabilidad civil extracontractual por daños y perjuicios derivados del incumplimiento de las obligaciones de diligencia debida empresarial. La introducción de este tipo de responsabilidad comportará la necesaria modificación del Código Civil de 1889, en el que se añadirá un nuevo artículo 1903bis, que establece la responsabilidad de las empresas incluidas en el ámbito de aplicación de la norma por hechos ajenos, es decir por los daños y perjuicios causados por sus filiales y empresas dependientes de conformidad con el artículo 42 del Código de Comercio español. Como podemos observar, se trata de una responsabilidad «por hechos ajenos» que incluye los daños producidos por actos u omisiones de aquellas personas «de quienes se debe responder», superando la responsabilidad individual con el objetivo de garantizar la reparación del daño ampliando el número de responsables con independencia del actor directo.

A pesar de que el autor material del daño y el responsable pueden no ser la misma persona, se trata de una responsabilidad basada en la presunción de que la culpa *in vigilando o in eligendo,* y, por tanto, que ha contribuido a la producción del daño por negligencia en el control de las personas o empresas que participan en su cadena de suministro. Así, se trata de una responsabilidad directa fundamentada en el adecuado control del comportamiento ajeno y que requiere demostrar la culpa o negligencia a *sensu contrario*. De hecho, la norma establece que la responsabilidad cesará cuando la empresa demuestre que prestó toda la diligencia debida para prevenir el daño con arreglo a lo dispuesto en la presente ley, o que la correcta implementación de la diligencia debida no habría podido impedir que se produjera. Como vemos, se trata de una exoneración de la responsabilidad basada en la prueba liberatoria: porque si el empresario demuestra que su conducta no ha sido culpable y que no podía haber impedido el daño, aunque obrara con la debida diligencia, queda libre de responsabilidad. La posibilidad de demostrar que se ha obrado con la debida diligencia se erige en el fundamento de su exoneración.

En este caso, al igual que sucede con la Ley del deber de vigilancia francesa, se mantiene la responsabilidad «subjetiva» o por culpa o negligencia como base de la responsabilidad del empresario por hechos ajenos, en una visión continuista que hace que únicamente responda civilmente de los daños ocasionados por sus actos, o los de otra persona o empresa, cuando se demuestre que ha obrado con dolo o culpa como consecuencia, por tanto, de una negligencia personal. La culpa se convierte en algo inherente a este tipo de responsabilidad y será el empresario el que deberá demostrar que obró con la debida diligencia.

Sin embargo, deberíamos plantear la posibilidad de establecer una responsabilidad del empresario por los actos ajenos objetiva, que concurra con independencia de la culpa en función de los daños que se pueden generar como parte del riesgo inherente a la actividad empresarial. De tal forma que el empresario asuma los riesgos que comporta su actividad y responda en tanto ha creado el riesgo en el desarrollo de su actividad. Objetivamente, la explotación de su actividad económica con ánimo de lucro crea un estado de riesgo al que el empresario debe responder con independencia de que haya obrado con culpa o negligencia[21].

Vamos a terminar el trabajo con una alusión a las medidas de acceso a la reparación que pone la Propuesta de Anteproyecto de Ley de diligencia debida a disposición de las víctimas. En el Capítulo II, del Título V, se refiere al reconocimiento de la asistencia judicial gratuita, a la ampliación de las personas con legitimación activa para defender los derechos e intereses de las víctimas de daños de Derechos Humanos o el Medioambiente y a las acciones colectivas.

En el artículo 38 alude a la asistencia jurídica gratuita y añade al artículo 2 de la Ley 1/1996, de 10 de enero, de asistencia jurídica gratuita un apartado en el que incluye el derecho a la asistencia jurídica gratuita de víctimas de los efectos adversos sobre los Derechos Humanos con independencia de su nacionalidad o lugar de residencia cuando acrediten recursos insuficientes para litigar, y cuando el objeto del litigio sea la reclamación de la indemnización por daños y perjuicios que traigan causa del incumplimiento de las obligaciones de diligencia debida empresarial. También se reconoce el derecho a la asistencia jurídica gratuita a las organizaciones sindicales y las asociaciones legalmente constituidas sin ánimo de lucro, que tengan como fin la promoción y defensa de los derechos de las víctimas y siempre que acrediten insuficiencia de recursos para litigar.

En su artículo 19 admite la legitimación activa para la defensa de los derechos e intereses de víctimas de efectos adversos sobre los Derechos Humanos o el Medioambiente además de a los afectados, a las autorizaciones sindicales y a las asociaciones legalmente constituidas, bajo su consentimiento. Para ello, se requiere que se hayan constituido legalmente al menos dos años antes del ejercicio de la acción y que vengan ejerciendo de modo activo las actividades necesarias para alcanzar los fines previstos en sus estatutos. El Ministerio fiscal también estará legitimado para ejercitar cualquier acción en defensa de los intereses de las víctimas de efectos adversos, reales o potenciales sobre los Derechos Humanos y el Medioambiente que puedan traer causa del incumplimiento de las obligaciones de debida diligencia empresarial.

---

21 En esta dirección *vid.*, STS de 17 de noviembre de 1980 (RAJ núm. 4206); STS de 20 de junio de 1983 (RAJ 3663; STS de 13 de junio de 1989 (RAJ núm. 4628), Magallón Elósegui, N., *La ley aplicable...op.cit.*, pp.96-98.

La Propuesta de Anteproyecto de Ley de diligencia debida integra la posibilidad de acumular acciones y ejercer simultáneamente las acciones de varios actores contra uno o varios demandados, siempre que entre ellas exista un nexo por razón del título o causa de pedir. Se entenderá que el título o causa de pedir es idéntico o conexo cuando las acciones se funden en los mismos hechos.

Para terminar la Propuesta de Anteproyecto alude a la imperatividad de la norma y establece que las obligaciones y responsabilidades establecidas a su tenor se considerarán esenciales para la salvaguarda de los intereses públicos y, por tanto, serán de aplicación imperativa.

LA LEGISLACIÓN SOBRE DEBIDA DILIGENCIA DE EMPRESAS Y DERECHOS HUMANOS EN CHILE: INFLUENCIAS INTERNACIONALES EN UN EMINENTE DEBATE NACIONAL

Sebastián Smart*
Anglia Ruskin University

* Research Fellow en Anglia Ruskin University y Académico Asociado a la Facultad de Derecho de la Universidad Austral de Chile. Este trabajo se enmarca en el proyecto Fondecyt de Iniciación «Litigación estratégica en el campo de derechos humanos y empresas» N.°11220195.

Introducción

En junio de 2023, el gobierno de Chile dio anuncio a la conformación de un Comité Técnico de trabajo para la elaboración del anteproyecto de ley de debida diligencia, que se espera presentar el 2024 al Congreso Nacional. Este hito surge como parte del programa de gobierno del actual presidente Gabriel Boric, que estableció expresamente la necesidad de presentar un proyecto de ley «debida diligencia en DD.HH. para las empresas que operen en Chile y para las empresas de propiedad chilena con operaciones extraterritoriales»[1]. Esta promesa de campaña no surge aislada del trabajo que se ha desarrollado en Chile en materia de política nacional e internacional sobre derechos humanos y empresas. En este sentido, este capítulo busca explorar el camino que han llevado a cabo diversos actores estatales y no estatales para llegar a este punto. La comprensión de las posiciones de distintos actores permitirá finalmente adelantar parte de las discusiones que se tendrán que llevar a cabo en el Congreso Nacional si acaso se pretende aprobar una ley de debida diligencia en derechos humanos obligatoria en el país. El contexto político-económico nacional, también juega un rol fundamental en una potencial discusión sobre un proyecto de debida diligencia. Las violaciones a derechos humanos cometidas en el estallido social de 2019, la recesión económica post pandemia y la discusión constituyente marcan, sin lugar a duda un contexto en que será más difícil levantar el peso de los actores veto que —potencial e históricamente— se han opuesto a avances en materia de regulación empresarial y de avances en derechos humanos[2].

El capítulo parte de la base de que Chile no está ajeno a las tendencias globales en materia de regulación sobre derechos humanos y empresas. Muy por el contrario, el rol activo del gobierno de Chile a nivel internacional lo lleva a generar una dinámica en que actores internacionales y algunos actores nacionales presionan para consagrar normativamente un sistema de mayor regulación sobre la responsabilidad de las empresas y las obligaciones estatales en materia de derechos humanos. Por varias décadas se ha intentado generar estándares obligatorios en el derecho internacional de los derechos humanos para que las empresas asuman su responsabilidad. A la fecha, solo se han generado estándares internacionales de carácter voluntario. Sin embargo, desde la adopción de los Principios Rectores sobre derechos humanos y empresas en 2011 (en adelante PRNU), varios

---

1 Apruebo Dignidad, «Plan de gobierno Apruebo Dignidad — Candidato Gabriel Boric» (Chile: Apruebo Dignidad, 2021), https://observatorioplanificacion.cepal.org/sites/default/files/plan/files/Plan%2Bde%2Bgobierno%2BAD%2B2022-2026%2B%282%29.pdf.

2 Fernández, K. y Smart, S., «Complicity of Companies in Chile's Current Human Rights Crisis», en *Economic Actors and the Limits of Transitional Justice: Truth and Justice for Business Complicity in Human Rights Violations*, ed. Leigh A. Payne, Laura Bernal-Bermúdez, y Gabriel Pereira (British Academy, 2022), 0, https://doi.org/10.5871/bacad/9780197267264.003.0010.

países han iniciado procesos de generación de legislación obligatoria a nivel nacional, una tendencia que aún no se ha instalado debidamente en el continente Latinoamericano[3]. Mientras la Unión Europea finaliza la regulación de debida diligencia obligatoria[4] en América Latina una serie de países, entre ellos Chile, Perú, Colombia y Brasil han anunciado que quieren avanzar en la misma línea. En paralelo a este ímpetu por legislar ha generado una creciente literatura académica que versa sobre experiencias nacionales[5], la experiencia Europea[6] y en América Latina, incluyendo cuestiones relativas a debida diligencia y reparaciones judiciales entre otros[7].

Como veremos en detalle, los PRNU delinean las expectativas para las empresas en relación con la debida diligencia en derechos humanos. Este proceso consta de cuatro etapas: identificación y evaluación de impactos adversos en derechos humanos, toma de medidas apropiadas para prevenir o poner fin a dichos impactos, rendición de cuentas sobre las acciones tomadas y, en caso de contribución a impactos adversos, proporcionar remedios o reparaciones. La acción adecuada de las empresas entonces varía según el grado de involucramiento de la empresa en el impacto adverso. Aunque los PRNU reconocen la importancia de los Estados en la promoción del respeto empresarial por los derechos humanos, la cuestión de las obligaciones extraterritoriales sigue siendo debatida. En este contexto, los PRNU reconocen que la responsabilidad legal se rige en gran medida por las leyes nacionales. La debida diligencia en derechos humanos entonces se presenta como un estándar de conducta para prevenir impactos adversos en derechos humanos, pero su idoneidad debe considerarse en cuestiones de responsabilidad legal a nivel nacional. Considerar el marco regulatorio nacional en el que una potencial regulación sobre debida diligencia se discutirá es también esencial para comprender el potencial efecto que una aprobación de ley sobre debida diligencia en derechos humanos tendrá en el país.

---

3 Cantú Rivera, H., Pamplona, D. A. y Thoene, U., «Business and Human Rights in Latin America: An Introduction to the Special Issue», *Business and Human Rights Journal* 7, no 3 (octubre de 2022): 335–41, https://doi.org/10.1017/bhj.2022.28.

4 Patz, C., «The EU's Draft Corporate Sustainability Due Diligence Directive: A First Assessment», *Business and Human Rights Journal* 7, no 2 (junio de 2022): 291–97, https://doi.org/10.1017/bhj.2022.19.

5 Bueno, N. y Kaufmann, C., «The Swiss Human Rights Due Diligence Legislation: Between Law and Politics», *Business and Human Rights Journal* 6, no 3 (octubre de 2021): 542–49, https://doi.org/10.1017/bhj.2021.42.

6 Deva, S. «Mandatory Human Rights Due Diligence Laws in Europe: A Mirage for Rightsholders?», *Leiden Journal of International Law* 36, no 2 (junio de 2023): 389–414, https://doi.org/10.1017/S0922156522000802.

7 Cantú Rivera, H. ed., *Experiencias latinoamericanas sobre reparación en materia de empresas y derechos humanos* (Berlin Bogotá, Colombia: Konrad-Adenauer-Stiftung, Estado de Derecho para Latinoamérica, 2022).

En este contexto este trabajo busca complementar desde la academia un esfuerzo pre-legislativo que se empieza a desarrollar en Chile. El presente artículo, al revisar la experiencia chilena, busca contribuir al debate y avanzar en la dogmática y normativa sobre derechos humanos y empresas, para ello en la primera parte —luego de esta introducción— se desarrollan los principales avances en materia de derechos humanos y empresas y en particular de aquellos relacionados con la debida diligencia en el plano internacional. En particular se analizará (a) el rol de Chile en la aprobación de los Principios Rectores sobre empresas y derechos humanos, (b) su rol en las actuales negociaciones sobre un tratado vinculante, (c) lo que han dicho los órganos de tratados y relatorías especiales sobre la importancia de regular a nivel nacional estas materias y finalmente (d) los avances en la materia a nivel regional, particularmente en el sistema interamericano de derechos humanos. La segunda parte profundiza en los elementos fundantes del creciente campo sobre derechos humanos y empresas en Chile, ahondando en el contexto regulatorio nacional que incluye (a) la publicación de los dos Planes de Acción Nacional sobre derechos humanos y empresas, (b) las actuales regulaciones que potencialmente podrían tener relación con la debida diligencia en Chile (c) en los intentos por constitucionalizar y regular la debida diligencia en Chile. La tercera sección tiene por objeto analizar los actores que harán parte de una eventual discusión sobre una ley de debida diligencia, ahondando en la posición de (a) organizaciones de la sociedad civil, (b) academia (c) empresas privadas y (d) empresas del Estado. Se concluye que existe cierta dicotomía entre la política exterior chilena y el desarrollo normativo sobre derechos humanos y empresas a nivel nacional, en ese contexto normativo es que los distintos actores tendrán que marcar sus propias convicciones para poder —eventualmente— aprobar una ley de debida diligencia que cumpla con estándares mínimos de acuerdo a los compromisos internacionales del Estado de Chile.

1. El marco internacional de derechos humanos y empresas: relaciones con Chile

Las primeras iniciativas en materia de empresas y derechos humanos se observan en el marco del establecimiento de empresas multinacionales en los países en desarrollo, en las décadas del 60 y 70, países que proponen un marco regulatorio que abordara los impactos de la inversión extranjera. Es en la segunda mitad de los 70 que, la comunidad internacional responde a esta necesidad con normativas del *soft law* al aprobar las Líneas Directrices de la OCDE para Empresas Multinacionales en 1976 y adoptar la Declaración Tripartita de Principios sobre las Empresas Multinacionales y la Política Social de la OIT en 1977.

A lo largo de la historia, el Estado chileno ha participado activamente en los debates globales sobre derechos humanos, demostrando un compromiso significativo con las conversaciones que surgen en este ámbito[8]. Para comprender la evolución del ámbito de derechos humanos y empresas en Chile, resulta imperativo realizar inicialmente un breve análisis de los acontecimientos internacionales en este ámbito y cómo Chile se ha insertado en estas discusiones. En esta sección, el objetivo es examinar el papel desempeñado por Chile en la adopción de los Principios Rectores sobre Empresas y Derechos Humanos (PRNU), así como su participación en las negociaciones de un tratado vinculante y en las actualizaciones de las líneas directrices de la OCDE. En el sistema global, el sistema de tratados y relatorías especiales también ha tenido una influencia *vis a vis* con el Estado chileno. A nivel regional, Chile también ha propuesto dos resoluciones ante la Asamblea General de la Organización de Estados Americanos sobre esta materia y se han litigado casos que involucran estándares sobre derechos humanos y empresas. Estas acciones, como se argumentará más adelante, sientan las bases y el contexto en el que se debe discutir una eventual legislación sobre debida diligencia en derechos humanos en el ámbito nacional.

1.1. Principios Rectores sobre empresas y derechos humanos

En 2011, el Consejo de Derechos Humanos de las Naciones Unidas respaldó por unanimidad los Principios Rectores sobre las Empresas y los Derechos Humanos (PRNU), que establecen el primer marco mundial que describe las obligaciones de los estados y las responsabilidades de las empresas para prevenir, abordar y remediar los impactos de la actividad empresarial en los derechos humanos. Chile durante el 2011 era miembro del Consejo de Derechos Humanos y tuvo una activa participación en la elaboración y ratificación de los PRNU. Para llegar a ello, es menester realizar un breve recuento histórico. En 2005, mediante resolución del entonces secretario general de Naciones Unidas, Kofi Annan se estableció el mandato del Representante Especial del secretario general sobre la cuestión de los derechos humanos y las empresas transnacionales y otras empresas comerciales. En este primer mandato se le pide a John Ruggie que a través de la cooperación internacional haga un compendio de las mejores prácticas de los Estados y las empresas transnacionales y otras empresas comerciales. Para ello era necesario recopilar información nueva o adicional sobre las prácticas de los gobiernos y las empresas en relación con las empresas y los derechos humanos. En consecuencia, el Representante Especial del secretario general envió cuestionarios e hizo una serie de encuentros invitando a todos los Estados

8 FUENTES-JULIO, C., «Los derechos humanos en la política exterior de Chile: protagonismo, retrocesos y desafíos futuros — Nueva Política Exterior», *Nuevas Voces de Política Exterior* (FCE, 2021), 108–19. Disponible en https://nuevapoliticaexterior.cl/los-derechos-humanos-en-la-politica-exterior-de-chile-protagonismo-retrocesos-y-desafios-futuros/.

Miembros a que le proporcionaran la información de antecedentes necesaria para responder plenamente a esas disposiciones del mandato. Solo 29 países respondieron este primer llamado, entre ellos estaba Chile[9]. Por su parte, el relator también tomó nota de respuestas del mundo privado en algunos países de a Latinoamérica, incluyendo Chile[10]. La participación de Chile permitió al relator especial conocer de algunos ejemplos que influenciarían el mandato de proteger, respetar y reparar. Así, por ejemplo, se destaca en su informe de abril 2010 a modo de reparación la posibilidad existente en Chile de expandir en formas de acciones colectivas «class actions» para reclamaciones de consumidores[11].

Fue precisamente en base a esta información preliminar de actores interesados que se generaron los PRNU. Estos se basan en tres pilares que describen cómo los Estados y las empresas deben implementarlos:

- Pilar I: El deber del Estado de proteger los derechos humanos
- Pilar II: La responsabilidad de las empresas de respetar los derechos humanos
- Pilar III: Acceso a la reparación para las víctimas de abusos relacionados con las empresas.

De los 31 principios rectores esbozados, los 17 a 21 se refieren a la debida diligencia de derechos humanos que deben realizar las empresas. Los PRNU establecen lo que se espera de las empresas en cada etapa de este proceso. En primer lugar, las empresas deben identificar y evaluar los impactos reales y potenciales adversos en materia de derechos humanos. En segundo lugar, deben actuar sobre estos hallazgos tomando medidas apropiadas para prevenir impactos adversos potenciales en derechos humanos o poner fin a los existentes. En este sentido, la acción apropiada varía según si la empresa causa o contribuye al impacto adverso, o si está involucrada a través de sus operaciones, productos o servicios mediante una relación comercial. En tercer lugar, las empresas deben rendir cuentas sobre cómo abordan sus impactos adversos reales y potenciales. Finalmente, cuando las empresas identifican que han causado o contribuido a impactos adversos, deben proporcionar remedios. La acción apropiada depende del grado de involucramiento en el impacto adverso en derechos humanos.

---

9 Respondieron la encuesta Alemania, Bahréin, Bélgica, Bosnia y Herzegovina, Canadá, Chile, Chipre, Colombia, Croacia, Ecuador, España, Finlandia, Francia, Guatemala, Honduras, Italia, Japón, Jordania, Líbano, México, Países Bajos, Polonia, Portugal, Reino Unido, Rumanía, Ruanda, Suecia, Suiza y Túnez. Ver resolución A/HRC/4/35/Add.3 del 28 de febrero de 2007.

10 Se incluyeron los casos de Argentina, Brasil, Chile y Colombia. Ver A/HRC/17/31/Add.2 del 23 de Mayo del 2011.

11 Ver A/HRC/14/27 par. 111.

En otras palabras, cuando una empresa causa un impacto adverso en derechos humanos, debe tomar las medidas necesarias para cesar dicho impacto. Cuando contribuye a un impacto adverso en derechos humanos, debe tomar las medidas necesarias para cesar su contribución y también utilizar su influencia para mitigar, en la medida de lo posible, cualquier impacto restante. Finalmente, si la empresa no contribuye al impacto adverso en derechos humanos a través de sus propias actividades, pero el impacto está directamente vinculado a sus operaciones, productos o servicios debido a una relación comercial, la acción apropiada también depende del grado de influencia que la empresa tenga sobre esa relación comercial. El autor de los Principios Rectores de la ONU, John Ruggie, señaló que la distinción entre los tres tipos de involucramiento a veces se ha sobre enfatizado y expresado como una pregunta de «o esto, o aquello», cuando en realidad varios factores pueden desempeñar un papel determinante. Estos factores incluyen hasta qué punto la empresa facilitó, alentó o permitió la violación a los derechos humanos por parte de otra entidad, y hasta qué punto podría o debería haber sabido sobre dicho daño[12].

Además, bajo los PRNU, se espera que los Estados adopten una mezcla de medidas, tanto voluntarias como obligatorias, nacionales e internacionales, para fomentar el respeto empresarial por los derechos humanos en la práctica. Sin embargo, estos principios no llegan a definir o prescribir obligaciones extraterritoriales en materia de derechos humanos, y el alcance de la regulación que los Estados deben ejercer sobre las actividades extraterritoriales de empresas domiciliadas en su jurisdicción aún se debate. Desde esta perspectiva, es fundamental, siguiendo la idea de los PRNU, observar como el Estado, —en este caso de estudio el Estado chileno— ha desarrollado diversas estrategias voluntarias y obligatorias a nivel nacional e internacional. En particular, los PRNU hacen hincapié en que la responsabilidad de las empresas de respetar los derechos humanos es distinta de las cuestiones de responsabilidad legal, que siguen estando definidas en gran medida por las disposiciones legales nacionales en las jurisdicciones pertinentes[13]. Esta cuestión la desarrollaremos más extensamente —para el caso chileno— en la siguiente sección sobre el desarrollo de la debida diligencia en Chile.

---

12 Ruggie, J., «Comments on Thun Group of Banks Discussion Paper on the Implications of UN Guiding Principles 13 & 17 In a Corporate and Investment Banking Context», 21 de febrero de 2017. Disponible en https://media.business-humanrights.org/media/documents/files/documents/Thun_Final.pdf.

13 Bueno, N. y Bright, C., «Implementing human rights due diligence through corporate civil liability», *International and Comparative Law Quarterly,* 69 (4), 2020, https://doi.org/10.1017/S0020589320000305; Martin-Ortega, O., «Human Rights Due Diligence for Corporations: From Voluntary Standards to Hard Law at Last?», *Netherlands Quarterly of Human Rights*, 32 (1), 2014, https://doi.org/10.1177/016934411403200104.

1.2. Tratado vinculante sobre empresas y derechos humanos

Académicos y organizaciones de la sociedad civil han criticado los Principios Rectores de las Naciones Unidas debido a su carácter voluntario. Consciente de que el enfoque voluntario promovido por los Principios Rectores de las Naciones Unidas es insuficiente, se iniciaron negociaciones internacionales en las Naciones Unidas sobre la redacción de un tratado internacional vinculante sobre empresas y derechos humanos, que pone la diligencia obligatoria en el centro de su enfoque. De las discusiones iniciales sobre este tratado, es posible que ellas terminen por exigir que los Estados Parte adopten medidas legislativas, reglamentarias y de otra índole apropiadas para: a) prevenir la participación de empresas en violaciones de los derechos humanos; b) garantizar el respeto por parte de las empresas de los derechos humanos; c) velar por que las empresas actúen con la debida diligencia en materia de derechos humanos; y d) promover la participación activa y significativa de personas y grupos (ver artículo 6.2. del último borrador). Por su parte el artículo 6.4. del último borrador discutido en octubre de 2023, considera que para alcanzar los fines del artículo 6.2 los Estados deben desarrollar estrategias jurídicamente exigibles para que las empresas realicen la diligencia debida en derechos humanos.

Durante la última sesión de 2023, el Estado de Chile adoptó un rol activo respecto de algunas posiciones que aún no se logran acordar en este proceso, entre ellas aquellas relativas con el ámbito de aplicación del instrumento jurídicamente vinculante debiese abarcar (en línea con los PRNU) a todas las empresas, independientemente de su carácter transnacional (cuestión que compartió con México, Panamá, Perú y Estados Unidos)[14]. En esta última sesión el Presidente (Ecuador) destacó que la voluntad política es esencial para avanzar en este proceso y planteó la posibilidad de redactar una nueva resolución para el mandato del Grupo de Trabajo como seguimiento de la resolución 26/9. Esto a fin de generar más apoyo y recursos para el instrumento. La nueva resolución debiese contener una definición clara e inequívoca de ciertos aspectos, como el alcance del instrumento y los plazos para alcanzar esos objetivos. Esta discusión es interesante para observar dónde se posiciona actualmente Chile en esta materia. Varios Estados expresaron su sorpresa por la propuesta del presidente, y muchos señalaron que tendrían que debatir la idea con sus respectivos gobiernos antes de formular observaciones al respecto. Ghana, Arabia Saudita, Irán, Indonesia, Cuba y Palestina

---

14 Esto en oposición a quienes sugieren que el alcance del instrumento está limitado por la resolución 26/9 solamente a las empresas transnacionales y otras empresas comerciales de carácter transnacional (Ghana, Rusia, China y Sudáfrica); y quienes sugieren que el alcance del instrumento jurídico vinculante podría aplicarse a todas las empresas comerciales, con especial atención a las empresas transnacionales (Brasil).

dijeron que no deseaban renegociar o ampliar el mandato establecido en la Resolución 26/9. La sociedad civil también expresó su preocupación por la modificación del mandato. Por su parte, Colombia, Sudáfrica, México, Chile, Honduras, Estados Unidos y Francia acogieron con beneplácito el deseo del presidente de hacer avanzar el proceso del tratado[15]. Esta es una discusión que esta en curso pero que marca, en parte la posición del Estado de Chile en materia internacional de regular —mediante un tratado vinculante— cuestiones relativas a empresas y derechos humanos, incluyendo entre ellas la debida diligencia.

1.3. Líneas Directrices de la OCDE para Empresas Multinacionales sobre Conducta Empresarial Responsable

Las Líneas Directrices de la OCDE para Empresas Multinacionales sobre Conducta Empresarial Responsable (las Directrices) representan recomendaciones conjuntas de los gobiernos dirigidas a las empresas multinacionales. Su propósito es mejorar la contribución empresarial al desarrollo sostenible y abordar los impactos adversos asociados con las actividades empresariales en las esferas social, ambiental y de la sociedad en general. Respaldando este marco, se establece un mecanismo de aplicación único, los Puntos Nacionales de Contacto para la Conducta Empresarial Responsable (PNC), creados por los gobiernos para potenciar la eficacia de las Directrices. Esta sugerencia genera un efecto transnacional de las directrices a los gobiernos nacionales, que entre otras cuestiones han promovido dentro de sus agendas la debida diligencia obligatoria, como es el caso del PNC chileno.

En Chile (estado miembro de la OCDE), el Punto Nacional de Contacto (PNC) ha evolucionado bajo la supervisión de la Subsecretaria de Relaciones Económicas Internacionales en el Ministerio de Relaciones Exteriores. La entidad está encabezada por un funcionario de alto rango, respaldado por dos miembros adicionales del personal. El líder de la PNC también desempeña el papel principal en el departamento encargado de seguir los desarrollos de políticas relacionados con la OCDE, lo que limita su disponibilidad para dedicarse plenamente a las actividades del PNC. Según el proceso de revisión de pares implementado hace cinco años, se determinó, entre otros aspectos, que los funcionarios no destinan la totalidad o la mayoría de su tiempo a las actividades del PNC. En consecuencia, se sugiere que el PNC debería transformarse en una unidad independiente, exclusivamente dedi-

15 Business and Human Rights Resource Center, «Day 4: Thursday 26 October 2023», Business & Human Rights Resource Centre, 26 de octubre de 2023, https://www.business-humanrights.org/en/latest-news/day-4-thursday-26-october-2023/.

cada a sus funciones, con recursos adecuados[16]. En el año 2012, la PNC estableció dos órganos asesores para respaldar su funcionamiento: un Consejo Consultivo de carácter gubernamental y un Comité Espejo conformado por representantes de la sociedad civil. Sin embargo, estos comités han carecido de actividad consistente desde su creación. En los últimos años, el PNC ha emprendido esfuerzos para revitalizar estos órganos asesores y está evaluando la mejor manera de aprovechar su potencial.

Mas allá de la estructura orgánica y del sistema de peticiones y casos del PNC, este ha tomado un rol fundamental en la agenda sobre la debida diligencia en Chile. Su rol ha sido reflejado en una serie de iniciativas, entre ellas foros de discusión, cursos de especialización, publicaciones y difusión de la importancia de plantear procesos de debida diligencia que estén alineados tanto con los PRNU como con las Directrices. De hecho, el sitio web del PNC tiene una sección especializada en debida diligencia que cuenta con materiales especializados para empresas de distintos sectores, análisis comparados de regulaciones, ideas matrices sobre la debida diligencia y boletines que definen puntos primordiales de la debida diligencia en Chile y otras jurisdicciones[17].

Otro rol importante que han jugado agencias representativas del Estado de Chile es en la actualización de las Directrices, incorporando en ellas un enfoque de derechos humanos. Desde su introducción en 1976, las Directrices se han actualizado de manera continua para adaptarse a los desafíos sociales y al cambiante entorno empresarial multinacional. Por ejemplo, en 2011 se incorporaron aspectos relacionados con los derechos humanos. Recientemente, en junio de 2023, se llevó a cabo una actualización que refleja una década de experiencias desde la última revisión en 2011. Esta actualización responde a las urgentes prioridades sociales, ambientales y tecnológicas que enfrentan tanto las sociedades como las empresas.

No fueron muchos los actores chilenos que participaron activamente del proceso de adaptación de las Directrices. Destaca, sin embargo, el rol del Instituto Nacional de Derechos Humanos en Chile que emitió recomendaciones que abogan por fortalecer las obligaciones estatales y la responsabilidad de las empresas. Destacan la importancia de vincular las Líneas Directrices a los Principios Rectores de las Naciones Unidas sobre Empresas y Derechos Humanos (PRNU). Aunque las Directrices establecen su aplicabilidad a empresas transnacionales y domésticas, se propone comenzar el capítulo con un reconocimiento explícito de su aplicación a todos los Estados y empresas, independientemente de su tamaño, sector, ubicación, propietarios y estructura. En particular, el Instituto Nacio-

16 OECD, «OECD Guidelines for Multinational Enterprises National Contact Point Peer Reviews: Chile», 2018, https://mneguidelines.oecd.org/Chile-NCP-Peer-Review-2018.pdf.

17 Subsecretaria de Relaciones Económicas Internacionales, «Debida Diligencia», Default, 2023, https://www.subrei.gob.cl/ejes-de-trabajo/cer/debida-diligencia.

nal de Derechos Humanos de Chile subraya que la Guía de Diligencia Debida para una Conducta Empresarial Responsable de la OCDE incluye recomendaciones que instan a las empresas a aplicar una perspectiva de género en la diligencia debida. No obstante, se observa una carencia significativa en las Directrices en lo que respecta a las cuestiones de género, una brecha que se considera necesario subsanar para lograr una cobertura más completa y equitativa[18].

1.4. Sistema de Tratados y relatorías especiales de Naciones Unidas

Los sistemas de tratados también han promovido la integración de estándares sobre empresas y derechos humanos en Chile. En cuanto a órganos de tratados tanto el Comité de Derechos Económicos, Sociales y Culturales (CESCR por sus siglas en inglés) como el Comité de Derechos del Niño (CRC por sus siglas en inglés) de Naciones Unidas, al revisar los informes periódicos de Chile en relación al cumplimiento de los Tratados que estos órganos supervisan, recomendaron al Estado de Chile implementar medidas específicas en relación al impacto de la actividad empresarial en el ámbito de los derechos humanos, así como diseñar un Plan Nacional de Derechos Humanos y Empresas, junto con un nuevo marco regulador.

En particular, en 2015 el CESCR expresó su preocupación respecto de estos temas y recomendó adoptar un «marco normativo que vele por el respeto pleno de los derechos humanos económicos, sociales y culturales por parte de empresas que desarrollan su actividad en el Estado parte y aquellas sujetas a su jurisdicción que desarrollan sus actividades en el extranjero»[19].

Por su parte, el CRC recomendó al Estado de Chile en 2015 establecer «un marco regulador claro para las empresas privadas que operen en el Estado parte, a fin de que sus actividades no perjudiquen los derechos del niño ni comprometan las normas medioambientales y de otra índole, especialmente las relativas a los derechos del niño»; velar por que «las empresas, especialmente las empresas industriales y las industrias extractivas, cumplan efectivamente las normas nacionales e internacionales sobre el medio ambiente y la salud, que el cumplimiento de esas normas sea objeto

18 OECD, «Summary of input received during the public consultation on the targeted update of the OECD Guidelines for Multinational Enterprises» (OECD — Working Party on Responsible Business Conduct, 21 de marzo de 2023), https://one.oecd.org/document/DAF/INV/RBC/RD(2023)1/en/pdf.

19 Comité de Derechos Económicos Sociales y Culturales, Observaciones Finales, Chile, 2015. Disponible en: http://tbinternet.ohchr.org/_layouts/treatybodyexternal/Download.aspx?symbolno=E/C.12/CHL/CO/4&Lan g=Sp (visto 25 abril 2018).

de una vigilancia efectiva, que las infracciones den lugar a sanciones y reparaciones adecuadas y que se deba obtener una certificación internacional adecuada», y, por último, exigir «de las empresas una labor de evaluación, consulta y divulgación total de las repercusiones de sus actividades en el medio ambiente, la salud y los derechos del niño, así como sobre sus planes para hacer frente a esas repercusiones»[20].

En la misma línea, en su revisión del año 2020, el CRC puso énfasis en el cumplimiento del marco jurídico nacional y hace un llamado expreso a las empresas a cumplir con estándares de debida diligencia al señalar que: «En vista de los informes sobre el impacto negativo del sector empresarial en los derechos del niño y el medio ambiente y la inadecuada responsabilidad jurídica de las empresas, y recordando sus recomendaciones anteriores, el Comité recomienda al Estado parte que: a) Siga examinando y adaptando su marco legislativo (civil, penal y administrativo) para poder exigir responsabilidades jurídicas a las empresas en relación con las normas internacionales y nacionales de derechos humanos, laborales, medioambientales y de otra índole; b) Exija a las empresas que ejerzan la diligencia debida en sus actividades, con respecto a los efectos nocivos que la degradación del medio ambiente provoca en los derechos del niño; c) Establezca mecanismos de seguimiento y evaluación para investigar y reparar las violaciones de los derechos del niño, para ofrecer reparación a las víctimas, de modo que se mejore la rendición de cuentas y la transparencia; d) Refuerce y garantice la participación de los niños en el plan de acción nacional; e) Intensifique su labor de cooperación internacional contra la explotación y los abusos sexuales de niños en el contexto de los viajes y el turismo, mediante acuerdos multilaterales, regionales y bilaterales para su prevención y eliminación»[21].

1.5. Sistema regional de derechos humanos

Chile también ha jugado un rol activo en el sistema regional en materia de derechos humanos y empresas. En particular es importante resaltar que Chile ha promovido iniciativas que buscan «continuar promoviendo la aplicación de los Principios Rectores de Naciones Unidas sobre Empresas y Derechos Humanos, exhortando a los Estados Miembros a que den la mayor difusión posible a estos principios, facilitando el intercambio de información y compartiendo buenas prácticas de promoción y protección

20 Comité de Derechos del Niños, Observaciones Finales, Chile, 2015, par.20. Disponible en: CRC/C/CHL/CO/4-5 (undocs.org) (visto 09 noviembre 2023).

21 Comité de Derechos del Niños, Observaciones Finales, Chile, 2015. Disponible en: CRC/C/CHL/CO/6-7 (undocs.org) (visto 09 noviembre 2023).

de los derechos humanos en el ámbito empresarial, a fin de lograr una mayor concientización sobre los beneficios de su aplicación»[22].

Un particular esfuerzo por avanzar en consagración de derechos humanos y empresas se ha desarrollado en el Sistema Interamericano de Derechos Humanos[23]. La Comisión Interamericana de Derechos Humanos, principalmente a través de su relatoría sobre derechos económicos, sociales y culturales ha tenido un extenso trabajo en materia de derechos humanos y empresas[24]. Por su parte, la Corte Interamericana de Derechos Humanos (Corte IDH) ha utilizado los Principios rectores en una serie de decisiones incluido un caso que involucra a una empresa chilena[25]. La primera vez que la Corte IDH utilizó los Principios Rectores fue en 2015 en el caso Kaliña y Lokono vs. Surinam, en el que adoptó una visión clásica de los derechos humanos. Sin entrar en el Pilar II de los Principios Rectores, esto es en la responsabilidad de las empresas, toma en consideración las obligaciones del Estado en virtud de adoptar las medidas apropiadas para prevenir, investigar, castigar y reparar, mediante políticas adecuadas, los abusos que las empresas puedan cometer. Un segundo fallo se da en el año 2020 en el denominado Caso Empleados de la Fábrica de Fuegos en Santo Antônio de Jesús y sus familiares Vs. Brasil. Este caso trajo consigo quizás la decisión más importante en la materia realizada por la Corte IDH, pues si bien reconoce que no es la primera vez que se utilizan los Principios Rectores, reconoce expresamente que estos se deben interpretar en armonía con los artículos 1.1 y 2 del Pacto de San José, así como con otros instrumentos internacionales (como los convenios de la Organización Internacional del Trabajo).En al menos tres ocasiones adicionales, la Corte IDH ha empleado los PRNU en sus fallos. El primero se refiere a los buzos Miskitos, donde, bajo la obligación de garantizar, la Corte sostiene que los Estados deben adoptar medidas legislativas y otras para prevenir violaciones de derechos humanos (de acuerdo con el Pilar I de los Principios Rectores) y para investigar, sancionar y reparar dichas violaciones cuando ocurran (conforme al Pilar III de los Principios Rectores). Sin embargo, en su

22 Asamblea General OEA, 2014. AG/RES. 2840 (XLIV-O/14). Resolución «Promoción Y Protección De Los Derechos Humanos En El Ámbito Empresarial». Información disponible en: https://www.oas.org/es/sla/ddi/docs/AG-RES_2840_XLIV-O-14.pdf (visto 25 abril 2018)

23 Smart, S., «Expanding and Contracting the UN Guiding Principles: an Analysis of Recent Inter-American Human Rights Court Decisions», *Journal of Human Rights Practice*, 4 de agosto de 2023, huad025, https://doi.org/10.1093/jhuman/huad025.

24 Iglesias Márquez, D, «Estándares interamericanos sobre empresas y derechos humanos: Nuevas perspectivas para la conducta empresarial responsable en las Américas», *Anuario de Derechos Humanos* 16, no 2 (31 de diciembre de 2020): 347–79, https://doi.org/10.5354/0718-2279.2020.57394.

25 Smart, S., «Derecho a la salud. Prestadores privados. Discapacidad. Corte IDH. Caso Vera Rojas y otros Vs. Chile. Excepciones preliminares, Fondo, Reparaciones y Costas. Sentencia de 1° de octubre de 2021. Serie C No. 439.», *Debates sobre Derechos Humanos* 6 (26 de julio de 2022): 116–27.

posición centrada en el Estado, atribuye la responsabilidad de las empresas a la obligación del Estado de garantizar. Esto implica que el Estado debe implementar medidas internas que aseguren que las empresas cuenten con políticas de derechos humanos, establezcan procesos de diligencia debida y ofrezcan remedios cuando cometan violaciones a los derechos humanos. Más recientemente, en el caso Olivera Fuentes contra Perú, la Corte IDH aplicó los estándares de los PRNU en relación con la Convención Americana, indicando que las empresas deben tener un comportamiento responsable en sus actividades (párr. 98). La Corte respalda esta afirmación considerando que los Estados deben adoptar medidas para que las empresas cuenten con políticas adecuadas, practiquen un buen gobierno corporativo con enfoque en derechos humanos, realicen diligencia debida para prevenir violaciones y garanticen condiciones laborales dignas[26]. Estas obligaciones se derivan del Pilar II de los PRNU, como ya ha señalado la Corte en casos previos.

Finalmente, la Corte IDH también ha fallado teniendo en cuenta los PRNU en el caso Martina Vera contra Chile. En este caso, la Corte adoptó una posición similar a la del caso de los Buzos Miskitos. Los párrafos 81 a 88 reproducen exactamente los argumentos desarrollados en el caso de los Buzos Miskitos. La novedad en el caso Vera Rojas, en términos de derechos humanos y empresas, surge a partir del párrafo 89, donde la Corte establece estándares para empresas que desempeñan una función pública, específicamente en la prestación de servicios de salud. La Corte sostiene que «el Estado tiene la obligación de prevenir que terceros interfieran indebidamente en el ejercicio de los derechos a la vida e integridad personal, particularmente vulnerables cuando alguien recibe atención médica» (párr. 89). En este caso, el Estado tiene una responsabilidad especial en la regulación, dado que la salud es un bien público cuya protección recae en el Estado, y este tiene la obligación de evitar que terceros interfieran indebidamente en el disfrute de los derechos a la vida y la integridad personal, especialmente cuando una persona está recibiendo tratamiento médico. Esto se vuelve crucial en un contexto donde, según la Corte, el Estado chileno «ha delegado la función de garantizar el derecho a la salud a instituciones privadas, incluidas las Isapres» (párr. 92).

Este contexto internacional, del cual Chile no ha quedado al margen, ejerce influencia en los marcos legales nacionales y su proyección transnacional. Como hemos constatado, los progresos derivados de instrumentos no obligatorios, como los establecidos por los Principios Rectores de las Naciones Unidas (PRNU) y las Directrices de la OCDE, se entrelazan inevitablemente con los debates en torno a un tratado vinculante, así como con los sistemas internacionales y regionales de derechos humanos. En la próxima sección,

26 Smart, S., «Olivera Fuentes vs. Perú: avances en materia de derechos humanos y empresas y población LGBTIQA+ — Agenda Estado de Derecho», *Agenda Estado de Derecho* (blog), 23 de mayo de 2023, https://agendaestadodederecho.com/olivera-fuentes-vs-peru-avances-en-materia-de-derechos-humanos-y-empresas-y-poblacion-lgbtiqa/.

exploraré las formas en que estos marcos internacionales se han —o no— aplicado a nivel nacional en Chile, explorando posibles lagunas existentes entre la posición chilena en el marco internacional y el desarrollo normativo a nivel nacional.

2. (Falta de) Desarrollo de la debida diligencia en Chile

El impacto del desarrollo en el ámbito de derechos humanos y empresas a nivel global ha sido innegable en el contexto chileno. Esta sección se centra en explorar la dimensión transnacional de los avances previamente identificados en el sistema legal de Chile. Se examinan específicamente los procesos para la elaboración de Planes de Acción Nacional sobre derechos humanos y empresas, la incipiente incorporación de algunos principios relacionados con derechos humanos y empresas en la legislación chilena y como estas han influido en procesos de litigación estratégica en el país. Por último, esta sección cierra con algunas oportunidades que considero pudieron haber sido valiosas para la incorporación de estándares de derechos humanos y empresas pero que terminaron siendo oportunidades perdidas. Estas acciones contribuyen al diálogo nacional sobre la materia y, potencialmente, deberán ser consideradas en futuras regulaciones sobre debida diligencia en el contexto chileno.

2.1. Proceso de creación de los Planes de Acción Nacional sobre empresas y derechos humanos (PAN)

En la actualidad Chile cuenta con dos PAN que no han estado exentos de críticas tanto por sus elementos procesales —particularmente la falta de participación— como por elementos substanciales —énfasis en las obligaciones del Estado más que en la responsabilidad de las empresas—. Por primera vez, el Gobierno chileno expresó su intención de desarrollar un PAN durante el Foro Anual de las Naciones Unidas sobre Empresas y Derechos Humanos en diciembre de 2014[27]. El PAN chileno sobre empresas y derechos humanos se originó a partir del Plan Nacional de Responsabilidad Social 2015-2018, elaborado por el Consejo de Responsabilidad Social para el Desarrollo Sos-

27 Ver Eje temático: Fortalecimiento de las políticas públicas sobre empresas y derechos humanos a través de planes de acción nacionales y otras medidas El papel del Estado en la creación de un mercado responsable: abordando áreas políticas clave donde participo el Subsecretario de Relaciones Internacionales, Edgardo Riveros Marin, disponible en: https://www.ohchr.org/sites/default/files/Documents/Issues/Business/ForumSession3/Programme.pdf.

tenible del Ministerio de Economía[28]. La coordinación de la creación del PAN fue confiada a la Dirección de Derechos Humanos del Ministerio de Relaciones Exteriores, que estableció una unidad especializada en derechos humanos y empresas para llevar a cabo esta tarea.

Para respaldar los esfuerzos gubernamentales en la elaboración del PAN, el Ministerio de Relaciones Exteriores firmó un memorando de entendimiento con el Instituto Danés de Derechos Humanos (DIHR)[29]. Este acuerdo buscaba proporcionar apoyo estratégico y asesoramiento para la creación de una Línea Base de Referencia sobre empresas y derechos humanos, así como una Guía de Derechos Humanos y Empresas de Chile que se realizó entre el Instituto Nacional de Derechos Humanos de Chile y el Instituto Danés de Derechos Humanos[30].

Antes de iniciar el proceso, el Ministerio de Relaciones Exteriores desarrolló un plan de trabajo y un cronograma para la primera fase del PAN. Esto incluía la formación de un Grupo de Trabajo Interministerial, el fortalecimiento de capacidades institucionales, oportunidades para la participación de múltiples partes interesadas y la elaboración de materiales clave, como la línea base de referencia sobre empresas y derechos humanos[31]. El proceso de elaboración del PAN comenzó oficialmente en abril de 2015 durante el primer seminario nacional multiactor sobre empresas y derechos humanos en Chile[32]. A lo largo del proceso, se implementaron actividades y pasos para garantizar la participación activa de diversas partes interesadas y la implementación a largo plazo de la agenda de derechos humanos y empresas en Chile.

Simultáneamente, se encargó al Centro de Derechos Humanos de la Universidad Diego Portales, una institución experta externa independiente, la elaboración de una Línea Base que duró aproximadamente nueve meses. Este informe evaluó la situación actual de los derechos humanos y las empresas en

---

28 Disponible en https://www.economia.gob.cl/wp-content/uploads/2016/07/ppt-Plan-de-Accion-RS-25-03-15-FINAL.pdf.

29 Ver https://www.minrel.gob.cl/gobierno-de-chile-e-instituto-danes-de-derechos-humanos-firman/minrel_old/2016-05-28/123051.html.

30 Ver https://globalnaps.org/wp-content/uploads/2019/01/chile-country-guide-updated.pdf.

31 El Ministerio de Relaciones Exteriores estableció y coordinó un Comité Interministerial dedicado al desarrollo del PAN. Este comité incluyó a los Ministerios de Economía, Energía, Medio Ambiente, Justicia, Trabajo, Minería, Presidencia, Desarrollo Social y de la Mujer, así como al Punto Nacional de Contacto de las Directrices de la OCDE. A lo largo del proceso, otras instituciones públicas, como el Ministerio de Hacienda, el Instituto Nacional de Estadística y el Instituto Nacional de Derechos Humanos, y empresas estatales participaron regularmente. El Grupo de Trabajo Interministerial se reunió periódicamente, propuso líneas de acción y participó activamente en las actividades desarrolladas en este contexto.

32 Ver https://www.minrel.gob.cl/seminario-sobre-derechos-humanos-y-empresas/minrel_old/2015-03-27/092148.html.

Chile, centrando su atención en las responsabilidades del Estado y utilizando los Principios Rectores de las Naciones Unidas como marco de referencia, incluyendo estándares internacionales y regionales de derechos humanos[33].

Con ello, el 2017 se aprobó en Chile el Primer PAN. De acuerdo con organizaciones de la Sociedad civil, las medidas contempladas en este PAN no adoptaron en su totalidad los Principios Rectores mencionados, enfocándose principalmente en las obligaciones del Estado, dejando de lado la responsabilidad de las empresas[34]. Además, se hizo hincapié en la obligación del Estado de proteger los derechos humanos en lugar de abordar la responsabilidad de las empresas de respetar estos mismos derechos. Para complicar aún más la situación, la mayoría de las recomendaciones propuestas no fueron implementadas[35]. La participación de la sociedad civil y los pueblos indígenas en el mecanismo previsto para su supervisión, el Comité 360, fue definida de manera restrictiva por el Estado, lo que limita considerablemente su alcance.

Un Segundo Plan de Acción Nacional (PAN 2), nuevamente aprobado de manera unilateral en 2022 en los últimos días del gobierno del presidente Piñera, reafirma esta tendencia, destacando la responsabilidad del Estado en lugar de abordar de manera equitativa la responsabilidad de las empresas. Aunque inicialmente el gobierno del presidente Boric promovió la idea de diseñar un nuevo plan que tuviera mayor participación, terminó por aprobar y publicar el PAN desarrollado en los últimos meses del mandato del expresidente Piñera, cuestión que fue criticada por varios actores académicos y de la sociedad civil[36]. Desde el punto de vista substancial, el segundo PAN carece de una mención explícita sobre la eventual presentación de una ley sobre debida diligencia, generando una evidente disociación entre la postura del actual gobierno —tanto en su política exterior como en las promesas de campaña— y el documento que guía las políticas sobre empresas y derechos humanos. Desde una perspectiva procesal, aunque el gobierno ha planteado

33 Schönsteiner, J., «Estudio Línea Base en Empresas y Derechos Humanos Chile», 17 de marzo de 2016.

34 Observatorio Ciudadano, «Derechos humanos y empresas: contexto local, global y desafíos para Chile» (Observatorio Ciudadano, agosto de 2023), https://observatorio.cl/wp-content/uploads/2023/10/minuta_3-de-octubre-1.pdf.

35 Programa Sostenibilidad Corporativa PUC, «Compilado de informes Estudio de actualización, evaluación del Plan de Acción Nacional de Derechos Humanos y Empresas, y propuesta para la elaboración de su segunda versión» (Pontificia Universidad Catolica de Chile, 2020), https://globalnaps.org/wp-content/uploads/2021/03/estudio-de-actualizacion-evaluacion-del-plan-de-accion-nacional-de-derechos-humanos-y-empresas-y-propuesta-para-la-elaboracion-de-su-segunda-version.pdf.

36 Plataforma Chilena de la Sociedad Civil sobre Derechos Humanos y Empresas, «Comunicado Público de La Plataforma Chilena de La Sociedad Civil Sobre Derechos Humanos y Empresas», *UDP* (blog), 6 de junio de 2022, https://derechoshumanos.udp.cl/comunicado-publico-de-la-plataforma-chilena-de-la-sociedad-civil-sobre-derechos-humanos-y-empresas/.

la posibilidad de ampliar la representación ciudadana en el mecanismo destinado a su supervisión, esta ampliación aún no ha incorporado representantes de comunidades afectadas por empresas, como los pueblos indígenas y las comunidades de zonas de sacrificio. En consecuencia, no es razonable esperar que este nuevo plan proporcione cambios sustanciales para avanzar hacia una debida diligencia empresarial en esta materia.

2.2. Regulaciones sobre derechos humanos y empresas en Chile

En un contexto donde los PAN aprobados por Chile no han proporcionado una orientación hacia el establecimiento de regulaciones obligatorias sobre derechos humanos y empresas, resulta fundamental examinar los regímenes de responsabilidad civil, penal y administrativa aplicables a las empresas, que pudiesen vincularse con obligaciones de derechos humanos. Esto se justifica por dos motivos. En primer lugar, un análisis de este tipo nos permitirá comprender las obligaciones actuales que recaen sobre las empresas en materia de derechos humanos. En segundo lugar, nos facultará para comprender el marco legislativo en el cual podría discutirse potencialmente un proyecto de debida diligencia obligatoria. En los siguientes apartados, se destacarán, en primer lugar, las posibles responsabilidades civiles y penales de las empresas según el ordenamiento jurídico chileno. Luego, se examinarán una serie de actos administrativos y regulaciones en Chile que hacen referencia explícita a los Principios Rectores de las Naciones Unidas (PRNU), permeando así algunas de las obligaciones contenidas en estos principios en los actos de la administración del Estado y, por ende, en ciertas empresas. Es importante señalar que este análisis no pretende ser exhaustivo respecto a la regulación vigente, sino que aborda algunos aspectos generales que deben considerarse en el marco de una eventual discusión sobre debida diligencia.

2.2.1. Responsabilidad penal

La persecución penal de empresas en el ordenamiento jurídico chileno se basa en la participación de actores civiles en delitos contra los derechos humanos. El homicidio, el secuestro, la tortura y la violencia sexual son delitos reconocidos en el Código Penal y por el derecho internacional de los derechos humanos; por lo tanto, no plantean problemas para su enjuiciamiento. De hecho, existe basta jurisprudencia sobre la responsabilidad de civiles en la comisión de delitos, principalmente durante la dictadura en Chile[37]. Mayores problemas ha tenido la aplicación de la asociación ilícita del artículo 292

37 Bohoslavsky J. P., Fernández, K. y Smart, S., *Pinochet's Economic Accomplices: An Unequal Country by Force* (Rowman & Littlefield, 2021).

del Código Penal. Según el Código Penal, la asociación ilícita es suficiente para el enjuiciamiento sin necesidad de que se cometa ningún acto ilegal adicional (delito físico). La asociación ilícita debe cumplir los siguientes criterios: condición permanente o estado constante; más de un miembro o sujeto; una estructura organizativa jerárquica con normas; y un motivo u objetivo que contravenga el orden social[38].

Otra regulación que merece la pena destacar, aunque de su historia legislativa no se sigue necesariamente el enfoque en derechos humanos es la Ley 21.595 de agosto de 2023 que regula los delitos económicos y atentados contra el medio ambiente cometidos por empresas. En la misma se hace extensivos delitos que usualmente se asociaban a personas a los controladores de las empresas, entre ellos se definen como delitos aquellos relacionados con la corrupción y cohecho, delitos ambientales, delitos en el contexto del mercado financiero, delitos relacionados con la ley de bosques, entre varios otros. Si bien, como ya se destacó, esta ley no surge necesariamente como consecuencia de la regulación sobre derechos humanos y empresas, su influencia indirecta es evidente, y refuerza principalmente el pilar 3 de los PRNU, es decir, el acceso a reparaciones a través de la justicia penal para quienes son víctimas de este tipo de delitos.

2.2.2. Responsabilidad civil

Otra innovación potencial podría ser la acción civil, que ofrece algunas ventajas y desventajas sobre las denuncias penales. Entre las ventajas están su aplicación a personas físicas y jurídicas (empresas) y que la prueba de culpabilidad solo requiere la violación del deber de diligencia. En el lado negativo, los cambios en la personalidad jurídica de la empresa podrían obstaculizar el éxito de una demanda. Asimismo, los casos de responsabilidad civil suelen dar lugar a reclamaciones de indemnización, las que resultan insuficientes a la luz del principio de reparación integral de los derechos humanos.

La responsabilidad extracontractual se encuentra regulada en el artículo 2314 y siguientes del Código Civil. Además, el ordenamiento jurídico chileno reconoce algunas hipótesis de responsabilidad estricta (en las cuales no es necesario acreditar culpa ni dolo) en virtud del riesgo implícito que generan ciertas actividades[39]. Según Shonsteiner y Parra, sería posible evaluar el deber de cuidado de los directores y gerentes de empresas en Chile en rela-

38 Grisolía Corbatón, F., «El delito de asociación ilícita», *Revista chilena de derecho* 31, no 1 (2004): 75–88.

39 Los casos de responsabilidad estricta son: (i) el derrame de hidrocarburos y otras sustancias nocivas al mar26; (ii) la utilización de plaguicidas; (iii) la tenencia de animales fieros (art. 2327 Código Civil) y el daño causado por una cosa que se cae o arroja de un edificio (art. 2328 del Código Civil); y (iv) la infracción a ciertos instrumentos regulatorios medioambientales.

ción con su obligación de respetar los derechos humanos. De acuerdo con el artículo 42 número 7 de la Ley de Sociedades Anónimas, los directores están prohibidos de llevar a cabo acciones ilegales. En este contexto, sería necesario fortalecer la noción respecto a cuál es el mecanismo más adecuado actualmente para eximirse de una eventual responsabilidad por impactos negativos es la debida diligencia reconocida en los Principios Rectores de las Naciones Unidas sobre Empresas y Derechos Humanos. En segundo lugar, se podría establecer un estándar de responsabilidad basado en la doctrina de los actos propios. Por ejemplo, si una empresa anuncia al mercado que una de sus fortalezas es el respeto a los derechos humanos, podría argumentarse que un inversionista tiene el derecho de demandar en caso de que ocurra algún hecho que resulte en una violación de derechos humanos. Finalmente, en tercer lugar, existen decisiones del Servicio Nacional del Consumidor, SERNAC, (es decir, el ente administrativo encargado de proteger los derechos de los consumidores) que han reconocido responsabilidad por publicidad engañosa en cuestiones ambientales, con base en el Artículo 28f de la Ley del Consumidor. En estos casos, podría abordarse el concepto de debida diligencia en materia de derechos humanos, aunque hasta ahora no existen antecedentes al respecto[40].

2.2.3. Responsabilidades administrativas

Además de las responsabilidades penales y civiles expresadas con anterioridad, es posible encontrar una serie de disposiciones administrativas que hacen referencia a obligaciones en materia de derechos humanos y empresas. Así por ejemplo el Decreto 60 que crea el Consejo de responsabilidad social para el desarrollo sostenible del ministerio de economía, fomento y turismo; subsecretaría de economía y empresas de menor tamaño de 2013 que señala expresamente en su apartado sexto que «Que, debe tenerse presente, la normativa internacionalmente reconocida sobre Responsabilidad Social, a saber: Los Diez Principios del Pacto Global de Naciones Unidas, las Directrices de la OCDE para Empresas Multinacionales, la ISO 26000 Guía de Responsabilidad Social, la Declaración Tripartita de Principios sobre las Empresas Multinacionales y la Política Social de la OIT, y los Principios Rectores de Naciones Unidas sobre Empresas y Derechos Humanos». Referencias a los PRNU también pueden ser encontrados en los decretos

Quizás el cambio más significativo de los últimos años y que se podría relevar como una puerta de entrada a la generación de una ley de debida diligencia en Chile es la norma de carácter general N.° 461 aprobada por la Comisión para el Mercado Financiero (CMF). La CMF es un servicio público chileno descentralizado, de carácter técnico y fiscalizador, dotado de perso-

40 Cantú Rivera, H., *Experiencias latinoamericanas sobre reparación en materia de empresas y derechos humanos*.

nalidad jurídica y patrimonio propio, que se relaciona con el presidente de la República a través del Ministerio de Hacienda. Este órgano tiene facultades sancionatorias ante el incumplimiento de la normativa, pero también tiene facultades normativas y supervisoras. La función normativa la realiza a través de instrucción de normas o instrucciones a las empresas reguladas.

Es en virtud de esta función normativa que la CMF publicó, el 12 de noviembre de 2021, la Norma General número 461 que modifica la estructura y contenido de la memoria anual de los emisores de valores. La normativa de carácter obligatorio para las entidades reguladas establece expresamente la obligación de las empresas reguladas en el mercado financiero de establecer en su memoria anual el hecho de si la empresa adhiere o no a los PRNU, además de expresar en su gobierno corporativo «cómo la entidad incorpora las materias ambientales (en especial el cambio climático), sociales y de respeto a los derechos humanos, en los distintos procesos de evaluación y definiciones estratégicas, y cómo la entidad define a las unidades o responsables que tienen a cargo estas materias» y establecer adecuadamente como el Directorio de la empresa minimiza los riesgos en derechos humanos (ver apartado 3.6.i), cuestión que se extiende a la minimización de riesgos respecto de «asociadas, proveedores o del mercado en general» (3.6.ii.a). Por lo demás hace expresa la necesidad de una debida diligencia en su punto 3.6.iii al establecer que la empresa debe registrar en su cuenta anual «Cómo se detectan todos esos riesgos y cómo se determinan aquellos relativamente más significativos que los demás, incluyendo si en dicho proceso se consideran cambios en la regulación existente o el surgimiento de nueva regulación y procedimientos de debida diligencia en materia de derechos humanos». Esta evaluación de riesgos no se agota en la sola identificación de los mismos, sino que exige acciones por pare del directorio (3.6.iv) y un reflejo de los mismos en la estrategia de la empresa al establecer que «Se deberá hacer mención a los objetivos estratégicos de la entidad y describir en términos generales la planificación que se hubiera establecido con el fin de alcanzar dichos objetivos. Se deberá hacer mención expresa a la estrategia relacionada con aspectos ambientales (en especial lo referido a cambio climático), sociales y de derechos humanos, y cómo esos aspectos forman parte, informan o nutren a su gobierno corporativo».

2.3. Litigación estratégica en materia de derechos humanos y empresas

En este contexto de un marco internacional voluntario, pero con ciertas disposiciones obligatorias a nivel nacional, los avances no han venido únicamente del ámbito legislativo, sino que importantemente las cortes han avanzado en estándares sobre empresas y derechos humanos a nivel nacional. En un símil a los avances generados por el Sistema Interamericano al reconocer en su jurisprudencia a los PRNU[41], la Corte Suprema chilena ha venido también elaborando jurisprudencia en esa dirección. La Dirección de Estudios de la Corte Suprema («DECS») ha publicado estudios en los que se examina la jurisprudencia de la Corte Suprema de Chile en materia de derechos humanos y empresas. Su informe más reciente, de fecha 27 de marzo de 2020, fue una respuesta a las preguntas del Representante Regional para América del Sur de la Alta Comisionada de las Naciones Unidas para los Derechos Humanos en relación con un estudio titulado «Derechos Humanos y Empresas: Acceso a Mecanismos de Reparación». El estudio se realizó en el marco del proyecto «Conducta Empresarial Responsable en América Latina y el Caribe», desarrollado conjuntamente por la OIT y la OCDE[42]. En respuesta a las preguntas relativas a las decisiones judiciales locales relativas a empresas y derechos humanos, el informe señalaba: i) Ha habido tres casos de la Corte Suprema en los que la Corte ha declarado responsable a una empresa en virtud del equivalente de la ley de responsabilidad civil extracontractual y, al hacerlo, se ha referido expresamente al impacto de la conducta de la empresa en los derechos fundamentales; ii) Dos sentencias de tribunales ambientales locales han establecido un vínculo entre el daño ambiental y otros derechos, en particular, el derecho a la propiedad (que el Tribunal ha determinado que puede estar limitado por el derecho a vivir en un medio ambiente libre de contaminación). Dos casos de la Corte Suprema también han establecido una relación entre el derecho a vivir en un medio ambiente libre de contaminación y el derecho a la vida y a la integridad física y mental; iii) La DECS no identificó ningún caso en el que se declarara a empresas públicas o estatales responsables de violaciones de los derechos humanos; iv) Sin embargo, ha habido 17 casos contra empresas que prestan servicios públicos y tres casos contra empresas concesionarias en relación con su responsabilidad por efectos adversos sobre los derechos humanos.

Un informe anterior fue publicado por la DECS en diciembre de 2017, analizando las tendencias en la jurisprudencia de la Corte Suprema de Chile en materia de derechos humanos[43]. En el informe se hace referencia específica a los Principios Rectores de las Naciones Unidas como la incorporación de «nuevas normas para la protección, el respeto y la realización de los derechos humanos»[44]. La DECS señaló que todas las empresas, independientemente de su tamaño, sector, contexto operativo, propiedad y estructura, tienen la obligación de respetar los derechos humanos. Al llevar a cabo su revisión de

41 Smart, S., «Expanding and Contracting the UN Guiding Principles».

42 Dirección de Estudios de la Corte Suprema, «Respuesta a Cuestionario Empresas y derechos humanos: Acceso a mecanismos de reparación», 23 Marzo 2020.

43 Dirección de Estudios Corte Suprema, «Investigación Jurisprudencial sobre Derechos Humanos y Empresas» (Santiago, Chile: DECS, 2017), https://direcciondeestudios.pjud.cl/investigacion-jurisprudencial-sobre-derechos-humanos-y-empresas.

44 *Idem.*

la jurisprudencia existente, el informe señaló que los Principios Rectores de las Naciones Unidas aún no habían permeado directamente la jurisprudencia de la Corte Suprema de Chile. Sin embargo, la Corte Suprema ha examinado casos relativos a la obligación de las empresas de respetar los derechos humanos y las normas que deben cumplir para cumplir ese deber. A este respecto, el informe señaló que la Corte Suprema había resuelto casos en los que un denunciante había alegado violaciones por parte de empresas del derecho constitucional a la libertad de expresión, la dignidad y el derecho a la protección de la propia imagen, en particular el derecho al olvido. El informe señaló que algunos de estos casos pueden implicar una «colisión de garantías constitucionales» cuando, por ejemplo, el derecho de una empresa a la libertad de expresión y al interés público debe sopesarse con los derechos de un individuo a la dignidad y la protección de su propia imagen, y el derecho al olvido. El informe del DECS señaló que el impacto de las empresas en los derechos económicos, culturales y sociales había sido reconocido en la jurisprudencia de la Corte Suprema en materia de derechos laborales. Además, en el informe se indicaba que la Corte Suprema había examinado casos de discriminación por parte de empresas contra personas con discapacidad en violación de la legislación chilena contra la discriminación. Estos casos fueron relevantes para identificar los estándares que las empresas deben cumplir como parte de su obligación de respetar los derechos humanos.

2.4. Oportunidades perdidas para regular la debida diligencia

Aunque es inviable abordar exhaustivamente todas las posibles lagunas u oportunidades perdidas en la regulación de la debida diligencia, resulta relevante resaltar ciertas propuestas recientes que, ya sea podrían haber abordado la cuestión de la debida diligencia, pero lamentablemente no se tradujeron en su implementación efectiva o que abordando cuestiones de derechos humanos y empresas no fueron finalmente aprobadas. Entre estas iniciativas, es pertinente subrayar la recientemente aprobada actualización de la normativa sobre compras públicas, así como el intento de incorporar disposiciones relacionadas con empresas y derechos humanos en el ámbito constitucional.

2.4.1. Compras públicas

Las compras públicas representan cerca del 12 % del PIB en promedio en los países miembros de la OCDE (cercano al 4 % en el caso chileno). En este sentido, ellas constituyen una fuente fundamental para regular la debida diligencia de aquellas empresas que contratan con el Estado[45]. La propia

45 Martin-Ortega, O. y Methven O'Brien, C., *Public Procurement and Human Rights* (Edward Elgar Publishing, 2019).

autoridad chilena encargada de las licitaciones públicas —Chile Compras— ha reconocido a través de sus autoridades la importancia de implementar estándares de derechos humanos en dichos procesos[46]. En agosto de 2023, el Congreso chileno aprobó la actualización de la normativa sobre compras públicas sin hacer mención alguna a las obligaciones sobre derechos humanos ni menos a las obligaciones de generar estándares sobre debida diligencia en las compras públicas. Ello a pesar de que el PAN2 de Chile establece la necesidad de incorporar la debida diligencia en las compras públicas[47].

2.4.2. Intento de constitucionalizar materias sobre derechos humanos y empresas

En julio de 2021, la primera Convención Constitucional de Chile inició sus funciones. Su mandato fue redactar una nueva Constitución que sustituya al texto de 1980 aprobado bajo el régimen de Pinochet. En diciembre de 2021, ocho miembros de la Convención Constitucional presentaron una propuesta para incluir un artículo sobre Empresas y Derechos Humanos (EDH) en la nueva Constitución. Esta propuesta se hizo pública en enero de 2022 por uno de sus promotores y entonces vicepresidente de la Convención Constitucional. El texto era el siguiente:

> «Art.- x. Deberes de las personas jurídicas. Las personas jurídicas deben respetar los derechos fundamentales y prevenir, mitigar y remediar sus actividades que provoquen consecuencias negativas sobre [el] pleno ejercicio de los mismos».

Se trató del primer intento de incluir en una Constitución una norma que reflejaba los PRNU. La norma no fue aprobada por el pleno de la Convención y por lo tanto no fue incorporada en el borrador de nueva Constitución que sería luego rechazado en el plebiscito de salida de septiembre de 2022.

2.5. La discusión sobre debida diligencia que se espera

A pesar de la no incorporación de la debida diligencia en estos procesos el actual gobierno planea iniciar la discusión parlamentaria sobre una debida diligencia obligatoria en derechos humanos. Como ya se adelantó en la introducción de este capítulo, el plan de gobierno del actual presidente Gabriel Boric señalaba en particular que:

> «Las grandes corporaciones pueden impactar negativamente los DD.HH. Impulsaremos mecanismos de rendición de cuentas corporativas y reparación de daños.

---

46 ChileCompra, «Las compras públicas pueden contribuir a la promoción de los derechos humanos —», 7 de marzo de 2016, https://www.chilecompra.cl/2016/03/las-compras-publicas-pueden-contribuir-a-la-promocion-de-los-derechos-humanos/.

47 Pilar 1, Eje N.° 5: Contrataciones públicas.

Estos mecanismos serán transparentes y se harán cargo de las asimetrías que hoy impiden a las personas acceder adecuadamente a la justicia cuando sus conflictos son con empresas. Tomaremos las medidas necesarias para que el Estado a través de su potestad regulatoria pueda cumplir con su rol efectivo de protección a las personas en casos de impactos negativos sobre sus DD.HH. producto de las acciones u omisiones de empresas. En particular, presentaremos un proyecto de ley en el que se regulará la debida diligencia en DD.HH. para las empresas que operen en Chile y para las empresas de propiedad chilena con operaciones extraterritoriales»[48].

En junio de 2023, en el contexto del Comité Interministerial para el Plan de Acción Nacional de Derechos Humanos y Empresas, se conformó un Comité Técnico de trabajo para la elaboración del anteproyecto de ley de debida diligencia, que se espera presentar el año próximo al Congreso Nacional. La propuesta busca establecer una regulación que obligue a las empresas implementar mecanismos de diagnóstico sobre los impactos, directos e indirectos, sobre las comunidades y hacer seguimiento de ellos para su mitigación. A la fecha se han desarrollado diálogos pre-legislativos con actores seleccionados por la Subsecretaria de Derechos Humanos con cuatro grupos: a) sociedad civil, academia y trabajadores; b) agentes del Estado; c) empresas públicas y d) empresas privadas. Se espera que durante el 2024 se desarrollen diálogos abiertos con estos actores. A fin de adelantar potenciales tensiones en esta materia, en la siguiente sección se analizan algunas acciones de estos grupos en matera de debida diligencia en derechos humanos. Como se verá algunos han sido más explícitos en su posición sobre una eventual legislación sobre debida diligencia obligatoria mientras que otros han incipientemente iniciado prácticas en esta línea que podrían reflejarse en estos diálogos pre-legislativos.

3. ¿Qué tipo de debida diligencia? Actores clave en la discusión sobre debida diligencia en Chile

A nivel internacional es posible encontrar distintos tipos de categorías de las regulaciones internacionales sobre debida diligencia empresarial. En primer lugar, se encuentran las normativas de divulgación obligatorias, que requieren que las empresas revelen información sobre riesgos específicos, como la Ley de Transparencia en las Cadenas de Suministro de California y la Ley de Esclavitud Moderna del Reino Unido. En segundo lugar, están las normativas de requisitos de conducta de debida diligencia, que no solo exigen la divulgación, sino también el cumplimiento de estándares de debida diligencia en derechos humanos, como la Ley Francesa sobre el Deber de Vigilancia de las Sociedades Matrices y Empresas Controladoras. Por último,

48 Apruebo Dignidad, «Plan de gobierno Apruebo Dignidad — Candidato Gabriel Boric», 180.

se encuentran las normativas que establecen prohibiciones de productos o barreras de mercado, como la Ley de Prevención del Trabajo Forzoso Uigur de Estados Unidos y la Ley sobre Productos Libres de Deforestación de la Unión Europea.

La pregunta clave será primero definir qué tipo de regulación sobre debida diligencia quieren los distintos actores que participan del debate sobre empresas y derechos humanos en Chile. Mas allá de la tipología de acuerdo con su propósito es necesario detallar también algunos aspectos que probablemente generaran tensiones en el debate. En un reciente análisis sobre las normas de debida diligencia en Europa Surya Deva hace un análisis crítico de las mismas en base a seis categorías, a) el espectro de derechos aplicables, b) los tipos de empresas (por sector o tamaño) a las que se aplica, c) si la legislación permite ir más allá de un mero proceso, d) la posibilidad o no de las mismas de equilibrar la desigualdad de poderes entre actores, e) la prioridad de algunas violaciones graves o «líneas rojas» y f) el potencial de acceder a mecanismos de reparación adecuada[49]. Volviendo a Chile, estas categorías permiten un primer punto de análisis para ver dónde potencialmente habrá conflictos o acuerdos entre partes en una potencial discusión sobre una ley obligatoria de debida diligencia en derechos humanos en Chile. Estas son cuestiones que serán debatidas de acuerdo con las perspectivas que tengan los diversos actores, por lo que a continuación se hace un breve resumen de algunos grupos que —se espera— participaran de este debate.

3.1. Organizaciones de la sociedad civil

El 2021 se creó en Chile una plataforma de organizaciones que surge como espacio de coordinación entre organizaciones de la sociedad civil de derechos humanos, indígenas, laborales y ambientales. La plataforma busca incidir en la adopción de instrumentos que regulen, promuevan y faciliten el pleno respeto a estos derechos por parte de los actores económicos, privados y públicos. A las organizaciones les une una preocupación de larga data por las temáticas enunciadas, y por la defensa de comunidades, grupos y personas ante los impactos negativos de las actividades económicas en ejercicio de sus derechos humanos.

Entre otras acciones, la plataforma ha resaltado la dilación en materia de regulación sobre debida diligencia en Chile. Reconocen, sin embargo, el anuncio de junio de 2023 sobre los avances en materia de regulación de debida diligencia y han establecido algunos mínimos que debiese contemplar esta regulación. En este contexto, el Observatorio Ciudadano, como parte de la red de organizaciones de la sociedad civil, ha formulado sugerencias en el marco de una eventual discusión sobre la debida diligencia

49 Deva, S., «Mandatory Human Rights Due Diligence Laws in Europe».

obligatoria reconocidas en su informe de 2023. Considera la organización de la sociedad civil que la legislación propuesta debería cumplir con estándares internacionales actualizados, abarcando todos los sectores económicos relevantes, incluido el ámbito financiero. Además, debe reflejar de manera adecuada los principios de libre competencia, igualdad de trato entre empresas nacionales y transnacionales, y la distinción entre grandes holdings y pequeñas, medianas y microempresas. Es imperativo que esta normativa, argumentan, se integre en un sistema sólido de regulación y fiscalización, fortaleciendo los mecanismos legales para garantizar un acceso a la justicia sin discriminación basada en motivos económicos, raciales, de género u otros[50].

Entre las sugerencias esenciales formuladas por el Observatorio Ciudadano para una eventual ley de debida diligencia en Chile se encuentran:

1. Prevención: Se propone establecer una obligación legal para las empresas de respetar los derechos humanos y el medio ambiente, abarcando toda la cadena de valor y las relaciones comerciales. Debería hacer referencia a todos los derechos humanos reconocidos internacionalmente, considerar al medio ambiente como un bien intrínseco e incorporar compromisos relacionados con el cambio climático. Esta obligación debe aplicarse a empresas públicas y privadas, instituciones financieras, así como a pequeñas y medianas empresas, y trascender las fronteras nacionales.
2. Responsabilidad legal por abusos: El Observatorio Ciudadano sugiere respaldar la exigencia de respeto y prevención con posibles repercusiones legales en ámbitos civiles, penales y administrativos en casos de abusos a los derechos humanos o daños al medio ambiente. Se destaca la responsabilidad de las empresas para afrontar las consecuencias económicas derivadas de dichos abusos, contribuciones a ellos o falta de medidas preventivas adecuadas según las circunstancias específicas.
3. Acceso a la Justicia: Con el objetivo de garantizar la prioridad de las víctimas en la responsabilidad empresarial, se propone establecer normativas y mecanismos legales que autentifiquen su derecho a la justicia. Esto implica la creación o ajuste de leyes para eliminar barreras que limiten el acceso en caso de abusos empresariales, asegurando igualdad en los procedimientos judiciales y reparación integral. Además, se resalta la necesidad de eliminar obstáculos sustanciales, procesales o prácticos que impidan el acceso y la reparación efectiva para las víctimas.
4. Ejes transversales: El Observatorio Ciudadano sugiere que la nueva legislación y regulaciones incorporen y fortalezcan los derechos rela-

50 Observatorio Ciudadano, «Derechos humanos y empresas: contexto local, global y desafios para Chile».

cionados con la participación, consulta y consentimiento libre, previo e informado. Estos deben considerarse como derechos fundamentales que las empresas y las autoridades deben respetar y salvaguardar, integrándolos de manera integral en los procedimientos de funcionamiento tanto de entidades gubernamentales como de empresas, como parte esencial de su modus operandi.

Estos cuatro aspectos son tratados en un informe liderado por la Federación Internacional por los Derechos Humanos (FIDH) junto a otros actores que mapea y sugiere estándares para las discusiones sobre regulaciones de derechos humanos y empresas en América Latina[51].

3.2. Academia

La academia también ha jugado un rol fundamental en materia de discusión sobre cuestiones relativas a derechos humanos y empresas. A modo de ejemplo, el Centro de derechos humanos de la Universidad Diego Portales participa activamente de la plataforma de sociedad civil reseñada recientemente. La Universidad Diego Portales además formó parte fundamental de la adopción del primer PAN, al realizar el Estudio de línea base[52] y ha estado permanentemente involucrado en investigación especializada, entre otras en temas relativos a empresas del Estado y salmonicultura, así como en la participación de foros de alto nivel en estas materias y capacitaciones a distintos actores, incluyendo un Diplomado en Derechos Humanos y Empresas[53]. Por su parte la Universidad Alberto Hurtado también ha estado presente en el debate público sobre derechos humanos y empresas. La Facultad de Economía y Negocios de dicha Universidad también se integró a la Plataforma de Organizaciones de la Sociedad Civil sobre Derechos Humanos y Empresas a principios de 2023[54] y desde El 2022 que desarrolla un Diplomado Internacional sobre Derechos Humanos y Empresas. Estas dos Instituciones forman parte de la Plataforma de organizaciones de la Sociedad Civil y es esperable que la postura en un potencial debate sobre una legislación en materia de debida diligencia se alinee con esa postura.

51 Quijano, G., «Informe regional preliminar: Agenda legislativa para la responsabilidad legal de las empresas por abusis a ls derechos humanos y dano al medio ambiente en Latinoamerica», 2023, https://www.fidh.org/IMG/pdf/amerlatine814e.pdf.

52 Schönsteiner, «Estudio Linea Base en Empresas y Derechos Humanos Chile».

53 Centro de Derechos Humanos UDP, «Empresas y Derechos Humanos», Universidad Diego Portales, 2023, https://derechoshumanos.udp.cl/quienes-somos/areas-de-trabajo/empresas-y-derechos-humanos/.

54 FEN, «FEN UAH se une a organizaciones que buscan incidir en políticas que normen la actividad empresarial con pleno respeto a los DDHH», *Facultad de Economía y Negocios* (blog), 14 de febrero de 2023, https://fen.uahurtado.cl/2023/noticias/fen-uah-se-une-a-organizaciones-que-buscan-incidir-en-politicas-que-normen-la-actividad-empresarial-con-pleno-respeto-a-los-ddhh/.

Desde otro enfoque, la Pontificia Universidad Católica de Chile también ha jugado un rol importante en la discusión sobre empresas y derechos humanos a través de su programa de sostenibilidad corporativa alojado en la Facultad de Derecho. Entre otras, a solicitud de la Subsecretaria de Derechos Humanos publicaron en 2020 una Evaluación del Plan de Acción Nacional de Empresas y Derechos Humanos y un Informe de Mecanismos de Participación Ciudadana para la segunda versión del Plan de Acción Nacional de DDHH y Empresas[55]. Además, han publicado un Primer Diagnóstico sobre Empresas y Derechos Humanos en conjunto con la Organización Internacional del Trabajo y el Proyecto CERALC que analiza el comportamiento de 29 empresas en esta materia, cuyos resultados se describen brevemente en la siguiente subsección[56]. En materia de educación, el Programa de Sostenibilidad se ha enfocado principalmente en el mundo privado. Lideran dos diplomados uno sobre compliance y buenas prácticas corporativas y otro sobre compliance y gobernanza, además realizan capacitaciones para empresas y cursos especializados. Por su parte, la Pontificia Universidad Católica de Valparaíso ha desarrollado una línea de consultoría experta en materia de derechos humanos y empresas y han estado involucrados directamente en la aplicación de procesos de debida diligencia con empresas públicas y privadas, como veremos más adelante, además en su currículo educativo integran un diplomado sobre integración estratégica de la sostenibilidad corporativa. Desde esta perspectiva, es importante analizar cómo se han integrado los estándares de derechos humanos y empresas por parte de actores empresariales públicos y privados y con ello poder adelantar parte de las eventuales posiciones que se plantearan en un escenario de eventual discusión futura sobre la debida diligencia.

3.3. Empresas

Como ya se adelantó, durante el 2022, la Organización Internacional del Trabajo junto a la Facultad de Derecho de la Pontificia Universidad Católica de Chile, publicaron el primer diagnóstico chileno sobre empresas y derechos humanos[57]. Este diagnóstico se determinó evaluar a las 29 empresas del Índice de Precios Selectivos de Acciones (IPSA Chile), que reúne a las

55 Programa Sostenibilidad Corporativa PUC, «Compilado de informes Estudio de actualización, evaluación del Plan de Acción Nacional de Derechos Humanos y Empresas, y propuesta para la elaboración de su segunda versión».

56 Programa Sostenibilidad PUC, Organización Internacional del Trabajo y Proyecto CERALC, «Primer Diagnóstico Empresas y Derechos Humanos Chile 2022» (Pontificia Universidad Catolica de Chile, 2022), https://sostenibilidadcorporativa.uc.cl/images/investigacion/Primer_Diagnostico_Empresas_y_DDHH_Chile_2022.pdf.

57 Programa Sostenibilidad PUC, Organizacion Internacional del Trabajo y Proyecto CERALC.

empresas con mayor presencia bursátil en la Bolsa de Comercio de Santiago de Chile. La decisión de limitar la muestra a las empresas del IPSA se debió a que es una muestra de grandes empresas nacionales, y a que son las principales empresas sujetas a la fiscalización de la Comisión para el Mercado Financiero y su —ya analizada— norma de carácter general N.° 461.

Para el análisis de derechos humanos se tomaron en consideración varias categorías relacionadas entre ellas: compromiso y gobernanza, integración de los derechos humanos y su debida diligencia, y mecanismos de reclamación y remediación. En términos agregados el diagnóstico sugiere que existe «un grupo relevante de empresas que, a pesar de contar con una política de derechos humanos o expresar su compromiso con ellos en alguna política formal, sólo manifiesta dicho compromiso de forma abierta y genérica»[58]. En lo relativo a debida diligencia, el diagnóstico destaca que «sólo un 28 % de las empresas del índice IPSA Chile declaran haber realizado o estar realizando procesos de debida diligencia. Ahora bien, muchas de aquéllas que declaran lo anterior fallan luego en dar detalles de las características de dichos procesos, en explicitar si han sido realizados con asesoría de expertos, en decir sí incluyeron consultas a grupos de interés, o en proporcionar indicadores adicionales que permitan determinar el nivel de profundidad y robustez de dichos procesos»[59]. En enero de 2024, se publicó el segundo diagnóstico sobre derechos humanos y empresas, donde se observa que en materia de debida diligencia, existe un leve aumento en el cumplimiento promedio de las empresas Índice de Precios Selectivo de Acciones (IPSA), subiendo el nivel de cumplimiento en 0,5 puntos, lo que constituye un alza de un 3 %[60].

A pesar del bajo rendimiento en materia de debida diligencia por parte de las empresas, estas han intentado generar estándares sobre debida diligencia en distintas materias. Así, por ejemplo, la Asociación de Empresas de Alimentos de Chile (Chilealimentos) con el apoyo de ProChile y la colaboración de la Subsecretaria de Relaciones Económicas Internacionales, la Agencia de Sustentabilidad y Cambio Climático y Fundación Casa de la Paz, han desarrollado un set de materiales sobre Derechos Humanos, bajo un enfoque de Debida Diligencia ha publicado una serie de guías sobre debida diligencia en derechos humanos que buscan contexto o temas particulares. Así, por ejemplo, se ha publicado la guía sobre debida diligencia en el trabajo infantil, en el trabajo Forzoso y en la Cadena de Suministro. Por su parte, hay empresas que si bien no fueron parte del estudio de la OIT, han generado proceso constantes de debida diligencia, así por ejemplo, un estudio realizado por la Oficina del Alto Comisionado de Naciones Unidas para los Derechos

58 *Ibid, 14.*

59 *Ibid.*

60 Bernier, S., Ibanez, J. E. y Loyola, F. «Segundo Diagnóstico Empresas y Derechos Humanos Chile 2023» (Santiago, Chile: OIT, PUC, enero de 2024).

Humanos destaca que la representante de una empresa extractiva chilena, «la identificación de los potenciales impactos debe ser un proceso continuo, por lo cual se definió que se realizará la debida diligencia en esta materia cada 3 años, período durante el cual se trabaja en el cierre de brechas, capacitación y difusión constante de nuestro compromiso»[61].

3.4. Empresas del Estado

La incorporación de medidas sobre debida diligencia es también un proceso relativamente nuevo para las empresas públicas. A modo de ejemplo, tanto CODELCO como el Banco del Estado han incorporado activamente ejercicios de debida diligencia en sus operaciones, marcando un cambio significativo en la gestión de riesgos y responsabilidad corporativa. En el caso de CODELCO, la empresa minera más grande del Estado, la debida diligencia en derechos humanos se ha convertido en una práctica corporativa asumida integralmente desde el 2021. Es a partir de ese año que las ocho divisiones están siendo evaluadas en cuanto a su desempeño en derechos humanos por Enact, una consultora sueca, y el Centro Vincular de la Pontificia Universidad Católica de Valparaíso. El propósito de esta evaluación es detectar posibles brechas con el objetivo de mejorar la conducta empresarial en toda la cadena de suministro. La consultora informa sobre los riesgos e impactos en derechos humanos que podrían afectar a terceros; estos datos se recopilan tanto a través de la observación en el trabajo de campo como mediante la revisión de las matrices desarrolladas por las divisiones según la metodología corporativa. La siguiente fase implica identificar controles y aspectos no abordados, los cuales deben ser abordados de manera multidisciplinaria, generando planes de acción con resultados medibles específicos para cada división[62]. Un ejemplo claro de este compromiso se evidencia en la evaluación de derechos humanos realizada en el Tranque de Relaves Talabre y las comunidades de Chiu Chiu y Lasana en 2022. Este ejercicio permitió identificar brechas con respecto al estándar de ICMM, demostrando el enfoque proactivo de CODELCO para gestionar los riesgos y posibles impactos en los derechos humanos[63].

En el ámbito financiero, el Banco del Estado ha adoptado un enfoque similar, introduciendo un proceso de debida diligencia en derechos humanos por primera vez en 2023. Este proceso se llevará a cabo cada dos años o en

61 ACNUDH, «Debida Diligencia Empresarial en Materia de Derechos Humanos» (CERALC, 2022), 22, https://empresasyderechoshumanos.org/wp-content/uploads/2022/10/Debida-Diligencia-Empresarial-en-Materia-de-Derechos-Humanos.pdf.

62 CODELCO, «Memoria Integral 2023» (CODELCO, 2023), 168, https://www.codelco.com/prontus_codelco/site/docs/20230418/20230418104108/memoriacodelco_sustentabilidad.pdf.

63 CODELCO, 149.

situaciones particulares, y tiene como objetivo identificar impactos y riesgos, anticipándose y previniendo externalidades negativas para sus grupos de interés. Este enfoque proactivo refleja el compromiso del Banco del Estado en garantizar la sostenibilidad y responsabilidad en sus operaciones, incluso en contextos de cambios operativos, fusiones o adquisiciones. En ambas entidades estatales, CODELCO y el Banco del Estado, la debida diligencia no se limita a la identificación de riesgos, sino que también se enfoca en la mejora continua, sin embargo, al no estar publicados los resultados, su seguimiento se vuelve difícil de analizar.

En conclusión, la integración de distintas posiciones de diversos actores para la generación de un proyecto de ley que cumpla con estándares mínimos en materia de debida diligencia en derechos humanos en Chile se vislumbra como un desafío complejo pero alcanzable. La participación de las organizaciones de la sociedad civil, como la plataforma creada en Chile en 2021, y sus propuestas detalladas para la legislación, reflejan una preocupación arraigada por el respeto a los derechos humanos y el medio ambiente. La exigencia de estándares internacionales actualizados, la inclusión de todos los sectores económicos relevantes y la creación de un sistema sólido de regulación y fiscalización son elementos clave destacados por estas organizaciones. La propuesta de la sociedad civil también aborda la responsabilidad legal por abusos y destaca la importancia de garantizar el acceso a la justicia, evidenciando una perspectiva integral en la búsqueda de soluciones. Además, la participación de la academia, representada por instituciones como la Universidad Diego Portales y la Pontificia Universidad Católica de Chile, agrega una dimensión de investigación y conocimiento especializado al debate. Las recomendaciones y análisis provenientes de estas instituciones podrían contribuir a la formulación de políticas basadas en evidencia y a la comprensión más profunda de las implicaciones de la legislación propuesta. En este sentido, el compromiso continuo de la academia con la discusión sobre derechos humanos y empresas refleja una perspectiva de largo plazo y la importancia de la educación en la implementación efectiva de la debida diligencia.

Finalmente, la participación de empresas, tanto del sector privado como del Estado, es fundamental para el éxito de la legislación propuesta. Aunque el diagnóstico revela un rendimiento variable en la debida diligencia por parte de las empresas, la existencia de iniciativas y estándares generados por sectores como la alimentación demuestra un intento por avanzar hacia mejores prácticas. La adopción activa de la debida diligencia en derechos humanos por parte de entidades estatales como CODELCO y el Banco del Estado señala una dirección positiva hacia la integración de prácticas responsables en el ámbito público. En conjunto, la convergencia de estas perspectivas y la disposición al diálogo entre actores diversos será clave si acaso se quiere vislumbrar la posibilidad de una legislación robusta que promueva la debida diligencia en derechos humanos en Chile.

4. A modo de conclusión

En el ámbito internacional, Chile ha desempeñado un papel activo en las discusiones sobre empresas y derechos humanos, comprometiéndose tanto en el desarrollo de normativas como en la adopción de principios y tratados. En respuesta a la creciente presencia de empresas multinacionales en países en desarrollo en las décadas del 60 y 70, se observa la primera iniciativa de regulación en el ámbito de los derechos humanos y empresas. Chile, a lo largo de su historia, ha participado significativamente en debates globales sobre derechos humanos, mostrando compromiso en las conversaciones internacionales. En particular, ha desempeñado un papel destacado en la adopción de los Principios Rectores sobre Empresas y Derechos Humanos (PRNU) de las Naciones Unidas en 2011.

Chile, como miembro del Consejo de Derechos Humanos en 2011, respaldó la aprobación de los PRNU. Además de su participación en los PRNU, Chile ha estado involucrado en las negociaciones sobre el tratado vinculante a nivel internacional. En la última sesión de 2023, Chile tomó una posición activa en este proceso, abogando por la inclusión de todas las empresas en el ámbito de aplicación del tratado. En el ámbito regional, Chile ha promovido iniciativas para aplicar los PRNU, fomentando la concientización y el intercambio de información sobre buenas prácticas en derechos humanos y empresas entre los Estados miembros de la Organización de Estados Americanos. Además, ha sido parte de las deliberaciones en el Sistema Interamericano de Derechos Humanos, donde la Comisión y la Corte Interamericana han utilizado los PRNU en casos que involucran a empresas chilenas, estableciendo estándares para la responsabilidad estatal y empresarial en el respeto de los derechos humanos.

Las prácticas en foros internacionales se han reflejado solo en cierta medida a nivel nacional. La falta de implementación de medidas vinculantes sobre derechos humanos y empresas a nivel nacional en Chile refleja un escenario marcado por la carencia de avances sustanciales en el desarrollo de la debida diligencia. A pesar de los esfuerzos gubernamentales para elaborar Planes de Acción Nacional (PAN) sobre derechos humanos y empresas, las críticas de la sociedad civil se han centrado en la falta de participación efectiva y la orientación predominantemente estatal en lugar de abordar la responsabilidad de las empresas. Estos planes, como el PAN 2 aprobado en 2022, siguen reforzando la tendencia de responsabilizar al Estado en lugar de establecer un equilibrio con la responsabilidad empresarial.

A nivel normativo, la ausencia de regulaciones obligatorias sobre derechos humanos y empresas en Chile es evidente, ya que los PAN no han guiado hacia medidas vinculantes. Aunque se han agilizado normativas que establecen las responsabilidades civiles y penales de las empresas según el ordenamiento jurídico chileno, estas no han evolucionado para abordar de manera integral la debida diligencia empresarial. Incluso iniciativas legislativas recientes, como la actualización de la normativa sobre compras públicas y el intento de constitucionalizar materias sobre derechos humanos y empresas, se quedaron cortas en su implementación efectiva.

A pesar de estos desafíos, se observan avances en el ámbito judicial y administrativo, donde la Corte Suprema ha avanzado en estándares sobre empresas y derechos humanos. Sin embargo, estas decisiones judiciales no han sido suficientes para llenar el vacío normativo. Aunque existen expectativas de discutir una legislación de debida diligencia en derechos humanos en el futuro, la falta de implementación concreta hasta la fecha sugiere un contexto normativo de oportunidades perdidas y un rezago en la protección efectiva de los derechos humanos frente a las actividades empresariales en Chile.

Es precisamente en este contexto ambivalente de una política exterior comprometida pero cuyo reflejo normativo a nivel nacional se ha visto más bien restringido que los distintos actores tendrán que marcar sus posiciones para lograr la ansiada ley de debida diligencia que cumpla con estándares mínimos de los PRNU, debe abarcar todo el catálogo de derechos humanos y aplicarse a todas las empresas, sin importar su tamaño, sector o condición. En el ámbito de la debida diligencia en derechos humanos, es esencial ir más allá de los requisitos mínimos y abordar las asimetrías de poder entre distintos actores, como destaca Surya Deva[64]. La falta de participación activa de las personas afectadas durante la debida diligencia, que suele ser llevada a cabo por empresas o consultores, crea un desequilibrio en poder, información y recursos a favor de las empresas. Para evitar que la debida diligencia se convierta en un mero cumplimiento formal, la discusión sobre una ley obligatoria de debida diligencia debe exigir la participación efectiva de sindicatos y organizaciones civiles en todas las etapas del proceso. Además, es crucial superar la percepción de la debida diligencia como un simple proceso, ya que su institucionalización no garantiza mejoras sustanciales en el respeto de los derechos humanos. Las leyes de debida diligencia deben esperar resultados concretos en lugar de centrarse exclusivamente en el proceso, especialmente al abordar impactos adversos de derechos humanos vinculados a las acciones propias o conducta de socios comerciales.

64 Deva, S., «Mandatory Human Rights Due Diligence Laws in Europe».

LA (PROPUESTA DE) LEY DE DEBIDA DILIGENCIA EMPRESARIAL OBLIGATORIA E IMPLEMENTACIÓN DEL PRIMER PLAN NACIONAL DE ACCIÓN SOBRE EMPRESAS Y DERECHOS HUMANOS DE PERÚ

Federico Chunga Fiestas*

Abogado, consultor internacional en empresas y derechos humanos

* Abogado especializado en empresas y derechos humanos, conducta empresarial responsable, derecho constitucional, y políticas públicas con enfoque de derechos humanos e integridad y lucha contra la corrupción. Ha cursado estudios en la Universidad Nacional de Piura, la Pontificia Universidad Católica del Perú, la Universidad de Chile, el Instituto de Políticas Públicas y Derechos Humanos del MercoSur, la Universidad San Martín de Porres, entre otras instituciones. Cuenta con 17 años de experiencia en el sector público, habiendo cumplido labores de formulación, supervisión y evaluación de políticas públicas desde el enfoque de derechos humanos. Desde enero de 2019 hasta junio de 2021, por encargo del Ministerio de Justicia y Derechos Humanos y en calidad de coordinador general, lideró el proceso de elaboración del Plan Nacional de Acción sobre Empresas y Derechos Humanos 2021-2025, aprobado el 11 de junio de 2021 (Decreto Supremo N.° 09-2021-JUS). Actualmente es consultor internacional independiente.

Introducción

Perú aprobó su primer plan nacional de acción sobre empresas y derechos humanos (PNA) en junio de 2021, luego de un proceso de elaboración que duró poco más de dos años y medio, bajo la dirección de su Ministerio de Justicia y Derechos Humanos (en adelante, MINJUSDH). En él participaron 132 instituciones del Estado, el sector empresarial, las organizaciones de la sociedad civil, los pueblos, indígenas, los sindicatos, organizaciones internacionales y de la cooperación internacional. Se trata del tercer plan nacional de acción aprobado en Latinoamérica y, a la fecha, el más participativo, inclusivo y transparente de su tipo a nivel global.

Las 97 acciones del PNA peruano desarrollan cuatro grandes líneas de trabajo, de las cuales el presente artículo abordará, principalmente, la tercera: la implementación colaborativa (entre Estado, sector empresarial y otras partes interesadas) del proceso operativo de debida diligencia empresarial en derechos humanos. Para ello el PNA se propone contribuir al progresivo fortalecimiento de la cultura empresarial de derechos humanos a través de, entre otras acciones, la capacitación, articulación, asistencia técnica, elaboración e implementación de guías especializadas, y la construcción de un mecanismo de reporte y seguimiento —en este último caso, desde la política pública— de la implementación de la debida diligencia por parte de las empresas. El mencionado mecanismo resulta novedoso en el comparativo de planes nacionales de acción latinoamericanos, puesto que recoge, por primera vez, el compromiso del sector empresarial —representado en el proceso de elaboración del PNA por sus principales gremios— no solo de implementar la debida diligencia sino de reportarla al Estado.

Otra particularidad del PNA es que prevé una acción, la número 30, que declara el compromiso de todos los actores de evaluar dentro de la mesa multiactor, en el año 2024, la pertinencia de elaborar una propuesta de ley de debida diligencia empresarial obligatoria que, además, esté basada en la experiencia ganada a través de la implementación del PNA hasta esa fecha. Este rasgo también lo distingue de los otros planes latinoamericanos, aunque queda aún lejos del modelo asumido por el plan nacional de acción de Alemania. La acción 30 motivó que a fines de 2022 un conglomerado de organizaciones de la sociedad civil, bajo el liderazgo de la organización Perú Equidad, inserte en la agenda pública un proyecto de ley de debida diligencia obligatoria, cuyo trámite formal aún no ha sido definido. Sin embargo, este solo hecho representa una oportunidad valiosa para promover una discusión seria sobre los siguientes pasos de la política pública nacional sobre empresas y derechos humanos de Perú.

A la fecha en que se termina de escribir este artículo, en el último día de febrero de 2024, no se cuenta con un informe oficial sobre el avance de la implementación del PNA peruano, aunque informes de la sociedad civil aun no publicados dan cuenta de un muy bajo cumplimiento de metas (menor al

10 %), pese a que el periodo de implementación es ya de cerca de tres años. Como se preveía, teniendo en cuenta la experiencia nacional en otros casos, las acciones sobre las que más se ha avanzado son las relacionadas con actividades de capacitación e instalación de mecanismos de diálogo participativo, principalmente porque derivan naturalmente de otras actividades ya iniciadas en la etapa de elaboración del PNA.

Por otro lado, tampoco se cuenta con información oficial sobre los avances alcanzados por el sector empresarial en la implementación operativa de la debida diligencia. Aun cuando el sector de la gran empresa ha demostrado su interés en implementarla, este interés parece estarse limitando, también, a actividades de capacitación, y creación de mecanismo gremiales para impulsar la incorporación del enfoque en las políticas corporativas, como los comités de empresas y derechos humanos en al menos cinco cámaras de comercio regionales. Por lo demás, todavía son escasas las pruebas concretas del fortalecimiento de una cultura de derechos humanos en el sector empresarial, aunque ello no signifique que no se hayan dado avances significativos.

Tal vez aún es muy pronto para afirmarlo categóricamente, pero uno de estos avances es que todos los actores peruanos, incluido el sector de la gran empresa —que se mostró reacio a aceptarlos al inicio del proceso— utilizan los Principios Rectores de las Naciones Unidas, complementados con las Líneas Directrices de la OCDE para Empresas Multinacionales, como lenguaje común y, a partir de ello, han asumido el compromiso formal de adecuar su funcionamiento gremial y empresarial a esos estándares internacionales y, en particular, al concepto de debida diligencia empresarial, más afín al marco internacional de los derechos humanos que al tradicionalmente empresarial, enfocado en el *compliance*, la responsabilidad social, la filantropía o, incluso, la negación de esa responsabilidad. Tal como lo señala el Grupo de Trabajo de la ONU, la expectativa de que las empresas ejerzan la debida diligencia en materia de derechos humanos, «se está transformando en una norma de conducta jurídicamente vinculante»[1].

Ciertamente, este lenguaje o sentido común aún es incipiente. Pese a los compromisos asumidos y al discurso empresarial oficial de respeto irrestricto a los derechos humanos, se mantienen posiciones gremiales abiertamente contrarias al enfoque de empresas y derechos humanos, especialmente, cuando se trata de influenciar sobre legislación y políticas públicas vinculadas con el sector extractivo y el ámbito laboral. Estos discursos persisten, por ejemplo, para defender la permanencia de regímenes de inversión —con décadas de vigencia, pero teóricamente «excepcionales y transitorios»— que

1 GRUPO DE TRABAJO DE LAS NACIONES UNIDAS SOBRE LA CUESTIÓN DE LOS DERECHOS HUMANOS Y LAS EMPRESAS, «Décimo aniversario de los Principios Rectores sobre las Empresas y los Derechos Humanos: balance del primer decenio». ONU. A/HRC/47/39, p. 5.

recortan derechos laborales bajo la lógica de que así se brinda condiciones de competitividad a determinada industria, o se favorece la contratación formal de los sectores menos favorecidos del mercado laboral. Por ejemplo, la vigencia de un decreto supremo que busca asegurar que no se tercerice actividades del núcleo del negocio ha sido suspendida por una decisión administrativa del órgano de protección de la competencia, a solicitud de un sector de la gran empresa, bajo el argumento de que dicha prohibición constituye una «barrera burocrática» para las empresas[2].

En este y otros casos la gran empresa todavía sigue utilizando su amplísimo poder de incidencia en las decisiones estatales para imponer sus puntos de vista, obviando justamente su compromiso de promoción y participación en un diálogo social igualitario, asumido a través del PNA. Al persistir en esta forma de hacer las cosas, contraviniendo los Principios Rectores a los que se han adherido voluntariamente, la gran empresa deja en claro que aún queda mucho trabajo por hacer desde la política pública y que la voluntariedad empresarial es absolutamente insuficiente para la efectiva vigencia de los estándares internacionales.

No estamos, sin embargo, en el punto de inicio. Falta derribar varios y variados mitos antagónicos del tipo «crecimiento económico o derechos humanos», pero las contradicciones entre empresas formales, Estado y sociedad civil, al menos en el discurso público, ya no versan sobre si tienen o no la responsabilidad de proteger y respetar los derechos humanos, sino sobre el grado de cumplimiento de esas obligaciones (si es un cumplimiento real o aparente, por ejemplo) y sobre la forma más efectiva de cumplirlas. Son, incipiente y superficialmente aún, discusiones pragmáticas basadas en principios, para usar la nomenclatura con que John Ruggie[3] se refería a la naturaleza de los Principios Rectores.

Cada vez es más evidente que los Principios Rectores han contribuido con este cambio significativo, al menos a nivel de discurso público y políticas públicas. Pero el riesgo de que sea apenas un cambio aparente sigue siendo alto en un país con un Estado débil, una gran empresa desmedidamente hegemónica en su poder de incidencia en las decisiones públicas, y sindicatos, pueblos indígenas y organizaciones de la sociedad civil debilitados. El PNA corre el riesgo de convertirse en una buena intención si no se utiliza el acuerdo multiactor básico alcanzado en el proceso de elaboración del PNA para generar cambios concretos y sostenibles a mediano y largo plazo en

2 Se trata del Decreto Supremo N.° 001-2022-TR, publicado en el diario oficial *El Peruano* el 23 de febrero de 2022, que «modifica el Decreto Supremo N.° 006-2008-TR, que aprueba el Reglamento de la Ley N.° 29245 y del Decreto Legislativo N.° 1038, que regulan los servicios de tercerización».

3 Ruggie, J. G., «¿Solamente negocios? Multinacionales y derechos humanos», Icaria Editorial, 2014.

temas cruciales como el fortalecimiento de las instituciones y políticas públicas bajo el enfoque de derechos humanos, la captura corporativa del Estado y los desequilibrios de poder, o el fortalecimiento de las instituciones de la sociedad civil.

Por eso es tan relevante que a poco más de la mitad del periodo de vigencia del primer PNA peruano se empiece a discutir si se ha avanzado lo suficiente y si es necesario o conveniente avanzar, en ese escenario, hacia una ley de debida diligencia obligatoria. El propósito del presente artículo es presentar, teniendo como objeto de estudio el proyecto de ley de debida diligencia de la Plataforma de la Sociedad Civil sobre Empresas y Derechos Humanos, algunas reflexiones que permitan responder a esas preguntas tan fundamentales como urgentes.

1. La incorporación del concepto de debida diligencia empresarial en el ordenamiento peruano

El concepto de debida diligencia empresarial en derechos humanos fue incorporado dentro del ordenamiento peruano, de modo explícito a través de la aprobación del Plan Nacional de Acción sobre Empresas y Derechos Humanos 2021-2025, aprobado en junio de 2021. Este plan establece como su objetivo principal incorporar los Principios Rectores de las Naciones Unidas sobre Empresas y Derechos Humanos en todas las políticas públicas nacionales relacionada con la actividad empresarial, así como ejecutar acciones para promover que las empresas públicas y privadas implementen operativamente mecanismos de debida diligencia[4].

Sin embargo, como hemos desarrollado con más amplitud en un artículo publicado en 2022[5] el marco general de conducta empresarial responsable y debida diligencia ya formaba parte de nuestro ordenamiento interno, aunque no de modo expreso ni obligatorio, antes de la aprobación del PNA. El marco de Conducta Empresarial Responsable (en adelante, CER), fue asumido como parte de la política pública nacional desde la adhesión formal de Perú, en 2008, a las Líneas Directrices de la OCDE para Empresas Mul-

4 El compromiso estatal inicial de elaborar un PNA con el objetivo de incorporar los Principios Rectores en todas las políticas públicas nacionales fue adoptado en el Lineamiento N.° 5 del Plan Nacional de Derechos Humanos 2018-2021, aprobado mediante el Decreto Supremo N.° 02-2018-JUS (cf. MINJUS, 2018, pp. 17-18).

5 Al respecto, véase: CHUNGA FIESTAS, F., «La debida diligencia empresarial obligatoria, el ineludible siguiente paso de la política pública peruana sobre empresas y derechos humanos», *Conducta empresarial responsable y derechos humanos. Normas vinculantes y debida diligencia*, Universidad Antonio Ruiz de Montoya y Centro de Políticas Públicas Perú Equidad, Lima, 2022.

tinacionales (en adelante, las Líneas Directrices de la OCDE), motivo por el cual se creó el Punto Nacional de Contacto (PNC) de las Líneas Directrices de la OCDE, establecido en la Agencia de Promoción de la Inversión Privada (ProInversión), entidad adscrita al Ministerio de Economía y Finanzas (MEF). Ello, sin embargo, no produjo acciones concretas de política pública para la implementación de medidas que garantice el respeto de los derechos humanos por parte de las empresas.

Además, antes de la adhesión a estos estándares, Perú ya contaba con normativa interna vinculada con la responsabilidad empresarial en temas de derechos humanos, aunque escasamente desarrollada a nivel administrativo o jurisprudencial. Esta normativa, de rango constitucional, es reforzada por los tratados de derechos humanos de los que el Perú es parte[6], como la Declaración Americana de los Deberes y Derechos del Hombre y el Pacto Internacional de Derechos Civiles y Políticos y al Pacto Internacional de Derechos Económicos, Sociales y Culturales. Los Principios Rectores aportan a este bloque constitucional un contenido más preciso, desarrollando el concepto y características de la debida diligencia. Asimismo, desde hace algunos años han venido siendo adoptados por la Corte Interamericana de Derechos Humanos como parámetros de interpretación, por ejemplo, en los casos *Buzos Miskitos contra Honduras* y *Vera Rojas contra Chile*, ambos de 2021. En estas sentencias, la Corte IDH ha precisado que la debida diligencia debe ser adoptada «*por cuenta*» de las propias empresas, independientemente de la acción estatal, pero, a la vez, que dicha obligación «debe ser regulada por el Estado».

A nivel legal también hay normativa prexistente[7], entre las que destacan la Ley General de Sociedades (Ley N.° 26887), que regula la nulidad del pacto social o de los acuerdos societarios siempre que sean contrarios al orden público, concepto dentro del cual los derechos humanos ocupan un lugar de primer orden. O el artículo 3 de la Ley Marco para el Crecimiento de la Inversión Privada (Decreto Legislativo N.° 757), que dispone que la libre iniciativa privada debe ejercerse en concordancia con las leyes, la Constitución y los tratados internacionales, dentro de los cuales, los más importantes son los de derechos humanos. La institución peruana de la responsabilidad civil extracontractual también guarda vinculación con la responsabilidad empresarial de derechos humanos o, cuenta con un amplio margen para producir jurisprudencia en ese sentido[8].

---

6 La Cuarta Disposición Final y Transitoria de la Constitución Política del Perú señala: «Las normas relativas a los derechos y a las libertades que la Constitución reconoce se interpretan de conformidad con la Declaración Universal de Derechos Humanos y con los tratados y acuerdos internacionales sobre las mismas materias ratificados por el Perú».

7 Un mapeo más amplio de parte de esta legislación puede encontrarse en Cantú (2021, pp. 429-503).

8 Así, los artículos 1969 y 1970 del Código Civil desarrollan, respectivamente, la responsabilidad extracontractual subjetiva (por daño y causalidad) y objetiva (por riesgo),

En el plano infralegal, a nivel administrativo hay también un conjunto nutrido de normas vinculadas con la debida diligencia empresarial, lo que es especialmente claro en temas ambientales y laborales. También hay en marcha un conjunto de políticas públicas y planes nacionales que prevén acciones para una efectiva vigencia de la normativa vinculada directa o indirectamente con la debida diligencia empresarial en materia de derechos humanos[9].

En paralelo a este múltiple desarrollo normativo y de políticas públicas, el sector empresarial formal, principalmente el de la gran empresa, ha implementado acciones en línea de fortalecer su labor en materia de derechos humanos. Lo ha hecho, por iniciativa voluntaria, por lo general, desde la responsabilidad social y el *compliance*, a través del desarrollo de códigos de conducta por empresa, *holding* o gremiales, que también han incorporado, en algunos casos, mandatos en el ámbito de los derechos humanos. Estos mecanismos fueron fortalecidos, sobre todo en un sector de la gran empresa, con la aprobación en 2000 del Pacto Global de Naciones Unidas, cuyos diez principios desarrollan compromisos para la acción basados en la responsabilidad social en relación con los derechos humanos en general, y en los ámbitos específicos de Trabajo, Ambiente y Anticorrupción. Todos estos compromisos se derivan de la Declaración Universal de los Derechos Humanos, la Declaración de la Organización Internacional del Trabajo (en adelante, OIT) relativa a los principios y derechos fundamentales en el trabajo, la Declaración de Río sobre el Medio Ambiente y el Desarrollo, y la Convención de las Naciones Unidas contra la Corrupción.

además de supuestos de debida diligencia civil, extrapolables, dependiendo de la casuística y el criterio judicial, a la debida diligencia empresarial. Entre ellos, la inimputabilidad por diligencia ordinaria (artículo 1314 del Código Civil), por caso fortuito o fuerza mayor (1315), la culpa leve (1320), la presunción de la culpa leve del deudor (1329), y la responsabilidad del que obra bajo órdenes, esto es la responsabilidad vicaria o solidaria (1981).

9 Esta normativa tiene impactos sobre las obligaciones de las empresas en derechos sujetos a fiscalización como en los casos de seguridad y salud en el trabajo, medio ambiente, trata de personas e interculturalidad. Como ya se dijo, sin contener mandatos expresos de debida diligencia, estas normas y las políticas dirigidas a su aplicación efectiva, pueden (y deben) ser interpretadas teniendo en cuenta también el marco de Principios Rectores. Entre las principales políticas públicas que deben ser consideradas en esta materia puede mencionarse las de Integridad y Lucha contra la Corrupción, Protección y Defensa del Consumidor, Transversalización del Enfoque Intercultural, Ambiente, Lavado de Activos y el Financiamiento del Terrorismo, la política pública frente a la Trata de Personas y sus formas de explotación, y las políticas Migratoria, Agraria, de Empleo Decente, Seguridad y Salud en el Trabajo, Energética, de Desarrollo Industrial, de Igualdad de Género, de Discapacidad para el Desarrollo al 2030. Un listado de las políticas nacionales y planeas nacionales vigentes está disponible en el portal institucional del Centro Nacional de Planeamiento Estratégico—CEPLAN; disponible enhttps://www.ceplan.gob.pe/politicas-nacionales-y-sectoriales/.

En esa misma dirección, un número cada vez mayor de plataformas y gremios empresariales vienen incorporando la debida diligencia basada en los Principios Rectores dentro de sus políticas corporativas. Los primeros pasos en ese sentido los dio, en marzo de 2019, la Confederación Nacional de Instituciones Empresariales Privadas (en adelante, la Confiep), con la creación de su Comité de Empresas y Derechos Humanos para, según nota de prensa de la época emitida por la Organización Internacional del Trabajo, «difundir y consolidar el aporte de las empresas formales en materia de derechos fundamentales y contribuir a la construcción de valor social en el Perú»[10]. En julio de 2019, y siguiendo esa línea de acción, la Confiep publicó su «Guía para el sector empresarial peruano sobre Empresas y Derechos Humanos», que contiene «pautas dirigidas a las empresas privadas para la implementación de buenas prácticas en materia laboral, social, y ambiental» y «brinda [a las mismas] el acceso al marco de actuación de los Principios Rectores, así como una metodología para avanzar en la implementación de la debida diligencia en materia del respeto por los derechos humanos»[11].

Como puede apreciarse, la Confiep, el principal gremio empresarial del país (y por tanto sus empresas agremiadas), ha asumido al más alto nivel su compromiso de desarrollar debida diligencia empresarial. Aunque lo haya hecho desde la idea de «buenas prácticas»[12], es importante destacar que la propia guía se refiere a estas como:

> «[...] aquellas que, teniendo como fundamento el respeto de los derechos humanos, superan las exigencias legales y buscan brindar mejores condiciones y mayores beneficios, así como adoptar medidas preventivas sobre los impactos negativos que pueden generar las actividades de las empresas respecto a la relación con los colaboradores, el entorno social, el medio ambiente y, por supuesto, su cadena de suministro»[13].

Es decir, a partir de esta declaración voluntaria que toma como parámetro los Principios Rectores y otros estándares, y que se vincula con el PNA (que Confiep respaldó desde el inicio de su elaboración), el principal gremio

10 La nota de prensa, emitida el 28 de marzo de 2019, se encuentra disponible en el siguiente enlace: https://www.ilo.org/lima/sala-de-prensa/WCMS_679879/lang--es/index.htm

11 CONFEDERACIÓN NACIONAL DE INSTITUCIONES EMPRESARIALES PRIVADAS DEL PERÚ-CONFIEP, «Guía para el sector empresarial peruano sobre empresas y derechos humanos», 2019, p. 9.

12 252 de ellas, en estricto no todas bajo la lógica de los Principios Rectores, fueron recogidas por la CONFIEP en un estudio propio de fecha posterior. Otro grupo importante de buenas prácticas ha sido recogido en cada uno de los 23 documentos de diagnóstico del PNA.

13 CONFEDERACIÓN NACIONAL DE INSTITUCIONES EMPRESARIALES PRIVADAS DEL PERÚ-CONFIEP, «Guía para el sector empresarial peruano sobre empresas y derechos humanos», 2019,

empresarial del país se ha obligado a que las actividades empresariales se desarrollarán bajo los parámetros de la debida diligencia, un enfoque que sin ser aun legalmente obligatorio ya no es, en los hechos, solamente voluntario.

Otro ámbito que es importante mencionar es el de los gobiernos subnacionales. A través de actividades de descentralización del PNA 2021-2025, ejecutada por el MINJUSDH desde mediados de 2022 con el apoyo del Programa de las Naciones Unidas para el Desarrollo (PNUD), en los últimos meses de 2023, Ica y Piura, regiones limítrofes con el Océano Pacífico, la primera en el sur y la segunda en el norte del país, aprobaron similares ordenanzas regionales que declararon de «interés regional» la implementación descentralizada del PNA 2021-2025 y la incorporación del enfoque de conducta empresarial responsable en todas las políticas regionales vinculadas con las actividades empresariales[14]. La aprobación de ambos instrumentos normativos es el resultado inicial de una estrategia de articulación entre el gobierno central y los gobiernos regionales para promover, siguiendo la experiencia nacional de aprobación del PNA, un espacio regional multiactor a través del cual las políticas públicas regionales puedan utilizar la política pública nacional de empresas y derechos humanos para potenciar sus políticas regionales, abordando sus problemas territoriales desde el enfoque de empresas y derechos humanos.

El rápido recuento que hemos hecho del proceso de incorporación de la debida diligencia en el ordenamiento interno peruano, que tiene a la aprobación del PNA y de dos ordenanzas regionales sobre conducta empresarial responsable como su último hito, nos sirve para enfatizar que una ley de debida diligencia (o un tratado internacional vinculante) no vendría sino a formar parte, completar o reconfigurar un marco prexistente, amplio, variado y complejo, de tipo normativo constitucional, legal e infralegal, civil, penal o administrativo; jurisprudencial convencional, internacional y nacional; operativo empresarial, de gestión pública y hasta de incidencia desde la sociedad civil. En ese sentido, un debate sobre una ley de debida diligencia debe considerar todos estos ámbitos como condición de su viabilidad, efectividad y eficacia.

14 La Ordenanza Regional N.° 010-2023-GORE ICA fue publicada el 5 de octubre de 2023 y la Ordenanza Regional N.° 489-GRP-CR, esta última del Gobierno Regional de Piura, el 20 de noviembre de 2023. La estrategia de descentralización del MINJUSDH se concentró, en una primera etapa, en seis regiones, por lo que se espera que las otras cuatro (Arequipa, Cajamarca, Ucayali y Cusco) aprueben sus respectivas ordenanzas en los siguientes meses.

2. Sobre la necesidad de contar con un marco legal obligatorio de debida diligencia empresarial

Si bien el PNA no logró comprometer la aprobación de una propuesta de ley de debida diligencia, sí puso la cuestión en la agenda de la política pública a través de la acción 30, que obliga a «evaluar una propuesta normativa», o más puntualmente:

> «la pertinencia de una normativa específica de rango legal que regule la debida diligencia empresarial (...) la misma que se viene adoptando en otros países de Europa y América Latina, (...) teniendo en cuenta los avances alcanzados a través del PNA en el fortalecimiento de la política pública sobre PR-CER».

Aún con sus limitaciones, la fórmula tiene como referente al plan nacional de acción alemán, aunque es de menor alcance, pues en aquel país se estableció un plazo para que las empresas demostrasen que eran capaces de implementar voluntariamente mecanismos de debida diligencia, vencido el cual, sin haberlo hecho, el Estado aprobaría una ley que regulase su obligatoriedad. Así, el *Bundestag* alemán aprobó, luego de una ardua y compleja negociación, su *Ley de diligencia debida en la cadena de suministro*, casualmente el mismo día de la publicación del PNA peruano, el 11 de junio de 2021. El contexto peruano, menos avanzado respecto de la política pública de conducta empresarial responsable, hizo difícil lograr un consenso de ese tipo, pero el diálogo multiactor establecido fue suficiente para que el tema no fuese esquivado, gracias también a la incidencia de la Plataforma de la Sociedad Civil sobre Empresas y Derechos Humanos, que planteó el tema en el proceso de revisión de las acciones, indicadores y metas del PNA.

«Evaluar la pertinencia» de una ley concuerda, además, con el espíritu del proceso de elaboración (y también de implementación y evaluación) del PNA, basado en el objetivo central de promover —a través del diálogo entre iguales, de buena fe, basado en evidencia y en los estándares internacionales— una estrecha articulación entre Estado, empresas y sociedad civil para fortalecer una cultura de protección y respeto de los derechos humanos en el ámbito de las actividades empresariales[15]. Si la acción 30 es implementada siguiendo esa misma ruta, la evaluación sobre una ley de debida diligencia empresarial debería centrarse, visto el curso de las cosas a nivel global, ya no en si Perú debe o no contar con una ley, o si basta con la implementación voluntaria por parte del sector empresarial, sino sobre el tipo de ley que el contexto peruano requiere, sus alcances y condiciones de efectividad.

15 Para un desarrollo más amplio sobre el objetivo central de «articulación» del PNA, *cf.* Chunga Fiestas, F. (2021, pp. 29-56).

La necesidad de una ley no es aún una verdad de Perogrullo, pero está cerca de serlo. Como parte del diagnóstico del PNA, la OCDE aplicó, entre noviembre de 2020 y enero de 2021, una encuesta a 110 empresas peruanas (entre grandes, medianas y pequeñas) a fin de levantar información sobre el grado de implementación de los mecanismos de debida diligencia en cada una de ellas. El resultado arrojó que si bien un porcentaje significativo (69 %) declaró contar con una política por escrito sobre derechos humanos, empleo, derechos laborales, medio ambiente, lucha contra el soborno, intereses de los consumidores: a) menos de la mitad aplicó debida diligencia en sus cadenas de suministro; b) sus auditorías (el principal modo de verificar la eficacia de sus mecanismos) se centraban en acciones de lucha contra el soborno más que en temas de derechos humanos; y c) la implementación por parte de la pequeña empresa era muy baja[16].

En términos relativos, los resultados de esta encuesta demostrarían un avance en comparación con los de un Estudio de la Confiep del año 2019, el mismo que, sobre un universo de 252 empresas, encontró que solo el 7 % había adoptado políticas de derechos humanos y solo 31 % declaró realizar sus actividades teniendo en cuenta su impacto en derechos humanos, a través de códigos de conducta, códigos de ética, políticas de sostenibilidad, políticas d de medio ambiente, salud y seguridad ocupacional, entre otros[17]. Los datos, sin embargo, no permiten sacar conclusiones claras, pues no se trata de estudios comparables ni en la forma ni en el fondo.

A partir de esta y de otra información complementaria, y del amplio diálogo multiactor sobre 23 temas priorizados en el diagnóstico, el PNA desarrolló 97 acciones que directa o indirectamente apuntan al mismo objetivo de promover una cultura de conducta empresarial responsable basada en la debida diligencia. Catorce de estas acciones están expresamente dirigidas a cumplir con el objetivo de implementar mecanismos de debida diligencia en el sector empresarial privado y público, teniendo como parámetro a los Principios Rectores y otros estándares complementarios. Estas acciones conjugan la creación de un mecanismo de reporte obligatorio (para empresas públicas) y voluntario (para empresas privadas), la elaboración de un conjunto de 21 guías de temáticas específicas[18], la asistencia técnica estatal al sector empresarial, lo que incluye programas de capacitación, y tam-

16 Los resultados de esta encuesta formaron parte del documento diagnóstico del PNA sobre mecanismos de debida diligencia operacional del Ministerio de Justicia y Derechos Humanos (2021), disponible en el siguiente enlace: https://drive.google.com/drive/folders/1DT-MhBkeCapcGbYB-_I5TD7_FLqamKuHn

17 CONFEDERACIÓN NACIONAL DE INSTITUCIONES EMPRESARIALES PRIVADAS DEL PERÚ—CONFIEP,«Estudio sobre Empresas y los Derechos Humanos en el Perú.», s.d, pp. 14-15.

18 Al respecto, revísese las acciones 68, 69, 71 y 73 y 87 del PNA.

bién la ya señalada acción N.º 30, es decir, la evaluación de una propuesta legal de debida diligencia, que tenga en cuenta lo avanzado hasta 2024 en la implementación del PNA[19].

No obstante ese conjunto de acciones, los avances en la implementación de la debida diligencia empresarial desde la política pública son muy limitados aún y no se ha cumplido ninguna de las metas de las acciones descritas. Las empresas, en ese sentido, están avanzando por su cuenta. Por ejemplo, es destacable mencionar que la Sociedad Nacional de Minería, Petróleo y Energía, uno de los gremios empresariales más importantes e influyentes de Perú, organiza anualmente el Premio Desarrollo Sostenible que en los últimos años incorpora la categoría «Premio debida diligencia», además de otros como «Cambio climático», «Diversidad e inclusión», «Gestión ambiental». Destacable porque demuestra el interés del sector empresarial por alinearse a los estándares internacionales de derechos humanos, entre ellos los Principios Rectores, expresamente indicados en las bases del premio. Sin embargo, no se tiene conocimiento sobre hasta qué grado las empresas premiadas o nominadas han cumplido efectivamente todas las etapas del proceso de debida diligencia, por ejemplo, la participación significativa de partes interesadas, un tema sobre el que el sector empresarial se muestra reacio a implementar rigurosamente. La información tampoco es de acceso libre y no deja de ser llamativo que se trate de un premio que entrega el propio gremio a sus empresas integrantes, sin participación, en la evaluación, de actores relevantes como las comunidades indígenas o las organizaciones de la sociedad civil.

Como señala Amanda Romero, «los instrumentos voluntarios han demostrado ser inocuos para muchos casos que involucran graves incidentes causados por empresas»[20], más aún cuando, como en el caso peruano, la adecuada implementación de la debida diligencia se mide a través de premiaciones, más relacionadas con preservar o fortalecer la «imagen» de la empresa, que con la efectiva prevención de las afectaciones a derechos humanos. Esta tal vez sea una de las principales razones que abonan en la necesidad de normativa vinculante, aunque, como se sabe sobre todo en Latinoamérica, no basta la existencia de una ley para cambiar realidades,

---

19 Para una explicación más amplia sobre las acciones del PNA 2021-2025 de Perú que abordan la implementación de la debida diligencia empresarial, véase: MAMANI ORTEGA, F, «La debida diligencia empresarial en el Plan Nacional de Acción sobre Empresas y Derechos Humanos 2021-2025», *Revista Justicia y Derechos Humanos*, núm. 5, Ministerio de Justicia y Derechos Humanos de Perú, 2021, pp. 57-74.

20 Romero, A., *Hacia leyes nacionales de diligencia debida. Desafíos para la aplicación de los principios fundamentales de derechos humanos*. En: Fernández Maldonado, Enrique (compilador), Conducta empresarial responsable y derechos humanos. Normas vinculantes y debida diligencia, Lima, Universidad Antonio Ruiz de Montoya y Centro de Políticas Públicas y Derechos Humanos Perú Equidad, Lima, 2022, pág. 23-24.

puesto que al final de cuentas, como señala la sabiduría popular, la peor ley no es la que falta sino la que no se cumple.

Por otro lado, sea que la ley sea cumplida efectivamente o no, la debida diligencia, al menos respecto de la gran empresa, será obligatoria a nivel global en cuestión de lustros. Que así sea tiene mucho que ver con el aporte de los Principios Rectores, y tendrá consecuencias tangibles sobre la política peruana de libre comercio internacional, la capacidad de los países de atraer inversión de calidad, y en general sobre su desarrollo sostenible.

3. Análisis de la propuesta de ley de debida diligencia presentada por la Plataforma de la Sociedad Civil sobre Empresas y Derechos Humanos de Perú

3.1. Contenido de la propuesta

En mayo de 2022 el Centro de Políticas Públicas y Derechos Humanos Perú Equidad, como parte de la Plataforma de la Sociedad Civil sobre Empresas y Derechos Humanos de Perú, hizo público su «Proyecto de ley que regula la actividad empresarial y la debida diligencia en materia de derechos humanos y ambiente»[21]. El proyecto de 32 artículos, está dividido en cuatro títulos que, además de las disposiciones generales (título I), desarrolla cada uno de los pilares de los Principios Rectores: el deber de protección estatal, (título II), el deber de respeto de los derechos humanos (título III), y la responsabilidad empresarial en la reparación de las violaciones de derechos humanos (título IV). Además, contiene tres disposiciones finales complementarias y transitorias y una disposición final modificatoria única.

Como puede advertirse de su estructura, se trata de un proyecto de ley que regula, tomando como base los Principios Rectores, las Líneas Directrices de la OCDE, la Declaración Tripartita de la OIT y otros estándares, internacionales (artículo 3), las obligaciones estatales y empresariales en torno a diversos aspectos de la conducta empresarial responsable y no solo al proceso operativo de debida diligencia empresarial. Así, la norma se aplicaría a todas las empresas

> «nacionales o con participación de capital extranjero, privadas, públicas o con participación estatal, con independencia de su tamaño, sector de actividad, ubicación, propietarios y estructura, cuyas actividades u operaciones se realicen o tengan

21 Disponible en: https://equidad.pe/proyecto-de-ley-que-regula-la-actividad-empresarial-y-la-debida-diligencia-en-materia-de-derechos-humanos-y-ambiente/

impacto dentro del territorio nacional, incluso cuando se ejecuten por medio de sucursales, sus filiales, proveedores, subcontratistas o licenciatario, o se lleven a cabo a través de medios digitales, o no estén jurídicamente domiciliadas en el territorio nacional» (artículo 2).

3.1.1. Pilar I: el deber de protección estatal

En alineamiento con este pilar, el proyecto de ley desarrolla las obligaciones estatales de protección (artículo 4), entre ellas, la regulación de las actividades empresariales y la adecuación de la normativa a los estándares internacionales (4.1.a), el cumplimiento de la ley (4.1.b), la coherencia normativa (4.1.c), el cumplimiento de las sentencias (4.1.d), y el desarrollo de actividades de formación, asesoramiento y asistencia técnica a las empresas (4.1.e).

Igualmente, en su artículo 5 asigna la rectoría de la política y plan nacional de acción sobre empresas y derechos humanos al Ministerio de Justicia y Derechos Humanos, así como la obligación de «garantizar el cumplimiento de la presente Ley» (artículo 32), estableciendo la obligación de que su aprobación y revisión periódica se realice de manera descentralizada, en consulta previa con todas las partes interesadas. Para ello también regula el funcionamiento de espacios de diálogo y rendición de cuentas (artículos 8 y 9), como la «Mesa multiactor para la política y el Plan Nacional de Acción sobre Empresas y Derechos Humanos» (artículo 8.1), conformada por los representantes de los sectores que participaron en el proceso de elaboración del PNA (las entidades estatales, las empresas, las organizaciones sindicales, los pueblos indígenas u originarios, las organizaciones de la sociedad civil, así como las organizaciones internacionales y de cooperación internacional).

Cabe señalar que la definición de «partes interesadas» (artículo 4.2) es más amplio que ese grupo de representantes, pues incluye «accionistas, otros propietarios, los trabajadores y sus organizaciones sindicales, así como cualquier otra persona o grupo que resulte afectado por las actividades de las empresas», incluyendo aquellas «interesadas indirectamente cuando sus intereses resulten sustancialmente afectados, en el presente o en el futuro, por las actividades de las empresas», como «los grupos de consumidores, los clientes, los gobiernos de ámbito regional y local, las comunidades aledañas, los pueblos indígenas u originarios, las organizaciones no gubernamentales, las instituciones crediticias públicas y privadas, los proveedores, las asociaciones comerciales y demás».

En su artículo 6 establece la obligación de toda entidad pública de «implementar periódicamente programas o acciones de formación en materia de derechos humanos y el deber de debida diligencia empresarial»; y en su artículo 7, la de implementación de programas de asistencia técnica descentralizada al sector empresarial, en particular a las micro y pequeñas empresas, con el mismo objetivo.

En el artículo 29 dispone la reglamentación de los procedimientos de investigación y sanción contra «funcionarios encargados de supervisar la actividad empresarial y que no adopten medidas para garantizar que las partes interesadas (...) tengan acceso a medidas de prevención eficaces para evitar daños inminentes o irreversibles». El 30 declara de interés prioritario la protección de las personas defensoras en contextos de actividades empresariales y deriva en el reglamento las «medidas dirigidas» a dicha protección (artículo 30).

Finalmente, el artículo 31 dispone la inclusión de «metas y acciones» en los planes de desarrollo regional y local, «en especial, los canales de atención de denuncias, atención de víctimas y reparación a las violaciones a los derechos humanos o afectaciones al medio ambiente por parte de las empresas», así como la «adecuada descentralización del sistema de protección de derechos humanos (...) en el marco de las actividades empresariales».

3.1.2. Pilar II: el deber de respetar los derechos humanos

El proyecto de ley desarrolla el proceso de debida diligencia empresarial en sus artículos 10 y 11, en términos muy similares al texto de los Principios Rectores. En su artículo 12.1 dispone la obligación de «toda empresa» cuente con un «Plan empresarial en materia de derechos humanos y protección del medio ambiente» que, siguiendo lo señalado en los Principios Rectores y las Líneas Directrices de la OCDE, explicite su compromiso de respetar los derechos humanos, establezca medios y recursos para implementar el plan, directivas claras a su personal al respecto, y los mecanismos de prevención y, de ser el caso, reparación «que puedan derivar directamente de sus actividades o de aquellas en las que tenga cualquier tipo de participación». En su artículo 12.2 explicita la obligación de que este plan empresarial sea consultado con todas las partes interesadas.

El artículo 13 establece la obligación de que las empresas produzcan y divulguen anualmente un informe anual mediante el cual reporten las acciones implementadas, así como los riesgos identificados, los mecanismos de prevención, mitigación y reparación para cada uno de ellos; tal informe debe ser comunicado en el mes de enero del año siguiente al del informe, a todas las partes interesadas. Incluye también la obligación de que implementen «de manera efectiva mecanismos de monitoreo y supervisión internos y externos (...) en sus operaciones, que abarquen sus filiales (...) y toda su cadena de provisión o suministro (...). Los resultados de este monitoreo también deben ser incluidos en el informe anual» (artículo 15.1).

El incumplimiento de la elaboración o divulgación del informe, o la elaboración de un informe que incumpla con el contenido previsto por la ley, será materia de sanciones «tales como multas o su exclusión de contratos públicos» (artículo 13.4). Estos mecanismos de prevención y mitigación de riesgos, señala el proyecto de ley, debe ser realizada de «manera periódica y permanente y, en particular, cuando se amplíen o modifiquen las operaciones empresariales o se produzcan cambios en el contexto en el que estas se realizan» e incluir consultas efectivas con «los grupos potencialmente afectados y otras partes interesadas» (artículo 14.2), así como «integrar los puntos de vista de las víctimas o potenciales víctimas» (artículo 14.3)

Finalmente, en este apartado también establece la obligación de las empresas de «implementar instancias y procedimientos específicos para la atención de preocupaciones, problemas o denuncias relacionadas con la afectación y posible afectación de los derechos humanos y el medio ambiente» (artículo 16.1.), garantizando que estos sean confiables y accesibles (16.1.a), simples y que ofrezcan información oportuna (16.1.b), gratuitos, transparentes y equitativos (16.1.c), que brinden respuesta efectiva (16.1.d), que sus acciones y decisiones sean públicas (16.1.e), y que sean emitidas en plazos razonables (16.1.f). Asimismo, prevé para esas instancias la posibilidad de «proveer las reparaciones correspondientes» cuando las afectaciones se hayan concretado (16.2).

El artículo 17 establece un régimen especial para las micro y pequeñas empresas, a fin de que el Poder Ejecutivo disponga para ellas «procedimientos simplificados» adecuados a sus particularidades. Determina también que las obligaciones de la ley solo les son exigibles «luego de que las entidades estatales competentes les hayan brindado la capacitación y el asesoramiento requerido para su implementación».

3.1.3. Pilar III: la reparación de los abusos de derechos humanos

El proyecto de ley describe las causas de responsabilidad empresarial en materia de derechos humanos, en alineación con los Principios Rectores (artículo 18.1). Agrega que las «implicancias penales, civiles y administrativas de la responsabilidad empresarial (...) se rigen por la presente Ley y por el régimen regulado por las normas pertinentes». Asimismo, que «la responsabilidad de la persona jurídica no excluye» la de las personas naturales implicadas, y las sanciones que se adopten, de ser el caso, deberán ser efectivas o disuasivas» (artículo 18.2). El artículo 19 desarrolla la responsabilidad extraterritorial de las empresas «domiciliadas en el Perú que operen en el extranjero».

El artículo 20 precisa que la debida diligencia no podrá ser alegada como eximente de responsabilidad, y que esta «no se extingue por fusión, absorción o escisión, ni por disolución aparente cuando continúe la actividad económica y se mantenga los rasgos centrales de la identidad empresaria. En estos casos, la responsabilidad entre las empresas participantes es solidaria».

Una particularidad importante del proyecto de ley es que dedica el capítulo II de su Título IV al tratamiento de las víctimas en el marco de las obligaciones empresariales en materia de derechos humanos, estableciendo obligaciones del estándar de derechos humanos. En principio, define como víctimas a «las personas que, individual o colectivamente, hayan sufrido daños, inclusive lesiones físicas o mentales, sufrimiento emocional, pérdida financiera o menoscabo sustancial de los derechos fundamentales, como consecuencia de acciones u omisiones que violen la legislación civil o penal vigente, incluida la que proscribe el abuso de poder» (artículo 21.1). Es concepto incluye «a los familiares o personas a cargo que tengan relación inmediata con la víctima directa y a las personas que hayan sufrido daños al intervenir para asistir a la víctima en peligro o para prevenir o evitar la victimización» (artículo 21.2).

El capítulo II del título IV desarrolla el derecho de las víctimas a la justicia, precisando que este derecho incluye «acceder a los mecanismos de justicia y a una reparación integral y oportuna del daño que hayan sufrido, según lo dispuesto en la legislación nacional» (artículo 22.1), disponiendo que las «reparaciones de naturaleza indemnizatoria se tramitarán en la vía de proceso sumarísimo», con excepción de «las reparaciones por violaciones a derechos humanos laborales que se tramitan conforme a las normas pertinentes» (artículo 22.2). Desarrolla también el derecho de las víctimas «a la información clara, completa y pertinente» como garantía del ejercicio de su pleno derecho a participar en los procesos relacionados con las actividades empresariales (artículo 23).

También desarrolla el derecho a las víctimas a «un acceso justo, adecuado, efectivo, rápido, no discriminatorio» a la reparación, acorde con las normas internacionales de derechos humanos (artículo 24.1). Precisa que la «reparación integral», «sin perjuicio de las sanciones penales o administrativas que resulten aplicables», «pueden incluir compensaciones económicas o no económicas, medidas de rehabilitación y remediación del ambiente, la calidad ambiental y la salud ambiental, de ser el caso, pedidos de disculpas», «garantías de no repetición», entre otros (artículo 24.2).

Finalmente, para el caso de empresas que no domicilien en el territorio nacional o de empresas filiales con sede en el extranjero, dispone un procedimiento diplomático de comunicación y coordinaciones para asegurar «el acceso a la justicia de las víctimas en los Estados de origen de las inversiones y actividades empresariales que hayan derivado en violaciones a sus derechos humanos o afectaciones al medio ambiente» (artículo 25).

Otra particularidad del proyecto de ley es la creación del «Registro de empresas infractoras a los derechos humanos y al medio ambiente», a cargo del Ministerio de Justicia y Derechos Humanos, que registra a aquellas empresas «cuya responsabilidad en afectaciones de derechos humanos y/o medio ambiente haya sido determinada a través de una decisión que da por finalizada la instancia administrativa respectiva o, en caso haya recurrido a esta, a una decisión firme en instancia judicial» (artículo 26.1). Se prevé el retiro del registro cuando acrediten «haber cumplido con reparar oportuna y completamente las afectaciones producidas en los términos que las autoridades judiciales o administrativas» hayan establecido (artículo 26.3). Uno de las consecuencias del registro es la inhabilitación de la empresa para contratar con el Estado «en tanto se mantenga vigente» el mismo (artículo 27.1); la inhabilitación será definitiva si la empresa es inscrita «por segunda vez». (artículo 27.2).

Asimismo, incorpora novedosamente un «Compromiso de ajuste de conducta-CAC», «un título ejecutivo que suspende el inicio de la acción civil y penal y establece responsabilidad de la empresa por las amenazas de afectaciones o por afectaciones», «las obligaciones de hacer, no hacer o de dar necesarias, a fin de evitarlas o subsanarlas y, de ser el caso, las reparaciones integrales a que haya lugar para todos los afectados, así como el plazo para hacerlas efectivas» (artículo 28.2). El proyecto de ley encarga al Ministerio Público el seguimiento del cumplimiento de este compromiso, lo que incluye que pueda «requerir judicialmente» su ejecución o «el inicio de las acciones penales que correspondan» (28.3).

3.1.4. Sobre las razones que hacen necesario contar con una ley

El proyecto de ley de la Plataforma de la Sociedad Civil sobre Empresas y Derechos Humanos, el primero que se hace público en el marco de la implementación del PNA peruano, pretende abarcar, como ya se dijo, todo el régimen de empresas y derechos humanos del país y no solamente la adecuada implementación del proceso operativo de debida diligencia empresarial, como se ha planteado en los casos de la ley alemana y la directiva de la Unión Europea. Ello muestra una importante ambición de sus promotores y plantea una primera gran discusión sustancial: ¿ley de empresas y derechos humanos o solo ley de debida diligencia empresarial obligatoria?

Ambas posibilidades enfrentarían importantes obstáculos, uno de ellos, que en su aprobación ya no solo interviene el Poder Ejecutivo y las partes interesadas, que ya tienen alguna experiencia en un proceso de diálogo social a partir de la elaboración del PNA, sino, que al tratarse de una ley, ahora deberá tener participación protagónica el Congreso de la República. Este es un poder del Estado que no participó ni participa actualmente en el PNA, y que se ha comportado en los últimos años de modo antidemocrático, haciendo caer, sucesivamente, gobiernos de corta duración y generando un desequilibrio de poder a su favor, generalmente para defender intereses particulares, algunos de ellos vinculados con el gran sector empresarial, pero también con actividades informales e, incluso, ilegales. Sus niveles de desaprobación han fluctuado sostenidamente durante los dos últimos años por encima del 90 % (su aprobación actual apenas llega al 5 %). Al momento de concluirse este artículo, un grupo de entre 8 y 40 congresistas (en este último caso, sería el 30 % del Poder Legislativo) estaría siendo investigado (una investigación en etapa reservada) por el Ministerio Público por la presunta comisión de diversos delitos de corrupción, relacionados con la «venta» de sus votos en casos que afectan a una suspendida fiscal de la nación, a cambio de impunidad en casos penales.

En un contexto así, es difícil albergar alguna esperanza de contar con el Congreso de la República como un actor seriamente involucrado en la aprobación de una ley que reafirma estándares internacionales de derechos humanos y que tiene en su centro el respeto de estos, en contraposición a una asentada cultura de flexibilización de la vigencia efectiva de derechos a favor de una malentendida promoción de la inversión privada como eje prioritario y hasta solitario del desarrollo económico. Sin embargo, en democracia, aun en una muy debilitada como la peruana, la vía institucional para la aprobación de una ley pasa por este poder del Estado cuya conformación, por lo demás, podría variar en un corto tiempo si se tiene en cuenta la volatilidad de las instituciones peruanas en los últimos siete años.

Teniendo en cuenta ello, y basados en la experiencia comparada y en la propia ganada a través de la elaboración del PNA, tanto el ente rector, el MINJUSDH, como las partes interesadas en la aprobación de la ley y, en general toda la mesa multiactor, debieran, de todos modos, prepararse para afrontar otros obstáculos que presentarán este u otro Congreso con una mayor capacidad de representación ciudadana. Estos obstáculos tienen que ver con «sentidos comunes» asentados en los últimos treinta años que podrían poner en entredicho la conveniencia de una ley de debida diligencia, o incluso podrían servir para atacar la política pública sobre la materia.

A continuación presentamos tres de estos mitos y algunos argumentos para contradecirlos, los que, por supuesto, merecen un mayor desarrollo. El primero de estos mitos, sostenido también por el sector empresarial durante varios momentos del proceso de elaboración del PNA, es que la debida diligencia obligatoria «solo» obliga a la gran empresa, que ya tendría una fuerte carga de obligaciones legales, y que representa menos del 0,5 % de las empresas formales, además de que no se ocupa de cerca de 80 % de actividad informal, el principal espacio de vulneración de derechos humanos. Asimismo, señala este mito, una ley obligatoria puede convertirse en una carga económica injustificada para la gran empresa, pero mucho más para las pequeñas y microempresas.

Atender esta preocupación legítima requiere de un cuidadoso desarrollo del Principio Rector 14, es decir, el establecimiento de niveles de cumplimiento diferenciados para grandes, medianas, pequeñas y microempresas, que sean proporcionales en función de «la magnitud y complejidad de los medios dispuestos por las empresas para asumir esa responsabilidad» y «la gravedad de las consecuencias negativas de las actividades de la empresa sobre los derechos humanos». Al respecto, un estudio de la OCDE de 2016 identificó que la debida diligencia no solo no es una carga injustificada, sino que tiene efectos positivos, ciertamente difíciles de cuantificar, pero que podrían superar los costos económicos de aplicarla, sobre todo en términos de precio de acciones, costo de capital, reputación e imagen de marca, recursos humanos, desempeño ambiental y gestión de riesgos[22].

Establecer esta gradación en la ley peruana requiere de datos, con los que hoy no se cuenta, que permitan una mínima verificación de estos factores que son cambiantes, dependiendo, además del tamaño de la empresa, del rubro de la actividad y, de su ubicación territorial, esto último derivado del hecho que el Perú es un país con instituciones estatales débiles en todos los niveles de gobierno, y geográfica y culturalmente diverso. Estos datos pueden ser producidos a través de una estrecha articulación con todos los actores de la mesa multiactor, pero también con la participación de las instituciones universitarias, especialmente las ubicadas en regiones, con un gran potencial para incidir a través de sus investigaciones en esta política pública.

Un segundo mito es que la debida diligencia obligatoria generará una desventaja competitiva, que hará que las inversiones dejen el país y se ubiquen en otros que no cuenten con esta legislación, lo que es especialmente peligroso en un país en desarrollo como el nuestro. Este mito debe ser abordado con data que demuestre que, por el contrario, aplicar debida diligencia, además de no generar costos desproporcionados, hace más competitiva y productiva a la empresa y, por ende, al país. La Comisión Europea ya ha producido información que prueba este punto, aunque todavía de modo incipiente[23], pero es necesario producir información propia que incorpore data del contexto latinoamericano y también, por supuesto, del peruano. Nuevamente, aquí se presenta el problema de inexistencia de información de calidad, que debiera ser cubierta, con el impulso del ente rector de la política pública, por los actores de la mesa multiactor y por las universidades y otros centros de investigación.

Un tercer mito es que la debida diligencia obligatoria complejiza y no genera seguridad y predictibilidad en relación con la responsabilidad por daños prevista en la legislación civil y vinculada con la legislación societaria. Como ya hemos adelantado brevemente, la legislación civil, especialmente la extracontractual, ya prevé consecuencias jurídicas para la producción de daño derivadas de la acción de personas naturales o jurídicas, como las empresas, la misma que debe ser aplicada sistemáticamente en armonía con la legislación societaria y otra relacionada. Este es un campo de escaso desarrollo en la jurisprudencia peruana que plantea, sin lugar a dudas, retos que deben ser considerados al momento de legislar sobre debida diligencia empresarial en derechos humanos.

---

22 ORGANIZACIÓN PARA LA COOPERACIÓN Y EL DESARROLLO ECONÓMICOS, «Cuantificación de los costos, beneficios y riesgos de la diligencia debida para una conducta empresarial responsable: marco y herramienta de evaluación para empresas. OCDE», 2016.

23 *Ibidem*.

En principio, no es irrazonable asumir que la responsabilidad civil y societaria deba ser interpretada a través del filtro de la debida diligencia, lo que podría llevar a los jueces a generar nuevas consecuencias sobre la producción de daños (por ejemplo, los daños que sin ser de responsabilidad vicaria, la empresa debería haber evitado bajo los parámetros de los Principios Rectores). Esto abre también la discusión al tema del impacto de esta ley sobre la responsabilidad por daños, tal como está regulada en los nuevos acuerdos comerciales internacionales, pero también en los vigentes. Esta es, en todo caso, un área que no debería pasarse por alto si se quiere garantizar la efectividad de una debida diligencia obligatoria.

Y también hace necesario abordar, para armonizarlo con la ley, el régimen jurídico de reparación judicial y extrajudicial, especialmente para garantizar que determinadas afectaciones, como las medioambientales, las de corrupción y otras que afectan derechos colectivos, se centren en las víctimas y en la forma de garantizarles reparaciones oportunas y concretas que garanticen la no repetición.

Otros obstáculos se alejan de la «mitología» y son, más bien, realidades concretas y evidentes. Nos referimos esta vez a la debilidad institucional del Estado en su conjunto para hacer cumplir las leyes, más aún una de la complejidad de la que aquí abordamos. Varios problemas confluyen para generar ello. La construcción e implementación de políticas públicas con enfoque de derechos humanos enfrenta problemas estructurales como «un sistema presidencial burocratizado y regulatorio de toma de decisiones y, por otro, un comportamiento administrativo incoherente y poco predecible» que «hace relativamente fácil formular una política o aprobar una regulación» pero «difícil aplicarla o sostenerla»[24]. Así, son rasgos permanentes del Estado el escaso grado de profesionalización del servicio público o el hecho de que «las instituciones y sus principios básicos son más fácilmente afectadas por las coyunturas político-económicas o los liderazgos personales»[25], varias de ellas traducidas en profundas crisis de representación política.

En efecto, Perú no cuenta con una carrera pública que garantice la permanencia de los funcionarios y funcionarias eficientes e íntegros. Por el contrario, la movilidad de los puestos suele ser la regla, peor aún en los gobiernos subnacionales, en los que en cada cambio de administración se tiende a cambiar la mayoría de cargos directivos técnicos para ubicar a personal de confianza, muchas veces sin experiencia en el área que tendrán a cargo. Otro gran problema es el de las «puertas giratorias», presentes sobre todo en las instituciones encargadas de supervisar o fiscalizar a las empresas con mayor poder económico, y el desequilibrio del poder que a través

24 MÉNDEZ, J. L., «Políticas públicas. Enfoque estratégico para América Latina», Fondo de Cultura Económica, Colegio de México, Ciudad de México, 2020, pp. 35 y ss.

25 *Idem*, pp. 35 y ss.

de este y otros mecanismos ejercen estas para imponer sus intereses, en detrimento de los de pueblos indígenas, sindicatos y sociedad civil.

En Latinoamérica, pero sobre todo en países de poca cultura de derechos humanos como la peruana, se suele insistir en la ley como la solución prioritaria de los diversos problemas coyunturales o históricos, pese a la también histórica demostración de la ineficacia de esta opción. Por los motivos antes descritos, y por varios otros, las leyes en Perú, incluso las de mayor consistencia técnica, suelen no cumplirse, primero, porque la estructura del Estado no está preparada para ello, pero sobre todo porque las leyes pretenden cambiar realidades que, por sí mismas, aquellas no pueden cambiar.

El PNA peruano, comprendiendo esa dificultad de inicio, apostó por un diálogo social ampliamente participativo que sirviera de punto de partida para cambiar progresivamente una cultura alejada del enfoque de derechos humanos, para convertirla en en una que los tenga en el centro, en un área en la que es particularmente difícil lograr ello, el de la inversión y el desarrollo económico sostenible. Por eso planteó mecanismos de profundización del diálogo social para acercar posiciones y discutir intereses desde perspectivas de bien común, así como capacitación, asistencia técnica al sector empresarial y a las otras partes interesadas, y reporte voluntario y monitoreo desde la política pública de la implementación de la debida diligencia operativa.

La primera idea detrás de ello fue iniciar, aunque sea incipientemente, un cambio a mediano y largo plazo en la relación entre el Estado, las empresas y la sociedad civil, con miras al fortalecimiento de una cultura de derechos humanos. La segunda es que una ley obligatoria de debida diligencia, que la acción N.° 30 vislumbra, tendrá mayores posibilidades de efectividad si se asienta en una realidad en la que, por lo menos, hay cierto consenso social sobre la conveniencia y obligatoriedad de su cumplimiento.

Todo ello nos lleva a pensar en la necesidad de que esa ley sea simple, que tenga una ambición muy concreta: que las empresas implementen progresivamente los procesos de debida diligencia operativa; que se inscriba en la política pública iniciada por el PNA, que aproveche los avances y que abarque al grupo de empresas que más riesgos de vulneración de derechos representa. Una ley que se legitime a través del diálogo social y la construcción colaborativa de una cultura de derechos humanos en el sector empresarial. Y que sea provista de algunos dientes, por ejemplo, como en el caso de la ley alemana, la previsión de multas progresivas por el incumplimiento en la implementación o por un cumplimiento aparente o deficiente.

Los problemas que se han presentado superficialmente en este acápite no son todos los que debieran abordarse en un debate sobre el contenido de una ley que sea más adecuado al contexto peruano. Otros factores, como los altos niveles de informalidad, sobre todo en relación con la cadena de suministro, así como la escasa capacidad instalada del sector empresarial para implementar estos mecanismos, también deben ser tenidos en cuenta, de modo que la ley no se vuelva solamente un elemento impositivo o un mero trámite que las empresas se vean obligadas a cumplir, sino que fortalezcan progresiva y sostenidamente la cultura empresarial y social de protección y respeto de los derechos humanos, y a fin de cuentas, del desarrollo sostenible que merece el país y su ciudadanía.

3.2. Algunas reflexiones sobre el contenido de la propuesta de ley

Concluyo esta reflexión con algunos comentarios que surgen del repaso de lo desarrollado en las páginas precedentes y que se concentran en la opción de una ley que desarrolle, al menos en esta etapa, el proceso operativo de debida diligencia empresarial y no todo el diseño del marco de empresas y derechos humanos.

El primero está referido a cuestionar el ámbito de aplicación de la ley, que el proyecto de ley considera debe ser la totalidad de empresas, salvo el caso de las micro y pequeñas empresas, sobre las que deja abierta la posibilidad de que se establezcan reglas especiales dada su naturaleza, siempre que estas «se sustenten en causas objetivas y razonables». Ello porque lo más probable es que sea materialmente imposible que la ley sea cumplida en un ámbito tan amplio y que se corra el riesgo de que esa amplitud diluya las posibilidades de que sea aplicada justo allí donde sería más necesaria, es decir, en aquellas empresas que, tal como lo señala el Principio Rector 14, potencialmente pueden causar más consecuencias negativas y cuenten (o debieran contar) con mayor capacidad para implementar un proceso de debida diligencia. Sin llegar a definir cada uno de los tal vez inabarcables supuestos priorizados, sería deseable que la ley plantee los criterios con los que una o varias normas reglamentarias (dictadas por cada uno de los ministerios rectores, por ejemplo) acotarán el ámbito de aplicación.

No necesariamente debe seguirse las opciones de Alemania y la Unión Europea que fijan este ámbito por el tamaño del negocio (ya sea por el monto de sus ventas o el número de sus trabajadores), o que excluyen totalmente de la obligación a las micro y pequeñas empresas. Pero sí debería tenerse cuidado de que el cumplimiento de la norma sea viable según la compleja realidad empresarial del país, lo que exige que dicha obligación sea proporcional al tamaño, ubicación, riesgos, entre otros factores, de la empresa.

Un segundo comentario está referido a que la debida diligencia empresarial definida en el principio fundacional 15 y desarrollado en los principios operativos 17 a 21 (segundo pilar de los Principios Rectores), es un proceso continuo que incluye: *a)* la identificación y evaluación de los impactos adversos reales y potenciales que la empresa pueda generar o contribuir a generar, o se vinculen con operaciones, productos y servicios prestados por sus relaciones comerciales; *b)* la integración de los resultados de las evaluaciones de impacto y la adopción de medidas; *c)* el seguimiento de la eficacia de las medidas y los procesos adoptados; y, *d)* la comunicación sobre la forma en que los impactos adversos están siendo abordados y la demostración de que se están adoptando políticas y procesos para el adecuado cumplimiento de la responsabilidad de respetar los derechos humanos. Es decir, es preventiva, implica múltiples procesos y objetivos, es proporcional al riesgo, plantea un esfuerzo de priorización, es dinámica, se adecúa a las circunstancias de cada empresa, se adapta a la lógica empresarial, se basa en el compromiso con las partes interesadas, e implica una comunicación continua.

De acuerdo con ello sería razonable que una ley peruana se avoque a desarrollar con la mayor precisión posible todo el proceso de debida diligencia, de un modo básico o general, pero atendiendo a la existencia de normativa, principalmente civil, societaria, de compras públicas, y administrativa en general, a la que la ley, inevitablemente, afectará. El objetivo es armonizar la legislación y prever problemas de interpretación en la aplicación de las diferentes leyes vinculadas. Es necesario evaluar la posibilidad de que alguna norma vigente será modificada o derogada por la ley, como de hecho se prevé expresamente en relación con el régimen de compras públicas (artículo 27 de la propuesta de ley) o las normas que regulan el funcionamiento del Ministerio Público (artículo 28). Esto es indispensable sobre todo si el objetivo es hacer obligatorio, de modo efectivo, el proceso concebido por los Principios Rectores.

En ese sentido, podría no ser suficiente un artículo genérico como el 18 del proyecto que desarrolla los supuestos de responsabilidad empresarial que, en algunos casos, podrían colisionar con los derivados bajo el marco de la institución de la responsabilidad civil desarrollada en los artículos 1969 y siguientes del Código Civil. En ese sentido, un mandato amplio y potencialmente ambiguo como el del artículo 18.2 de la propuesta de ley, por el que «las implicancias penales, civiles y administrativas de la responsabilidad empresarial por afectaciones a los derechos humanos o al medio ambiente se rigen por la presente ley y por las normas pertinentes», podría traer problemas de aplicación cuando, por mencionar solo dos problemas, el intérprete deba dilucidar entre esta y una ley civil o societaria, cuál de las dos es la norma especial para un caso concreto, o se presente una aparente contradicción entre dicho artículo (o el 20.2 y 20.3, referidas a responsabilidad de empresas fusionadas, absorbidas o escindidas, y a la responsabilidad de los directores), y una norma que regula la responsabilidad societaria.

Un tercer aspecto interesante es la regulación de los deberes del Estado y las empresas para con las víctimas de vulneraciones, aunque tal vez, debieran ser consideradas como personas, colectivos o grupos afectados negativamente, con el fin de fortalecer su posición activa (y no pasiva) en la política pública según recomiendan los Principios Rectores y los organismos internacionales que los promueven. Asimismo, la incorporación de la protección de las personas defensoras de derechos humanos como un deber específico de las empresas (artículo 30), y la descentralización de las medidas estatales para fortalecer la debida diligencia empresarial como una prioridad de la política pública (artículo 31).

Por lo demás, y sin ánimo de ser exhaustivos y agotar todos los puntos de discusión, la norma plantea adecuadamente algunos aspectos centrales en una política pública de conducta empresarial responsable, como la asignación de la rectoría, que hace descansar, como es lógico, aunque no siempre fue de sentido común, en el Ministerio de Justicia y Derechos Humanos (artículo 5); la obligación de asegurar capacitación a los servidores públicos (artículo 6) y asistencia técnica a las empresas (artículo 7); y la elevación a rango de ley de los espacios de diálogo y rendición de cuentas existentes desde el inicio del proceso de elaboración del PNA (artículos 8 y 9).

4. Reflexión final

Una ley de debida diligencia obligatoria no es la solución a todos los problemas de derechos humanos causados por las actividades empresariales. Será sí una herramienta más al servicio de los derechos humanos dentro del amplio ecosistema descrito apenas superficialmente en el presente artículo. Que sea un elemento más no significa que no sea importante. Al contrario. Es el funcionamiento adecuado de cada una de esas múltiples herramientas lo que genera un clima de protección y respeto de los derechos humanos que asegura la paz y el desarrollo sostenible de una sociedad.

La ley no cambia la realidad, pero contribuye a hacerlo, y esa contribución será más significativa mientras mejor responda a esa realidad que pretende cambiar y se articule más armoniosamente con las otras herramientas, a las que debe complementar y reforzar. Por eso el proceso de implementación del PNA y, en particular, de su acción N.° 30, brinda la posibilidad de contar con una ley efectiva, que no sea una más de los cientos o miles de leyes inoperantes de nuestro país.

Aporta a ello el hecho de que el diálogo multiactor sobre la propuesta de esta ley es parte de una política pública de conducta empresarial responsable que, a la vez, despliega esfuerzos estatales, empresariales y de la sociedad civil para contar con una organización estatal coherente en derechos humanos, con políticas corporativas de debida diligencia alineadas con los Principios Rectores, y con una sociedad civil fortalecida para cumplir con la mayor calidad posible su papel de vigilancia, acompañamiento e incidencia.

En este contexto, hasta ahora solo se ha hecho pública la propuesta de ley de un sector de las organizaciones de la sociedad civil, a la que este artículo se dedica, pero es previsible, o, en todo caso, deseable, que el sector empresarial haga lo propio en breve. De la conjunción de estas y otras propuestas es posible generar un diálogo de alto nivel en el que todas las partes estén adecuadamente representadas bajo el liderazgo del órgano rector en materia de derechos humanos. Ese liderazgo debe garantizar que el diálogo se base en los principios del bien común y en los estándares internacionales de Naciones Unidas, la OCDE, la OIT y otros organismos internacionales, de entre los que destacan nítidamente los Principios Rectores de las Naciones Unidas sobre Empresas y Derechos Humanos y las Líneas Directrices de la OCDE. Sobre ese camino Perú ha logrado avances todavía muy limitados, pero muy significativos que señalan sin dudas una apuesta seria por la construcción de políticas públicas con enfoque de derechos humanos en el ámbito empresarial.

Una ley de debida diligencia, como al día de hoy, la propia implementación del PNA peruano, afrontará, sin duda, graves problemas estructurales como la debilidad del Estado, la informalidad ampliamente extendida, el racismo y el clasismo que enturbian las relaciones sociales y de poder. A pesar de los avances logrados en los últimos años, el Estado todavía está lejos de cumplir con altura el reto que imponen esos problemas a un país de grandes y permanentes posibilidades que no parecen llegar a concretarse.

El éxito de una ley como la que se discute, o de una política pública, como la que ya se implementa a través del PNA, requiere también de medidas adecuadas, implementadas desde el Estado, bajo la vigilancia de la sociedad civil, para romper capturas corporativas y desequilibrios de poder que durante ya demasiados años han priorizado en la adopción de políticas públicas, los intereses de un sector de la gran empresa, en perjuicio, u obviando, aquellos de los grupos más vulnerables.

PARTE II

DILIGENCIA DEBIDA EN DERECHOS HUMANOS EN CONTEXTOS Y SECTORES ESPECÍFICOS

MINERALES DE TRANSICIÓN: ¿CARTA BLANCA PARA EL EXTRACTIVISMO?

Francisco Javier Zamora Cabot*
Universitat Jaume I de Castellón

Lorena Sales Pallarés**
Universidad de Castilla-La Mancha

SUMARIO: 1. Introducción. La crisis/emergencia climática. 1.1. En general. 1.2. Intentos de mitigación de la crisis. 2. Un largo camino hacia los minerales de transición. 2.1. Iniciativas europeas. 2.1.1. La transición energética. 2.1.2. La Ley Europea de Materias Primas: virtudes y defectos. 2.2. Potencial de conflictos: el caso del cobalto en la República Democrática del Congo y Marruecos. 2.2.1. El cobalto en la República Democrática del Congo. 2.2.2. El cobalto en Marruecos. 3. Un apunte sobre el litio, y reflexiones conclusivas.

---

* Profesor Emérito de Derecho internacional privado, UJI de Castellón. zamora@uji.es. Este trabajo se enmarca en las líneas de investigación que se vienen desarrollando por los miembros de la REDH-EXATA. Lo dedicamos a la memoria del Profesor Antonio Ortiz-Arce de la Fuente.

** Profesora Titular de Derecho internacional privado. Lorena.sales@uclm.es. Este trabajo se ha desarrollado gracias a la concesión de la Ayuda para la recualificación del sistema universitario español para 2021-2023, financiado por la Unión Europea -NextGenerationEU, Ministerio de Universidades, Plan de Recuperación, Transformación y Resiliencia, de Resolución de 1 de julio de 2021 de la Universidad de Castilla-La Mancha, y desarrollada en el Centro de Estudios sobre Administración de Justicia en la Universitat Jaume I de Castellón, siendo el investigador responsable del Centro la Catedrática de Derecho Procesal Andrea Planchadell Gargallo. En el presente trabajo la autora ha realizado el apartado 2.

1. Introducción. La crisis/emergencia climática

1.1. En general

La crisis climática impacta ya el normal desarrollo de la vida sobre el planeta de modo tal que, como indica el Santo Padre Francisco en uno de sus más recientes y luminosos textos, la Exhortación Apostólica *Laudate Deum*[1], no cabe dudar de su realidad, ni del vínculo que ostenta con las actividades humanas, en especial la emisión de gases de efecto invernadero, sobre todo desde mediados del pasado siglo[2]. Por tanto, es lógico que se acreciente el caudal de voces autorizadas provenientes de órdenes diversos, como el científico y académico[3] o el de las ONG[4], analizando la miríada de cuestiones relevantes a este respecto o que, desde las instancias de la comunidad internacional, en los planos estatal e internacional, menudeen los instrumentos e iniciativas para afrontarla. Recordaremos, por ejemplo, en sede de las Naciones Unidas, el ya célebre *Acuerdo de París*, con el propósito de fijar unos objetivos de temperatura planetaria media entre 1.5° y 2.0° C[5]. O, tratándose de la Unión Europea, el abanico de textos incorporados o en trance de serlo, de su acervo, que enfocan aspectos diversos y cauces para solventarlos, del problema referenciado[6]. O, siendo del mayor interés, la cada vez mayor implicación de las instancias judiciales en los planos citados, destacando, por ejemplo, el Tribunal Europeo de Derechos Humanos, ante cuya Gran Cámara se desarrolló en 2023 la vista de un caso con potencial —en principio— para convertirse en un referente, *Duarte Agostinho y Otros c. Portugal*, aunque su reciente Decisión no colmara las expectativas creadas[7].

---

1 Accesible en https://bit.ly/3G4peHW, en adelante cit., *Laudate Deum*.

2 *Ibidem.*, 1 (13).

3 Entre las aportaciones más recientes, *vid.*, *v.gr.*, ZUMBANSEN, P.C., «Sustainable transformation of business and finance: a democratic challenge in an age of climate change and artificial intelligence», *McGill University Faculty of Law Research Paper*, N.° 2023-01, accessible en https://ssrn.com/abstract=4473822. DOI: http://dx.doi.org/10.2139/ssrn.4473822; MONGE, C., «La gobernanza de la agenda climática: compleja, policéntrica y llena de imperfecciones», *Revista CIDOB,* n.° 134, pp. 75-90; AUZ, J., «The political ecology of Earth System Law: outlining a Lex Capitalocenae», *Wisconsisn International Law Journal*, vol. 40 (2), pp. 217-244 y CAMARGO-PÁEZ, P.A., «Climate colonialism: Is it time to rethink alternatives?», accesible en https://bit.ly/3MP0Uhb.

4 *Vid.*, *v.gr.*, SOMO, https://bit.ly/49DcuWn.

5 Un propósito no exento de críticas; *vid.*, *v.gr.*, AUZ, J. y PAIEMENT, PH., «The neocolonial violence of the 1.5° C treshold», accessible en https://bit.ly/49DcyFB.

6 Así, sobre el llamado *European Green Deal, vid. v.gr.*, los textos que se recogen en https://bit.ly/3QHxiU2.

7 *Vid.*, *v.gr.*, HETTIHEVA, J.A, «Why a court alone won't bring us to heaven», *Voelkerreichtsblog*, 12-X-2023 y, en general, COTULA, L. y MORE, C., «*How the ICJ can advance climate action»*, https://bit.ly/40K1SRr. También, HERI, C., «On the Duarte Agostinho Decision», https://verfassungsblog.de/on-the-duarte-agostinho-decision/

Hemos hablado de actividades humanas, y cabe advertir que las que más inciden a este respecto se vinculan con los planteamientos y prácticas del sistema económico dominante, que se halla en una fase particularmente agresiva, refrendada, entre otros, por las negativas incidencias sobre el sistema democrático —captura de poder y corrupción, *Crony Capitalism*—, el crecimiento exponencial de una inasumible desigualdad, el mantenimiento de estructuras de explotación neocoloniales o, por no alargarnos más, los muy negativos efectos sobre el medio ambiente y la naturaleza, ambos mercantilizados, y traducidos en el ingente problema de la contaminación y su culmen, la crisis climática.

En ese entendimiento, cabría pensar en la búsqueda de alternativas al citado sistema económico, cuyos efectos actuales se muestran tan lesivos para el planeta y sus habitantes hasta un nivel que se puede constatar ya como *existencial*. De ahí la aparición de las doctrinas del *decrecimiento*, *Degrowth*, antagónicas del pensamiento dominante, a las que creemos debiera concedérseles una reflexión profunda, en sus diversas variantes y elaboraciones, pues la gravedad de los problemas que encaramos así parece exigirlo[8].

Las instancias de poder, por el contrario, sin que de ello quepa albergar extrañeza, muy mayoritariamente persisten en las dinámicas de crecimiento intrínsecas al sistema, moduladas, eso sí, por el reconocimiento —inevitable— de los enormes retos que hay que afrontar y la búsqueda de modos de cohonestar aquellas con la preservación del entorno humano y el ambiental en línea, por ejemplo, con la llamada Agenda 2030[9]. Un empeño que se antoja de muy difícil consecución, por albergar elementos antitéticos. Y que explica que bajo el manto de discursos afines al orden natural desaparezca en muchas ocasiones la práctica de un desmesurado fomento de actividades tales como las extractivas de combustibles fósiles, en la raíz del efecto invernadero y la mentada crisis climática[10].

Es destacable también, y se lleva a cabo desde tales instancias, el fomento de líneas de pensamiento según las cuales, sin cambiar de postulados básicos respecto del posicionamiento del ser humano respecto del planeta y la humanidad en su conjunto, quepa superar problemas como el ingente de la crisis climática recurriendo a los proverbiales recursos de nuestra especie, cifrados,

8 Entre la abundante bibliografia al respecto, *vid.*, por todos, Garzón Espinosa, A., «The límits to growth: ecosocialism or barbarism», *Monthly Review*, Vol. 74, number 3, July-August 2022, accessible en https://bit.ly/3MJMtuL.

9 *Vid.*, *v.gr.*, Gobbato Leichtweis, M. (21.09.2023), «Agenda 2030. Between the ideology of progress and the reality of poverty and exploitation», *Völkerrechtsblog,* doi: 10.17176/20230921-223251-0.

10 *Vid.*, *v.gr.*, IDI, *Blowing smoke. How coal finance is flowing through the IFC's Paris alignment loopholes*, accessible en https://bit.ly/3QHpm59, y Kassai, L. y Tuttle, R., «Canada's Mega pipeline promises to redraw global oil flows», accessible en https://bit.ly/3R2IkFL. *Vid.*, asimismo, Pearce, F. (October 17, 2023), «Why is Britain retreating from global leadership on climate action?», *YaleEnvironment360*, https://bit.ly/3SJFntS.

por ejemplo, en nuevos constructos jurídicos y económicos o, especialmente, en nuevos medios tecnológicos. Una actitud criticada con firmeza por el Santo Padre en *Laudate Deum*, en términos inequívocos a los que nos remitimos[11].

Muy sintéticamente trataremos de ilustrar este último punto, en el próximo epígrafe y culminando este primer apartado, espigando entre algunos de esos constructos y medios que, ya adelantamos, suscitan muchas dudas en relación con los fines a los que se dirigen.

1.2. Intentos de mitigación de la crisis

En primer lugar, traemos a colación, por haberse extendido ampliamente por el mundo, los conocidos como *bonos climáticos,* entre los que descuellan los atinentes a compensaciones de carbono o *carbon offsets.* En general, cabe indicar que son susceptibles de críticas, por el enfoque que ostentan centrado en la comercialización de la naturaleza[12] y en un mercado voluntario entre los participantes, es decir, sin regulación estatal, con el riesgo muy evidente de que sus mecanismos de control y seguimiento sean precarios, así como que se exageren sus beneficios y oculten sus efectos negativos. En este orden, por ejemplo, se conocen las denuncias contra la mayor empresa del sector de comercialización de bonos, *Verra*[13], por incurrir en esas prácticas, así como que grandes operadores económicos se estén replanteando la participación en el *carbon offsetting*, habida cuenta de que sus resultados son inciertos[14]. Por otra parte, en fin, y no es algo baladí, están más que acreditadas numerosas e importantes lesiones de los derechos humanos vinculadas con el desarrollo de este mercado lo que, evidentemente, debe tenerse muy en cuenta a la hora de propiciarlo en sus términos actuales, proponer otros más rigurosos o, sin más, considerarlo una vía sin futuro[15].

También ha conocido una gran difusión otro medio, esta vez de naturaleza claramente tecnológica, el llamado hidrógeno verde. Presentado por sus

11 *Laudate Deum*, 2. Más paradigma tecnocrático, 20 y ss.

12 News Team (s.f.), «The pressure to capitalize on nature», *Real Farming Trust*, https://bit.ly/47xiXjl.

13 *Vid.*, *v.gr.*, Lakhani, N. (19 September 2023), «Revealed: top carbon offset projects may not cut planet-heating emissions», *The Guardian*, https://bit.ly/3T3oNFN.

14 *Vid.*, *v.gr.*, Greenfield, P. y Kimen, C. (8 September 2023), «Shell signals retreat from carbon offsetting», *The Guardian*, https://bit.ly/3G63dbG.

15 Por todos, *vid.*, *v.gr.*, Devillers, E. y Lyons, K., «Green colonialism 2.0, tree plantations and carbon offsets in Africa», accessible en https://bit.ly/40MGXx5, y Boyd, P.W., Bach, L., Holden, R., Turney, C., «Carbon offsets aren't helping the planet — four ways to fix them», *Nature*, vol. 620, 2023, DOI: 10.1038/d41586-023-02649-8. Asimismo, *vid.*, Estrada, M. (25 Octobre 2023), «The carbon-offset market's broken promises», *Project Syndicate, The World's Opinion Page*, https://bit.ly/47BTAgD.

mentores como una solución casi mágica para un número de usos[16] —una potente energía sin apenas impactos medioambientales—, el contraste con la realidad no parece favorecerlo. Sucede que se encuentra en una fase muy previa de desarrollo, ajena a la producción en gran escala, así como a los precisos recursos de transporte y almacenamiento. Incluso, cuando se defiende su utilización conjunta con el gas fósil, implica seguir apostando por sustratos energéticos en la raíz de los problemas de emisión de gases. Y los citados transporte y almacenamiento suscitan, a su vez, problemas de gran calado[17]. Por todo ello, sin que quepa, a nuestro parecer, descartarlo, su opción parece actualmente sobredimensionada y, en todo caso, necesita un importante avance técnico y un plazo para su viabilidad que algunos grandes operadores, por ejemplo, del sector aeronáutico, cifran en varios decenios[18]. Ajena a lo anterior, sin embargo, la UE apuesta decididamente por él, dando pie a intensas discusiones[19].

Estas se hacen también presentes respecto de la conocida como captura de carbono (Dióxido de Carbono). Así, figuras prominentes como António Guterres o Hoesung Lee, de la IPPC, se muestran decididamente contrarias, tachándose este método por el primero como *greenwashing*[20] y de «no una comida gratis», por el segundo[21]. Es destacable, no obstante, el decidido impulso a esta técnica por parte de la Administración Biden, con copiosas financiaciones a sus fines[22], mientras que la hasta ahora mayor instalación del mundo en este orden, radicada en los Estados Unidos, cuyo titular es *Occidental Petroleum*, parece estar dando discreto término a sus operaciones[23].

---

16 *Vid.*, *v.gr.*, la presentación crítica ofrecida por Eberhardt, P., «Germany's great hidrogen race», Corporate Europe Observatory, March 2023, Brussels, https://bit.ly/46lKL9V.

17 *Vid.*, *v.gr.*, Ecologistas En Acción (24/10/2023), *Organizaciones de toda Europa unen su voz contra el H2Med: «Es una infraestructura innecesaria que agravará la crisis energética»*, https://bit.ly/3SEGQSm.

18 Caso de BOEING; *vid.*, Raymond, Ch. (26/01/2023), «Boeing's chief sustainability officer: "We can't count on hydrogen-powered commercial flights before 2050"», *Fortune*, https://bit.ly/40LHK1g.

19 *Vid.*, *v.gr.*, Ecologistas En Acción (24/10/2023), op. cit., y Greenpeace (2023), *Desmontando el hidrógeno H2MED. Coartada para una falsa transición econergética*, https://bit.ly/3SKHZYF.

20 *Vid.*, Jones, F. (16/06/2023), *UN Secretary-General calls out carbon capture as greenwashing*, *Offshore Technology*, https://bit.ly/3usalwM.

21 *Vid.*, Harvey, F. (06/06/2023), *Carbon capture and storage is "no free lunch" warns climate chief*, *The Guardian*, https://bit.ly/49IrJgC.

22 *Vid.*, Energy.Gov (11/08/2023), *Biden-Harris Administration Announces Up To $1.2 Billion For Nation's First Direct Air Capture Demonstrations in Texas and Louisiana,* https://bit.ly/46luv8L.

23 *Vid.*, *v.gr.*, White, N., Rathi, A., Crowley, K. (23/10/2023), *An Oil Giant Quietly Ditched the World's Biggest Carbon Capture Plant*, *Bloomberg*, https://bit.ly/47FomW5. También, en general, Cornell Atkinson Center for Sustainability (07/09/2023), *Carbon Capture & Storage: More Useful for Producing Oil than Cutting Greenhouse Gas Emissions?* [Archivo de vídeo], Youtube, https://www.youtube.com/watch?v=KObewsFHA1U.

Los problemas no se ausentan incluso—y con ello finalizamos este epígrafe y el presente apartado— en medios consolidados, como las energías renovables, singularmente la eólica y la solar. Un planteamiento detallado junto a rigurosos estudios de impacto sobre el entorno y sus habitantes es imprescindible, junto a otras cautelas, si no se quiere dar lugar a lesiones graves de los derechos humanos, como se refleja en casos notorios[24]. Y es que, como pensamos, y en relación con todos estos medios, surgen disfunciones de lo que ya indicamos resulta ser un empeño antitético. Se trata de mantener los planteamientos y prácticas del sistema económico dominante, a los que ya aludimos y, a la vez, arbitrar a su través mecanismos para modular los efectos negativos que necesariamente se originan. Un esfuerzo estéril, entre los que uno de nuestros recordados maestros solía decir que *conducen a la melancolía*.

2. Un largo camino hacia los minerales de transición

2.1. Iniciativas europeas

Como apuntábamos en el apartado anterior, los efectos negativos que sobre el medio ambiente y el clima hemos provocado nos están llevando a buscar nuevos mecanismos o instrumentos que modulen aquellos. La pandemia, y la crisis económica que vino asociada, puso (de nuevo) de manifiesto el riesgo que supone la ausencia de prevención frente a situaciones excepcionales (como pueden ser también las provocadas por la crisis climática), así como la excesiva dependencia exterior de sectores vulnerables, como ha ocurrido con la amenaza rusa a cuenta del gas a causa de la guerra con Ucrania.

Desde la Unión Europea se aborda esta situación desde dos frentes: por un lado, con una proclamada apuesta de política medioambiental y, por otra, con una nueva estrategia industrial. La primera la ha venido desarrollando a través del *Pacto Verde Europeo*[25], un compromiso no solo de buscar la neu-

---

24 *Vid.*, *v.gr.*, Fjellheim, E.M., «"You can kill us with dialogue": critical perspectives on wind energy development in a Nordic-Sami green colonial context», *Human Rights Review*, Vol.24, pp.25-51, 2023, DOI: https://doi.org/10.1007/s12142-023-00678-4, y Muller, K., y Pampus, M., «The solar rush: invisible land grabbing in East Germany», *International Journal of Sustainable Energy,* Vol. 42, n.° 1, 2023. En general, *vid.*, asimismo, Agrawal, H., *et alii.* (April, 2023), *Enabling a Just Transition: Protecting Human Rights in Renewable Energy Projects*, Columbia Center on Sustainable Investment,/ ALIGN, https://bit.ly/3sGRtcJ.

25 *Vid.* https://commission.europa.eu/strategy-and-policy/priorities-2019-2024/european-green-deal_es. Sobre el mismo *vid.* Sanahuja Perales, J.A., «Pacto Verde Europeo: el giro ambiental de un actor global», *Anuario CEIPAZ*, N°. 13, 2020-2021 (Ejemplar dedicado a: El mundo después de la pandemia: enfrentar la desigualdad y proteger el planeta), pp. 69-96, accesible en https://ceipaz.org/wp-content/uploads/2021/06/ANUARIO-DEF.pdf; Analistas Financieros Internacionales (AFI), *La tercera modernización de la economía española*, 2021, Afi, Madrid, pp. 119-152, accesible en https://bit.ly/3Rc6lck; Fernández de Gatta Sánchez, D., «Unión Europea: el ambicioso Pacto Verde Europeo y el futuro de

tralidad climática, sino de disociar el crecimiento económico del uso de los recursos. Esto último implica el abordaje desde el segundo de los frentes, que no es otro que replantear la estrategia de la industria y la política energética[26]. Así, se proclamaron cinco objetivos principales en la política energética de la Unión[27], buscando diversificar las fuentes de energía europeas para garantizar la seguridad energética entre los Estados miembros, de modo que se garantizara la organización del mercado interior de una manera integrada y sin dependencia (o en la menor medida posible de existir esta) de energías importadas, reduciendo al mismo tiempo las emisiones de gases de efecto invernadero (en adelante GEI). Lo que vendría de la mano de descarbonizar la economía, avanzando hacia una economía hipocarbónica acorde con el *Acuerdo de París*, para lo cual se impulsaría una transición energética.

2.1.1. La transición energética

Sin dejar de lado el tema de las políticas ambientales que van a ser el *leit motiv* que justifica o modula la política industrial y energética, queremos centrarnos en el desarrollo que ha supuesto la transición energética. La Unión Europea pronto propuso iniciativas[28] en este sentido como pone de manifiesto el propio Reglamento sobre la gobernanza de la Unión de la Energía y la Acción por el Clima[29] que venía a desarrollar parte del paquete *Energía limpia para todos los europeos*[30].

la política ambiental de la Unión», en García-Álvarez García, G., Jordano Fraga, J., Lozano Cutanda, B., Nogueira López, A. (coords.), *Observatorio de Políticas Ambientales 2020*, Madrid, CIEMAT, 2020, pp. 41-86, accesible en https://bit.ly/47J0lrN.

26 Sobre este tema remitimos al análisis de Fernández Pérez, A., *Derecho de la energía europeo y cambio climático*, Aranzadi, Cizur Menor, 2023.

27 Nos referimos al Paquete sobre la Unión de la Energía, Anexo, Hoja de ruta hacia la Unión de la Energía de la Comunicación de la Comisión al Parlamento Europeo, al Consejo, al Comité Económico y Social Europeo, al Comité de las Regiones y al Banco Europeo de Inversiones, *Estrategia marco para una Unión de la Energía resiliente con una política climática prospectiva*, COM (2015) 80 final, de 25 de febrero de 2015, https://bit.ly/3QVW7fc.

28 Con esta idea la UE impulsó ya en 2009, diferentes iniciativas con ambiciosos objetivos, que se iniciaron con la fijación de una reducción para 2020 del 20 % en las emisiones de GEI, el 20 % de energías renovables y el incremento en un 20 % de la eficiencia energética.

29 Reglamento (UE) 2018/1999 del Parlamento Europeo y del Consejo, de 11 de diciembre de 2018, *sobre la gobernanza de la Unión de la Energía y de la Acción por el Clima*, y por el que se modifican los Reglamentos (CE) n.° 663/2009 y (CE) n.° 715/2009 del Parlamento Europeo y del Consejo, las Directivas 94/22/CE, 98/70/CE, 2009/31/CE, 2009/73/CE, 2010/31/UE, 2012/27/UE y 2013/30/UE del Parlamento Europeo y del Consejo y las Directivas 2009/119/CE y (UE) 2015/652 del Consejo, y se deroga el Reglamento (UE) n.° 525/2013 del Parlamento Europeo y del Consejo, DOUE L 328, de 21 de diciembre de 2018, http://data.europa.eu/eli/reg/2018/1999/oj.

30 *Vid.* European Commission, Directorate-General for Energy, (March, 2019), *Clean energy for all Europeans*, Publications Office, https://data.europa.eu/doi/10.2833/9937.

La idea que subyace en estas políticas energéticas parece simple: abandonar los combustibles fósiles y transitar de manera gradual hacia una economía neutral en carbono al tiempo que se fomenta el crecimiento económico y el empleo para mejorar la vida de los ciudadanos europeos posicionando a la Unión a la cabeza de la lucha contra el cambio climático persiguiendo los objetivos fijados tras el *Acuerdo de París*.

Obviamente la consecución de estos objetivos nos muestra áreas de actuación estrechamente interconectadas y que se refuerzan mutuamente, por lo que a sensu contrario pueden contrarrestarse y anular áreas o derechos si priman unos sobre otros: energía e industria versus medio ambiente. Hay que prestar una cuidadosa atención a los posibles compromisos entre los objetivos económicos, ambientales y sociales para hacerlos convivir de manera viable con la regulación y la normalización de ciertos sectores, la inversión y la innovación, las reformas nacionales que se fuercen vía transposición de Directivas, al tiempo que los Estados Miembros garantizan el cumplimiento de los objetivos fijados por el *Acuerdo de París* y por el *Pacto Verde Europeo*.

La política energética de la Unión tiene hoy en el *Objetivo 55*[31] su marco general, donde engloba un conjunto de propuestas para revisar y actualizar la legislación europea buscando garantizar esta transición equitativa y socialmente justa, que al mismo tiempo mantenga y refuerce la innovación y la competitividad de la industria europea, asumiendo y liderando la lucha mundial contra la crisis climática. El objetivo final propuesto es reducir las emisiones GEI al menos un 55 % para 2030 con respecto a los niveles de 1990 y una reducción de 0 emisiones GEI en 2050[32]. Para alcanzar estas metas la Unión no deja de diseñar estrategias y políticas cada vez más ambiciosas como lo demuestra la idea misma de la *Ley Europea del Clima*[33] consagrando normativamente este objetivo de neutralidad climática en 2050.

En todo caso, esta misión de luchar contra la crisis climática afecta a sectores diversos y que se encuentran en estos momentos sometidos a diferentes iniciativas legislativas. Sería inabarcable citar todas y cada una de

---

31 *Vid.* Comunicación de la Comisión al Parlamento Europeo, al Consejo, al Comité Económico y Social Europeo y al Comité de las Regiones, *«Objetivo 55»: cumplimiento del objetivo climático de la UE para 2030 en el camino hacia la neutralidad climática*, COM (2021) 550 final, de 14 de julio de 2021, https://bit.ly/3GdEFhe y *Objetivo 55*, https://bit.ly/3STByTa. Las últimas novedades sobre la legislación entorno al *Objetivo 55* pueden consultarse en https://bit.ly/3RkrMbw.

32 Para conseguir estos objetivos de medio y largo plazo, en abril de 2023 el Consejo adoptó diferentes actos legislativos con vistas a poder cumplir con estos objetivos para 2030, que afectan al régimen de comercio de derechos de emisión de la UE de diferentes sectores y transportes o al mecanismo de ajuste en frontera por carbono. *Vid.* https://bit.ly/3SZRuDv.

33 Reglamento (UE) 2021/1119 del Parlamento Europeo y del Consejo de 30 de junio de 2021, *por el que se establece el marco para lograr la neutralidad climática y se modifican los Reglamentos (CE) n.° 401/2009 y (UE) 2018/1999 («Legislación europea sobre el clima»)*, DOUE 243, de 9 de julio de 2021, accesible en http://data.europa.eu/eli/reg/2021/1119/oj.

ellas, por lo que optaremos por hacer una revisión de las más recientes para ilustrar la variedad de sectores que se ven afectados por esta visión global:

- Reducción de emisiones de metano en el sector de la energía[34].
- Nuevas normas para la descarbonización de los sectores aéreo y marítimo[35].
- Normas para empoderar a los consumidores para la transición ecológica[36].
- Normativa sobre las pilas y baterías y sus residuos[37].
- Normas para el sector de la construcción[38].
- Fuentes de energía renovables[39].

34 *Vid.* Comunicado de Prensa Consejo de la UE (15 noviembre 2023), *Acción por el clima: el Consejo y el Parlamento alcanzan un acuerdo sobre nuevas normas para reducir las emisiones de metano en el sector de la energía*, https://bit.ly/3QQvyYA.

35 *Vid.* Reglamento (UE) 2023/2405 del Parlamento Europeo y del Consejo de 18 de octubre de 2023, relativo a la garantía de unas condiciones de competencia equitativas para un transporte aéreo sostenible, *ReFuelEU Aviation*, http://data.europa.eu/eli/reg/2023/2405/oj; y sobre el *FuelUE Maritime*, *vid.* Reglamento (UE) 2023/1805 del Parlamento Europeo y del Consejo de 13 de septiembre de 2023 *relativo al uso de combustibles renovables y combustibles hipocarbónicos en el transporte marítimo y por el que se modifica la Directiva 2009/16/CE*, DOUE 234, de 22 de septiembre de 2023, https://www.boe.es/doue/2023/234/L00048-00100.pdf. También resulta interesante consultar https://www.fuelseurope.eu.

36 *Vid.* Directiva (UE) 2024/825 del Parlamento Europeo y del Consejo, de 28 de febrero de 2024, *por la que se modifican las Directivas 2005/29/CE y 2011/83/UE en lo que respecta al empoderamiento de los consumidores para la transición ecológica mediante una mejor protección contra las prácticas desleales y mediante una mejor información*, DO L, 2024/825, 6 de marzo de 2024, http://data.europa.eu/eli/dir/2024/825/oj.

37 *Vid.* Reglamento (UE) 2023/1542 del Parlamento Europeo y del Consejo, de 12 de julio de 2023, *relativo a las pilas y baterías y sus residuos y por el que se modifican la Directiva 2008/98/CE y el Reglamento (UE) 2019/1020 y se deroga la Directiva 2006/66/CE*, DOUE 191, de 28 de julio de 2023, https://www.boe.es/buscar/doc.php?id=DOUE-L-2023-81096.

38 *Vid.* Propuesta de Reglamento del Parlamento Europeo y del Consejo *por el que se establecen condiciones armonizadas para la comercialización de productos de construcción, se modifica el Reglamento (UE) 2019/1020 y se deroga el Reglamento (UE) n.º 305/2011*, COM (2022) 144 final, de 30 de marzo de 2022, https://bit.ly/3SUExuG.

39 *Vid.* Directiva (UE) 2023/2413 del Parlamento Europeo y del Consejo, de 18 de octubre de 2023, *por la que se modifican la Directiva (UE) 2018/2001, el Reglamento (UE) 2018/1999 y la Directiva 98/70/CE en lo que respecta a la promoción de la energía procedente de fuentes renovables y se deroga la Directiva (UE) 2015/652 del Consejo*, DOUE 2413, de 31 de octubre de 2023, https://www.boe.es/doue/2023/2413/L00001-00077.pdf.

- El mercado del gas y del hidrógeno[40].
- La deforestación en el mundo[41].
- La agricultura hipocarbónica[42].

El marco general existente en materia de energía sufrió un cambio con la invasión rusa de Ucrania al utilizar las exportaciones rusas de gas y petróleo como arma de guerra contra el posicionamiento de la UE a favor de Ucrania. Con la *Declaración de Versalles*[43], la UE puso en marcha distintas iniciativas para poner fin a la dependencia europea con respecto a los combustibles fósiles rusos y plantear nuevas opciones para los mercados del gas y la electricidad, destacando entre estas el *plan REPowerEU*[44] que ha conseguido el compromiso de los Estados miembros de una reducción del consumo de gas natural en al menos un 15 %. La decisión de mantener voluntariamente esta reducción del consumo de gas fue prorrogada hasta marzo de 2025.

De la mano de ampliar esta reducción en el consumo del gas ha de venir aumentar la producción y el uso de las energías renovables para poder eliminar lo antes posible las importaciones de combustibles fósiles rusos. Se propuso así, como parte del plan *REPowerUE* acelerar más aún el despliegue de las renovables[45] mediante un aumento del objetivo vinculante en materia de energías renovables[46], de modo que se elevara este para 2030 a una cuota mínima del 42,5 %, frente al objetivo actual del 32 %.

40 *Vid.* Propuesta de Directiva del Parlamento Europeo y del Consejo, *relativa a normas comunes para los mercados interiores del gas natural y los gases renovables y del hidrógeno (versión refundida)*, cuyo resultado de la primer lectura del Parlamento Europeo de abril de 2024 puede consultarse en https://eur-lex.europa.eu/legal-content/ES/TXT/PDF/?uri=CONSIL:ST_8681_2024_INIT.

41 *Vid.* Reglamento (UE) 2023/1115 del Parlamento Europeo y del Consejo, de 31 de mayo de 2023, *relativo a la comercialización en el mercado de la Unión y a la exportación desde la Unión de determinadas materias primas y productos asociados a la deforestación y la degradación forestal, y por el que se deroga el Reglamento (UE) N.° 995/2010*, DOUE 150, de 9 de junio de 2023, https://www.boe.es/doue/2023/150/L00206-00247.pdf.

42 Comunicado de Prensa Consejo de la UE (7 abril 2022), *El Consejo adopta unas Conclusiones relativas a una agricultura hipocarbónica*, https://bit.ly/49SjKh5.

43 Reunión informal de los jefes de Estado o de Gobierno, Declaración de Versalles, 10 y 11 de marzo de 2022, https://www.consilium.europa.eu/media/54800/20220311-versailles-declaration-es.pdf.

44 *Vid. REPowerEU, Una energía asequible, segura y sostenible para Europa*, https://commission.europa.eu/strategy-and-policy/priorities-2019-2024/european-green-deal/repowereu-affordable-secure-and-sustainable-energy-europe_es.

45 Comunicado de Prensa Consejo de la UE (30 marzo 2023), *Pacto Verde Europeo: la UE acuerda una legislación más estricta para acelerar el despliegue de las energías renovables*, https://bit.ly/40WJgOb.

46 Propuesto en el paquete de medidas *Objetivo 55* de la legislación sobre el *Pacto Verde Europeo.*

Hace escaso tiempo la Unión hizo público su octavo informe sobre el estado de la Unión de la Energía[47], donde ya se lleva a cabo un balance de los objetivos de *REPowerEU*. De cara al invierno 2023-2024, la UE va a estar mejor preparada para garantizar su seguridad energética gracias a una actuación coordinada para llenar las instalaciones de almacenamiento de gas, a la diversificación de las rutas e infraestructuras de importación de energía, a las inversiones en energías renovables y eficiencia energética y a los esfuerzos colectivos para reducir la demanda de energía. Junto a estas iniciativas, ha sido también clave la elaboración de legislación relativa a la configuración del mercado de la electricidad, la *Ley sobre la industria de cero emisiones netas*[48] y la *Ley Europea de Materias Primas Fundamentales*[49] sobre la que vamos a detenernos por su especial importancia a nuestros efectos.

2.1.2. La Ley Europea de Materias Primas: virtudes y defectos

Las materias primas son indispensables para los sectores estratégicos de la industria, pero también para la consecución de los objetivos medioambientales que la UE se ha marcado. Lamentablemente, Europa depende de las importaciones para acceder a estas materias primas, que suelen proceder de terceros países, lo que señala una vulnerabilidad ante la previsión más que segura de un incremento disparado de la demanda, que pone en riesgo los objetivos climáticos e industriales (junto a los económicos como efecto colateral) marcados para 2030 y 2050.

Para hacer frente al desafío que plantea acceder de un modo fiable y sin trabas a determinadas materias primas, se ideó un sistema de listas de materias primas críticas (*critical raw materials*, en adelante CRMs) que obedecía tanto a la importancia para la economía de la Unión como al alto riesgo de su (falta de) suministro. El listado resultante ha tenido en cuenta que las

47 El *Report from the Commission to the European Parliament, the Council, the European Economic and Social Committee and the Committee of the Regions State of the Energy Union Report 2023 (pursuant to Regulation (EU) 2018/1999 on the Governance of the Energy Union and Climate Action)*, COM/2023/650 final, de 24 de octubre de 2023, puede consultarse en https://eur-lex.europa.eu/legal-content/EN/TXT/?uri=COM:2023:650:FIN.

48 *Vid.* Propuesta de Reglamento del Parlamento Europeo y del Consejo *por el que se establece un marco de medidas para reforzar el ecosistema europeo de fabricación de productos de tecnologías de cero emisiones netas (Ley sobre la industria de cero emisiones netas)*, COM (2023) 161 final, de 16 de marzo de 2023, cuya versión provisional tras un acuerdo entre el Consejo y el Parlamento Europeo en febrero de 2024, puede consultarse en https://data.consilium.europa.eu/doc/document/ST-6269-2024-INIT/en/pdf.

49 *Vid.* Reglamento (UE) (UE) 2024/1252 del Parlamento Europeo y del Consejo, de 11 de abril de 2024, *por el que se establece un marco para garantizar un suministro seguro y sostenible de materias primas fundamentales y por el que se modifican los Reglamentos (UE) n.° 168/2013, (UE) 2018/858, (UE) 2018/1724 y (UE) 2019/1020, de 11 de abril de 2024*, DOUE L, de 3 de mayo de 2024, https://eur-lex.europa.eu/legal-content/ES/TXT/PDF/?uri=OJ:L_202401252.

materias primas se vinculan a todas las etapas de la cadena de suministro de la industria, mayor en la medida que esta última utilice tecnología punta, pero también a que estas tecnologías sean limpias, de modo que algunas materias primas son insustituibles en paneles solares, turbinas eólicas, vehículos eléctricos o iluminación energética. Es por tanto inviable plantear un incremento en las renovables si no se cuenta con la materia prima para producir turbinas, coches eléctricos o paneles solares que impulsen la transición ecológica prevista en la política europea.

Fue en 2011 cuando se publicó la primera lista de 14 CRMs[50], que atendía como hemos señalado a los riesgos de escasez de abastecimiento, así como a su incidencia en la economía. En todos estos casos el riesgo era muy superior a las del resto de materias primas al reunirse dos circunstancias muy concretas: bajos índices de sustitución y concentración de la producción. Es este último elemento el que ciertamente tuvo una especial consideración, puesto que el hecho de que la producción se situara en áreas geográficas muy determinadas (China, Rusia, República Democrática del Congo o Brasil) elevaban el riesgo de desabastecimiento. La tabla de este primer listado es muy ilustrativa en este sentido:

Materias primas CRMs 2011	Productores principales	Fuentes principales de importaciones en la UE	Índice de dependencia de las importaciones
Antimonio	China 91 %	Bolivia 77 %	100 %
	Bolivia 2 %	China 15 %	
	Rusia 2 %	Perú 6 %	
	Sudáfrica 2 %		
Berilio	EE.UU. 85 %	EE.UU.	100 %
	China 14 %	Canadá	
	Mozambique 1 %	China	
		Brasil	
Cobalto	RD Congo 41 %	RD Congo 71 %	100 %
	Canadá 11 %	Rusia 19 %	
	Zambia 9 %	Tanzania 5 %	

50 Se puede consultar el documento completo, Comunicación de la Comisión al Parlamento Europeo, al Consejo, al Comité Económico y Social y al Comité de las Regiones, *Abordar los retos de los mercados de productos básicos y de las materias primas*, COM (2011) 25 final, de 2 de febrero de 2011, https://bit.ly/3uslrAL.

Materias primas CRMs 2011	Productores principales	Fuentes principales de importaciones en la UE	Índice de dependencia de las importaciones
Fluorita	China 59 %	China 27 %	69 %
	México 18 %	Sudáfrica 25 %	
	Mongolia 6 %	México 24 %	
Galio	China	EE.UU.	
		Rusia	
Germanio	China 72 %	China 72 %	100 %
	Rusia 4 %	EE.UU. 19 %	
	EE.UU. 3 %	Hong Kong 7 %	
Grafito	China 72 %	China 75 %	95 %
	India 13 %	Brasil 8 %	
	Brasil 7 %	Madagascar 3 %	
Indio	China 58 %	China 81 %	100 %
	Japón 11 %	Hong Kong	
	Corea 9 %	EE.UU. 4 %	
	Canadá 9 %	Singapur 4 %	
Magnesio	China 56 %	China 82 %	100 %
	Turquía 12 %	Israel 9 %	
	Rusia 7 %	Noruega 3 %	
		Rusia 3 %	
Niobio	Brasil 92 %	Brasil 84 %	100 %
	Canadá 7 %	Canadá 16 %	
Metales del grupo del platino	Sudáfrica 79 %	Sudáfrica 60 %	100 %
	Rusia 11 %	Rusia 32 %	
	Zimbabue 3 %	Noruega 4 %	
Tierras raras	China 97 %	China 90 %	100 %
	India 2 %	Rusia 9 %	
	Brasil 1 %	Kazajstán 1 %	
Tántalo	Australia 48 %	China 46 %	100 %
	Brasil 16 %	Japón 40 %	
	Ruanda 9 %	Kazajstán 14 %	
	RD Congo 9 %		

Materias primas CRMs 2011	Productores principales	Fuentes principales de importaciones en la UE	Índice de dependencia de las importaciones
Tungsteno	China 78 %	Rusia 76 %	73 %
	Rusia 5 %	Bolivia 7 %	
	Canadá 4 %	Ruanda 13 %	

Sobre todo, si atendemos a la quinta lista[51] que se acaba de publicar en el Anexo I (materias primas estratégicas) y II (materias primas fundamentales) del Reglamento (UE) 2024/1252 y que extiende hasta a 34 las materias primas fundamentales[52], por lo que si comparamos la tabla anterior con los nuevos listados nos aparece que:

Materias primas CRMs 2011	Materias primas CRMs	Productores principales 2011 / 2024		Fuentes principales de importaciones en la UE 2011 / 2024	
Antimonio	Antimonio	China 91 %	China 56 %	Bolivia 77 %	Turquía 63 %
		Bolivia 2 %		China 15 %	
		Rusia 2 %		Perú 6 %	
		Sudáfrica 2 %			
	Arsénico	--	China 44 %	--	Bélgica 59 %
	Bauxita		Sin datos		Sin datos
	Barita	--	China 32 %	--	China 45 %

51 Las listas intermedias que supusieron pasar de los 14 materiales iniciales a 20, 27 y 30 se fueron publicando en 2014, 2017 y 2020. Se pueden consultar respectivamente en: https://bit.ly/47Kdt5k, https://bit.ly/40Wwf7w y https://bit.ly/47Oaqcw.

52 Se considerarán fundamentales las siguientes materias primas: Antimonio, Arsénico, Bauxita, Barita, Berilio, Bismuto, Boro, Cobalto, Carbón de coque, Cobre, Feldespato, Fluorita, Galio, Germanio, Hafnio, Helio, Tierras raras pesadas, Tierras raras ligeras, Litio, Magnesio, Manganeso, Grafito natural, Níquel (calidad de batería), Niobio, Fosforita, Fósforo, Metales del grupo del platino, Escandio, Silicio metálico, Estroncio, Tántalo, Metal de titanio, Wolframio y Vanadio. Junto a estas, se consideran materias primas estratégicas: bauxita/alúmina/aluminio, bismuto, boro, cobalto, cobre, galio, germanio, litio (calidad de batería), metal de magnesio, manganeso (calidad de batería), grafito (calidad de batería), níquel (calidad de batería), metales del grupo del platino, tierras raras para imanes permanentes, silicio metálico, metal de titanio y wolframio.

Materias primas CRMs 2011	Materias primas CRMs	Productores principales 2011 / 2024		Fuentes principales de importaciones en la UE 2011 / 2024	
Berilio	Berilio	EE.UU. 85 %	EE.UU. 67 %	EE.UU.	EE.UU. 60 %
		China 14 %		Canadá	
		Mozambique 1 %		China	
				Brasil	
	Bismuto	--	China 70 %	--	China 65 %
	Boro	--	Turquía 48 %	--	Turquía 99 %
Cobalto	Cobalto	RD Congo 41 %	RD Congo 63 %	RD Congo 71 %	Sin datos
		Canadá 11 %		Rusia 19 %	
		Zambia 9 %		Tanzania 5 %	
	Carbón de coque	--	China 53 %	--	Polonia 26 %
	Cobre	--	Chile 28 %	--	Polonia 19 %
	Feldespato	--	Turquía 32 %	--	Turquía 51 %
Fluorita	Fluorita	China 59 %	China 56 %	China 27 %	México 33 %
		México 18 %		Sudáfrica 25 %	
		Mongolia 6 %		México 24 %	
Galio	Galio	China	China 94 %	EE.UU.	China 71 %
				Rusia	
Germanio	Germanio	China 72 %	China 83 %	China 72 %	China 45 %
		Rusia 4 %		EE.UU. 19 %	
		EE.UU. 3 %		Hong Kong 7 %	
	Hafnio	--	Francia 49 %	--	Francia 76 %
	Helio	--	EE.UU. 47 %	--	Qatar 35 %

Materias primas CRMs 2011	Materias primas CRMs	Productores principales 2011 / 2024		Fuentes principales de importaciones en la UE 2011 / 2024	
Tierras raras	*HRREs (tierras 152rgan 152rganis)* Gadolino Terbio Disprosio Holmio Erbio Europio Tulio Iterbio Lutecio Itrio	China 97 % India 2 %	China 100 %	China 90 % Rusia 9 %	China 100 %
	LREEs (Tierras 153rgan ligeras) Lantano Cerio Praseodimio Neodimio Samario		China 85 %		China 85 %
	Litio	--	China 56 %	--	Chile 79 %
Grafito	Grafito natu-ral		China 67 %		China 40 %
Indio	--	--	--	--	--
Magnesio	Magnesio	China 56 % Turquía 12 % Rusia 7 %	China 91 %	China 82 % Israel 9 % Noruega 3 % Rusia 3 %	China 97 %
	Manganeso	--	Sudáfrica 29 %	--	Sudáfrica 41 %
	Níquel	--	China 33 %	--	Rusia 29 %
Niobio	Niobio	Brasil 92 % Canadá 7 %	Brasil 92 %	Brasil 84 % Canadá 16 %	Brasil 92 %
	Fosforita	--	China 48 %	--	Marruecos 27 %
	Fosforo	--	China 79 %	--	Kazajstán 65 %

Materias primas CRMs 2011	Materias primas CRMs	Productores principales 2011 / 2024		Fuentes principales de importaciones en la UE 2011 / 2024	
Metales del grupo del platino	Metales del grupo del platino	Sudáfrica 79 %	Sudáfrica 75 %	Sudáfrica 60 %	Sin datos
		Rusia 11 %	Rusia 40 %	Rusia 32 %	
		Zimbabue 3 %		Noruega 4 %	
	Escandio	--	China 67 %	--	China 67 %
	Silicio metálico	--	China 76 %	--	Noruega 33 %
	Estroncio	--	Irán 37 %	--	España 99 %
Tántalo	Tántalo	Australia 48 %	RD Congo 35 %	China 46 %	RD Congo 35 %
		Brasil 16 %		Japón 40 %	
		Ruanda 9 %		Kazajstán 14 %	
		RD Congo 9 %			
Tungsteno	Tungsteno o wolframio	China 78 %	China 86 %	Rusia 76 %	China 32 %
		Rusia 5 %		Bolivia 7 %	
		Canadá 4 %		Ruanda 13 %	
	Metal de titanio	--	China 43 %	--	Kazajstán 36 %
	Vanadio	--	China 62 %	--	China 62 %

Un análisis, aunque sea rápido de las tablas muestran claramente como la industria y la economía europea dependen de los mercados internacionales en cuanto al acceso de materias primas fundamentales. Para la fabricación de baterías, por ejemplo, el 63 % del cobalto mundial utilizado se extrae de la República Democrática del Congo y, si hablamos de la fabricación de imanes, el 100 % de las tierras raras utilizadas se refinan en China. No solo se añade con ello vulnerabilidad a la dependencia de las importaciones, sino que se pone en evidencia nuestra dependencia de China al contar esta con la mayor concentración de materias primas críticas en su territorio, que suponen el 100 % del suministro de la Unión en cuanto a magnesio o elementos pesados de tierras raras, imprescindibles por sus propiedades magnéticas para la producción de vehículos híbridos o eléctricos, turbinas eólicas, baterías, fibras de vidrio para comunicaciones...Esto es, para nuestra transición energética. De ahí que nos refiramos a los materiales críticos como *materiales de transición*.

Esta situación es la que ha justificado la adopción de este Reglamento para establecer un marco que garantice un suministro seguro y sostenible de materias primas críticas, que se conoce como *Ley de Materias Primas Críticas*[53] para dar una respuesta global a los riesgos de interrupción del suministro de estas materias primas y a las vulnerabilidades estructurales de las cadenas de suministro de la UE. Con ella se pretende garantizar el acceso de la UE a un suministro seguro y sostenible de materias primas fundamentales, permitiendo a Europa cumplir sus objetivos climáticos y digitales, manteniendo la competitividad industrial de la UE y garantizando el buen funcionamiento del mercado único. Para ello, se establecerán dos listas: una de materias primas *fundamentales* y otra lista de materias primas *estratégicas*, esto es, aquellas con una importancia crucial para las tecnologías en el ámbito de la transición ecológica por lo que a nosotros nos interesa. Juntamente con ello se han fijado parámetros de referencia para las capacidades nacionales a lo largo de la cadena estratégica de suministro de materias primas que deben alcanzarse de aquí a 2030: un 10 % de las necesidades anuales de la UE se cubrirá con la extracción, un 40 %, con transformación y un 15 %, con reciclado. Como máximo, un 65 % del consumo anual de la UE de cada materia prima estratégica en cualquier fase pertinente de la transformación debería proceder de un tercer país determinado.

Sin negar ni la necesidad ni los posibles beneficios de esta propuesta normativa, es innegable que también cuenta con importantes críticas o defectos, que no queremos dejar de señalar, aunque solo apuntaremos las 2 que nos parecen más importantes[54].

La más obvia es que la norma se centra en lograr el suministro continuado, cuando lo que debería promoverse es la reducción de la dependencia de las materias primas primarias. Intentar lograr un suministro puede suponer perder de vista la protección de un enfoque de justicia global o protección de derechos humanos o medioambientales en terceros países. En ese sentido se echan en falta en la norma propuestas concretas para calcular y verificar la huella ambiental de las materias primas críticas. Y ello porque como señala la OCDE se prevé que el impacto ambiental total de la producción y el consumo de los 7 metales más producidos se duplicará (y

53 *Vid.* Reglamento (UE) del Parlamento Europeo y del Consejo, de 11 de abril de 2024, *por el que se establece un marco para garantizar un suministro seguro y sostenible de materias primas fundamentales y por el que se modifican los Reglamentos (UE) N.º 168/2013, (UE) 2018/858, (UE) 2018/1724 y (UE) 2019/1020*, DOUE L, de 3 de mayo de 2024, https://eur-lex.europa.eu/legal-content/ES/TXT/PDF/?uri=OJ:L_202401252.

54 Para una revisión crítica mucho más detallada nos remitimos a Amigos de la Tierra (10 julio 2023), *Documento de Posición Un punto de inflexión: la Ley de Materias Primas Críticas debe ser justa para las personas y el planeta*, https://www.tierra.org/wp-content/uploads/2023/07/posicionamiento_reglamento_materias_primas.pdf y Amigos de la Tierra, *El lobby profundo de la industria minera. Como la industria condiciona el reglamento europeo sobre materias primas fundamentales*, https://www.tierra.org/wp-content/uploads/2024/02/lobby_industria_minera.pdf.

en algunos casos se cuadruplicará) para 2060, a pesar de las suposiciones optimistas sobre la creciente eficiencia de las técnicas de producción[55], por lo que no cabe duda de que la extracción de materias primas está contribuyendo a importantes impactos ambientales y sociales como apuntaremos en el siguiente apartado.

La segunda tiene que ver con las certificaciones y autorizaciones para las empresas o industrias extractivas, que aunque la norma finalmente aprobada mejora las propuestas anteriores, no garantiza que puedan desembocar en certificaciones sobre proyectos que no garanticen realmente ni el respeto hacia los derechos humanos ni de los estándares ambientales, como puso de relieve el asunto de las minas de Vale, en Minas Gerais (Brasil)[56].

Similar comentario cabe realizar sobre los proyectos estratégicos y los permisos, donde el equilibrio entre la protección del medio ambiente, la participación pública y la agilización de la obtención de permisos no parece que proteja la defensa de los derechos humanos frente a las necesidades del sector minero. No podemos olvidar que la industria extractiva sigue siendo uno de los sectores de mayor riesgo si de abuso de los derechos humanos, daño y contaminación ambiental y corrupción hablamos, que afectan además desproporcionadamente a las comunidades locales y pueblos indígenas. El *Business & Human Rights Resource Centre*[57], ha recabado más de 600 denuncias en el periodo de 2010 a 2023 sobre conflictos específicamente vinculados a la minería extractiva de cobre, cobalto, litio, manganeso, níquel y zinc, incluidos 143 ataques contra defensores de los derechos humanos, 49 abusos contra los derechos de los pueblos indígenas y algo especialmente preocupante, 24 demandas estratégicas contra la participación pública (SLAPPs). Muchas actividades mineras también amenazan lugares culturales y sagrados, las cuencas hidrográficas y la biodiversidad. Tener especial atención es una obligación para todos nosotros, pero para el legislador especialmente cuando es conocedor de estos antecedentes.

55 OCDE, *Global Material Resources Outlook to 2060. Economic Drivers and Environmental Consequences*, 2019, https://doi.org/10.1787/9789264307452-en.

56 Sobre el asunto *vid.* IndustriAll (28 enero 2019), *La empresa Vale debe responsabilizarse por la tragedia de la represa en Brasil*, https://bit.ly/47O4HmR; IndustriAll (24 enero 2022), *Tres años después de la tragedia de Brumadinho, las víctimas aún esperan justicia y reparaciones*, https://bit.ly/46zwHJU; De Cicco, C., Tadeu Marques, F., Fernando Ferreira, J., «O direito ao meio ambiente ecologicamente equilibrado, o desastre de brumadinho no Brasil e a corte interamericana de direitos humanos», *Revista Inclusiones: Revista de Humanidades y Ciencias Sociales*, Vol. 8, N.° 1, 2021 (Ejemplar dedicado a: Homenaje María José Aguilar Idáñez), pp. 262-275; Damasceno Neto, R., Cunha, Th., «O crime corporativo socioambiental de Brumadinho: Uma análise a partir da Bioética Crítica e a Ecologia Integral», *Revista Iberoamericana de Bioética*, Núm. 23, pp.1-17, https://doi.org/10.14422/rib.i23.y2023.005.

57 *Cfr* Business & Human Rights Resource Centre, *Transition Minerals Tracker: 2024 Analysis,* https://bit.ly/3QThMp2.

2.2. Potencial de conflictos: el caso del cobalto en la República Democrática del Congo y Marruecos

Siendo el litio el que con toda seguridad aportará el mayor número de casos, dejaremos para un trabajo posterior el análisis de este, y proponemos ahora revisar el cobalto para ejemplificar los problemas que se suscitan con los minerales de transición. El cobalto es uno de los minerales clave para la producción de baterías para coches eléctricos, por lo que la industria automovilística está empezando a impactar con fuerza en el gran apetito a su respecto. Aunque China es uno de los principales suministradores de cobalto para la producción de baterías para coches eléctricos, también se encuentran yacimientos en Australia, Marruecos y en grandes proporciones en la República del Congo.

2.2.1. El cobalto en la República Democrática del Congo

La República Democrática del Congo posee aproximadamente la mitad de las reservas mundiales de cobalto y es responsable del 70 % de la producción mundial de este mineral. A esto hay que sumar el hecho de tener las séptimas mayores reservas de cobre del mundo y ser su tercer mayor productor. Esto ha hecho aumentar las explotaciones de minas de cobalto y cobre, lo que no necesariamente debería ser negativo, si no fuera porque esta ampliación ha dado lugar al desalojo forzoso de comunidades enteras y a graves abusos contra los derechos humanos, incluidas agresiones sexuales, incendios y palizas como ha denunciado Amnistía Internacional[58]. No es extraño que la entrada de multinacionales dé lugar a acaparamientos de tierras y evicciones de la población que ocupaba esas tierras, como de nuevo parece que sucede aquí, como hemos tenido ocasión de denunciar en otros trabajos[59]. Por eso debemos ser mucho más rigurosos, porque reconociendo la importancia de los minerales de transición hemos de mantener el listón de la justicia climática en esa transición para que sea justa y

58 *Vid.* Amnesty International (11 septiembre 2023), *Powering Change or Business as Usual? Forced Evictions at Industrial Cobalt and Copper Mines in the Democratic Republic of the Congo*, AFR 62/7009/2023, https://www.amnesty.org/es/documents/AFR62/7009/2023/en/.

59 *Vid.* Zamora Cabot, F.J., Sales Pallarés, L., «Acaparamiento de tierras y aceite de palma: impacto sobre los pueblos indígenas en indonesia», en Camarero Suárez, M.ª, *Pueblos indígenas: marco especial de protección y efectividad de sus derechos*, Thomson Reuters Aranzadi, 2022, pp. 195-212; Sales Pallarés, L., «Sherpa and others v. Bolloré SA: el aceite de palma como constante en la lucha derechos humanos y empresas», en Pigrau i Solé, A., Iglesias Márquez, D. (ed. lit.), *Litigación en materia de empresas y derechos humanos: estudio de casos*, Valencia, Tirant lo Blanch, 2023, pp. 251-264; Marullo, Ch., «Recientes desarrollos en los litigios transnacionales empresas y Derechos Humanos: el caso Kiobel III», *Cuadernos europeos de Deusto,* N.º 63, 2020, pp.57-80.

no permita, por la finalidad de la descarbonización, violaciones de derechos humanos o rebaja de estándares medioambientales[60].

Es en la provincia de Lualaba, en un barrio de su capital Kolwezi, donde se encuentra una de las minas de cobalto que está afectando a las comunidades locales, que han visto como recibieron orden de abandonar sus viviendas o no tuvieron otra opción que mudarse tras la reapertura en 2015 de la mina a cielo abierto para llevar a cabo el proyecto gestionado por la empresa *Compagnie Minière de Musonoie Global SAS* (COMMUS), que aúna a la china *Zijin Mining Group Ltd* y la congoleña *Générale des Carrières et des Mines SA* (Gécamines). No es el único caso: el pueblo de Mukumbi, cerca de la mina Mutoshi, gestionada por la firma *Chemicals of Africa SA* (Chemaf), filial de *Chemaf Resources Ltd.*, con sede en Dubai, acabó arrasado en 2016 en una clara acción para desplazar a la población local. Situación similar se encontró en otro de los proyectos mineros estudiados por Amnistía Internacional en una mina de cobalto y cobre situada a 5 kilómetros de Kolwezi y operada por una filial de *Eurasian Resources Group* (ERG), con sede en Luxemburgo y cuyo principal accionista es el Gobierno de Kazajistán, donde una veintena de agricultores declararon que los soldados llegaron y arrasaron sus campos en febrero de 2020.

La paradoja de todas estas situaciones descritas puede apreciarse sobre todo en la mina de Kakula, situada a 25 km de Kolwezi y que es la mayor reserva de cobre descubierta en el continente africano y operada por una compañía de capital canadiense y chino. Desplazado parte del pueblo por la extensión de las actividades mineras y reubicados por la empresa en nuevas casas, estas no disponían ni de agua corriente ni de electricidad, no estando tampoco los baños conectados a una red de alcantarillado. La empresa argumentó que quiso aplicar «las mejores prácticas internacionales» en la gestión de los conflictos suscitados con la población afectada por la empresa, pero que era difícil en una región en la que no había electricidad. Este problema no fue ningún obstáculo, sin embargo, para poner en marcha la mina y la tecnología necesaria para realizar la extracción del cobre con parámetros tecnológicos punteros. Es terriblemente paradójico que empresas internacionales que cuentan con ingentes recursos económicos y tecnológicos no costeen los cambios necesarios para salvaguardar los derechos humanos, establecer procesos que mejoren la vida de las personas de la región y proporcionen reparación por los abusos sufridos.

No son los únicos casos denunciados. Junto a estas grandes empresas mineras, se calcula que hasta un 30 % del cobalto en la República Democrática del Congo se extrae a través de pequeñas empresas[61], donde se llevan

60 Es tremendamente preocupante que el 39% de las empresas con denuncias registradas en el Business & Human Rights Resource Centre, Transition Minerals Tracker: 2024 Analysis, tenían una política de derechos humanos en vigor en el momento de la denuncia.

61 *Cfr* World Economic Forum (15 septiembre 2020), *Making Mining Safe and Fair: Artisanal cobalt extraction in the Democratic Republic of the Congo, septiembre de 2020*, https://

a cabo sin ayuda de maquinaria, recurriendo a menudo a niños trabajadores o a peones que trabajan en condiciones extremadamente precarias y deficientes, documentándose violaciones masivas de los derechos humanos básicos[62]. Las multinacionales del automóvil, incluida la italiana *FIAT* (*FCA Italia*), ahora fusionada en el *Grupo Stellantis*, compran grandes cantidades de cobalto a proveedores de esas pequeñas empresas que a menudo están implicados en las gravísimas violaciones de derechos humanos. En abril de 2022, FOCSIV (*Federazione degli rganismo di volontariato internazionale di ispirazione cristiana*) junto con otras asociaciones italianas presentaron una instancia ante el Punto Nacional de Contacto (PNC) italiano contra *FCA Italia* y *Stellantis NV*[63], alegando que *FCA Italia* no facilita información adecuada sobre sus proveedores, en contra de las disposiciones pertinentes de las Directrices para empresas multinacionales de la OCDE, en sus adquisiciones de cobalto de la República Democrática del Congo. La empresa, a pesar de ser de manera reiterada requerida, no acreditó que se hubieran adoptado sistemas eficaces de identificación de posibles violaciones de derechos humanos en la cadena de suministro de cobalto u otros minerales; tampoco que hubieran adoptado medidas concretas, específicas y apropiadas para reducir los riesgos de posibles violaciones en la cadena de suministro; ni que informasen a los proveedores de que no comprarían minerales que no tuvieran garantizada su trazabilidad, quedando asimismo sin acreditar la adopción de medidas para compensar los (posibles) daños causados.

A pesar de que *Stellantis* —en nombre de *FCA Italia*— tuvo posibilidades para corregir alguno de estos extremos, solo reiteró su adhesión a los principios que inspiran las actividades del grupo y las iniciativas emprendidas para el análisis y la consiguiente eliminación de los riesgos asociados a las actividades mineras y a las cadenas de suministro de los minerales necesarios para la producción de vehículos eléctricos procedentes de la República Democrática del Congo, pero no se indicó ningún proveedor concreto sobre el que poder tomar evidencias sobre extremo alguno, lo que va en contra de las Directrices para empresas multinacionales de la OCDE sobre la divulgación de información transparente y detallada.

Aunque el PNC italiano no entendió que tenía competencia al estar la matriz ubicada en Países Bajos, FOCSIV ha replanteado en 2022 una nueva

www.weforum.org/publications/making-mining-safe-and-fair-artisanal-cobalt-extraction-in-the-democratic-republic-of-the-congo/.

62 *Cfr* Amnistía Internacional (15 November 2017), *Democratic Republic of the Congo: Time to recharge: Corporate action and inaction to tackle abuses in the cobalt supply chain*, AFR62739517-29566, https://doc.es.amnesty.org/ms-opac/permalink/1@000029566.

63 Stellantis N.V. es una multinacional holandesa, resultado de una fusión entre los grupos automovilísticos ítalo-estadounidense Fiat Chrysler Automobiles y el francés Groupe PSA, con filiales como Peugeot, Citroën, FCA US, Opel, Groupe PSA, Dodge...

solicitud ante el PNC neerlandés que ha sido aceptada, iniciándose formalmente el procedimiento, que sigue pendiente de resolución[64].

2.2.2. El cobalto en Marruecos

Muchas de las denuncias de violaciones de derechos humanos situadas en la República Democrática del Congo involucran a niños extrayendo cobalto de las minas como acabamos de apuntar. Esto ha llevado a algunas marcas (por ejemplo, Tesla) a buscar alternativas en otros minerales, o bien a buscar alternativas al cobalto congoleño. Surge así la *Responsible Minerals Initiative* (RMI)[65], en la que cerca de 400 empresas multinacionales están adheridas al compromiso de un abastecimiento responsable de minerales, que implica aumentar la transparencia en la cadena de suministros además de buscar alternativas al cobalto congoleño. Consecuencia de esta iniciativa BMW y Renault se introdujeron en Marruecos y se comprometieron a utilizar cobalto procedente de minas éticas y ecorresponsables, como la de Bou Azzer[66], en Marruecos. Pero ¿es realmente ética la mina marroquí?

La empresa minera que explota la mina extrayendo arseniato de cobalto hidratado, pero también arsénico, es *Managem*[67]. Asegura ésta que su producción ha sido certificada según los criterios de la RMI, por una evaluación de EcoVadis, y que el *Grupo Managem* es miembro de la Alianza para el Cobalto Justo[68]. Sin embargo, hemos de recordar que estos certificados se obtienen por el mero hecho de cumplimentar los cuestionarios de las evaluadoras, sin que sean el resultado de una auditoría in situ, que sí podría acreditar en ese caso un cumplimiento veraz. En todo caso, la empresa a su vez subcontrata con otras empresas, por lo que son estas últimas las responsables de que los mineros trabajen sin protección respiratoria, expuestos al polvo del mineral y a los explosivos. Al margen de estos de por si graves incumplimientos de la salud laboral, la peor parte de esta «mina ética» es la contaminación medioambiental que genera sobre el valle en la que se encuentra.

Ha de advertirse que para la extracción del cobalto es necesaria mucha agua, pero cuando se evapora de las balsas colectoras de las aguas residuales

---

64 Puede seguirse el asunto en bit.ly/4dNL4Pw.

65 *Vid.* https://www.responsiblemineralsinitiative.org.

66 *Vid.* Pilling, D. (3 abril, 2018), «Un proyecto piloto estudia producir cobalto ético en el Congo», *Expansión*, https://bit.ly/3TbnZyi; Gutiérrez, D. (10 julio 2020), «Marruecos será proveedor de cobalto "sostenible" para las baterías de BMW», *HíbridosyEléctricos*, https://bit.ly/3uBaSwd. Cabe señalar que la mina es propiedad de la familia real marroquí.

67 *Vid.* https://www.managemgroup.com/en.

68 *Vid. Cobalt Responsible Sourcing Policy*. Lamentablemente el tema de las certificaciones como hemos tenido ocasión de señalar en otros trabajos no implica necesariamente un apego a la legalidad y realidad de las actuaciones de la empresa. *Vid.* Sales Pallarés, L., Marullo, M.ª Ch., «Informes de sostenibilidad y planes de vigilancia: explorando nuevos

del tratamiento del cobalto, queda un polvo blanco con alto contenido en arsénico. Al llover, se desbordan las balsas en las que está contenido, que vierten el excedente de caudal a un pequeño río que conecta la mina con los pueblos y oasis del valle, como el den *Zaouit Sidi Blal*, a unos siete kilómetros de distancia, de modo que las aguas de las que dispone la comunidad contienen 400 microgramos de arsénico por litro de agua, 44 veces más que el límite de 10 microgramos establecido por la OMS. La empresa no se responsabiliza de la contaminación, sino que mantiene que la misma sería endémica y fruto de la explotación que desde los años 30 se viene produciendo.

En cualquiera de los casos, para BMW esto está siendo un daño reputacional, y ha manifestado que va a realizar «una profunda investigación y la exigencia inmediata de las medidas correctivas necesarias»[69]; una crisis a la que se han sumado también las declaraciones de los trabajadores que han apuntado al incumplimiento de *Managem* de las normas internacionales para la protección de sus mil empleados, que extraen el material también para Renault y que pone en entredicho la ética de la explotación de cobalto en tierras marroquís.

En cualquier caso, sirvan los casos congoleño y marroquí para apuntar la verdadera dimensión que, en clave de derechos humanos, suponen los minerales de transición.

3. Un apunte sobre el litio, y reflexiones conclusivas

Muy brevemente, porque el propósito de este apartado es, en lo fundamental, en primer lugar, poner de relieve nuestro interés en el presente contexto sobre este elemento químico, perteneciente al grupo de los alcalinos, reiterando ahora nuestro propósito de dedicarle una atención específica, pues creemos la merece, en otra, no lejana, sede de publicación.

Y es que el litio y cuanto lo rodea resulta una excelente piedra de toque para analizar lo que atañe a los minerales de transición. Así, importa que se le haga aparecer, desde una óptica tecnológica, como una de las más valiosas bazas en el proclamado proceso de descarbonización, resultando en un impulso global hacia su obtención y, correspondientemente, a una frenética espiral de inversiones y un mercado en el que las oscilaciones, muy notorias a veces, no desaniman a los inversores, los ya activos o los potenciales. De igual modo, y desde una perspectiva estatal, es lógico en esta coyuntura que el litio se inscriba con fuerza entre las prioridades de los países que lo poseen y los que quieren asegurarse su suministro, siendo

caminos para luchar contra la impunidad empresarial», *Cuadernos europeos de Deusto*, N.° 63, 2020 (Ejemplar dedicado a: Empresa y Derechos Humanos), pp. 207-235, DOI: https://doi.org/10.18543/ced-63-2020pp207-235.

69 *Vid.* ASB Aussiedlerbote (13 noviembre 2023), «BMW en apuros por culpa de sus proveedores en Marruecos», https://bit.ly/46DokNi.

muy conveniente que no se repitan al respecto los desequilibrios que han venido sucediendo en el sector extractivo, donde los recursos del Sur Global vienen proveyendo a bajos precios las necesidades y la generación de plusvalías de los países origen de las inversiones. Ni que, como también suele ocurrir en el citado sector, que las actividades en desarrollo de este preciso mercado conculquen los derechos de las comunidades de diversa naturaleza en cuyos territorios, o en las cercanías de ellos, radiquen las explotaciones. A pesar del reciente origen de este núcleo de cuestiones relativas al litio, sobre todo de la fase de efervescencia actual, se puede obtener una amplia visión de los problemas que lo caracterizan, si enfocamos la realidad al respecto en América Latina, sobre todo en la región de los Andes. Indicamos, al punto, una muestra de bibliografía de interés, a la que remitimos a nuestros lectores[70].

Por otra parte, damos fin ahora a este apartado y a nuestra aportación con algunas, muy sucintas, reflexiones. La primera es poner de relieve cómo estos minerales de transición son un excelente banco de pruebas para evaluar el estado de la cuestión en lo que respecta a la dualidad empresas y derechos humanos.

Así, en lo que atiene a su importancia, pues nos hallamos en el fulcro de grandes intereses de todo orden, económicos, geopolíticos y estratégicos, junto a los relativos al mantenimiento del *statu quo*, irrenunciables para muchos. Intereses, por otra parte, que deben equilibrarse necesariamente y a ello nos hemos venido refiriendo, con la absoluta necesidad de mantener a su respecto el imperio de la ley y la defensa y promoción de los derechos humanos, incluidos, claro está, los relativos al medio ambiente.

A falta, también lo indicamos en su momento, de buscar alternativas a un modo de vivir amparado en un sistema económico que radica en maximizar el consumo en una óptica de crecimiento continuo, y en la utilización en muchos casos descontrolada de los recursos del planeta, debe en nuestra opinión evitarse el que, amparadas en grandes conceptos como la sostenibilidad y la lucha contra la emergencia climática, se reproduzcan situaciones en las que medren el lucro y la desmesura, de la mano de procesos en numerosas ocasiones de carácter ampliamente especulativo, con el cúmulo de negativos efectos que ello suele traer aparejado. No sea este particular sector extractivo, pues, una vía más para hacer aún mayores los problemas

70 *Vid.*, *v.gr.*, Bastida, A.E., *et alii* (April, 2023), *Latin America's Lithium: perspectives on critical minerals and the global energy transition*, Wilson Center, https://bit.ly/3upU23t; Pell, O., «The ESG Triangle: how lithium mining in Latin America could point the way toward long-term environmental and social values», en Kalantzakos, S. (ed.), *Critical Minerals, the Climate Crisis and the Tech Imperium*, The Auschwitz Institute, 2023, pp. 179-201 y Alwyn, J., *et alii*, «The lithium industry and its human rights impacts: the case of the Lickanantay People in Chile», *Wyoming Law Review*, vol. 23, n.° 2, 2023, https://scholarship.law.uwyo.edu/wlr/vol23/iss2/16.

que en general las correspondientes actividades suscitan a lo largo y ancho del mundo, con marcados ecos, por ejemplo, de un nuevo colonialismo.

Concluimos ya convocando a la sociedad civil a mantener una actitud crítica y vigilante respecto de cuanto tenga que ver con estos minerales de transición, así como de los mecanismos que se vienen propiciando para la atenuación, junto a ellos, de la crisis climática. Unos y otros deben estar basados en la búsqueda de soluciones reales, y no en la perpetuación y/o empeoramiento de los ingentes retos que afronta la humanidad, en tiempos de prueba como los que nos toca vivir.

EL NUEVO HORIZONTE DE LA ERRADICACIÓN DEL TRABAJO FORZOSO EN LA UE: LA PROHIBICIÓN DE SUS PRODUCTOS Y SERVICIOS

Alexandre Moreno Urpí*

Universitat Rovira i Virgili

SUMARIO: Introducción. El problema poliédrico de la esclavitud moderna y el trabajo forzoso. 1. La conceptualización del trabajo forzoso a nivel internacional: el papel de la OIT y del TEDH en su concreción respecto a las conductas afines. 2. Luces y sombras de la propuesta de reglamento para eliminar los productos o servicios derivados del trabajo forzoso. 2.1. La relación entre la diligencia debida y las obligaciones para evitar los productos y servicios derivados del trabajo forzoso en el mercado de la UE. 2.2. Análisis preliminar de propuesta de reglamento sobre productos con trabajo forzoso. 3. Conclusiones. 4. Bibliografía.

Introducción. El problema poliédrico de la esclavitud moderna y el trabajo forzoso

El trabajo forzoso, según la Organización Internacional del Trabajo (OIT), afecta a aproximadamente 27,6 millones de personas en todo el mundo[1]. Es por eso por lo que hacerle frente se ha convertido en un objetivo prioritario a nivel internacional. En este sentido, según el prof. ALLAIN, existe un

---

* El presente estudio se enmarca dentro del proyecto de investigación «Acceso a la justicia en el contexto de abusos corporativos: la litigación como estrategia de resistencia y de empoderamiento a las víctimas (ACCJUSTEDH)» (ICI023/23/000001).

1 OIT / Walk Free / Organización Internacional de Migraciones (IOM): *Global estimates of modern slavery: forced labour and forced marriage*, Ginebra, 2022, p. 2. Disponible en: wcms_854733.pdf (ilo.org).

convencimiento entre la Comunidad internacional de erradicar las formas modernas de esclavitud[2]. Bajo esta denominación, las Naciones Unidas han incluido una serie de acciones derivadas de la época colonial y que, según ella, merecen el máximo reproche a nivel internacional ya que ponen en entredicho los derechos humanos básicos[3]. Entre las acciones que se han llevado a cabo destacan los Objetivos de Desarrollo Sostenible (ODS), que contemplan la erradicación del trabajo forzoso, de las formas contemporáneas de esclavitud y de la trata de personas. Obsérvese, pues, que en esta categoría de esclavitud moderna se incluye la trata de seres humanos, la esclavitud, la servidumbre o los trabajos forzosos, situaciones todas ellas que se refieren a formas de explotación humana y lesionan lo que se conoce como trabajo decente. Dicho en otras palabras, todos estos fenómenos tienen como rasgo característico suponer una situación de explotación forzada de la persona con fines lucrativos[4], donde la víctima no ha podido escoger libremente la situación y, además, sufre unas condiciones injustas.

Esta variedad de instituciones tiene varias consecuencias. En primer lugar, la esclavitud moderna es un fenómeno constituido por distintas conductas, todas ellas contrarias a los derechos humanos, con un régimen jurídico específico para hacerles frente pero que pueden llegar a confundirse entre sí[5]. En segundo lugar, para erradicarla se requiere de una actuación bien coordinada que permita avances en todas estas conductas. Los pasos dados a nivel normativo en este sentido son variables y se han ido desarrollando a medida en que el proceso de humanización del Derecho internacional se iba consolidando. Específicamente, en el marco de la Unión Europea se han adoptado normas de distinta naturaleza jurídica, siendo la más conocida la que pretende luchar contra la trata de seres humanos[6]. Asimismo, de forma trans-

2 ALLAIN, J.: *Slavery International Law of Human Exploitation and Trafficking*, Martinus Nijhoff Publishers, Leiden/Boston, 2013, p. 1.

3 *Ibidem*.

4 *Ibidem*, p. 369. El autor considera la explotación más que una definición, una categoría. Concretamente, la ve como la «*large tent*» que incluye todas aquellas conductas que la Comunidad internacional ha querido erradicar a lo largo de los últimos años consideradas las formas modernas de esclavitud.

5 RIVAS VALLEJO, P.: «Aproximación laboral a los conceptos de esclavitud, Trabajo forzoso y explotación laboral en los tratados Internacionales», *Revista de Estudios Jurídicos Laborales y de Seguridad Social*, núm. 2, 2021, pp. 99-135, pp. 101.

6 *Véase Directiva 2011/36/UE del Parlamento Europeo y del Consejo, de 5 abril de 2011, relativa a la prevención y lucha contra la trata de seres humanos y a la protección de las víctimas y por la que se sustituye la Decisión marco 2002/629/JAI del Consejo*. DOUE L 101 de 15 de abril de 2011 o las distintas estrategias adoptadas por la Comisión Europea en este sentido: COMISIÓN EUROPEA: *Comunicación de la Comisión al Parlamento Europeo, al Consejo, al Comité Económico u Social Europeo y al Comité de las Regiones: «Estrategia de la UE para la erradicación de la trata de seres humanos (2012-2016)»*, 19 de junio de 2012, COM(2012) 286 final o COMISIÓN EUROPEA: *Comunicación de la Comisión al Parlamento Europeo, al Consejo, al Comité Económico y Social Europeo y al Comité de las Regiones*

versal y sin referirse a una práctica concreta, en los últimos años también se han asentado obligaciones para las empresas con el objetivo de impedir la presencia de situaciones potencialmente vulneradoras de los derechos humanos en la cadena de valor de las empresas[7]. De esta manera se busca reforzar la voluntad de hacer frente a este fenómeno poliédrico que es la explotación de las personas.

En cuanto al trabajo forzoso, algunas iniciativas sectoriales se han ido aprobando en el marco de la UE en los últimos años, pero no han sido suficientes[8]. Por consiguiente, la erradicación de este fenómeno en el marco de la UE requería un nuevo horizonte para seguir avanzando. Así, la Comisión Europea propuso la adopción de un reglamento que se centrase, por primera vez, en una cuestión muy concreta derivada del trabajo forzoso: la presencia en el mercado de la UE de productos y servicios que se han conseguido gracias a esta práctica. Consecuentemente, la Comisión Europea presentó una propuesta de reglamento con el único objetivo de prohibir la comercialización de dichos productos y servicios[9].

Al tratarse de una propuesta de reglamento novedosa y pionera en la materia, el objetivo de la presente contribución es analizarla con la voluntad de aportar reflexiones que ayuden a mejorar su contenido durante el procedimiento legislativo ordinario, respecto del cual todavía falta la posición negociadora del Parlamento Europeo. Así, en el momento del cierre de la presente

sobre la estrategia de la UE en la lucha contra la trata de seres humanos 2021-2025, 14 de abril de 2021, COM(2021) 171 final.

7 En este sentido, *véase*, entre otros, Comisión Europea: *Propuesta de Directiva del Parlamento Europeo y del Consejo sobre diligencia debida de las empresas en materia de sostenibilidad y por la que se modifica la Directiva (UE) 2019/1937*, 23 de febrero de 2022, COM(2022) 71 final (en adelante, propuesta de directiva sobre diligencia debida) o la *Directiva 2009/52/CE del Parlamento Europeo y del Consejo, de 18 de junio de 2009, por la que se establecen normas mínimas sobre las sanciones y medidas aplicables a los empleadores de nacionales de terceros países en situación irregular*. DOUE L 168 de 30 de junio de 2009.

8 Comisión Europea: *Comunicación de la Comisión al Parlamento Europeo, al Consejo y al Comité Económico y Social Europeo sobre el trabajo digno en todo el mundo para una transición justa a escala mundial y una recuperación sostenible*, 23 de febrero de 2022, COM(2022) 66 final; Comisión Europea / Servicio Europeo de Acción Exterior (EEAS en sus siglas en inglés): *Guidance on due diligence for EU businesses to address the risk of forced labour in their operations and supply chains*, 12 de julio de 2021, disponible en: New_EU_guidance_helps_companies_to_combat_forced_labour_in_supply_chains.pdf (europa.eu) o *Comunicación conjunta al Parlamento Europeo y al Consejo: «Plan de Acción de la UE para los Derechos humanos y la Democracia 2020-2024»*, 25 de marzo de 2020, FOIN(2020) 5 final.

9 Comisión Europea: *Propuesta de Reglamento del Parlamento Europeo y del Consejo por el que se prohíben en el mercado de la Unión los productos realizados con trabajo forzoso*, 14 de septiembre de 2022, COM(2022) 453 final (en adelante, propuesta de reglamento sobre productos con trabajo forzoso).

contribución no se han iniciado aún las negociaciones, de modo que la contribución se centra únicamente en el análisis de la propuesta de la Comisión. Por consiguiente, no es un documento definitivo, de modo que el análisis que se propone inevitablemente debe caracterizarse como preliminar.

Con el afán de plantear el examen lo más exhaustivo posible, esta contribución se divide en dos partes. Primeramente, se definirá lo que se entiende por trabajo forzoso, habida cuenta de la multiplicidad de conductas estrechamente relacionadas entre sí y que constituyen una especie de puzle con el objetivo de hacer frente a este fenómeno mundial que es la explotación humana. Ahora bien, ya que el objetivo de la contribución es solamente analizar la propuesta de la Comisión que se refiere exclusivamente al trabajo forzoso, en esta primera parte solo se abordará esta práctica, partiendo de la idea de explotación, pues la literatura científica que sistematiza las conductas afines como la trata o la esclavitud es abundante. La segunda parte del análisis aborda concretamente la propuesta de reglamento sobre el trabajo forzoso. Aparte de estudiar propiamente dicha propuesta, se examina la relación de esta norma con la propuesta de directiva relativa a la diligencia debida, ya que ambos instrumentos normativos interactúan entre sí y se complementan para conseguir, de forma efectiva, los objetivos que se plantean. En este sentido, cabe señalar que, para prohibir los productos y servicios derivados del trabajo forzoso, las obligaciones de la diligencia debida pasan a jugar un papel crucial.

En cuanto a la metodología, se ha optado por el esquema clásico de análisis de las ciencias jurídicas, basado en la revisión de la literatura científica especializada en el tema, tanto nacional como internacional, de los instrumentos normativos tanto los adoptados en el marco de las Naciones Unidas, específicamente los de la OIT, como en el marco de la Unión Europea y de los documentos institucionales que ambas Organizaciones internacionales han adoptado.

1. La conceptualización del trabajo forzoso a nivel internacional: el papel de la OIT y del TEDH en su concreción respecto a las conductas afines

La OIT ha liderado el desarrollo de la normativa internacional en lo que respecta a las cuestiones laborales. Fue con la adopción del *Convenio sobre el trabajo forzoso, 1930 (núm. 29)* (en adelante, Convenio núm. 29 OIT)[10] que se consensuó una primera definición sobre lo que debe entenderse por trabajo forzoso. En tal sentido, y según su art. 2, «la expresión trabajo forzoso

10 *Convenio sobre el Trabajo forzoso, 1930 (núm. 29)*, adoptado el 28 de junio de 1930 en el marco de la 14a reunión de la Conferencia Internacional del Trabajo de la OIT (CIT-OIT). U.N.T.S. vol. 39, p. 55.

designa todo trabajo o servicio exigido a un individuo bajo la amenaza de una pena cualquiera y para el cual dicho individuo no se ofrece voluntariamente». Esta es una definición, a simple vista, muy amplia que podría incluir, por ejemplo, el servicio militar obligatorio. Consecuentemente, el apdo. 2 del mismo artículo excluyó de la definición los trabajos o servicios que forman parte de obligaciones cívicas, las relativas al servicio militar, los trabajos en virtud de una condena por sentencia judicial, los trabajos en situaciones de fuerza mayor tales como la guerra, los siniestros o las calamidades como inundaciones y los trabajos comunales. Esta definición, que todavía se considera como el estándar internacional en la materia, incluye las diversas formas de trabajo forzoso que se habían manifestado hasta el momento: la esclavitud y la servidumbre, la servidumbre por deudas, los trabajos en los campos de concentración o incluso la explotación sexual de mujeres y niños[11]. De hecho, para entender esta definición hay que ser conscientes del contexto en la que se adopta, pues la adopción del Convenio núm. 29 OIT estuvo marcado por el período entreguerras y con una clara influencia de la explotación colonial[12].

Asimismo, después de dicho convenio, se aprobó, en el año 1957, el *Convenio sobre la abolición del trabajo forzoso, 1957* (núm. 105) (en adelante, Convenio núm. 105 OIT)[13] con la voluntad de seguir profundizando en la construcción jurídica de la lucha contra el trabajo forzoso. Este, partiendo de la definición establecida en el Convenio núm. 29 OIT, limitó los supuestos en los que los Estados parte podían someter a las personas a trabajos forzosos. En tal sentido, y juntamente con las excepciones previstas en el Convenio núm. 29 OIT, el art. 1 del Convenio núm. 105 OIT limitó todavía más los supuestos en lo que se podía aplicar trabajo forzoso. Así, los Estados no podían aplicarlo como medio de coerción o de educación políticas o como castigo por tener o expresar determinadas opiniones políticas o ideológicas, como método de movilización y utilización de la mano de obra con fines de fomento económico, como medida de disciplina en el trabajo, como castigo por haber participado en huelgas o como medida de discriminación racial, social, nacional o religiosa. Este convenio lo que hizo no fue incidir sobre el concepto de trabajo forzoso, sino que se centró en su finalidad y, por ende, consideró que cualquier trabajo que persiguiera las finalidades establecidas en el art. 1 del mismo debería considerarse como trabajo forzoso[14]. Por lo tanto, cabe destacar el valor complementario con respecto al Convenio núm.

---

11 Kott, S., Gold, J.: «The forced labour issue between Human and Social Rights, 1947-1957», *Humanity: An International Journal of Human Rights, Humanitarianism, and Development*, University of Pennsylvania Press, vol. 3, núm. 3, 2012, pp. 321-335, p. 322.

12 *Ibidem*.

13 *Convenio sobre la abolición del trabajo forzoso, 1957 (núm. 105)*, adoptado el 25 de junio de 1957 en el marco de la 40a reunión del CIT-OIT. U.N.T.S. vol. 320, p. 291.

14 Rivas Vallejo, P.: «Aproximación laboral a los conceptos de esclavitud (...)», *op. cit.*, p. 115.

29 OIT[15], pues no se amplía la definición, sino que simplemente se incorpora la cuestión de las finalidades de los trabajos para considerarlos forzosos. Es interesante señalar que las formas de trabajo forzoso abolidas revisten cierto carácter político pues estas chocan directamente con los derechos establecidos en la Declaración Universal de los Derechos Humanos (DUDH)[16]. Estas finalidades, además de concretar la definición de lo que es el trabajo forzoso, lo que hacen asimismo es alejar esta institución de la de la esclavitud y la trata de seres humanos y «acercarlo a una situación de instrumentalidad transitoria, vinculada a regímenes políticos que emplean el trabajo forzoso como forma de doblegar ideologías políticas»[17].

Entrando a examinar la definición más concretamente, lo que se desprende del art. 2 del Convenio núm. 29 OIT es que para que exista trabajo forzoso deben concurrir tres elementos. En primer lugar, debe existir un trabajo o un servicio; en segundo lugar, este debe realizarse bajo la amenaza de una pena cualquiera y, en tercer y último lugar, no puede existir consentimiento.

En cuanto el primer elemento, debe haber un trabajo o un servicio impuesto a la víctima sin que concurra alguna de las situaciones en las que se permite el trabajo forzoso. Lo determinante aquí es la naturaleza de la relación que existe entre el empleador y la víctima y no la licitud del trabajo o del servicio impuesto[18]. Un aspecto interesante es que el Tribunal Europeo de Derechos Humanos (TEDH) diferencia entre trabajo forzoso y trabajo obligatorio, siendo el primero el que se impone a través de la coacción física o mental, mientras que el segundo resulta de una obligación legal[19]. También es preciso diferenciar entre el trabajo o servicio que se impone de la obligación de seguir una enseñanza o formación concreta, pues su objetivo es garantizar el derecho a la educación[20]. La prohibición del trabajo forzoso protege tanto a trabajadores del sector público como del sector privado, así que el empleador puede ser tanto una empresa pública como un particular[21].

El segundo elemento de la definición del trabajo forzoso es que este debe realizarse bajo la amenaza de una pena cualquiera, ya sea de carácter penal, administrativo o que implicara la privación de cualquier derecho o ventaja[22].

---

15 OIT, *Informe III (Parte 1B) Estudio general relativo al Convenio sobre el Trabajo forzoso, 1930 (núm. 29), y al Convenio sobre la abolición del Trabajo forzoso, 1957 (núm. 105)*, 96a reunión CIT, Ginebra, 2007, p. 7.

16 Kott, S., Gold, J.: «The forced labour issue between (...)», *op. cit.*, p. 322.

17 Rivas Vallejo, P.: «Aproximación laboral a los conceptos de esclavitud (...)», *op. cit.*, p. 116.

18 Valverde Cano, A. B.: «It's all about control: el concepto de trabajos forzosos», *Revista de derecho penal y criminología*, 3.ª época, núm., 22, 2019, pp. 239-299, p. 254.

19 *Ibidem*.

20 OIT, *Informe III (Parte 1B)*, *op. cit.*, p. 19.

21 Valverde Cano, A. B.: «It's all about control: (...)», *op. cit.*, p. 254.

22 OIT, *Informe III (Parte 1B)*, *op. cit.*, p. 20.

Hay cierta coincidencia respecto la amplitud de este elemento, pues en él se pueden incluir muchas posibilidades, desde la coacción a través de la violencia física o sexual o la retención de documentos de identidad o incluso formas mucho más sutiles de naturaleza psicológica como la amenaza de denuncia a la policía[23]. Pero no cualquier amenaza es suficiente, pues según el TEDH, se debe someter la amenaza a un examen de adecuación: solamente aquellas suficientemente intimidantes podrán ser consideradas unas amenazas aptas para considerar la situación como trabajo forzoso[24].

Sobre el tercer elemento, a la hora de determinar si un trabajo es forzoso o voluntario, uno de los elementos determinantes es el consenso individual. Cabe señalar que la propia existencia de una amenaza de una pena cualquiera anula cualquier posibilidad de consentimiento, pues no hay ofrecimiento voluntario si hay una amenaza[25]. El debate relativo al consentimiento es complejo y con muchas aristas, porque aquí la pregunta es: ¿Cuándo una decisión es libre totalmente? ¿La necesidad de trabajar invalida el consentimiento? Este es el elemento más difícil de determinar[26], aunque como muy bien ha apuntado parte de la doctrina, no puede ser el único elemento que dilucide tal cuestión[27], pues también deben tener en cuenta factores económicos y sociales que afectan los distintos modos de producción[28]. Para resolver esta cuestión, ha sido el TEDH el encargado de facilitar los criterios para determinar si el consentimiento, en caso de existir, ha sido válido: por un lado, el criterio de la carga desproporcionada y, por otro lado, el criterio de la naturaleza y el volumen de trabajo[29].

Uno de los casos más paradigmáticos del TEDH es el caso *Chowdury y otros c. Grecia*[30] que sirvió para perfilar el contenido de la prohibición de los trabajos forzosos establecido en el art. 4 del Convenio Europeo para los

23 Sentencia del Tribunal Europeo de Derechos Humanos, núm. 4239/08, de 13 de noviembre de 2012, *CN c. Reino Unido*, ECLI:CE:ECHR:2012:1113JUD000423908. En este sentido, *véase* Valverde Cano, A. B., «It's all about control: (...)», *op. cit.*, p. 255.

24 Sentencia del Tribunal Europeo de Derechos Humanos núm. 8919/80, de 23 de noviembre de 1983, *Van der Mussele c. Bélgica*, ECLI:CE:ECHR:1983:1123JUD000891980.

25 OIT, *Informe III (Parte 1B)*, *op. cit.*, p. 20.

26 Valverde Cano, A. B.: «It's all about control: (...)», *op. cit.*, p. 257.

27 En tal sentido, *véase*, entre otros, Brown, C., Van der Linden, M., «Shifting boundaries between free and unfree labour: Introduction», *International Labor and Working-Class History*, vol. 78, núm. 1, 2020, pp. 4-11; Rodríguez López, J.: «Trabajo forzado u obligatorio: el significado contemporáneo de un Viejo fenómeno a la luz de la jurisprudencia del Tribunal Europeo de Derechos Humanos», *Revista General de Derecho del Trabajo y de la Seguridad Social*, núm. 48, 2018, pp. 372-417.

28 Kott, S., Golb, J., «The forced labour issue between (...)», *op. cit.*, p. 322.

29 Valverde Cano, A. B.: «It's all about control: (...)», *op. cit.*, pp. 256-263.

30 Sentencia del Tribunal Europeo de Derechos Humanos núm. 21884/15, de 30 de marzo de 2017, *Chowdury y otros c. Grecia*, ECLI:CE:ECHR:2017:0330JUD002188415.

Derechos Humanos y las Libertades Fundamentales (CEDH)[31], citado anteriormente. En este caso, el Tribunal de Estrasburgo consideró que los trabajos forzados son aquellos que recuerdan a la coacción física o mental[32]. El concepto de trabajos forzados establecido en el apdo. 2 del art. 4 del CEDH va acompañado del término obligatorios («*compulsory*»), pero que bajo ningún concepto hace referencia a aquellos trabajos obligatorios en virtud de un acuerdo voluntario entre las partes y que conlleva una sanción en caso de incumplimiento[33], ya que en este caso cualquier contrato de trabajo podría considerarse trabajos forzados y obligatorios. Así, según el TEDH, para determinar qué trabajos deben entenderse como forzados y obligatorios debe atenderse a la naturaleza y al volumen del trabajo en cuestión[34]. Un aspecto que puede generar incertidumbre a la hora de diferenciar los trabajos forzosos de la servidumbre es la percepción que tiene la víctima en cuanto a su situación. Si las víctimas asumen que su situación es permanente y que no hay posibilidad de cambiarla, el TEDH considera que se trata de servidumbre. Por el contrario, si las víctimas creen que su situación es temporal y que es posible que cambien sus condiciones, se estaría hablando de trabajos forzados u obligatorios[35]. En este sentido, la percepción de la víctima y las características de la víctima juegan un papel central en esta cuestión, ya que el TEDH incluso en algunos casos ha dado más valor a la percepción de la víctima de lo que podría ser en lugar de la amenaza efectivamente formulada[36]. Según Valverde Cano, la amplitud y la flexibilidad del concepto de la amenaza incluye «distintas formas de coacción lo «suficientemente intimidantes» o idóneas para colocar a la víctima en un estado —percepción subjetiva de la amenaza— que le lleve a aceptar la realización de un trabajo que no hubiese efectuado sin dicha amenaza»[37].

Una vez vista la definición consensuada a nivel internacional de trabajo forzoso, resulta interesante mencionar que históricamente se ha relacionado los trabajos forzosos con la esclavitud, con la servidumbre y, más recientemente, con la trata de seres humanos. De hecho, el actual régimen de lucha contra la trata de seres humanos a nivel internacional se basa en el Protocolo

31 *Convenio para la protección de los derechos humanos y las libertades fundamentales*, adoptado en Roma el 4 de noviembre de 1950. U.N.T.S. vol. 2130, p. 221.

32 STEDH *Chowdury y otros c. Grecia*, *op. cit.*, párr. 90. Recuérdese aquí que, según el TEDH, los trabajos obligatorios son aquellos que derivan de obligaciones legales.

33 *Ibidem*.

34 *Ibidem*, párr. 91.

35 *Ibidem*, párr. 99.

36 *Véase*, en este sentido, Sentencia del Tribunal Europeo de Derechos Humanos núm. 73316/01, de 26 de julio de 2005, *Siliadin c. Francia*, ECLI:CE:ECHR:2005:0726JUD007331601 o Sentencia del Tribunal Europeo de Derechos Humanos núm. 67724/09, de 11 de octubre de 2012, *C.N. y V. C. Francia*, ECLI:CE:ECHR:2012:1011JUD006772409.

37 Valverde Cano, A. B., «It's all about control: (...)», *op. cit.*, p. 256.

para prevenir, reprimir y sancionar la trata de personas, especialmente mujeres y niños, que complementa la Convención de las Naciones Unidas contra la Delincuencia Organizada Transnacional (en adelante, Protocolo sobre trata)[38]. En dicho protocolo, según el art. 3, los trabajos forzosos se contemplan como una de las finalidades de la explotación a que son sometidas las víctimas de la trata de seres humanos. Sin embargo, de acuerdo con la doctrina jurisprudencial del TEDH y a la luz de la interpretación del art. 4 CEDH, los trabajos forzosos son una figura autónoma con respecto a la esclavitud y a la servidumbre, pero con las que guarda cierta relación. Además, sin estar expresamente previsto, también se incluye bajo dicho artículo la prohibición de la trata de seres humanos[39]. A todo ello, hay que tener en cuenta que la lucha contra la esclavitud tiene entidad propia a partir de la adopción, en 1926, del *Convenio relativo a la esclavitud*[40]. Nótese la variedad de figuras jurídicas que abordan prácticas que «comprometen la voluntariedad del trabajo y el trato humano de las y los trabajadores»[41].

Abordar exhaustivamente la definición de todos estos fenómenos en la presente contribución sobrepasa el objetivo de esta. Sin embargo, era necesario presentarlas a todas para ser conscientes de que el debate doctrinal alrededor de la definición de todas ellas no se encuentra cerrado a día de hoy, pues muchas son las sensibilidades y, por consiguiente, las interpretaciones. A esto hay que añadirle el entramado de relaciones que se establece entre todos estos fenómenos, pues es posible que una situación pueda subsumirse en más de una norma. Esto conlleva que para la erradicación total de la explotación humana se requiere una actuación transversal, coordinada e incluso orquestada en la que se aborde el trabajo forzoso, la esclavitud, la servidumbre y la trata de seres humanos y todas las situaciones que pueden generarse en este sentido. Asumiendo que esta explotación de las personas con fines lucrativos solamente desaparecerá si se pone fin a todas estas situaciones, la propuesta de reglamento sobre productos con trabajo for-

38 *Anexo II «Protocolo para prevenir, reprimir y sancionar la trata de persones, especialmente mujeres y niños, que complementa la Convención de las Naciones Unidas contra la Delincuencia Organizada Transnacional»* de la Resolución 55/25 de la Asamblea General de las Naciones Unidas, de 15 de noviembre de 2000. U.N.T.S. vol. 2237, p. 319.

39 En tal sentido, por ejemplo, Sentencia del Tribunal Europeo de Derechos Humanos núm. 25965/04, de 7 de enero de 2010, *Rantsev c. Chipre y Rusia,* ECLI:CE:ECHR:2010:0107JUD00259650, párr. 282. Sobre esta cuestión se han pronunciado Gallagher, A.: *The International Law of Human Trafficking*, Cambridge University Press, Cambridge, 2010, p.189 y Van der Wilt, H.: «Trafficking in Human Beings: A modern form of slavery or a transnational crime?», *ACIL Research Paper*, núm.2014-07, 2014, pp. 12-14.

40 *Convenio relativo a la esclavitud*, firmado en Ginebra el 25 de septiembre de 1926. L.N.T.S vol. 60, p. 253. Fue complementada por el *Protocolo para modificar la Convención sobre la Esclavitud y Anejo, firmada en Ginebra el 25 de septiembre de 1926*, hecho en Nueva York en 7 de diciembre de 1953. U.N.T.S. vol. 182, p. 51.

41 Rivas Vallejo, P.: «Aproximación laboral a los conceptos de esclavitud (...)», *op. cit.*, p. 101.

zoso que se analizará a continuación debe interpretarse a la luz de otros textos normativos que también hacen frente a conductas que implican la explotación de personas[42]. Por consiguiente, a continuación se presenta la propuesta de reglamento de la Comisión Europea para profundizar en este problema poliédrico que es el fenómeno de la explotación, más concretamente en los que se refiere a la comercialización de los productos y servicios derivados del trabajo forzoso.

2. Luces y sombras de la propuesta de reglamento para eliminar los productos o servicios derivados del trabajo forzoso

La voluntad de la Comisión Europea al presentar la propuesta de reglamento sobre productos con trabajo forzoso fue frenar «la introducción y la comercialización en el mercado de la UE y la exportación desde la UE de productos realizados con trabajo forzoso, incluido el trabajo forzoso infantil»[43]. Esta iniciativa obedece a la voluntad de ampliar los frentes de lucha en la UE contra las vulneraciones de los derechos humanos. Así, habida cuenta de la amplia variedad de normas que a día de hoy sirven para hacer frente a la explotación humana con fines lucrativos, la Comisión optó por abordar una cuestión muy específica de los derechos laborales[44]: el trabajo forzoso. Precisamente el puzle normativo en esta materia conlleva una evidente relación de complementariedad entre instrumentos normativos, tal y como se verá a continuación.

Para contextualizar, ya en la actualidad existen obligaciones para las empresas que operan en los EEMM relativas a obligaciones de debida diligencia en lo que respecta a sus cadenas de valor y a la publicación de determinada información relacionada con los riesgos relacionados con los derechos humanos, también en las cuestiones sobre trabajo forzoso o trabajo infantil[45]. Esto obedece, tal y como se ha ilustrado con anterioridad, a que la erradicación del trabajo forzoso pasa, necesariamente, por abordar

---

42 En este sentido, por ejemplo, la Comisión Europea constata que «el trabajo forzoso es una forma de explotación laboral» sancionable en virtud de la Directiva 2011/36/UE, referenciada con anterioridad. Dicha directiva también prevé obligaciones y sanciones para las personas jurídicas que, conscientemente, se beneficien de la trata. Por lo tanto, a la hora de aplicar el contenido de la propuesta de reglamento sobre trabajo forzoso también se deberá tener en cuenta la citada Directiva 2011/36/UE.

43 COM(2022) 453 final, *op. cit.*, p. 1.

44 *Ibidem*.

45 Eustace, A.: «The European Union's Forced Labour Regulation: Putting the "Brussels Effect" to work for international labour standards», *European Labour Law Journal*, 0(0), pp. 1-22, p. 6.

el fenómeno de la trata de seres humanos desde una perspectiva holística, por fortalecer las obligaciones derivadas de la debida diligencia, por mejorar el acceso a la información de las empresas relativa a sus cadenas de valor y por, en definitiva, eliminar todas aquellas situaciones que potencialmente pueden lesionar la libertad de las personas de escoger su trabajo y el derecho a unas condiciones de trabajo digno. En este sentido, y tal y como defiende el prof. EUSTACE y de acuerdo de lo que se desprende de la propuesta de reglamento sobre productos con trabajo forzoso[46], el futuro reglamento deberá interpretarse a la luz de otros textos normativos como la futura directiva sobre debida diligencia, referenciada con anterioridad, la también citada Directiva 2011/36/UE, la directiva sobre estados financieros[47] u otras normas que afectan productos potencialmente susceptibles de ser obtenidos a través de prácticas típicas del trabajo forzoso[48].

2.1. La relación entre la diligencia debida y las obligaciones para evitar los productos y servicios derivados del trabajo forzoso en el mercado de la UE

Antes de entrar propiamente en el análisis del contenido de la propuesta de reglamento sobre productos con trabajo forzoso, es preciso detenerse un momento en la relación que se acaba de apuntar entre las obligaciones de la debida diligencia que se derivarán de la futura directiva y las obligaciones que se derivarán del reglamento sobre productos con trabajo forzoso, pues estas últimas pasan, necesariamente, por cumplir efectivamente las obligaciones de la debida diligencia. Esto se justifica porque prohibir los productos

46 COM(2022) 453 final, *op. cit.*, pp. 2-3.

47 *Directiva 2013/34/UE del Parlamento Europeo y del Consejo de 26 de junio de 2013 sobre los estados financieros anuales, los estados financieros consolidados y otros informes afines de ciertos tipos de empresas, por la que se modifica la Directiva 2006/43/CE del Parlamento Europeo y del Consejo y se derogan las Directivas 78/660/CEE y 83/349/CEE del Consejo.* DOUE L 182 de 29 de septiembre de 2013.

48 EUSTACE, A.: «The European Union's Forced Labour (...)», *op. cit.*, p. 6. El autor también se refiere al *Reglamento (UE) 2017/821 del Parlamento Europeo y del Consejo de 17 de mayo de 2017 por la que se establecen obligaciones en materia de diligencia debida en la cadena de valor por lo que respecta a los importadores de la Unión de estaño, tantalio y wolframio, sus minerales y oro originarios de zonas de conflicto o de alto riesgo.* DOUE L 130 de 19 de mayo de 2017; *Reglamento (UE) 2023/1542 del Parlamento Europeo y del Consejo, de 12 de julio de 2023, relativo a las pilas y baterías y sus residuos y por el que se modifican la Directiva 2008/98/CE y el Reglamento (UE) 2019/1020 y se deroga la Directiva 2006/66/CE (Texto pertinente a efectos del EEE).* DOUE L 191 de 28 de junio de 2023 y *Reglamento (UE) 2023/1115 del Parlamento Europeo y del Consejo, de 31 de mayo de 2023, relativo a la comercialización en el mercado de la Unión y a la exportación desde la Unión de determinadas materias primas y productos asociados a la deforestación y la degradación forestal, y por el que se deroga el Reglamento (UE) 995/2010.* DOUE L 150 de 9 de junio de 2023.

y servicios que se han obtenido gracias al trabajo forzoso en el mercado único de la UE conlleva revisar toda la cadena de valor para detectar aquellas prácticas que potencialmente pueden considerarse trabajo forzoso. Y para revisar toda esta cadena y asegurarse, precisamente, de que la actividad empresarial no vulnera los derechos humanos, y el trabajo forzoso es una vulneración de los derechos humanos, las obligaciones de la debida diligencia pasan a ser nucleares. Obsérvese, pues, la nota de complementariedad entre ambos regímenes jurídicos.

De hecho, la propuesta de directiva sobre diligencia debida establece que, con el afán de eliminar los efectos adversos, reales y potenciales sobre los derechos humanos y el medio ambiente a lo largo de la cadena de valor de determinadas empresas, estas deben asumir unas determinadas obligaciones, tales como realizar análisis de riesgo o incorporar medidas para mitigar los efectos adversos tanto de las actividades propias de las empresas como de las actividades de las filiales y de las actividades de algunas empresas que participan en la cadena de valor de las obligadas[49]. Cuando se analizan los efectos adversos a que hace mención dicha propuesta, estos se encuentran definidos en el art. 3 c). como «las consecuencias negativas para las personas protegidas resultantes del incumplimiento de alguno de los derechos o las prohibiciones enumerados en la parte I, sección 1 del anexo y consagrados en los convenios internacionales que figuran en la lista de la parte I, sección 2, del anexo». Si se lee con atención el anexo se puede ver que se considera un efecto adverso «violar el derecho al goce de condiciones de trabajo equitativas y satisfactorias, un salario equitativo, unas condiciones de existencia dignas, la seguridad y la higiene en el trabajo y una limitación razonable de las horas de trabajo, de conformidad con el artículo 7 del Pacto Internacional de Derechos Económicos, Sociales y Culturales (PIDESC)[50]» que, además, también está consagrado en el Convenio núm. 29 OIT, el cual aparece en la sección 2 del citado anexo. Así pues, las empresas obligadas deberán cerciorarse de que en su cadena de valor no hay prácticas de trabajo forzoso, ya que estas habilitan la activación de las obligaciones de diligencia debida[51].

Sin embargo, y de acuerdo con la Comisión Europea, la propuesta sobre diligencia debida se centra en las obligaciones empresariales, pues en ningún caso «prevé medidas destinadas específicamente a impedir la introducción y

---

49 *Véase*, en tal sentido, arts. 4 y ss. propuesta de directiva sobre diligencia debida. COM(2022) 71 final, *op. cit.*, p. 61.

50 *Pacto Internacional de Derechos Económicos, Sociales y Culturales*, adoptado por la Resolución 2200 A (XXI) de la Asamblea General de las Naciones Unidas de 16 de diciembre de 1966. U.N.T.S vol. 993, p. 3.

51 Camas Roda, F.: «El trabajo digno y la propuesta de diligencia debida de las empresas impulsada por la Unión Europea bajo la óptica de la igualdad de género y las migraciones», *Revista Crítica de Relaciones de Trabajo. Laborum*, Estudios doctrinales, núm. 3, 2023, pp. 45-61, pp. 49-50.

la comercialización en el mercado de la UE de productos realizados con trabajo forzoso»[52]. De aquí, por lo tanto, que la erradicación del trabajo forzoso requiera de un sistema de control, donde uno de los mecanismos puede ser perfectamente las obligaciones de debida diligencia, que permita sacar a la luz aquellas prácticas dentro de la cadena de valor que potencialmente puedan considerarse, precisamente, como trabajo forzoso. A modo de ejemplo, el art. 4 de la propuesta de reglamento sobre productos con trabajo forzoso, relativo a la fase preliminar de las investigaciones que deben llevarse cabo en caso de sospecha, prevé que las autoridades competentes de los EEMM realicen evaluaciones basadas en el riesgo a partir de toda la información a su disposición, entre la que se encuentra «la información solicitada por la autoridad competente, cuando proceda, sobre si los operadores económicos sometidos a evaluación estás sujetos a la diligencia debida en relación con el trabajo forzoso» de acuerdo con la normativa europea. Con todo, pues, la complementariedad entre normas es una de las notas características de la propuesta de reglamento sobre productos con trabajo forzoso.

2.2. Análisis preliminar de propuesta de reglamento sobre productos con trabajo forzoso

La propuesta de reglamento presentada por la Comisión Europea lleva como título su principal pretensión[53]: prohibir en el mercado de la Unión los productos y servicios realizados con trabajo forzoso. Esta propuesta asume como definición de trabajo forzoso la establecida en el Convenio núm. 29 OIT, complementada por el Convenio núm. 105 OIT y recogidas ambas en el art. 2 de dicha propuesta, que es el artículo donde se establecen todas las definiciones relevantes para la interpretación del futuro reglamento. Del objetivo de la propuesta de reglamento se deriva el principio rector de la norma, que en su art. 3 establece que «los operadores económicos no introducirán ni comercializarán en el mercado de la Unión productos realizados con trabajo forzoso ni tampoco exportarán dichos productos». Por lo tanto, este reglamento no desarrolla las obligaciones para las empresas con el objetivo de identificar las prácticas que se podrían considerar trabajo forzoso, pues esto, tal y como se ha visto, es objeto, entre otros, de la normativa que concreta la diligencia debida. Lo que sí que hace, a grandes rasgos, es concretar y desarrollar las investigaciones y las decisiones que las autoridades competentes de los EEMM pueden adoptar para asegurarse de que ni se introduce ni se comercializa ningún producto derivado del trabajo forzoso[54]. Tampoco afecta

52 COM(2002) 453 final, *op. cit.*, p. 2.

53 *Véase*, en este sentido, art. 1 propuesta de reglamento sobre productos con trabajo forzoso.

54 Sobre las autoridades competentes, *véase* art. 12. de la propuesta de reglamento sobre

la retirada de los productos que ya hayan llegado a los usuarios finales del mercado de la UE, tal y como se establece en el art. 1 apdo. 2 de la propuesta de reglamento sobre productos con trabajo forzoso.

Sobre la elección del instrumento, la Comisión Europea apunta correctamente que, si la voluntad es alcanzar objetivos de forma uniforme entre todos los EEMM, el instrumento que asegura, precisamente, la uniformidad entre legislaciones de los EEMM es el reglamento[55]. Así, de acuerdo con la Comisión, una directiva no evitaría que pudieran existir discrepancias entre los EEMM.

Sobre la base jurídica, al afectar el contenido del reglamento tanto el mercado entre EEMM como entre la UE y terceros Estados, la Comisión pensó en una base jurídica doble[56]. Por un lado, optó por el art. 114 TFUE[57], relativo a la aproximación de legislaciones entre EEMM que tengan por objeto el establecimiento y funcionamiento del mercado interior y, por otro lado, optó por el art. 207 TFUE, relativo a la política comercial común. Sobre la primera, si lo que se busca es eliminar los obstáculos a la libre competencia que se podrían generar con la existencia de productos o servicios derivados del trabajo forzoso facilitada por la divergencia entre los ordenamientos jurídicos de los EEMM, es inevitable hablar de aproximación de legislaciones para borrar, precisamente, estas divergencias. Tal y como la misma Comisión Europea reconoce, el hecho de que los EEMM tengan que adoptar normas con el objetivo de impedir que los trabajos y servicios derivados del trabajo forzoso accedan o se comercialicen en sus mercados podría reforzar el riesgo de que estos aprueben normas divergentes entre sí y que incluso se «dé lugar a prácticas de elusión»[58]. Este planteamiento coincide con el argumento de la elección del instrumento normativo, de modo que parece que la Comisión está enfocada en uniformizar la legislación de los EEMM en este sentido para cerrar cualquier puerta abierta a la presencia de productos o servicios derivados del trabajo forzoso. Por el otro lado, la Comisión acertadamente optó por el art. 207 TFUE, que desarrolla la política comercial común. En este sentido, al establecer el TFUE que dicha política requiere medidas uniformes en cuanto a la exportación, entre otros, y la propuesta de reglamento afecta

trabajo forzoso. Estas son las encargadas, según dicho artículo, de garantizar «la puesta en ejecución eficaz y uniforme» del reglamento en cuestión. Estas deberán actuar de manera imparcial, transparente y respetando el secreto profesional. En el caso de que en un Estado miembro exista más de una autoridad competente, piénsese, por ejemplo, en los Estados descentralizados, cada Estado miembro deberá determinar las funciones de cada autoridad, así como las relaciones que se establecen entre ellas.

55 COM(2022), 453 final, *op. cit.*, p. 5.

56 Eustace, A.: «The European Union's Forced Labour (...)», *op. cit.*, p. 6.

57 *Versiones consolidadas del Tratado de la Unión Europea y del Tratado de Funcionamiento de la Unión Europea* (2016/C 202/01). DOUE C 202 de 7 de junio de 2016.

58 COM(2022) 453 final, *op. cit.*, p. 4.

directamente la exportación de productos derivados del trabajo forzoso ya que lo prohíbe, así como impide su introducción en el mercado único, el citado art. 207 se adecúa perfectamente a las pretensiones y a los objetivos de la propuesta de reglamento.

Sin embargo, si bien a nivel normativo lo que se busca es la uniformidad, debe recordarse que serán las autoridades competentes y las aduaneras de los EEMM las encargadas de la ejecución de este reglamento. Por lo tanto, debe subrayarse aquí la importancia de dotar de formación suficiente y de recursos adecuados para que las investigaciones de dichas autoridades se desarrollen satisfactoriamente ya que muchas veces estas autoridades están infradotadas presupuestariamente, aspecto que dificulta sus funciones[59]. Si bien a nivel presupuestario el reglamento no prevé nada, dejando la cuestión a los EEMM, sí que ha previsto facilitar orientaciones comunes, sin fuerza legal alguna, para intentar uniformizar, también, la detección de los productos y servicios derivados del trabajo forzoso. Como medida en este sentido, la Comisión Europea se obliga a publicar unas directrices que deberán incluir orientaciones en materia de diligencia debida en relación con el trabajo forzoso, información sobre los indicadores de riesgo de trabajo forzoso, una lista de fuentes de información públicamente disponibles relevantes para la ejecución del reglamento, así como información adicional y orientaciones en tal sentido[60].

En cuanto a la operativa que propone la norma analizada, esta separa, por un lado, la investigación de los productos y servicios derivados del trabajo forzoso y, por otro lado, la retirada de dichos productos o servicios del mercado de la UE. En este sentido, el capítulo II desarrolla un sistema de investigaciones y de decisiones basadas en el riesgo para que las autoridades competentes de los Estados evalúen si la cadena de valor de una empresa se encuentra afectada por prácticas de trabajo forzoso. Un aspecto positivo de esta propuesta de reglamento es que, a diferencia de la propuesta de directiva sobre diligencia debida, aquí el alcance es muy amplio al no existir ninguna limitación en cuanto al volumen de negocio o el tamaño de la empresa[61]. Dicho en otras palabras, la norma se basa en el producto, independientemente de quien lo comercialice[62].

---

59 DIEHN, S. A.: «EU forced labor ban lacks teeth», *DW*, 14 de septiembre de 2022. Disponible en: EU forced labor ban lacks teeth — DW — 09/14/2022.

60 *Véase* art. 21 propuesta de reglamento sobre productos con trabajo forzoso.

61 En este mismo sentido también apunta el Consejo Económico y Social Europeo en su dictamen consultivo. *Véase*, CONSEJO ECONÓMICO Y SOCIAL EUROPEO: *Dictamen del Comité Económico y Social Europeo sobre la «Prohibición en el mercado de la Unión de los productos realizados con trabajo forzoso» [COM(2022) 453 final]*, 14 de diciembre de 2022, 2023/C 140/13. DOUE C 140 de 21 de abril de 2023, apdo. 3.21.

62 DIEHN, S. A.: «EU forced labor ban lacks teeth», *op. cit.*

En la fase preliminar de las investigaciones, en virtud de la información a disposición de las autoridades competentes de los EEMM, dichas autoridades evaluarán, de acuerdo con el art. 4 de la propuesta de reglamento sobre productos con trabajo forzoso, los operadores económicos «que participen en las fases de la cadena de valor más cercana donde es probable que se produzca el riesgo de trabajo forzoso», teniendo en cuenta tanto el tamaño, los recursos económicos de la empresa, los productos afectados y la magnitud del presunto trabajo forzoso. En este sentido, el funcionamiento es el siguiente: en primer lugar, las autoridades competentes reciben información que puede venir de particulares que deciden poner en conocimiento de dicha autoridad prácticas potenciales de considerarse trabajo forzoso[63], de los indicadores que aprobará la Comisión y que han sido explicados con anterioridad, de la información obtenida a partir de la cooperación con el grupo de expertos que asesorará a la Comisión Europea[64] o de otros mecanismos[65]. Un aspecto interesante es que aparte de los indicadores determinados por la Comisión Europea o de la información que ya esté a su disposición, la propuesta de reglamento sobre productos con trabajo forzoso pone el foco de atención en la denuncia de los particulares protegiéndolos y asegurando, de esta manera, la función de «*watchdog*» de las autoridades competentes de los EEMM, elemento que también es valorado positivamente por el Consejo Económico y Social Europeo[66]. Este es un aspecto positivo, pues muchas veces las vías de información o incluso de creación de inteligencia de las autoridades estatales es limitada, de modo que facilitar la protección de las personas que pueden tener acceso directo a estas prácticas potenciales de considerarse trabajo forzoso o de información relacionada se hace necesario.

63 De acuerdo con el art. 10 de la propuesta de reglamento sobre productos con trabajo forzoso, los particulares, tanto personas físicas como personas jurídicas, pueden remitir información a las autoridades competentes de los EEMM relativa a la existencia de trabajo forzoso en algún producto o servicio que se comercialice en el mercado de la UE. Según dicho artículo, estas personas estarán protegidas por la *Directiva (UE) 2019/1937, del Parlamento Europeo y del Consejo, de 23 de octubre de 2019, relativa a la protección de las personas que informen sobre infracciones del Derecho de la Unión*. DOUE L 305 de 26 de noviembre de 2019, conocida como directiva *whistleblowers*.

64 *Véase* art. 11 de la propuesta de reglamento sobre trabajo forzoso. La idea, según dicho artículo, es establecer una base de datos «indicativa, no exhaustiva, verificable y que se actualice periódicamente del riesgo que exista trabajo forzoso en zonas geográficas específicas o con respecto a productos específicos». De acuerdo con el apdo. 3 del mismo artículo, se subraya la categoría de base de datos indicativa que, en ningún caso, excluye la posibilidad de retirar del mercado un producto elaborado con trabajo forzoso, aunque no aparezca en dicha base de datos.

65 Según el apdo. 1 del art. 4 de la propuesta de reglamento sobre productos con trabajo forzoso, la información también podría provenir de actuaciones previas tanto de las autoridades competentes de los EEMM como de las autoridades aduaneras o de la información sobre las obligaciones de la diligencia debida.

66 *Véase*, 2023/C 140/13, *op. cit.*, apdo. 3.8.

Es posible que en función del análisis de riesgo y de la información recibida, la autoridad competente solicitare al operador económico, de acuerdo con el mismo art. 4 de la propuesta, información sobre las medidas que se han adoptado para «detectar, prevenir, mitigar o poner fin al riesgo de que exista trabajo forzoso». Dichos operadores tienen la obligación de contestar en el plazo de quince días a su vez que facilitan más información a la autoridad competente que le está evaluando. Merece especial atención el hecho de que las autoridades competentes están obligadas a solicitar información, pues se utiliza la fórmula «solicitará» en el apdo. 3 del citado art. 4. No se contemplan eximentes a esta obligación pues ni los indicios suficientes recogidos en la fase preliminar permiten evitar este paso. Este elemento puede analizarse desde una perspectiva positiva, pues la transparencia es una de las virtudes de todo este proceso y se evitan investigaciones opacas o con incluso posibles conflictos de interés. Pero también puede valorarse desde una perspectiva negativa, ya que esta obligación de información pondría en alerta a los operadores económicos y algunos podrían esconder las evidencias o prepararse para la ulterior investigación. La propia autoridad es la que decide si, por un lado, y en virtud del apdo. 7 del mismo art. 4 de la propuesta de reglamento sobre productos con trabajo forzoso, no hay «una preocupación fundada» de existir prácticas de trabajo forzoso en la cadena de valor del operador económico en cuestión. Por otro lado, contrariamente a lo anterior, las autoridades pueden considerar que sí que existe una preocupación fundada y, por consiguiente, se inicie una investigación en virtud del art. 5 de la propuesta de reglamento.

De acuerdo con dicho artículo, la decisión de iniciar la investigación se comunicará al operador económico en el plazo de tres días y se concretarán los productos afectados, las razones que han llevado a la autoridad a esta decisión, la posibilidad de que los operadores presenten otra información y, por último, de las consecuencias de la investigación. Una vez notificada, la autoridad competente procede a la investigación del operador económico y del producto en cuestión a través de cualquier medio, sin concretarlos. En el caso de estimar oportuno realizar visitas o inspecciones sobre el terreno, el apdo. 6 del art. 5 de la propuesta de reglamento prevé esta posibilidad siempre que los operadores afectados den su consentimiento y cuando se cuente con la aquiescencia del Estado miembro en cuestión o del tercer Estado donde se ubique el centro de la empresa objeto de investigación[67]. Si es necesario, de acuerdo con el apdo. 3 del mismo artículo, las autoridades podrán solicitar más información al operador, que deberá presentarla en un plazo de quince días.

Con toda la información y las pruebas reunidas, las autoridades competentes tomarán una decisión sobre si el producto o el servicio está afectado por prácticas de trabajo forzoso. No hay un plazo para la adopción de la decisión,

67 Eustace, A.: «The European Union's Forced Labour (...)», *op. cit.*, p. 6.

pues el art. 6 apdo. 1 de la propuesta de reglamento sobre productos con trabajo forzoso prevé que la decisión se tome en un «plazo razonable», un concepto jurídico indeterminado que puede generar cierta inseguridad jurídica hacia el operador económico o incluso puede poner en entredicho el propio reglamento. En este sentido, solamente en caso de que la decisión estime la existencia de trabajo forzoso en la cadena de valor y hasta que dicha decisión sea firme[68], se procederá a retirar el producto del mercado, excepto aquellos que tal y como se ha dicho, ya han sido adquiridos por los usuarios. Así, si la decisión se dilata en el tiempo, es posible que se haga imposible detectar y retirar a tiempo del mercado los productos o servicios afectados por el trabajo forzoso o evitar que se exporten. Consecuentemente, sería interesante que estos plazos razonables fueran lo más breve posibles o que incluso la versión definitiva incluyera un plazo suficiente para llevar a cabo las investigaciones, pero adecuado para evitar que los productos investigados y que efectivamente se derivan del trabajo forzoso accedan, se comercialicen o se exporten.

La decisión, de acuerdo con el apdo. 4 del art. 6 de propuesta de reglamento sobre productos con trabajo forzoso, puede llegar a dos conclusiones. Por un lado, demuestra la existencia de productos o servicios afectados por trabajo forzoso o, por otro lado, constata que no se puede determinar dicha existencia y, por lo tanto, se cierra el expediente. En el caso de que se constate la existencia de trabajo forzoso, la autoridad competente adoptará la decisión en la que se prohíba introducir o comercializar los productos afectados juntamente con la orden de retirada y destrucción de los productos de acuerdo con el derecho interno de cada EEMM. Esta decisión, según el art. 7 de la propuesta analizada, debe contener las conclusiones de la investigación y la información en que se ha basado, el plazo razonable no inferior a treinta días de cumplimiento de la orden de retirada y destrucción, la información para identificar el producto, así como cualquier información de acuerdo con el art. 5 apdo. 2 del Código Aduanero[69]. Cabe señalar que si el operador económico no procede según esta decisión, las autoridades competentes deberán garantizar su cumplimiento en virtud del apdo. 5 del mismo artículo. De aquí se puede intuir que dichas autoridades deberán tener o bien capacidades operativas para proceder en tal sentido o disponer de recursos, puesto que el reglamento no indica cómo se deberá garantizar la decisión.

---

68 *Véase* arts. 15 y ss. propuesta de reglamento sobre productos con trabajo forzoso. En tal sentido, DIEHN, S. A.: «EU forced labor ban lacks teeth», *op. cit.* defiende que, a diferencia de los EE.UU., donde la retirada de los productos y servicios puede hacerse ante la simple sospecha de que existe trabajo forzoso, en el caso de la UE se deberá esperar a que se haya establecido oficialmente la existencia de trabajo forzoso en la cadena de valor de un operador económico.

69 *Reglamento (UE) 952/2013 del Parlamento Europeo y del Consejo de 9 de octubre de 2013 por el que se establece el código aduanero de la Unión (refundición).* DOUE L 269 de 10 de octubre de 2013.

De acuerdo con el art. 8 de la propuesta de reglamento sobre productos con trabajo forzoso, contra la decisión se puede solicitar una revisión a la misma autoridad competente en el plazo de quince días hábiles desde la fecha de recepción que, de acuerdo con el apdo. 2 del citado artículo, «retrasará» la obligación de hacer cumplir la decisión objeto de revisión. Esta especie de suspensión durará hasta que la autoridad competente tome una decisión al respecto. En cuanto al contenido de la revisión, el operador económico debe aportar información nueva que no se haya aportado en la fase preliminar o en la investigación y la autoridad competente tendrá hasta quince días para responder a la solicitud de revisión[70]. Esta solicitud de revisión puede terminar, según el apdo. 4 del mismo artículo, o bien con la revocación de la decisión revisada si la autoridad competente considera que con la nueva información no se puede determinar que los productos se han visto afectados por el trabajo forzoso o bien con la confirmación de la decisión. Independientemente de si la decisión final de la autoridad competente estima la revisión o no, contra dicha decisión cabrá ulterior recurso de acuerdo con las distintas previsiones de los EEMM.

Un aspecto llamativo y que no puede valorarse positivamente es que de acuerdo con la redacción de la propuesta de reglamento objeto de análisis, la carga de la prueba recae sobre las autoridades competentes de los EEMM, que son quienes tienen que demostrar que existen cadenas de valor con actividades típicas de trabajo forzoso, en vez de recaer sobre los operadores económicos la responsabilidad de demostrar que no existe esta práctica en sus cadenas de valor. En tal sentido, expresiones como «Las autoridades competentes que (...) determinen que existe una preocupación fundada» del art. 4 apdo. 1 de la propuesta de reglamento sobre trabajo forzoso, la que aparece en el apdo. 3 del art. 6, que prescribe que «si las autoridades competentes no pueden determinar (...)» o la que se encuentra en el apdo. 4 del art. 8 que, en la misma línea que la anterior, establece que cuando una autoridad competente no pueda determinar que los productos objeto de decisión se derivan de la trata de seres humanos, todas ellas confirman que deben ser las autoridades las que confirmen que existe el trabajo forzoso y que en caso de duda o ante la imposibilidad de determinar la existencia de trabajo forzoso a lo largo de la cadena de valor, se entenderá que no existe. Esta es una previsión muy garantista para los operadores económicos que busca intervenir al final y no ante la primera sospecha, pero que no tiene en cuenta que muchas de las autoridades competentes están infra financiadas, no disponen de recursos suficientes y van sobrecargadas de trabajo, de modo que lo más probable sea que no se puedan llevar a cabo las investigaciones de

70 Según el art. 8 de la propuesta de reglamento sobre el trabajo forzoso, los plazos en cuanto a las decisiones que afecten mercancías perecederas, de animales o de plantas se reducen. Para interponer la solicitud de revisión, en este caso los operadores económicos disponen de un plazo de cinco días y la autoridad competente dispone también de cinco días para resolver.

forma efectiva para determinar si existe o no esta práctica[71]. Además, son las empresas las que conocen, o deberían conocer, sus cadenas de valor. Por lo tanto, se encuentran mejor posicionadas para demostrar que no hay rastro del trabajo forzoso en los productos o servicios que comercializan. Todo esto parece incongruente con las obligaciones de la diligencia debida, pues en este caso son las empresas las obligadas a asegurarse de que su actividad no vulnera los derechos humanos.

Una vez resuelta la solicitud de revisión, o en el caso de no interponerla, la decisión de la autoridad competente será firme y se procederá a su ejecución en el sentido de que se activará la retirada y la destrucción del producto. Asimismo, también es en este punto que se comunicarán las decisiones a las autoridades aduaneras para que activen los controles para las mercancías que entran o salen del mercado de la UE, aspecto este último regulado en el Capítulo III de la propuesta de reglamento sobre productos con trabajo forzoso.

Antes de entrar a valorar los controles aduaneros, es preciso examinar la cuestión del sistema de comunicación. Un aspecto ciertamente positivo que prevé el reglamento es la creación de una base de datos abierta para volcar toda la información de las autoridades competentes sobre las decisiones y las investigaciones realizadas. Asimismo, propuesta de reglamento sobre productos con trabajo forzoso, en el art. 22, prevé utilizar el sistema *Information and Communication System for Market Surveillance* (ICSMS en sus siglas en ingles)[72] para comunicar a la Comisión Europea, a las demás autoridades competentes y a las autoridades aduaneras cualquier decisión que afecte productos o servicios que se comercializan en el mercado de la UE. Este sistema, aparte de reforzar el papel de coordinador de la Comisión Europea, pues ella se limita a recibir información y a controlar que todo el mecanismo funcione, también facilitará el flujo constante de información entre todos los actores tanto de los EEMM como de la UE que pueden participar en el proceso de acuerdo con el citado art. 22. Con el objetivo, precisamente, de la coordinación entre los distintos actores, el art. 24 de la propuesta de reglamento sobre trabajo forzoso prevé la creación de una Red de la Unión contra los Productos del Trabajo Forzoso. Esta red asumirá funciones del estilo facilitar la detección de prioridades comunes, llevar a cabo investigaciones conjuntas o contribuir a la elaboración de orientaciones para garantizar la aplicación efectiva y uniforme de la norma. Asimismo, las autoridades competentes y las autoridades aduaneras compartirán información a través de los mecanismos previstos en los arts. 46 y 47 del Código Aduanero de la UE.

71 Diehn, S. A.: «EU forced labor ban lacks teeth», *op. cit.*

72 *Véase* art. 34 del *Reglamento (UE) 2019/1020 del Parlamento Europeo y del Consejo de 20 de junio de 2019 relativo a la vigilancia del mercado y la conformidad de los productos y por el que se modifican la Directiva 2004/42/CE y los Reglamentos (CE) 765/2008 y (UE) 305/2011*. DOUE L 169 de 25 de junio de 2019.

Todo ello es un avance importante si se piensa, por un lado, en el elevado volumen de mercancías o servicios que se comercializan en el mercado de la UE tanto entre EEMM como con terceros Estados y, por otro lado, en la imprescindible coordinación entre autoridades competentes y autoridades aduaneras. En este sentido, la propuesta de reglamento también desarrolla, en el art. 14, el reconocimiento de las decisiones que tomen otras autoridades competentes y que se deberán comunicar a través del ICSMS. Esto refuerza la idea de mercado único, pues al no existir controles fronterizos internos, la comunicación debe ser fácil, fluida y habitual y con todos los mecanismos a disposición parece que será viable conseguirla.

Tal y como se ha avanzado, la ejecución de una decisión firme procedente de la autoridad competente implica la prohibición de la comercialización y la retirada del producto. Esto conlleva que, si el producto tiene que atravesar la aduana, las autoridades encargadas del control aduanero entren en juego. De acuerdo con el art. 15 de la propuesta de reglamento sobre productos con trabajo forzoso, a cualquier producto que atraviese la frontera exterior se le aplicarán los controles establecidos en dicha propuesta, que se sumarán a los ya establecidos en otros instrumentos de la UE como el Código de Aduanas citado con anterioridad. Esta comunicación deberá incluir la decisión de prohibir la introducción o la comercialización de los productos objeto de la decisión, que se materializará a través de los controles de los arts. 46 y 47 del Código de Aduanas de la UE. En el caso de que se detecte, tanto en el despacho de la libre práctica como en los controles de exportación, un producto afectado por una decisión en virtud del reglamento analizado, según el art. 17 del mismo, se suspenderá el desplazamiento y el producto quedará inmovilizado hasta que se comunique a la autoridad competente la situación y esta confirme si el producto en cuestión está afectado por su decisión. No obstante, el art. 18 de la propuesta de reglamento sobre productos con trabajo forzoso establece que el producto suspendido podrá ser despachado a libre práctica o podrá ser exportado si, aparte de cumplir con los requisitos ordinarios para su comercialización, cumple con uno de los siguientes requisitos: por un lado, que en el plazo de cuatro días las autoridades competentes no soliciten el mantenimiento de la suspensión o, por el otro lado, cuando se informe que se ha llegado a un acuerdo para el despacho de libre práctica o para la exportación. Una cuestión interesante aquí es la que prescribe el apdo. 2 de mismo art. 18, en el sentido de que permitir el despacho de libre práctica o la exportación no es, en ningún caso, una prueba de que se cumple con el Derecho de la UE. Piénsese, en este sentido, en las obligaciones que derivan de la Directiva 2011/36/UE sobre trata de seres humanos. Si se comercializa un producto elaborado por víctimas de trata destinadas a trabajos forzosos, en ningún caso que las autoridades no lo detectaran convalidaría la situación contraria a derecho que es la trata de seres humanos.

Una vez las autoridades competentes han recibido el aviso de que un producto está retenido en la frontera por ser susceptible de estar afectado por una decisión adoptada en virtud de la propuesta de reglamento, según el art. 19 del mismo, se procederá a la denegación del despacho de libre práctica o de la exportación en el caso de que la autoridad competente y se introducirá la información en el sistema ICSMS. Además, tal y como establece el art. 20 de la propuesta de reglamento, las autoridades aduaneras deberán aplicar los arts. 197 y 198 del Código Aduanero de la UE con el objetivo de asegurarse que los operadores económicos «se deshacen del producto afectado».

Para concluir el análisis, solamente abordar una cuestión general y otra relativa a las disposiciones finales. Primeramente, esta propuesta de reglamento prevé que la Comisión pueda desarrollar actos delegados en virtud de su art. 27, que desarrolla el régimen jurídico al respecto. Estos actos irán destinados a concretar, de acuerdo con el art. 16, la información que las autoridades competentes deben transmitir a las aduaneras cuando la decisión de prohibición de la comercialización sea firme. Los poderes se le otorgarán por un tiempo indefinido, aunque el Parlamento Europeo o el Consejo podrán revocarle dichos poderes en virtud del apdo. 3 del citado artículo. Sobre las disposiciones finales, solamente destacar que se prevé la interposición de sanciones «efectivas, proporcionadas y disuasorias» en caso de incumplir con las obligaciones establecidas en la propuesta de reglamento. Habida cuenta de la voluntad uniformadora de la Comisión, quizá sería más apropiado establecer, también, la sanción a nivel europeo y de forma unificada. Esto requeriría, posiblemente, una nueva base jurídica y una reorientación del instrumento en su totalidad que ahora mismo no parece estar encima de la mesa.

3. Conclusiones

En el presente análisis se ha podido observar que para erradicar esta práctica hace falta aplicar el reglamento analizado teniendo en cuenta las obligaciones de la diligencia debida y las que derivan de la lucha contra la trata de seres humanos. Esta segmentación a nivel jurídico de la erradicación de la explotación humana, aparte de generar confusión en el momento en el que una situación es subsumible en más de una institución jurídica, podría llegar incluso a convertir las distintas normas en compartimentos estancos y desconectados entre sí, derivando en una ineficacia absoluta. Por consiguiente, es de vital importancia vertebrar correctamente las relaciones de complementariedad entre las normas, aspecto que hay que valorar positivamente de la propuesta de reglamento sobre productos con trabajo forzoso.

Así, los pasos de la UE para hacer frente al fenómeno creciente del trabajo forzoso tienen un nuevo horizonte que conquistar, pues la propuesta de reglamento que la Comisión Europea ha presentado se centra en prohibir la comercialización de los productos y servicios derivados del trabajo forzoso. Si bien de momento no se contempla la erradicación de este fenómeno en su totalidad, pues para esto se requeriría un nuevo instrumento, ni tampoco avances en cuanto a la conceptualización, que sigue las definiciones más ampliamente consensuadas a nivel internacional, el análisis preliminar concluye de forma positiva por diversos motivos. En primer lugar, este reglamento aborda la presencia de productos y servicios derivados del trabajo forzoso, cuestión hasta el momento no planteada por ningún instrumento a nivel normativo. En segundo lugar, al girar en torno al producto independientemente de la empresa, su tamaño y su volumen de negocio, todos los operadores económicos quedarán afectados por el contenido de la propuesta de reglamento. Este aspecto incluso perjudicaría a aquellas empresas lícitas de tamaño pequeño o medio que no estarían obligadas para con las obligaciones de la futura directiva sobre diligencia debida, pero que son utilizadas por el crimen organizado para comercializar los productos obtenidos del trabajo forzoso, puesto que en este caso podrían someterse a control por parte de las autoridades competentes y aflorar la ilicitud del negocio e incluso constatar la existencia de supuestos típicos de trata, por lo que sería aplicable la Directiva 2011/36/UE.

No obstante lo anterior, algunos aspectos de la propuesta de reglamento requieren de su replanteamiento si la voluntad, que no cabe duda, es la que se prescribe en la propuesta. En este sentido, la retirada de los productos no se realiza hasta que la decisión de la autoridad competente es firme que puede llegar como mínimo después de dos meses, aunque la decisión, de acuerdo con el art. 6 de la propuesta de reglamento, debe realizarse en un «plazo razonable». Teniendo en cuenta que se excluye del reglamento los productos que ya han llegado a los usuarios, se puede poner en entredicho el objetivo del reglamento si la investigación se dilata en el tiempo y durante el mismo el operador económico sigue comercializando los productos que finalmente podrían quedar prohibidos. Aquí sería interesante, por un lado, prever unos plazos realistas que conciliaran la protección de los derechos humanos con los intereses comerciales o, por el otro lado, permitir la prohibición de comercialización y de exportación de los productos y servicios afectados en el momento de que la autoridad competente tenga sospechas fundadas y no cuando se demuestra. Este aspecto, además, puede verse empeorado con la escasez de recursos a disposición de dichas autoridades, que son las que tienen la carga de la prueba. Desde una óptica de protección de los derechos humanos, y haciendo un ejercicio de realismo en cuanto a las capacidades operativas de las autoridades competentes, aspecto este último que dependerá de cada Estado miembro, trasladar al operador económico la responsabilidad de demostrar que no existe trabajo forzoso en su cadena de valor muy posiblemente facilite la consecución de los objetivos de la propuesta de reglamento.

Ahora bien, debe recordarse que aún es una propuesta de la Comisión Europea y que todavía no se ha consensuado ninguna posición entre el Parlamento Europeo y el Consejo. Por lo tanto, deberá esperarse a la versión definitiva del reglamento para valorar si todos los aspectos que pueden generar ciertas preocupaciones a la hora de conseguir el objetivo planteado han sido corregidos.

DEBIDA DILIGENCIA EN DERECHOS HUMANOS: DESAFÍOS Y PERSPECTIVAS REGULATORIAS PARA EL SECTOR TECNOLÓGICO

Anna Luisa Walter De Santana*
Pontificia Universidad Católica del Paraná (PUCPR), Brasil

Beatriz Flügel Assad**
Pontificia Universidad Católica del Paraná (PUCPR), Brasil

SUMARIO: Introducción. 1. Empresas de tecnología y derechos humanos. 2. Ley de Servicios Digitales: la caracterización de los riesgos sistémicos en las empresas de servicios digitales. 3. La diligencia debida en materia de derechos humanos y la Ley de Servicios Digitales. 4. Consideraciones finales

Introducción

Aunque el debate sobre los derechos humanos y las empresas ha evolucionado en el sentido de brindar mejores estrategias para la protección de víctimas de violación de derechos humanos por actividades corporativas, el sector de la tecnología digital —en razón de sus características y de la con-

* Doctora en Derecho por la Pontificia Universidad Católica del Paraná (PUCPR), Brasil. Profesora en la Clínica de Derechos Humanos del Programa de Posgrados de la Pontificia Universidad Católica del Paraná (PUCPR), Brasil. Miembro del Consejo Executivo de la Academia Latinoamericana de Derechos Humanos y Empresas.

** Estudiante de Maestría en Derecho de la Pontificia Universidad Católica del Paraná (PUCPR) y miembro de la Clínica de Derechos Humanos del Programa de Posgrados de la Pontificia Universidad Católica del Paraná (PUCPR), Brasil.

centración de poder económico— sigue presentando importantes retos para avanzar en la protección de los derechos y en la garantía de un ambiente digital seguro.

En ese sentido el presente artículo pretende explotar los recientes cambios en la legislación europea (*Digital Service Act*) que impone la obligación de un proceso de debida diligencia en derechos humanos para las empresas del sector y los posibles impactos de esos cambios para garantizar más protección a los afectados por las actividades de la Big Tech, con especial énfasis en las plataformas en línea y en los motores de búsqueda.

La hipótesis planteada es que la adopción de procesos de diligencia debida en materia de derechos humanos por parte de las empresas tecnológicas, aunque tiene potencial de promover un cambio positivo en sus actividades y, por ende, reducir el impacto de sus actividades en los derechos humanos, encuentra límites importantes en razón del mismo modelo de negocios de esas empresas.

Para eso, el artículo utilizará una metodología hipotético-deductiva y combinará una revisión bibliográfica con una investigación documental. Sus objetivos específicos son: (i) analizar el impacto de las empresas de tecnología en los derechos humanos y los desafíos para avanzar en la protección de los mismos; (ii) analizar la Ley de Servicios Digitales de la Unión Europea y la clasificación de los riesgos sistémicos; y finalmente, (iii) analizar críticamente la Ley de Servicios Digitales de la Unión Europea y las exigencias relacionadas a la debida diligencia en derechos humanos.

El tema es especialmente relevante para los países latinoamericanos que discuten actualmente maneras de regular las plataformas digitales y discuten proyectos legislativos altamente inspirados en la ley de la Unión Europea. En Brasil, el proyecto de ley 2630[1] se tramita en el Congreso Nacional desde el 2020, y en sus últimas versiones busca inspiración en la legislación europea e igualmente establece un proceso de debida diligencia —deber de cuidado en la terminología del proyecto— que establece que las empresas deben actuar de manera diligente para prevenir o mitigar prácticas ilícitas en el ámbito de sus actividades.

Es importante advertir que la ley pasará a producir todos los efectos a partir del 2024. Por lo tanto, el objetivo de este artículo no es analizar la eficacia de los mecanismos introducidos por la nueva regulación europea, sino plantear desde la teoría los desafíos y perspectivas de la inclusión de procesos de debida diligencia obligatorios para el sector de las tecnologías digitales.

1 Projeto de Ley 2630/2020 (Institui a Lei Brasileira de Liberdade, Responsabilidade e Transparência na Internet), disponible em https://www.camara.leg.br/propostas-legislativas/2256735 .

1. Empresas de tecnología y derechos humanos

Aunque el sector tecnológico viene impactando positivamente en la sociedad, como cualquier otro sector productivo puede igualmente impactar negativamente sobre los derechos humanos. Las empresas del sector deben crear mecanismos a fin de identificar, prevenir y mitigar los riesgos reales o potenciales que sus actividades puedan tener sobre los derechos humanos.

Las tecnologías digitales son responsables de los cambios radicales en el acceso a la información, la comunicación y la innovación. Por un lado, estos actores son capaces de reforzar el acceso a la información y amplificar los debates a una escala nunca antes vista[2] y tienen un papel fundamental en la realización de los derechos económicos, sociales y culturales[3]. Al mismo tiempo, preocupa el creciente riesgo para la privacidad, la seguridad de los datos personales, la libertad de expresión, la protección de los derechos de las minorías y el funcionamiento de los sistemas democráticos.

Los intentos de regular el sector presentan innumerables dificultades[4] que se amplían con el poder económico de las empresas de tecnología. La pandemia ha acentuado la concentración del poder económico en manos de unas pocas entidades. En 2020, las 50 mayores empresas del mundo tenían un valor bursátil que combinado representa el 28 % del producto interior bruto mundial. Hace tres décadas, la cifra equivalente era inferior al 5 %. El sector tecnológico domina los 21 primeros puestos de la lista, gracias al enorme crecimiento de Google, Apple, Facebook y Amazon en los últimos años[5].

Organizadas en oligopolios, estas empresas controlan internet y la comunicación digital, concentrando un considerable poder económico y de presión política. Empresas como Meta, Google, Amazon, Tik Tok, Microsoft y Amazon dominan la infraestructura digital, incluidas las redes sociales, el

---

2 Naciones Unidas, Consejo de Derechos Humanos: *Informe del Relator Especial sobre la promoción y la protección del derecho a la libertad de opinión y de expresión*. A/66/290 de 10 de agosto de 2011. Párrafo 10.

3 Naciones Unidas: *Question of the realization of economic, social and cultural rights in all countries: the role of new technologies for the realization of economic, social and cultural rights*. In: https://www.ohchr.org/sites/default/files/HRBodies/HRC/RegularSessions/Session43/Documents/A_HRC_43_29.pdf.

4 Walter de Santana, A. L. y Pamplona, D. A., «Libertad de expresión y empresas de Internet: América Latina en la era digital», en *Las promesas incumplidas del constitucionalismo latinoamericano*. Saiz Arnaiz, A. (coord.), Ciudad de México, Tirant lo Blanch, 2023.

5 Orlik, T., Jimenez, J. y Sam, C, «World-Dominating Superstar Firms Get Bigger, Techier, and More Chinese», *Bloomberg,* 21 de mayo de 2021. Disponible en: *https://www.bloomberg.com/graphics/2021-biggest-global-companies-growth-trends/.*

comercio electrónico, las tecnologías de consumo y los servicios en la nube. Esta concentración influye en el comportamiento de sus usuarios, en las pautas de consumo y en la difusión de la información.

> «La revolución tecnológica, aunada al cambio en las estrategias de las empresas líderes en el uso de las tecnologías digitales, ha llevado al auge de las plataformas globales, dando lugar a una excesiva concentración de poder económico y político en no más de una veintena de corporaciones de dos o tres potencias mundiales, un conjunto demasiado pequeño de empresas cuyo valor de mercado supera o se acerca a un billón de dólares»[6].

Sumado al poder económico concentrado, o debido a ello, las grandes plataformas de internet se han convertido en complejos sistemas de gobernanza privada y burocracia que impactan a sus usuarios sin transparencia ni posibilidades de debido proceso[7].

Las plataformas de internet no suelen ser transparentes en la forma en que manejan los datos y controlan a sus usuarios, lo que suscita preocupación en materia de derechos humanos y democracia. En cuanto a los derechos humanos, las mayores preocupaciones están vinculadas a las violaciones de los derechos a la libertad de expresión y a la privacidad, así como a cuestiones relacionadas con la protección de datos y la discriminación, dado que las grandes tecnológicas tienen un amplio acceso a los datos personales y controlan lo que se ve y se comparte en sus plataformas[8].

Son muchos los escándalos relacionados con la intervención en las comunicaciones entre particulares, la vigilancia, la venta de datos personales y la limitación del acceso a la información. Estos comportamientos pueden implicar incluso a los Gobiernos, moldeando la opinión pública e interfiriendo en las elecciones y la política interna[9].

Además, el sector tecnológico tiene características propias que dificultan el tratamiento adecuado de determinadas cuestiones, como la protección de los derechos humanos. El número de personas afectadas, los distintos riesgos sistémicos identificados y la actuación global son algunos de estos fac-

---

6 Naciones Unidas, CEPAL: Tecnologías digitales para un nuevo futuro (LC/TS.2021/43), Santiago, 2021, p.7, disponible em https://repositorio.cepal.org/server/api/core/bitstreams/879779be-c0a0-4e11-8e08-cf80b41a4fd9/content.

7 Balkin, J. M, «Free Speech is a triangle» *Columbia Law Review*, vol. 118, num. 7, 2018, p. 1.

8 Samuel Hutchinson, C., «Potential abuses of dominance by big tech through their use of Big Data and AI», *Journal of Antitrust Enforcement*, vol. 10, núm. 3, 2022, pp. 443–468.

9 Business & Human Rights Resource Centre, «Human rights due diligence within the tech sector: Developments and challenges», 2020, disponible en: https://www.business-humanrights.org/en/blog/human-rights-due-diligence-within-the-tech-sector-developments-and-challenges/ Consultado en: 10 jan. 2024.

tores. En cuanto a la regulación, también cabe mencionar que los esfuerzos regulatorios se desarrollan más lentamente que los avances tecnológicos, lo que permite la identificación de graves lagunas legislativas[10].

Hasta ahora, bajo más o menos presión de los Estados y de la sociedad civil, el sector ha impulsado iniciativas de autorregulación. Existen, desde iniciativas exclusivas de las empresas, destinadas a proteger de manera más eficaz a niños, niñas y adolescentes que usan las redes sociales[11], hasta iniciativas que involucran un conjunto de empresas, como la Global Networking Initiative, formada por agentes de la sociedad civil, activistas y empresas como Google, Meta y Microsoft, creada para proteger la libertad de expresión en el espacio digital[12].

Sin embargo, aunque estas iniciativas pueden tener repercusiones positivas, no son suficientes y conllevan riesgos significativos. Confiar en la autorregulación de las empresas tecnológicas puede dar lugar a que se prioricen los intereses comerciales en detrimento de los derechos humanos, así como al riesgo de que se apliquen prácticas incoherentes y poco eficientes.

A pesar de la relevancia del sector y de los avances en materia de empresas y derechos humanos en el ámbito internacional, los impactos de las empresas de tecnología sobre los derechos humanos empezaron a estudiarse desde una perspectiva de derechos humanos y empresas a partir de los años 2018 y 2019. En 2019 las Naciones Unidas, desde la Oficina del Alto Comisionado de las Naciones Unidas para los Derechos Humanos (ACNUDH), puso en marcha el proyecto B-Tech, que tiene como principal función proporcionar orientación de referencia y recursos para aplicar los Principios Rectores de las Naciones Unidas sobre las Empresas y los Derechos Humanos[13] en la esfera de la tecnología. Las áreas estratégicas del proyecto incluyen el análisis de los riesgos para los derechos humanos en las empresas, la diligencia debida en materia de derechos humanos, la rendición de cuentas y la reparación, así como la exploración de respuestas normativas a la cuestión de los derechos humanos en un contexto tecnológico.

10 WALTER DE SANTANA, A. L., *El poder privado en Internet: retos y estrategias para la protección de la libertad de expresión en la era digital*, Bogotá, Tirant lo Blanch, 2023. p. 107.

11 Véase en: https://familycenter.meta.com/br/education/resources/restricting-inappropriate-content-teens/.

12 WALTER DE SANTANA, A. L., *El poder privado en Internet: retos y estrategias para la protección de la libertad de expresión en la era digital*, Bogotá, Tirant lo Blanch, 2023. p. 74.

13 Naciones Unidas, *Principios Rectores sobre las empresas y los derechos humanos: puesta en práctica del marco de las Naciones Unidas para «proteger, respetar y remediar»*, 2011, disponible en: https://www.ohchr.org/sites/default/files/documents/publications/guidingprinciplesbusinesshr_sp.pdf.

El proyecto reafirma la preocupación relativa al impacto negativo del sector sobre los derechos humanos y hace un llamado para que las empresas integren procesos de debida diligencia capaces de identificar los riesgos de su modelo de negocio y de sus decisiones de diseño tecnológico.

> «Technology company business models, and the operate underpinnings of 21st century technological advances, are being increasingly criticised for creating or exacerbating negative impacts on a range of human rights. Business executives and entrepreneurs across the technology industry are being operate to address this concern. That companies do so in credible ways is fast becoming essential to gain (or regain) trust from stakeholders, build resilience into business models and sustain their legal and social license to operate»[14].

De esta iniciativa se desprende que la respuesta a la protección de los derechos humanos en el sector tecnológico puede basarse en el fomento de prácticas responsables por parte de las empresas y en el incentivo de la innovación para encontrar modelos de negocio alternativos que sean coherentes con los Principios Rectores sobre las Empresas y los Derechos Humanos y con otras iniciativas internacionales.

Conscientes de los límites de las iniciativas de autorregulación y buscando respuestas más coherentes para la protección de los derechos humanos en el sector de las tecnología digitales, la Unión Europea aprobó en 2022 el Paquete de la Ley de Servicios Digitales, que incluye la Ley de Mercados Digitales (Digital Market Act-DMA)[15] y la Ley de Servicios Digitales (Digital Service Act-DSA)[16], la última con importantes avances en el tema de la debida diligencia para las plataformas en línea y los motores de búsqueda de internet. La Ley de Servicios Digitales y la Ley de Mercados Digitales tienen por objeto crear un espacio digital más seguro en el que se protejan los derechos fundamentales de los usuarios y establecer unas condiciones de competencia equitativas para las empresas.

---

14 Oficina del Alto Comisionado de las Naciones Unidas para los Derechos Humanos, *Addressing Business Model Related Human Rights Risks*. https://www.ohchr.org/sites/default/files/Documents/Issues/Business/B-Tech/B_Tech_Foundational_Paper.pdf p. 2.

15 Reglamento (UE) 2022/1925 del Parlamento Europeo y del Consejo de 14 de septiembre de 2022 sobre mercados disputables y equitativos en el sector digital y por el que se modifican las Directivas (UE) 2019/1937 y (UE) 2020/1828 (Reglamento de Mercados Digitales).

16 Reglamento (UE) 2022/2065 del Parlamento Europeo y del Consejo de 19 de octubre de 2022 relativo a un mercado único de servicios digitales y por el que se modifica la Directiva 2000/31/CE (Reglamento de Servicios Digitales).

2. Ley de Servicios Digitales: la caracterización de los riesgos sistémicos en las empresas de servicios digitales

La Ley de Servicios Digitales aprobada en 2022 en la Unión Europea pretende actualizar la Directiva sobre el comercio electrónico[17], adoptada en 2000, que ha sido el principal marco jurídico en materia de prestación de servicios digitales en la UE. La DSA pretende hacer frente a los retos emergentes de la tecnología digital, dejando margen para la expansión y la aparición de innovaciones. Lo que se espera es salvaguardar los derechos fundamentales de los usuarios y establecer un marco de transparencia y rendición de cuentas para las plataformas en línea y los demás servicios digitales en la UE.

La ley que se aplica en el mercado único de la UE y, también a los intermediarios en línea establecidos fuera de la Unión que ofrezcan sus servicios en el mercado único, pretende regular los servicios digitales que incluyen una gran categoría de servicios en línea, desde sitios web simples hasta servicios de infraestructura de internet y plataformas en línea.

La legislación establece: (i) un marco para la exención condicionada de responsabilidad de los prestadores de servicios intermediarios; (ii) normas sobre obligaciones específicas de diligencia debida adaptadas a determinadas categorías específicas de prestadores de servicios intermediarios; y (iii) normas sobre aplicación y ejecución del Reglamento, por ejemplo, en relación con la cooperación y coordinación entre autoridades competentes[18].

Por lo tanto, el Reglamento 2022/2065 se ocupa claramente de proporcionar unas condiciones competitivas equilibradas para fomentar la innovación y el crecimiento. También se ocupa de los derechos fundamentales de los usuarios de internet, con especial énfasis en la libertad de expresión, información y prensa, el derecho a la no discriminación y la protección de los consumidores[19]. Por tanto, el DSA ha establecido un sistema de supervisión pública, en el que las autoridades de los Estados miembros deben vigilar el cumplimiento de las distintas obligaciones impuestas a los intermediarios, que se han dividido en cuatro categorías: proveedores de

---

17 Directiva 2000/31/CE del Parlamento Europeo y del Consejo relativa a determinados aspectos jurídicos de los servicios de la sociedade de la información, em particular el comercio electrónico en el mercado interior.

18 Reglamento (UE) 2022/2065 del Parlamento Europeu y del Consejo de 19 de octubre de 2022 relativo a un mercado único de servicios digitales y por el que se modifica la Directiva 2000/31/CE.

19 *Ibid.*

servicios de transporte, proveedores de servicios de almacenamiento en servidores, plataformas en línea, y plataformas en línea y motores de búsqueda de muy gran tamaño (más de 45 millones de usuarios en la UE)[20]. Los últimos están sujetos a normas más estrictas según la legislación de aplicación.

En síntesis, las obligaciones impuestas por la nueva regulación de la Unión Europea a los intermediarios de internet son las siguientes[21]: i) medidas para luchar contra los contenidos ilícitos en línea; ii) salvaguardias eficaces para los usuarios, incluida la posibilidad de impugnar las decisiones de moderación de contenidos de las plataformas; iii) medidas de transparencia para las plataformas en línea, incluida la publicidad y las comunicaciones comerciales de las personas influyentes; iv) obligaciones para la protección de niños, niñas y adolescentes, la prohibición de la publicidad personalizada en plataformas en línea mediante la elaboración de perfiles de niños o sobre la base de categorías especiales de datos personales, como raza, opiniones políticas u orientación sexual; v) prohibición de utilizar los denominados «patrones oscuros» en la interfaz de las plataformas en línea, destinados a manipular a los usuarios para que tomen decisiones que no tenían intención de tomar; vi) disposiciones sobre el acceso de los investigadores a los datos de las plataformas a fin de examinar el funcionamiento de estas y la evolución de los riesgos en línea.

Para las plataformas y los motores de búsqueda de muy gran tamaño, dado su particular papel y alcance, la legislación impone obligaciones adicionales en materia de información y transparencia de sus condiciones generales. La legislación considera que las plataformas en línea y los motores de búsqueda de muy gran tamaño pueden entrañar riesgos para la sociedad, de distinto alcance y repercusión que los que generan las plataformas más pequeñas y, por tanto, deben de cumplir con obligaciones de diligencia debida más exigentes, proporcionadas en relación con su impacto social[22]. Además, reconoce que «el diseño de sus servicios se optimiza en general para beneficio de sus modelos de negocio, a menudo basados en la publicidad, y pueden causar inquietudes en la sociedad. Son necesarias una regulación y una ejecución efectivas para detectar y reducir eficazmente los riesgos y los perjuicios sociales y económicos que puedan surgir»[23]. Esto se debe a que la legislación asume que las actividades de las plataformas y los motores de búsqueda de muy gran tamaño, como

20 Campos, R., Xavier Santos, C. y Rodrigues de Oliveira, S., «Riscos sistêmicos no Digital Services Act e suas lições para o Brasil», *Consultor Jurídico,* 2023, disponible en: https://www.conjur.com.br/2023-mar-07/direito-digital-riscos-sistemicos-dsa-licoes-brasil/.

21 Véase en: https://ec.europa.eu/commission/presscorner/detail/es/QANDA_20_2348.

22 Reglamento (UE) 2022/2065, *cit.,* considerando 76.

23 *Ibid.* Considerando 79.

Google, Facebook, Amazon, Apple, Twitter, TikTok entre otros, pueden fomentar cuatro categorías de riesgos sistémicos[24]:

i) La primera categoría se refiere a los riesgos asociados a la difusión de contenidos ilícitos, como la difusión de materiales de abuso sexual de menores o delitos de incitación al odio, u otros tipos de usos indebidos de sus servicios con la finalidad de cometer delitos, y la realización de actividades ilícitas como la venta de productos o servicios prohibidos por el Derecho de la Unión o nacional, incluidos los productos peligrosos o falsificados o el comercio ilegal de animales.

ii) La segunda categoría se refiere a los efectos reales o previsibles del servicio para el ejercicio de los derechos fundamentales, entre ellos, la dignidad humana, la libertad de expresión y de información, incluidos la libertad de los medios de comunicación y su pluralismo, el derecho a la vida privada, el derecho a la protección de datos, el derecho a la no discriminación, los derechos del niño y la protección de los consumidores.

iii) Una tercera categoría de riesgos se refiere a los efectos negativos reales o previsibles sobre los procesos democráticos, el discurso cívico y los procesos electorales, así como sobre la seguridad pública.

iv) La cuarta categoría de riesgos se deriva de preocupaciones similares relacionadas con el diseño, el funcionamiento, la utilización, o incluso la manipulación, de plataformas en línea y de motores de búsqueda en línea de muy gran tamaño, con un efecto negativo real o previsible en la protección de la salud pública, graves consecuencias negativas para el bienestar físico y mental de una persona, o en la violencia de género. Estos riesgos también pueden derivarse de campañas coordinadas de desinformación relacionadas con la salud pública, o del diseño de interfaces en línea que puedan estimular adicciones comportamentales de los destinatarios del servicio.

Cuando realicen evaluaciones de riesgos, los prestadores de plataformas en línea de muy gran tamaño y de motores de búsqueda en línea de muy gran tamaño deben tener en cuenta algunos factores que, según el artículo 34.2, pueden influir en las cuatro categorías de riesgos sistémicos. Son los siguientes: i) el diseño de sus sistemas de recomendación y de cualquier otro sistema algorítmico pertinente; ii) sus sistemas de moderación de contenidos; iii) las condiciones generales aplicables y su ejecución; iv) los sistemas de selección y presentación de anuncios; v) las prácticas del prestador relacionadas con los datos.

Los riesgos sistémicos identificados en la legislación europea impulsan importantes obligaciones de debida diligencia que deben cumplir las empresas de servicios digitales, especialmente las plataformas en línea y los motores de búsqueda de muy gran tamaño.

---

24 *Ibid.* Considerandos 80 a 84.

3. La diligencia debida en materia de derechos humanos y la Ley de Servicios Digitales

La identificación de los riesgos sistémicos asociados a las empresas de tecnología digital, especialmente plataformas en línea y motores de búsqueda impulsaron en Europa una legislación que cuidará de las especificidades del sector y avanzará hacia una mayor rendición de cuentas por parte de las empresas. El *Digital Service Act* ha hecho una apuesta por un proceso de debida diligencia robusto que permita, por un lado, ampliar la información y los datos sobre los riesgos potenciales y reales que surgen de las actividades de los intermediarios de servicios digitales y, por otro lado, imponer a las empresas la obligación de responder a las consecuencias negativas de sus actividades.

Los Principios Rectores de las Naciones Unidas sobre las Empresas y los Derechos Humanos[25], aprobados en las Naciones Unidas en el 2011, hacen énfasis en que para el cumplimiento de la responsabilidad empresarial de respetar los derechos humanos las empresas deben tomar las medidas para conocer, prevenir y responder a los efectos negativos que sus actividades pueden tener en los derechos humanos, es decir, actuar con debida diligencia.

El proceso de debida diligencia en derechos humanos, según los Principios Rectores, es un proceso continuo que deberá incluir cinco etapas (Principio 17):

a) La incorporación de una política empresarial responsable por las políticas y sistemas de gestión de la empresa.

b) La evaluación del impacto real y potencial de las operaciones, cadenas de suministro y relaciones comerciales de la empresa sobre los derechos humanos. Para ello, deben recurrir a expertos en derechos humanos internos y/o independientes y, particularmente, consultar los grupos potencialmente afectados y otras partes interesadas.

c) La integración y la actuación al respecto. La integración de las consecuencias en el marco de las funciones y procesos pertinentes deberá incluir todos los niveles de la empresa. La forma en la que deben actuar dependerá de la empresa que provocó o contribuyó a generar la consecuencia negativa, o con la que existe una relación directa entre esas consecuencias y las operaciones, productos o servicios prestados por una relación comercial.

d) El seguimiento de las respuestas debe basarse en indicadores cuantitativos y cualitativos y tener en cuenta los comentarios de los interesados y todas las fuentes internas y externas.

e) La comunicación de la forma en que se hace frente a las consecuencias negativas.

---

25 *Principios Rectores sobre..., cit.*

Desde la adopción de los Principios Rectores, se ha publicado y promulgado una gran cantidad de legislación para que las empresas adopten procesos de diligencia debida en derechos humanos en sus actividades y en su cadena de suministro. Además de la Ley de Servicios Digitales de la Unión Europea, existen, entre otras, la Ley del Deber de Vigilancia de Francia[26], la Ley alemana sobre las obligaciones de diligencia debida de las empresas en las cadenas de suministro[27], la Ordenanza suiza sobre diligencia debida y transparencia en relación con los minerales y metales procedentes de zonas afectadas por conflictos y el trabajo infantil[28], la Ley de Transparencia de Noruega[29] y la Ley de Diligencia Debida sobre el Trabajo Infantil de los Países Bajos[30].

Gran parte de dichas legislaciones se refieren a un sector específico o a derechos específicos que son afectados, así como el *Digital Service Act*. Procuran adaptarse a las características del sector de tecnología digital y combatir los riesgos que le son inherentes, como los relacionados con la libertad de expresión, la privacidad, la protección de datos o la discriminación. Una vez identificadas las especificidades y riesgos del sector, fue necesario perfilar un formato de *due diligence* exigible que se ajustase a esta realidad y a las expectativas sobre el comportamiento de las empresas tecnológicas.

Las obligaciones de diligencia debida en materia de derechos humanos para el sector pueden implicar la necesidad de identificar y mitigar los riesgos de violación de la privacidad y la libertad de expresión, la difusión de noticias falsas y el discurso discriminatorio. Los intentos de regular las empresas de Internet deben concienciar a las empresas de que el diseño de las tecnologías influye en los derechos humanos tanto positiva como negativamente y puede garantizar que las empresas se acerquen a la sociedad civil en un intento de desempeñar un papel positivo en la sociedad, protegiendo a sus usuarios y sirviendo de catalizador de oportunidades e innovación.

Es en ese sentido el considerando 40 del *Digital Service Act*:

> «A fin de cumplir los objetivos del presente Reglamento, y en particular de mejorar el funcionamiento del mercado interior y garantizar un entorno en línea seguro y transparente, es necesario establecer un conjunto claro, eficaz, predecible y equilibrado de obligaciones armonizadas de diligencia debida para los prestadores de

---

26 *LOI n.° 2017-399 du 27 mars 2017 relative au devoir de vigilance des sociétés mères et des entreprises donneuses d'ordre*.

27 Act on Corporate Due Diligence Obligations in Supply Chains 2021.

28 Ordinance on Due Diligence and Transparency concerning Minerals and Metals from Conflict-Affected Areas and Child Labour 2021.

29 Transparency Act 2021.

30 Nederland: Minister Voor Buitenlandse Handel En Ontwikkelingssamenwerking. *Wet zorgplicht kinderarbeid*.

servicios intermediarios. Esas obligaciones deben aspirar en particular a garantizar diferentes objetivos de interés público, como la seguridad y confianza de los destinatarios del servicio, incluidos los consumidores, los menores y los usuarios especialmente vulnerables al riesgo de ser víctimas de discursos de odio, acoso sexual u otras conductas discriminatorias, la protección de los derechos fundamentales pertinentes amparados por la Carta, la rendición de cuentas significativa por parte de dichos prestadores y el empoderamiento de los destinatarios y otros afectados, facilitando al mismo tiempo la necesaria vigilancia por parte de las autoridades competentes»[31].

Martin Husovec e Irene Roche Laguna sostienen que la mayor innovación de la DSA radica justo en la forma en que la normativa ha presentado la diligencia debida[32]. Según los autores, la nueva diligencia debida suprime la binariedad existente hasta ahora en cuanto a la responsabilidad de los intermediarios de internet, que pueden ser considerados responsables de sus propias decisiones independientemente de los creadores de contenidos[33].

El DSA es consciente de que el proceso de debida diligencia se debe adaptar al tipo, el tamaño y la naturaleza del servicio intermediario de que se trate, por lo tanto, establece exigencias diferenciadas según las características de dichos intermediarios. La obligación de adoptar procesos de diligencia debida en materia de derechos humanos se desglosa en el Reglamento entre obligaciones universales, básicas, avanzadas y especiales, y pueden acumularse[34].

En primer lugar, las obligaciones universales se aplican a los servicios de intermediación de empresas de todos los tamaños e implican informes anuales de transparencia y explicaciones sobre la moderación de contenidos. Por su parte, las obligaciones básicas se aplican a todos los servicios de alojamiento, independientemente del tamaño de la empresa, e determinan cómo debe llevarse a cabo la moderación de contenidos, así como la notificación a las autoridades en caso de contenidos ilegales. En tercer lugar, las obligaciones avanzadas se dirigen a las plataformas en línea medianas o grandes y comprenden obligaciones de moderar los contenidos en línea, presentar un diseño que no induzca a error a los usuarios, aclarar cuándo un contenido es un anuncio de pago y cómo eligen los contenidos sugeridos, y ofrecer transparencia avanzada. Finalmente, las obligaciones especiales para las grandes plataformas en línea y los grandes motores de búsqueda incluyen la obligación de identificar, analizar y abordar riesgos sistémicos como los contenidos

31 Reglamento (UE) 2022/2065, *cit.*

32 Husovec, M. y Roche Laguna, I., Digital Services Act: A Short Primer (July 5, 2022), disponible en SSRN: https://ssrn.com/abstract=4153796.

33 *Ibid.*

34 Reglamento (UE) 2022/2065, *cit.*

ilegales y los efectos negativos sobre los derechos humanos y el bienestar de los usuarios, así como la presentación de informes de riesgos mediante auditorías independientes[35].

Para la legislación esas obligaciones armonizadas de diligencia debida, que deben ser razonables y no arbitrarias, son necesarias para afrontar los objetivos de interés público identificados y son independientes de la cuestión de la responsabilidad de los prestadores de servicios intermediarios y, por tanto, deben apreciarse por separado[36].

La legislación crea para todas las empresas la obligación de designar un punto único de contacto que les permita ponerse en comunicación directamente con las autoridades de los Estados miembros, con la Comisión y con la Junta que cuidará de la aplicación del Reglamento[37]. Eso es fundamental a razón de la actuación transnacional de las empresas de tecnología digitales y en tanto algunas empresas, como los motores de búsqueda y las redes sociales, no necesariamente tienen que ubicar al personal, los equipos u otros recursos físicos en la misma área geográfica en la que los usuarios intentan acceder a sus servicios. Esto les permite minimizar el control de los Estados donde actúan, rigiéndose más por las reglas de los Estados donde tienen su sede central[38].

Otra preocupación importante fue el establecimiento de un punto de contacto para los usuarios de los servicios que les permita comunicarse directa y rápidamente con ellos, por medios electrónicos y de manera sencilla, también permitiendo a los destinatarios del servicio elegir los medios de comunicación, sin basarse únicamente en herramientas automatizadas[39].

La sección 5 del Reglamento impone distintas obligaciones adicionales de gestión de riesgos sistémicos para prestadores de plataformas en línea y de motores de búsqueda en línea de muy gran tamaño. Lo que se observa es un reflejo de las etapas de un proceso completo de debida diligencia con enfoque en los derechos humanos que pueden ser afectados por las actividades de las plataformas en línea y los motores de búsqueda.

El proceso se inicia con una evaluación de cualquier riesgo sistémico en la Unión que se derive del diseño o del funcionamiento de su servicio y los sistemas relacionados con este, incluidos los sistemas algorítmicos, o del uso que se haga de sus servicios (art. 34). La segunda etapa impone a las empre-

35 Husovec, M. y Roche Laguna, I., Digital Services Act: A Short Primer (July 5, 2022), disponible en SSRN: https://ssrn.com/abstract=4153796.

36 Reglamento (UE) 2022/2065, *cit.* Considerando 41.

37 *Ibid.* Artículo 11.1.

38 Mackinnon, R. et al*., Fostering Freedom Online: The role of intermediaries*, Paris, Unesco Publishing, 2014, p. 21.

39 Reglamento (UE) 2022/2065, *cit.* Artículo 12.1.

sas la aplicación de medidas de reducción de riesgos razonables, proporcionadas, efectivas y adaptadas a los riesgos sistémicos específicos detectados en la legislación, teniendo especialmente en cuenta las consecuencias de dichas medidas sobre los derechos fundamentales (art. 35). Se exige a las empresas la creación de un mecanismo de respuesta a las crisis (art. 36), la realización de consultorías independientes una vez al año (art. 37), cambios en el sistema de recomendación (art. 38), transparencia sobre la publicidad en línea (art 39), el acceso a los datos que garanticen el cumplimiento del Reglamento (art. 40), y la designación de encargados internos del cumplimiento del Reglamento (art. 41). Finalmente, la última etapa incluye la divulgación de informes de transparencia que presenten, entre otras cosas, los resultados de la evaluación de riesgos realizada (art. 42).

El DSA es un importante marco en la regulación de internet y tiene el potencial de equilibrar los entornos en línea y dar mayor protección a los usuarios al cambiar lo que se espera de las empresas. Un marco legislativo robusto tiene el potencial de fomentar la responsabilidad de las plataformas en línea, la transparencia respecto a los algoritmos utilizados y la protección de los datos y derechos de los usuarios, así como el diálogo con las partes interesadas y la adopción de procesos de diligencia debida.

Además de los resultados para la Unión Europea, se espera que el DSA tenga un impacto positivo en el comportamiento de las empresas de internet a nivel mundial, fomentando la innovación responsable y el desarrollo de nuevos modelos de negocio.

4. Consideraciones finales

Avanzar en la creación de un proceso de debida diligencia que tenga en consideración los desafíos del sector de las tecnologías digitales ha sido un desarrollo importante para que no se siga ignorando la magnitud de ese sector y los riesgos que le son inherentes. Los impactos de las empresas tecnológicas sobre los derechos humanos deben abordarse a través de la lente de derechos humanos y empresas; dar seguimiento a los resultados del Reglamento europeo será un paso fundamental para la garantía de un entorno en línea seguro, predecible y digno de confianza, como preconiza la Ley de Servicios Digitales.

La adopción de una legislación que regule el espacio virtual en América Latina supondría, igualmente, un refuerzo del aparato de protección de los derechos humanos de la región, incluyendo el fortalecimiento de las instituciones democráticas. Además de fomentar la innovación y la competencia en el sector tecnológico, dicha legislación podría incentivar a las empresas a actuar con diligencia, transparencia y responsabilidad frente a los derechos humanos afectados por sus actividades. Esto supondría un hito en la búsqueda de un equilibrio entre los beneficios de los avances tecnológicos y la protección de los derechos humanos.

Las empresas tecnológicas tienen características y riesgos inherentes a su área de actividad, que pueden tener un impacto tanto positivo como negativo en las sociedades en las que operan. Además de un intenso poder económico concentrado en pocas entidades, las empresas de internet no suelen ser transparentes en la forma en que manejan los datos y regulan a sus usuarios, lo que suscita preocupación en materia de derechos humanos y democracia. Las mayores inquietudes están vinculadas a las violaciones de los derechos a la libertad de expresión y a la privacidad, a cuestiones relacionadas con la protección de datos y la discriminación, la protección de niños, niñas y adolescentes, y el impacto en los sistemas democráticos.

Sobre la base de este escenario, la Unión Europea ha sido pionera en la búsqueda de una regulación de las empresas de internet que salvaguarde los derechos fundamentales de los usuarios y establezca un marco de transparencia y rendición de cuentas para las plataformas en línea y los demás servicios digitales. Para las plataformas en línea y los motores de búsqueda de muy gran tamaño el Reglamento europeo trabaja con una categoría de riesgos sistémicos asociados a la actividad de las empresas que crea obligaciones adicionales en materia de debida diligencia.

A partir de la identificación de los riesgos asociados a la actividad de las empresas de internet la regulación europea hizo una apuesta en la exigencia de un proceso de debida diligencia que se adapte a las características del sector y pueda permitir avances en la configuración de un espacio digital más seguro, inclusivo y ético.

La creación de una regulación exclusiva para las empresas de tecnología digital tiene la ventaja de imponer procesos de autocontrol y de mitigación de riesgos que tengan en cuenta las características de dichas empresas, así como los riesgos frecuentemente detectados en sus actividades empresariales. La inclusión de obligaciones de diligencia debida tiene la capacidad de fomentar una política empresarial más responsable y consciente de los impactos derivados de sus actividades, asegurando que las empresas tecnológicas influyan positivamente en sus usuarios y en la sociedad.

LA INFORMACIÓN CORPORATIVA SOBRE LA GESTIÓN DE IMPACTOS EN DERECHOS HUMANOS EN LA LEY 11/2018. ESTUDIO DE CASO: ANÁLISIS DE LA INFORMACIÓN EN DERECHOS HUMANOS EN LAS EMPRESAS DEL IBEX 35

Orencio Vázquez Oteo*

Universidad Nacional de Educación a Distancia (UNED)

Introducción

Las empresas han pasado de meros actores económicos a ser determinantes en el marco de las relaciones políticas y sociales. Su mayor tamaño, unido a la deslocalización y externalización de los centros de producción, dificulta el control por parte de los gobiernos sin que paralelamente se haya diseñado una arquitectura de instituciones internacionales con capacidad para fisca-

* Correo electrónico: ovazquez@cee.uned.es.

lizar su comportamiento. Las grandes corporaciones tejen redes de gobernanza global que desembocan en el ejercicio de una «autoridad privada» que se refleja en acciones al margen del poder soberano de los estados, en su influencia sobre la toma de decisiones o proveyendo de bienes y servicios a la sociedad que tradicionalmente eran prestados por los gobiernos[1].

Fruto de la internacionalización y de la globalización económica, los marcos legales, en un intento de adaptarse, han experimentado un cambio continuo desde la Segunda Guerra Mundial[2]. La aprobación de normativa que estaría justificada desde el interés general y los objetivos sociales y medioambientales planteados por los Gobiernos, en ocasiones se ha visto ralentizada por las estrategias seguidas por las empresas, en algunos casos a través de la utilización de la Responsabilidad Social Corporativa (RSC) con el objetivo de dilatar los procesos[3] a través de discursos vacuos e instrumentalizados que, en última instancia, persiguen mantener un *status quo*. Paralelamente, los organismos regionales y multilaterales creados a partir de la Segunda Guerra Mundial desarrollan normas e iniciativas voluntarias de aplicación global, aunque en ocasiones de dudosa efectividad. Si bien las ONG han venido denunciando públicamente la insuficiencia de la voluntariedad, tras décadas de debate, multitud de estándares, foros e iniciativas diversas en torno a la RSC, la empresa impone su tesis y consigue institucionalizar la voluntariedad y los códigos de conducta por encima de la regulación pública. El Pacto Mundial de Naciones Unidas, las Líneas Directrices para Empresas Multinacionales de la OCDE o las cuatro comunicaciones de la Comisión Europea son ejemplos de iniciativas en las que, si bien participan y son impulsadas por instituciones públicas, se delega en la regulación privada la gestión de los impactos sociales y medioambientales. La confianza en que la regulación privada a través de códigos de conducta o de la adhesión a iniciativas como el Pacto Mundial eran, de acuerdo con empresas e instituciones, suficientes para afrontar los desafíos que se plantean bajo el paraguas de la RSC ha obstaculizado el avance de normativa pública. Sin embargo, esta posición dominante está cediendo terreno y, desde 2014, coincidiendo con la aprobación en Europa de la Directiva 95/2014 de divulgación de información no financiera e información sobre diversidad, asistimos a una incipiente

1 Biersteker, T. J., y Hall, R. B., «10 Private authority as global governance», en *The emergence of private authority in global governance*, Cambridge University Press, 85, 2002, pp. 203-222; Cutler, A. C., Critical reflections on the Westphalian assumptions of international law and organization: a crisis of legitimacy. Review of International Studies, 27(2), 2001, PP. 133-150. https://doi.org/10.1017/S0260210500001339; Engwall, L., Global enterprises in fields of governance, en M. Djelic & K. Sahlin-Andersson (Eds.), *Transnational Governance: Institutional Dynamics of Regulation*, Cambridge: Cambridge University Press, 2006, pp. 161-179. https://doi.org/10.1017/CBO9780511488665.009.

2 Engwall, L., Global enterprises in..., *op. cit.*

3 Vogel, D., Private global business regulation, *Annu. Rev. Polit. Sci.,* 11, 2008, pp. 261-282. https://doi.org/10.1146/annurev.polisci.11.053106.141706.

legislación con disposiciones en diferentes ámbitos de la RSC o dirigidas a distintos sectores de actividad. A noviembre de 2023 varios países cuentan con normativas específicas sobre empresa y derechos humanos: Francia, Holanda, Alemania, Reino Unido y Noruega; y la negociación de la Directiva del Parlamento Europeo y del Consejo sobre diligencia debida de las empresas en materia de sostenibilidad y por la que se modifica la Directiva (UE) 2019/1937, se encuentra en un estado muy avanzado.

La Directiva 2014/95 y su posterior revisión en 2022 pone el foco en la necesidad de transparencia que deriva de la relación entre las empresas y el resto de actores que conforman la sociedad y que hacen posible su existencia.

1. Información no financiera en la gestión de la empresa de los derechos humanos

La transparencia sustentada en la participación y la rendición de cuentas es un pilar del buen gobierno y una herramienta clave para construir confianza, mantener o mejorar la reputación y la gestión de riesgos[4].

Desde una visión de gestión de la relación con las partes interesadas, informar sobre las medidas adoptadas por la empresa para minimizar las externalidades negativas sobre los grupos de interés ayudará a ambas: empresas y grupos afectados, a incrementar su grado de conocimiento y, por tanto, la confianza mutua. El reconocimiento de unos partícipes con intereses en la empresa diferentes a accionistas y acreedores exige no solamente comportamientos capaces de satisfacer a los diversos agentes o partes interesadas, sino también una política informativa que permita visualizar la asunción de esos compromisos[5]. Los Principios Rectores de Empresas y Derechos Humanos[6] establecen como parte de la debida diligencia de las empresas que estas

---

4 SHEHATA, N. F., Theories and determinants of voluntary disclosure, Accounting and Finance Research (AFR), 3(1), 2014; GLOBAL REPORTING INICIATIVE, «Sustainability and Reporting Trends in 2025», 2015, disponible en https://www.globalreporting.org/resourcelibrary/Sustainability-and-Reporting-Trends-in-2025-1.pdf. Directiva 2014/95/UE del Parlamento Europeo y del Consejo, de 22 de octubre de 2014, por la que se modifica la Directiva 2013/34/UE en lo que respecta a la divulgación de información no financiera e información sobre diversidad por parte de determinadas grandes empresas y determinados grupos. Diario Oficial de la Unión Europea, Vol. 330, pp. 1–9; COMISIÓN EUROPEA, Comunicado de prensa: La Comisión presenta una nueva estrategia para hacer más sostenible el sistema financiero de la UE y propone un nuevo estándar de bonos verdes de la UE, 6 de julio de 2021. Disponible en https://ec.europa.eu/commission/presscorner/detail/es/ip_21_3405 (Acceso el 21 de agosto de 2021).

5 PATTEN, D. M., Intra-industry environmental disclosures in response to the Alaskan oil spill: A note on legitimacy theory, *Accounting, organizations and Society,* 17(5), 1992, pp. 471-475. https://doi.org/10.1016/0361-3682(92)90042-Q.

6 NACIONES UNIDAS, Pacto Mundial. Principios Rectores para Empresas y Derechos Humanos, 2011, disponible en https://www.ohchr.org/documents/publications/guidingprinciplesbusinesshr_sp.pdf.

rindan cuentas de cómo abordan su impacto sobre los derechos humanos y las medidas que toman para hacer frente a las consecuencias de sus actividades sobre los derechos humanos. Esa información de acuerdo con los Principios Rectores debe dirigirse no solamente a las personas o grupos que puedan verse afectados, también a otros actores, incluidos los inversores.

Pese a la importancia de la rendición de cuentas en el ámbito de la gestión de impactos y riesgos en derechos humanos por parte de la empresa, los informes de sostenibilidad se utilizan de manera mayoritaria como herramientas de comunicación en lugar de procesos de rendición de cuentas, posicionándose más en lo simbólico que en lo sustantivo[7]. Por lo general, la información suministrada no es neutral, material, relevante, comparable y fiable sobre las políticas, acciones, procesos y resultados obtenidos. El incremento de empresas que publican informes de sostenibilidad con secciones específicas en la gestión de riesgos e impactos en derechos humanos no ha detenido el progresivo aumento de la conflictividad de ciertas inversiones. En este punto, podríamos concluir que la actual divulgación de información no financiera en el campo de los derechos humanos en muchos casos no está asociada con un mejor comportamiento de la empresa, sino que es utilizada para mitigar efectos negativos sobre su reputación o mejorar esta y consolidar su poder[8], o responde a una estrategia orientada a paralizar cambios necesarios con el objetivo de mantener su *status quo* y evitar mayores requerimientos normativos[9].

---

7 Islam, M. A., Dissanayake, T., Dellaportas, S., y Haque, S., «Anti-bribery disclosures: A response to networked governance», en Accounting Forum, vol. 42, núm. 1, 2018, pp. 3-16. No longer published by Elsevier. https://doi.org/10.1016/j.accfor.2016.03.002; Comisión Europea, Comunicado de prensa..., *op. cit.;* Observatorio de Responsabilidad Social Corporativa, La responsabilidad social corporativa en las memorias anuales de las empresas del IBEX 35, análisis del ejercicio 2021, 2023. Disponible en: https://observatoriorsc.org/inicio/que-hacemos/estudios/; Alliance for Corporate Transparency, 2019 Research report: An analysis of the sustainability reports of 1000 companies pursuant to the EU Non-Financial Reporting Directive, 2020. Disponible en https://www.allianceforcorporatetransparency.org/assets/2019_Research_Report%20_Alliance_for_Corporate_Transparency.pdf.

8 Deegan, C., Rankin, M., y Tobin, J., «An examination of the corporate social and environmental disclosures of BHP from 1983-1997: A test of legitimacy theory», *Accounting, Auditing & Accountability Journal*, 15(3), 2002, pp. 312-343. https://doi.org/10.1108/09513570210435861; Patten, D. M., «The relation between environmental performance and environmental disclosure: a research note», *Accounting, organizations and Society*, 27(8), 2002, pp. 763-773. https://doi.org/10.1016/S0361-3682(02)00028-4l; Cho, C. H., Guidry, R. P., Hageman, A. M. y Patten, D. M., «Do actions speak louder than words? An empirical investigation of corporate environmental reputation», *Accounting, organizations and society*, 37(1), 2012, pp. 14-25. https://doi.org/10.1016/j.aos.2011.12.001; Nyberg, D. y Wright, C., «Corporate corruption of the environment: Sustainability as a process of compromise», *The British journal of sociology*, 64(3), 2013, pp. 405-424. https://doi.org/10.1111/1468-4446.12025.

9 Cho, C. H., Laine, M., Roberts, R. W. y Rodrigue, M.,«The frontstage and backstage of corporate sustainability reporting: Evidence from the Arctic National Wildlife Refuge Bill», *Journal of Business Ethics*, 152, 2018, pp. 865-886. https://doi.org/10.1007/s10551-016-3375-4.

Por otro lado, la proliferación de guías y ranking no ayuda a mejorar el proceso de rendición de cuentas e incluso puede generar incoherencias[10]. Por ejemplo, el Banco Santander lidera en 2019 el ranking Dow Jones Sustainability Index sobre el total de 175 instituciones financieras analizadas[11]; sin embargo, ocupa el puesto 27 en el ranking sobre derechos humanos elaborado por la organización Banktrack sobre un total de 50 bancos comerciales analizados[12]. Estas contradicciones y falta de certidumbre generan confusión y falta de confianza en la actuación de las empresas en relación con la gestión de los impactos en derechos humanos en la sociedad en su conjunto. Lydenberg *et al*[13]. señalan que la mejor forma de hacer frente a estos desafíos de la información no financiera es a través de la regulación. Un marco regulatorio preciso facilita la comparabilidad y esta tendrá un efecto mimético entre empresas de un mismo sector lo que redundará en una competitividad que, en última instancia, favorece la gestión de externalidades e impactos. Por su parte, la Comisión Europea[14] señala las limitaciones de un mercado no regulado, al considerar poco probable que el suministro de información de forma voluntaria satisfaga las necesidades de los usuarios. Sin embargo, si la regulación no es suficientemente precisa y está acompañada de sistemas de supervisión que garanticen su cumplimiento, la legislación no contribuirá a una mayor transparencia y calidad de la información[15].

---

10 Gray, R., Dey, C., Owen, D., Evans, R. y Zadek, S., «Struggling with the praxis of social accounting: Stakeholders, accountability, audits and procedures», *Accounting, Auditing & Accountability Journal,* 10(3), 1997, pp. 325-364. https://doi.org/10.1108/09513579710178106.

11 Banco Santander, «El banco más sostenible del mundo es el Santander», 2019, disponible en https://www.santander.com/es/stories/el-banco-mas-sostenible-del-mundo-es-el-santander. (acceso, 22 septiembre 2021).

12 BankTrack. «The BankTrack Human Rights Benchmark 2019», 2019, disponible en https://www.banktrack.org/download/the_banktrack_human_rights_benchmark_2019/191125humanrightsbenchmark_1.pdf.

13 Lydenberg, S. D., Rogers, J. y Wood, D. (2010). *From transparency to performance: Industry-based sustainability reporting on key issues,* Cambridge, MA: Hauser Center for Nonprofit Organizations.

14 Comisión Europea, Comunicado de prensa..., *op. cit.*

15 Chauvey, J. N., Giordano-Spring, S., Cho, C. H. y Patten, D. M., «The normativity and legitimacy of CSR disclosure: Evidence from France», *Journal of Business Ethics*, 130, 2015, pp. 789-803. https://doi.org/10.1007/s10551-014-2114-y; Baumann-Pauly, D., Nolan, J., Van Heerden, A. y Samway, M., «Industry-specific multi-stakeholder initiatives that govern corporate human rights standards: Legitimacy assessments of the Fair Labor Association and the Global Network Initiative», *Journal of Business Ethics*, 143, 2017, pp. 771-787. https://doi.org/10.1007/s10551-016-3076-z.

1.1. Estándares para el reporte de información sobre derechos humanos

1.1.1. El Marco de Reporte de Naciones Unidas

El Marco de Reporte de los Principios Rectores sobre las Empresas y los Derechos Humanos de las Naciones Unidas[16] facilita unas orientaciones a las empresas con relación a la divulgación de información sobre sus políticas, sus procesos y su desempeño en derechos humanos. El marco se estructura en torno a tres ejes temáticos: gobernanza, enfoque del informe y enfoque de gestión de derechos humanos para promover y garantizar el respeto a los derechos humanos en el desarrollo de sus actividades. El Marco facilita dos tipos de orientaciones: para empresas que informan y orientación de aseguramiento para auditores internos y proveedores de aseguramiento externo.

1.1.2. Global Reporting Initiative (GRI)

El marco de reporte de información no financiera con mayor reconocimiento en Europa es el desarrollado por Global Reporting Initiative (GRI). GRI es una institución independiente que inició sus actividades en 1997, fruto de un proyecto conjunto entre el PNUMA (Programa de la Naciones Unidas para el Medio Ambiente) y el CERES (Coalition for Environmentally Responsible Economies). Desde su primera versión, emitida en 2000, la guía de GRI ha sido revisada y actualizada para recoger los aportes de diversos grupos de interés, siendo la última versión la publicada en 2021.

El modelo GRI se articula en base a contenidos generales (elementos comunes que las organizaciones deben identificar, con independencia de sus características) y específicos (en función del sector de actividad o de aspectos temáticos concretos).

En el modelo GRI actualmente vigente (2021), la información relativa a los derechos humanos se incluye bajo los estándares temáticos del área social (serie 400). Cada uno de ellos incluye, inicialmente, los procedimientos de gestión relativos a los asuntos materiales, y posteriormente establece una serie de temáticas para las cuales se debe reportar la información relativa a un conjunto de indicadores específicos (bajo los parámetros establecidos por GRI).

16 Shift y Mazars. «Marco de Reporte de los Principios Rectores sobre las Empresas y los Derechos Humanos de las Naciones Unidas», 2015, disponible en https://www.ungpreporting.org/wp-content/uploads/UNGPRF_SP-Dec2017.pdf.

1.2. Regulación de la información no financiera. El caso de los derechos humanos

En la actualidad (2023), varios países cuentan con normativa que requiere a un conjunto de empresas que se encuentren bajo unos parámetros (tamaño, tener la condición de interés público o estar incluida en un sector de actividad son algunos ejemplos) la presentación de información no financiera. En el caso de Europa, el 22 de octubre de 2014 es aprobada la Directiva 2014/95/UE del Parlamento Europeo y del Consejo, por la que se modifica la Directiva 2013/34/UE en lo que respecta a la divulgación de información no financiera e información sobre diversidad por parte de determinadas grandes empresas y determinados grupos (Directiva 2014/95/UE). La directiva 2014/95/UE establece que «las grandes empresas que sean entidades de interés público que, en sus fechas de cierre del balance, superen el criterio de un número medio de empleados superior a 500 durante el ejercicio, incluirán en el informe de gestión un estado de información no financiero que contenga información, en la medida en que resulte necesaria para comprender la evolución, los resultados y la situación de la empresa, y el impacto de su actividad, relativa, como mínimo, a cuestiones medioambientales y sociales, así como relativas al personal, al respeto de los derechos humanos y a la lucha contra la corrupción y el soborno»[17] y específicamente deberán facilitar una breve descripción del modelo de negocio, de las políticas, los resultados de estas, los principales riesgos incluidos los derivados de sus relaciones comerciales y cadena de suministro y los indicadores de resultado. En junio de 2017, la Comisión Europea publica una guía para ayudar a las empresas a divulgar información medioambiental y social. Pese a la transposición de la Directiva a la legislación de los Estados miembros, la falta de criterios específicos sobre la información a reportar y la carencia de mecanismos adecuados de supervisión que aseguren su cumplimiento, limita la eficacia de la ley y la utilidad de los Estados de Información no Financieros[18]. Los avances en la calidad de la información no financiera impulsados por la directiva no son suficientes y la información provista por las empresas en términos generales no es relevante, material, fiable y comparable[19] lo que provoca que en 2020 la

17 Directiva 2014/95/UE del Parlamento Europeo y del Consejo, de 22 de octubre de 2014, por la que se modifica la Directiva 2013/34/UE en lo que respecta a la divulgación de información no financiera e información sobre diversidad por parte de determinadas grandes empresas y determinados grupos. Diario Oficial de la Unión Europea, Vol. 330, pp. 1–9. Artículo. 1.

18 Comisión Europea, Comunicado de prensa..., *op. cit.*

19 Observatorio de Responsabilidad Social Corporativa, «La responsabilidad social corporativa en las memorias anuales de las empresas del IBEX 35, análisis del ejercicio 2018», 2020. Disponible en: https://observatoriorsc.org/inicio/que-hacemos/estudios/); Alliance for Corporate Transparency, «2019 Research report: An analysis of the sustainability reports of 1000 companies pursuant to the EU Non-Financial Reporting Directive», 2020.

Comisión Europea inicie la revisión de la Directiva 2014/95/UE abriendo una consulta pública que finalizó el 11 de junio de ese mismo año. En diciembre de 2022 es aprobada la Directiva (UE) 2022/2464 del Parlamento Europeo y del Consejo de 14 de diciembre de 2022 por la que se modifican el Reglamento (UE) n.º 537/2014, la Directiva 2004/109/CE, la Directiva 2006/43/CE y la Directiva 2013/34/UE, por lo que respecta a la presentación de información sobre sostenibilidad por parte de las empresas. En paralelo al desarrollo de la nueva directiva, la Comisión Europea encarga al European Financial Reporting Advisory Group (EFRAG) desarrollar un proyecto de norma de reporte «universal» para Europa, alineada con los requisitos de otras recientes normativas como el Reglamento (UE) 2019/2088 del Parlamento Europeo y del Consejo de 27 de noviembre de 2019 sobre la divulgación de información relativa a la sostenibilidad en el sector de los servicios financieros y el Reglamento (UE) 2020/852 del Parlamento Europeo y del Consejo de 18 de junio de 2020 relativo al establecimiento de un marco para facilitar las inversiones sostenibles, conocido como Reglamento de Taxonomía.

La transposición de la directiva de 2014 por parte de los países obligados ha sido desigual en cuanto al alcance (empresas sujetas a cumplimiento), precisión del contenido requerido, sistema sancionatorio o exigencia de verificación de la información por parte de un tercero. En el caso de España, la Directiva 2014/95 de la UE fue transpuesta a la legislación española mediante el Real Decreto-Ley 18/2017, posteriormente sustituido por la Ley 11/2018 en materia de información no financiera y diversidad. En la misma, se establece la obligatoriedad de presentar el estado de información no financiera como punto separado del orden del día para su aprobación por parte de la junta general de accionistas. Igualmente, se menciona que la información incluida en el estado de información no financiera será verificada por un prestador independiente de servicios de verificación. Los principios generales de la regulación española coinciden con los de la Directiva europea, si bien se introducen ciertas precisiones en cuanto a las temáticas sobre las que las empresas deben reportar. En el caso de la información relativa a los derechos humanos, la Ley 11/2018 menciona que los estados de información no financiera emitidos anualmente por las empresas deben incluir información sobre los procedimientos de debida diligencia, las medidas para prevenir, mitigar, gestionar y reparar vulneraciones de derechos, las denuncias o casos de vulneración registrados y las medidas para promover y garantizar los derechos laborales contemplados en los convenios fundamentales de la Organización Internacional del Trabajo. Dicha información debe basarse en marcos de referencia comunitarios o internacionales (como los Principios Rectores de la

---

Disponible en https://www.allianceforcorporatetransparency.org/assets/2019_Research_Report%20_Alliance_for_Corporate_Transparency.pdf; COMISIÓN EUROPEA, Comunicado de prensa…, *op. cit.*

ONU o las Líneas Directrices de la OCDE), y debe ser divulgada de modo que sea accesible y comprensible para los diferentes grupos de interés.

Antes de cerrar esta sección es importante remarcar que la Propuesta de Directiva Del Parlamento Europeo y del Consejo sobre diligencia debida de las empresas en materia de sostenibilidad y por la que se modifica la Directiva (UE) 2019/1937, recoge en el artículo 11 obligaciones de rendición de cuentas de las empresas obligadas por la Ley.

2. La información sobre la gestión de impactos en derechos humanos por las empresas del IBEX 35

2.1. Objetivos

El objetivo de la investigación[20] es evaluar si la información suministrada por un conjunto de empresas cotizadas en materia de debida diligencia en derechos humanos responde a proceso de rendición de cuentas o por el contrario la información es escasa y no permite evaluar cómo la empresa incorpora la debida diligencia en sus procesos de gestión y toma de decisiones.

2.2. Muestra y periodo

Por motivos de representatividad y relevancia se ha decidido tomar como muestra las treinta y cinco empresas que a fecha 31 de diciembre de 2021 componían el índice IBEX 35. El Ibex 35 es el principal índice de referencia del mercado continuo de la bolsa española y tiene suficiente representatividad: las empresas incluidas en el selectivo pertenecen a distintos sectores de actividad y representan a diciembre de 2011 el 97 % del volumen contratado en el mercado continuo y el 80 % de la capitalización[21]. Las empresas de la muestra desarrollan su actividad principal en un mismo entorno, España, durante el periodo seleccionado (2005-2011). Estas compañías están sujetas a un mismo marco institucional y cultural en un periodo en el que surgen acontecimientos de gran relevancia social.

---

20 Los resultados de la investigación están extraídos del estudio «La Responsabilidad Social Corporativa en las memorias anuales de las empresas del IBEX 35» elaborado por el Observatorio de Responsabilidad Social Corporativa del que el autor del presente artículo es el director.

21 Bolsas y Mercados Españoles. Informe de Mercado 2011, 2012, disponible en https://www.bolsasymercados.es/docs/infmercado/2011/esp/InformeMercado2011.pdf.

Tabla I: empresas analizadas clasificadas por sectores de actividad

Bienes de Consumo	
Almirall[22]	Fluidra[23]
Grifols[24]	Laboratorio Rovi[25]
Inditex[26]	Pharmamar[27]
Materiales Básicos, Industria y Construcción	
Acciona[28]	Cie Automotive[29]
Acerinox[30]	Ferrovial[31]
Acs[32]	Siemens Gamesa[33]
Arcelormittal[34]	

22 ALMIRALL. Cuentas Anuales Consolidadas, 2022, disponible en https://www.almirall.es/cuentas-anuales-y-resultados-financieros.

23 FLUIDRA. Cuentas Anuales Consolidadas, 2022, disponible en https://www.fluidra.com/es/accionistas/informe-integrado-y-cuentas-anuales.

24 GRIFOLS. Cuentas Anuales Consolidadas, 2022, disponible en https://www.grifols.com/es/financial-results.

25 LABORATORIO ROVI. Cuentas Anuales Consolidadas, 2022, disponible en https://www.rovi.es/sites/default/files/informe_de_auditoria_cuentas_anuales_e_informe_de_gestion_laboratorios_farmaceuticos_rovi_31.12.22.pdf.

26 INDITEX. Cuentas Anuales Consolidadas, 2022, disponible en https://static.inditex.com/annual_report_2021/es/documentos/memoria_anual_2021.pdf.

27 PHARMAMAR. Cuentas Anuales Consolidadas, 2022, disponible en https://pharmamar.com/wp-content/uploads/2022/04/Informe-Anual-2021-ESP.pdf.

28 ACCIONA. Cuentas Anuales Consolidadas, 2022, disponible en https://mediacdn.acciona.com/media/gwgf25pw/ccaa-2021-consolidadas-ana.pdf.

29 CIE AUTOMOTIVE. Cuentas Anuales Consolidadas, 2022, disponible en https://cieautomotive.com/documents/125060/1156378/CIE+CONSOLIDADO+2021+ES.pdf/c4e8a564-2df9-3acc-02ec-410b919f81e6?t=1646034476047.

30 ACERINOX. Cuentas Anuales Consolidadas, 2022, disponible en https://www.acerinox.com/es/accionistas-e-inversores/informacion-economica-financiera/informe-anual-integrado/.galleries/Informacion-Anual/Informe-Financiero-Anual-individual-2021-XHTML_es.xhtml.

31 FERROVIAL. Cuentas Anuales Consolidadas, 2022, disponible en https://informeanualintegrado2021.ferrovial.com/wp-content/uploads/sites/7/2022/02/ferrovial-informe-anual-integrado-2021-cuentas-anuales-consolidadas.pdf.

32 ACS. Cuentas Anuales Consolidadas, 2022, disponible en https://www.grupoacs.com/ficheros_editor/File/03_accionistas_inversores/06_junta_general_accionistas/2022/4%20Cuentas%20Consolidadas.pdf.

33 SIEMENS GAMESA. Cuentas Anuales Consolidadas, 2022, disponible en https://www.siemensgamesa.com/es-es/-/media/siemensgamesa/downloads/es/investors-and-shareholders/cuentas-anuales-auditadas/2021/siemens-gamesa-consolidated-annual-accounts-2021-es.pdf.

34 ARCELORMITTAL. Cuentas Anuales Consolidadas, 2022, disponible en https://spain.arcelormittal.com/comunicados/informe-anual-integrado-2021/.

Petróleo y energía	
Enagás[35]	Red Eléctrica Corporación[36]
Endesa[37]	Repsol[38]
Iberdrola[39]	Solaria[40]
Naturgy	
Tecnología y Telecomunicaciones	
Amadeus[41]	Indra[42]
Cellnex Telecom[43]	Telefónica[44]
Servicios de Consumo	
Aena[45]	Meliá Hotels International[46]
IAG[47]	

---

35 ENAGÁS. Cuentas Anuales Consolidadas, 2022, disponible en https://www.enagas.es/content/dam/enagas/es/ficheros/accionistas-e-inversores/informacion-economico-financiera/cuentas-anuales-auditadas-e-informe-de-auditoria/2020/CCAA%20CONSOLIDADAS%20WEB.pdf.

36 GRUPO RED ELÉCTRICA. Cuentas Anuales Consolidadas, disponible en https://www.ree.es/sites/default/files/publication/2022/03/downloadable/CCAA_esp_2021.pdf.

37 ENDESA. Cuentas Anuales Consolidadas, 2022, disponible en https://www.endesa.com/content/dam/enel-es/home/inversores/gobiernocorporativo/juntageneral es/documentos/junta-general-2022/005-Informe-Financiero-Anual-Individual-ENDESA-2021.pdf.

38 REPSOL. Cuentas Anuales Consolidadas, 2022, disponible en https://www.repsol.com/content/dam/repsol-corporate/es/accionistas-e-inversores/informes-anuales/2021/cuentas-anuales-consolidadas-2021.pdf.

39 IBERDROLA. Cuentas Anuales Consolidadas, 2022, disponible en https://www.iberdrola.com/documents/20125/1606413/jga22_IA_CuentasAnuales_Individuales2021.pdf.

40 SOLARIA. Cuentas Anuales Consolidadas, 2022, disponible en https://solariaenergia.com/wp-content/uploads/IN21-986-Informe-CCAA-SEMA-Consolidado-31.12.2021-1.pdf.

41 AMADEUS. Cuentas Anuales Consolidadas, 2022, disponible en https://corporate.amadeus.com/documents/es/investors/2023/junta-general-de-accionistas/cuentas-anuales-consolidadas-2022.pdf.

42 INDRA. Cuentas Anuales Consolidadas, 2022, disponible en https://www.indracompany.com/es/accionistas/memoria-cuentas-anuales.

43 CELLNEX TELECOM. Cuentas Anuales Consolidadas, 2022, disponible en https://informeanual2021.cellnextelecom.com/2021/assets/documentos/cuentas-anuales-consolidadas.pdf.

44 TELEFÓNICA. Cuentas Anuales Consolidadas, 2022, disponible en https://www.telefonica.com/es/wp-content/uploads/sites/4/2022/02/Cuentas-anuales-consolidadas-2021.pdf.

45 AENA. Cuentas Anuales Consolidadas, 2022, disponible en https://www.aena.es/sites/Satellite?blobcol=urldata&blobkey=id&blobtable=MungoBlobs&blobwhere=1576859250150&ssbinary=true.

46 MELIÀ HOTELS INTERNATIONAL. Cuentas Anuales Consolidadas, 2022, disponible en https://www.meliahotelsinternational.com/es/shareholdersAndInvestors/IntegratedRepDocs/Informe%20Financiero%20Anual%20MHI%20consolidado%202021%20con%20informe%20DTT.pdf.

47 IAG. Cuentas Anuales Consolidadas, 2022, disponible en https://www.iairgroup.com/media/4lffx3av/2022-full-year-results-spanish.pdf.

Servicios Financieros e Inmobiliarias	
Banco Sabadell[48]	Caixabank[49]
Banco Santander[50]	Inmobiliaria Colonial Socimi
Bankinter[51]	Mapfre[52]
BBVA[53]	MERLIN PROPERTIES SOCIMI[54]

Fuente: elaboración propia a partir de Sociedad de Bolsas

2.3. Metodología

Se ha optado por la técnica de análisis de contenido a partir de la cual se ha elaborado un índice de divulgación en empresa y derechos humanos. La metodología de índices de divulgación ha sido ampliamente empleada en las investigaciones que han tenido como objeto valorar la información social y medioambiental[55]. El análisis de contenido es una técnica habitual en los estudios sobre cantidad y calidad de la información suministrada por las empresas[56].

48 Banco Sabadell. Cuentas Anuales Consolidadas, 2022, disponible en https://www.grupbancsabadell.com/memoria2021/es/pdf/cuentas-anuales-consolidadas-e-informe-de-auditoria.pdf.

49 Caixabank. Cuentas Anuales Consolidadas, 2022, disponible en https://www.caixabank.com/StaticFiles/pdfs/220225_OIR_CCAA_CaixaBank_2021_es.pdf.

50 Banco Santander. El banco más sostenible del mundo es el Santander, 2022, disponible en https://www.santander.com/es/stories/el-banco-mas-sostenible-del-mundo-es-el-santander; Banco Santander. Cuentas Anuales Consolidadas, 2022, disponible en https://www.santander.com/content/dam/santander-com/es/documentos/informe-financiero-anual/2021/ifa-2021-informe-financiero-anual-consolidado-es.pdf.

51 Bankinter. Cuentas Anuales Consolidadas, 2022, disponible en https://www.bankinter.com/webcorporativa/accionistas-inversores/informacion-financiera/informes-anuales/202.

52 Mapfre. Cuentas Anuales Consolidadas, 2022, disponible en https://www.mapfre.com/media/accionistas/2022/05-informe-anual-consolidado-2021.pdf.

53 BBVA. Cuentas Anuales Consolidadas, 2022, disponible en https://accionistaseinversores.bbva.com/microsites/cuentasanuales2021/cuentas-anuales-consolidadas/estados-financieros/index.html.

54 MERLIN PROPERTIES SOCIMI. Cuentas Anuales Consolidadas, 2022, disponible en https://ir.merlinproperties.com/inversores/informacion-financiera/.

55 Gray, R., Kouhy, R. y Lavers, S., «Corporate social and environmental reporting: a review of the literature and a longitudinal study of UK disclosure», *Accounting, Auditing & Accountability Journal,* 8(2), 1995, pp. 47-77. https://doi.org/10.1108/09513579510146996; Meek, G. K., Roberts, C. B. y Gray, S. J., «Factors influencing voluntary annual report disclosures by US, UK and continental European multinational corporations», *Journal of international business studies*, 26, 1995, pp. 555-572. https://doi.org/10.1057/palgrave.jibs.8490186.

56 Gray, R., Kouhy, R. y Lavers, S., «Corporate social and...», *op. cit.;* Hackston, D. y Milne, M. J., «Some determinants of social and environmental disclosures in New Zealand com-

El modelo de análisis sigue un diseño descriptivo que examina la información publicada por las empresas en sus estados de información no financiera, informes de sostenibilidad y de responsabilidad social, y en diversos documentos alojados en sus web corporativas: informes anuales, de informes de gobierno corporativo, códigos de conducta, políticas, reglamentos, entre otros. En total se han contemplado para la investigación 71 indicadores en cuatro dimensiones y ocho subdimensiones. Las dimensiones comprendidas son: Política de derechos humanos, Debida diligencia, Cadena de suministro, y Acceso a remedio. Para la construcción del modelo de análisis se han tomando como base las principales iniciativas internacionales en el ámbito de la empresa y los derechos humanos.

Tabla II: iniciativas consideradas para la construcción de la herramienta de análisis

Iniciativa	Institución o ámbito territorial	Año
ISO 26.000: 2010 Guía de responsabilidad social	International Organization for Standardization	2010
Directiva 2014/95/UE del Parlamento Europeo y del Consejo, de 22 de octubre de 2014, por la que se modifica la Directiva 2013/34/UE en lo que respecta a la divulgación de información no financiera e información sobre diversidad por parte de determinadas grandes empresas y determinados grupos	Unión Europea	2014
Directrices sobre la presentación de informes no financieros (Metodología para la presentación de información no financiera)	Comisión Europea	2016
GRI Standards	Global Reporting Initiative	2016

panies», Accounting, auditing & accountability journal, 9(1), 1996, pp. 77-108. https://doi.org/10.1108/09513579610109987.

Iniciativa	Institución o ámbito territorial	Año
Marco para el Informe de acuerdo con los Principios Rectores de las Naciones Unidas (UN Guiding Principles Reporting Framework)	Programa de Naciones Unidas para el Desarrollo	2017
Ley 11/2018, de 28 de diciembre, por la que se modifica el Código de Comercio, el texto refundido de la Ley de Sociedades de Capital aprobado por el Real Decreto Legislativo 1/2010, de 2 de julio, y la Ley 22/2015, de 20 de julio, de Auditoría de Cuentas, en materia de información no financiera y diversidad.	España	2018
Líneas Directrices de la OCDE para empresas multinacionales	Organización para la Cooperación y el Desarrollo Económico	2011
Iniciativa Green Card sobre el deber de vigilancia en materia de derechos humanos.	Unión Europea	2016
Declaración tripartita de principios sobre las empresas multinacionales y la política social — 5.ª edición	Organización Internacional del Trabajo	2017
Guía de la OCDE de Debida Diligencia para una Conducta Empresarial responsable	Organización para la Cooperación y el Desarrollo Económico	2018

Fuente: elaboración propia

En base al principio de materialidad, actividad desarrollada y presencia geográfica, se ha determinado si cada dimensión y subdimensión le es de aplicación a la empresa. Los indicadores se han valorado de manera cualitativa: cumple o no cumple. Del conjunto de indicadores cualitativos se obtiene una valoración numérica sobre un gradiente posible de 0 puntos a 100 puntos. El porcentaje de indicadores sobre los que se informa no coincide con la puntuación final obtenida por la empresa ya que cada subdimensión tiene un peso/ ponderación específica sobre la dimensión de la que pende y cada dimensión tiene un peso/ ponderación específica sobre el área. Las ponderaciones se han asignado teniendo en consideración la importancia de la subdimensión y de la dimensión.

Tabla III: Estructura del modelo de análisis y pesos de cada dimensión y subdimensión

Área	Dimensión	Subdimensión	Ponderación
Derechos Humanos	Política de Derechos Humanos		20 %
	Debida diligencia		30 %
		Identificación y gestión de riesgos	50 %
		Gestión Debida Diligencia	10 %
		Comunidades Locales e Indígenas	20 %
		Relaciones Comerciales	20 %
	Cadena de suministro		30 %
		Control de la cadena de suministro	50 %
		Derechos Laborales fundamentales	50 %
	Acceso a remedio		20 %

Fuente: elaboración propia

2.4. Resultado de la investigación

La puntuación promedio obtenida por las empresas analizadas en materia de derechos humanos en el ejercicio 2021 ha sido de 26,63 sobre 100 puntos posibles.

La dimensión sobre las que las empresas presentan más información es «política de derechos humanos». Con grado de cumplimiento bajo se encuentra cadena de suministro y debida diligencia (28 y 24 puntos sobre cien respectivamente). La información sobre «acceso al remedio» y los aspectos cruciales relacionados con el control y remediación de daños es anecdótica con una puntuación de 16 puntos sobre 100.

Gráfico 1 Puntuación por dimensión en el área de Derechos Humanos

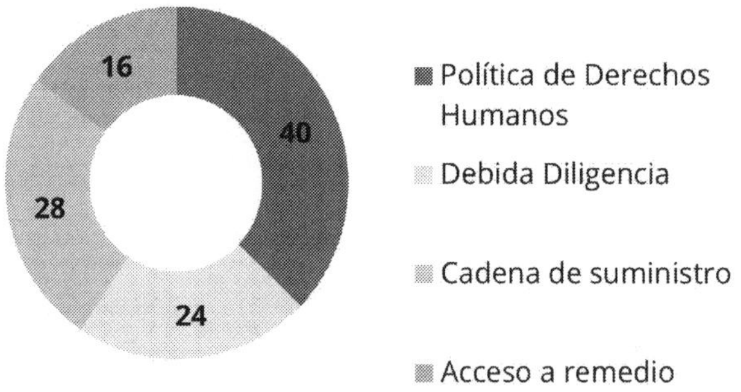

Fuente: elaboración propia

Los riesgos de vulneración de derechos humanos asociados a las diferentes empresas que componen la muestra varían sustancialmente en función del sector al que pertenecen. Para el análisis sectorial de los resultados, se han considerado la clasificación establecida por la empresa Sociedad de Bolsas para el índice Ibex 35: bienes de consumo (5 empresas); materiales básicos, industria y construcción (6 empresas); petróleo y energía (7 empresas); servicios de consumo (3 empresas); servicios financieros e inmobiliarias (9 empresas); tecnología y comunicaciones (5 empresas).

Los resultados del análisis muestran que el sector de petróleo y energía es el mejor posicionado con una puntuación total de 36,78 puntos sobre 100. Le sigue el sector de tecnología y comunicaciones (27,68), Servicios de Consumo (27), Servicios Financieros (25,03) y en últimas posiciones Materiales de Construcción (24) y Bienes de Consumo (19).

En relación a los sectores de actividad, el que mejor posición ocupa es el de Petróleo y Energía con una puntuación total de 36,78 puntos sobre 100, seguido del sector Tecnología y Comunicaciones.

Este resultado sería coincidente con estudios anteriores que concluyen que aquellos sectores con mayores impactos sociales y medioambientales recaban mayor atención por parte de los medios de comunicación y se encuentran sometidos a mayores presiones sociales lo que desemboca en que faciliten más información y de mayor calidad[57]. Vázquez señala que las presiones de ONG a través de campañas a empresas provocan que las empresas publiquen más información[58]. Vázquez cita el caso de activismo accionarial de Oxfam con Repsol y las denuncias por graves vulneraciones de derechos humanos en el caso de Endesa, Iberdrola, Inditex y Unión Fenosa.

Podríamos concluir que en el caso de la información en derechos humanos los resultados de la presente investigación arrojan que la empresa facilita información de acuerdo con la teoría de la legitimidad: la empresa responde a las demandas legítimas de los ciudadanos suministrando información a la sociedad sobre aquellos aspectos que a esta le preocupan en lo que se refiere a sus operaciones[59]. La empresa ve amenazada su legitimidad cuando se la vincula con impactos sociales y/o medioambientales negativos y reacciona a través de diferentes estrategias de comunicación en búsqueda de ganar o recuperar la legitimidad de la organización. Suchman distingue entre «legitimidad moral» y «legitimidad práctica»[60]. En el primer caso, la búsqueda de la legitimidad está vinculada con las expectativas de los grupos de interés y con el «contrato social» para operar[61]. En el segundo caso, se busca proteger los intereses de los directivos y accionistas a través de la divulgación de información social y medioambiental.

---

57 Deegan, C., Rankin, M. y Tobin, J., «An examination of the corporate social and environmental disclosures of BHP from 1983-1997: A test of legitimacy theory», *Accounting, Auditing & Accountability Journal,* 15(3), 2002, pp. 312-343. https://doi.org/10.1108/09513570210435861; Hackston, D. y Milne, M. J., «Some determinants of...», *op. cit.*;

58 Oteo, O. V. «Factores que influyen en la calidad y cantidad de Responsabilidad Social en las empresas españolas. Estudio de caso de las empresas del Ibex 35», *CIRIEC-España, revista de economía pública, social y cooperativa,* (85).

59 Deegan, C., Rankin, M. y Tobin, J., «An examination of...», *op. cit.*

60 Suchman, M. C. Managing legitimacy: Strategic and institutional approaches. Academy of management review, 20(3), 1995, 571-610. https://doi.org/10.5465/amr.1995.9508080331.

61 Deegan, C., Rankin, M. y Tobin, J., «An examination of...», *op. cit.*

Gráfico 2. Puntuación por sectores en el área de derechos humanos

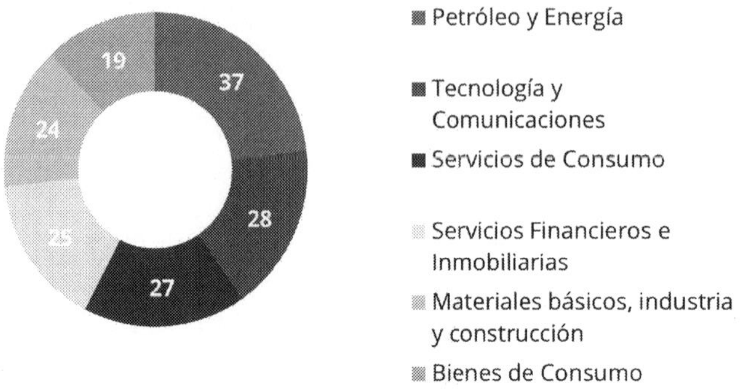

Fuente: elaboración propia

Más allá de la actividad desarrollada por la empresa, un factor determinante del riesgo de vulneración de los derechos humanos es el de la presencia geográfica de las operaciones. La existencia de conflictos armados, conflictos por el control del territorio o de los recursos, así como situaciones políticas inestables o la existencia de legislaciones restrictivas en materia de derechos incrementan el riesgo de vulneración de derechos si se opera en estos países. Según la clasificación de países elaborada por el Índice de Maplecroft sobre Riesgo en Vulneración de los Derechos Humanos del año 2016[62], las empresas del IBEX 35 tienen a diciembre de 2021 presencia en 11 países considerados de riesgo extremo y 39 de riesgo alto. Los países en riesgo extremo o alto con el mayor número de empresas del IBEX 35 presentes de manera directa (societaria) en su territorio son México (22), Brasil (20), China (15), Perú (14) y Colombia (13) La presencia a través de su actividad comercial o de la cadena de suministro es muy superior.

La presencia en territorios de riesgo hace necesario reforzar los procesos de debida diligencia y adaptarlos a las peculiaridades de los diferentes contextos en los que opera la empresa, ya sea de manera directa o a través de proveedores y socios comerciales. De este modo, las empresas que tienen una presencia significativa en países con riesgos de vulneración de derechos humanos deberían tener una especial cautela para garantizar una correcta gestión del riesgo. Sin embargo los resultados del análisis evidencian que no existe una mayor preocupación o, al menos, no se facilita información cualitativamente mejor por parte de aquellas empresas con mayor presencia

62 Véase, Índice de Maplecroft sobre Riesgo en Vulneración de los Derechos Humanos, disponible en: https://www.maplecroft.com/our-data/human-rights-risk/.

en países de riesgo alto y extremo de vulneración de derechos humanos. Las empresas con mayor presencia en este tipo de territorios son Amadeus (33 países), Siemens Gamesa (27 países), Mapfre (21 países), Fluidra (20 países), ACS y Acciona (ambas 18 países) Estas 5 empresas obtienen una puntuación promedio de 29,76 puntos sobre 100 en el área de Derechos Humanos, solo ligeramente superior a los 26,63 registrados por el conjunto de las empresas del IBEX 35.

A continuación, se exponen los principales resultados del análisis en cada una de las cuatro dimensiones analizadas:

2.4.1. Política en derechos humanos

En la dimensión «Política en derechos humanos» 25 de las 33 empresas IBEX 35 analizadas cuentan con una política de derechos humanos a diciembre de 2021, 24 empresas de las 25 indican en su política que se aplica de forma global a todas las áreas de la empresa y en todos los países donde tenga presencia y 13 establecen que la política es de obligado cumplimiento para proveedores, subcontratistas y socios comerciales. Solamente 3 de las 25 empresas que tienen política de derechos humanos identifican prioridades o áreas de mayor riesgo, aspecto fundamental para poder desarrollar una debida diligencia adecuada, y solamente 1 de las 25 empresas informa haber contado con asesoramiento externo especializado para su desarrollo tal y como indican los Principios Rectores

Gráfico 3: principales indicadores en política en derechos humanos

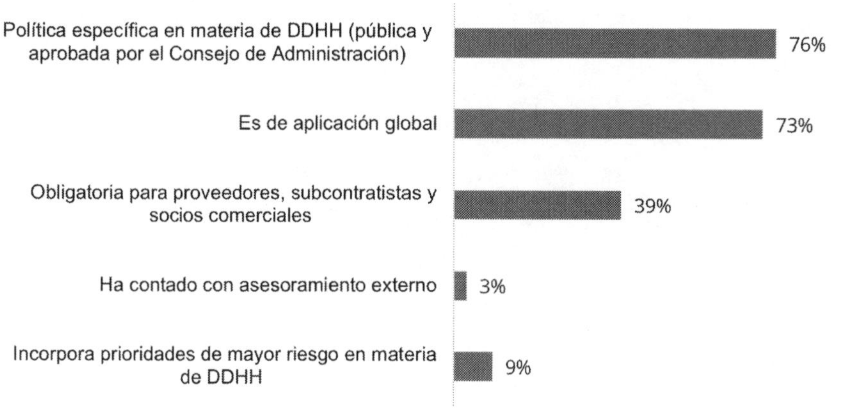

Fuente: elaboración propia

2.4.2. Debida diligencia

En la dimensión de «Debida Diligencia» se han analizado un total de 29 indicadores distribuidos en cuatro subdimensiones: Identificación y Gestión de Riesgos, Gestión de la Debida Diligencia, Comunidades Locales e Indígenas, y Relaciones Comerciales. La máxima puntuación la obtiene la subdimensión de Gestión de la Debida Diligencia con una valoración de 32,94 seguida de Comunidades Locales e Indígenas (31,11), Identificación y Gestión de Riesgos (25,22) y en última posición la subdimensión de Relaciones Comerciales (8,08).

En relación con la identificación de riesgos ligados a las actividades del grupo, 14 empresas presentan información y 12 afirman que tienen procedimientos para detectarlos y evaluarlos, 13 informan de riesgos derivados de relaciones comerciales y sólo 3 publican cuáles son sus objetivos. Más allá de los riesgos, solamente una empresa ha informado de la existencia de conflictos en materia de derechos humanos en el ejercicio de análisis (Iberdrola)

En relación los recursos y los medios que destina la empresa a implementar estos procesos de debida diligencia en materia de derechos humanos, 21 empresas de las 33 analizadas han realizado formación específica en DDHH, 13 de ellas informan del número de trabajadores que han recibido formación en materia específica de derechos humanos y 8 sobre el número de horas de dicha formación aunque sólo dos de ellas (Acerinox e Iberdrola) aportan datos sobre la formación en los países de mayor riesgo. Son 7 las que facilitan información del porcentaje de personal de seguridad que ha recibido formación específica en materia de derechos humanos.

Gráfico 4: principales indicadores en identificación y gestión de riesgos y debida diligencia

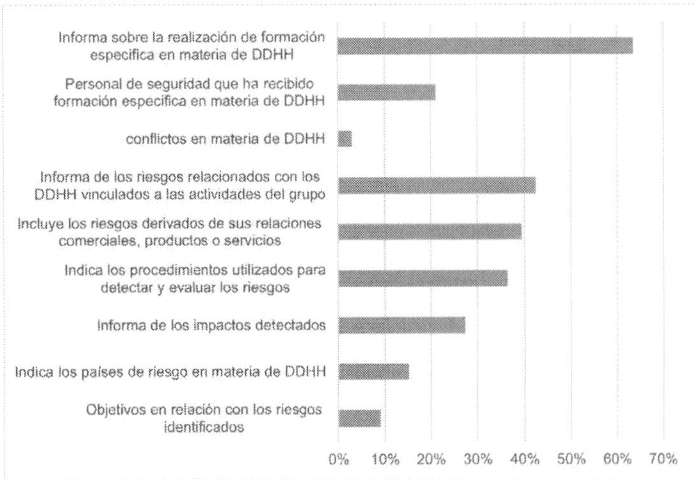

Fuente: elaboración propia

2.4.3. Comunidades locales e indígenas

En relación con la información relativa a cómo se relacionan con las comunidades locales y qué mecanismos de diálogo utilizan, sólo 11 de las 33 empresas evaluadas ofrecen algún tipo de información. Son 7 las que informan sobre la identificación / evaluación de actividades con impacto en comunidades indígenas (Acciona, ArcelorMittal, Iberdrola, Naturgy, REC, Repsol, Banco Santander) y 3 empresas (BBVA, Iberdrola, Repsol) publican el número de proyectos donde se ha realizado consulta previa, libre e informada con las comunidades.

2.4.4. Relaciones comerciales y cadena de suministro

La diligencia debida en derechos humanos implica la gestión de los riesgos derivados de las actividades directas de la compañía, y de las indirectas, por lo tanto es importante que la empresa facilite información sobre cómo gestiona los riesgos derivados de sus relaciones comerciales y con sus proveedores para conocer el nivel de diligencia debida que está aplicando a sus actividades. Los resultados del análisis de la presente investigación señalan que 6 empresas ofrecen información sobre número de contratos y acuerdos de inversión que incluyen cláusulas de respeto de los derechos humanos.

En relación con la existencia de un código o política específica de proveedores, son 26 las empresas que informan de manera positiva y 24 las que informan, aunque de manera desigual, sobre los criterios de derechos humanos utilizados en la contratación de los proveedores. Son 5 las empresas (AENA, Inditex, Rovi, Banco Santander) que informan de que entre los requisitos mínimos para que se contrate a proveedores está que garanticen un salario mínimo vital y 18 las que afirman que exigen a sus proveedores que garanticen los estándares nacionales e internacionales en materia de salud y seguridad. 10 informan de que entre los requisitos de contratación de proveedores está el de que respeten los derechos sindicales y solamente 2 empresas (Acciona y Fluidra) informan de los países con riesgo de vulneración de derechos sindicales.

Con relación a cómo se garantiza el cumplimiento de los códigos y cláusulas contractuales mencionadas, la información es mucho más deficiente. 13 empresas informan de que realizan una evaluación de riesgos previa a la contratación. También son 13 las que aportan información sobre la realización de auditorías a sus proveedores, de las cuales 9 informan que hacen auditorías externas, (Acciona, AENA, Fluidra, IAG, Inditex, REC, Repsol, Siemens Gamesa, Telefónica), y de esas 9 sólo 3 informan de la frecuencia con que las realizan (Acciona, REC, Rovi) y tan solo una informa de que realiza auditorías sin previo aviso (Inditex). 7 empresas presentan información del número de proveedores que han sido auditados en relación con la gestión de los derechos humanos: Acciona, IAG, Iberdrola, Inditex, Red Eléctrica Corporación, Repsol, Telefónica.

Son 7 las empresas que presentan información sobre el número de proveedores identificados por sus impactos negativos (Acciona, AENA, Fluidra, Iberdrola, Inditex, Mapfre, Telefónica; 2020 Iberdrola e Inditex), 3 de ellas informan sobre las materias que incumplen en materia de DDHH (Acciona, Inditex, Telefónica) y también son 3 las empresas que informan sobre el número de proveedores con los que realiza acciones de mejora y con los que, en su caso, decidió terminar la relación (Acciona, Inditex y Repsol).

Gráfico 5: principales indicadores en cadena de suministro:

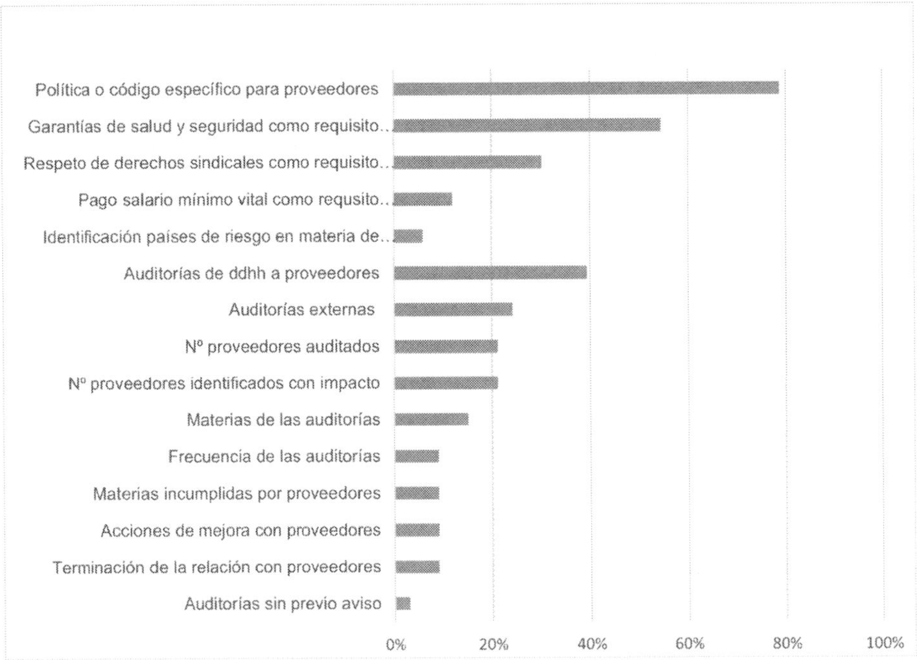

Fuente: elaboración propia

2.4.5. Mecanismo de remedio

De las empresas analizadas, solamente 1 (Repsol) informa que tiene un mecanismo específico de recepción de quejas en materia de derechos humanos abierto para recibir reclamaciones tanto por parte del propio personal como de terceros ajenos a la empresa. 27 empresas presentan información sobre el número de quejas/ reclamaciones recibidas en materia de derechos humanos aunque 17 de las 27 empresas afirman que no han recibido ninguna queja en derechos humanos. Las empresas que indican el número de quejas recibidas, no mencionan las materias, o al hacerlo no dan suficiente información para conocer si las quejas provienen de los trabajadores directos, de la cadena de suministro o de terceros. Se desconoce igualmente el seguimiento y resolución de estas quejas. Sólo Acciona facilita algo de información.

3. Conclusiones, aportaciones y limitaciones

Los aspectos de derechos humanos requeridos por la Ley 11/2018 tiene un bajo nivel de cumplimiento por parte de las empresas del IBEX 35. De acuerdo con los resultados de la presente investigación ninguna de las empresas analizadas informa adecuadamente de todos los indicadores requeridos por la ley en relación con los derechos humanos. Hay indicadores sobre los que ninguna empresa informa: desglose de riesgos a corto, medio y largo plazo y en relación con aquellos indicadores que sí aparecen en los Estados de Información no Financiera, no se entienden cumplidos los requerimientos de comparabilidad, materialidad, relevancia y fiabilidad.

A pesar de las carencias de información, no se ha encontrado ninguna salvedad en los informes de verificación relacionada con la información sobre derechos humanos del ejercicio 2021.

Aunque la inclusión de los derechos humanos en la Ley de Información No Financiera puede considerarse un avance relevante en su contexto anterior, en la práctica, los Estados de Información No Financiera de las empresas del IBEX 35 reproducen la heterogeneidad de fórmulas de reporte que tradicionalmente han arrastrado las memorias de sostenibilidad de carácter voluntario, sin suponer un gran avance en términos de exhaustividad y comparabilidad de la información no financiera ofrecida por los sujetos obligados.

Es de esperar que la aprobación de la nueva Directiva (UE) 2022/2464 suponga un impulso para la mejora de las carencias anteriormente apuntadas e incremente la rendición de cuentas de las empresas en materia de derechos humanos. Con la Directiva (UE) 2022/2464 los criterios de reporte a los que las empresas deben atenerse son más explícitos, así como el alcance y nivel de aseguramiento de la verificación de la información no financiera.

En vista a los resultados de nuestra investigación, la divulgación de información en derechos humanos por parte de las empresas del IBEX35 respondería la teoría de la legitimidad en lugar de otras teorías como la teoría de agencia y la teoría institucional a través del isomorfismo coercitivo: las empresas presentan información para ganar o recuperar la legitimidad o aumentar y mantener su reputación y en menor medida por los requerimientos de ámbito normativo.

La investigación realizada contribuye con distintas aportaciones teóricas y prácticas a la literatura existente sobre divulgación de información en derechos humanos por parte de la empresa. En el plano teórico aporta a la escasa literatura que estudia la información sobre gestión de derechos humanos por parte de la empresa como un aspecto único y diferenciado de otras áreas de la RSC exploradas con anterioridad.

Desde una dimensión práctica el resultado de la investigación puede resultar de utilidad para reguladores e inversores. En el primer caso, proporciona información relevante sobre la necesidad de que la norma tenga el suficiente detalle y precisión para estandarizar la información y las metodologías tanto en el procesamiento como en la representación de la información. Por otro lado, aporta señales de alerta en relación con la verificación y la figura del verificador: el proceso de verificación debe alcanzar un estado razonable y el verificador debe cumplir unas condiciones mínimas que garanticen su idoneidad, capacidad e imparcialidad en el desarrollo de sus funciones.

No obstante, el estudio tiene limitaciones derivadas del hecho de que se circunscribe al espacio temporal y el número de empresas de la muestra es limitado. Para resolver estas cuestiones, consideramos que a fututo es conveniente un análisis con mayor alcance temporal y con empresas de distintos países para abordar cómo afectan los factores institucionales a la información en derechos humanos. También creemos que sería oportuno profundizar en el papel desempeñado por los inversores institucionales y nuevos actores como los proxy advisors y las asociaciones y plataformas que aglutinan el voto de pequeños accionistas en la divulgación de la información.

LOS DERECHOS LABORALES Y AMBIENTALES EN UN MUNDO GLOBALIZADO: ESPECIAL REFERENCIA A LOS ACUERDOS MARCO INTERNACIONALES Y LOS ACUERDOS DE LIBRE COMERCIO

Marouane Laabbas-El-Guennouni*
Universitat Rovira i Virgili

* Doctorando en Derecho del Trabajo y de la Seguridad Social del Departamento de Derecho Público de la Facultad de Ciencias Jurídicas. Actualmente Investigador Fulbright en la Rutgers University (Estados Unidos), miembro del CEDAT, del grupo de investigación Territori, Ciudadania i Sostenibilitat y del IU-RESCAT. Contratado con el soporte del Departament de Recerca i Universitats de la Generalitat de Catalunya y el Fondo Social Europeo. ORCID: 0000-0003-4045-1589. marouane.laabbas@urv.cat

Introducción

El mercado económico actual se organiza en un entorno globalizado con conexiones entre Estados que hasta hace años eran poco probables. Estas conexiones responden a necesidades comerciales mediante las cuales se lleva a cabo un comercio internacional por el cual productos que no existen en un territorio concreto acaban llegando a él y viceversa, dando así lugar a las cadenas globales de valor. Al mismo tiempo estamos advirtiendo que ciertos recursos naturales están en situaciones precarias debido a las prácticas comerciales abusivas. Además, dichas prácticas abusivas también suponen una afectación negativa para los derechos de las personas trabajadoras. En otras palabras, se puede establecer una relación negativa entre la incidencia del comercio globalizado e incontrolado y la decadencia de los recursos naturales y los derechos laborales. Todo ello tiene un significado, pues el sistema económico hegemónico actual —capitalismo globalizado— obedece a una industria extractiva que solo identifica como factores el beneficio económico sin atender al cuidado del medio natural y los recursos humanos.

En consecuencia, ambos aspectos están relacionados. Primero, porque se inscriben en un mismo sistema económico que se basa en el aprovechamiento abusivo de ambos recursos. Y segundo, porque son factores que se encuentran en el mismo escenario ya que son las personas trabajadoras las que entran en contacto con los recursos naturales en los procesos productivos a cambio de una contraprestación económica y en condiciones laborales que, cabría mejorar.

Desde esta perspectiva, en el presente trabajo se tratará de analizar qué protección tienen ambos bienes jurídicos —medio ambiente y trabajo—, a nivel internacional y europeo (tanto de forma individual como conjunta). Para ello, en primer término, se identificarán las normas que pretenden la protección de las personas trabajadoras y el medio natural contra las posibles agresiones que puedan sufrir, que, normalmente, provienen de las grandes corporaciones y cadenas de suministro. En segundo lugar, se analizarán aquellos acuerdos internacionales que juegan un rol importante en el comercio internacional, concretamente, los Acuerdos de Libre Comercio y los Acuerdos Marco Internacionales ya que ambos agrupan la materia laboral y ambiental en un solo ámbito interconectado. En tercer lugar, se estudiará hasta qué punto los actores sociales intervinientes en la producción —esto es, la empresa y las personas trabajadoras— intervienen en la mejora de la protección jurídica ambiental y laboral a través de dichos Acuerdos como instrumentos de negociación entre las partes. Finalmente, se tratará de llevar a cabo la posible compatibilidad entre dichos instrumentos y la diligencia debida con el objetivo de determinar hasta qué punto se materializa esta protección y cuáles son las diferentes acciones que deberían tenerse en cuenta en un futuro próximo.

1. El comercio internacional y la protección laboral y ambiental

Los derechos laborales y ambientales ya no se circunscriben a una escala meramente nacional. En la actualidad son varias las normas que hacen referencia a la protección de los derechos laborales y del medio natural desde un prisma transnacional. Esto se debe a que, cada vez más, los intercambios de bienes y servicios implican a personas trabajadoras de diversos países. Es por ello necesario detenerse en la protección internacional de dichos ámbitos —laboral y medio natural— y cómo ambos confluyen en el marco normativo internacional.

1.1. Protección internacional y europea de los derechos laborales

En el marco de la protección internacional de los derechos laborales son diversas las normas que merecen una especial mención. En este sentido recuérdese la Declaración Universal de Derechos Humanos, el Pacto Internacional de Derechos Económicos, Sociales y Culturales y el Convenio Europeo de Derechos Humanos que consagran en el máximo nivel posible a los derechos laborales, esto es como derechos humanos[1]. Por otra parte, elevar de estatus a los derechos laborales también se ha perseguido por las Naciones Unidas. Así se puede extraer de la Iniciativa «Proteger, Respetar y Remediar: un marco para las actividades empresariales y los derechos humanos» en la que se incluyen recomendaciones destinadas a obligar a las empresas «a respetar los derechos humanos» y a los Estados «a proteger[los] frente a los abusos cometidos por terceros»[2], como pueden ser las empresas multinacionales (EMN). No obstante, el documento de referencia que ha servido para desarrollar la iniciativa anteriormente mencionada es el que recoge los Principios Rectores sobre Empresa y Derechos Humanos (PREDH), el cual contiene un total de 31 principios dirigidos tanto a las EMN como a los poderes públicos[3] haciéndolos partícipes y protagonistas

1 Bellonch Sanz, P. y Pavón de Paula, S.: «El derecho al trabajo como derecho humano. Una visión española», en: Charro Baena, P., *et. al.*, *Apuntes sobre el trabajo como derecho humano. Un estudio desde las dos orillas*, Dykinson, Madrid, 2015, pp. 19-23.

2 Consejo de Derechos Humanos de las Naciones Unidas, «Proteger, respetar y remediar: un marco para las actividades empresariales y los derechos humanos. Informe del Representante Especial del Secretario General sobre la cuestión de los derechos humanos y las empresas transnacionales y otras empresas comerciales, John Ruggie (A/HRC/8/5)», 2018, [Documento en línea], consultado el 04/06/2022, en: https://observatoriorsc.org/wpcontent/uploads/2013/11/Proteger_respetar_remediar_abril2008.pdf

3 *Ibidem.*

—con obligaciones y responsabilidades— en la protección de los derechos humanos en las cadenas globales de valor[4].

Por otra parte, es preciso destacar la tarea llevada a cabo por la Organización Internacional del Trabajo (OIT), pues es el organismo internacional que más esfuerzos ha realizado y realiza en el reconocimiento y protección de los derechos laborales, sobre todo, en aquellos territorios del mal llamado sur global. A este respecto destacan el Convenio 87 sobre la libertad sindical y la protección del derecho de sindicación (1948); el Convenio 98 sobre el derecho de sindicación y de negociación colectiva (1949); el Convenio 29 sobre el trabajo forzoso (1930) y su Protocolo de 2004; el Convenio 105 sobre la abolición del trabajo forzoso (1957); el Convenio 138 sobre la edad mínima (1973); el Convenio 182 sobre las peores formas de trabajo infantil (1999); el Convenio 100 sobre igualdad de remuneración (1951); el Convenio 111 sobre la discriminación (1958); el Convenio 155 sobre seguridad y salud de los trabajadores (1981); y el Convenio 187 sobre el marco promocional para la seguridad y salud en el trabajo (2006). Además, la misma OIT ha elevado el estatus de dichos Convenios a la categoría de fundamentales por la materia que ellos regulan, y que podrían agruparse en las temáticas de libertad de asociación y negociación colectiva, la lucha contra el trabajo infantil, el trabajo forzoso y la discriminación en el trabajo[5].

También destaca la tarea de la Unión Europea (UE) en la elaboración de normas con una clara intención de proteger los derechos de las personas trabajadoras. De este modo, en los tratados originarios de la UE se consagran los valores de la Unión —íntimamente relacionados con el trabajo—, como son la dignidad, la libertad y la igualdad. Y en su art. 3.3 establece que la Unión «obrará en pro del desarrollo sostenible de Europa basado en un crecimiento económico equilibrado y en la estabilidad de los precios, en una economía social de mercado altamente competitiva, tendente al pleno empleo y al progreso social, y en un nivel elevado de protección y mejora de la calidad del medio ambiente». Se subraya así la importancia que debe tener para la UE la protección del empleo (siempre con una connotación economicista) además de abrir la puerta a la relación que mantienen trabajo y medio natural. Además, siguiendo el ejemplo de la OIT, se prohíbe el trabajo forzoso y la esclavitud en el art. 5 de la Carta Derechos Fundamentales de la Unión Europea.

---

4 Consejo de DDHH de las NNUU, Principios Rectores sobre Empresa y Derechos Humanos. Oficina de las Naciones Unidas: Nueva York, 2011, [Documento en línea], consultado el 20/06/2022, en: https://www.ohchr.org/sites/default/files/documents/publications/guidingprinciplesbusinesshr_sp.pdf

5 Conlon, E.: «Civil liability for abuses of ILO core labour rights in European Union government supply chains: Ireland as a case study», en: Martín-Ortega, O. y Methven O'Brien, C., *Public Procurement and Human Rights: Opportunities, Risks and Dilemmas for the State as Buyer*, Eduard Elgar Online, Londres, 2017, pp. 116-117.

Sin embargo, el ámbito social no es uno de los ámbitos en los que la UE destaque por su desarrollo legal —aspecto criticado por diversos autores hasta el punto de cuestionar la existencia de un Derecho del Trabajo de la UE[6]—. Aun así, el Derecho Originario ha establecido algunas materias en las que la UE tiene competencias en materia social, concretamente, sobre la libre circulación de las personas trabajadoras (arts. 45 a 48 TFUE), la política de empleo (arts. 145 a 150 TFUE), la política social (arts. 151 a 161 TFUE), la formación profesional (art. 166 TFUE) y la cohesión económica y social (arts. 174 a 178 TFUE). Esto ha hecho posible un desarrollo normativo sobre materias tan diversas como las reguladas en la Directiva 2000/78/CE del Consejo, de 27 de noviembre de 2000, relativa al establecimiento de un marco general para la igualdad de trato en el empleo y la ocupación, la Directiva (UE) 2022/2041 del Parlamento Europeo y del Consejo de 19 de octubre de 2022 sobre unos salarios mínimos adecuados en la Unión Europea o incluso la propia propuesta de Directiva de 23 de febrero de 2022, del Parlamento Europeo y del Consejo sobre diligencia debida de las empresas en materia de sostenibilidad y por la que se modifica la Directiva (UE) 2019/1937, que marcará un antes y un después en la materia[7].

Junto al plano normativo, la UE está articulando diversas políticas encaminadas a proteger los derechos laborales desde una perspectiva global e interdisciplinar. A este respecto destaca el Plan de Acción para los Derechos Humanos y la Democracia para los años 2020-2024 en el que se establece la tolerancia cero hacia el trabajo forzoso, la debida diligencia, la implicación de las empresas contra los abusos a los derechos humanos y la inclusión de normas laborales de mayor calado en los Acuerdos de Libre Comercio con un alcance territorial más allá del de la UE[8].

No obstante, queda aún un largo camino por recorrer en materia de protección de las personas trabajadoras. Sirva de muestra la desigual protección que se dispensa ante un incumplimiento referido a la propiedad intelectual o a los derechos laborales. En el primer supuesto, si no se respetan los estándares de propiedad intelectual, las autoridades aduaneras podrían destruir el

6 Gómez Muñoz, J. M.: «Sobre la (no) existencia del modelo social europeo», en: Sáez Lara, C., Navarro Nieto, F. y Gómez Caballero, P., *Los desafíos del Derecho del trabajo ante el cambio social y económico: libro en homenaje a Federico Durán López*, Iustel, Madrid, 2021, pp. 180-183.

7 Gil y Gil, J. L.: «La responsabilidad de las empresas multinacionales por vulneraciones de los estándares laborales», *Lex Social. Revista jurídica de los Derechos Sociales*, Vol. 10, núm. 2, 2020, pp. 12-14.

8 Comisión Europea, Annex to the Joint Communication to the European Parliament and the Council EU Action Plan on Human Rights and Democracy 2020-2024 (JOIN(2020) 5 final), 2020 [Documento en línea], consultado el 08/06/2022, en: https://eur-lex.europa.eu/resource.html?uri=cellar:e9112a36-6e95-11ea-b735-01aa75ed71a1.0002.02/DOC_4&format=PDF Cabe decir que este texto también hace referencia a la implicación ambiental de los acuerdos de libre comercio y en el ámbito social en general.

bien afectado. Sin embargo, ello no existe para aquellos productos que han sido fabricados sin respetarse los derechos laborales. En consecuencia, los avances normativos podrían ir más allá si se optara por una protección que hiciera posible el cambio de comportamiento de aquellos encargados de preservar los derechos laborales.

1.2. Protección ambiental en la esfera internacional y europea

La protección jurídica del medio natural es una materia relativamente nueva en el ámbito del derecho. Tal es así que las primeras manifestaciones al respecto son de mediados del siglo XX.

En este sentido, se puede afirmar que la protección internacional del medio ambiente surge con la Declaración de Estocolmo de 1972 en la que se reconoce, por primera vez, en una convención internacional el derecho a un medio ambiente adecuado. Concretamente, se establece en su principio 21 que los Estados tienen «la obligación de asegurarse que las actividades que se lleven a cabo dentro de su jurisdicción o bajo su control no perjudiquen al medio ambiente de otros Estados»[9]. Junto a esta exigencia crea el Programa de las Naciones Unidas para el Medio Ambiente. Posteriormente, el conocido Informe *Brundtland* determinó las amenazas que suponen para el medio natural el desarrollo económico e industrial extractivista actual, lo que dio lugar a hablar de la necesidad de un desarrollo más sostenible. Tras este informe fueron varias las herramientas jurídicas que fueron apareciendo, destacando sobre todo el Convenio Marco sobre el Cambio Climático que se presentó en la Cumbre de Río de Janeiro en el año 1992. En esta segunda convención se acabó de acuñar el concepto de desarrollo sostenible pues la implicación de la actividad industrial en la precariedad de los recursos naturales ya era una evidencia. Unos años más tarde en la cumbre de Johannesburgo de 2002 se reforzó el concepto incorporando aspectos como la erradicación de la pobreza, el cambio hacia un modelo productivo sostenible y la equidad entre territorios[10].

Con posterioridad a la Declaración de Río destacan algunos acuerdos como el Acuerdo de Marrakech (reconociendo la relación entre desarrollo sostenible y protección ambiental), el Protocolo de Kioto (con referencia a

9 Naciones Unidas, Informe de la Conferencia de las Naciones Unidas sobre el Medio Humano. Nueva York: Publicación de las Naciones Unidas, 1972 [Documento en línea], consultado el 10/06/2022, en: https://documents-dds-ny.un.org/doc/UNDOC/GEN/N73/039/07/PDF/N7303907.pdf?OpenElement

10 Juste Ruíz, J.: «Orígenes y evolución del Derecho internacional del medio ambiente», en: Sindico, F., Fenrández Egea, R. M. y Borràs Pentinat, S., *Derecho internacional del medio ambiente*, Cameron May, Londres, 2011, pp. 10-17.

obligaciones concretas para los Estados), la Declaración del Milenio (atendiendo a los derechos humanos y las necesidades de las sociedades en desarrollo, aunque también con implicaciones en el mercado laboral) y la Declaración sobre el Desarrollo Sostenible (para la erradicación de la pobreza)[11].

Por último, los nuevos compromisos en pro de la protección ambiental internacional se formalizaron en 2012 y 2015, aprobándose, respectivamente, el documento vinculante «El futuro que queremos» con implicaciones ligadas al desarrollo sostenible; la Agenda 2030 que establece los 17 Objetivos de Desarrollo Sostenible relacionando directamente la protección de ciertos bienes ambientales con el trabajo decente y finalmente[12], el Acuerdo de París, renovando el compromiso de reducir el calentamiento global para el correcto desarrollo de la vida además de suponer un avance contra el cambio climático[13]. Protección que ha sido culminada al considerar el medio ambiente como un derecho humano por parte de las Naciones Unidas el pasado julio de 2022[14].

En el ámbito de la UE son los arts. 130.R, 130.S y 130.T del Acta Única Europea de 17 de febrero de 1986 los que vienen a establecer los principios y criterios de la acción ambiental en la entonces Comunidad Europea. Posteriormente, con el Tratado de Maastricht aparece la necesidad de «un desarrollo armonioso y equilibrado de las actividades económicas en el conjunto de la Comunidad, un crecimiento sostenible y no inflacionista que respete el medio ambiente» convirtiendo al medio ambiente en uno de los objetivos de la Comunidad desde un punto de vista interdisciplinar vinculando la protección ambiental a todas las políticas de la Comunidad (art. 6 Tratado de Maastricht). Con el Tratado de Ámsterdam se vendría a establecer la necesidad de «un alto nivel de protección y de mejora de la calidad del medio ambiente» acuñándose el concepto de desarrollo sostenible como objetivo de la UE.

Actualmente la materia ambiental se regula en un título propio del TFUE (arts. 191 a 193) y en el título XXI sobre energía (arts. 194 y 195 TFUE). No

11 Ortúzar Green, F.: «El derecho internacional ambiental: historia e hitos». [blog jurídico] *Aida Americas*, 2020. [Documento en línea], consultado el 10/06/2022. Disponible en: https://aida-americas.org/es/blog/el-derecho-internacional-ambiental-historia-e-hitos

12 Hinojos Rojas, M. y García García-Revillo, M.: *La protección del Medio Ambiente en el Derecho Internacional y en el Derecho de la Unión Europea*, Tecnos, Madrid, 2016, pp. 19-22.

13 Rodríguez-Redondo, A. J.: «La progresión en el Acuerdo de París de 2015 sobre Cambio Climático: ¿Obligación o estándar de conducta?», *Revista Catalana de Dret Ambiental*, Vol. 13, núm. 1, 2022, pp. 3-5.

14 Naciones Unidas, El derecho humano a un medio ambiente limpio, saludable y sostenible, Publicación de las Naciones Unidas, Nueva York, 2022, [Documento en línea], consultado el 20/12/2022, en: https://digitallibrary.un.org/record/3982508?ln=es

obstante, se trata de una competencia compartida entre los Estados miembros (EEMM) y la UE (art. 4.2.c TFUE). Ello ha supuesto un gran desarrollo normativo de la materia mediante textos legales relativos, por ejemplo, a los tipos de contaminantes[15] o la responsabilidad de las industrias susceptibles de afectar a la naturaleza[16].

1.3. Nexos entre el cuidado ambiental y la protección de los derechos laborales

Ante este escenario internacional que pretende la protección de ambos bienes jurídicos por separado, cabe preguntarse dónde se encuentra el nexo legal que pretende una protección conjunta. Y a diferencia de lo que muchos pueden llegar a pensar, la relación entre lo ambiental y lo laboral deviene necesaria pues no se entiende la protección legal del trabajo si este no se desarrolla en un medio ambiente adecuado y viceversa.

La primera norma que alude a la protección ambiental laboral es el Convenio 148 OIT sobre la protección de los trabajadores contra los riesgos profesionales debido a la contaminación del aire, el ruido y las vibraciones en el lugar de trabajo. Este convenio hace referencia a la protección ambiental pero desde la perspectiva de la higiene y salud en la empresa. No es hasta el Convenio 155 OIT sobre seguridad y salud de los trabajadores y medio ambiente en el que aparecía la idea «de que la protección de la salud en el trabajo trascendiera el mero marco del espacio físico de la empresa»[17]. Este último convenio implicaba una mayor perspectiva ambiental dado que facilita «poner en práctica una política nacional coherente en materia de seguridad y salud de los trabajadores y medio ambiente de trabajo definiendo a nivel global unas medidas generales que luego se irán concretando en los diversos niveles hasta llegar al centro del trabajo»[18].

A nivel europeo también se realiza este ejercicio elevando a nivel de Tratado de la Unión la protección del medio de trabajo. Esto se lleva a

---

15 *Vid.* Directiva 2000/60/CE, del Parlamento Europeo y del Consejo, de 23 de octubre de 2000, por la que se establece un marco comunitario de actuación en el ámbito de la política de aguas; Directiva 2008/50/CE del Parlamento Europeo y del Consejo, de 21 de mayo de 2008, relativa a la calidad del aire ambiente y a una atmósfera más limpia en Europa o la Directiva 2008/98/CE, del Parlamento Europeo y del Consejo, de 19 de noviembre de 2008, sobre los residuos y por la que se derogan determinadas Directivas.

16 *Vid.* Directiva 2010/75/UE del Parlamento Europeo y del Consejo, de 24 de noviembre de 2010, sobre las emisiones industriales (prevención y control integrados de la contaminación)

17 Escribano Gutiérrez, J.: «La protección del medioambiente y el derecho del trabajo», *Jueces para la Democracia*, núm. 98, 2020, pp. 73-74.

18 Rodríguez-Piñero y Bravo-Ferrer, M.: «Medio ambiente y relaciones de trabajo», *Temas Laborales*, núm. 50, 1999, pp. 8-9.

cabo a partir del Acta Única Europea en su art. 118A en el que se abogaba por la promoción de las mejoras del medio de trabajo para la correcta protección de la seguridad y salud de los trabajadores[19]. A ello se añade la Directiva 89/391 del Consejo, de 12 de junio de 1989, relativa a la aplicación de medidas para promover la mejora de la seguridad y la salud de los trabajadores en el trabajo, que establece mecanismos para atender a un medio ambiente laboral[20]. La importancia de esta norma reside primero, en que tiene un marcado carácter ambiental y, segundo, en que le otorga un importante rol a las personas trabajadoras en materia de seguridad e higiene laboral, abandonando el anterior esquema que se centraba básicamente en obligaciones y responsabilidades del empresario y el intervencionismo estatal.

A partir de entonces la sensibilidad ambiental, también en el ámbito jurídico, aumenta y comienzan a aparecer un gran número de políticas y de normas internacionales[21] en las que el medio ambiente de trabajo aparece como un único concepto. Esta sensibilidad acaba trasladándose a los textos de mayor rango como el Tratado Constitutivo de las Comunidades Europeas en el que se establece la necesidad de proteger la salud de las personas a la vez que la protección del medio de trabajo y el medio natural. Lo cual supone atender a la conexión existente entre ambos aspectos y poner en práctica una visión integral de la protección en el trabajo[22].

Todo ello no quiere decir que esta nueva forma de entender las relaciones laborales esté libre de críticas pues en ocasiones se ha observado la protección del medio ambiente como un aspecto contrario a la mejora de las condiciones laborales[23]. Esta afirmación no es baladí pues a día de hoy nos encontramos ante una situación ambiental crítica causada en gran medida por las actividades industriales, pero a la vez, el desarrollo social y económico también es un aspecto protegido por diversos ordenamientos como lo son el nacional —véase en este sentido el art. 130 de la Constitución Española— y la normativa internacional y de la UE al introducir el concepto de desarrollo sostenible como la piedra angular del desarrollo económico y social. Esto se traduce en el necesario equilibrio entre ambos conceptos. Ahora bien, parte

---

19 Pérez Amorós, F.: «Derecho del trabajo y medio ambiente: unas notas introductorias», *Revista Gaceta Laboral*, Vol. 16, núm. 1, 2010, pp. 102-103.

20 Rodríguez-Piñero Royo, M.: «Trabajo y medio ambiente», *Relaciones Laborales: Revista crítica de teoría y práctica*, núm. 2, 1995, pp. 106-107.

21 *Vid.* apartados anteriores

22 Pérez Amorós, F.: «Derecho del trabajo y medio ambiente: unas notas introductorias», *Revista Gaceta Laboral*, Vol. 16, núm. 1, 2010, pp. 104-105.

23 Dolz Lago, Manuel J.: «Aproximación a la dimensión laboral de la protección del medio ambiente en Europa», *La Ley Revista jurídica española de doctrina, jurisprudencia y bibliografía*, núm. 1, 2001, pp. 1056-1057.

de la doctrina es contraria al posible equilibrio entre desarrollo económico y protección ambiental debido a la imposibilidad que ello supone[24].

A ello cabe añadir que ambas materias están presididas por una reticencia de los EEMM a ceder parte de su soberanía en su regulación. Esto se debe a que la política social y la ambiental resultan parcelas jurídicas que difícilmente se dejarán en manos de la UE ya que se encuentran vinculadas a aspectos de un elevado interés socioeconómico nacional. Es a este respecto que surgen medidas que pretenden saltar estas barreras a partir de la atención a los ámbitos en los que debería haber confluencia material entre medio ambiente y trabajo con el fin de hacer efectivos realmente los objetivos sociales y ambientales de la UE. Aspecto que se ha materializado en la negociación entre las partes interesadas, sobre todo, cuando dichas partes son de carácter público —este es el caso de los Acuerdos de Libre Comercio entre Estados[25]—; sin embargo, las partes pueden ser privadas cuando se trata de los integrantes de la cadena de producción —como sería el caso de los Acuerdos Marco Internacionales entre las empresas multinacionales y los sindicatos internacionales—.

En todo caso, puede afirmarse que el desarrollo económico ha vivido un importante cambio pues la inclusión de directrices en pro del desarrollo sostenible ha obligado, en cierta forma, a repensar las prioridades hacia un desarrollo cada vez más «verde» aunque quede aún mucho trabajo por delante.

2. Los Acuerdos de Libre Comercio: implicaciones laborales y ambientales

Un importante instrumento internacional, cuando se hace referencia a las cadenas globales de valor y el comercio internacional, son los Acuerdos de Libre Comercio (en adelante, ALC), los cuales regulan el intercambio de bienes y servicios a lo largo de una cadena de suministros que implica a diversas empresas y países con costumbres y normas distintas. De ahí la importancia de la inclusión de cláusulas ambientales y laborales en dichos ALC pues de forma directa afectan a la manera en la que se desarrollan los trabajos y las consecuencias ambientales que pueda ocasionar la actividad industrial.

24 En este sentido, varias son las teorías emergentes que pretenden hacer frente a la precariedad ambiental. Algunas optan por el decrecimiento y el abandono del proyecto económico-capitalista mientras que otras hacen referencia al cambio de paradigma hacia un desarrollo sostenible caracterizado por la economía circular y el uso de energías renovables. *Vid.* Mora Cabello de Alba, L. y Escribano Gutiérrez, J.: *La ecología del trabajo: el trabajo que sostiene la vida*, Bomarzo, Albacete, 2015, pp. 25-38.

25 Consejo de la Unión Europea. Common approach on the use of political clauses (10491/1/09). Bruselas, 2009. [Documento en línea]. Disponible en: https://data.consilium.europa.eu/doc/document/ST-10491-2009-REV-1-EXT-2/en/pdf

2.1. Los estándares laborales en los Acuerdos de Libre Comercio de la Unión Europea

Los ALC han facilitado el intercambio de mercancías de una forma muy ágil. Ahora bien, estos mismos acuerdos deben ir más allá e introducir cláusulas que permitan el desarrollo del trabajo y la vida en condiciones adecuadas a los estándares señalados al principio ya que, el sistema capitalista en el que se circunscriben ha hecho que los recursos humanos y naturales sean los que sufren las consecuencias negativas de la globalización[26]. Es por ello por lo que debe considerarse el «claro valor positivo de incorporar dentro de los mismos cláusulas de contenido social, dirigidas a introducir algún límite a ese efecto [...] de la libre competencia, mediante la afirmación de una base mínima de condiciones laborales justas, asociadas al respeto de estándares internacionales»[27].

Como podrá observarse, son varios los ALC de la Unión Europea que actualmente han establecido cláusulas sociales en sus disposiciones —sobre todo aquellos acordados a partir de 2010— con la finalidad de hacer llegar una mayor protección laboral —aunque también social, económica y ambiental— a aquellos trabajadores que si bien no trabajan en territorios de la Unión, sus productos/servicios van a ser consumidos en Europa[28], dando así lugar a un grupo de ALC que van más allá de la protección de la ciudadanía europea y que atienden a derechos que puedan resultar afectados por la cadena de producción trascendiendo las fronteras de la empresa[29]. El primer ALC que incluyó los estándares laborales en su contenido fue el ALC UE-Corea del Sur, concretamente en un capítulo denominado «capítulo de desarrollo sostenible» en el cual no se incluían solamente aspectos sociales sino también de carácter ambiental.

La primera consideración que debe ser resaltada de los ALC es la referencia a la necesidad de atender y adoptar los Convenios Fundamentales de la OIT[30] y la promoción de su cumplimiento por quienes ya sean parte de ellos aunque se lleve a cabo de forma extremadamente programática. Esto

26 Marx, K.: *El capital*, Tomo II (Trad.) Ediciones 62, Barcelona, 1867.

27 Sanguineti Raymond, W.: *Comercio internacional, trabajo y derechos humanos*, Ediciones Universidad Salamanca, Salamanca, 2021, pp. 25-26.

28 Lo que también se conoce como la capacidad extraterritorial de la UE. En este caso, aprovechando la relación entre socios comerciales, la Unión Europea establece unos mínimos legales que dichos socios se forzarán a cumplir con el objetivo de seguir estableciendo relaciones comerciales con ella.

29 Van den Bossche, P. y Zdouc, W.: *The Law and Policy of the World Trade Organization: Text, Cases and Materials*, Cambridge University Press, Cambridge, 2021.

30 Organización Internacional del Trabajo. [Recurso electrónico] Consultado el 30/01/2023, Disponible en: https://www.ilo.org/global/standards/introductionto-international-labour-standards/conventions-and-recommendations/lang--es/index.htm

se lleva a cabo a partir de redactados como «las Partes realizarán esfuerzos continuos y sostenidos para ratificar los convenios fundamentales restantes de la Organización Internacional del Trabajo y aplicarán efectivamente los convenios ya ratificados» (art. 13.4 *in fine*)[31]. Esta misma situación se repite en los ALC-UE con Moldavia (art. 365)[32], Georgia (art. 231)[33], Canadá (art. 23.3)[34], Colombia-Perú-Ecuador[35], América Central (que comprende a Costa Rica, El Salvador, Guatemala, Honduras, Nicaragua y Panamá) en su art. 42[36], Singapur (art. 12 apartados 3 y 4)[37] y Victnam (art. 13.1)[38]. Además de ello, también pueden observarse otras cláusulas que pretenden promocionar el intercambio de buenas prácticas entre las partes en pro del trabajo decente, la materialización de los derechos colectivos, del diálogo con los agentes sociales e incluso, en algunos de los ALC señalados, se hace referencia a la inclusión de cláusulas salariales[39].

---

31 Acuerdo de Libre Comercio entre la Unión Europea y sus Estados miembros, por una parte, y la República de Corea, por otra. DOUE L núm. 127, de 14.5.2011, p. 6–1343. Disponible en: https://eur-lex.europa.eu/legal-content/ES/TXT/PDF/?uri=CELEX:22011A0514(01)&qid=1656601691949&from=EN

32 Acuerdo de Libre Comercio entre la Unión Europea y sus Estados miembros, por una parte, y la República de Moldavia, por otra. DOUE L núm. 260, de 30.8.2014, p. 4–738. Disponible en: https://eur-lex.europa.eu/legal-content/EN/TXT/PDF/?uri=CELEX:22014A0830%2801%29&from=EN

33 Acuerdo de Asociación entre la Unión Europea y la Comunidad Europea de la Energia Atómica y sus Estados miembros, por una parte, y Georgia, por otra. DOUE L núm. 261, de 1.6.2018, p. 4–738. Disponible en: https://eur-lex.europa.eu/legal-content/ES/TXT/PDF/?uri=CELEX:02014A0830(02)-20180601&from=ES

34 Acuerdo Económico y Comercial Global (CETA) entre Canadá, por una parte, y la Unión Europea y sus Estados miembros, por otra. DOUE L núm. 11, de 14.1.2017, p. 23–1079. Disponible en: https://eur-lex.europa.eu/legal-content/es/ALL/?uri=CELEX:22017A0114(01)

35 Protocol of Accession to the Trade Agreement between the European Union and its Member States, of the one part, and Colombia and Peru, of the other part, to take account of the accession of Ecuador. DOUE L núm. 356, de 24.12.2016, p. 3-1456. Disponible en: https://eur-lex.europa.eu/legal-content/EN/TXT/PDF/?uri=CELEX:22016A1224(01)&qid=1588594733909&from=EN

36 Acuerdo por el que se establece una asociación entre la Unión Europea y sus Estados miembros, por un lado, y Centroamérica, por otro. DOUE L núm. 346, de 15.12.2012, p. 3–2621. Disponible en: https://eur-lex.europa.eu/legal-content/ES/TXT/?uri=celex%3A22012A1215%2801%29

37 Acuerdo de Libre Comercio entre la Unión Europea y sus Estados miembros, por una parte, y Singapur, por la otra. DOUE L núm. 294, de 14/11/2019, p. 3-755. Disponible en: https://eur-lex.europa.eu/legal-content/EN/TXT/PDF/?uri=CELEX:22019A1114(01)&from=EN

38 Acuerdo de Libre Comercio entre la Unión Europea y sus Estados miembros, por una parte, y la República Socialista de Viet Nam, por la otra. DOUE L núm. 186, de 12.6.2020, p. 3-1400. Disponible en: https://eur-lex.europa.eu/legal-content/EN/TXT/PDF/?uri=OJ:L:2020:186:FULL&from=EN

39 Szymanski, C.: «Cláusulas salariales en los acuerdos de libre comercio: el caso del TMEC», en: Sanguineti Raymond, W., *Comercio internacional, trabajo y derechos humanos*, Ediciones Universidad Salamanca, Salamanca, 2021, pp. 89-100.

No obstante, aunque se pretende promocionar un amplio abanico de derechos laborales en estos ALC se identifica una problemática en su redactado, dado que las cláusulas sociales carecen de fuerza vinculante y, a su vez, presentan un uso excesivo de fórmulas legales de carácter programático, aspecto que puede llevar asociado su posible incumplimiento[40]. Además, la propia Organización Mundial del Comercio (OMC) no limita el comercio internacional cuando este tiene un origen relacionado con el trabajo forzoso. En este sentido, no existe una prohibición que impida a los «Estados miembros de la OMC comercializar entre sí productos fabricados con trabajo forzoso, sino que sólo, cuando esto ocurra, pueden rechazar la importación o exportación de tales productos»[41], dando a entender así que los derechos laborales no son responsabilidad de la OMC ni de sus miembros.

En segundo lugar, a la hora de resolver un conflicto no se establece en los textos la posibilidad de acudir a instancias judiciales, sino que se hace referencia a la resolución extrajudicial del conflicto ya sea mediante el arbitraje o la mediación. Sin embargo, en contra de esta idea el Tribunal de Justicia de la Unión Europea ya estableció en su Dictamen 2/15, de 16 de mayo de 2017, sobre el Acuerdo de Libre Comercio entre la Unión Europea y la República de Singapur, la posibilidad de finalizar o suspender la liberalización del comercio en caso de incumplimiento de una disposición social o ambiental[42] pues se trata de dos aspectos que forman parte de uno de los objetivos tanto del ALC

40 Véase a título de ejemplo la redacción del ALC UE–Canadá en su art. 20.7.1 que empieza diciendo que «las Partes cumplirán...», o en el caso del ALC UE–Corea del Sur que establece en su art. 10.2.1 «Las Partes garantizarán...» y no redactados faltos de obligaciones como «tratarán de cumplir con...» o «establecerán esfuerzos para cumplir...». Esto segundo es común en las disposiciones de carácter laboral. Además, en el caso de la protección de la propiedad intelectual en la UE cabe hacer referencia al «art. 17.1 del Reglamento (UE) 608/2013 del Parlamento Europeo y del Consejo, de 12 de junio de 2013, relativo a la vigilancia por parte de las autoridades aduaneras del respeto de los derechos de propiedad intelectual y por el que se deroga el Reglamento (CE) n ° 1383/2003 del Consejo, en el que establece que cuando las autoridades aduaneras identifiquen mercancías sospechosas de vulnerar algún derecho de propiedad intelectual amparado por una decisión de aceptación de una solicitud, suspenderán el levante de las mercancías o procederán a su retención». *Vid.* Gruni, G.: «Substantive and enforcement issues of forced labour obligations in EU's free trade agreements», *Revue europeenne de droit de la consommation*, núm. 1, 2021, pp. 82-84. El cual también denota la diferencia entre la protección de derechos laborales y de propiedad intelectual. *Vid.* Apartado 2.1 del presente trabajo *in fine*.

41 Traducción propia. Texto original: «*does not mean that WTO Members are obliged not to trade between themselves products produced with forced labour but only that when it happens, they can refuse the import or export of such products*».

42 Dictamen del Tribunal de Justicia de la Unión Europea (Pleno) 2/15, de 16 de mayo de 2017, (ECLI:EU:C:2017:376). Concretamente se establece: «una infracción de las disposiciones en materia de protección social de los trabajadores y de protección del medio ambiente, que figuran en ese capítulo, autoriza a la otra Parte a finalizar o suspender la liberalización de ese comercio prevista en las demás disposiciones del Acuerdo» (considerando 161 del Dictamen 2/15).

como de la UE, el desarrollo sostenible. En este contexto, y en referencia al artículo 60.1 de la Convención sobre el Derecho de los Tratados, firmada en Viena el 23 de mayo de 1969, sería posible justificar la terminación o suspensión de las relaciones comerciales entre la Unión Europea y los Estados terceros[43] dado que establece que «una violación grave de un tratado bilateral por una de las partes facultará a la otra parte para alegar la violación como causa para dar por terminado el tratado o para suspender su aplicación total o parcialmente»[44].

En definitiva, nos encontramos ante ALC sin mucho peso normativo y un lenguaje laxo exigiendo solamente por parte de Europa que la otra parte lleve a cabo «esfuerzos continuados y sostenidos»[45]. Lo que a nuestro parecer debe cambiar si verdaderamente los objetivos de la Unión Europea son el bienestar laboral —y ambiental—.

2.2. Protección ambiental y laboral en los Acuerdos de Libre Comercio de la Unión Europea

Como ya se ha indicado anteriormente, los ALC van incorporando cada vez más capítulos referidos al desarrollo sostenible. En ellos, como también en gran parte de su redactado, se va apreciando la preocupación ambiental acompañándose en la mayoría de los casos, de la preocupación social, pretendiendo la promoción de estándares ambientales y la protección de los derechos de las personas trabajadoras, respectivamente[46]. De ahí que podamos preguntarnos por qué lo ambiental se relaciona con lo laboral tan directamente cuando esta conexión entre materias no es tan evidente en otros escenarios.

A este respecto, los ALC analizados en este trabajo muestran claros ejemplos de esta unión. En ellos destacan redactados como el del ALC UE–Centroamérica, que en su precepto 63 reconoce «la importancia de la cooperación y la asistencia técnica en los ámbitos comercial y laboral, y comercial y medio ambiente para alcanzar los objetivos» del propio acuerdo. Lo mismo hacen el ALC UE–Moldavia con un redactado similar pues las partes «subra-

43 Manero Salvador, A.: «La política comercial común de la Unión Europea y el desarrollo sostenible», *Revista de Derecho Comunitario Europeo,* núm. 66, 2020, pp. 614-615.

44 Instrumento de adhesión de 2 de mayo de 1972, del Convenio de Viena sobre el Derecho de los Tratados, adoptado en Viena el 23 de mayo de 1969.

45 Ojeda Avilés, A.: «El Derecho del trabajo como colaborador de la libre competencia: el acuerdo global de Inversiones UE-China», en: Sanguineti Raymond, W., *Comercio internacional, trabajo y derechos humanos*, Ediciones Universidad Salamanca, Salamanca, 2021, pp. 103-104.

46 Alan Glick, L.: *The United States-Mexico-Canada Agreement (USMCA). Legal and Business Implications*, Wolters Kluwer, Alphen aan den Rijn, 2020, pp. 177-195.

yan las ventajas de considerar las cuestiones laborales y medioambientales relacionadas con el comercio como parte de un enfoque global del comercio y el desarrollo sostenible»[47] (art. 636 *in fine*); el art. 231 del ALC–Georgia que establece que «las Partes reconocen el papel beneficioso [de] las normas laborales fundamentales y el trabajo digno», además de que «se esforzarán por facilitar y promover el comercio y la inversión en bienes y servicios medioambientales».

Cabe añadir que algunos ALC no solo relacionan ambos ámbitos, sino que establecen un listado concreto —aunque no obligatorio— de prácticas mediante las cuales se puede llegar a proteger ambos bienes jurídicos. Algunos ejemplos son el ALC UE–Canadá que establece en su art. 22.3.2.a que «Las Partes afirman que el comercio debe promover el desarrollo sostenible. En consecuencia, cada Parte se esforzará por promover prácticas y flujos comerciales y económicos que contribuyan a mejorar el trabajo digno y la protección del medio ambiente, por ejemplo, mediante el fomento del desarrollo y de la utilización de sistemas voluntarios relacionados con la producción sostenible de productos y servicios, como, por ejemplo, las etiquetas ecológicas y los sistemas de comercio justo». Lo mismo se realiza en el art. 63.2.a del ALC UE–Centroamérica al establecer que «las Partes acuerdan cooperar, incluso mediante el apoyo de acciones de asistencia técnica, formación y creación de capacidades, entre otras en las siguientes áreas: apoyando el desarrollo de incentivos para fomentar la protección del medio ambiente y condiciones de trabajo decente, especialmente mediante la promoción del comercio legal y sostenible, por ejemplo a través de esquemas de comercio justo y ético, incluyendo aquellos que involucran la responsabilidad social de las empresas y la rendición de cuentas, así como los relacionados con iniciativas de etiquetado y comercialización».

Ante estas manifestaciones se puede afirmar que las implicaciones ambientales y laborales en los ALC son abordadas de una forma interesante pues invitan a pensar lo que muchos en su día ya anunciaban y es que la disciplina laboral no puede ir separada de la ambiental[48]. Ahora bien, la conexión entre ambas perspectivas sigue sin estar libre de críticas debido al carácter programático de las disposiciones. Y si bien es cierto que se realiza un interesante ejercicio a la hora de entablar relaciones entre ambos ámbitos, no deja de ser cierto también que estas relaciones son incompletas pues no se las dota de la fuerza vinculante que meritan. A su vez, tampoco se establece un claro

47 Traducción propia. Texto original: «*underline the benefit of considering trade-related labour and environmental issues as part of a global approach to trade and sustainable development*».

48 En este sentido *Vid.* Despax, M.: «Droit du Travail et Droit de l'environnement. Droit et économie de l'environnement», *Revue Juridique de l'Environnement*, núm. 1, 1994, p. 52; Rivas Vallejo, P.: «La protección del medio ambiente en el marco de las relaciones laborales», *Tribuna social: Revista de seguridad social y laboral*, núm. 103, 1999, pp. 10-12 y Rodríguez-Piñero y Bravo-Ferrer, M.: «Medio ambiente y relaciones de trabajo», *Temas Laborales*, núm. 50, 1999, pp. 8-9.

régimen disciplinario en caso de no darse los «esfuerzos continuados y sostenidos» de protección social y ambiental[49].

Lo que sí está presente en dichos ALC son los paneles arbitrales formados por árbitros elegidos por las partes y encargados de llevar a cabo procedimientos de arbitraje ante posibles conflictos. Un claro ejemplo de ello es el panel de árbitros en el marco del ALC entre la UE y Corea del Sur, el cual, ante la disputa en relación con los derechos colectivos, llevó a cabo un informe en el que se establecía que, a pesar de no demostrarse afectación al comercio, ciertos derechos eran exigibles por ser derechos que persiguen objetivos del mismo ALC[50] y los derechos colectivos eran clave para ello. A este respecto cabe recordar el Dictamen 2/15 TJUE anteriormente citado, en el que se establecía la posibilidad de llegar incluso a anular la liberalización del comercio en caso de no cumplir con las disposiciones laborales y ambientales del acuerdo por ser fundamentales para el objetivo de desarrollo sostenible del mismo.

En este sentido, se está ante una situación algo contradictoria pues, por una parte, no se incluyen aspectos disciplinarios y de control claros y contundentes en los ALC, pero, sin embargo, en caso de demostrarse una omisión de los compromisos adquiridos en los mismos podría no aplicarse la libre comercialización lo que, sin duda, afectaría a un gran número de personas trabajadoras; por ello es necesaria la inclusión de procesos que deben activarse en caso de incumplimiento antes de llegar al extremo de concluir las relaciones comerciales.

3. Los Acuerdos Marco Internacionales y su atención al trabajo y al medio natural

Debe destacarse que los ALC son pactados entre estados. Este aspecto lleva consigo la ausencia de participación de las personas trabajadoras y de las empresas en el marco de las cadenas de producción a nivel transnacional. En este sentido, es esencial ahondar en aquellas herramientas que permitan atender al rol que deberían jugar las partes en dichos procesos productivos, por lo que en el presente apartado se estudiará la atención a los derechos laborales y ambientales desde la perspectiva del diálogo entre los interlocutores sociales a partir de los Acuerdos Marco Internacionales (AMI).

---

49 Véanse a este respecto los redactados de los ALC, los cuales solo invitan a las partes a establecer los máximos esfuerzos para intentar llevar a cabo los compromisos sociales y ambientales.

50 Novitz, T.: «Enforceable Social Clauses in Trade Agreements with "Bite"? Implications of the EU-South Korea Panel of Experts Report of 20 January 2021», *European Economic, Employment and Social Policy*, núm. 6, 2021, pp. 6-7.

3.1. Los Acuerdos Marco Internacionales

Los AMI son el resultado de las negociaciones entre los representantes de las EMN y de los trabajadores —representados por una Federación Sindical Internacionales (FSI)— a partir de las que se establecen compromisos entre las partes. Es más, se trata de Acuerdos que comprenden a EMN que concentran hasta el 80 % del comercio internacional y emplean a más del 50 % de las personas trabajadoras en la producción a nivel transnacional[51].

Si bien es cierto que dichos AMI no dejan de ser documentos que dependen de la voluntad de las partes, estos resultan de gran interés pues pretenden también la protección de los derechos laborales a nivel internacional y desde hace pocos años, vienen incorporando la perspectiva ambiental, siendo a su vez, los instrumentos que han venido a incorporar los PREDH en su contenido. Además, estas herramientas son equivalentes a los convenios colectivos, pero a escala transnacional pues se trata de un mecanismo con el que «desempeñar el diálogo social transnacional en la tutela del trabajo decente y la protección medioambiental en las cadenas globales de suministro». En definitiva, estos AMI resultan de interés pues pueden coadyuvar y mejorar el contenido ambiental y laboral de los ALC ya que tienen un ámbito de aplicación territorial y material parecido y además representan «un valioso activo [...] en la medida que ofrece un cauce adecuado para propiciar la implicación de EMN y FSI en la implementación de las medidas adoptadas en la materia por instancias normativas estatales o internacionales»[52].

El diálogo social en materia de derechos ambientales y laborales en la producción de alcance transnacional es básico, no solamente para asegurar dichos derechos sino para conocer hasta qué punto estos se ven condicionados por las partes. Esto se contrapone al contenido de los códigos de conducta (CdC) de las EMN los cuales, destacan por su carácter unilateral, voluntario y de mínimos en lo que se refiere a su contenido obligacional. Es por este mismo motivo que se propuso el abandono de dichas políticas empresariales en favor de otras con un peso normativo mayor en las que las personas trabajadoras pudieran incluir sus reivindicaciones[53]. Ante esta afirmación es cuando pueden observarse diferencias entre los CdC y los AMI pues, mientras los primeros son básicamente documentos programáticos mediante los cuales las propias EMN pretenden comprometerse voluntariamente a ciertos objetivos relacionados con su política de responsabilidad social corporativa,

---

51 Rojas Rivero, G. P.: «La unidad sindical necesaria para la gobernanza global de la economía», *IUSLabor. Revista d'anàlisi de Dret del Treball*, núm. 3, 2021, pp. 1-2.

52 Correa Carrasco, M.: «El trabajo decente en el ámbito de las cadenas globales de suministro», *Documentación Laboral*, Vol. 1, núm. 128, 2023, pp. 18-25.

53 Maira Vidal M. M.: «Los Acuerdos Marco Internacionales: sentando las bases de la negociación colectiva de ámbito supranacional», *Lan Harremanak*, Vol. 30, núm. 1, 2014, pp. 18-25.

los segundos, son instrumentos negociados por las partes, las cuales son conocedoras de las necesidades tanto laborales como ambientales y vienen a atender los compromisos establecidos en las primeras pero desde un prisma superior dado que los AMI muestran una «naturaleza bilateral y [un] carácter obligatorio y vinculante de los compromisos asumidos por las partes, reforzado por la implementación de mecanismos de control aplicativo en los que participan representaciones sindicales de diferente nivel»[54].

3.2. La atención a los derechos laborales y ambientales en los Acuerdos Marco Internacionales

Como ya se ha afirmado, estos AMI vienen, desde hace años, incorporando en su contenido «los derechos fundamentales del trabajo y, más recientemente, de forma incisiva la protección del medioambiente». Además, dichos Acuerdos han sufrido cambios pues con el paso del tiempo se han ido incorporando no solo un gran número de materias diversas, sino que también se muestra un mayor desarrollo y un alcance más amplio haciéndolos aplicables a todos los eslabones en los que las EMN llevan a cabo su producción[55].

En consecuencia, es de interés observar las medidas presentes en dichos textos. En el presente apartado se analizarán aquellos AMI de empresas con sede en España o aquellos negociados por los sindicatos españoles, principalmente, Comisiones Obreras (CCOO) y Unión General de Trabajadores (UGT) bajo el paraguas de la CSI INDUSTRI-ALL a partir del 2015. Estos AMI son el Acuerdo Laboral Global sobre Responsabilidad Social de Gamesa de 2015 (AMI Gamesa)[56], el Acuerdo Global para contribuir a la aplicación de las normas internacionales del trabajo en la cadena de suministros de Mango de 2018 (AMI Mango)[57], el Acuerdo Marco Global de Inditex de 2019 (AMI Inditex)[58] y el Acuerdo Marco para la participación sindical en la cadena de valor de El Corte Inglés de 2021 (AMI Corte Inglés)[59].

54 Correa Carrasco, M.: «El trabajo decente en el ámbito de las cadenas globales de suministro», *Documentación Laboral*, Vol. 1, núm. 128, 2023, pp. 26-27.

55 *Ibidem.*

56 Disponible en: efaidnbmnnnibpcajpcglclefindmkaj/https://www.industriall-union.org/sites/default/files/uploads/documents/GFAs/gfa_gamesa_industriall.pdf

57 Disponible en: efaidnbmnnnibpcajpcglclefindmkaj/https://industria.ccoo.es/5236f091844bb8732cd23710272a65bb000060.pdf

58 Disponible en: efaidnbmnnnibpcajpcglclefindmkaj/https://www.industriall-union.org/sites/default/files/uploads/documents/2019/SWITZERLAND/INDITEX/espanol_-_industriall_inditex_acuerdo_marco_global.pdf

59 Disponible en: efaidnbmnnnibpcajpcglclefindmkaj/https://wilfredosanguineti.files.wordpress.com/2021/10/acuerdo-marco-para-la-participacion-sindical-en-la-cadena-de-valor-de-el-corte-ingles.pdf

Estos acuerdos muestran diversos tipos de cláusulas en las que se atiende tanto a la protección ambiental como la laboral. El primer grupo de cláusulas característico no solo en estos Acuerdos sino también en los aprobados anteriormente es el referido a la necesidad de que las empresas respeten las normas laborales internacionales entre las cuales, destacan los Convenios Fundamentales de la OIT[60], la Declaración Tripartita de Principios de la OIT con respecto a las EMN, la Declaración Universal de Derechos Humanos, la Convención de las Naciones Unidas sobre los Derechos del Niño y los PREDH (apartado 2.° AMI Inditex, art. 1.°d AMI Mango y art. 2 AMI Corte Inglés). Esta previsión se complementa con la atención a los aspectos ambientales al requerirse el cumplimiento de las normas destinadas a proteger el medio natural y que en ocasiones se encuentran reguladas mediante fórmulas genéricas que aluden a los compromisos ambientales, de sostenibilidad y de Responsabilidad Social de la Empresa (RSE), llegando incluso a comprometerse con sistemas de gestión ambiental y la observancia de la seguridad y salud en el trabajo estableciendo un vínculo con la protección del medio natural (Anexo 1.12 AMI Inditex, art. 1.a AMI Mango y apartados 1.5 y 5 AMI Gamesa).

En segundo lugar, se encuentran las herramientas instrumentales, es decir, aquellas que otorgan la posibilidad a las partes de atender a los derechos comprendidos en los AMI. Esto se materializa de diversas formas y un primer mecanismo es la información necesaria para que las partes integrantes del acuerdo puedan llegar a conocer, primero, de la existencia de los acuerdos y su contenido y, segundo, todos los eslabones en los que se desarrolla la cadena de producción de la EMN (anexo 1 AMI Corte Inglés y apartados 5 AMI Inditex y 2 AMI Mango). Este segundo aspecto es de gran importancia para las partes pues una de las cuestiones más conflictivas en el comercio internacional es la trazabilidad de todos los integrantes de la cadena de producción a los cuales les son de aplicación las previsiones comprendidas en los AMI y debido a la complejidad y elevado número de sus componentes, en ocasiones, se desconoce con certeza los integrantes de la misma. En este sentido, el AMI Corte Inglés lleva a cabo una interesante labor en su anexo 1 al identificar todas aquellas empresas que intervienen en la cadena de producción. Además, lo hace desde una perspectiva multisectorial a diferencia de los demás AMI ya que no se centra en un solo sector, sino que atiende a todos los sectores en los que la EMN tiene presencia[61]. Esto

60 Esto implica la atención a los derechos de libertad de asociación, libertad sindical y el reconocimiento de la negociación colectiva, la eliminación del trabajo forzoso, la erradicación del trabajo infantil y la eliminación de la discriminación en materia de empleo

61 Sanguineti Raymond, W.: «Dos innovadores instrumentos internacionales: el Acuerdo Marco Global de El Corte Inglés y el Acuerdo Internacional para la Salud y la Seguridad en la Industria Textil y de la Confección», [blog jurídico] *El Blog de Wilfredo Sanguineti*, 2021. [Documento en línea], consultado el 20/10/2023. Disponible en: https://wilfredosanguineti.wordpress.com/2021/10/11/dos-innovadores-instrumentos-internacionales-el-acuer-

facilita que la labor sindical pueda llevarse a cabo de manera óptima desde la idea de una «unidad sindical internacional»[62] que en este caso contaría con la participación tanto de sindicatos locales como internacionales. Esto viene coadyuvado por la inclusión de los sindicatos como parte integrante en la promoción, control y aplicación del AMI a partir de facultades como el acceso a la información o las acciones de representación, la participación en las políticas empresariales o las visitas a los centros de trabajo (apartados 4.º AMI Inditex, 9.º AMI Gamesa, 3.a y 3.b AMI Corte Inglés y 4.º a 6.º AMI Mango). Esto supone el reconocimiento del «derecho de los sindicatos de cada país, singularmente en aquellos en los que se concentra la producción, a conocer y poder acceder a los centros de trabajo que integran la cadena de valor y exijan también el suministro periódico y sistemático de una relación actualizada de los componentes de las referidas cadenas»[63].

Finalmente, se encuentran aquellas herramientas destinadas al control conjunto y la resolución de conflictos. El primer aspecto hace referencia a aquellas herramientas destinadas a «establecer mecanismos de control conjunto, dando cabida a la participación de estructuras sindicales de diferente nivel (local, central, transnacional)»[64] que han propiciado el cumplimiento de los compromisos laborales y ambientales de los Acuerdos. En segundo lugar, también se observan medidas de mediación que vienen a resolver los conflictos originados en el marco del mismo acuerdo (apartado 7.º AMI Mango y Apartado 9 AMI Corte Inglés) o a partir de la participación del sindicato nacional o, en su defecto, global para que intervenga en la resolución del conflicto (apartado 6.º AMI Inditex). Un aspecto importante de estas medidas es que ante un conflicto que resida en la interpretación del contenido de las normas internacionales de la OIT, las partes podrán solicitar que esta lleve a cabo una correcta definición del derecho comprometido (apartado 9 *in fine* AMI Corte Inglés).

En definitiva, se trata de instrumentos que vienen a responder a la necesidad de proteger los derechos ambientales y laborales desde una perspectiva transnacional haciendo llegar dicha protección a los lugares que sufren los efectos de la externalización basada en el abaratamiento de costes en detrimento de la protección de las personas trabajadoras y el medio natural. Es por este motivo que el desarrollo de estos mecanismos es de gran

---

do-marco-global-de-el-corte-ingles-y-el-acuerdo-internacional-para-la-salud-y-la-seguridad-en-la-industria-textil-y-de-la-confeccion/

62 Rojas Rivero, G. P.: «La unidad sindical necesaria para la gobernanza global de la economía», *IUSLabor. Revista d'anàlisi de Dret del Treball*, núm. 3, 2021, pp. 1-2.

63 Nieto Rojas, P.: «Cadenas mundiales de suministro y trabajo decente: Instrumentos jurídicos ordenados a garantizarlo», *Cuadernos de Relaciones Laborales*, Vol. 37, núm. 2, 2019, pp. 2-3.

64 Correa Carrasco, M.: «El trabajo decente en el ámbito de las cadenas globales de suministro», *Documentación Laboral*, Vol. 1, núm. 128, 2023, 175-176.

importancia al comprometer a las dos partes integrantes de las cadenas de producción partiendo de la idea de igualdad de condiciones al tratarse de una negociación entre las partes en la que prima el respeto de los derechos de las personas trabajadoras.

4. La diligencia debida como instrumento para una mayor vinculación legal del contenido de los acuerdos

Ambos instrumentos estudiados en el presente capítulo muestran intereses encaminados hacia la protección ambiental y laboral desde perspectivas subjetivas distintas ya que los actores que los negocian son distintos. Sin embargo, ello no significa que la protección de los bienes jurídicos aquí estudiados se vea solventada con la articulación complementaria de ambos instrumentos. Es más, los incumplimientos de los derechos laborales y ambientales en el marco de las EMN siguen siendo una realidad y un problema que preocupa a la sociedad civil. Sin embargo, a partir del final de la segunda década del siglo XXI ha existido «un claro consenso sobre la necesidad de conseguir que las empresas desarrollen su actividad respetando plenamente los derechos humanos, incluidos los de carácter laboral, y el medio ambiente, las medidas que se habían adoptado hasta el momento, [...], se basaban fundamentalmente en la promoción pública [...] de la RSE y de las orientaciones voluntarias sobre diligencia debida dictadas fundamentalmente por la ONU y la OCDE. No se había logrado todavía aprobar una regulación vinculante que impusiera con carácter general a las empresas la obligación jurídica de someter su actividad a sistemas de diligencia debida obligatoria»[65].

A este respecto, la Propuesta de Directiva de Diligencia Debida de la UE (PDDD) resulta de gran interés dado que podría ser un mecanismo mediante el cual asegurar el respeto de derechos laborales y ambientales en las cadenas de producción pues dicho instrumento vendrá a atender desde una perspectiva deslocalizada y centrada en las acciones que vulneren el derecho de la UE. En concreto, su art. 1 establece como objeto «las obligaciones que incumben a las empresas en relación con los efectos adversos, reales y potenciales, sobre los derechos humanos y el medio ambiente de sus propias actividades, de las actividades de sus filiales y de las actividades de la cadena de valor de las entidades con las que dichas empresas mantengan una relación comercial establecida, así como sobre la responsabilidad que

65 Marín Hernández, M. L.: «La perspectiva de la Unión Europea sobre la Diligencia Debida Empresarial en materia de Sostenibilidad tras la aprobación de la propuesta de Directiva», en: Sanguineti Raymond, W. y Vivero Serrano, J. B., *Diligencia debida y trabajo decente en las cadenas globales de valor,* Thomson Reuters Aranzadi, Navarra, 2022, pp. 247-248.

se deriva del incumplimiento de esas normas». Por otro lado, a nivel material también se establece en dicha propuesta que los derechos protegidos son tanto el «derecho de las personas a disponer de los recursos naturales de la tierra y a no verse privadas de sus medios de subsistencia» como «el derecho al goce de condiciones de trabajo equitativas y satisfactorias, incluidos un salario equitativo, unas condiciones de existencia dignas, la seguridad y la higiene en el trabajo y una limitación razonable de las horas de trabajo, [...], la prohibición del trabajo forzoso, [...], el derecho a la libertad de asociación y reunión y de los derechos de sindicación y de negociación colectiva, [...], la prohibición de trato desigual en el empleo, a menos que lo justifiquen los requisitos del puesto de trabajo, [...] y la prohibición de retener un salario digno adecuado». Es decir, se pretende dar cabida a la protección ambiental y laboral en el marco de las empresas que tienen una relación comercial con la UE. Este aspecto vendrá, sin duda, a mejorar las condiciones ambientales y laborales en los centros de trabajo tanto de la UE como fuera de ella. No obstante, esta propuesta ya afronta retos y críticas que deben atenderse para que la protección de los bienes jurídicos que aquí interesan sea una realidad. Una de ellas es la falta de protagonismo del diálogo social en la atención a los derechos vulnerados por parte de las EMN, aspecto que sí estaba presente en la primera propuesta, pero omitidos en los trabajos posteriores en detrimento de la clase trabajadora[66].

Desde este enfoque, la combinación de ambas herramientas y la PDDD podría ser un interesante instrumento a partir del cual mejorar la atención a los derechos laborales y ambientales a escala global. Esto podría llevarse a cabo a partir del establecimiento del alcance y las medidas a adoptar en relación con la PDDD y el contenido de los ALC y los AMI —siendo estos segundos de gran interés en lo referente a la atención de las necesidades del sector—. En segundo lugar, también podría hacerse referencia a un plan de actuación preventiva que permitiera adelantarse a los riesgos asociados a la EMN (art. 7 PDDD) habiéndose consultado a todas los «grupos potencialmente afectados» (art. 6 PDDD). En tercer lugar, las partes podrían comprometerse con la implementación de un Plan de acción correctiva para mitigar los efectos al medio natural causados por las EMN (art. 8 PDDD). En cuarto lugar, podría articularse un canal de reclamación interna mediante el cual las partes, entre ellas, los sindicatos, puedan canalizar sus pretensiones (art. 9 PDDD). Finalmente, podrían establecerse las consecuencias ante el incumplimiento del contenido de los Acuerdos dando lugar incluso, a la desvinculación entre los socios comerciales (arts. 5, 8 y considerando 32 PDDD)[67].

66 *Ibidem.*

67 Correa Carrasco, M.: «El trabajo decente en el ámbito de las cadenas globales de suministro», *Documentación Laboral*, Vol. 1, núm. 128, 2023, 177-179.

5. Conclusiones

Es posible afirmar que la protección laboral y ambiental a nivel internacional ha ido creciendo con los años, sobre todo, durante el pasado siglo. Además, a partir del siglo XXI la atención prestada a las cuestiones ambientales y laborales por parte de la norma y los actores sociales, se ha incrementado exponencialmente.

Por una parte, los derechos laborales han ido entrando lentamente en ciertos ámbitos dónde hasta hace poco tiempo no tenían ningún protagonismo como es en la producción deslocalizada. Ahora el objetivo del derecho laboral transnacional es llegar a promocionar los derechos laborales a nivel mundial en los sistemas de producción de escala global. De esta manera han aparecido nuevos aspectos a considerar en las cadenas globales de valor como los Principios Rectores y Derechos Humanos en las EMN, el concepto de desarrollo sostenible y la debida diligencia, elementos que sin duda potenciarán las nuevas hojas de ruta marcadas por la sociedad, concretamente, el trabajo decente y la protección del medio natural.

Por otra parte, el medio natural se encuentra en una situación precaria que no merece descripción pues es por todos conocida. Esto ha ocasionado que las sensibilidades ambientales tuvieran cabida en la normativa internacional. Además, puede observarse que la materia ambiental se aborda desde un punto de vista positivo, pues el argumento utilizado para su defensa no es otro que el de identificar a los recursos naturales como aliados en el desarrollo responsable y la mejora de las economías a partir de un uso sostenible de dichos recursos. En otras palabras, la protección del medio ambiente ha cobrado un papel íntimamente relacionado con la perspectiva económica y el mercado de trabajo. Esto implica que en ocasiones se corra el riesgo de caer en medidas de eco-blanqueo, es decir, aprovechar la protección ambiental en auge para obtener beneficios comerciales e industriales por parte de algunas empresas.

Ahora bien, en relación con el comercio internacional se observa que hay intenciones loables en los ALC y los AMI al introducir estándares tanto laborales como ambientales. Sin embargo, se puede observar que las disposiciones en muchas ocasiones adolecen de falta de obligatoriedad. En el caso de los ALC esto se traduce en el riesgo de que se lleven a cabo compromisos laborales y ambientales con un objetivo programático, lo que haría de estos ALC papel mojado con graves consecuencias para el medio natural y las personas trabajadoras. Por ello resulta de gran importancia abandonar la posición de inacción de las partes en los ALC y mostrar una implicación real con los compromisos adquiridos, ya sea a partir de obligaciones concretas o sanciones, en caso de no respetarse los compromisos. De lo contrario, estas implicaciones podrían ser exigibles de igual modo, como ya se ha podido observar, pero la consecuencia vinculada a esta situación sería la finalización del libre comercio entre Estados, lo que lleva asociado efectos negativos para un gran número de personas trabajadoras y territorios.

Por su parte, los AMI incorporan la idea de diálogo social al comercio internacional dando la posibilidad a las partes de ser las protagonistas y responsables de la mejora tanto ambiental como laboral. Esto es positivo por dos razones: primero, porque son las partes las conocedoras de las consecuencias tanto ambientales como laborales y, segundo, porque son conocedoras también de las posibles soluciones que se pueden adoptar en sus centros de trabajo. Sin embargo, cuando se observa la debida diligencia, todo y que se podría argumentar que este es uno de sus objetivos, el retroceso en el protagonismo que se le otorga a la clase trabajadora podría obstaculizar la mejora de las condiciones laborales y ambientales.

PARTE III

ESTUDIO DE CASOS: RESPONSABILIDAD, ACCESO A LA JUSTICIA Y DILIGENCIA DEBIDA EN DERECHOS HUMANOS

DE AQUELLOS POLVOS, ESTOS LODOS: UNA LECTURA POSITIVA. DE LOS *BUZOS MISKITOS* A *ENVOL VERT VS. CASINO*

Lorena Sales Pallarés*

Universidad de Castilla-La Mancha

Introducción

No siempre es fácil mantener una visión positiva de la vida en general, pero mucho menos para quienes elegimos trabajar en el campo de los derechos humanos. Optar por esta línea de investigación exige, no solo conocimientos y dominio del derecho, sino también una íntima convicción de que el trabajo que desarrollamos ayuda a mejorar el mundo. Los informes, declaraciones, denuncias y constantes recordatorios de las violaciones sistemáticas de derechos humanos que suceden cotidiana y constantemente en el mundo no permiten olvidar la realidad a pesar de las legislaciones y esfuerzos de personas e instituciones públicas y privadas, lo que afianza un sentimiento

* Profesora Titular de Derecho internacional privado. Lorena.sales@uclm.es. ORCID ID: https://orcid.org/0000-0002-7163-0902. Este trabajo se ha desarrollado gracias a la concesión de la Ayuda para la recualificación del sistema universitario español para 2021-2023, financiado por la Unión Europea -NextGenerationEU, Ministerio de Universidades, Plan de Recuperación, Transformación y Resiliencia, de Resolución de 1 de julio de 2021 de la Universidad de Castilla-La Mancha, desarrollada en el Centro de Estudios sobre Administración de Justicia en la Universitat Jaume I de Castellón, siendo el investigador responsable del Centro la Catedrática de Derecho Procesal Andrea Planchadell Gargallo.

de frustración y desgaste para quienes combaten esta lacra. Sin una visión positiva, los datos y la realidad lastran tanto el discurso que es difícil confiar en la mejora del futuro.

Si analizamos las lecciones aprendidas en las décadas precedentes y observamos con ese poso de confianza y optimismo las propuestas regulatorias que hoy hay sobre las mesas de muchos legisladores, podrá entenderse el hilo que va a guiar este trabajo, aunque yo he preferido referirme a «de aquellos polvos, estos lodos».

Cierto es que la frase suele asociarse a una consecuencia negativa de acciones o antecedentes aún peores, pero, y como he avanzado, quiero que impere una visión positiva, de manera que me propongo demostrar con el análisis de algunos casos, que hay posibilidades de mejora de cara al futuro si nos fijamos en el pasado reciente. Los dos casos que acompañan al título de este trabajo[1] son la viva imagen de que todo el camino que se ha recorrido ha servido para estar hoy aquí, demostrando que las cosas están empezando a cambiar. Y cambian a mejor.

1. El asunto Opario Lemoth Morris y otros vs. Honduras

1.1. Los *miskita* y la pesca de langosta

Ubicada al noreste de Honduras, en su zona costera, La Moskitia[2] es una región multicultural[3], de gran riqueza natural, aunque paradójicamente la pobreza en la región se sitúa por encima de la media nacional alcanzando

1 Me refiero a los asuntos Corte IDH, Sentencia de 31 de agosto de 2021, Serie C N.° 432, asunto *Caso de los Buzos Miskitos (Lemoth Morris y otros) vs. Honduras* [accesible en https://www.iuslat.com/#vid/corte-idh-caso-buzos-923200337], y al caso *Envol Vert et al. vs. Casino* [puede consultarse la demanda presentada en https://bit.ly/49X72xC].

2 El Departamento de Gracias a Dios es conocido comúnmente como La Moskitia, siendo en extensión el segundo mayor de Honduras. Rodeado de recursos naturales, cuenta con un ecosistema tropical, ubicado en una zona montañosa con playas, manglares y ríos. En cuanto a los aspectos demográficos más destacables, la población total estimada es de poco más de 100.000 habitantes, pero debido a la extensión del Departamento, su índice de densidad población es muy bajo, 5.3 habitantes/km^2, provocando la dispersión y aislamiento de sus habitantes.

3 Cuatro son los pueblos indígenas y afrodescendientes que habitan en esta región: los Tawahka, los Pesh, los Garifuna y los Miskito. En Honduras junto a estos cohabitan Lencas, Tolpan, Nahua, Maya Ch'orti y Negros Creoles o Negros de Habla Inglesa. Para una representación y distribución gráfica de los mismos nos remitimos al Mapa 2.1 del Informe elaborado por el Grupo Principal de los Pueblos Indígenas (IPMG) para el Desarrollo Sostenible, *Situación de la implementación de los Objetivos de Desarrollo Sostenible desde la visión de los Pueblos Indígenas de Honduras, Informe Nacional Voluntario 2020*, 12 de mayo 2020, accesible en https://bit.ly/47oRdy9.

casi el 72 %[4]. Asentados y distribuidos binacionalmente entre el Departamento de Gracias a Dios en Honduras y Atlántico Norte en Nicaragua, la comunidad miskita[5] alcanza poco más de 70.000 personas[6], localizándose casi el 80 % en Honduras, conformándose de este modo en el tercer grupo étnico del país.

Se encuentra en este Departamento de Gracias a Dios la zona de los Cayos Miskitos, comprendiendo la mayor extensión de la plataforma continental del país hondureño, que es donde se concentra casi la totalidad de la pesca industrial del país.

Varias cosas son necesarias destacar para entender la realidad del pueblo miskita. Por un lado, la ubicación espacial y geográfica del Departamento de Gracias a Dios, que es un territorio sin infraestructuras o conexiones de comunicación[7], servicios públicos o sociales. Abocado al mar, en la práctica los habitantes de la zona viven aislados de manera forzada[8], lo que les impide

4 Banco Mundial (24 abril 2023), *Una apuesta por la sustentabilidad en la Moskitia, Honduras, para crear nuevos medios de subsistencia*, https://bit.ly/49YOeOs. Pueden verse también los informes de United Nations Office For The Coordination Of Humanitaria (OCHA) (25 enero 2023), *Panorama de Necesidades Humanitarias, Honduras*, https://bit.ly/3N36iNC; Comisión Económica para América Latina y el Caribe (CEPAL), *Panorama Social de América Latina y el Caribe, 2022* (LC/PUB.2022/15-P), Santiago, 2022, https://bit.ly/47V45f5; Integrated Fodd Security Phase Classification (IPC), *Honduras: Acute Food Insecurity Situation December 2022 - February 2023 and Projections for March - May 2023 and June - August 2023*, https://bit.ly/3T1QGxM; y Programa de las Naciones Unidas para el Desarrollo (PNUD), *Informe de Desarrollo Humano. Honduras. Estado de Derecho. Fundamento de la transformación 2022-2030. Hacia una agenda ciudadana*, noviembre 2022, https://bit.ly/3sV1B1E, así como su Atlas dinámico [https://readymag.com/u2218266494/idh-hn/].

5 El origen del nombre miskito deriva de la palabra *Miskut-upla* y que en forma abreviada se lee «Miskitu», que significa «la gente de Miskut». El Miskut era el jefe tribal de la etnia Tawiras, grupo tribal con el cual se fusionaron los miskitos y zambos. *Cfr.,* Organización Internacional para las Migraciones (OIM), *Análisis del contexto miskito en torno a las condiciones de vida, la discriminación, estigma y xenofobia desde las dinámicas migratorias y las prácticas sociales de su comunidad*, 2021, p.12, https://bit.ly/49YJ0SZ.

6 Las cifras de la población indígena de acuerdo con el censo realizado en 2013, indican que eran en ese momento más de 700.000. No hemos encontrado datos de censos desde entonces, aunque la doctrina especializada incrementa hasta el millón de personas la cifra de indígenas en la actualidad. El pueblo lenca es el mayoritario representando más de un 60 %, seguido de los miskitos que vienen a representar el 11 % de la población indígena.

7 Es por ello que el medio de transporte habitual para movilizarse de una comunidad a otra son canoas o «pipantes». Aunque el transporte sea a través de ríos o manglares de forma mayoritaria no siempre ello es posible y o bien se desplazan andando por las orillas de las playas o simplemente están incomunicados si ninguna de esas vías fuera posible, del resto de poblaciones.

8 Aunque referido a los miskitos nicaragüenses, *vid.* Acosta, M.ª L., *Condiciones Laborales de los Buzos Miskitos en la Costa Atlántica de Nicaragua*, San José, Costa Rica, OIT, 2002, accesible en https://bit.ly/46Bjh06.

a todos los niveles poder salir de allí. No es por tanto de extrañar que sea una de las regiones con pobreza extrema, y con un índice de desarrollo muy deficiente en casi cualquier ámbito que se compare[9].

Con imposibilidad material de salir hacia el resto del territorio, los miskitos han vivido siempre de cara al mar, ejerciendo el buceo a pulmón como parte de un patrón cultural ancestral de captura para el autoconsumo y venta en pequeña escala de mariscos, siendo la langosta, las tortugas y el caracol parte de su dieta alimenticia tradicional[10]. Esto hizo de los miskitos expertos buzos a pulmón, configurando así el otro aspecto imprescindible para entenderlos, puesto que esta pesca manual es parte de su identidad. Y ello al mismo tiempo supone varios aspectos a tener en cuenta: por un lado, la profundidad a la que se sumergían, que no superaba los 40/60 pies (equivalente a 15 metros); por otro, al ser a pulmón y requerir de un esfuerzo físico considerable, mantenía un ritmo de pesca *sostenible*. Es decir, las inmersiones respondían solo a la necesidad de obtener comida, por lo que la cantidad de veces que se sumergían y la cantidad de langostas recogidas era relativamente baja y permitía una regeneración natural de las especies marítimas. Esto ayudaba a un reequilibrio del ecosistema, de modo que en las zonas próximas a la costa miskita la población de crustáceos se mantenía constante y suficiente, habiendo también un suministro mínimo pero suficiente de alimentos para la comunidad.

La rápida y preciada comercialización de la langosta hizo crecer en la región una industria pesquera que representaba en 2020 un 14,3 % del PIB del país[11]. En los últimos cinco años Honduras junto con Nicaragua han

---

9 De acuerdo con el Informe de Desarrollo Humano, en 2019 el porcentaje de la población en situación de pobreza multidimensional fue mayor en los departamentos de Gracias a Dios, Lempira, Copán, Olancho e Intibucá. *Vid.* Programa de las Naciones Unidas para el Desarrollo (PNUD), *Informe de Desarrollo Humano. Honduras...*, *op. cit.* y Cabezas Albán, V. D., «El caso de los buzos miskitos: un laboratorio vivo para auditar la adaptabilidad del Sistema Interamericano de Derechos Humanos», *Revista de la Facultad de Derecho PUCP*, N.° 84, 2020, pp.47-60, DOI: https://doi.org/10.18800/derechopucp.202001.002, p.49. Según la medición de Necesidad Básicas Insatisfechas (NBI), la totalidad del Departamento de Gracias a Dios se sitúa por encima del 90 % en cuanto a índices de pobreza, situación que llega a implicar que 9 de cada 10 viviendas en el Departamento no cuenta con alguna de las condiciones de vida mínimas para el desarrollo de la población miskita. Organización Internacional para las Migraciones (OIM), *Análisis del contexto miskito...*, *op. cit.*, pp. 14 y ss.

10 Sobre la alimentación de los miskita, a pesar de que tienen acceso a recursos derivados de la pesca, esta es escasa y deficiente en cuanto a variedad de alimentos y nutrientes. Organización Internacional para las Migraciones (OIM), *Análisis del contexto miskito...*, *op. cit.*, p. 22.

11 *Vid.* Unidad de Planeamiento y Evaluación de la Gestión (UPEG) y Secretaría de Agricultura y Ganadería (SAG), *Acuícola y Pesquero. Análisis de Coyuntura*, IV Trimestre 2020, https://bit.ly/3t0TXCT, p.6; y Rivera Sosa, A., Randazzo-Eisseman, A., Carrasco Navas-Parejo, J.C., *Análisis de la situación actual de los recursos marinos en los Cayos Miskitos de Honduras*, 2020, DOI: 10.13140/RG.2.2.11600.33282.

exportado el 26 % de la langosta que se consume en la UE[12]. Los principales países importadores son Bélgica, España y Francia, aunque estos Estados miembros reexportan estos productos a otros países de la Unión, por lo que podrían ser más los países europeos que tengan langosta hondureña o nicaragüense. Y esto es importante de señalar por las consecuencias a efectos de relaciones empresas y derechos humanos. Si las cadenas de valor mundiales de las empresas de productos del mar pueden poner en riesgo los derechos humanos o medioambientales con sus conductas si no mantienen políticas claras de diligencia debida, se enfrentarán con mayor frecuencia a riesgos normativos, financieros, de litigio y reputacionales vinculados a este binomio empresas y derechos humanos. En este sentido, y con la propuesta de Reglamento del Parlamento Europeo y del Consejo, *por el que se prohíben en el mercado de la Unión los productos realizados con trabajo forzoso*[13], o la Propuesta de Directiva del Parlamento Europeo y del Consejo, *sobre diligencia debida de las empresas en materia de sostenibilidad*[14], las importaciones pueden verse afectadas de entrar en vigor los textos señalados. En la medida que no puedan verificarse las ausencias de violaciones de derechos humanos en la obtención de langostas, por ejemplo, la importación no podrá seguirse y el producto no conseguirá entrar en el mercado europeo[15]. Y no solo no es descabellado este planteamiento, sino que el asunto *Buzos Miskitos*, planteó

12 *Vid.* ClientEarth (Julio 2023), *Inmersiones peligrosas en busca de la langosta común del Caribe*, https://www.clientearth.es/media/3f5fbmyv/inmersionas-peligrosas-en-busca-de-la-langosta-comun-del-caribe-pdf.pdf.

13 Propuesta de Reglamento Propuesta de Reglamento del Parlamento Europeo y del Consejo, *por el que se prohíben en el mercado de la Unión los productos realizados con trabajo forzoso*, COM (2022) 453 final, de 14 de septiembre de 2022, https://eur-lex.europa.eu/legal-content/ES/TXT/?uri=CELEX:52022PC0453.

14 Propuesta de Directiva del Parlamento Europeo y del Consejo, *sobre diligencia debida de las empresas en materia de sostenibilidad y por la que se modifica la Directiva (UE) 2019/1937*, COM/2022/71 final, de 23 de febrero de 2022, https://eur-lex.europa.eu/legal-content/ES/ALL/?uri=CELEX:52022PC0071.

15 Así puede deducirse de la lectura de los artículos de la Propuesta Reglamento trabajo forzoso, art. 3. *Prohibición de productos realizados con trabajo forzoso. Los operadores económicos no introducirán ni comercializarán en el mercado de la Unión productos realizados con trabajo forzoso, ni tampoco exportarán dichos productos*, en relación con el art. 11. *Base de datos de zonas o productos que presenten riesgo de trabajo forzoso. 1. La Comisión solicitará asesoramiento externo para proveer una base de datos indicativa, no exhaustiva, verificable y que se actualice periódicamente del riesgo de que exista trabajo forzoso en zonas geográficas específicas o con respecto a productos específicos, también en relación con el trabajo forzoso impuesto por las autoridades estatales. La base de datos se basará en las directrices a que se refiere el artículo 23, letras a), b) y c), y en fuentes de información pertinentes de procedencia externa como, por ejemplo, organizaciones internacionales y autoridades de terceros países*. En la medida que existe una sentencia de la CIDH que fija sin lugar a dudas las violaciones sistemáticas que sobre los buzos miskitos recae en la pesca de las langostas, queda poco margen para no entender que tal productor es susceptible de entenderlo dentro del ámbito de aplicación del art.3.

que los miskitos se encontraban en un escenario de vulneración estructural y sistemática de sus derechos humanos.

En ese entorno de expansión de la industria pesquera, la pesca artesanal no tenía cabida y puso fácil el transvase de estos buzos miskitos a las empresas especializadas que empezaron a proliferar en la zona y a instalarse en La Moskitia buscando langostas y camarones. Pero no solo sobre los buzos, la industria langostera trajo consigo trabajo en las plantas procesadoras, ubicadas en su mayoría en las Islas de la Bahía, La Ceiba y de la Moskitia, donde encontraron trabajo las mujeres miskitas. Los informes y los datos más actuales hablan de que unas 4000 personas se dedican al buceo autónomo en la flota industrial y artesanal durante la temporada, que va desde julio a marzo, siendo extraído el 95 % de la langosta por buzos miskitos.

No debería ser negativo este cambio en la estructura productiva de la langosta, o incluso pudo haberse convertido en el impulso de desarrollo de una región y una comunidad especialmente vulnerable y necesitada. Sin embargo, el cambio tanto en el método de extracción como en el ritmo supuso una abrupta transformación de la actividad del buceo—de lo artesanal a un sistema laboral-industrial «informal»— que no vino de la mano de un adiestramiento técnico, y que tuvo consecuencias muy marcadas sobre la salud de los trabajadores del buceo, los cayuqueros, sus familias y las propias comunidades indígenas.

Los buzos miskitos, especialmente apreciados y buscado por su capacidad y habilidad en el buceo a pulmón se vieron forzados a ejercer la pesca a niveles industriales, generándose un escenario de vulneración estructural y sistemática de los derechos humanos de este pueblo como puso de manifiesto la propia Corte IDH[16].

Pensemos que el ritmo de extracción hasta ese momento de las langostas era cercano a la costa y relativamente escaso, pero que desde el momento en el que la pesca se realiza a niveles industriales crece exponencialmente la cantidad de langostas extraídas. Esto provocó una disminución en la tasa de reposición natural de la langosta, lo que tuvo como consecuencia principal el cambio en la zona de buceo para seguir manteniendo el ritmo marcado por la industria. Empujados hacia mar adentro, los buzos miskitos tenían que realizar inmersiones a mayor profundidad y permanecer mayor tiempo alejados de la costa[17]. La profesionalización de los buzos miskitos no siguió los cauces ordinarios cuando tuvieron que cambiar al buceo con equipo. A pesar de que aprender a bucear con equipo era un proceso exigente que hubiera requerido tiempo y formación por especialistas para conocer las normas indispensables de seguridad y uso, carecieron de instructores aprendiendo de manera

16 CIDH, *Opario Lemoth Morris y otros vs. Honduras*, Informe de Admisibilidad 121/09, 2009, p. 39.

17 La media de días embarcados en alta mar varía de los 12 a los 17 días.

autónoma transmitiéndose entre ellos los conocimientos elementales. Los equipos de los que disponían eran antiguos y no tenían un mantenimiento adecuado. Así las cosas, el riesgo de sufrir accidentes o de padecer el síndrome de descompresión era altamente probable, pero aumentaba con el uso de drogas y alcohol, en algunos casos ofrecidas por los mismos tripulantes de las embarcaciones pesqueras para aumentar el ritmo de descensos y de capturas de langostas. Los frecuentes accidentes entre los buzos han causado que un gran número de estos resulten afectados con discapacidades físicas, otros han muerto y un porcentaje no determinado haya desaparecido en alta mar. La falta de conocimiento de los riesgos, de entrenamiento, de equipo adecuado y de alternativas laborales y económicas en la zona, así como las características culturales, lingüísticas y étnicas de los trabajadores del buceo son consideradas las causas más inmediatas de esta situación.

Enmarcaba esta situación la ausencia fáctica de dos jurisdicciones colindantes mutuamente irresponsables, Honduras y Nicaragua, que controlaran a las empresas pesqueras radicadas en la región. Fue así fácil que estas reclutaran indiscriminadamente a todos los buzos miskito, hombres jóvenes entre 14 y 30 años, embarcándolos en naves sin registros ni equipamientos adecuados, forzándolos a permanecer bajo el agua por periodos extensos, a profundidades que generaron en sus organismos una descompresión crónica[18]. Y podemos afirmar esta desatención fijándonos en algunas situaciones que se repiten sistemáticamente:

- para que estas embarcaciones pesqueras puedan salir deben contar con el permiso de zarpe, que obtienen solo una vez para todo el periodo de pesca, a pesar de que descargan y se abastecen en otras zonas que normalmente son diferentes a su sede;
- aunque el permiso debe pasar por varias instituciones y funcionarios, se rellenan y dan sin contar con información básica como pueden ser los contratos firmados de los ocupantes del barco;
- con este permiso de zarpe van hacia La Moskitia a montar a cualquier buzo que se encuentre disponible sin que vuelva a someterse a ningún tipo de control ni inspección por parte de ninguna autoridad;
- los buzos reclutados nunca conocen el nombre de la embarcación en la que trabajan ni quién es el propietario, simplemente alguien les recoge y se dirigen mar adentro para pasar de dos a tres semanas para ejercer la pesca por buceo.

Y esta situación no es aislada: existen alrededor de 9.000 buzos en la práctica de la pesca submarina de langosta, de los cuales 98 % son miskito. Casi

18 Mosquitia Asla Takanka-Unidad de la Mosquitia (MASTA), *Protocolo bio-cultural del Pueblo Indígena Miskitu: el derecho al consentimiento libre, previo e informado en nuestro territorio de La Muskitia Hondureña*, 2012, p. 20, https://prmapping.ku.edu/Protocolo_Miskitu.pdf.

la mitad de ellos ha presentado algún grado del síndrome de descompresión y al menos 4.200 miskitos sufren alguna discapacidad total o parcial derivado del mismo[19].

Este esquema laboral ha generado en el pueblo miskito una forma de esclavitud moderna cuyo pilar fundamental es la desatención estatal que no ha conseguido mejorar ni siquiera con el pronunciamiento de la Corte IDH.

1.2. La intervención de la Corte IDH en el asunto *Buzos Miskitos*

En mayo de 2004 la Asociación de Miskitos Hondureños de Buzos Lisiados (AMHBLI)[20] presentó ante la Comisión Interamericana de Derechos Humanos el caso de Opario Lemoth Morris y otras 42 víctimas; todos ellos eran buzos o ex-buzos miskitos que presentaban con algún tipo de discapacidad. Se unieron a la demanda familiares de buzos fallecidos por motivos laborales. En su demanda señalaban al Estado hondureño al entender que había omitido adoptar una política integral de seguridad social, salud pública y trabajo, a la hora de supervisar las condiciones en las que se desarrollaba la explotación submarina en el Departamento de Gracias a Dios, provocando así una violación sistemática de los derechos fundamentales de los buzos, de tal gravedad, que ha afectado la integridad misma del Pueblo Miskitu.

En 2010, la Comisión IDH admitió el caso. En su Informe de Fondo[21] la Comisión concluyó que el Estado de Honduras vulneró el derecho a la integridad personal de 34 buzos miskito que sufrieron accidentes debido a las inmersiones profundas que realizaban y que les generaron el síndrome de descompresión y que violó el derecho a la vida de los doce buzos miskito que fallecieron momentos después de dichos accidentes. La omisión e indiferencia del Estado frente a la problemática de explotación laboral por parte de empresas pesqueras y la realización del buceo en condiciones peligrosas que dio lugar a dichos accidentes se vio materializada en la falta de fiscalización adecuada, que le correspondía ejercer al Estado. En ese sentido la Comisión IDH consideró que el Estado hondureño, a pesar de tener conocimiento de la situación de los buzos y la situación perversa de las relaciones laborales en las que se encontraban, no adoptó medidas deliberadas, concretas y orientadas a la realización del derecho al trabajo, a las condiciones justas,

19 Datos aportados por la Asociación de Miskitos Hondureños de Buzos Lisiados (AMHBLI) y recogidos en la sentencia CIDH al caso *Buzos Miskitos*.

20 La acompañaron la Asociación de Mujeres Miskitas Miskitu Indiang Mairin Asia Takanka (MIMAT), el Consejo de Ancianos Almuk y el Centro por la Justicia y el Derecho Internacional (CEJIL), quien en diciembre de 2007, fue acreditado como co-peticionario.

21 CIDH. Informe N.° 64/18. Caso 12.738. Fondo. *Opario Lemoth Morris y otros* (Buzos Miskitos). Honduras. 8 de mayo de 2018, accesible en https://bit.ly/3NdbqPn.

equitativas y satisfactorias del mismo, así como a la salud y a la seguridad social. Además, tomando en cuenta los múltiples factores de vulnerabilidad de las víctimas vinculados a su pertenencia a un pueblo indígena históricamente excluido, en situación de pobreza extrema y siendo muchas víctimas personas con discapacidad, la Comisión consideró que el Estado también era responsable por la violación del principio de igualdad y no discriminación.

En mayo de 2019 la Comisión presentó el caso ante la Corte IDH y al alcanzar en marzo de 2021 el Estado de Honduras y los demandantes un Acuerdo de solución amistosa donde el Estado reconocía su responsabilidad internacional por la violación de los derechos humanos de los buzos miskitos[22], fue presentado para su homologación conociéndose el 31 de agosto de 2021, 17 años más tarde, la sentencia en la que Honduras «acepta que los hechos que conforman la base factual del presente Acuerdo de Solución Amistosa y, por ende, del reconocimiento de su responsabilidad internacional, son aquellos hechos probados determinados por la [Comisión] en su Informe de Fondo N.º 64/18 aprobado el 8 de mayo de 2018, mismo que forma parte integral del acuerdo, y que el Estado acepta acatar en el marco del cumplimiento del presente acuerdo a partir de sus obligaciones internacionales».

¿Por qué es relevante esta decisión? Varios son los motivos que destacan en este pronunciamiento. La misma se produjo casi conjuntamente con otra decisión, *Martina Vera Rojas vs. Chile*[23], y en ambas la Corte IDH está definiendo importantes conceptos en materia de Empresas y Derechos Humanos utilizando los *Principios Rectores de las Naciones Unidas sobre Empresas y los Derechos Humanos*[24]. Y es importante señalarlo porque mantiene y amplia la

22 En concreto de la violación de los derechos a la vida, a la vida digna, a la integridad personal, a las garantías judiciales, a los derechos del niño, a la igual protección de la ley, a la protección judicial, a la salud, al trabajo, a la seguridad social, y a la no discriminación (artículos 4.1, 5.1, 8.1, 19, 24, 25.1 y 26 de la Convención Americana).

23 A pesar de la importancia del asunto *Vera Rojas y otros Vs. Chile*, Corte IDH Sentencia de 1 de octubre de 2021, https://www.corteidh.or.cr/docs/casos/articulos/seriec_439_esp.pdf, sobre la relación empresas y derechos humanos el tema central del asunto, salud y deber de los seguros médicos de respetar los derechos humanos, se desvía de nuestro planteamiento. En todo caso para el caso remitimos, además de a la sentencia, a Rossel Castagneto, M.ª L., «Derechos humanos y empresas: especial referencia a la sentencia de la CIDH en caso *Vera Rojas y otros vs. Chile*», *Actualidad Jurídica. Revista de Derecho de la Universidad del Desarrollo*, n.º 48, Julio 2023, pp.243-262; Espósito, J., Acacio, M. L., «Los principios rectores sobre las empresas y los derechos humanos en la jurisprudencia de la Corte Interamericana de Derechos Humanos», *Revista Electrónica Iberoamericana*, vol. 17, N.º 1, 2023, pp. 188-197; Tripo, F., «The Human Right to Health in the Inter-American Human Rights System: An Analysis of Its Enforceability», *Diritti umani e diritto internazionale, Rivista quadrimestrale*, 1/2023, pp. 35-70.

24 *Vid.* ONU, *Principios Rectores sobre las empresas y los derechos humanos: puesta en práctica del marco de las Naciones Unidas para «proteger, respetar y remediar»*, Informe del Representantes Especial del Secretario General para la cuestión de los derechos humanos y las empresas transnacionales y otras empresas, John Ruggie. Presentado durante el

jurisprudencia iniciada con el asunto *Lagos del Campo*[25] sobre empresas y derechos humanos, marcando una nueva jurisprudencia[26] que trata de obli-

17.° período de sesiones del Consejo de Derechos Humanos de las Naciones Unidas, A/HRC/17/31, 21 de marzo de 2011, accesibles en https://www.ohchr.org/documents/publications/guidingprinciplesbusinesshr_sp.pdf. Sobre la abundante bibliografía sobre los mismos nos remitimos a los trabajos de MÁRQUEZ CARRASCO, M.ª C., *et al.*, *El 10.° aniversario de los principios rectores de las Naciones Unidas sobre empresas y derechos humanos: retos de la debida diligencia en materia de derechos humanos y medio ambiente y los derechos de los pueblos indígenas* Thomson Reuters Aranzadi, 2022; IGLESIAS MÁRQUEZ, D., «La implementación de los Principios Rectores de las Naciones Unidas sobre Empresas y Derechos Humanos por la Unión Europea y sus Estados Miembros», *Revista española de derecho internacional*, Vol. 71, N.° 1, 2019, pp. 279-281; ZAMBRANA TÉVAR, N., «Los principios rectores de las Naciones Unidas sobre las empresas y los Derechos Humanos», en ZAMORA CABOT, F.J., GARCÍA CÍVICO, J., SALES PALLARÉS, L. (eds. lits.), *La responsabilidad de las multinacionales por violaciones de derechos humanos*, Universidad de Alcalá, Editorial Universidad de Alcalá, 2013, pp. 41-61; LÓPEZ-JACOISTE DÍAZ, E., «Los principios rectores de las Naciones Unidas sobre las empresas y los derechos», en FERNÁNDEZ LIESA, C. R., LÓPEZ-JACOISTE DÍAZ, E. (dirs.), *Empresas y derechos humanos*, Thomson Reuters Aranzadi, 2018, pp. 35-66; ROIG, M., «Los principios rectores de Naciones Unidas sobre las empresas y los derechos humanos en la jurisprudencia de la corte interamericana de derechos humanos», *Revista Integración Regional & Derechos Humanos*, N.° 1, 2023; CANTÚ RIVERA, H., «Evaluando los Principios Rectores de las Naciones Unidas sobre Empresas y Derechos Humanos a dos años de su adopción», *Revista Internacional de Derechos Humanos*, N.° 3, 2013, pp.159-180; ESTEVE MOLTÓ, J.E., «Los Principios Rectores sobre las empresas transnacionales y los derechos humanos en el marco de las Naciones Unidas para "proteger, respetar y remediar»: ¿hacia la responsabilidad de las corporaciones o la complacencia institucional?», *Anuario español de derecho internacional*, N.° 27, 2011, pp. 317-351; CRAGNOLINO, G., «Aplicación de Principios Rectores sobre Empresas y Derechos humanos en la Corte Interamericana de Derechos Humanos», *Revista de Estudio de Derecho Laboral y Derecho Procesal Laboral*, Núm. 4, 2022, pp. 101-113, DOI: https://doi.org/10.37767/2683-8761(2022)009.

25 Corte IDH de 31 de agosto de 2017, caso *Lagos del Campo vs. Perú*, https://www.corteidh.or.cr/docs/casos/articulos/seriec_340_esp.pdf. El caso supuso un giro jurisprudencial de la Corte IDH sobre la justiciabilidad directa de los derechos económicos sociales culturales y ambientales (DESCA), al declarar a Perú responsable por la violación al derecho a la estabilidad laboral del señor Lagos del Campo al ser despedido arbitrariamente por la empresa no habiendo adoptado el Estado peruano las medidas adecuadas para proteger su derecho.
Sobre el asunto *vid.* BAYARDI MARTÍNEZ, C.M., «Los casos difíciles y la corte IDH: consideraciones sobre la argumentación del caso Lagos del Campo vs. Perú», *Revista de la Facultad de Derecho de México*, Vol. 68, N.° 272, 1, 2018, pp. 171-188; RIVERA BASULTO, M.C., «Justiciabilidad directa de los derechos económicos, sociales, culturales y ambientales: Después de Lagos del Campo ¿qué sigue?», *Revista IIDH*, N.° 67, 2018, pp. 131-154; CALDERÓN GAMBOA, J.F., «Consolidando los derechos económicos, sociales, culturales y ambientales en el Sistema Interamericano: la justiciabilidad directa en la sentencia Lagos del Campo y la relatoría DESCA», en PRONER, C., OLÁSOLO ALONSO, H., VILLÁN DURÁN, C., RICOBOM, G., BACK, CH. (coords.), *70.° aniversario de la declaración universal de derechos humanos: La Protección Internacional de los Derechos Humanos en cuestión,* Tirant lo Blanch, 2018, pp. 343-354.

26 Remitimos al trabajo de MANTELLI, L.M., ARAYA, M.ª J., «El caso de los Buzos Miskitos: apuntes sobre la reciente sentencia de la Corte Interamericana de Derechos Humanos»,

gar a los Estados, aquí Honduras, a regular el comportamiento de las empresas privadas. El precedente que sienta este caso además representa no solo un importante avance para mejorar las condiciones de vida de una comunidad vulnerable, sino también para la construcción de estándares interamericanos en materias aún no exploradas por la CIDH[27]. En este sentido, la solicitud que las partes hicieran al Tribunal solicitando su pronunciamiento sobre el contenido y alcance de los derechos afectados, formó parte de una estrategia procesal orientada a generar jurisprudencia en materia de empresas y derechos humanos con relación a comunidades indígenas, por lo que podrán beneficiarse no solamente la comunidad Miskita hondureña, sino del resto de regiones[28].

El Tribunal quiso dejar claro que en la medida que los Estados tienen la obligación de garantizar el libre y pleno ejercicio de los derechos, han de entender que forma parte del mismo el deber de prevenir que terceros los vulneren:

> «(...) los Estados tienen el deber de prevenir las violaciones a derechos humanos producidas por empresas privadas, por lo que deben adoptar medidas legislativas y de otro carácter para prevenir dichas violaciones, e investigar, castigar y reparar tales violaciones cuando ocurran. Los Estados, de esta forma, se encuentran obligados a reglamentar que las empresas adopten acciones dirigidas a respetar los derechos humanos reconocidos en los distintos instrumentos del Sistema Interamericano de Protección de Derechos Humanos —incluidas la Convención Americana y el Protocolo de San Salvador. En virtud de esta regulación, las empresas deben evitar que sus actividades provoquen o contribuyan a provocar violaciones a derechos humanos, y adoptar medidas dirigidas a subsanar dichas violaciones (...)»[29].

Y para la Corte IDH,

> «el Estado hondureño, a pesar de tener conocimiento de la situación de los buzos y la situación perversa de las relaciones laborales en las que se encontraban, no adoptó medidas deliberadas, concretas y orientadas a la realización del derecho al trabajo, a las condiciones justas, equitativas y satisfactorias del mismo, así como a la salud y a la seguridad social. Además, tomando en cuenta los múltiples factores de vulnerabilidad de las víctimas vinculados a su pertenencia a un pueblo indígena históricamente excluido, en situación de pobreza extrema y siendo muchas vícti-

---

Revista Gobierno y Sociedad, N.° 1, 2022, pp. 113-139, DOI: https://doi.org/10.61311/2805-1912.5, para entender la evolución de los derechos DESCA y la línea jurisprudencial en la que se inserta el caso.

27 De esta opinión Cragnolino, G., «Aplicación de Principios Rectores sobre empresas...», *op. cit.*, p.105.

28 *Vid.* Mantelli, L.M., Araya, M.ª J., «El caso de los Buzos Miskitos:...», *op. cit.*, p.122.

29 *Cfr* párrafo 48 CIDH Buzos Miskitos, https://www.corteidh.or.cr/docs/casos/articulos/seriec_432_esp.pdf.

mas personas con discapacidad, la Comisión consideró que el Estado también es responsable por la violación del principio de igualdad y no discriminación»[30].

Cierto es que Honduras intentó regular y mejorar algunos aspectos con la promulgación de una Ley General de Pesca y Acuicultura en 2017[31], pero la visita *in loco* realizada en 2018 solo pudo certificar que nada había cambiado. La Comisión entendió que existía omisión e indiferencia del Estado, puesto que era conocedor de la explotación laboral que las empresas pesqueras llevaban a cabo y no había puesto los medios para obligar a las empresas privadas a respetar los derechos humanos y corregir su comportamiento, al que estaba obligadas no solo como responsabilidad fundada como una expectativa social básica, sino como consecuencia jurídica del cumplimiento de las obligaciones de los Estados en estos contextos[32].

En la medida que Honduras realizó una fiscalización y supervisión de aquellas empresas privadas que operaban en La Moskitia, sabiendo que una parte sustancial de la población era vulnerable, implicó un incumplimiento de su obligación de garantizar que se adoptaran medidas para la protección de la vida y la salud de los buzos y para garantizar su derecho a la igualdad material[33].

Ante esta la ausencia de control por parte del Estado de Honduras, las empresas pesqueras habían dispuesto de una facultad ilimitada en la práctica para disponer de los individuos, sometiéndoles a un trabajo en condiciones infrahumanas en un esquema de contratación donde las empresas han sido la única autoridad real[34].

Si hasta este caso la jurisprudencia constante de la Corte IDH había determinado que el deber estatal de garantía implicaba «prevenir, en la esfera privada, que terceros vulneren los bienes jurídicos protegidos»[35], atendiendo

---

30 *Cfr* OEA (11 octubre 2019), *CIDH presenta caso sobre Honduras a la Corte IDH,* https://www.oas.org/es/cidh/prensa/comunicados/2019/257.asp.

31 Ley General de Pesca y Acuicultura, Decreto N.° 106-2015, La Gaceta, Diario Oficial de la República de Honduras 5 agosto 2017, que contiene un art.31 especialmente pensado para la problemática de los buzos misquitos, https://www.digepesca.sag.gob.hn/wp-content/uploads/2022/08/Ley-de-Pesca-y-Acuicultura-Honduras-D-106-15.pdf.

32 *Cfr* CIDH Comisión Interamericana de Derechos Humanos, *Empresas y derechos humanos: estándares interamericanos*, OEA/Ser.L/V/II, CIDH/REDESCA/INF.1/19, 1 de noviembre de 2019, párr. 66.

33 *Cfr* párrafo 109 CIDH Buzos Miskitos, https://www.corteidh.or.cr/docs/casos/articulos/seriec_432_esp.pdf.

34 *Cfr* Cabezas Albán, V. D., «El caso de los buzos miskitos...», *op. cit.*, p.62.

35 Corte IDH, Sentencia de 15 de septiembre de 2005, Caso de la «*Masacre de Mapiripán» vs. Colombia*, párr. 111, y Corte IDH, Sentencia de 15 de julio de 2020, *Caso de los Empleados de la Fábrica de Fuegos de Santo Antonio de Jesús y sus familiares vs. Brasil*, párr. 117. En este caso, la Corte expresó el deber de los Estados de regular, supervisar y fiscalizar la práctica de actividades peligrosas que puedan llevar adelante empresas privadas, pero, no tuvo un enfoque de derechos humanos y empresas propiamente dicho.

a las circunstancias particulares del caso y la concreción de las obligaciones de garantía, en la Sentencia de los Buzos Miskitos da un paso adelante y señala que los Estados se encuentran obligados a reglamentar que las empresas adopten acciones dirigidas a respetar los derechos humanos evitando que sus actividades provoquen o contribuyan a provocar violaciones a derechos humanos, y adoptar medidas dirigidas a subsanarlas, en caso de que ocurran[36].

A pesar de que la Sentencia es ciertamente una gran notica y un salto cualitativo hacia la protección de los principios en materia de Empresas y Derechos Humanos, algunas críticas podemos hacer a la misma al hilo de sus avances.

Si bien reitera el deber de los Estados de prevenir toda violación de los derechos humanos por parte de las entidades privadas que operan bajo su jurisdicción incluyendo la adopción de leyes y políticas específicas, incluida la diligencia debida y mecanismos de reparación, la Corte IDH no hace una aplicación concreta a la situación de los buzos Miskitos. Aunque la adopción de la Ley General de Pesca y Acuicultura pudo ser un primer paso, el reto pendiente de las autoridades estatales es la vigilancia y el cumplimiento de las normas de las que se dote, así como el respeto real de los derechos humanos en el contexto de la pesca industrial por buceo. La debilidad en los mecanismos nacionales para asuntos como el número de inmersiones diarias o la verificación de la experiencia de los buzos[37], cuando no su ausencia, señalan una grieta evidente que no augura una mejora en la calidad de vida de los miskitos. A ello hay que sumar que siguen existiendo factores secundarios que pueden exacerbar el riesgo de accidentes en esta actividad, como el contexto de falta de oportunidades de trabajo o generación de ingresos en La Moskitia, el modelo económico de la remuneración proporcional a la cantidad de libras capturada o el buceo bajo efectos del alcohol o drogas. Nada ha cambiado en este sentido por lo que difícilmente podrá conseguirse una mejora en la vida de los miskitos; pero, aunque pudiéramos ver indicios de mejora, un cambio estructural como es el requerido aquí necesita de tiempo para dar resultados, por lo que a medio plazo las vidas de los miskitos no percibirán mejora alguna.

La Corte hizo uso del segundo pilar de los Principios para (re)afirmar que las empresas son las primeras responsables de garantizar que sus actividades respeten los derechos humanos (párr. 51), de modo que debían incluir medidas (políticas internas de evaluación constante, estrategias de miti-

---

36 *Cfr* párrafo 49 CIDH Buzos Miskitos, https://www.corteidh.or.cr/docs/casos/articulos/seriec_432_esp.pdf.

37 *Cfr* Comisionado Nacional de los Derechos Humanos (Honduras) CONADEH, *Estudio de impacto sectorial de la industria de pesca por buceo en los derechos humanos de los buzos indígenas miskitus, desde un enfoque de empresas y derechos humanos*, mayo 2023, p.88.

gación y mecanismos de rendición de cuentas...) que debían extenderse también a sus cadenas de suministro.

Si bien la Corte IDH no ordenó ninguna medida específica que obligara a Honduras a promulgar leyes o políticas específicas con el *focus Empresas y Derechos Humanos*, que podría haber contribuido a prevenir futuras violaciones de derechos por parte de actores empresariales, sí se indica (párr. 162.6.k) que Honduras debe adoptar una nueva normativa de pesca que incluya «políticas de derechos humanos, procesos de diligencia debida y procesos para remediar las violaciones de derechos humanos» (párr. 138)[38].

Aunque en la Unión Europea estamos avanzando en este sentido con las propuestas legislativas sobre debida diligencia, queda lejos aún poder dar por conseguido que las empresas interioricen estas prácticas, aunque no hay duda tampoco que esa es la dirección inequívoca que llevamos tanto el Sistema IDH como la propia Unión Europea.

El 30 de marzo de 2023 tuvo lugar el Acto de Reconocimiento de Responsabilidad Internacional de Desagravio y Compromiso de No Repetición al que quedó obligado Honduras[39]. En él, las autoridades reconocieron la responsabilidad del Estado en la violación de los derechos al trabajo, la salud, la seguridad social y la vida de los buzos y expresaron sus disculpas por los hechos enfrentados. Se reiteró la voluntad de avanzar medidas que mejoren la calidad de vida de los miskitas: así la elaboración de un censo sobre la situación de los buzos, la instalación de oficinas permanentes donde pudieran dirigirse o la entrega de un bono de 5 mil lempiras[40] a los buzos discapacitados; también se comprometieron a la licitación y compra de tres cámaras hiperbáricas para el tratamiento del síndrome de descompresión. A pesar del clima de voluntad y entendimiento reconociendo la voluntad del Estado en el avance del caso, se reiteró la necesidad de dar respuesta y cumplimiento a los compromisos asumidos en la sentencia para percibir la mejorar en la situación de La Moskitia[41].

---

38 Sin embargo, dado que la orden de adoptar una nueva normativa pesquera no forma parte de las órdenes contenidas en la parte resolutiva de la sentencia, es dudoso que el Estado haga cumplir este requisito a las empresas. A pesar de este vacío, la Corte IDH podría monitorear el cumplimiento de esta medida en las audiencias de supervisión de cumplimiento de sentencia que se lleven sobre este caso.

39 El acto fue retrasmitido en directo y puede recuperarse su visionado en https://fb.watch/olvTHICnlr/.

40 El equivalente a 186€.

41 Lamentablemente parece que poca cosa ha cambiado a pesar de la sentencia, ya que en la última temporada de buceo han sido 102 los buzos que han sufrido alguna discapacidad a causa del síndrome de descompresión por la falta de condiciones seguras durante la práctica de buceo de langostas y crustáceos. *Cfr* CEJIL (31 de marzo 2023), *Buzos miskitos: autoridades hondureñas asumen compromisos y expresan disculpas ante problemática de buceo en la región*, https://cejil.org/comunicado-de-prensa/buzos-miskitos-autoridades-hondurenas-asumen-compromisos-y-expresan-disculpas-ante-problematica-de-buceo-en-la-region/.

El cambio no es automático, pero claramente indica una tendencia de sensibilidades. La senda marcada por casos y pronunciamientos afinando la relación entre empresas y derechos humanos cual piezas de un gigantesco puzle está empezando a dejar ver una imagen clara a ambos lados del océano. Muestra de esta retroalimentación es el asunto siguiente.

2. El asunto Envol Vert vs. Casino

2.1. Algunas consideraciones iniciales

Aunque nos vayamos a centrar en el asunto *Envol Vert et al. vs. Casino*, es necesario enmarcar el caso en el auge de los litigios relativos a la responsabilidad de las empresas por la adaptación al cambio climático abordados en varios casos que se encuentran en la actualidad pendientes ante los tribunales[42]. Aunque muchos de los casos existentes se encuentran en fases procesales iniciales, el solo hecho del reconocimiento por parte de los tribunales de que una empresa privada pueda ser considerada responsable de los daños relacionados con el cambio climático por sus emisiones de GEI marca un avance significativo en la visión del alcance de los derechos.

De igual modo, estamos viendo como una nueva categoría de casos se abre paso. Nos referimos a las demandas interpuestas contra empresas por campañas de «lavado verde» o *greenwashing*. La propia Unión Europea, preocupada por esta tendencia de comportamiento empresarial observada, ha presentado en marzo de 2023 una Propuesta de Directiva sobre declaraciones medioambientales centrada en el establecimiento de criterios comunes para toda la UE contra el llamado «blanqueo ecológico» o *greenwashing*[43] a

42 Así por ejemplo el asunto *Luciano Lliuya vs. RWE AG*, que se puede consultar en https://climatecasechart.com/non-us-case/lliuya-v-rwe-ag/. Lliuya, agricultor peruano, demandó a *RWE*, el mayor productor de electricidad de Alemania, solicitándole el reembolso de una parte de los costes en los que él y las autoridades de Huaraz debían incurrir para protegerse contra las inundaciones. La parte calculada ascendía al 0,47 % del coste total, el mismo porcentaje que la contribución estimada de *RWE* a las emisiones industriales mundiales de gases de efecto invernadero desde el inicio de la industrialización (sobre el mapeo de las emisiones GEI acumuladas de las *Carbon Majors vid.* HEEDE, R., «Tracing Anthropogenic Carbon Dioxide and Methane Emissions to Fossil Fuel and Cement Producers, 1854-2010», *Climatic Change*, 2013, vol. 122, núm. 1-2, pp. 229-241). En noviembre de 2017, el Tribunal Regional Superior de Hamm admitió el caso a trámite y se dio paso a la fase probatoria donde determinar si la vivienda corría riesgos y en qué medida las emisiones de GEI de *RWE* contribuían a ese riesgo. Tras la visita de los peritos y las partes a Perú en mayo de 2022, se espera que en 2024 se celebre una vista oral para debatir el informe de los peritos designados.

43 Propuesta de Directiva del Parlamento y del Consejo, relativa a la justificación y comunicación de alegaciones medioambientales explícitas (Directiva sobre alegaciones ecológicas), COM (2023) 166 final, de 22 de marzo de 2023, https://eur-lex.europa.eu/legal-content/EN/TXT/?uri=COM:2023:0166:FIN. Puede consultarse en https://bit.ly/3yzN9yz la posición del Parlamento Europeo en primera lectura de marzo de 2024.

la vista de los resultados emanados de sendos estudios llevados a cabo por la Comisión[44]. La conclusión de estos fue que más del 53,3 % de las alegaciones medioambientales[45] eran vagas, engañosas o infundadas, y el 40 % de ellas no estaban adecuadamente respaldadas[46]. La idea que subyace en esta propuesta de Directiva ya la hemos apuntado en algunos trabajos previos[47], y parte de entender que cuando una empresa afirma ser *verde y sostenible*, obtiene un factor de competitividad respecto a otras, que puede impactar directamente en la decisión de compra de los consumidores. Si en realidad los productos o servicios ofrecidos no son (tan) respetuosos con el medio ambiente como la empresa los presenta públicamente, ello podría subsumirse en una práctica desleal de engaño para con los consumidores y con otros competidores del mercado y ser también susceptible de demandarse.

44 La Comisión llevó a cabo dos inventarios de alegaciones medioambientales: uno en 2014 [se puede consultar en http://ec.europa.eu/consumers/consumer_evidence/market_studies/docs/green-claims-report.pdf] y otro en 2020 [*Environmental claims in the EU: Inventory and reliability assessment, Final report*, https://ec.europa.eu/environment/eussd/smgp/pdf/2020_Greenclaims_inventory.zip]

45 Según la propuesta de Directiva, se entenderá por alegación medioambiental, «todo mensaje o representación que no sea obligatorio con arreglo al Derecho de la Unión o al Derecho nacional, incluida la representación textual, pictórica, gráfica o simbólica, en cualquier forma, incluidas las etiquetas, las marcas comerciales, los nombres de empresas o los nombres de productos, en el contexto de una comunicación comercial, que indique o implique que un producto o un comerciante tiene un impacto positivo o nulo en el medio ambiente, es menos perjudicial para el medio ambiente que otros productos o comerciantes, respectivamente, o ha mejorado su impacto a lo largo del tiempo». La Enmienda 28 propuesta por el Parlamento propondría que el nuevo Art. 2 apartado 1 letra o, de la Directiva 2005/29/CE lo definiera como «todo mensaje o representación que no sea obligatorio con arreglo al Derecho de la Unión o al Derecho nacional, incluida la representación textual, pictórica, gráfica o simbólica, en cualquier forma, incluidas las etiquetas, las marcas comerciales, los nombres de empresas o los nombres de productos, en el contexto de una comunicación comercial, y que indique o implique que un producto, categoría de productos, marca o comerciante tiene un impacto positivo o nulo en el medio ambiente, es menos perjudicial para el medio ambiente que otros productos, marcas o comerciantes, respectivamente, o ha mejorado su impacto a lo largo del tiempo». El resto de Enmiendas puede consultarse en https://www.europarl.europa.eu/doceo/document/TA-9-2023-0201_ES.html.

46 Comisión Europea (22 marzo 2023), *Preguntas y respuestas sobre las declaraciones medioambientales europeas*, https://ec.europa.eu/commission/presscorner/detail/es/qanda_23_1693, así como el estudio que acompaña la propuesta de Directiva, https://eur-lex.europa.eu/legal-content/EN/TXT/PDF/?uri=CELEX:52022SC0085.

47 *Vid.* Sales Pallarés, L., Marullo, M. Ch., «La diligencia debida y el cambio de paradigma en la protección del consumidor frente la información no financiera», *Homa Publica – Revista Internacional de Derechos Humanos y Empresas*, Vol. 6, Núm. 1, 2022, e:098. Recuperado a partir de https://periodicos.ufjf.br/index.php/HOMA/article/view/37803; Sales Pallarés, L., Marullo, M. Ch., «Informes de sostenibilidad y planes de vigilancia: explorando nuevos caminos para luchar contra la impunidad empresarial», *Cuadernos Europeos de Deusto*, n.º 63 (septiembre), 2020, pp. 207-35. https://doi.org/10.18543/ced-63-2020pp207-235.

2.2. El largo brazo de la ley francesa del deber de vigilancia de las empresas matrices sobre sus filiales

Sin olvidar el fondo que acabamos de dibujar en el apartado precedente, hemos de fijar nuestra atención en nuestro protagonista que no es otro que el *Grupo Casino*[48]. No es solo una cadena de supermercados, sino que es un grupo de distribución con estrategia multimarca muy extendido en Francia y Latinoamérica, con presencia en diferentes sectores[49], aunque nuestra atención se centrará en el de la alimentación. Las operaciones sudamericanas de *Casino* representan casi la mitad de los ingresos globales del grupo operando en Brasil y Colombia a través de sus respectivas filiales, *Grupo Pão de Açúcar* (GPA) y *Grupo Éxito* donde es el primer grupo de distribución.

El asunto *Envol Vert et al. vs. Casino* inició su andadura en marzo de 2021[50], cuando una coalición internacional de once ONG[51] demandó a la cadena francesa por sus emisiones en la cadena de suministro relacionadas con la industria ganadera en Brasil y Colombia. Más concretamente, se impugnó la «externalización de emisiones» en la que los productos de las empresas causaban una contaminación significativa en estos países. No debería extra-

---

48 A pesar de la fortaleza de la empresa en las últimas décadas, en la actualidad el *Grupo Casino* o *Casino Guichard* cerró 2022 con una deuda muy por encima de los 4500 millones de euros, con previsiones de superar al término de 2023 los 5000 millones de euros. El *Grupo*, que estaba siendo dirigido por Jean-Charles Naouri, se encuentra ahora dirigido por el consorcio liderado por el magnate Daniel Kretinsky, la sociedad *Fimalac* del financiero francés Marc Ladreit de Lacharrière y el fondo de inversión británico *Attestor*. Partes del *Grupo* tanto dentro como fuera de territorio francés se han estado vendiendo para hacer frente a la reestructuración empresarial.
Junto a ello, el hasta ahora CEO del grupo, Jean-Charles Naouri fue detenido en junio de 2023 en el curso de una investigación por supuesta manipulación de precios, uso de información privilegiada y corrupción. *Vid.* Asensio, C. (01/06/2023), «Detenido el CEO de los súper franceses Casino por sospecha de uso de información privilegiada», *elEconomista.es*, https://bit.ly/3uIHCUn.

49 Para entender el alcance y extensión del grupo *vid.* https://www.groupe-casino.fr/en/group/activities/, donde puede apreciarse la implantación de la empresa en Argentina a través de los supermercados Libertad; en Brasil a través de *Grupo Pão de Açúcar* (GPA) el mayor distribuidor a nivel nacional; Colombia, a través del Grupo Éxito y Carulla; y en Uruguay, con tres marcas: Disco, Devoto y *Géant* todos ellos supermercados de gran implantación en el territorio.

50 Asunto *Envol Vert et al. vs. Casino* [puede consultarse la demanda presentada en https://bit.ly/49X72xC].

51 Aparecen como demandantes junto a *Envol Vert*, *Sherpa*, *Canopée*, *Notre Affaire à Tous*, *France Nature Environnement, Mighty Earth*, *Comissão Pastoral da Terra* (CPT), *Coordenação das Organizações Indígenas da Amazonia Brasileira* (COIAB), *Federação dos Povos Indígenas do Pará* (FEPIPA), *Federação das Organizações e Povos Indígenas do Mato Grosso* (FEPOIMT) y Organización Nacional de los Pueblos Indígenas de la Amazonia Colombiana (OPIAC).

ñarnos si tenemos en cuenta que la agricultura industrial y la alimentación son el otro gran contribuyente a las emisiones de GEI (junto con los combustibles fósiles) y que, a escala mundial, la producción ganadera está implicada en graves violaciones de los derechos humanos. Un ejemplo de ello es la industria ganadera de Brasil y Colombia, donde muchos de los trabajadores implicados en la cría de ganado sufren graves violaciones de sus derechos humanos a lo que se une el problema de la deforestación que sufren grandes zonas protegidas reconvertidas en zonas de pastoreo.

Plantean las ONG demandantes que el *Grupo Casino* está implicada en violaciones de derechos humanos y daños medioambientales que incluyen la destrucción de sumideros de carbono esenciales para la regulación del cambio climático como consecuencia de la deforestación provocada por la industria ganadera de Brasil y Colombia.

Por ello presentaron ante los tribunales de *Saint-Etienne*[52] demanda contra *Casino* alegando que la multinacional alimentaria es responsable de: (1) daños al medio ambiente, incluida la pérdida de biodiversidad y de reservas de carbono; (2) violaciones de los derechos humanos; y (3) daños a la salud y la seguridad humanas.

Aunque sea solo un primer paso, simplemente el iniciarla supone una oportunidad ya que es la primera vez que una cadena de supermercados es objeto de una demanda por deforestación y violación de los derechos humanos en su cadena de suministro. De prosperar, las consecuencias no se limitarían a *Casino* abriendo la puerta a nuevas acciones legales contra empresas con comportamientos similares.

2.2.1. Casino en Brasil

Los datos recopilados por las ONG demandantes denunciaban que la red de supermercados del *Grupo* incentivaba la deforestación en la Amazonía, en la medida que pudieron vincular productos en los almacenes de *Grupo Pão de Açúcar* con el matadero JBS, proveedor habitual del grupo *Casino*, y con proveedores indirectos que deforestaron de manera ilegal, incluso en granjas identificadas como ilegales por las autoridades locales[53]. La investigación se centró también en la comunidad indígena de Uru-Eu-WauWau en el estado de Rondônia que ha sido deforestada para la cría de ganado, donde

52 El *Casino, Guichard-Perrachon S.A.* tiene su sede social en esta ciudad francesa de lo que se desprende la competencia judicial de estos tribunales.

53 Puede consultarse el informe elaborado por el Center for Climate Crime Analysis (CCCA), *CASINO CASE: The connections between the Casino group's meat supply, deforestation and violations of the rights of the peoples inhabiting the Uru-Eu-Wau-Wau Indigenous Land in the Brazilian Amazon*, 2022, accessible en https://climatecrimeanalysis.org/wp-content/uploads/2022/06/casino_case_-_english.pdf.

el informe elaborado por *Envol Vert*[54] denunció apropiaciones de tierras indígenas para dedicarlas a explotaciones ganaderas que servían de suministro cárnico a *Grupo Pão de Açúcar*. Los acaparamientos de tierras y el asesinato de líderes indígenas defensores del medio ambiente se unen así a la deforestación vinculada al *Grupo*.

Estos hechos constituyen sin ninguna duda una violación de las obligaciones de la empresa en virtud de la *Loi relative au devoir de vigilance des sociétés mères et des entreprises donneuses d'ordre*[55] (en adelante, ley francesa sobre el deber de vigilancia), a pesar de que la empresa siempre ha afirmado que su filial brasileña «despliega una política sistemática y rigurosa de control del origen de la carne bovina proporcionada por sus proveedores»[56]. En cualquier caso, el compromiso de *Casino* de eliminar la deforestación y cumplir la legislación nacional brasileña (que establece que todos los agentes de la cadena de producción son responsables de los daños ambientales causados con su consentimiento), no la exime de ser responsable de los daños

54 *Vid.* https://q8q3s6i5.stackpathcdn.com/wp-content/uploads/2020/07/Beef-Report_June-2020_Casino.pdf.

55 LOI n.° 2017-399 du 27 mars 2017, *relative au devoir de vigilance des sociétés mères et des entreprises donneuses d'ordre*, accesible en https://www.legifrance.gouv.fr/jorf/id/JORFTEXT000034290626. Comentarios sobre esta ley y sus impactos pueden verse en Durán Ayago, A., «*Lex Damni Vs. Lex Societatis* en la aplicación de la ley francesa del deber de vigilancia de las empresas matrices sobre sus filiales: crónica de un diálogo necesario», *Cuadernos Europeos de Deusto*, n.° 63 (septiembre), 2020, pp. 183-206, https://doi.org/10.18543/ced-63-2020pp183-206; Guamán Hernández, A., «La aplicación de la ley francesa de deber de vigilancia: apuntes para una futura regulación española», *Revista de derecho social*, N.° 99, 2022, pp. 87-116; del Valle Calzada, E., «El caso *les amis de la terre y otros c. Totalenergies*: la ley francesa sobre el deber de vigilancia empresarial frente a prácticas de extractivismo y acaparamiento de tierras», en Pigrau i Solé, A., Iglesias Márquez, D. (eds. lit.), *Litigación en materia de empresas y derechos humanos: estudio de casos*, Tirant lo Blanch, 2023, pp. 77-96; Durán Ayago, A., «Sobre la responsabilidad de las empresas por violaciones graves de los derechos humanos en terceros países: A propósito de la Ley francesa 2017-399, de 27 de marzo de 2017, relativa al deber de vigilancia de las empresas matrices sobre sus filiales», *Anuario Español de Derecho Internacional Privado*, N.° 18, 2018, pp. 323-348; Muir Watt, H., «Devoir de vigilance et droit international privé: Le symbole et le procédé de la loi du 27 mars 2017: Note sous Loi numéro 2017-399 du 27 mars 2017 relative au devoir de vigilance des sociétés mères et des entreprises donneuses d'ordre, Journal officiel numéro 74 du 28 mars 2017», *Revue internationale de la compliance et de l'éthique des affaires - International Review of Compliance and Business Ethics*, núm. 4, 2017, pp.48-53; D'Ambrosio, L., «Le devoir de vigilance : une innovation juridique entre continuités et ruptures», *Droit et société*, N.° 106, 2020/3, pp.633-647; Daugareilh, I., D'Ambrosio, L., Sachs, T., «La Ley Francesa sobre el deber de vigilancia: presente y futuro de una innovación jurídica», en Sanguineti Raymond, W., *Comercio internacional, trabajo y derechos humanos*, Universidad de Salamanca, Ediciones Universidad de Salamanca, 2021, pp. 113-130; Daugareilh, I., «La legge francese sul dovere di vigilanza al vaglio della giurisprudenza», *Giornale di diritto del lavoro e di relazioni industriali*, Vol. 43, N.° 2, 170, 2021, pp. 159-177.

56 Ayuso, S., Galarraga Gortázar, N. (3 marzo 2021), «Indígenas de Colombia y Brasil demandan a una cadena de supermercados francesa por la deforestación de la Amazonia», *El País*, https://bit.ly/46lI7en.

que sus filiales estén causando como bien explicita la ley francesa sobre el deber de vigilancia. Pero van más allá y buscan la realización de obligaciones con resultados materiales, esto es, quieren no tanto que las empresas cumplan con las obligaciones que la ley francesa les impone (publicar planes anuales de vigilancia, por ejemplo), sino hacer que los mismos sean tangibles. Los planes publicados por *Casino* en 2018-2020 carecen de contenido o resultan inadecuados por vagos o ambiguos. Ante el miedo de convertir la norma francesa en un *safe harbor*[57] los demandantes pretenden que el Tribunal ordene a *Casino* que los planes anuales de vigilancia publicados sean reales o tenga *aplicabilidad real*. Aunque sea cierto como alegó *Casino* que sí dispone de un plan de vigilancia para el grupo que incluía un mapa de riesgos actualizado, una evaluación de los proveedores, así como acciones para prevenir y mitigar los riesgos, y un sistema de seguimiento de las medidas y de evaluación de su eficacia; que incluso aparecen y se firman las Condiciones de Ajuste de Conducta con los mataderos brasileños para cumplir con la ley brasileña según la cual «todos los agentes de la cadena de producción son responsables de los daños ambientales causados con su consentimiento», el *Grupo Pão de Açúcar*, sigue abasteciéndose de ganado procedente de zonas deforestadas o de explotaciones establecidas en territorios indígenas.

La postura de *Casino* de mantener que la ley francesa sobre el deber de vigilancia *sólo* establece la obligación de las empresas de adoptar medidas *razonables*, y que las medidas solicitadas por las demandantes no serían razonables para su grupo empresarial parece demasiado cercana a la búsqueda de un *safe harbor* para no cambiar ni comportamientos ni conductas.

Por esta razón los demandantes han solicitado al Tribunal que ordene a *Casino* establecer, implementar y publicar un plan de vigilancia detallado que identifique los riesgos causados por las actividades del grupo[58], así como una indemnización sobre la base de una falta de vigilancia en virtud

57 *Vid.* Sales Pallarés, L., Marullo, M. Ch., «El "ángulo muerto" del Derecho Internacional: las empresas transnacionales y sus cadenas de suministro», *Persona y Derecho*, Núm. 78, 2028, pp.261-291, https://doi.org/10.15581/011.78.261-291, p. 286.

58 Aunque no hay resolución judicial alguna, la monitorización que ONG como *Notre Affair à Tous* realizan sobre 26 multinacionales francesas que figuran entre las mayores emisoras de GEI, poco a poco va demostrándose eficaz. En 2023, ninguna de las empresas analizadas pudo demostrar el cumplimiento de los criterios de vigilancia climática de *Notre Affaire à Tous*, que evalúan la transparencia de las empresas y la credibilidad de su alineamiento con el Acuerdo de París, pero se las invitó a responder y rebatir a través del *Centre de Ressources sur les Entrepirses et les Droits de l'Homme*. El *Grupo Casino* ha sido uno de los pocos que ha enviado respuesta (*vid.* https://bit.ly/3R8XLtP) manifestándose contrarios a la información vertida sobre ellos e informando de sus compromisos climáticos. Adjuntan a esa respuesta un Documento de Registro Universal de (*Vid. Document d'Enregistrement Universel*, https://www.groupe-casino.fr/wp-content/uploads/2023/04/GROUPE-CASINO-URD-2022.pdf) donde Grupo expone los principales riesgos climáticos que ha identificado y las medidas que ha adoptado, así como sus emisiones GEI de alcance 3 y las palancas de actuación para reducirlas.

del Código de Comercio francés, para los grupos indígenas brasileños por la pérdida de oportunidades y los daños morales derivados del incumplimiento por parte de *Casino* de su deber de vigilancia.

Es decir, no hay que pretender que cumplan meramente la ley, sino que la cumplan para evitar los daños que ya sabemos que se están causando. *Casino* debería tener un riguroso seguimiento y trazabilidad de la carne vendida en sus supermercados de manera que pudiera asegurar que ninguno de sus proveedores directo o indirecto está implicado en la deforestación ilegal o en los acaparamientos de tierras. Esto no debería ser un inconveniente para *Casino* puesto que publicita en su página web[59] su compromiso con la protección del medio ambiente o la biodiversidad también en su cadena de suministro. Incluso el abogado defensor del Grupo afirmó que «mucho antes de la ley de 2017 sobre el deber de vigilancia el *Grupo Casino*, en particular en Brasil sobre la deforestación, había impulsado medidas muy ambiciosas para la trazabilidad de la carne de res»[60].

A pesar de ello y como defensa a su (clara) falta de deber de vigilancia, *Casino* viene invocando la debilidad de la legislación brasileña, que no obliga a los supermercados a disponer de una trazabilidad detallada del origen de sus carnes, y de la extensión de la industria ganadera y las limitaciones técnicas, que hacen complejo un sistema de trazabilidad con más de dos millones y medio de granjas. Difícilmente es creíble que la multinacional no disponga de medios para esta trazabilidad, sobre todo porque Brasil no es un caso aislado del comportamiento del *Grupo Casino*, lo que hace que la lectura del asunto desde Colombia dibuje un panorama muy negativo para ella.

2.2.2. Casino en Colombia

El *Grupo Éxito*, filial colombiana de *Casino*, es una de las cadenas de supermercados más grandes del país y una gran comercializadora de carne bovina. Muy en línea del discurso oficial de *Casino*, el *Grupo Éxito* en 2020[61] declaraba que solo comercializaría carne de proveedores que cumplieran «con compromisos de cero deforestación y/o planes de restauración que garantizaran la cero deforestación y la calidad de la carne en sus fincas». El *Grupo Éxito* afirmaba que realizaba el monitoreo del 100 % de los predios ganaderos para asegurar la deforestación cero siendo el primer minorista en implemen-

---

59 *Vid.* https://www.groupe-casino.fr/engagements/agir-pour-le-climat/proteger-la-biodiversite/ o https://www.groupe-casino.fr/engagements/agir-pour-le-climat/.

60 *Cfr* Morán, R. (10 junio 2022), «Caso Casino: la deforestación en Colombia y Brasil examinada por un tribunal francés», *Radio Francia Internacional* (RFI), https://www.rfi.fr/es/américas/20220610-caso-casino-la-deforestación-en-colombia-y-brasil-examinada-por-un-tribunal-francés.

61 Política de Ganadería Sostenible de 2020, que se puede consultar en https://envol-vert.org/wp-content/uploads/2021/04/Declaration-Grupo-Exito.pdf.

tar un modelo de conservación con todos sus proveedores de carne para proteger la cobertura forestal y evitar la expansión de la frontera agropecuaria. Por ello publicitaba que su carne era «Sostenible» y que además «protegen los ecosistemas criando en zonas destinadas para la producción ganadera».

La investigación llevada a cabo por la Agencia de Investigación Ambiental en 2019[62] descubrió que uno de los proveedores indirectos de carne del *grupo Éxito* había deforestado 400 hectáreas en el Parque Nacional Natural Chiribiquete, un ecosistema de importancia ambiental y cultural que es patrimonio mundial de la humanidad de la UNESCO. Desde 2020 y hasta la actualidad el *Grupo* ha eliminado este compromiso promoviendo simplemente algunos estándares mínimos difusos sobre la conservación de los ecosistemas y las «actividades encaminadas» a respetar la frontera agrícola nacional[63]. En cualquier caso, ni explican cómo se cumplirán sus objetivos y qué medidas concretas tomarán para mantener las cadenas de suministro libres de deforestación y violaciones de derechos humanos.

El verdadero problema es que, a pesar de la *relajación* en los compromisos societarios frente a la deforestación provocada por la industria ganadera, el *Grupo Éxito* sigue publicitando en sus supermercados la sostenibilidad y trazabilidad de la carne que vende[64]. De nuevo en una estrategia de *safe harbor*, *Éxito* se escuda en la imposibilidad de escalar el 100 % de la cadena de suministro, lo que implica en la práctica verificar exclusivamente al proveedor directo. Esto no sería una dificultad si no fuera porque las dinámicas del mercado y la forma de producción ganadera local hacen que existan varios intermediarios y proveedores indirectos desde el nacimiento del animal hasta su sacrificio, y en muchas ocasiones, los animales sean transportados de zonas ilegales deforestadas a zonas con vocación agropecuaria para ser legalizados al momento de su comercialización.

Con ello *Éxito* no solo engaña a sus clientes, también viola su derecho a la información y transparencia, olvidando que para que una compra sea informada y transparente, el cliente debe conocer *todos* los impactos ambientales y sociales de los productos que consume. Si conseguimos un consumidor responsable, sostenible, su presión puede hacer que se cambien los parámetros sobre proveedores directos e indirectos.

Es cierto que la legislación colombiana presenta un vacío respecto a conocer el origen de la carne que se vende en los supermercados y los sistemas

---

62 *Vid.* Environmental Investigation Agency, *Carne contaminada. Cómo las cadenas de suministro de ganado están destruyendo la Amazonía colombiana*, 2021, https://static.us.eia.org/pdfs/Carne_Contaminada-EIA.pdf.

63 En la actualidad la Declaración de Ganadería Sostenible del *Grupo Éxito* puede consultarse en https://www.grupoexito.com.co/es/ganaderia-sostenible.pdf.

64 Así lo denuncia *Envol Vert* en su campaña #CarneSinDeforestación (https://envol-vert.org/es/actualidades/2023/05/campana-grupo-exito-carne-sin-deforestacion/).

de información con los que cuentan las autoridades para identificar la procedencia del ganado son anticuados y fáciles de alterar. La cadena de suministro ganadera no cuenta con información suficiente y sus protocolos de registro favorecen algunas actividades ilegales.

Esos vacíos legales y de control, han permitido el desarrollo de malas prácticas ganaderas y ha suscitado preguntas respecto al vínculo que existe entre estas actividades agropecuarias con la pérdida de coberturas boscosas en el país, y sobre quiénes son los responsables.

Es allí donde el proceso contra *Casino* es importante para *motivar* al grupo empresarial a adoptar medidas y prácticas que aseguren la trazabilidad total de su cadena de suministro para que esté libre de deforestación a semejanza de otras iniciativas llevadas a cabo en otros países[65].

Tanto en Brasil como en Colombia el *Grupo Casino* trata de esquivar la sombra de la ley francesa sobre el deber de vigilancia, pero no debería poder escapar de ella. Aunque lo hiciera, debería recordar que la Unión Europea también se ha propuesto luchar contra la deforestación y ya contamos con un Reglamento[66] que será aplicable en 2024, y que afectará sin ninguna duda a Brasil y Colombia en estos temas.

3. Pequeñas reflexiones con importancia

No quiero acabar sin volver al inicio. Hablábamos de *polvos y lodos*, y de ser optimistas. La revisión de casos que se están llevando ante los tribunales y las iniciativas desde todos los niveles, desde internos a regionales o internacionales por la lucha contra la impunidad de las violaciones de derechos humanos o la defensa del medio ambiente nos obligan a ser optimistas. Esto no significa que vayamos a ser ingenuos; sigue habiendo muchos problemas a resolver y no siempre contamos ni con la técnica ni con la voluntad de hacerlo, pero desde luego estamos mucho mejor que hace años.

Si algo hemos podido aprender de la experiencia de estos años es que fortalecer al consumidor es hacer fuerte a un actor nuevo al que las empresas respetan y temen porque lo necesitan y saben que ahora la competen-

65 *Vid.* Arreaza, C. y ONG Envol Vert, *Casos internacionales de éxito en la trazabilidad ganadera. Una mirada para Colombia en el reto de trazar cadenas bovinas libres de deforestación*, septiembre 2023, https://envol-vert.org/wp-content/uploads/2023/10/2023_Informe-trazabilidad-ganaderia_web-FINAL.pdf.

66 Reglamento (UE) 2023/1115 del Parlamento Europeo y del Consejo, de 31 de mayo de 2023, *relativo a la comercialización en el mercado de la Unión y a la exportación desde la Unión de determinadas materias primas y productos asociados a la deforestación y la degradación forestal, y por el que se deroga el Reglamento (UE) n.º 995/2010*, DOUE L 150, de 9 de junio de 2023, https://www.boe.es/doue/2023/150/L00206-00247.pdf.

cia está en el campo de la defensa de los valores y los derechos humanos. Por eso es importante contar con normas sobre el *greenwashing* que nos ayudarán a discernir con mayor criterio a las empresas que solo pretenden engañarnos de las que realmente incorporen en sus cadenas de suministro principios y valores alienados con la defensa del medio ambiente y los derechos humanos. Sería deseable que aquellas empresas que realmente quieran mejorar dispusieran de ayudas para hacer el cambio. Junto al peligro del blanqueo ecológico me preocupa el tema de los litigios estratégicos contra la participación pública o SLAPPS[67], que pueden socavar las acciones de ONG o defensores medioambientales.

En cualquier caso, el balance es positivo, porque todas las acciones e inacciones del pasado han sido una palanca de cambio y de mejora que nos ha traído aquí.

Hay solo una duda sobre cómo hemos de seguir a partir de ahora y es definir el cómo queremos avanzar. Y ello porque a mi modo de ver tenemos dos posibilidades que he dado en llamar *avalancha vs. mancha de aceite*. Optar por la primera supondría coordinar legislación desde todos los frentes buscando máximos en cuanto a exigencias para las empresas. Tendría como gran ventaja un avance sustancial en la defensa y protección de los derechos humanos en la medida que los estándares serían los más altos posibles para todas las empresas y la competencia entre ellas no se distorsionaría, sino que funcionaría como un acicate entre ellas. En ese caso tendríamos que tener prevista una segunda parte de la acción sobre las PYMES para conseguir realmente ejercer un efecto avalancha con efectos reales. Si hasta ahora las normas existentes y las previstas se están enfocando sobre las empresas transnacionales, optar por este modelo exigiría incorporar de manera no gradual sino abrupta a todas las empresas para que el enfoque de los derechos humanos sobre las empresas tuviera calado.

No teniendo claro que esta vía sea factible, la opción por la segunda de las modalidades sería simplemente confiar en el contacto y la transmisión de valores de una manera más natural y orgánica. Si realmente conseguimos un consumidor responsable y sostenible, que premie a las empresas que cumplen con los derechos humanos y con las normas medioambientales, la libre competencia hará que tiendan todas a compartir los valores que aprecia el mercado. A su vez las empresas interiorizarán estos valores y ejercerán su influencia sobre sus cadenas de valor, de modo que como una mancha de aceite los efectos acabarán llegando hasta los últimos extremos de la cadena.

67 Propuesta de Directiva del Parlamento Europeo y del Consejo, *relativa a la protección de las personas que realizan actos de participación pública frente a las demandas judiciales manifiestamente infundadas o abusivas («demandas estratégicas contra la participación pública»)*, COM (2022) 177 final, de 27 de abril de 2022, https://bit.ly/3HOGoLc.

Ciertamente no será ni tan fácil ni tan obvio poder optar por un modelo de mejora, pero claramente el camino que hemos transitado hasta hoy nos permite ser más optimistas que hace unos años, lo cual no es poco.

LAS EMPRESAS ESTATALES PETROLERAS: LA VIABILIDAD DE LA INMUNIDAD DEL ESTADO EN CASOS DE VULNERACIÓN DE LOS DERECHOS HUMANOS

Miguel Ángel Elizalde Carranza*

Universitat Oberta de Catalunya

* Email: melizaldec@uoc.edu. El presente estudio se enmarca dentro del proyecto de investigación «Acceso a la justicia en el contexto de abusos corporativos: la litigación como estrategia de resistencia y de empoderamiento a las víctimas (ACCJUSTEDH)» (ICI023/23/000001).

Introducción

Inicialmente, los Estados se limitaban a realizar funciones de gobierno en sentido estricto, como la defensa del territorio, la adopción de leyes y la impartición de justicia. Actualmente, el escenario es completamente diferente, los Estados crean empresas estatales que se encuentran entre las más rentables a nivel global[1]. Aunque existen importantes diferencias entre ellas, las empresas estatales son entidades corporativas reconocidas por el derecho interno como empresas con personalidad jurídica propia, en las que el Estado ejerce derechos de propiedad[2]. Estas empresas operan en diferentes países y en diversos sectores, incluido el de la energía. Así, diversos países han creado empresas estatales petroleras (EEP) para extraer, refinar y comercializar hidrocarburos[3].

Por otro lado, la quema de combustible fósiles es reconocida por los científicos como la causa principal detrás del cambio climático[4]. En ese sentido, conforme los efectos del calentamiento global se han ido aproximando o materializando, los denominados «litigios climáticos» han proliferado, con frecuencia en defensa de la protección de los derechos humanos. El objetivo de este capítulo es analizar si la inmunidad de jurisdicción del Estado podría ser reconocida a una EEP en un litigio climático, por el impacto de sus actividades en los derechos humanos. En la práctica, las EEP han invocado la inmunidad del Estado para impedir que los tribunales internos de otros Estados ejerzan su jurisdicción o ejecuten resoluciones judiciales, aunque no precisamente en el contexto de los litigios climáticos[5]. Por ejemplo, la Corte de Apelación del quinto circuito de los Estados Unidos reconoció que *Saudi Arabian Oil Company* es un instrumento de un Estado extranjero y, por lo tanto, goza de inmunidad jurisdiccional con base en la *Foreign Sovereign Immunities Act* de 1976, que de forma general niega jurisdicción a los tribunales federales sobre actos de otros estados soberanos[6].

1 World Bank, *State-Owned Enterprises: Understanding their market effects and the need for competitive neutrality*. Disponible en https://thedocs.worldbank.org/en/doc/739371594131714315-0130022020/original/15444WBSOEWEB.pdf (última visita 13/03/2024).

2 OECD, *Guidelines on Corporate Governance of State-Owned Enterprises,* Paris, 2015, p. 14.

3 Library of Congress, *Oil and Gas Industry: A research guide*. Disponible en: https://guides.loc.gov/oil-and-gas-industry/companies (última visita 13/03/2024).

4 J.T Houghton, J. T.; Jenkins. J. G.; Ephraums, J. J. (Eds.), *Climate Change: The IPCC Scientific Assessment*, Cambridge University Press, 2001, p. XIV.

5 *Arriba Ltd. v. Petroleos Mexicanos*, United States Court of Appeals, Fifth, June 11, 1992.

6 *Al-Waleed Khalid Abu Al-Waleed Al Hood Al-Qarqani et. Alt. vs Saudi Arabian Oil Company*, Filed December 2, 2021, United States Court of Appeals for the Fifth Circuit No. 21-20034, p. 2.

El capítulo tiene la siguiente estructura. Tras la introducción, en el apartado uno se abordan los aspectos generales relativos a la inmunidad del Estado. El segundo apartado está dedicado a describir la doctrina de la inmunidad absoluta y su posible aplicación a las EEP. En ese apartado se comentan los criterios para determinar si una EEP puede ser considerada de un órgano del Estado, tanto de *jure* como de *facto*. En el tercer apartado se analiza la doctrina de la inmunidad relativa, tanto en lo que se refiere a su progresiva aceptación internacional como a los criterios para determinar la denominada «excepción comercial». En el cuarto apartado se analiza la viabilidad de que la inmunidad del Estado sea potencialmente aplicable a las EEP en el contexto de un litigio climático. En primer lugar, se parte de una explicación sobre la necesidad de establecer un vínculo competencial, para de ahí analizar la naturaleza híbrida de las funciones de las EEP. El quinto apartado está dedicado a analizar la relación entre la inmunidad del Estado y los derechos humanos, desde la perspectiva de la Corte Internacional de Justicia (CIJ) y del Tribunal Europeo de Derechos Humanos (TEDH).

Conviene precisar que la inmunidad es una figura legal compleja, que depende de muchos factores, tales como el contenido de la ley sobre inmunidad (absoluta-restringida), la naturaleza del ente responsable (si puede considerarse o no suficientemente vinculado al Estado) y la naturaleza del acto (comercial o soberano). Por lo tanto, aquí se realiza un análisis de las normas generales, sin estar limitado a una jurisdicción concreta o caso específico. Adicionalmente, el enfoque es en la aplicación de la inmunidad en los tribunales internos de los Estados, aunque para efectos explicativos se pueda recurrir a precedentes internacionales arbitrales o judiciales, especialmente en el apartado 5. Finalmente, este capítulo no se ocupa de doctrinas paralelas, como la Doctrina del Acto de Estado, ni tampoco de aspectos de jurisdicción de ejecución o penales, sin perjuicio de que se pueda hacer referencia genérica.

1. Las inmunidades del Estado: aspectos generales

La inmunidad incide en el ejercicio de las competencias territoriales y personales del Estado a través de los tribunales internos, cuando las acciones van dirigidas contra Estados extranjeros. El derecho internacional reconoce que, con base en el principio de jurisdicción territorial, los tribunales de un Estado tienen competencia para juzgar todos los actos u omisiones que ocurran en su territorio, ya sean atribuibles a nacionales o extranjeros, tanto si son personas físicas como si se trata de personas jurídicas[7].

7 Diez de Velasco, M., *Instituciones de Derecho internacional público*, 16.ª ed, Tecnos, 2007, p. 419.

La competencia personal de los Estados, por otro lado, otorga competencia a los tribunales internos para juzgar actos atribuibles a sus nacionales, aunque ocurran en el extranjero[8]. Este principio se aplica por extensión a las personas jurídicas a las que criterios como el de lugar de constitución, domicilio, lugar del principal asiento de sus negocios, nacionalidad de la participación mayoritaria, o una combinación de estos permiten atribuir una nacionalidad[9]. Complementariamente, algunos países defienden la doctrina de la competencia personal pasiva para permitir el ejercicio de la jurisdicción cuando actos u omisiones ocurridas en el extranjero afectan a los derechos de sus nacionales, ya sean personas físicas o jurídicas[10].

Las normas sobre inmunidad impiden el ejercicio de la jurisdicción de los tribunales nacionales o cualquier órgano encargado de ejercer funciones judiciales cuando el procedimiento va dirigido en contra de un Estado extranjero. La inmunidad también protege la propiedad de los Estados extranjeros en el Estado de foro, al impedir el ejercicio de la jurisdicción por parte de los tribunales nacionales en procedimientos de medidas cautelares, embargo o para ejecutar decisiones judiciales o administrativas[11]. De este modo, se suele distinguir entre inmunidad de jurisdicción e inmunidad de ejecución[12]. Así sucede en la Convención de las Naciones Unidas sobre las Inmunidades Jurisdiccionales de los Estados y de sus Bienes (en lo sucesivo CNUIJEyB), que en su artículo 1 establece que aplicará a la inmunidad de jurisdicción de un Estado y de sus bienes ante tribunales de otro Estado[13]. Ahora bien, la inmunidad no elimina la posible ilicitud de un acto u omisión, se trata más bien de un privilegio de naturaleza procesal del Estado que impide, salvo que otorgue su consentimiento, el ejercicio de la jurisdicción de los tribunales internos de otros Estados[14].

8 *Ibid.*, pp. 610-611.

9 Muchilinski, P., «Corporations in International Law», *Max Planck Encyclopedia of Public International Law*, p. 5. Disponible en: https://www.uio.no/studier/emner/jus/jus/JUS5851/v13/undervisningsmateriale/muchlinski-(2009)-corporations-in-international-law-max-planck-enc.-of-pil-co-1.pdf (última visita 04/03/2024).

10 Este es el caso de los Estados Unidos. *Véase* American Society of International Law, «Jurisdictional, Preliminary, and Procedural Concerns,» en: Amann, D. M. (ed.), *Benchbook on International Law*, 2014, p. II.A-3. Disponible en: www.asil.org/benchbook/jurisdiction.pdf (última visita 04/03/2024).

11 Casanovas, O., Rodrigo, A., *Compendio de Derecho internacional público*, (12 ed.), Madrid: Técnos, 2024, p. 194.

12 Informe de la Comisión de Derecho Internacional sobre la labor realizada en su 30° período de sesiones, *Inmunidades jurisdiccionales de los Estados y sus bienes,* Documento A/33/10 (8 de mayo-28 de julio de 1978), p. 151.

13 *Convención de las Naciones Unidas sobre las Inmunidades Jurisdiccionales de los Estados y de sus Bienes*, Nueva York, 2 de diciembre de 2004 (aún no ha entrado en vigor). Asamblea General de las Naciones Unidas, ONU Doc. A/59/508, 30 de noviembre de 2004.

14 Arrest Warrant of 1 April 2000 (Democratic Republic of the Congo v. Belgium), *Judgment, I.C.J. Reports 2002*, p. 25.

El reconocimiento de la inmunidad de jurisdicción del Estado se generalizó entre la comunidad internacional en el siglo XIX, como una evolución de la inmunidad personal de los reyes (*The King can do no wrong*) y jefes de Estado[15]. Una de las primeras decisiones judiciales sobre inmunidad es de 1812, en el asunto *Schooner Exchange v McFaddon*, en donde la Corte Suprema de los Estados Unidos sostuvo:

> «The full and absolute territorial jurisdiction being alike the attribute of every sovereignty and being incapable of conferring extraterritorial power, does not contemplate foreign sovereigns, nor their sovereign rights as its objects. One sovereign can be supposed to enter a foreign territory only under an express license or in the confidence that the immunities belonging to his independent, sovereign station, though not expressly stipulated, are reserved by implication and will be extended to him»[16].

De igual forma, Lord Atkin en la decisión de la Cámara de los Lords del Reino Unido en el asunto *The Cristina* de 1938 describe la doctrina de la inmunidad del Estado y de sus bienes:

> «[T]he courts of a country will not implead a foreign sovereign, that is they will not by their process make him against his will a party to legal proceedings, whether the proceedings involve process against his person or seek to recover from him specific property or damages»[17].

A través de decisiones internas de las diversas jurisdicciones como las antes mencionadas poco a poco se fue desarrollando una práctica internacional de la que eventualmente se desprendería la existencia del elemento de la *opinio juris*, completando la formación de una costumbre internacional[18]. Así, aunque algunos Estados aún defienden que la inmunidad no es obligatoria y que se trata de un acto de cortesía[19], la visión mayoritaria es que forma parte de los principios de derecho internacional consuetudinario y,

15 Schmitthoff, C. M.; Wooldrige, F.; «The Nineteenth Century Doctrine of Sovereign Immunity and the Importance of the Growth of State Trading», *Denver Journal of International Law & Policy*, Vol. 2, 1972, p. 199 (pp. 199-216).

16 *The Exchange v. McFaddon*, 11 U.S. 7 Cranch 116 116 (1812) Disponible en: https://supreme.justia.com/cases/federal/us/11/116/ (última visita 04/03/2024).

17 Cita reproducida en Mann, F. A., «Immunity of Sovereign States», *The Modern Law Review*, Vol. 2, No. 1, 1938, pp. 57-62, en 57.

18 Report of the Working Group on jurisdictional immunities of States and their property (ILC A/CN/4/L.279/Rev.1), *Yearbook of the International Law Commission*, 1978, vol. II, Part Two, p. 154; Mousory Badr, G., *State Immunity: An Analytical and Prognostic View*, Springer, 1984, p. 9.

19 En el asunto *Verlinden B.V. v. Cent. Bank of Nigeria*, 461 U.S. 480, 486 (1983), la Corte Suprema de los Estados Unidos dijo: «*As* The Schooner Exchange made clear, however, foreign sovereign immunity is a matter of grace and comity on the part of the United States, and not a restriction imposed by the Constitution», sección II.

por lo tanto, es vinculante para todos los Estados[20]. Su base se encuentra en un principio estructural de la comunidad internacional, la igualdad soberana entre los Estados recogido en el art. 2.1 de la Carta de las Naciones Unidas. En ese sentido, la expresión en latín «*Par in Parem Imperium non Habet*» recoge la idea de que un Estado soberano no puede someterse a la autoridad de otro Estado soberano[21].

Existen básicamente dos teorías en relación con las inmunidades del Estado. La teoría de la inmunidad absoluta y la teoría de la inmunidad relativa o limitada.

2. Las Empresas Estatales Petroleras en el marco de la doctrina de la inmunidad absoluta

Con base en la doctrina de la inmunidad absoluta, todos los actos u omisiones de un Estado, con independencia de su naturaleza pública o privada, y su propiedad gozan del privilegio de la inmunidad en los tribunales de otros Estados[22]. La doctrina parece estar de acuerdo en que una de las primeras decisiones en reflejar la doctrina de la inmunidad absoluta fue pronunciada en Francia, por la *Cour de cassation,* en el asunto *Gouvernment espagnol v Casaux* en 1849, reconociendo que la inmunidad del Estado alcanza incluso los actos de derecho privado[23]. China durante mucho tiempo también defendió la inmunidad absoluta. Un ejemplo es la nota explicativa de la ley fundamental sobre la materia aplicable en Hong Kong:

> «Nuestro país insiste en adherirse a la inmunidad estatal, un importante principio jurídico que mantiene el normal desarrollo de las relaciones entre países, es decir, nuestros tribunales no tienen competencia y en la práctica nunca han conocido casos en los que países extranjeros sean demandados o atenten contra bienes de extranjeros... La postura de inmunidad estatal adoptada por nuestro país a menudo se denomina «inmunidad absoluta»[24]. (Traducción propia).

---

20 Así se reconoce expresamente en el preámbulo de la Convención de las Naciones Unidas sobre las Inmunidades Jurisdiccionales de los Estados y de sus Bienes, *supra* nota al pie 14.

21 Riesenfeld, S. A. «Sovereign Immunity in Perspective», *Vanderbilt Journal of Transnational Law*, Vo. 19, No. 1, 1986, p. 2. (1-15).

22 Motoo, O. (Special Rapporteur), Second report on jurisdictional immunities of States and their property, A/CN.4/422 & Corr.1 and Add.1 & Corr.1; *Yearbook of the International Law Commission*, Vol. II, No. 1, 1989, p. 69.

23 *Ibid,* p. 61.

24 *Explicación (proyecto) del Comité Permanente de la Asamblea Popular Nacional sobre el artículo 13, párrafo 1 y el artículo 19 de la Ley Fundamental de la Región Administrativa Especial de Hong Kong de la República Popular China*, 27 de agosto de 2011. Disponible en: http://www.npc.gov.cn/zgrdw/huiyi/cwh/1122/2011-08/27/content_1670088_5.htm (última visita 04/03/2024).

La doctrina de la inmunidad absoluta fue la primera en aparecer y, aunque desde etapas muy tempranas hubo países que la cuestionaron, se mantuvo como la doctrina dominante en la mayoría de países hasta prácticamente después de la segunda guerra mundial[25]. Ahora bien, desde sus orígenes se aceptaron algunas excepciones a la inmunidad del Estado, siendo las principales el sometimiento voluntario del Estado a los tribunales de otro Estado, la renuncia a invocar la jurisdicción y las controversias sobre bienes raíces localizados en el país del foro[26].

En virtud de que la inmunidad es un privilegio del Estado, las EEP solo podrían beneficiarse de ella si se consideran un órgano del Estado o, siendo entes con personalidad jurídica independiente, cuentan con autorización para ejercer funciones soberanas del Estado[27].

2.1. Las Empresas Estatales Petroleras como un órgano del Estado

El derecho internacional concibe al Estado como una unidad que incluye cualquier órgano, ente, agencia o individuo que forme parte de su estructura de gobierno y actúe en su nombre y representación[28]. En general, no es muy común que una EEP o una empresa estatal haya sido considerada parte del Estado y recibiera el privilegio de la inmunidad. Sin embargo, esto ya ha sucedido, por ejemplo, en el asunto *As Veli ja Veljed v República de Estonia*, en donde el tribunal, considerado el hecho de que la demanda fuera dirigida en contra de una empresa estatal, declaró la inmunidad del Estado sin analizar el fondo del caso[29]. Por lo tanto, y aunque como veremos más adelante existen otros requisitos que se deben cumplir, si una EEP forma parte de los órganos que componen la estructura del Estado o está facul-

25 YANG, X., *State Immunity in International Law*, Cambridge University Press, 2012, p. 11; SUSANTI SIAGIAN, D., «Sovereign Immunity in Commercial Transaction Under International Law», *Indonesian Journal of International Law*, Vol. 20, No. 2, 2023, p. 288.

26 YANG, X., *State Immunity... op. cit.* nota al pie 26, p. 10.

27 Report of the Working Group on jurisdictional immunities of States and their property, Jurisdictional immunities of States and their property, A/CN/4/L.279/Rev.1, *Yearbook of the International Law Commission*, Vol. II, No, 2, p. 154.

28 *Application of the Convention on the Prevention and Punishment of the Crime of Genocide* (Bosnia and Herzegovina v Serbia and Montenegro), Judgment ICJ Rep 43, 2007, para. 388. Por ejemplo, en el ámbito de la responsabilidad internacional se considera que cualquier acto u omisión de un órgano del Estado es atribuible a este último. *Draft Articles on Responsibility of States for Internationally Wrongful Acts, with commentaries 2001*, Text adopted by the International Law Commission at its fifty-third session, in 2001, and submitted to the General Assembly as a part of the Commission's report covering the work of that session (A/56/10), art. 4 y sus comentarios, p. 40.

29 HAFNER, G.; MARCELO G. KOHEN, M. G.; BREAU, S. (eds.), *State Practice Regarding State Immunities*, Martinous Nijhoff Publishers, 2006, p. 19.

tada para ejercer funciones soberanas, en principio, puede beneficiarse de la inmunidad. Así se refleja en la (CNUIJEyB), que en su artículo 2 indica que quedan comprendidos dentro de la definición de Estado «los organismos o instituciones del Estado u otras entidades, en la medida en que estén facultados para realizar y realicen efectivamente actos en ejercicio de la autoridad soberana del Estado»[30]. La Convención Europea sobre Inmunidad del Estado (CEIE) parece adoptar un enfoque distinto, ya que, para delimitar su ámbito personal de aplicación, excluye del concepto de «Estado contratante» a las entidades con personalidad jurídica independiente que pueden demandar o ser demandadas directamente[31]. Como ya hemos mencionado, las EEP, por lo general, gozan de personalidad jurídica independiente del Estado, de tal forma que no podrían ser consideradas parte del Estado contrate e invocar la inmunidad[32]. Sin embargo, está exclusión *ratione personae* no impide que una EEP invoque la inmunidad *ratione materiae* con base en la CEIE si ha sido autorizada para ejercer funciones soberanas[33].

Por otro lado, algunos Estados incluyen en su legislación a las empresas estatales entre los beneficiarios de inmunidad y otros Estados las excluyen expresamente. La ley de inmunidad del Estado de los Estados Unidos permite invocar la inmunidad a las «instrumentalidades del Estado»[34]. Las empresas estatales quedaran comprendidas en la definición de «instrumentalidad del Estado» si poseen personalidad jurídica independiente y el Estado es propietario de la mayoría de sus acciones u otros intereses de propiedad[35]. Por su parte, en línea con el CEIE, la ley del Reino Unido dice que la inmunidad del Estado aplica a cualquier departamento del Estado, pero no a «entidades separadas» que sean distintas de los órganos ejecutivos del Estado y tengan capacidad de demandar y ser demandadas[36]. No obstante, la inmunidad se suele reconocer si el acto u omisión de referencia ha sido realizado en ejercicio de funciones soberanas[37].

En ausencia de normas específicas, la determinación de si una EEP forma parte de los órganos del Estado debe realizarse, en primer lugar, con base en el derecho interno. Este principio forma parte del derecho consuetudinario y ha sido reflejado en el Proyecto de Artículos sobre Responsabilidad del

30 CNUIJEyB, *op. cit.*, nota al pie 14.

31 *Convención Europea sobre Inmunidad del Estado*, adoptado en Basilea el 16 de mayo de 1972, en vigor desde el 11 de junio de 1976, *European Treaty Series* — No. 74, 16.V. 1972, art. 27.

32 *Ibid,* art. 15.

33 *Ibid,* art. 27.2.

34 *Foreign Sovereign Immunities Act* 1976, 28 USC 1608 (b).

35 *Ibid.,* sección 1603 (b).

36 *State Immunity Act* 1978, Sección 14.1.c.

37 *Ibid.,* sección 14.2.

Estado por Hechos Internacionalmente Ilícitos (PAREHII). El artículo 4, párrafo 2 del PAREHII textualmente dispone que: «órgano (del Estado) incluye a toda persona o entidad que tenga esa condición según el derecho interno» —sin paréntesis en el original[38]—. Aunque está posibilidad no está excluida, no es común encontrar EEP a las que el derecho interno les conceda expresamente estatus de órgano del Estado. Ahora bien, con independencia de que el derecho interno no le conceda el estatus de órgano del Estado expresamente, si se dan ciertas condiciones, una EEP puede ser considerada órgano del Estado de facto.

2.2. Las Empresas Estatales Petroleras como un órgano *de facto* del Estado

El derecho interno es solo el punto de partida para determinar si un ente puede ser considerado órgano del Estado. De hecho, las normas internas rara vez contienen una lista expresa o exhaustiva de todos los entes que forman parte de los órganos del Estado. Más aún, como ha observado la Comisión de Derecho Internacional (CDI), la terminología empleada por los derechos nacionales no es homogénea, términos como «agencia», «órgano», «instituciones», entre otros suelen utilizarse para referirse a entes que forman parte de la estructura del Estado[39]. Esto dificulta en ocasiones la labor de identificar a los órganos del Estado exclusivamente sobre la base del contenido textual del derecho doméstico. Por esta razón, la CDI ha precisado que la práctica del ente de referencia puede ser considerada e incluso llegar a ser determinante a la hora de decidir si puede recibir el trato de órgano del Estado. En concreto, se debe analizar si el ente se comporta *de facto* como un órgano del Estado, aunque el derecho interno no le conceda dicho estatus[40].

Por lo general, cuando una EEP ha sido dotada de personalidad jurídica independiente, como sucede en la inmensa mayoría de casos, existe una fuerte presunción de que el Estado ha deseado establecer una separación legal respecto de la empresa. Esto a su vez gravita en contra de la idea de reconocer a la empresa status de órgano del Estado ya sea de jure o de facto[41]. Sin embargo, como se observa en el laudo arbitral en el asunto *Deutsche Bank Ag v. Democratic Socialist Republic of Sri Lanka* esta presunción desaparece cuando la entidad no es realmente «independiente», de tal forma que, el hecho de tener personalidad jurídica separada del Estado no es

38 *Draft Articles on Responsibility of States...supra* nota al pie 24.

39 *Ibid,* p. 42, para. 11.

40 *Idem.*

41 *La Générale des Carrières et des Mines (Appellant) v F.G. Hemisphere Associates LLC (Respondent)*, Court of Appeal of Jersey, judgment delivered by Lord Mance on 17 july 2012, [2012] UKPC 27, Privy Council Appeal No 0061 of 2011, para. 29.

determinante[42]. Así, cada caso exige un análisis específico para determinar si una EEP puede ser considerada como un órgano del Estado *de facto*.

Los criterios para determinar si un ente puede ser considerado un órgano *de facto* del Estado han sido desarrollados sobre todo en el ámbito de la responsabilidad internacional del Estado[43]. Y aunque la práctica de atribuir los actos de los órganos de facto al Estado en el ámbito de las inmunidades del Estado es limitada, existen precedentes en los que partidos políticos fueron considerados órganos del Estado para efectos de reconocer la inmunidad del Estado[44]. En todo caso, existen tradicionalmente dos vías para determinar si un ente es considerado un órgano del Estado.

Por un lado, en el contexto del arbitraje internacional sobre inversiones se ha desarrollado un test compuesto sobre aspectos estructurales y funcionales. En la parte del test estructural se tiene en cuenta, *inter alia*, la forma en que ha sido creada la empresa estatal, por ejemplo, si ha sido creada por Decreto Gubernamental u otro medio, así como el porcentaje de acciones que corresponden al Estado. A estos criterios se les puede añadir el grado de representación o el poder decisorio del Estado en los órganos de la empresa. En el test funcional se tiene en cuenta el mandato de la empresa, en especial, hasta qué punto ejerce funciones normalmente reservadas a los gobiernos[45]. En este contexto, por lo tanto, es necesario determinar qué se entiende por funciones gubernamentales o públicas. Más allá de las funciones tradicionales, como las legislativas, ejecutivas y judiciales, la CDI ha precisado que lo que debe entenderse por funciones públicas o gubernamentales depende de cada sociedad en particular, su histórica y tradiciones[46]. Visto así, resulta evidente que cada caso debe analizarse de forma independiente. Más adelante, en el apartado 4.2 de este capítulo, se analizan las funciones públicas de las EEP, y para evitar repeticiones no se reproducen aquí.

Por otro lado, la Corte Internacional de Justicia (CIJ) ha aplicado un estricto test de control del Estado sobre un individuo o ente para determinar si puede ser considerado órgano *de facto* del Estado. Para la CIJ esto puede suceder solo en casos excepcionales en los que existe evidencia de «un grado particu-

---

42 *Deutsche Bank Ag v. Democratic Socialist Republic of Sri Lanka*, (Award) ICSID No (31 October 2012) ARB/09/02, para 405 (a).

43 Palchetti, P. «De Facto Organs of a State» en Wolfrum, R. (ed), *Max Planck Encyclopedia of Public International Law*, 2017, para. 5.

44 *Idem*.

45 En el ámbito de la responsabilidad del Estado se suele distinguir entre órganos del Estado, de jure o de facto (art. 4 PAREHII), y entes que han sido autorizados por el derecho interno para realizar actos de naturaleza gubernamental (art. 5 PAREHII). Sin embargo, la jurisprudencia internacional muestra cierta ambigüedad a la hora de determinar si un ente que ejerce funciones gubernamentales que no es un órgano de jure del Estado queda comprendido en los supuestos del artículo 4 o 5 o en ambos.

46 *Draft Articles* ... *supra* nota al pie 29, p. 43.

larmente alto de control del Estado» o una «dependencia completa» del individuo o ente que los convierte en meros instrumentos del Estado, sin autonomía real[47]. Por ejemplo, la Corte Suprema de Sri Lanka concluyó que la *Ceylon Petroleum Corporation* (CPC) pese a tener personalidad jurídica independiente, en realidad no tenía autonomía de acción, era un instrumento bajo el control del Estado[48]. Aunque este pronunciamiento fue relevante para determinar la responsabilidad del Estado en el marco de un arbitraje internacional, la falta de autonomía de la CPC, en otro contexto, podría ser invocada para alegar la inmunidad del Estado en beneficio de la empresa, por ser un instrumento de aquel[49]. Lo mismo sucedió en el asunto *Walker International Holdings Ltd v Republique Populaire du Congo*, en donde los tribunales ingleses sostuvieron que la *Société Nationale des* Pétroles du Congo (SPNC), pese a contar con personalidad jurídica independiente, debía ser considerada un órgano del Estado. Así se desprendía de sus funciones y de la falta de autonomía real de acción. SPNC tenía como objetivos definidos gestionar a cuenta del Estado todas las operaciones relacionadas con la producción, gestión, refinamiento y transporte de hidrocarburos tanto en el Congo como en el exterior. Adicionalmente, las decisiones de la junta de dirección, que estaba compuesta por siete miembros y cuatro representan al Estado, cuando versan sobre la dirección general de la compañía, su presupuesto y aprobación de las cuentas estaban sujetas a la aprobación del Consejo de Ministros. Por último, SPNC tenía una cuenta corriente no auditada para gastos del gobierno que fue considera incompatible con lo que haría una empresa comercial[50].

Resulta evidente que existe cierto solapamiento entre la idea de que la inmunidad puede estar justificada por la determinación de la existencia de un órgano de facto, por un lado, y por la causa aparentemente independiente de que cualquier entidad tendrá el derecho a la inmunidad del Estado en relación con actos u omisiones que impliquen el ejercicio de competencias soberanas. Es decir, para determinar la existencia de un órgano de facto del Estado se tiene en cuenta si realiza funciones soberanas, pero el ejercicio de esas funciones en sí mismo ya es suficiente para justificar la inmunidad del Estado sin que sea relevante si tiene o no el estatus de órgano del Estado. Esto no es exclusivo de las normas sobre la inmunidad del Estado, también ocurre en el ámbito de la responsabilidad internacional del Estado[51].

---

47 *Application of the Genocide Convention*, nota al pie 29, paras. 393-394.

48 *Dahanayake v De Silva and others*, [1978] 1 SLR 41 (10 September 1979), paras. 53-54.

49 Binder, Ch.; Wittich, S.; «A Comparison of the Rules of Attribution in the Law of State Responsibility, State Immunity, and Custom» en Kajtár, B.; Çali, B.; Milanovic, M. (eds.), *Secondary Rules of Primary Importance in International Law*, Oxford University Press, 2022, p. 248.

50 *Walker International Holdings Ltd v Republique Populaire du Congo*, England and Wales High Court (Commercial Court), Dec. 5, 2005, paras. 98-100.

51 *EnCana Corporation v la República de Ecuador* (Laudo Arbitral), LCIA UN3481, 3 de febrero de 2006, para. 154.

3. Las Empresas Estatales Petroleras en el marco de la doctrina de la inmunidad relativa

Desde prácticamente sus orígenes, en el siglo XIX, la doctrina de la inmunidad absoluta fue cuestionada por los tribunales internos italianos y belgas. Por ejemplo, en 1886, la Corte de Casación de Florencia distinguió entre el Estado como ente político embestido de poder soberano y el Estado como ente civil que actúa como sujeto de derecho privado. La inmunidad de jurisdicción del Estado en el caso fue concedida exclusivamente en relación con actos realizados en ejercicio del poder soberano[52].

3.1. La progresiva adopción de la inmunidad relativa

La teoría de la inmunidad absoluta sólo empezó a perder su posición dominante a mitad del siglo pasado, cuando la presencia de algunos Estados en la vida comercial fue ganando protagonismo. A partir del fin de la segunda guerra mundial la creación de empresas estatales se generalizó y esto contribuyó a que la doctrina de la inmunidad absoluta perdiera fuerza progresivamente[53]. Tras la guerra, en 1952, por medio de la conocida como «*Tate Letter*», el Departamento de Estado de los Estados Unidos anunció que abandonaría su larga tradición de reconocer la doctrina de la inmunidad absoluta y adoptaría en lo sucesivo la doctrina de la inmunidad relativa, en la que los Estados extranjeros podrían ser demandados por sus actos de naturaleza comercial[54]. Poco después, en 1963, la Corte Federal Constitucional de Alemania emitió una de las más emblemáticas sentencias aplicando y analizando detalladamente la evolución de la doctrina de la inmunidad relativa. En la decisión del asunto sobre el Imperio de Irán, la Corte sostuvo:

> «The increase of governmental activity in the economic sphere, in particular the extension of trade by States, made it seem appropriate to exclude acta jure gestionis from the immunity of States. It was regarded as necessary to grant the individual legal protection through courts not only vis-à-vis his own State but also vis-à-vis foreign States to a greater extent than before. Primarily for these reasons, developments over the last decades have led to the position that today it is no longer possible to show a usage adopted over a long time by the vast majority of States in awa-

52 Decision of 25 July 1886, Harvard Law School, Research in International Law, *Supplement to the American Journal of International Law*, vol.26, 1932, p.62

53 International Monetary Fund, *State-Owned Enterprises: The Other Government*, April 2020, p. 47.

54 Jarvis, R. M.: «The Tate Letter: Some Words Regarding its Autorship», *American Journal of Legal History*, Volume 55, Issue 4, December 2015, pp.465–472.

reness of their legal obligations whereby foreign States are exempted from domestic jurisdiction in respect of actions connected with their non-sovereign activities too»[55].

De este modo, la Corte Alemana observa que ya en 1963 no había una norma consuetudinaria que garantizará la inmunidad de jurisdicción a todos los actos de los Estados extranjeros. La Corte sostuvo que la práctica de los Estados de la época solo garantizaba la inmunidad para los actos *jure imperii*, pero no para los actos *jure gestionis*[56]. Esta distinción entre actos soberanos, públicos, de gobierno u oficiales (*jure imperii*), que se benefician de la inmunidad, frente a los actos no soberanos, privados, de naturaleza comercial o no oficiales (*jure gestionis*), que no gozan de esta protección, es la base de la doctrina de la inmunidad relativa. Con base en esta teoría, por ejemplo, en el caso *Mellenger v New Brunswick Development Corp*, se concluyó que la empresa estatal nunca en su existencia había realizado funciones comerciales y que lo único que había hecho era promover el desarrollo industrial de la provincia de la misma forma en que lo hacen los gobiernos y, por lo tanto, se le reconoció la inmunidad del Estado[57].

La primera ley de nacional dedicada específicamente a las inmunidades del Estado fue adoptada en los Estados Unidos en 1976, *Foreign Sovereign Immunities Act* (FSIA). Con la FSIA se pretendía, entre otros objetivos, codificar a la inmunidad relativa para evitar la disparidad de criterios en los tribunales internos que se seguían emitiendo pese a la publicación años atrás de la *Tate Letter*[58]. La ley sobre inmunidad jurisdiccional argentina, de 1995, también codifica la doctrina de la inmunidad relativa. En su artículo 2, establece que los Estados extranjeros no podrán invocar la inmunidad de jurisdicción «cuando la demanda versare sobre una actividad comercial o industrial llevada a cabo por el Estado extranjero...»[59]. Del mismo modo, el artículo 9 de la ley española textualmente establece que el Estado extranjero no podrá hacer valer la inmunidad ante los órganos jurisdiccionales españoles en relación con procesos relativos a transacciones mercantiles celebradas por dicho Estado con personas físicas o jurídicas que no tengan su nacionalidad[60].

---

55 Traducción por The Universtity of Texas at Austin, School of Law. Disponible en: https://law.utexas.edu/transnational/foreign-law-translations/german/case.php?id=595 (última visita 13/03/2024).

56 *Ibid,* 3. B).

57 *Mellenger v New Brunswick Development Corp.*, 1971, 1 WLR 604, p. 609.

58 Riblett, P., «A Legal Regime for State-Owned Companies in the Modern Era», *Journal of Transnational Law & Policy*, Vol. 18, No. 1, 2008, p. 6.

59 *Ley No. 24.488 sobre Inmunidad jurisdiccional de los Estados extranjeros ante los tribunales argentinos*, sancionada el 31 de mayo de 1995, promulgada parcialmente el 22 de junio de 1995.

60 *Ley Orgánica 16/2015, de 27 de octubre, sobre privilegios e inmunidades de los Estados extranjeros, las Organizaciones Internacionales con sede u oficina en España y las Conferencias y Reuniones internacionales celebradas en España*, BOE núm. 258, de 28 de octubre de 2015, páginas 101299 a 101320, art. 9.

Como se puede apreciar, la inmunidad relativa se formula como una excepción a la regla general de la inmunidad del Estado, que sigue existiendo circunscrita a los actos en ejercicio del poder soberano. El razonamiento es que, cuando el Estado decide participar en actividades comerciales como un actor privado y establecer relaciones jurídicas de derecho privado, debe responder ante los tribunales en caso de incumplir sus obligaciones. China en 2023 ha modificado sus leyes en línea con la práctica internacional dominante que adopta la doctrina de la inmunidad relativa. En palabras del portavoz del Ministerio de Relaciones Exteriores de China, el cambio busca proteger los derechos e intereses de todas las partes implicadas, salvaguardar el principio de igualdad soberana y promover los intercambios amistosos con otros países[61]. Con la adopción de la doctrina de la inmunidad relativa por parte China, como ya había hecho poco antes Rusia[62], dos de sus más firmes e influyentes defensores, el final del capítulo de la historia de la inmunidad absoluta parece inminente, si no es que ya hay llegado a su fin.

3.2. La «excepción comercial» y las dificultades de definición

La excepción comercial, que forma la esencia de la doctrina de la inmunidad relativa, se centra en aspectos *ratione materiae* y dejando en un segundo plano aspectos *ratione personae*. Por ejemplo, para los efectos que aquí interesan, si el acto de una EEP que ha dado lugar al litigio es una actividad comercial no habrá inmunidad y no es necesario analizar si forma parte de los órganos del Estado, pues ni siquiera el Estado mismo está protegido ante actos de *jure gestionis*. Del mismo modo, si el acto es el resultado del ejercicio de funciones soberanas, no es necesario analizar si la EEP es parte de los órganos del Estado, ya que incluso entes que no forma parte de la organización del Estado gozan de inmunidad en relación con actos *jure imperii*.

La cuestión clave, y no siempre sencilla, es cómo determinar si una actividad del Estado es de naturaleza comercial. Especialmente complicados son los casos en que la actividad es comercial, pero cumple una función pública. Por ejemplo, en el asunto *Trendtex Trading v Bank of Nigeria*, el Ministro de

61 *Foreign Ministry Spokesperson's Remarks on Rolling out the Law on Foreign State Immunity*, 5/9/2023. Disponible en: https://www.mfa.gov.cn/eng/xwfw_665399/s2510_665401/2535_665405/202309/t20230905_11138090.html#:~:text=The%20Law%20on%20Foreign%20State%20Immunity%20affirms%20the%20fundamental%20principle,cases%20involving%20disputes%20arising%20out (última visita 13/03/2024).

62 Department for the Execution of Judgments of the European Court of Human Rights, *Russian Federation: law on foreign state immunity changes after ECHR judgment*, 30/04/2019. Disponible en: https://www.coe.int/en/web/execution/-/russia-law-on-foreign-state-immunity-changes-after-echr-judgment (última visita 13/03/2024).

Defensa de Nigeria compró cemento para construir unas barracas para el ejército. Cuando el Banco Central de Nigeria, con personalidad jurídica independiente, dejó de realizar los pagos y fue demandada alegó la inmunidad del Estado. Como dejó claro el tribunal del caso, si nos centramos en la finalidad, el acto es de gobierno pues va destinado al ejército y a la defensa nacional; pero si se analiza aisladamente la naturaleza de la compra-venta se debe concluir que es un acto comercial[63].

Un problema añadido es que algunos intentos por definir el término de «actividad comercial» son circulares, como sucede en el Proyecto de artículos para una convención sobre inmunidades del Estado, de la Asociación de derecho internacional. Una actividad comercial se define como una conducta comercial o una transacción o acto comercial particular, que incluye cualquier actividad o transacción en la que un Estado extranjero participa, o en la que participa de otra manera, y que no implica el ejercicio de la autoridad soberana[64]. Esto es lo mismo que decir que un acto comercial es todo acto comercial y, para mayor precisión, no es un acto soberano. Para aportar mayor claridad, algunos instrumentos jurídicos incluyen ejemplos concretos de actividades comerciales. La CNUIJEyB define a las transacciones comerciales como: a) cualquier contrato o transacción comercial para la venta de bienes o para la provisión de servicios; b) cualquier contrato de préstamo u otra transacción de naturaleza financiera; c) cualquier otro contrato o transacción de naturaleza comercial, industrial o profesional (quedan excluidos los contratos de empleo de personas)[65]. Sin embargo, más allá de estos ejemplos no queda claro qué se debe entender por actividad comercial. Los tribunales suizos, para dilucidar esta cuestión, suelen centrarse en analizar si el acto puedo haber sido realizado por un particular o, si por el contrario, solo un Estado soberano está capacitado para llevarlo a cabo. En esa jurisdicción, el propósito o interés público del acto no se considera un parámetro decisivo para concluir que el acto es de *jure imperii*, pues se considera que, en última instancia, todos los actos del Estado buscan, de una u otra forma, el interés público. El Tribunal Federal de Suiza lo ha expuesto en los siguientes términos:

> «[L]e but poursuivi par l'Etat dans sa transaction ne saurait être déterminant, car ce but vise toujours, en dernière analyse, un intérêt étatique. On recherchera donc prioritairement quelle est la nature intrinsèque de l'opération: il s'agit de déterminer

---

63 *Trendtex Trading v Bank of Nigeria* [1977] 1 QB Lord Denning M. R. p. 559.

64 En su artículo 1 dispone «A commercial activity is either a regular course of commercial conduct or a particular commercial transaction or act and includes any activity or transaction into which a foreign State enters or in which it engages otherwise than in the exercise of sovereign authority» (traducción propia). Hafner, G.; Marcelo G. Kohen, M. G.; Breau, S. (eds.), *State Practice Regarding...op. cit.*, p. 24.

65 CNUIJEyB, *supra* nota al pie 14, art. 2 (traducción propia).

si l'acte qui fonde la créance litigieuse relève de la puissance publique, ou s'il s'agit d'un rapport juridique qui pourrait, dans une forme identique ou semblable, être conclu par deux particuliers»[66].

Ahora bien, centrarse exclusivamente en lo que puede o no hacer una particular ha conducido a decisiones incomprensibles. En el asunto *Dale and Holy See*, no se aceptó el argumento del Vaticano de que la creación de una fundación sin ánimo de lucro no era una actividad comercial, ya que puede igualmente ser creada por un particular[67]. No es difícil entender, por lo tanto, que en ocasiones se intenten utilizar parámetros adicionales al test del acto potencialmente realizable por actores privados. En el caso *Texas Trading & Milling Corp. v Federal Republic of Nigeria,* resuelto en los tribunales de los Estados Unidos, después de insistir en la idea de que la naturaleza y no el propósito del acto es lo relevante, se sostuvo que una actividad tiene una naturaleza comercial para los efectos de la inmunidad si es un tipo de actividad que una persona privada acostumbra realizar con fines de lucro[68].

No obstante, esto no ha resuelto todos los problemas de incoherencia. Como observa Yang Xiaodong, el problema principal es cómo resolver los casos de actos llevados a cabo por un Estado sin ánimo de lucro, pero que si fueran realizados por un particular tendrían indudablemente una motivación lucrativa[69]. Por ejemplo, no han sido considerados actos soberanos el patrocinio y gestión de un tour cultural, sin cobrar, o el préstamo de obras de arte a un museo con fines educativos[70]. Parece evidente que excluir del análisis el propósito del acto puede no ser apropiado en todos los casos. En primer lugar, es una contradicción decir que el propósito del acto no tiene peso en la determinación de una actividad comercial y asegurar que una motivación lucrativa es la esencia de las actividades comerciales. Es decir, el propósito del acto, el lucro, define la actividad comercial.

En vista de las limitaciones descritas, parecen más adecuados los enfoques que partiendo del análisis de la naturaleza del acto, toman en cuenta, en los casos que razonablemente lo requieren, el propósito que persigue. Este es el enfoque que se propone en la CNUIJEyB:

«Article 2.2. In determining whether a contract or transaction is a "commercial transaction" under paragraph 1 (c), reference should be made primarily to the nature

---

66 Federal Court Decision BGE 124 III 382 S. 388-389.

67 *DALE v. Holy See, also known as Vatican City State, Defendant-Appellant*, United States Court of Appeals, Fifth Circuit, No. 04-60928, March 16, 2006, para. IV.

68 *Texas Trading & Milling Corp. v Federal Republic of Nigeria,* International Law Reports, Vol. 103, p. 513.

69 Yang, X., *State Immunity in International Law*, Cambridge University Press, 2012, p. 91.

70 *Idem.*

of the contract or transaction, but its 3 purpose should also be taken into account if the parties to the contract or transaction have so agreed, or if, in the practice of the State of the forum, that purpose is relevant to determining the non-commercial character of the contract or transaction».

Como se desprende de esta disposición, la forma de aplicar estos criterios vendrá determinada por el derecho interno de los Estados. Partiendo del análisis de su naturaleza, el propósito del acto también será considerando en la medida en que las partes así lo hayan pactado por contrato o sea un criterio utilizado de acuerdo con la práctica del Estado del foro.

Con independencia de la dificultad intrínseca para determinar lo que se considera una actividad comercial y de la elección de los criterios más adecuados para hacerlo, es indudable que los intereses políticos o económicos de los Estados y las empresas pueden influir en la forma de aplicar estos criterios y en la aplicación de las normas sobre inmunidad del Estado[71]. Por ejemplo, en el asunto *Kalogeropoulou And Others V. Greece And Germany*, el Ministro de interior de Grecia guardó silencio, cuando su consentimiento era requerido por la ley, ante una petición para ejecutar una decisión sobre bienes alemanes para el pago de reparación por daños a los familiares de víctimas de los Nazis. Previamente los tribunales internos habían negado la inmunidad a Alemania[72].

4. La potencial inmunidad de las Empresas Estatales Petroleras en litigios climáticos por violación de derechos humanos

Como observa Yang, un aspecto básico, y frecuentemente olvidado, en temas relacionados con la inmunidad es que, en primer lugar, se debe establecer que los tribunales del Estado del foro tienen jurisdicción, ya sea territorial o personal en los términos a los que ya sea ha hecho referencia en apartados previos[73]. Empezaremos, por lo tanto, abordando esta cuestión para después analizar aspectos concretos de la potencial inmunidad de las EEP.

---

71 GAUKRODGER, D. (2010), «Foreign State Immunity and Foreign Government Controlled Investors», *OECD Working Papers on International Investment*, 2010/02, OECD Publishing, p. 14.

72 *Kalogeropoulou And Others V. Greece and Germany,* ECHR application 59021/00 declared inadmissible 12/12/2002.

73 YANG, X., *State Immunity ... op. cit.* nota al pie 70, p. 130.

4.1. La condición previa de que exista un vínculo competencial

Para los efectos que aquí interesa, se debe considerar que el cambio climático es el resultado agregado de emisiones de CO2 históricas de fuentes muy diversas. Siendo diferentes las fuentes, en algunos litigios climáticos las empresas petroleras, para negar competencia territorial o personal, han alegado que no se les puede exigir la responsabilidad individual de un problema global que debe solucionarse a través de la cooperación internacional, la legislación y no en los tribunales. Por ejemplo, en el asunto *Vereniging Milieudefensie and others v Royal Dutch Shell* (RDS), un grupo de asociaciones civiles demandó a RDS por el volumen agregado de sus emisiones de GEI, producidas por sus operaciones empresariales y por la venta de productos energéticos. Estas acciones eran consideradas por las asociaciones civiles como contrarias a un estándar de cuidado no escrito previsto en el código civil holandés, por no estar en línea con lo que es necesario para evitar un calentamiento global superior a los 2° C, de conformidad con el Acuerdo de Paris y la mejor ciencia disponible[74]. RDS alegó que la transición energética necesaria para lograr el objetivo de evitar el calentamiento global superior a los 2° C requiere una acción concertada de la sociedad como un todo[75]. Adicionalmente, RDS se mostró en desacuerdo con la acusación sobre la jerarquía y el porcentaje de emisiones globales de GEI que se le pueden atribuir[76]. El tribunal de distrito de la Haya, en su decisión de mayo de 2021, observó que RDS es, sin duda, una de las mayores emisoras de GEI a nivel global, superando a muchos países, incluidos los Países Bajos. Por lo que se refiere a los efectos, el tribunal justificó su competencia señalando que las consecuencias del cambio climático eran potencialmente serias e irreversibles en Holanda[77].

Aunque es una decisión un tribunal nacional, que ha aplicado una ley holandesa específica, y que por otro lado está apelación, parece dejar claro que es posible establecer un nexo competencial sobre la base de las actividades de una EEP, su contribución individual al cambio climático y la vulneración de derechos humanos. En relación con este último aspecto, en junio de 2023, un grupo de trabajo y cuatro relatores especiales de Naciones

74 *Vereniging Milieudefensie, et alt., v Royal Dutch Shell PLC* (26 May 2021), C/09/571932 / HA ZA 19-379, para. 3.1.1. Véase, Iglesias Márquez, D., «Milieudefensie & otros v. Royal Dutch Shell PLC: la delimitación de la responsabilidad empresarial de respetar los derechos humanos en tiempos de crisis climática», en Iglesias Márquez, D.; Pigrau Solé, A., (eds.), *Litigación en materia de empresas y derechos humanos: estudio de casos*, Valencia, Tirant lo Blanch, 2023, pp. 153-184.

75 *Ibid.*, para. 4.1.2.

76 *Ibid.*, para. 4.4.5.

77 *Ibid.*, para. 4.4.6 y 4.4.7.

Unidas enviaron una comunicación con base en los procedimientos especiales del Consejo de Derechos Humanos de las Naciones Unidas dirigida a Saudi Aramco. La empresa es propiedad del gobierno de Arabia Saudí en un 98.5 %. En la comunicación se destaca que Saudi Aramco es la empresa que a nivel mundial más ha contribuido al cambio climático, con un 4.33 % de las emisiones globales registradas entre 1965 y 2018. Esto lleva a los expertos de Naciones Unidas a afirmar que esta EEP ha contribuido de forma significativa a los impactos en los derechos humanos relacionados con el cambio climático[78].

Además de las políticas corporativas de incidencia en el cambio climático, incluidas la exploración, extracción, refinamiento, transporte y venta de hidrocarburos, otras bases para iniciar litigios climáticos incluyen la manipulación de información en relación con sus políticas (*greenwhashing*) o la ocultación de información[79].

Cabe señalar también que, en los últimos años, se ha avanzado significativamente en la cuantificación las emisiones individuales de las grandes empresas petroleras, lo que facilita la atribución de responsabilidad. Por ejemplo, siguiendo los métodos de medición establecidos por el Panel Intergubernamental de Cambio Climático (IPCC), en 2013, un estudio de Richard Heede, del Climate Accountability Institute (CAI), publicado en 2014, logró relacionar el 69,6 % de las emisiones globales de GEI desde 1751 hasta 2010 con un grupo reducido de empresas extractivas y productoras de energías fósiles y cementeras[80]. Los estudios de atribución y cuantificación del CAI desde entonces se han venido actualizando periódicamente, para cubrir las emisiones hasta 2018. De entre esas empresas, las 20 que más han emitido conjuntamente se asocian con el 30 % de las emisiones históricas de GEI. De esas veinte empresas, más de la mitad son EEP. Los estudios del CAI concluyen que el 90 % de las emisiones atribuidas a estas empresas son de tipo indirecto, producidas sobre todo por los usuarios de sus productos, aunque también se incluyen las emisiones de sus proveedores y otras relaciones comerciales.

La importancia de los estudios del CAI en el ámbito de la responsabilidad de las empresas por el impacto en los derechos humanos ha sido reflejado en el la Investigación Nacional sobre el Cambio Climático de la Comisión de

---

78 *Comunicación a Saudi Aramco de grupos de expertos de Naciones Unidas con mandatos en derechos humanos*. AL OTH 53/2023, 26 de junio 2023. La comunicación está disponible en: https://spcommreports.ohchr.org/TMResultsBase/DownLoadPublicCommunicationFile?gId=28094 (última visita 13/03/2024).

79 *Consumer NZ Inc v Z Energy Ltd*, High Court of New Zeland, CIV- 2023, November 24, 2023.

80 Heede, R., «Tracing Anthropogenic Carbon Dioxide and Methane Emissions to Fossil Fuel and Cement Producers, 1854 — 2010», *Climatic Change*, Vol. 122, 2014. Disponible en https://link.springer.com/article/10.1007/s10584-013-0986-y (última visita 13/03/2024).

Derechos Humanos de las Filipinas, de 2022[81]. La Comisión observó además que las grandes empresas petroleras tuvieron conocimiento, ya desde 1965, de que el uso de sus productos tenía un impacto negativo en el sistema del clima, pero deliberadamente condujeron campañas para desinformar al público y obstruir las iniciativas globales hacia la descarbonización[82]. Estas acciones fueron consideradas contrarias a los estándares de honestidad y buena fe previstos en el derecho interno de las Filipinas[83].

Ahora bien, superado el requisito de establecer la competencia de tribunal del foro, el potencial reconocimiento de la inmunidad estatal a las EEP dependerá de si sus actividades son consideradas *jure imperii* o *jure gestionis*.

4.2. La naturaleza híbrida de las actividades de las Empresas Estatales Petroleras

Las EEP normalmente tienen una combinación de funciones públicas y comerciales. Como observa Malcolm G. Bird, hablando de las empresas estatales en general:

> «SOEs range in form and function, of course, but they are usually organized in a corporate, hierarchical manner and provide goods and/or services to the citizenry within a market setting and, at the same time, have some sort of public mission/mandate included in their corporate goals»[84].

La relación entre estas funciones es tan estrecha, que no siempre es sencillo diferenciar entre ellas. Por ejemplo, volviendo al asunto *International Association of Machinists v. OPEC,* un grupo sindical de maquinistas alegó que las medidas para afectar los precios adoptadas por la Organización de Países Exportadores de Petróleo eran contrarias a las leyes internas de los Estados Unidos. El tribunal de primera instancia negó tener jurisdicción para conocer del asunto con base en la ley de inmunidad. En la apelación, el grupo sindical reclamó que la excepción comercial no se había aplicado correctamente y que lo debía analizarse era naturaleza del acto, no el propósito de la medida. Aunque el control de los recursos naturales era el propósito de la medida, el grupo sindical puntualizaba que lo ilegal y comercial era conspirar para afectar los precios. En apelación, al parecer por encontrar la cuestión difícil

81 CHRP, *National Inquiry on Climate Change Report*, 2022, pp. 21 y 89. Disponible en https://chr.gov.ph/wp-content/uploads/2022/12/CHRP_National-Inquiry-on-Climate-Change-Report.pdf (última visita 13/03/2024).

82 *Ibid.*, p. 94.

83 *Ibid.*, p. 98.

84 Bird, M. G., «State-Owned Enterprises. Raising, falling and returning? A brief overview» en Bernier, L.; Florio, M.; Bance, P. (eds.), *The Routledge Handbook of State-Owned Enterprises*, Routledge, 2020, p. 60.

de resolver, el tribunal evitó pronunciarse sobre la naturaleza del acto y, en su lugar, decidió sobre la base de la Doctrina de Acto de Estado[85].

En cualquier caso, es indudable que la función pública de las EEP está inexorablemente relacionada con la naturaleza jurídica, reconocida a nivel internacional, de los recursos naturales que gestiona. En ese sentido se debe partir de la base de que el derecho internacional reconoce que cada Estado tiene el poder de controlar sus recursos en beneficio de su población. Así se desprende, entre otras, de las resoluciones de la Asamblea General de Naciones Unidas 1515 (XV) de 15 de diciembre de 1960, en la que recomienda que se respete el derecho soberano de todo Estado a disponer de su riqueza y de sus recursos naturales; y en la 1803 (XVII) de 14 de diciembre de 1962 en la que declara:

> «1. El derecho de los pueblos y de las naciones a la soberanía permanente sobre sus riquezas y recursos naturales debe ejercerse en interés del desarrollo nacional y del bienestar del pueblo del respectivo Estado».

Aunque la soberanía del Estado se ejerce sobre todos los recursos naturales, el petróleo no es un recurso natural cualquiera, su importancia económica y geopolítica es difícilmente igualable. La Constitución de Ecuador, por ejemplo, reserva para el Estado el derecho de administrar, regular, controlar y gestionar los sectores estratégicos, entre los que se incluye el petróleo, su transporte y refinación[86]. Los sectores estratégicos son aquellos que, por su importancia económica, política, social o medioambiental deben orientarse hacia el interés social. La creación de empresas estatales, con personalidad jurídica independiente del Estado, está contemplada como una opción para la gestión de estos recursos[87]. De igual forma, la Constitución de Venezuela reserva para el Estado la actividad petrolera, que considera de interés público y carácter estratégico[88]. Más aún, la ley suprema de Venezuela establece que por razones soberanía económica, política y de estrategia nacional, el Estado conservará todas las acciones de Petróleos de Venezuela, S.A. o del ente creado para el manejo de la industria petrolera[89]. Estos ejemplos son una muestra de que las EEP se crean para gestionar un recurso estratégico no solo en el sentido económico, sino también político. Como observan algunos autores, el nacimiento y proliferación de las EEP se debe a que los Estados

85 Dodge, W. S., *Throwback Thursday: International Association of Machinists v. OPEC*, TLB, 2 de junio de 2022.

86 *Constitución de la República de Ecuador*, Registro Oficial 449 de 20-oct-2008, art. 313.

87 *Ibid.* Resolución No. 1 de la Corte Constitucional, publicada en el Registro Oficial Suplemento 629 de 30 de enero del 2012.

88 *Constitución de la República Bolivariana de Venezuela*, art. 302, Gaceta Oficial Extraordinaria N.° 36.860 de fecha 30 de diciembre de 1.999.

89 *Ibid.*, art. 303.

consideraron el petróleo un bien que debían controlar, que la legislación no parecía suficiente, haciendo necesaria la participación directa a través de la propiedad de empresas para su gestión[90].

Por lo tanto, si aceptamos que, como sostiene la CDI, lo que debemos entender por actos gubernamentales depende de cada sociedad, su historia y tradiciones[91], entonces no parece excesivo sostener que, en principio, la gestión por las EEP de un recurso como el petróleo está estrechamente ligada a una función soberana. Como ha observado el Tribunal de Distrito Central de California en el asunto *International Association of Machinists v. OPEC*, el control sobre los recursos de petróleo es una función especialmente soberana porque es crucial para el bienestar de la sociedad. En el caso, el Tribunal cita al Dr. Adelman diciendo: «*It is difficult or impossible to separate the OPEC governments as governments from their role as oil producers*»[92].

De este modo, la función pública de las EEP es gestionar un recurso de vital importancia para el Estado en beneficio de la población. En este sentido, en el asunto *Générale des Carrières et des Mines v F.G. Hemisphere Associates LLC* (en lo sucesivo *Géncamines*), el tribunal de apelación observó que la compañía no podía ser ya considerada, realmente, como algo que no sea un brazo del Estado con responsabilidad en la gestión de un sector de vital importancia para la economía[93]. Por su parte, en el asunto *Mellenger v New Brunswick Development Corp*, el tribunal sostuvo que cuando una empresa se limita a promover el desarrollo de una provincia está actuando en la forma en la que lo haría el gobierno y le reconoció la inmunidad del Estado[94]. Sin embargo, la empresa no había nunca realizado una función comercial, como sucede con las EEP. En efecto, incluso aceptado la importancia del petróleo, su carácter estratégico y su inexorable relación con el bienestar público, parece insuficiente para considerar que todos los actos u omisiones de una EEP se realizan en ejercicio de funciones soberanas. Si bien es verdad algunos actos de las EEP parecen claramente soberanos, existen otros que tienen una naturaleza comercial.

En vista de que solo el Estado tiene la autoridad para disponer de sus recursos naturales, se puede concluir que las concesiones a terceros de licencias para la exploración, extracción y venta de petróleo realizadas por

---

90 McPherson, Ch., «National Oil Companies: Evolution, Issues, Outlook» en Davis,J.; Ossowski, R.; Fedelino, A. (eds), *Fiscal Policy Formulation and Implementation in Oil-Producing Countries* (International Monetary Fund, 2003), p. 185.

91 *Draft Articles on Responsibility of States...supra* nota al pie 24, p. 43.

92 *International Association of Machinists v. OPEC*, 477 F. Supp. 553 (C.D. Cal. 1979), p. 568-569.

93 *La Générale des Carrières et des Mines...supra* nota al pie 42, para. 2.

94 *Mellenger ... supra* nota al pie 58, p. 609.

EEP son actos soberanos[95]. Por ejemplo, en el asunto *EnCana Corporation v la República de Ecuador*, el tribunal arbitral aceptó que la conducta de Petroecuador en relación con la negociación, ejecución o renegociación de acuerdos de explotación de recursos nacionales de Ecuador con compañías extranjeras podrían aceptarse como actos que implican el ejercicio de funciones soberanas[96]. En ese sentido, cabría esperar que actos de esta naturaleza, aunque sean realizados por una EEP, estarían protegidos por la inmunidad del Estado.

Ahora bien, sin excluir otras posibilidades, los litigios climáticos en contra de las empresas petroleras suelen basarse en el efecto acumulado de emisiones de CO2 producidas sobre todo por la comercialización, venta y consumo de sus productos; la implementación de políticas de inversión destinadas a una mayor producción y venta de petróleo, así como las políticas de desinformación o la publicidad para cambiar la percepción sobre el efecto de sus actividades en el calentamiento global. Parece muy claro que la producción, venta, publicidad y los proyectos de expansión son elementos que definen por excelencia lo que debe entenderse por una actividad comercial. Todas estas actividades pueden ser realizadas por un particular con fines de lucro y, por lo tanto, tienen un marcado carácter *jure gestionis* que hace inoperativa la potencial inmunidad del Estado.

En todo caso, en el ámbito de la aplicación de las inmunidades, aunque existen unas reglas generales identificables, existe una disparidad notoria y desconcertante en ocasiones sobre la forma en que son aplicadas por las diferentes jurisdicciones. Por lo tanto, no una interpretación diferente a las anteriores no queda excluida.

5. Las inmunidades del Estado en casos de vulneraciones de los derechos humanos por parte de las Empresas Estatales Petroleras

Si en un caso en contra de una EEP se alega la inmunidad del Estado y los actos están relacionados con los efectos del calentamiento global en los derechos humanos, el tribunal tendrá que decidir si la naturaleza de los derechos vulnerados prevalece sobre la inmunidad del Estado.

---

95 LORTEAU, S.,*The State as Polluter Challenge in Climate Law*, LLM thesis, University of Toronto, 2021, p. 133.

96 *EnCana Corporation v la República de Ecuador*, *supra* nota al pie 52, para. 154, nota al pie 106.

De hecho, la vulneración de los derechos humanos suele formar parte de los aspectos analizados en los denominados «litigios climáticos», tanto a nivel nacional como internacional. Por ejemplo, en el asunto *Vereniging Milieudefensie and others v Royal Dutch Shell* (RDS), el tribunal reconoció que las políticas de RDS, al contribuir al cambio climático, afectaban negativamente en el derecho a la vida y el respeto a la privacidad y a la vida familiar previstos en los artículos 2 y 8 del Convenio Europeo de Derechos Humanos (CEDH), así como en los artículos 6 y 17 del Pacto Internacional de Derechos Civiles y Políticos[97]. A nivel regional, ante el Tribunal Europeo de Derechos Humanos (TEDH) han llegado diferentes casos relacionados con la inacción o inefectividad de las políticas climáticas de los Estados[98]. Por su parte, aunque no es una instancia jurisdiccional, la Comisión de Derechos Humanos de las Filipinas publicó una investigación sobre la responsabilidad de las grandes empresas petroleras, incluidas varias EEP, sobre el impacto del cambio climático en los derechos humanos de la población nacional[99]. La investigación concluye que, con base en el Derecho internacional, cada Estado tiene la obligación de adoptar todas las medidas a su alcance para proteger los derechos humanos frente al cambio climático y ofrecer reparación cuando se vean afectados. La negligencia de los Estados en ese sentido es considerada una vulneración de los derechos humanos[100]. En cuanto a las grandes empresas petroleras, la investigación observa que se espera que protejan a los derechos humanos, incluso si el Estado falla en su obligación de adoptar las leyes pertinentes[101]. Así se deriva, entre otros instrumentos, del artículo 29 de la Declaración Universal de los Derechos Humanos que establece una obligación general de protección de los derechos humanos, que entiendo no solo dirigida hacia los Estados[102].

En vista de lo anterior, cabe preguntarse sobre si, llegado el caso de que se plantee un litigio por la vulneración de derechos humanos en relación con la contribución de una EEP al cambio climático, la inmunidad del Estado sería potencialmente extensible a la EEP. El Grupo de Trabajo de

97 *Vereniging Milieudefensie... supra* nota al pie 75, para. 4.4.9. Aunque estos tratados no crean obligaciones directas para las empresas, ya que no pueden ser partes contratantes, el tribunal los tomó en consideración para valorar el estándar de cuidado no escrito del derecho civil holandés, que era la base de la acción en el caso.

98 Para una recopilación de los casos y su estatus a 9 de febrero de 2023, véase European Court of Human Rights, *Status of climate applications before the European Court*, 09/02/2023; ECHR 046, 2023.

99 CHRP, *National Inquiry ... supra* nota al pie 82.

100 *Ibid,* para. 78.

101 *Ibid,* para. 80.

102 *Idem*.

la CDI en su informe de 1999 sobre las inmunidades jurisdiccionales del Estado y su propiedad, observó que el asunto Pinochet y una enmienda de la ley de inmunidades del Estado de EEUU apoyaban el argumento de que un Estado queda impedido de invocar la inmunidad ante violaciones graves de los derechos humanos[103]. Para los efectos que aquí interesan, en el asunto Pinochet, los tribunales ingleses reconocieron que, aunque los ex jefes de Estado gozan en el Reino Unido de inmunidad de jurisdicción en relación con actos realizados en ejercicio de sus funciones, la tortura es un crimen internacional, prohibido por una norma *jus cogens* y la inmunidad no podía prevalecer[104]. Por otro lado, la ley sobre inmunidades de los Estados Unidos había sido modificada para impedir la inmunidad en casos de tortura, asesinatos extra judiciales, sabotajes aéreos o toma de rehenes, en contra de un Estado designado como apoyo del terrorismo por el secretario de Estado, cuando la víctima fuera nacional de los Estados Unidos cuando ocurrieron los hechos[105].

Sin embargo, no está claro que estos procedentes sean realmente concluyentes. El asunto Pinochet versaba sobre la inmunidad de un antiguo Jefe de Estado en relación con la jurisdicción penal de otro Estado, no sobre la inmunidad del Estado en sí mismo[106]. Adicionalmente, en la decisión de Pinochet influyó el lenguaje específico de la Convención de las Naciones Unidas contra la Tortura, de 1984, y no puede ser extendido sin más a otros casos[107]. En cuando a las leyes como las de Estados Unidos que incluyen excepciones sobre terrorismo no representan una práctica extensa y una de las pocas que existen, la de Canadá está siendo objeto de una controversia ante la CIJ, precisamente por vulnerar las normas sobre inmunidad del Estado y su legalidad es aún incierta[108].

Algunas de las violaciones más graves de los derechos humanos están prohibidas por normas que tienen el carácter de *jus cogens*. La legalidad del reconocimiento de la inmunidad del Estado ante violaciones de normas de *jus cogens* ya ha sido analizada por la CIJ[109].

---

103 *Regina v. Bow Street Metropolitan Stipendiary Magistrate and Others, ex parte Pinochet Ugarte* (No. 3), judgment of 24 March 1999 [2000] Appeal Cases 147.

104 *Idem.*

105 *Anti-Terrorism and Effective Death Penalty Act* of 1996, Section 221.

106 *Jurisdictional Immunities of the State* (Germany v. Italy: Greece intervening), Judgment, I. C. J. Reports 2012, p. 99, para. 87.

107 *Idem.*

108 *Application instituting proceedings filed in the registry of the court on 27 june 2023 alleged violations of state immunities* (Islamic Republic of Iran v. Canada), paras. 3, 7-8.

109 *Jurisdictional Immunities of the State ...supra* nota al pie 107.

5.1. *Jus cogens* vs Inmunidad del Estado

Las normas de *jus cogens* son aquellas aceptadas y reconocidas por la comunidad internacional en su conjunto como normas que no admiten acuerdo en contrario y que sólo puede ser modificadas por normas posteriores que sean igualmente de *jus cogens*[110]. Al ser normas imperativas, las normas de *jus cogens* prevalecen sobre cualquier otra norma inconsistente dc derecho internacional, ya sea que esté prevista en un tratado internacional o forme parte de la costumbre internacional. En el asunto de las *Jurisdictional Immunities of the State*, Italia alegó ante la CIJ que las normas de *jus cogens* deben prevalecer sobre el derecho de un Estado a invocar la inmunidad. En el caso, los tribunales italianos habían admitido a trámite demandas civiles en contra de Alemania por violaciones del derecho internacional humanitario durante la segunda guerra mundial[111]. En primera y segunda instancia los tribunales italianos habían reconocido la inmunidad de Alemania, pero la Corte de Casación revirtió esas decisiones afirmando que la inmunidad del Estado no opera cuando se trata de actos que constituyen crímenes internacionales[112]. Algunas de esas violaciones incluían masacre y deportación de civiles para ser utilizados para realizar trabajos forzados[113]. En el procedimiento ante la CIJ, Italia alegó que la inmunidad no opera en relación con actos que ocasionan la muerte, causan daños a las personas o dañan la propiedad en el Estado de foro, si los daños ocurren en ese Estado o cuando la inmunidad se alega contra normas *jus cogens*[114]. Estas excepciones a la inmunidad se encuentran recogidas, aunque sujetas a algunas condiciones, en el art. 11 del CEIE y el art. 12 de la CNUIEyB.

La CIJ, en primer lugar, observó que los actos de las fuerzas armadas alemanas objeto de las acciones legales ante los tribunales italianos tenían una naturaleza acta *jure imperii*[115]. Más aún, la CIJ precisó que la caracterización de un acto como *jure imperii* o, alternativamente, como *jure gestionis* sirve para determinar si el Estado tiene derecho a la inmunidad, pero no implica de ninguna manera el reconocimiento de legalidad o ilegalidad del acto[116]. Para la CIJ, si la concesión de la inmunidad a un Estado dependiera de saber si ha cometido serias vulneraciones de derechos humanos o de derecho inter-

110 Art. 53 de la *Convención de Viena sobre el Derecho de los Tratados*, United Nations Treaty Series, Vol. 1155, p. 331.

111 *Jurisdictional Immunities of the State ...supra* nota al pie 107, para. 15(1).

112 *Ibid,* para. 27.

113 *Ibid,* para. 21.

114 *Ibid,* para. 62.

115 *Ibid,* para. 60.

116 *Idem.*

nacional humanitario, entonces los tribunales internos estarían obligados primero a analizar el fondo de cada asunto[117]. Sin embargo, el derecho internacional exige primero determinar si se concede o no inmunidad y, solo si no hay derecho a la inmunidad, el tribunal puede entrar a conocer del fondo del asunto[118]. De este modo, aunque Alemania había reconocido la ilegalidad de los actos, para la CIJ eso no eliminaba su carácter *jure imperii*[119].

Por otro lado, observó que el art. 31 del CEDH establece que nada en el convenio debe afectar las inmunidades y privilegios de los actos u omisiones relacionados con las fuerzas armadas de otro Estado, que ocurran mientras esas fuerzas se encuentran en el territorio del Estado de foro. Del mismo modo, los trabajos preparatorios de la CNU demuestran que la CDI no tenía intención de que el artículo 12 pudiera ser aplicado a las fuerzas armadas. Por lo tanto, las excepciones a la inmunidad relacionadas con daños personales o a la propiedad alegada por Italia no afectan el derecho a la inmunidad del Estado en relación con actos de las fuerzas armadas alemanas ocurridos mientras se encontraban en Italia[120].

Ante la pregunta de si el derecho internacional consuetudinario establece que la inmunidad de los Estados no opera en caso de serias vulneraciones de los derechos humanos o del derecho internacional humanitario, la respuesta de la CIJ fue que nada en la práctica internacional apoya la idea de que existe tal norma[121]. Así, para la CIJ, un Estado no es despojado de su derecho a la inmunidad por el hecho de que sea acusado de serias violaciones de derechos humanos o derecho internacional humanitario[122]. Finalmente, aunque la CIJ reconoce que las normas *jus cogens* prevalecen sobre otras normas en conflicto, en su opinión, no hay conflicto entre las normas de *jus cogens* y el derecho a la inmunidad, porque cada una opera en un plano diferente. Las normas sobre inmunidad, indica la CIJ, operan en un plano procesal y se circunscriben a determinar si un tribunal nacional puede o no ejercer su jurisdicción. Así, las cuestiones de si el acto es legal o ilegal no es algo que sea respondido desde las normas de inmunidad. Por otro lado, la CIJ no acepta que existan bases para decir que una norma que no tiene carácter *jus cogens*, como en el caso son las normas sobre inmunidad del Estado, no pueda ser aplicada si eso incide negativamente en la aplicación de una norma *jus cogens*[123].

117 *Ibid,* para. 82.

118 *Idem.*

119 *Ibid,* para. 60.

120 *Ibid,* para. 69.

121 *Ibid,* para. 83.

122 *Ibid,* para. 91.

123 *Ibid,* para. 95.

5.2. La posición del Tribunal Europeo de Derechos Humanos

El tribunal europeo de derechos humanos ha resuelto diversos casos en relación con actos de tortura[124], crímenes contra la humidad[125], incluso de genocidio[126] en donde se alega que el reconocimiento de la inmunidad del Estado vulnera el artículo 6 del Convenio Europeo de Derechos Humanos (CEDH), que recoge el derecho a un proceso equitativo. Con base en esta disposición, toda persona tiene derecho a que su causa sea oída equitativa, públicamente y dentro de un plazo razonable, por un Tribunal independiente e imparcial, establecido por Ley, que decidirá los litigios sobre sus derechos y obligaciones de carácter civil o sobre el fundamento de cualquier acusación en materia penal dirigida contra ella. Por ejemplo, un grupo de supuestas víctimas de abusos sexuales por parte de integrantes de la iglesia católica no pudieron exigir la responsabilidad civil resultante de la Santa Sede porque los tribunales belgas le habían reconocido la inmunidad del Estado[127].

En el asunto *Al-Sadani*, el TEDH analizó la posible violación del derecho de acceso a los tribunales y derecho a no ser torturado previstos en los artículos 6 y 3 del CEDH como consecuencia de la inmunidad reconocida al Estado de Kuwait por los tribunales ingleses. El caso era de responsabilidad civil por daños físicos y mentales como resultado de actos de tortura al Sr. Sulaiman Al-Adsani, con doble nacionalidad inglesa y kuwaití, mientras se encontraba en Kuwait. El Sr. Alsadani alegó haber sido falsamente detenido, golpeado, sumergido en una piscina en la que había cuerpos, arrastrado a una habitación en la que se prendió fuego a un colchón bañado en petróleo, por la supuesta difusión de vídeos de contenido sexual de una persona allegada al Emir de Kuwait. El TEDH, pese a reconocer que la prohibición de la tortura tiene un estatus de *jus cogens*, concluyó que la práctica internacional no apoya la tesis de que un Estado no goza de inmunidad ante actos de tortura[128].

Por lo que se refiere a la vulneración del derecho al acceso a los tribunales, el TEDH sostuvo que el artículo 6 no es absoluto, admite limitaciones. En ese sentido, los Estados gozan de cierto margen discrecional, aunque el TEDH

124 *Al-Adsani v. United Kingdom*, application No. 35763/97, ECHR judgment of 21 November 2001.

125 *Kalogeropoulou And Others...supra* nota al pie 73.

126 *Stichting Mothers of Srebrenica et autres c. Pays-Bas* (déc.), ECHR no 65542/12, §§ 156-160, 11 juin 2013.

127 *Affaire J.C. et Autres c. Belgique*, Requête no 11625/17, arrêt 12 octobre 2021, para. 34.

128 *Al-Adsani v. United Kingdom... supra* nota al pie 125, para. 61.

tiene la última palabra para decidir si los requisitos establecidos en el CEDH han sido respetados. Específicamente, al TEDH le corresponde asegurarse de que las limitaciones al acceso a los tribunales no restrinjan o reduzcan los derechos de las personas de forma que la esencia de este derecho se impedida. Una limitación no será incompatible con el artículo 6 si persigue un fin legítimo y si existe una relación razonable de proporcionalidad entre los medios y los objetivos que se desean lograr[129]. Para el TEDH, la inmunidad a un Estado en procedimientos civiles persigue un fin legítimo, cumplir el derecho internacional para promover las buenas relaciones y el respeto a la igualdad soberana[130]. Por otro lado, en su análisis sobre la proporcionalidad, el TEDH comienza recordando que el CEDH debe interpretarse tomando en consideración otras normas de derecho internacional aplicables entre las partes, tal y como establece el art. 31.3. c del Convenio de Viena sobre el Derecho de los tratados. Por lo tanto, el CEDH debe ser interpretado tomando en cuenta también las normas de derecho internacional que se ocupan de la inmunidad del Estado. En opinión del TEDH, el reconocimiento de la inmunidad no debe entenderse, en principio, como una restricción desproporcionada en el derecho de acceso a los tribunales porque implica la aplicación de normas de derecho internacional público internacionalmente reconocidas. Para el Tribunal, al igual que el acceso a los tribunales es un elemento inherente a un juicio justo, algunas restricciones a este derecho deben considerarse igualmente inherentes, por ejemplo, las limitaciones generalmente aceptadas por la comunidad de naciones como parte de la doctrina de la inmunidad del Estado[131]. Finalmente, en relación con el carácter *jus cogens* de los actos de tortura, que no admiten ninguna excepción, y la posibilidad invocar la inmunidad, el TEDH dijo:

> «While the Court accepts, on the basis of these authorities, that the prohibition of torture has achieved the status of a peremptory norm in international law, it observes that the present case concerns not, as in Furundzija and Pinochet, the criminal liability of an individual for alleged acts of torture, but the immunity of a State in a civil suit for damages in respect of acts of torture within the territory of that State. Notwithstanding the special character of the prohibition of torture in international law, the Court is unable to discern in the international instruments, judicial authorities or other materials before it any firm basis for concluding that, as a matter of international law, a State no longer enjoys immunity from civil suit in the courts of another State where acts of torture are alleged. In particular, the Court observes that none of the primary international instruments referred to (Article 5 of the Universal Declaration of Human Rights, Article 7 of the International Covenant on

129 *Ibid,* para. 53.

130 *Ibid,* para. 54.

131 *Ibid,* para. 56.

Civil and Political Rights and Articles 2 and 4 of the UN Convention) relates to civil proceedings or to State immunity» (sin negrillas en el original)[132].

La denominada «excepción de responsabilidad por daños» (Tort exception, en inglés) no es universal. Si bien es verdad se incluye tanto en el CESIE y en el CNUIJEyB, el primero tiene sólo ocho estados parte[133] y, en el mejor de los casos es regional, y el segundo no ha entrado en vigor. La práctica internacional, por otro lado, no parece haber conducido aún a una norma consuetudinaria que recoja la responsabilidad por daños como una excepción al derecho a la inmunidad del Estado por actos *jure imperii*.

6. Conclusión

Las EEP tienen una gran responsabilidad histórica en relación con el calentamiento global y sus efectos en el disfrute de los derechos humanos. Aunque el cambio climático no se puede atribuir a una sola fuente, el carácter compartido de la responsabilidad no es un obstáculo para exigir la responsabilidad a las empresas por sus contribuciones individuales y sus efectos en los derechos humanos. Por otro lado, la posibilidad de que una EEP pueda invocar con éxito la inmunidad en este tipo de litigios no es evidente.

Con base en la doctrina de la inmunidad absoluta, en proceso de desaparición, sería necesario que la EEP fuera reconocida expresamente como un órgano del Estado en la legislación interna y no es lo más frecuente. Por otro lado, aunque la posibilidad de que sea considerada un órgano de facto del Estado no está excluida, es necesario que los actos objeto de litigio sean realizados en ejercicio de funciones soberanas. Esto también es determinante en aplicación de la doctrina de la inmunidad relativa, en donde los actos soberanos gozan de inmunidad, pero no así los actos de naturaleza comercial. Para determinar si el acto de una EEP es comercial o puede aceptarse como realizado en ejercicio de funciones soberanas, el criterio más equilibrado es el que propone la CNUIEyB, que parte de la naturaleza del acto, pero abre la puerta a considerar la finalidad en los casos en que resulte razonable.

Aunque las EEP tienen funciones que pueden considerarse públicas, como las concesiones a terceros de licencias para la exploración, extracción y venta de petróleo, también realizan actividades esencialmente comerciales, que son más relevantes en el caso de los litigios climáticos. Concretamente, la producción, venta, publicidad y los proyectos de expansión que realizan las EEP pueden considerarse comerciales, sin que la función pública genérica que persiguen parezca suficiente para alterar esta conclusión. Sin embargo, pueden existir intereses políticos y/o económicos que incidan en la forma en

132 *Ibid,* para. 61.

133 Austria, Bélgica, Chipre, Alemania, Luxemburgo, Países bajos, Suiza y el Reino Unido.

que las normas sobre inmunidad son aplicadas por los tribunales nacionales. Finalmente, llegado el caso, no hay práctica de los Estados suficiente que permita concluir que las normas sobre derechos humanos sean un obstáculo para invocar la inmunidad del Estado, ni siquiera en los casos de violaciones de las normas de naturaleza *jus cogens*.

DERECHOS SEXUALES Y REPRODUCTIVOS Y RESPONSABILIDAD CORPORATIVA: EXPLORANDO EL USO DEL LITIGIO ESTRATÉGICO DESDE EL FEMINISMO INTERSECCIONAL EN LA DEBIDA DILIGENCIA EMPRESARIAL

Aintzane Márquez*

Universidad Carlos III de Madrid y Centre for Research on Multinationals (SOMO)

* Doctoranda en la Universidad Carlos III de Madrid e investigadora y coordinadora de litigio estratégico en SOMO. El presente estudio se enmarca dentro del proyecto de investigación «Acceso a la justicia en el contexto de abusos corporativos: la litigación como estrategia de resistencia y de empoderamiento a las víctimas (ACCJUSTEDH)» (ICI023/23/000001). Posicionamiento de la autora: me sitúo en este análisis académico consciente de mi propio contexto de privilegio, y sin la experiencia directa de haber litigado los casos que se analizan. Este trabajo se erige con la intención de ser un eco respetuoso de sus luchas, no una apropiación de ellas, buscando contribuir al discurso académico y práctico en el ámbito de los derechos humanos y la justicia desde una perspectiva feminista e interseccional.

de paradigma en el litigio transnacional. 3.1. Las acciones colectivas y el derecho de daños como forma de acceso a la justicia ambiental. 3.2. Impactos y responsabilidades en el caso Kabwe: un análisis feminista interseccional. 4. Algunas reflexiones finales.

Introducción

Durante las últimas dos décadas, se ha consolidado una atención amplia hacia el rol de las empresas multinacionales respecto y ejercicio de los derechos humanos. Sin embargo, persiste un desafío significativo en cuanto al acceso a mecanismos de reparación efectiva para las personas afectadas[1]. La ausencia de regulaciones vinculantes a escalas internacional[2], regional y nacional[3] supone una de las barreras preponderantes que obstaculizan el acceso a la justicia para aquellos cuyos derechos son vulnerados por empresas.

Se asume como hipótesis de partida —y que no será profundamente explorada en este artículo— que las mujeres experimentan vulneraciones de derechos humanos[4], de forma específica a su género en relación con la raza y el estatus socioeconómico, entre otros factores de discriminación estructural[5], también en el caso de abusos corporativos. Existen múltiples

1 Bright, C., Piertopaoli, I. / Íñigo Álvarez, L.: «Una mirada hacia los desarrollos normativos y jurisprudenciales en materia de debida diligencia empresarial y cambio climático» en Zamora Cabot, F., Sales Pallarés J. L. y Marullo, M. C., *La lucha en clave judicial frente al cambio climático*, Aranzadi, 2022, pp. 71-92. Marx, A., y otros: «Access to legal remedy for victims of corporate human rights abuses in third countries», Estudio para el *Parlamento Europeo, Sub-Comité de Derechos Humanos*, 2019.

2 Iglesias Márquez, D. / Pigrau Solé, A.: «La litigación en materia de empresas y derechos humanos: marco introductorio» en Pigrau Solé A., e Iglesias Márquez, D., *Litigación en materia de empresas y derechos humanos: estudio de casos*, Tirant lo Blanch, pp. 17-46.

3 Krajewski, M.: «Mandatory Human Rights Due Diligence in Germany and Norway: Stepping, or Striding, in the Same Direction?» *Business & Human Rights Journal*, Vol. 6, núm. 3, 2021, pp. 550-559. https://doi.org/10.1017/bhj.2021.43; Villiers, C.: «New Directions in the European Union's Regulatory Framework for Corporate Reporting, Due Diligence and Accountability: The Challenge of Complexity». *European Journal of Risk Regulation*, Vol. 13, núm. 4, 2022, pp. 548-566. https://doi.org/10.1017/err.2022.25.

4 Si bien el enfoque se centra en las mujeres, se reconoce que la categoría de género abarca una diversidad más amplia de identidades y experiencias. Este análisis no pretende ser excluyente ni limitarse a una visión binaria del género, sino que se enfoca en las mujeres debido a la naturaleza contextual de las problemáticas abordadas. Aunque otras identidades de género enfrentan desafíos únicos y significativos en este contexto, una exploración detallada de estos se encuentra fuera del alcance del presente estudio.

5 Barranco Avilés, M.C.: «Vulnerabilidad, derechos humanos y empresas | Vulnerability, human rights and business». *Cuadernos Electrónicos De Filosofía Del Derecho*, núm. 34, 2016, pp.1-16. Sanz Domínguez, M.: «*Transnacionales vs. Dret de les dones*» *Investigació sobre els casos de Santa Cruz de Barrillas (Guatemala), Buenaventura i El Quimbo (Colòm-*

ejemplos para ilustrar esta realidad[6]. Además, se reconoce que las mujeres y las personas vulnerabilizadas se enfrentan a impedimentos adicionales en el acceso a la justicia, que se manifiestan a través de marcos normativos que son discriminatorios o neutrales respecto al género, o por la prevalencia de estereotipos de género en el sistema judicial, entre otros aspectos[7].

Desde esta base, la respuesta a dicho fenómeno será explorada bajo una óptica centrada en los derechos sexuales y la justicia reproductiva[8] y el papel de las empresas en salvaguardar estos derechos en sus operaciones y cadena de suministro, además de prevenir y remediar su infracción. Para este análisis se utilizará el litigio estratégico como herramienta metodológica.

La noción de litigio estratégico carece de una definición unívoca. Distintas voces, que van desde la academia[9] hasta organizaciones internacionales de derechos humanos como Amnistía Internacional[10] han propuesto definicio-

---

bia) des d'una perspectiva feminista. CooperAcció, Barcelona, 2021. https://www.cooperaccio.org/wp-content/uploads/2021/09/drets-humans-dones-transnacionals-cat-web.pdf.

6 ACTIONAID GUATEMALA: *Violación de derechos de las mujeres en las cadenas holandesas de suministros de aceite de palma: el caso de Guatemala*. (2021, 10 junio). https://guatemala.actionaid.org/es/publications/2021/violacion-de-derechos-de-las-mujeres-en-las-cadenas-holandesas-de-suministros-de. INDUSTRIALL GLOBAL UNION: *Global: Unions & women in Trade Union leadership have «defining impact» on gender-based violence in the garment sector, Women Union Leaders Report - Business & Human Rights Resource Centre*. (2022, 5 mayo.). Business & Human Rights Resource Centre. https://www.business-humanrights.org/en/latest-news/global-unions-women-in-trade-union-leadership-have-defining-impact-on-sexual-harassment-in-the-garment-sector-women-union-leaders-report/. WORLD BENCHMARKING ALLIANCE: *2023 Gender Benchmark and 2023 Corporate Human Rights Benchmark* (2023, 20 noviembre). https://www.worldbenchmarkingalliance.org/research/2023-gender-and-corporate-human-rights-benchmark/.

7 COMITÉ PARA LA ELIMINACIÓN DE LA DISCRIMINACIÓN CONTRA LA MUJER (CEDAW). Recomendación General No. 33 sobre el acceso de las mujeres a la justicia, 3 de agosto de 2015, (CEDAW/C/GC/33), párr. 26. https://documents-dds-ny.un.org/doc/UNDOC/GEN/N15/241/93/PDF/N1524193.pdf?OpenElement. (CEDAW). Recomendación General No. 26 sobre trabajadoras migrantes, 5 diciembre 2008, (CEDAW/C/2009/WP.1/R), párr.21. https://www.refworld.org/cgi-bin/texis/vtx/rwmain/opendocpdf.pdf?reldoc=y&docid=4ae55c5b2 .

8 ROSS, L.: «What Is Reproductive Justice», en *Reproductive Justice Briefing Book: A Primer On Reproductive Justice and Social Change*, 2007, pp. 4-5. https://www.protectchoice.org/downloads/Reproductive%20Justice%20Briefing%20Book.pdf. LUNA, Z. / LUKER, K.: «Reproductive Justice», *Annual Review of Law and Social Science,* Vol. 9, 2013, pp. 327-352. https://doi.org/10.1146/annurev-lawsocsci-102612-134037.a law-focused movement, and reproductive justice, a social justice-aimed movement that emphasizes intersecting social identities (e.g., gender, race, and class).

9 VAN DER PAS, K.: «Conceptualising strategic litigation» *Oñati Socio-Legal Series*, Vol. 11, núm. 6, 2021, pp. S116-S145. https://opo.iisj.net/index.php/osls/article/view/1315. MCGONIGLE LEYH, B.: «Using Strategic Litigation and Universal Jurisdiction to Advance Accountability for SERIOUS International Crimes», *The International Journal of Transitional Justice,* Vol. 16, núm. 3, 2022, pp. 363–379. https://doi.org/10.1093/ijtj/ijac020.

10 En el caso de los derechos humanos, el litigio es «estratégico» cuando está diseñado conscientemente para promover la aclaración, el respeto, la protección y la realización de

nes variadas. Asimismo, entidades que se dedican al uso de esta herramienta a nivel regional como Dejusticia[11], ISLA[12] o AIDA[13] han contribuido con sus propias interpretaciones. Los llamados litigios estratégicos para la debida diligencia empresarial han demostrado ser un impulsor de cambios significativos en las políticas públicas y empresariales, así como en el establecimiento de estándares judiciales y normas vinculantes a nivel global, regional y nacional[14]. Un ejemplo destacado especialmente por la literatura es el caso de Shell en Países Bajos, por su relevancia en el análisis de la aplicabilidad de los estándares de *soft law*, entre otros[15].

los derechos. Amnistía Internacional, *Litigio Estratégico*, (2023, 25 abril). https://www.amnesty.org/es/strategic-litigation.

11 Combina estrategias jurídicas, políticas y de incidencia para promover una causa que trasciende un caso concreto y las partes directamente involucradas. Eslava G. y otros.: *Manual de Litigio en Derechos Humanos. De la teoría a la práctica, lecciones de Colombia y El Líbano,* De Justicia, Bogotá, 2020. https://www.dejusticia.org/wp-content/uploads/2022/02/Manual_Litigio_Estrategico_Web.pdf.

12 Initiative for Strategic Litigation in Africa (ISLA). *Strategic Litigation has the capability of turning a social problem into a vision of an actionable court case, 2019* http://www.the-isla.org/wp-content/uploads/2019/06/Concept-Note_Lit-Inst_WLPR_PP_July2019.pdf.

13 Según la Asociación Interamericana para la Defensa del Ambiente (AIDA): «El litigio estratégico es una herramienta que, a través del derecho, promueve transformaciones sociales, así como el fortalecimiento de la protección de los derechos humanos. Es estratégico porque, a partir de una causa legal, busca cambiar realidades injustas y posicionar temas que son muy importantes para avanzar en la construcción de una sociedad democrática. En ese sentido, el fin último del litigio estratégico es dejar una huella duradera, un precedente judicial que pueda ser replicado. También es estratégico porque incluye el uso de estrategias de comunicación, movilización social e incidencia política para poner en la mesa debates relevantes respecto del reconocimiento de derechos». Ávila, L. *El litigio estratégico y su rol en la búsqueda de la justicia*, (2023, marzo 27). https://aida-americas.org/es/blog/el-litigio-estrategico-y-su-rol-en-la-busqueda-de-justicia.

14 Setzer, J.: «The Impacts of High-Profile Litigation against Major Fossil Fuel Companies», En Rodríguez-Garavito, C. (Ed.), *Litigating the Climate Emergency: How Human Rights, Courts, and Legal Mobilization Can Bolster Climate Action* (Globalization and Human Rights), Cambridge, Cambridge University Press, 2022, pp. 206-220. https://doi.org/10.1017/9781009106214.013. Distintos informes han analizado el impacto de estos litigios frente a abusos corporativos; entre otros: *The impacts of Strategic Human Rights Litigation on Corporate Behaviour,* Freedom Fund, noviembre 2023, disponible en: https://freedomfund.org/wp-content/uploads/LitigationImpactReport_2023.pdf y *Diagnóstico de litigio estratégico en la Amazonía*, Asociación Interamericana para la Defensa del Ambiente (AIDA), julio 2022, disponible en https://toamazonia.org/wp-content/uploads/2022/07/TOA-hivos-2022-07-06_.pdf. Peel, J. / Osofsky, H. M. «Climate change litigation», *Annual Review of Law and Social Science*, Vol. 16, núm. 1, 2020, pp. 21-38. https://doi.org/10.1146/annurev-lawsocsci-022420-122936.

15 Benoit, M.: «The Duty of Care of Fossil-Fuel Producers for Climate Change Mitigation Milieudefensie V. Royal Dutch Shell District Court of The Hague (The Netherlands)», *Transnational Environmental Law*, Vol. 11, núm. 2, 2022, pp. 407-418 https://doi.org/10.1017/S2047102522000103. Peel, J. / Markey-Towler, R.: «Recipe for Success?: Lessons for

Existen, además, múltiples artículos e informes que analizan el litigio estratégico frente a abusos corporativos, especialmente en relación con la justicia climática[16] que se aproximan al litigio estratégico desde distintos enfoques. En todo caso, es importante resaltar las críticas y las preocupaciones sobre las limitaciones inherentes al litigio estratégico que subrayan que no todas las acciones legales pueden ser calificadas como litigios estratégicos[17], y que es crucial prevenir dinámicas de poder abusivo entre las organizaciones litigantes y las comunidades afectadas. Para ello, se hace imprescindible el llamado enfoque de litigio impulsado o liderado por la comunidad, que se caracteriza por priorizar que las acciones legales reflejen y respeten las necesidades y perspectivas de las comunidades involucradas[18].

Sentado lo anterior, cuando se habla de la necesidad de incorporar la perspectiva de género y el enfoque interseccional[19] al fenómeno de la responsabilidad de las empresas por vulneraciones de derechos humanos, las

Strategic Climate Litigation from the Sharma, Neubauer, and Shell Cases», *German Law Journal,* Vol. 22, núm. 8, 2021, pp. 1484-1498. https://doi.org/10.1017/glj.2021.83. García Esteban, A. / Patz, C.: *Suing Goliath: An Analysis of Civil Cases against EU Companies for Overseas Human Rights and Environmental Abuses*. European Coalition for Corporate Justice (ECCJ), Brussels, 2021, https://corporatejustice.org/wp-content/uploads/2021/09/Suing-Goliath-FINAL.pdf.

16 Bader, M. / Saage-Maass, M. / Terwindt, C.: «Strategic Litigation against the Misconduct of Multinational Enterprises». *Verfassung Und Recht in Übersee/Law and Politics in Africa, Asia and Latin America*, 52(2) (2019a), pp. 156-171. https://www.jstor.org/stable/26783339. Chambers, R. / Berger-Walliser, G.: «The Future of International Corporate Human Rights Litigation: A Transatlantic Comparison». *American Business Law Journal*, Vol. 58, núm. 3, 2021, pp. 579-642. https://dx.doi.org/10.2139/ssrn.3998443. Pigrau Solé, A. / Iglesias Márquez, D. *Litigación en materia de empresas y derechos humanos: estudio de casos*, Tirant lo Blanch, Valencia, 2023. Tigre. M. A. / Barry, M.: *Climate Change in the Courts: A 2023 Retrospective* (Sabin Center for Climate Change Law, December 2023) https://scholarship.law.columbia.edu/sabin_climate_change/212.

17 Fischer-Lescano, A.: «From Strategic Litigation to Juridical Action», en: Saage-Maaß, M., Zumbansen, P., Bader, M., Shahab, P. (eds) *Transnational Legal Activism in Global Value Chains. Interdisciplinary Studies in Human Rights*, Vol 6. Springer, Cham, 2021, pp. 299-312, https://doi.org/10.1007/978-3-030-73835-8_15.

18 Jansen, N.: *Movement Lawyering in Dialogue with Community-Driven Litigation*. System Justice, (2023. julio 10) https://systemicjustice.ngo/2023/07/movement-lawyering-in-dialogue-with-community-driven-litigation/. Marshall, A. M. / Hale, D. C.: «Cause Lawyering», *Annual Review of Law and Social Science,* Vol. 10, 2014, pp. 301–320. https://doi.org/10.1146/annurev-lawsocsci-102612-133932.

19 Crenshaw, K.: *On Intersectionality: Essential Writings.* Nueva York: The New Press, 2017. Hand, M, / Seck, S. / Simons,. P.: «Gender and Intersectionality in Business and Human Rights Scholarship», *Business and Human Rights Journal,* Vol. 7, núm. 2, 2022, pp. 201-225, https://doi.org/10.1017/bhj.2022.12we explore what intersectionality, as an analytic tool, can contribute to business and human rights.

expertas en la materia[20] y distintas organizaciones feministas[21] se refieren: (i) por un lado, a los impactos diferenciados que sufren las mujeres en los casos de abusos de sus derechos por parte de la empresas y cómo hacer frente a los mismos y, (ii) por otro lado, a las barreras que ya existen derivadas de la situación de vulnerabilidad a la que se enfrentan en general las mujeres debido a los estereotipos de género, a la discriminación interseccional y las formas cruzadas y múltiples de discriminación, a la feminización de la pobreza, la división sexual del trabajo y a la sobrerrepresentación de las mujeres en la economía informal, entre otros factores.

Es cierto que se están desarrollando algunos instrumentos de *soft law* que incorporan un análisis de género e interseccional. Destaca el informe de 2019 sobre las dimensiones de género de los Principios Rectores[22], así como los pronunciamientos de diversos mecanismos de Naciones Unidas (en adelante, ONU) que analizan la debida diligencia empresarial desde una perspectiva de género en relación con diferentes realidades vinculadas a las empresas con ese enfoque[23]. Sin embargo, al mismo tiempo, observamos

---

20 Simons, P., y Handl, M.: «Relations of Ruling: A Feminist Critique of the United Nations Guiding Principles on Business and Human Rights and Violence Against Women in the Context of Resource Extraction», *Canadian Journal of Women and the Law*, Vol. 31, núm. 1, 2019, pp. 113-50. https://doi.org/10.3138/cjwl.31.1.06. Nissen A.: «Gender-Transformative Remedies for Women Human Rights Defenders», *Business and* Human *Rights Journal.*, Vol. 8, núm. 3, 2023, pp.369-402. https://doi.org/10.1017/bhj.2023.41.

21 Feministas por un Tratado Vinculante. Informe: *Recomendaciones clave sobre el tercer borrador revisado publicado el 17 de agosto de 2021 del instrumento jurídicamente vinculante para regular, en la legislación internacional sobre derechos humanos, las actividades de las corporaciones transnacionales y otras empresas comerciales,* 2021. https://www.wilpf.org/wp-content/uploads/2021/10/Formatted-SP-F4BT-Key-Recommendations-2021-3rd-Treaty-Draft-21.10.21.docx.pdf. ActionAid. Informe: *Key Recommendations from Feminists for a Binding Treaty,* 2023. https://actionaid.org/publications/2023/key-recommendations-feminists-binding-treaty. Bourke, J. / Umlas, E.: *Gender responsive due diligence for business actors human rights-based approaches*, Geneva Academy of International Humanitarian Law and Human Rights, Geneva, 2018. https://www.geneva-academy.ch/joomlatools-files/docman-files/Academy%20Briefing%2012-interactif-V3.pdf. Women's International League for Peace and Freedom (WILPF).: *Ending Corporate Impunity: The Way Forward is a Bold Gender-Responsive International Treaty* (2022, marzo 14) https://www.wilpf.org/ending-corporate-impunity-the-way-forward-is-a-bold-gender-responsive-international-treaty/.

22 Naciones Unidas: *Dimensiones de género de los Principios Rectores sobre las Empresas y los Derechos Humanos.* Informe del Grupo de Trabajo sobre la cuestión de los derechos humanos y las empresas transnacionales y otras empresas (A/HRC/41/43). 2019, mayo 23, https://documents-dds-ny.un.org/doc/UNDOC/GEN/G19/146/11/PDF/G1914611.pdf?OpenElement.

23 Naciones Unidas: *Desigualdades de género en la pobreza: Enfoques feministas y basados en los derechos humanos.* Informe del Grupo de Trabajo sobre la cuestión de la discriminación contra las mujeres y las niñas (A/HRC/53/39). 2023, abril 26, https://www.ohchr.org/es/documents/thematic-reports/ahrc5339-gendered-inequalities-poverty-feminist-and-human-rightsbased. Naciones Unidas: *Informe de la Relatora Especial sobre la trata de per-*

que algunas actualizaciones también de *soft law*, como las Directrices de la OCDE presentan limitaciones en cuanto a la inclusión adecuada de un enfoque feminista, interseccional y anticolonial[24].

Al mismo tiempo se está produciendo una apertura progresiva a conectar la justicia de género con el tema de los abusos corporativos por parte de la academia y la sociedad civil. Por ejemplo, organizaciones de referencia en el ámbito de la debida diligencia empresarial como el Centro de Información sobre Empresas y Derechos Humanos están participando activamente en discusiones que abordan la intersección de estos dos campos[25]. Desde la academia, distintas voces autorizadas han llamado la atención sobre cómo la adopción de una perspectiva que omite la consideración del género en la debida diligencia empresarial ha generado brechas significativas[26]. Estas fisuras se materializan en varios contextos: en la forma en que los estados articulan y ejercen su obligación de garantizar la protección, en los procedimientos mediante los cuales las empresas implementan la debida diligencia en materia de derechos humanos, en el diseño de mecanismos para el acceso al remedio y la justicia, y, ciertamente, en el plano de la elaboración teórica en el ámbito académico[27].

---

sonas, especialmente mujeres y niños, (A/76/263). 2021, agosto 3, https://www.ohchr.org/es/documents/thematic-reports/report-intersections-between-trafficking-and-terrorism. Naciones Unidas: *Formas contemporáneas de la esclavitud que afectan a las personas pertenecientes a comunidades étnicas, religiosas y lingüísticas minoritarias. Informe del Relator Especial sobre formas contemporáneas de la esclavitud, incluidas sus causas y consecuencias*. 2022, julio 19. https://documents-dds ny.un.org/doc/UNDOC/GEN/G22/409/00/PDF/G2240900.pdf?OpenElement. Naciones Unidas: *Recomendación general núm. 38 (2020) relativa a la trata de mujeres y niñas en el contexto de la migración mundial,* 2020, noviembre, 20 (CEDAW/C/GC/38) https://www.ohchr.org/es/documents/general-comments-and-recommendations/general-recommendation-no38-2020-trafficking-women.

24 OECD Watch: *Updated OECD guidelines give civil society more grounds to demand corporate accountability,* (2023, junio 8). https://www.oecdwatch.org/updated-oecd-guidelines-give-civil-society-more-grounds-to-demand-corporate-accountability/.

25 Business and Human Rights Resource Centre. *Submission on Gender, Tech & the Role of Business*, 2023, octubre 1, https://media.businesshumanrights.org/media/documents/BHRRC_Submission__Gender_and_Role_of_Business_2023_j2HkLgP.pdf. Business and Human Rights Resource Centre. *USA: CSO report alleges that Facebook fails to stop anti-abortion disinformation addressed to Spanish-speaking communities.* 2022, septiembre, 5, https://www.business-humanrights.org/en/latest-news/usa-cso-report-says-that-facebook-fails-to-stop-anti-abortion-disinformation-addressed-to-spanish-speaking-communities/.

26 Awori, S., y otros: «A Feminist Approach to the Binding Instrument on Transnational Corporations and other Business Enterprises». *Business and Human Rights Journal*, Vol. 3, núm. 2, 2018, pp. 285-290 https://doi.org/10.1017/bhj.2018.3.

27 Götzmann, N., y otros «From Formalism to Feminism: Gender, Business and Human Rights», *Business and Human Rights Journal*, Vol. 7, núm 1, 2022, pp. 1-11. https://doi.org/10.1017/bhj.2021.61.

En el presente artículo se pretende subrayar la importancia de adoptar una perspectiva crítica y asegurarse de incorporar todas las voces en la discusión sobre abusos corporativos, así como tener una visión más holística del impacto de los litigios estratégicos. Se necesita más investigación en casos «menos conocidos» para obtener una comprensión más profunda sobre la litigación estratégica en el ámbito de la responsabilidad corporativa, así como una visión más integral de los impactos. En esa línea, el objetivo principal del artículo es visibilizar cómo los esfuerzos de litigio estratégico desde la justicia de género han conducido a cambios en la debida diligencia empresarial en sentido amplio. La intención última es destacar la importancia de la perspectiva de género e interseccional en el debate sobre empresas y derechos humanos, pero también de incorporar las voces y experiencias del Sur Global y expandir la visión más allá de los casos de alto perfil, que suelen estar centrados principalmente en litigios en el Norte Global[28].

En otras palabras, esto significa incorporar al análisis la óptica de los enfoques del Tercer Mundo hacia el Derecho Internacional (TWAIL, por sus siglas en inglés)[29]. Esta teoría crítica del eurocentrismo y las dinámicas neocoloniales en el derecho internacional, aboga por una visión más inclusiva que reconozca las asimetrías de poder entre el Norte y el Sur Global, así como la necesidad de abordar las desigualdades estructurales. Esta visión implica, por ejemplo, evaluar cómo los estados del Norte Global están promulgando leyes sobre diligencia debida empresarial de aplicación nacional o regional con impactos en países del Sur Global y en cuya elaboración e implementación no hay ninguna consideración sobre las dinámicas de poder asimétricas entre ambos hemisferios, en lugar de impulsar el tratado vinculante con participación equitativa de los estados del Sur Global[30]. En su aplicación al litigio, el TWAIL desafía las narrativas y perspectivas eurocéntricas dominantes en el derecho internacional y nos sirve para reflexionar sobre dónde se da más visibilidad a los llamados casos estratégicos, cómo se define el éxito y el impacto o por qué se pone el foco en litigar ante los tribunales Norte Glo-

---

28 Bose, D.: «Decentring Narratives around Business and Human Rights Instruments: An Example of the French Devoir de Vigilance Law», *Business and Human Rights Journal*, Vol. 8, núm.1, 2023, pp. 18-42. https://doi.org/10.1017/bhj.2023.6. blog de Bernaz, N. (n.d.). *Rights as Usual | human rights & business (and a few other things)*. https://rightsasusual.com/.

29 Anghie, E, A.: «Rethinking International Law: A TWAIL Retrospective», *European Journal of International Law*, Vol. 34, núm. 1, 2023, pp. 7-112, https://doi.org/10.1093/ejil/chad005 Lichuma, C.: «(Laws) Made in the "First World": A TWAIL Critique of the Use of Domestic Legislation to Extraterritorially Regulate Global Value Chains», *Zeitschrift Für Ausländisches Öffentliches Recht Und Völkerrecht / Heidelberg Journal of International Law,* Vol, 81, núm. 2, 2021, pp. 497–532, https://doi.org/10.17104/0044-2348-2021-2-497.

30 Bose, D.: «Decentring Narratives around Business and Human Rights Instruments: An Example of the French Devoir de Vigilance Law», *Business and Human Rights Journal*, Vol. 8, núm.1, 2023, pp. 18-42. https://doi.org/10.1017/bhj.2023.6.

bal[31]. Desde este enfoque se propone delinear de forma integral el éxito del litigio estratégico, evitando una visión neocolonial que limite la extracción de posibles lecciones e impactos y que priorice una visión eurocéntrica excluyente de la participación del Sur Global.

Tras esta primera aproximación a la importancia de la integración de una perspectiva de género y enfoques interseccionales y anticoloniales en la responsabilidad corporativa ante las violaciones de derechos humanos, a continuación se analizan tres casos conceptualmente calificables como de litigio estratégico sobre abusos corporativos con enfoque de género e interseccional que ponen en el centro los derechos sexuales y reproductivos pero vinculados de manera directa o indirecta al debate sobre debida diligencia empresarial.

1. El caso chileno ante los mecanismos especiales de Naciones Unidas: los impactos de lotes defectuosos de anticonceptivos en la salud reproductiva

En primer lugar, se explicarán los casos litigados en 2020 por Women's Link Worldwide y Miles Chile[32]. Los casos tratan sobre la producción y distribución de anticonceptivos defectuosos en establecimientos de salud públicos y los retos asociados a los productos sanitarios en la cadena de suministro. En julio de 2020, un segmento de la población chilena resultó profundamente afectado por la circulación de un lote defectuoso de pastillas anticonceptivas de la marca Anulette CD. El Instituto de Salud Pública (ISP, en adelante) se vio obligado a retirar y destruir más de 270,000 cajas de estas pastillas, después de que numerosas mujeres, cifradas inicialmente en al menos 200, quedaran embarazadas mientras las utilizaban. Los anticonceptivos defectuosos pertenecían a cuatro marcas diferentes cada una con problemas de composición de distinto tipo[33].

31 PALOMBO, D.: «Transnational Business and Human Rights Litigation: An Imperialist Project?». *Human Rights Law Review*, Vol. 22, núm, 2, 2022, ngac003. https://doi.org/10.1093/hrlr/ngac003.

32 Entidades especializadas en enfoque de género, radicadas y lideradas desde el Sur Global. Para más información sobre el caso ver: BUSINESS & HUMAN RIGHTS RESOURCE CENTRE*: La importancia del enfoque de género en la discusión sobre empresas y derechos humanos: lecciones a partir del caso de los anticonceptivos defectuosos en Chile (2022, febrero, 23)*. https://www.business-humanrights.org/pt/blog/la-importancia-del-enfoque-de-g%C3%A9nero-en-la-discusi%C3%B3n-sobre-empresas-y-derechos-humanos-lecciones-a-partir-del-caso-de-los-anticonceptivos-defectuosos-en-chile/

33 A saber: Anulette CD del laboratorio Silesia, Contimarvelon 20 del laboratorio Merck Sharp & Dohme (I.A) LLC, Minigest 15 del laboratorio Andrómaco, Minigest 20 del laboratorio Andrómaco. Ver respuesta del estado chileno a la comunicación enviada: Disponible en: *https://spcommreports.ohchr.org/TMResultsBase/DownLoadFile?gId=36520*

Este caso ejemplifica cómo la complejidad de las estructuras corporativas globales juega un papel crucial tanto en el fenómeno de la responsabilidad corporativa por abusos, como en los desafíos específicos de acceso a la justicia. Estas pastillas, esenciales para la salud reproductiva de muchas mujeres y personas con capacidad de reproducción chilenas, eran suministradas por los servicios de salud pública, siendo de vital importancia en el sistema de salud del país. Ahora bien, los laboratorios encargados de su fabricación se distribuían entonces a nivel mundial, con sedes en Brasil, Alemania, China y Estados Unidos. Esta distribución global no solo resalta la interconexión y dependencia transnacional en la producción farmacéutica, sino que también complica el proceso de rendición de cuentas y el acceso a reparaciones efectivas cuando ocurren violaciones de derechos. La dispersión geográfica y la variedad de jurisdicciones implicadas dificultan la identificación de responsabilidades y la implementación de soluciones efectivas[34].

En ese escenario y aunque es crucial considerar la responsabilidad de todos los eslabones en las cadenas de suministro en el debate sobre empresas y derechos humanos, y en los litigios pertinentes, el análisis de este caso se enfocará principalmente en la respuesta del Estado chileno y la empresa matriz alemana, responsable de las distribuidoras de los laboratorios chilenos.

1.1. La rendición de cuentas a través de la presión internacional

Las organizaciones litigantes enviaron en 2021 una comunicación[35] ante varios expertos y expertas y grupos independientes de las Naciones Unidas[36]. En el ejercicio de sus funciones, los procedimientos especiales tienen la facultad de dirigirse a los gobiernos y a otros actores relevantes a través del envío de comunicaciones, con el propósito de solicitar aclaraciones acerca de situaciones que involucren vulneraciones a los derechos

34 Rouas, V.: *Achieving Access to Justice in a Business and Human Rights Context: An Assessment of Litigation and Regulatory Responses in European Civil-Law Countries*, University of London Press, London, 2022. https://www.jstor.org/stable/j.ctv293p4bn.

35 Las cartas enviadas y las respuestas del estado de Chile y algunas de las empresas a las que se solicitó información están disponibles en el sitio web de las comunicaciones ante los mecanismos especiales con las referencias: CHL 4/2021; BRA 5/2021; CHN 6/2021; DEU 5/2021; USA 22/2021; OTH 195/2021; OTH 196/2021; OTH 197/2021; OTH 198/2021; OTH 199/2021 https://spcommreports.ohchr.org/TmSearch/RelCom?code=OTH%20 194/2021.

36 Más concretamente ante el Grupo de Trabajo sobre la discriminación contra las mujeres y las niñas, el Grupo de Trabajo sobre la cuestión de los derechos humanos y las empresas transnacionales y otras empresas y de la Relatora Especial sobre el derecho de toda persona al disfrute del más alto nivel posible de salud física y mental.

humanos. Estas comunicaciones, de carácter público, representan un claro llamado de atención y una solicitud de información por parte de un ente internacional de reconocido prestigio. Por ello, la mayoría de los Estados y demás actores involucrados se sienten impulsados a proporcionar, como mínimo, una respuesta.

Como muestra de lo anterior, tras la comunicación presentada en la carta enviada al estado chileno en junio de 2021, los mecanismos expertos reconocieron que la situación denunciada era (página 2): *«una clara situación de discriminación sistémica contra las mujeres que además, resulta en la violación de diversos derechos humanos consagrados en convenios y normas internacionales de derechos humanos»* señalando la posible responsabilidad internacional de los Estados: *«cuando no adoptan las medidas adecuadas para prevenir, investigar y reparar las violaciones de los derechos humanos cometidas por agentes privados. Aunque los Estados tienen generalmente discreción para decidir estas medidas, deben considerar toda la gama de medidas preventivas y de reparación permisibles»* (página 20) [37]. A lo largo de esta carta se reconoce además que, entre otras cuestiones, las autoridades sanitarias chilenas no supervisaron adecuadamente los laboratorios responsables de producir y distribuir pastillas anticonceptivas y el Estado fue negligente en las licitaciones a los laboratorios, especialmente a Laboratorios Silesia que ya había tenido problemas similares en el pasado. En relación con la reparación, se enfatiza que el ISP tardó en retirar del mercado las pastillas defectuosas, poniendo en riesgo a más mujeres y que las multas impuestas por el ISP en febrero de 2021 fueron insuficientes y no se destinaron a reparar los daños a las mujeres afectadas. De hecho, se le pregunta al Estado sobre las medidas implementadas para proporcionar a las víctimas acceso a reparaciones efectivas y oportunas (pregunta 7).

En cuanto a las preguntas dirigidas a los laboratorios chilenos Laboratorios Silesia y Andrómaco S.A, subsidiarios de la empresa alemana Grünenthal, estas se centran en indagar sobre las políticas y prácticas de derechos humanos de la empresa, específicamente en relación con su diligencia debida para prevenir impactos adversos en los derechos humanos vinculados a sus actividades. Además, se pide a los laboratorios que describan las acciones tomadas para prevenir la comercialización de productos defectuosos y las medidas proyectadas para evitar la repetición de estos eventos. Se solicita información, asimismo, sobre los procesos de control de calidad en la cadena de distribución, sobre la existencia de mecanismos de reclamación a nivel operativo y sobre la provisión de reparaciones efectivas como compensaciones a las víctimas de embarazos no deseados debido a las fallas.

37 Referencia AL CHL 4/2021: https://spcommreports.ohchr.org/TMResultsBase/DownLoadPublicCommunicationFile?gId=26427.

1.2. Evaluación y consecuencias: reacciones, impacto y análisis crítico

El Estado Chileno, a través de sus distintas entidades públicas involucradas, respondió solo sobre las fallas detectadas en el producto farmacéutico Anulette CD[38] confirmando su retiro del mercado el 14 de mayo de 2021 y comunicando que había iniciado, además, un sumario sanitario contra el laboratorio fabricante. Este procedimiento, culminó en la imposición de multas a los laboratorios involucrados, ascendiendo a un total de 1.300 de unidades tributarias mensuales (UTM), aproximadamente 70 mil dólares)[39]. En su respuesta se explica que no existe un mecanismo para reparar a las víctimas y asignar indemnizaciones a través de procedimientos administrativos, siendo esta una función que recae en los tribunales. Respecto a las medidas para prevenir futuros incidentes, el Estado responde afirmando que ha delineado acciones para el monitoreo y asegurar la vigilancia de la calidad de los anticonceptivos.

En cuanto a la respuesta del laboratorio alemán Grünenthal[40], lo primero de todo es que reconocen que tienen operaciones en Chile desde 1979 a través de sus filiales, incluyendo Laboratorios Andrómaco S.A. y Laboratorios Silesia S.A. Sobre su gobernanza corporativa, el laboratorio facilita información clave sobre su marco de gobernanza corporativa, así como de sus procesos de aseguramiento y control de calidad, sistemas de gestión de seguridad de medicamentos y mecanismos de reclamación internos. Sobre los hechos denunciados en las comunicaciones Grunenthal contestó que la empresa había alcanzado un acuerdo vinculante con una ONG chilena (sin mencionar expresamente a Miles Chile), incluyendo compensación monetaria a ciertas mujeres que quedaron embarazadas en 2020.

En ese escenario y pensando en los impactos directos del caso, por un lado, está la respuesta del Estado chileno, manifestada en la retirada del producto y la imposición de sanciones, la cual sugiere un compromiso con la diligencia y responsabilidad. Sin embargo, también expone limitaciones profundas en el acceso a la justicia, especialmente en lo que respecta a la

38 Su respuesta se limita a ese producto por ser es el único producto de esta naturaleza distribuido por la red pública de salud. CHL 4/2021: https://spcommreports.ohchr.org/TMResultsBase/DownLoadFile?gId=36520.

39 Deutsche Welle: *Chile multa a laboratorios por fabricar píldoras defectuosas* (2021, 24 febrero) *dw.com*. https://www.dw.com/es/chile-multa-a-los-laboratorios-que-fabricaron-p%C3%ADldoras-anticonceptivas-defectuosas/a-56679146.

40 Response to Joint Communication from Special Procedures Ref: AL OTH 196/2021. Disponible en: https://spcommreports.ohchr.org/TMResultsBase/DownLoadFile?gId=36475 https://spcommreports.ohchr.org/TMResultsBase/DownLoadFile?gId=36384 https://spcommreports.ohchr.org/TMResultsBase/DownLoadFile?gId=36574.

falta de reparación directa a las víctimas y la necesidad de iniciar un procedimiento judicial para tal fin. Se evidencia así, que las barreras son tanto legales, como prácticas, considerando el coste y la duración de los procesos judiciales frente a la disparidad de recursos entre víctimas y entidades corporativas. Es cierto que el acuerdo extrajudicial con la empresa matriz alemana, sí que proporcionó reparaciones económicas a algunas de las mujeres afectadas, pero la confidencialidad de su contenido y la frecuencia y complejidad de estos acuerdos en el ámbito del litigio estratégico corporativo reflejan la necesidad de profundizar en el debate sobre qué significa el acceso a la reparación[41].

Finalmente, el Estado presentó un proyecto de ley para modificar el código sanitario, apuntando a establecer una presunción de responsabilidad en casos de daños por anticonceptivos defectuosos. Por tanto, se propuso una norma directamente relacionada con el caso y que permitiría que «*las personas afectadas por medicamentos anticonceptivos defectuosos que den por resultado un embarazo no planificado puedan ser reparadas*», según establece el texto oficial[42]. Sin embargo, en 2023, estando este proyecto aún pendiente de aprobación, se produjo un nuevo incidente con anticonceptivos de otra marca[43]. La repetición del mismo problema evidencia la necesidad de cambios prácticos y efectivos más allá de la legislación propuesta y las sanciones aplicadas que incorporen un enfoque preventivo y garantas de no repetición.

En cuanto a los impactos no materiales o menos directos, el caso no solo reveló deficiencias en el programa de control familiar del Estado, sino que también generó un debate público, y recibió cobertura en medios tan relevantes como *The New York Times*[44], entre otros[45]. Debate que,

---

41 The Freedom Fund. *Impact Report 2022-2023*, 2023, p. 15 https://freedomfund.org/wp-content/uploads/ImpactReport2022-2023Digital.pdf

42 El Mostrador Braga. *Aprueban proyecto que responsabiliza a laboratorios por anticonceptivos defectuosos que causen embarazos no planificados*. (2022, julio 18). https://www.elmostrador.cl/braga/2022/07/18/aprueban-proyecto-que-responsabiliza-a-laboratorios-por-anticonceptivos-defectuosos-que-causen-embarazos-no-planificados/

43 Paúl, F.: Anticonceptivos en Chile | «Me obligaron a ser mamá»: las cientos de mujeres que hoy son madres tras consumir medicamentos defectuosos. *BBC News Mundo*. (2023, agosto 25). https://www.bbc.com/mundo/articles/ckvy0ggle8yo

44 Londoño. E.: «Una falla en las píldoras anticonceptivas podría haber ocasionado decenas de embarazos en Chile». *NY Times*. (2022, marzo 2) https://www.nytimes.com/es/2021/03/02/espanol/chile-pildoras-defectuosas.html.

45 El Mostrador Braga. *Corporación Miles demandará al Estado por rechazar propuestas de reparación para las 200 mujeres embarazadas por la entrega de anticonceptivos defectuosos*. (2023, marzo 21). https://www.elmostrador.cl/braga/2022/01/19/corporacion-miles-demandara-al-estado-por-rechazar-propuestas-de-reparacion-para-las-200-mujeres-embarazadas-por-la-entrega-de-anticonceptivos-defectuosos/. Laborde, A.: El caso

además, se produjo en el marco de una discusión más amplia sobre los derechos reproductivos durante el plebiscito de 2023 dada la negativa a aprobar solicitudes de aborto derivadas del uso de los productos defectuosos, que no se alineaban con las tres causales permitidas por la legislación chilena. La visibilidad mediática de este caso ilustra el papel clave y dual de los medios de comunicación en los litigios estratégicos. Por un lado, sirven como herramientas para sensibilizar sobre temas críticos y, por otro, funcionan como plataformas de abogacía, fortaleciendo a las organizaciones en su lucha por cambios sustanciales más allá de los tribunales.

Sin embargo, la exposición mediática también puede llevar a que las empresas adopten posturas defensivas, evitando el diálogo con las partes afectadas fuera de los tribunales. Al mismo tiempo, como se explicará en el caso Kabwe, las empresas muestran dos caras bien diferenciadas, una pública de compromiso en la protección de los derechos humanos y otra privada dentro de los propios litigios donde alegan no tener obligaciones legales ya que el marco legal internacional no es vinculante. En el caso de Chile, la presión y visibilidad proporcionadas por los mecanismos internacionales obligaron tanto al Estado chileno, como a la empresa alemana a responder. El reconocimiento de la matriz alemana frente a los mecanismos internacionales es relevante para permitir a la sociedad civil desmentir posibles descargos de responsabilidad o falta de control en sus filiales tanto en sus declaraciones públicas, como eventualmente ante los tribunales. Estos mecanismos fueron igualmente esenciales para acceder a información de gobernanza corporativa fundamental[46] y que, a menudo, es inaccesible en procedimientos judiciales tradicionales. Esto subraya la importancia de la transparencia y la necesidad de reformas legales que inviertan la carga de la prueba, una barrera principal en el acceso a la justicia en casos de abusos corporativos[47].

---

de las 200 embarazadas por anticonceptivos defectuosos: «Queremos que el Estado de Chile responda». *El País Chile*. (2022, julio 24). https://elpais.com/chile/2022-07-24/el-caso-de-las-200-embarazadas-por-anticonceptivos-defectuosos-queremos-que-el-estado-de-chile-responda.html. Urich, L. M. Caso de chilenas embarazadas por anticonceptivos defectuosos reaviva el debate sobre el aborto. *France 24*. (2021, febrero 5). https://www.france24.com/es/am%C3%A9rica-latina/20210205-chile-anticonceptivos-defectuosos-debate-aborto.

46 Jägers, N.: «Access to Effective Remedy: The Role of Information», en Deva, S. y Birchall, D. (Eds.) *Research Handbook on Human Rights and Business*, Elgaronline, London, 2020, pp. 403-421. https://doi.org/10.4337/9781786436405.00029.

47 Croser, M. y otros.: «Vedanta v Lungowe and Kiobel v Shell: The Implications for Parent Company Accountability», *Business and Human Rights Journal, Vol. 5*, núm. 1, 2020, pp. 130-136. https://doi.org/10.1017/bhj.2019.25.

2. El caso de Yaneth Valderrama: el impacto del glifosato en la salud reproductiva y el enfoque interseccional ante el sistema interamericano

A continuación, se presentará un análisis del caso de Yaneth Valderrama litigado por el Centro de Derechos Reproductivos[48] ante la Comisión Interamericana de Derechos Humanos (CIDH). Yaneth se encontraba embarazada y trabajando en un campo de cultivo cuando fue rociada con glifosato y falleció poco tiempo después. Aunque este caso no esté vinculado directamente a empresas, demuestra de manera contundente las consecuencias del uso de glifosato, un herbicida ampliamente utilizado cuyos efectos nocivos en la salud, incluyendo la reproductiva[49], habiendo sido incluso considerado como posible carcinógeno por la Organización Mundial de la Salud[50]. Además, el uso del glifosato se ha convertido en un foco central en el ámbito del litigio ambiental[51]. En este contexto, a partir del siguiente caso se pretender enfatizar la importancia de integrar un análisis de género e interseccional en el estudio del impacto de este herbicida. Adicionalmente, los casos expuestos proporcionan un marco útil para examinar los mecanismos de justicia regional y transicional y como su respuesta permite ampliar la discusión a la responsabilidad del Estado en las prácticas empresariales agrícolas.

48 Es una organización liderada desde el Norte Global con sedes regionales, el caso concreto de Yaneth Valderrama ha sido litigado por la sede regional de Latinoamérica en Colombia.

49 Varona, M. y otros.: «Evaluación de los efectos del glifosato y otros plaguicidas en la salud humana en zonas objeto del programa de erradicación de cultivos ilícitos», *Biomédica*, Vol. 29, núm. 3, 2009, pp. 456-475. https://doi.org/10.7705/biomedica.v29i3.16. Cardona Maya, W. D.: «El glifosato afecta negativamente a los espermatozoides humanos: evidencia in vitro», *Urologia Colombiana*, Vol. 29, núm. 2, 2020, pp. 96-98. https://doi.org/10.1055/s-0039-1696699.

50 International Agency for Research on Cancer: *IARC Monographs Volume 112: evaluation of five organophosphate insecticides and herbicides* (2015 marzo 20) https://www.iarc.who.int/wp-content/uploads/2018/07/MonographVolume112-1.pdf

51 Cortés Caballero, D. S.: «Las acciones populares para la defensa del medio ambiente en materia de fumigaciones con glifosato, constituyen litigio estratégico en materia ambiental», *Revista de Derecho (Barranquilla, Colombia)*, núm. 54, 2020, pp. 31-58. https://doi.org/10.14482/dere.54.346.43. Benbrook, C.: «Shining a Light on Glyphosate-Based Herbicide Hazard, Exposures and Risk: Role of Non-Hodgkin Lymphoma Litigation in the USA», *European Journal of Risk Regulation*, Vol. 11, núm. 3, 2020, pp. 498-519. https://doi.org/10.1017/err.2020.16. Strouss, D.: «Bringing Pesticide Injury Cases to US Courts: The Challenges of Transnational Litigation», *Business and Human Rights Journal*, Vol. 4, núm. 2, 2019, pp. 337-342. https://doi.org/10.1017/bhj.2019.

2.1. La responsabilidad estatal en prácticas empresariales a través de la justicia regional y transicional

Yaneth Valderrama y su familia habitaban en una zona rural de Colombia y se dedicaban a la agricultura y ganadería. En septiembre de 1998, durante una estrategia antinarcóticos, avionetas y helicópteros de la Policía Nacional fumigaron con glifosato la región. Yaneth, embarazada en ese momento, fue rociada directamente con el herbicida. Como consecuencia de este hecho, fue ingresada en el hospital, presentando un cuadro de salud severo debido a la toxicidad por herbicidas y fue sometida a un legrado uterino que resultó en un aborto incompleto y falleció el 23 de marzo de 1999. Tras su muerte, se presentó una denuncia ante la Procuraduría Departamental de Caquetá, la cual fue enviada a la Policía Nacional. El 11 de abril de 2001, la investigación fue archivada por el jefe de área de erradicación de cultivos ilícitos, bajo la premisa de que el glifosato es (solo) «ligeramente tóxico».

Paralelamente, se había presentado otra queja ante la Fiscalía General de la Nación en Caquetá, que fue derivada a la justicia penal militar. En este ámbito, el 23 de septiembre del 2000, el Juez Penal Militar decidió no iniciar una investigación. Los familiares, buscando reparación, interpusieron una demanda administrativa contra la Policía Nacional, que fue admitida. Sin embargo, en el contencioso administrativo se determinó el 24 de mayo de 2008 que este proceso no era adecuado para una reparación integral y justicia a los familiares, y la sentencia correspondiente devino firme el 19 de junio de 2008[52]. En 2018, la CIDH admitió el caso. Los motivos de admisión del caso se fundamentan en la falta de investigación adecuada por parte de las autoridades nacionales, la remisión de la queja a la justicia penal militar que no es considerada un recurso adecuado para casos de esta naturaleza y la falta de una reparación integral por parte de la jurisdicción contenciosa administrativa[53].

De manera complementaria a la anterior estrategia legal, en 2020, un estudio integral realizado por el Centro de Derechos Reproductivos en colaboración con el Grupo de Epidemiología y Salud Poblacional de la Universidad del Valle reveló la relación entre la exposición al glifosato y diversos problemas de salud reproductiva, incluyendo la disminución de la fertilidad y abortos

52 Los antecedentes de hecho del caso se explican en el informe de admisión. CIDH, Informe No. 76/18. Admisibilidad. Petición 1453-08. Yaneth Valderrama y familia c. Colombia. 21 de junio de 2018. Disponible en: https://www.oas.org/es/cidh/decisiones/2018/coad1453-08es.pdf.

53 Se identificaron posibles violaciones a los artículos 4, 5, 8, 19, 22, 24, 25 y 26 de la Convención Americana, en relación con las obligaciones contenidas en su artículo 1.1, así como el artículo XI de la Declaración Americana.

involuntarios[54]. Este informe se presentó ante la Comisión de la Verdad, que en su informe publicado el 29 de junio de 2022, bajo el título «*Mi cuerpo es la verdad: experiencias de mujeres y personas LGBTIQ+ en el conflicto armado*»[55], cita el caso de Yaneth y, no solo reconoce la violencia reproductiva como una forma distinta de agresión, sino que también propone un marco para su reparación, destacando la importancia de considerar la interseccionalidad en los mecanismos de justicia transicional.

Por ello, este informe ha sido especialmente destacado por distintas expertas porque no solo se amplía la definición de violencia de género más allá de las violencias sexuales, abarcando la violencia reproductiva, sino que se reconocen las experiencias específicas de mujeres negras, indígenas, campesinas y personas LGBTIQ+[56]. Además, la Comisión emite recomendaciones enfocadas en prevenir la repetición de estos hechos y en fortalecer la capacidad del Estado para promover la igualdad de género y la autonomía femenina, incluyendo la mejora en el acceso a servicios de salud sexual y reproductiva en zonas rurales. También se insta al cese de la fumigación con glifosato.

Por último, destacar que, en noviembre de 2023, la CIDH llevó a cabo la primera audiencia, centrada en los impactos del uso de agrotóxicos en América Latina, con un enfoque particular en los daños causados a la salud reproductiva de mujeres y niñas pertenecientes a comunidades vulnerables, en países como Colombia, Brasil y Argentina[57]. Durante la sesión, expertas en medicina y derechos humanos argumentaron en favor de la necesidad

---

54 Rosero, C. y otros: Informe. *Una radiografía sobre la violencia reproductiva contra las mujeres y niñas durante el conflicto armado colombiano*. Centro de Derechos Reproductivos, 2020. https://reproductiverights.org/wp-content/uploads/2020/12/Violencia-Reproductiva-en-el-conflicto-armado-colombiano.pdf. Cocomá, A. / Laguna, J.: *La violencia reproductiva: una categoría de análisis necesaria en las transiciones. Women, Peace and Security* (2020, junio 24). https://eprints.lse.ac.uk/105542/.

55 Comisión de la Verdad de Colombia: *Mi cuerpo es la verdad: Experiencias de mujeres y personas LGBTIQ+ en el conflicto armado*. Comisión para el Esclarecimiento de la Verdad, la Convivencia y la No Repetición, 2022 https://www.comisiondelaverdad.co/mi-cuerpo-es-la-verdad.

56 Laverty, C. / De Vos, D.: «Reproductive Violence as a Category of Analysis: Disentangling the Relationship between "the Sexual" and "the Reproductive" in Transitional Justice», *International Journal of Transitional Justice*, Vol, 15, núm. 3, 2021, pp. 616-635. https://doi.org/10.1093/ijtj/ijab022. Chinkin, C. / Yoshida, K. *Reproductive violence and forced recruitment: Colombia's landmark ruling for ex-combatant women and girls*. Centre for Women Peace and Security, London School of Economics and Political Science. (2019 diciembre 18) https://eprints.lse.ac.uk/103940/#:~:text=Reproductive%20violence%20and,8.%20Blog%20Entry.

57 Center for Reproductive Rights: *Comisión Interamericana de Derechos Humanos recibió evidencia de las violaciones a derechos humanos en América Latina por el uso de glifosato y otros pesticidas* (2023, agosto 11). https://reproductiverights.org/cidh-glifosato-y-otros-pesticidas-america-latina/.

imperativa de que los Estados de la región adopten medidas drásticas para enfrentar esta crisis sanitaria y de derechos humanos. Asimismo, se subrayó la importancia de fortalecer las garantías legales y judiciales para que las personas afectadas por la exposición a estas sustancias tóxicas puedan acceder efectivamente a la justicia.

2.2. Movimientos globales contra el glifosato y la violencia reproductiva como categoría de violencia sexual en los conflictos armados

En el escenario expuesto, se puede concluir que las acciones del Centro de Derechos Reproductivos han tenido impactos indirectos significativos. Como anticipábamos más arriba, aunque no se dirigen a una entidad corporativa, sino al Estado, su importancia radica principalmente en que sirven para visibilizar el impacto negativo específicamente en las mujeres rurales de prácticas industriales extendidas a nivel global como es el uso generalizado del glifosato en la agricultura. Estos procesos legales, tanto el caso ante la CIDH como el informe de la Comisión de la Verdad, contribuyeron al debate público sobre las repercusiones del glifosato en los medios de comunicación[58], y también ejercieron una influencia significativa sobre las políticas gubernamentales colombianas en relación con el uso de este herbicida. Como ejemplo, el presidente Petro se comprometió a no reanudar las aspersiones aéreas con glifosato para erradicar cultivos ilícitos[59]. Este compromiso no se deriva obviamente solo de las acciones legales explicadas, sino que son un mecanismo de presión más que favorece este tipo de impactos.

---

58 Sobre el impacto en los medios, ver entre otros: Diario Criterio. (2022). El uso del glifosato en el conflicto vulneró derechos reproductivos. Recuperado de https://diariocriterio.com/glifosato-afecto-derechos-reproductivos/ Volcánicas. (2021, 14 mayo). Del cielo llueven abortos no deseados: Colombia y el glifosato. Recuperado de https://volcanicas.com/del-cielo-llueven-abortos-no-deseados-colombia-y-el-glifosato/ El País. (2020, 29 de septiembre). La tragedia de los abortos involuntarios por el glifosato llega a la Comisión de la Verdad de Colombia. Recuperado de https://elpais.com/internacional/2020-09-29/la-tragedia-de-los-abortos-involuntarios-por-el-glifosato-llega-a-la-comision-de-la-verdad-de-colombia.html Vorágine. (2022, 27 de agosto). Morir tras una lluvia de glifosato: crónica de una lucha jurídica de 23 años. Recuperado de https://voragine.co/morir-tras-una-lluvia-de-glifosato-cronica-de-una-lucha-juridica-de-23-anos/. López, O. M. (2022, 18 agosto). Abortos involuntarios por uso del glifosato, denuncia informe de la Comisión de la Verdad. *infobae*. https://www.infobae.com/america/colombia/2022/08/13/abortos-involuntarios-por-uso-del-glifosato-denuncia-informe-de-la-comision-de-la-verdad/.

59 Torrado, S.: *Colombia sepulta las fumigaciones con glifosato*. El País (2022, noviembre 17). https://elpais.com/america-colombia/2022-11-17/colombia-sepulta-las-fumigaciones-con-glifosato.html. Europa Press International: *Petro prepara nuevo decreto para prohibir glifosato en erradicación de cultivos ilícitos.* (2022, 16 de noviembre) https://www.europapress.es/internacional/noticia-petro-prepara-nuevo-decreto-prohibir-glifosato-erradicar-cultivos-ilicitos-20221116141246.html.

Pero, al mismo tiempo, en Colombia, la Comisión de la Verdad ha jugado un papel crucial al identificar y nombrar específicamente las violencias reproductivas. La admisión del caso de Yaneth Valderrama por la CIDH, junto con la inclusión de las violencias reproductivas en el Informe de la Comisión, ha marcado un hito en la defensa de los derechos humanos en contextos de conflicto, evidenciando un progreso significativo en el reconocimiento de esta forma específica de violencia. Este reconocimiento es relevante dado que históricamente las violencias reproductivas han sido marginadas en el ámbito de la justicia transicional y la responsabilidad del Estado en comparación con otras formas de violencia de género en conflictos armados[60]. Frecuentemente, estos actos han sido englobados dentro de la categoría más amplia de violencia sexual por ejemplo durante el conflicto en la ex-Yugoslavia[61] o en el genocidio de Ruanda, donde muchas mujeres y niñas quedaron embarazadas como resultado de violaciones[62]. El caso de Ongwen ante el Tribunal Penal Internacional también ejemplifica este cambio hacia el reconocimiento de la violencia reproductiva en los conflictos armados[63].

En cuanto a las lecciones aprendidas que pueden extrapolarse y destacarse en el análisis del impacto del litigio, estos casos subrayan el papel crucial de los mecanismos regionales de defensa de los derechos humanos, como el sistema interamericano, en avanzar estándares de debida diligencia empresarial. Este sistema, además, se ha erigido como un referente en la incorporación de una perspectiva feminista e interseccional en sus casos. Entre otros ejemplos, se destaca uno relacionado con la industria agrícola:

---

60 Algora, R.: «Advancing Reproductive Justice in Latin America Through a Transitional Justice Lens», *Michigan Journal of Gender & Law*, Vol. 28, núm. 2, 2022: pp. 155-194. https://doi.org/10.36641/mjgl.28.2.advancing. Laguna Trujillo, J.: «A legal obligation under international law to guarantee access to abortion services in contexts of armed conflict? An analysis of the case of Colombia», *Int.Rev.Red Cross*, Vol. 102, núm. 914, 2020, pp. 851-874. https://doi.org/10.1017/S1816383121000692. Vásquez, N. P. / Oja, L.: «A change of narrative: protecting sexual and reproductive rights in post-conflict criminal justice», *Columbia Journal of Gender and Law*, Vol. 43, núm. 1, 2022, pp. 31-61. https://doi.org/10.52214/cjgl.v43i1.10717.

61 Campbell, K.: «The gender of transitional justice: law, sexual violence and the international criminal tribunal for the former Yugoslavia», *International Journal of Transitional Justice*, Vol. 1, núm. 3, 2007, pp. 411-432. https://doi.org/10.1093/ijtj/ijm033.

62 Rubio-Marín, R.: «Reparations for conflict-related sexual and reproductive violence: A decalogue», *Wm. & Mary J. Women & L.* Vol. 19, núm 1, 2012. https://scholarship.law.wm.edu/wmjowl/vol19/iss1/5.

63 García Atehortúa, A. K.: «The ICC's Role in Countering Patriarchal Claims in Reproductive Justice», en Jeßberger, F., Steinl, L., Mehta, K. (eds) *International Criminal Law—A Counter-Hegemonic Project?*. International Criminal Justice Series, vol 31. T.M.C. Asser Press, The Hague, 2023. https://doi.org/10.1007/978-94-6265-551-5_11.

el caso de los Trabajadores de la Hacienda Brasil Verde contra Brasil[64] sobre esclavitud y trata en contextos agrícolas, que aborda también la responsabilidad del Estado por la conducta de empresas del sector. En esa línea, el caso de los glifosatos en Colombia subraya la importancia de mecanismos de justicia transicional implementados a nivel nacional, como la Comisión de la Verdad, en el desarrollo de estándares sobre la responsabilidad de los Estados en relación con los impactos derivados de actividades empresariales, ya sean lícitas o ilícitas[65].

Por ello, el enfoque TWAIL en el contexto de los derechos humanos y empresas, exige un reconocimiento a los países de Latinoamérica como un referente en el establecimiento de marcos regulatorios efectivos y estándares judiciales esenciales para favorecer los avances en la materia a nivel global[66]. El acuerdo de Escazú demuestra, por ejemplo, el compromiso de la región con la inclusión y el reconocimiento de los derechos de los pueblos indígenas[67]. Destaca igualmente el papel de Ecuador como impulsor del tratado internacional vinculante sobre empresas y derechos humanos, derivado de un litigio específico frente a Chevron[68], entre otros casos rele-

64 Sentencia de la Corte Interamericana de Derechos Humanos de 20 de octubre de 2016, Caso Trabajadores de la Hacienda Brasil Verde. Excepciones Preeliminares, Fondo, Reparaciones y Costas. Disponible en https://www.corteidh.or.cr/docs/casos/articulos/seriec_318_esp.pdf.

65 Sánchez, N. C. y otros.: *Cuentas claras: el papel de la Comisión de la Verdad en la develación de la responsabilidad de las empresas en el conflicto colombiano*. De Justicia, Bogotá, 2018. https://www.dejusticia.org/wp-content/uploads/2018/02/Cuentas-Claras.pdf.

66 Comisión Interamericana de Derechos Humanos: *Informe Empresas y Derechos Humanos: Estándares Interamericanos.* Aprobado el 1 de noviembre de 2019 / [Preparado por la Relatoría Especial sobre Derechos Económicos, Sociales, Culturales y Ambientales de la Comisión Interamericana de Derechos Humanos]. Disponible en: https://www.oas.org/es/cidh/informes/pdfs/EmpresasDDHH.pdf. Cantú, H. / Barboza, M. / Montaño, D.: *Experiencias Latinoamericanas sobre reparación en materia de empresas y derechos humanos.* Konrad Adenawer Stifting, Barlín, 2022, https://www.kas.de/documents/271408/16552318/Experiencias+Latinoamericanas+sobre+reparaci%C3%B3n+en+materia+de+empresas+y+derechos+humanos+-+Humberto+Cant%C3%BA.pdf/70f15d4d-730a-8274-9f13-a4350f2370c4?t=1645812527356. Auz, J. «Human rights-based climate litigation: a latin american cartography». *Journal of Human Rights and the Environment*, Vol. 13, núm. 1, 2022, pp. 114-136. https://doi.org/10.4337/jhre.2022.01.05. *Business & Human Rights Resource Centre*. Business & Human Rights Resource Centre. *Litigio en derechos humanos y empresas en América Latina: experiencias desde la práctica (2022. Julio 12)* https://www.business-humanrights.org/es/de-nosotros/informes/litigio-en-derechos-humanos-y-empresas-en-am%C3%A9rica-latina-experiencias-desde-la-pr%C3%A1ctica/.

67 Canaza-Choque, F.A.: «El Tridente: Estado post-neoliberal, megacorporaciones extractoras y la participación de los pueblos indígenas en Latinoamérica y el Caribe. Turbulencias y retos para el Acuerdo de Escazú». *Revista de Derecho*, 7(2), 2022, pp. 69–84. https://doi.org/10.47712/rd.2022.v7i2.213.

68 Guamán, A.: «Derechos humanos y empresas transnacionales: las debilidades del tercer pilar derivadas de las normas de promoción de inversiones. El caso Chevron como para-

vantes[69]. Relacionado con lo anterior, la importancia del tratado vinculante se hace evidente en casos como el uso de los pesticidas a nivel global, dada la naturaleza transfronteriza de sus impactos negativos para las personas, especialmente las comunidades más vulnerabilizadas, incluyendo los pueblos indígenas, pero también para el planeta. Ya en 2017, el relator especial sobre el derecho a la alimentación llamaba la atención sobre los efectos de los pesticidas y el impacto en las comunidades indígenas y el planeta señalando: «*(d)ados los graves efectos negativos que utilizar plaguicidas peligrosos tiene para las personas y el planeta, sería importante disponer, en el derecho internacional de los derechos humanos, de un instrumento internacional jurídicamente vinculante para regular las actividades de las empresas transnacionales que permitiera reforzar el marco internacional de rendición de cuentas*»[70].

La falta de marcos legales vinculantes no ha impedido que de momento el escrutinio global sobre el uso de pesticidas haya intensificado las demandas contra empresas principales del sector como Monsanto[71], además de promover el debate sobre la prohibición o limitación del uso del glifosato en varios países[72]. Como consecuencia directa de estos litigios, Monsanto, ahora parte de Bayer, se ha visto obligada a llegar a acuerdos multimillona-

---

digma de la necesidad del Binding Treaty | Human rights and transnational corporations: the weaknesses of the third pillar caused by investment promotion agreements. The Chevron case as a paradigm of the need for a Binding Treaty». *Cuadernos Electrónicos de Filosofía Del Derecho*, 39, 2019, p. 113. https://doi.org/10.7203/CEFD.39.13988.

69 Figuera, S. C. y García, A. C.: «El Estado como garante de los derechos humanos en la relación de los pueblos indígenas y las empresas: estudio de la sentencia T-444/19 de la Corte Constitucional de Colombia sobre la consulta previa». *Homa Publica*, 5(2), 2021. Carrillo Bañuelos, J. A.: «Derechos de acceso en materia ambiental: Una lectura del Acuerdo de Escazú desde la jurisprudencia de la Suprema Corte Mexicana». *RIDP Revista Internacional de Derecho Público - ISSN 2954-3924*, 1(4), (2023): pp. 159–188. Esteve Moltó, J. E. / Vanyó Vicedo, R.: «El caso Ford Motors en Argentina: la responsabilidad corporativa en la justicia transicional». En A. Pigrau y D. Iglesias (ed.) *Litigación en materia de empresas y derechos humanos: estudio De casos*Tirant lo Blanch, Valenccia, 2023, pp, 113-134.

70 NACIONES UNIDAS: *Informe del Relator Especial sobre el derecho a la alimentación* (A/HRC/34/48), 2017 enero 24, https://documents-dds-ny.un.org/doc/UNDOC/GEN/G17/017/90/PDF/G1701790.pdf?OpenElementok

71 Alba, E.: *Nuevas condenas en EE.UU: 176 millones de dólares contra Bayer-Monsanto por los efectos cancerígenos de su agrotóxico Roundup*. Simiente Disidente. (2023, noviembre, 6). https://simientedisidente.com/2023/nuevas-condenas-en-ee-uu-176-millones-de-dolares-contra-bayer-monsanto-por-los-efectos-cancerigenos-de-su-agrotoxico-roundup. Deutsche Welle: *Corte Suprema de Estados Unidos ratifica condena a Monsanto* (2022, junio 21). https://www.dw.com/es/corte-suprema-de-estados-unidos-ratifica-condena-a-monsanto/a-62211329.

72 France 24: *¿En qué países está limitado o prohibido el uso del glifosato?* (2023, septiembre 20). https://www.france24.com/es/minuto-a-minuto/20230920-en-qu%C3%A9-pa%C3%ADses-est%C3%A1-limitado-o-prohibido-el-uso-del-glifosato.

rios[73] que reflejan la creciente presión a través del litigio sobre las empresas para que cambien sus conductas. Ahora bien, el acuerdo extrajudicial ha provocado que los acciones demanden a Bayer por daños y perjuicios[74].

3. Justicia ambiental y las acciones colectivas: el caso Kabwe como cambio de paradigma en el litigio transnacional

Finalmente, se analizará el caso Kabwe litigado por Mbuyisa Moleele Attorneys, firma legal sudafricana junto a la firma legal británica Leigh Day[75], sobre la demanda colectiva interpuesta contra Anglo American South Africa Ltd (AASA) en Sudáfrica por su responsabilidad en Kabwe en Zambia, en uno de los lugares más contaminados por plomo en el mundo[76]. Este caso pone de relieve la especial vulnerabilidad e impacto de la industria minera en los niños y niñas y las mujeres embarazadas, quienes se enfrentan a riesgos elevados debido a la toxicidad del plomo, un agente que causa daños irreversibles en los órganos internos y el desarrollo cognitivo. Asimismo, el caso se entrelaza con discusiones más amplias sobre cambio climático, conectando estas problemáticas con la justicia de género. Esto se alinea con perspectivas que destacan cómo los efectos adversos del cambio climático y la contaminación ambiental afectan de manera desproporcionada a las mujeres y a las comunidades más vulnerables[77].

---

73 Bayer//Global. *Bayer cierra acuerdos para resolver litigios heredados de Monsanto*. (2022, abril 12): https://www.bayer.com/es/es/espana-bayer-cierra-acuerdos-para-resolver-litigios-heredados-monsanto

74 France 24. Accionistas de Bayer reclaman al grupo 2.200 millones de euros por litigio del glifosato. (2022, enero, 4). https://www.france24.com/es/minuto-a-minuto/20220104-accionistas-de-bayer-reclaman-al-grupo-2-200-millones-de-euros-por-litigio-del-glifosato

75 Esta colaboración aúna la experiencia local de Mbuyisa Moleele Attorneys con la amplia trayectoria de Leigh Day en litigios estratégicos transnacionales, habiendo litigado, entre otros, casos como el de *Vedanta v Lungowe* en Reino Unido. CABOT, F.: «Acceso a La Justicia y Empresas y Derechos Humanos: Importante Decisión Del Tribunal Supremo Del Reino Unido En El Caso Vedanta v. Lungowe», *Cuadernos Europeos de Deusto*, no. 63 (2020): 33–56, https://doi.org/10.18543/ced-63-2020pp33-56.

76 Para más información sobre el caso ver la página web creada expresamente para compartir toda la información sobre esta situación: https://www.childrenofkabwe.com/about-the-class-action-suit#legal-proceedings

77 Asamblea General de las Naciones Unidas (2019) Estudio analítico sobre una acción climática que responda a las cuestiones de género para el disfrute pleno y efectivo de los derechos de la mujer, 1 de mayo de 2019, (A/HRC/41/26). Disponible en: https://undocs.org/es/A/HRC/41/26. Comité CEDAW, Recomendación general núm. 37 sobre las dimensiones de género de la reducción del riesgo de desastres en el contexto del cambio climático, 13 de marzo de 2018, (CEDAW/C/GC/37). Disponible en: https://tbinternet.ohchr.org/_layouts/15/treatybodyexternal/Download.aspx?symbolno=CEDAW/C/GC/37&Lang=en

3.1. Las acciones colectivas y el derecho de daños como forma de acceso a la justicia ambiental

En 2020, se presentó una solicitud de acción civil colectiva («*class action*»[78]) contra AASA por parte de los residentes locales. El origen de esta demanda se encuentra en la severa contaminación ambiental padecida por las comunidades cercanas a la mina de plomo de Kabwe, originalmente llamada Broken Hill. Operativa desde 1906 hasta su cierre en 1994, esta mina dejó un legado tóxico que ha impactado generaciones[79]. Esta demanda, fundamentada en el derecho de daños («*torts law*»[80]), representa a aproximadamente 100,000 niños y mujeres que han estado embarazadas o son capaces de concebir o que han sufrido lesiones a causa de la exposición al plomo debido a las actividades mineras en la región. La demanda sostiene que AASA jugó un papel crucial en el control, gestión, supervisión y asesoramiento en aspectos técnicos, médicos y de seguridad de las operaciones mineras. Las deficiencias en estas áreas habrían llevado a una intensa contaminación del entorno local con plomo, afectando a la comunidad durante décadas. Se argumenta que AASA debió prever el riesgo de envenenamiento por plomo en la comunidad y se le acusa de no haber cumplido con su deber de cuidado para prevenir o mitigar el daño[81].

En enero de 2023, los demandantes esperaban una orden judicial para certificar la acción colectiva. En esta etapa, se buscaba el reconocimiento judicial para proceder colectivamente, designar representantes legales y establecer métodos para notificar e identificar a las partes implicadas. Las sesiones orales comenzaron en ese mismo enero[82].

Uno de los aspectos distintivos de este caso es la intervención de varios Procedimientos Especiales de las Naciones Unidas y organizaciones internacionales que solicitaron participar como *amicus curiae*[83]. Esta forma de

---

78 Carballo, L.: *Las Acciones Colectivas y Su Eficacia Extraterritorial Problemas de Recepción y Transplante de Las «Class Actions».* Santiago de Compostela: Universidade de Santiago de Compostela. Servizo de Publicacións e Intercambio Científico, 2009. Ulen, T. S.: «An Introduction to the Law and Economics of Class Action Litigation». *Eur J Law Econ, Vol. 32*, 2011, pp. 185–203. https://doi.org/10.1007/s10657-011-9252-9.

79 Human Rights Watch, «We Have to Be Worried», 2019, http://www.hrw.org.

80 Aristova, E.: «The Future of Tort Litigation against Transnational Corporations in the English Courts: Is Forum [Non] Conveniens Back?», *Bus.and Hum.Rights, Vol.* 6, núm. 3, 2021, pp. 399-422, https://doi.org/10.1017/bhj.2021.11.

81 La demanda completa y demás documentos legales están disponibles aquí: https://www.childrenofkabwe.com/court-filings Demanda original: https://childrenofkabwe.com/wp-content/uploads/2020/10/Founding-affidavit-as-served-REDACTED-21.10.2020.pdf

82 Las sesiones orales pueden verse aquí: https://mbmlaw.co.za/livestream/.

83 La petición fue del Relator especial de las Naciones Unidas sobre sustancias tóxicas y derechos humanos, el Relator la extrema pobreza y derechos humanos, el Relator especial

participación, típica en los mecanismos de justicia internacionales y regionales, y posible en ciertos sistemas jurídicos nacionales, resalta una dinámica de justicia y participación de terceros y la sociedad civil. El caso establece un marco claro para la admisión de *amicus curiae*. La parte solicitante debe convencer al tribunal de que sus presentaciones son (i) nuevas; (ii) que son relevantes; y (iii) que serán de ayuda para el tribunal.

Los *amicus curiae* de los Procedimientos Especiales se centran en la coherencia entre las acciones de AASA y sus compromisos públicos. Argumentan que, al haberse comprometido públicamente con los Principios Rectores, AASA asumió una obligación de diligencia, especialmente en relación con el acceso a la justicia y, en consecuencia, su oposición a la certificación de la acción colectiva, es un intento de obstaculizar el avance del caso, contrariando su compromiso previo con dichos principios[84]. El argumento clave que sostienen los mecanismos es que el caso no depende de la aplicación retroactiva de los Principios Rectores. Sin embargo, desde su entrada en vigor, AASA ha tomado dos decisiones fundamentales: comprometerse con los principios y oponerse a la certificación de la acción colectiva ante los tribunales sudafricanos. Los organismos de la ONU arguyen que tienen la intención de presentar argumentos con respecto al impacto que el compromiso público declarado por AASA con los Principios Rectores tiene relevancia para la evaluación del tribunal sobre si es en interés de la justicia certificar la acción colectiva.

Por su parte, la empresa demandada se opone a la participación de los organismos de la ONU como *amici curiae*, argumentando que sus contribuciones no son relevantes, ni útiles[85]. El Juzgado considero que los amicus de los mecanismos de la ONU cumplían con los requisitos legales para ser admitidos. En particular, se consideró que su argumentación podría influir significativamente en el resultado del caso, favoreciendo la certificación de la acción colectiva. Como reconoce expresamente la decisión de admisión (párrafo 17): "(...) *At the risk of being repetitive, the argument boils down to this: private parties such as Anglo can also attract heightened duties in litigation. They do so when they elect to commit themselves to certain values and principles, which require certain conduct from them when they become defendants in litigation designed to vindicate those very principles. Anglo's election to commit itself to the Guiding Principles includes a commitment to support*

de las Naciones los derechos de las personas con discapacidades, el grupo de trabajo de las Naciones Unidas sobre empresas y derechos humanos y el grupo de trabajo de las Naciones Unidas sobre la discriminación contra las mujeres y las niñas.

84 Ver: https://childrenofkabwe.com/wp-content/uploads/2022/11/UN-SR-amicus-heads-of-argument-28-10-2022-14-39.pdf.

85 Ver: https://childrenofkabwe.com/wp-content/uploads/2023/01/Kabwe-Amic-Anglo-HOA-15122022-.pdf.

access to justice where human rights impacts have occurred. It also includes the commitment to co-operate in processes designed to establish whether there is culpability for those human rights impacts. Having elected to commit itself to these principles, Anglo must then bear a heightened duty when it considers whether to oppose certification. Its decision to oppose certification put it in an intractably conflicted position and this is a factor that should weigh in the interests of justice debate which the certification court will undertake." [86] Por ende, la Jueza considera que se cumplen los requisitos legales aplicables para admitir un *amicus*, a saber (párrafo 21): "*new contentions are those that may materially affect the outcome of the case' has in my view been met by the UN bodies because it is an argument which, if found to be persuasive, may tilt the scale in favour of certification*."

A diferencia de lo anterior, la solicitud de Human Rights Watch para participar como *amicus curiae* en este caso fue desestimada. El razonamiento del Tribunal en este caso fue el siguiente (párrafo 35): "*HRW has been unable to say how the Guiding Principles will help the court apropos its application of the duty of care test under Zambian law. Instead, HRW has resorted to making generalised statements without specifying why a breach of the requirements of due diligence international standards can or will impact the duty of care test under Zambian law and if so, how*". En esencia, el Tribunal determinó que la participación de Human Rights Watch no proporcionaría una perspectiva legal adicional o relevante para el caso bajo la jurisdicción de la ley zambiana. Antes, otros *amicus* de otras organizaciones de la sociedad civil, entre estos Amnistía internacional, sí fueron admitidos[87].

Recientemente, en diciembre de 2023, el Tribunal Superior de Gauteng en Johannesburgo emitió un fallo significativo en este caso y decidió inadmitir la acción colectiva[88]. Según las noticias publicadas —la decisión judicial no es publica— el tribunal argumentó que la acción de clase era inviable y sentaría un precedente problemático, estimando que podría tardar una década solo en organizar a las partes demandantes. Además, el tribunal señaló la dificultad de responsabilizar a una empresa por actos ocurridos hace medio

86 Ver: https://childrenofkabwe.com/wp-content/uploads/2022/11/Judgment-Maier-Frawley-J.pdf

87 Amnesty International. *South Africa hears historic class action for lead poisoning launched by Zambian children and women*. (2023, 6 febrero). https://www.amnesty.org/en/latest/news/2023/01/south-africa-hears-historic-class-action-for-lead-poisoning/. Los argumentos de Amnistía Internacional y The Southern African Litigation Center se pueden encontrar aquí: https://childrenofkabwe.com/wp-content/uploads/2022/11/Written-Submissions-of-First-and-Second-Amicus-Curiae-9.5.2022-Amnesty-SALC-09-05-2022-16-42.pdf.

88 *Class action lawsuit against Anglo American over alleged lead poisoning in Zambia cannot go ahead, rules South Africa's High Court — Business & Human Rights Resource Centre*. (n.d.). https://www.business-humanrights.org/en/latest-news/class-action-lawsuit-against-anglo-american-over-alleged-lead-poisoning-in-zambia-cannot-go-ahead-rules-south-africas-high-court/.

siglo, basándose en conocimientos y estándares actuales[89]. Los abogados de los demandantes, han manifestado su intención de apelar esta decisión. Grupos de la sociedad civil, incluidos RAID, London Mining Network, CJC y ACTSA, han reiterado su apoyo a la comunidad de Kabwe[90]. La argumentación del tribunal, que señala la inviabilidad de la acción colectiva y los desafíos en la gestión de un caso tan amplio, puede considerarse como un reflejo de las limitaciones sistémicas en el reconocimiento y la protección de los derechos en casos de abusos corporativos. La apelación representa no solo un desafío legal, sino también una oportunidad para reafirmar la importancia de los mecanismos de acceso a la justicia y el litigio como herramienta de cambio social, más allá de los tribunales.

3.2. Impactos y responsabilidades en el caso Kabwe: un análisis feminista interseccional

A pesar de la inadmisión preliminar, el caso de Kabwe ofrece un panorama revelador desde una perspectiva feminista interseccional, destacando varios aspectos cruciales. Por un lado, la demanda incorpora un análisis interseccional que se centra en los impactos diferenciados de la contaminación ambiental sobre niños, niñas y mujeres. Este enfoque es esencial para reconocer y abordar las múltiples y superpuestas formas de vulnerabilidad que enfrentan estos grupos.

Destaca también el marco normativo de aplicación ya que la argumentación de la demanda pivota, además de en los hechos y en los perjuicios causados, en la justificación de esta acción colectiva como forma de acceso a la justicia conforme a la sección 34 de la Constitución de Sudáfrica, el interés superior de los niños según la sección 28(2) de la Constitución y los derechos relacionados de la infancia bajo la ley doméstica e internacional, permitiéndoles emprender acciones legales en tribunales competentes. En ese sentido, la acción colectiva se reconoce como una herramienta para empoderar a los miembros más vulnerabilizados de la sociedad, facilitando su acceso a los tribunales[91]. De ahí la importancia de reconocer los mecanismos de acceso a la justicia ya existentes en países del Sur Global.

---

89 Mining.Com. *South African court denies class action against Anglo American* — (2023, diciembre 18). *MINING.COM*. https://www.mining.com/web/south-african-court-denies-class-action-against-anglo-american/.

90 Zainab. *Kabwe Community denied justice in lead poisoning case against mining giant Anglo American*. RAID. (2023, 16 diciembre). https://raid-uk.org/kabwe-community-denied-justice-in-lead-poisoning-case-against-mining-giant-anglo-american/.

91 Los propios mecanismos especiales de Naciones Unidas que son amicus curiae en la causa reconocen ese valor. *C.f.* Abrahams C.: The South African Experience: Litigating Remedies. *Business and Human Rights Journal*. Vol. 6, núm. 2, 2021, pp. 270-278. https://doi.org/10.1017/bhj.2021.25.

Además de por su enfoque de género e interseccional y los aprendizajes extraíbles del marco normativo aplicable, la decisión del tribunal de apelación en este caso de Kabwe es fundamental para el derecho de las víctimas a un remedio eficaz y su acceso a la justicia en contextos de conductas empresariales transfronterizas. Este caso podría establecer un precedente legal en la responsabilidad extraterritorial desde un tribunal del Sur Global. En ese sentido, el caso desafía el paradigma convencional de litigar conductas empresariales transfronterizas en el Norte Global. Esto representa un cambio significativo en la forma en que se abordan y resuelven los casos de abuso corporativo a nivel transnacional.

Otro aspecto relevante de este litigio es el hecho de que, en respuesta a las demandas colectivas interpuestas por los residentes afectados, AASA emitiera un comunicado expresando simpatía por los afectados, pero negando responsabilidad por la situación actual. AASA argumenta que su participación en la mina de Kabwe, de 1925 a 1974, fue meramente una inversión minoritaria indirecta y la prestación de servicios técnicos, sin ejercer control directo sobre las operaciones mineras. Tras la nacionalización de la mina en 1971 y su cierre en 1994, AASA atribuye la continuación de la contaminación a actividades mineras no reguladas, responsabilizando a entidades como Zambia Consolidated Copper Mines (ZCCM) y otros actores[92]. Ahora bien, como sostienen los procedimientos especiales, AASA también se ha comprometido con los Principios Rectores en sus políticas internas[93]. Pero dicho perfil público no transciende o se traslada al ámbito judicial una vez que son responsabilizadas de algún daño. Por este motivo, el caso plantea, cuestiones importantes sobre la responsabilidad legal derivada de los compromisos públicos de las empresas, especialmente en relación con el cumplimiento de normativas internacionales de *soft law*. Cualquier decisión en esa dirección por parte del sistema judicial sudafricano podría tener implicaciones significativas para el futuro.

En ese sentido, la participación de *amicus curiae* en casos como el caso Kabwe, que involucra a actores clave como los Procedimientos Especiales de la ONU y organizaciones de derechos humanos tanto locales como internacionales, introduce una dimensión significativa tanto en términos legales como de impacto mediático. Estos terceros ajenos al litigio ofrecen opiniones y análisis legales que pueden influir en la resolución de cuestiones complejas y controvertidas, particularmente aquellas que presentan dilemas de interés público relevante[94]. Esta práctica, refuerza la importancia de la interven-

92 Ver: https://www.angloamerican.com/media/our-position-on-kabwe.

93 Ver: https://www.angloamerican.com/~/media/Files/A/Anglo-American-Group/PLC/sustainability/our-strategy/hr-policy-document-english.pdf.

94 Spies, A.: «Considering the Impact of Amicus Curiae Participation on Feminist Litigation Strategy: Political Rights since 1994 Focus». *South African Journal on Human Rights*, Vol. 31, núm. 1, 2015, pp. 136–150 https://hdl.handle.net/10520/EJC169818 Espinola, L.:

ción de terceros en la promoción de intereses y perspectivas que quizás no sean abordadas por las partes principales del litigio, pero de nuevo expone la relevancia de visibilizar las lecciones y aprendizajes desde el Sur Global. Su presencia habitualmente ocurre en juicios donde se debaten asuntos que acaban teniendo gran interés mediático, como es el caso[95].

Por último, el caso ilustra de manera ejemplar la responsabilidad de las grandes corporaciones al retirarse de un contexto operativo, un concepto conocido como «*desvinculación responsable*». La empresa AASA sostiene que se la está intentando responsabilizar indebidamente por una mina que nunca poseyó ni operó, así como por la contaminación y los daños causados y reconocidos por otros. Sin embargo, el principio de desvinculación responsable implica que la empresa que se retira debe remediar los impactos negativos previos que causó o a los que contribuyó según los Principios Rectores[96]y las Directrices de la OCDE[97]. Estos estándares subrayan que, incluso después de la desvinculación, siguen siendo responsables de abordar cualquier daño que hayan causado o contribuido a causar durante su operación. Cualquier intento de transferir o encubrir la responsabilidad por errores pasados es inconsistente con el respeto a los derechos humanos. De nuevo, un pronunciamiento en este litigio que desarrolle algún estándar sobre estas obligaciones de desvinculación responsable podría tener impactos importantes más allá de los tribunales.

4. Algunas reflexiones finales

El artículo examina la interacción entre los derechos sexuales y reproductivos, la justicia de género y la responsabilidad corporativa, especialmente a través del uso del litigio estratégico. Esta intersección revela desafíos significativos y oportunidades para avanzar en la protección de los derechos humanos en el contexto de las operaciones empresariales. Un aspecto central que emerge de este análisis es la falta de una respuesta integral y global a las vulneraciones de derechos humanos, particularmente en lo que respecta a los grupos más vulnerabilizados, como las mujeres y las niñas. A pesar de algunos avances, los marcos actuales y las iniciativas en empresas y derechos

«Amicus Curiae, Principio democrático y participación ambiental en Chile». *Opinión Jurídica* Vol. 21, núm. 45, 2022, pp. 86–109 https://doi.org/10.22395/ojum.Vv21n45a4.

95 El impacto en los medios es de hecho recopilado en la propia página web del caso: https://www.childrenofkabwe.com/news.

96 UNGP, 2011, Pilar II: La Responsabilidad Corporativa de Respetar los Derechos Humanos, Sección B: Principios Operativos, Debida Diligencia en Materia de Derechos Humanos, Principio 19 y Comentario al párrafo 19.

97 OCDE: *Líneas directrices de la OCDE para empresas multinacionales*. Revisión 2011. pp.24-29, https://www.oecd.org/daf/inv/mne/MNEguidelinesESPANOL.pdf.

humanos, incluyendo el llamado litigio estratégico en derechos humanos y empresas, aún no abordan estas cuestiones de manera efectiva y holística.

Los casos estudiados, como el de los anticonceptivos defectuosos en Chile, el impacto del glifosato en la salud reproductiva y el caso Kabwe, subrayan la necesidad crítica de un enfoque de género e interseccional en la debida diligencia empresarial. Estos casos ilustran los impactos diferenciados y a menudo desproporcionados que sufren las mujeres y otros grupos vulnerables, resaltando la urgencia de incorporar perspectivas de género e interseccionalidad en las políticas y prácticas corporativas y estatales. Además, el litigio estratégico se destaca como una herramienta poderosa para impulsar cambios significativos en las políticas públicas y empresariales. Sin embargo, las barreras en el acceso a la justicia, incluyendo la complejidad de las estructuras corporativas globales y las dinámicas neocoloniales en el derecho internacional, siguen siendo prominentes y deben ser abordadas para garantizar reparaciones efectivas y oportunas.

La necesidad de normativas vinculantes a nivel internacional, regional y nacional para regular las actividades de las empresas y su debida diligencia es evidente. Un marco de este tipo debería reconocer las asimetrías de poder y abordar las desigualdades estructurales, destacando la importancia de visibilizar y señalar los esfuerzos locales y regionales en establecer estándares judiciales y normativos efectivos. La ausencia de dicho marco normativo no impide que los actores tanto estatales como los no estatales, incluidos los profesionales del derecho, tomen medidas para garantizar e impulsar que todas las respuestas que se adopten para prevenir, castigar y reparar los abusos cometidos por empresas incorporen una perspectiva de género, interseccional y anticolonialista. Resulta especialmente relevante que en los aprendizajes derivados del litigio estratégico en esta materia se incorporen las lecciones y las experiencias del Sur Global.

En última instancia, el objetivo del artículo es enfatizar la importancia crítica del litigio estratégico en la promoción de los derechos sexuales y reproductivos y la justicia de género en relación con la debida diligencia empresarial. Para alcanzar una verdadera justicia de género y una responsabilidad corporativa efectiva, se requiere un esfuerzo colectivo y una visión holística, incorporando voces y experiencias de todo el espectro global, especialmente aquellas del Sur Global, bajo el paradigma del enfoque TWAIL.

DEBIDA DILIGENCIA Y DERECHOS DEL PUEBLO WAYUU FRENTE A LAS ENERGÍAS RENOVABLES EN LA GUAJIRA COLOMBIANA

Mikel Berraondo
Akuaipa Transformation

Introducción: energía renovable en territorio Wayuu

La región colombiana de La Guajira es el territorio ancestral del pueblo Wayuu y de comunidades afrodescendientes asentadas siglos atrás. En sus paisajes desérticos rodeados por el mar caribe se encuentra una gran cantidad de recursos naturales que la convierten en una región estratégica para el desarrollo de las políticas energéticas del País. La Guajira ha producido durante los últimos 10 años el 40 % del carbón nacional, la plataforma marina que rodea la península de La Guajira es una zona importante de extracción de hidrocarburos donde se estima que hay más de 11 millones de barriles de petróleo extraíble y que además ha sido identificada como la reserva de gas más grande de Colombia. Además de esto el territorio Wayuu ha sido identi-

* Doctor en derecho internacional público por la Universidad de Deusto, Máster Europeo en Derechos Humanos y Procesos Democráticos por la Universidad de Deusto. Socio fundador de Akuaipa Transformation. Asesor del Gobierno de Navarra en derechos humanos y convivencia.

ficado como uno de los más importantes para la nueva transición energética ya que ocupa el primer lugar a nivel nacional por las radiaciones solares y sus vientos constantes y potentes la convierten en un territorio perfecto para la energía eólica[1].

El pueblo Wayuú es uno de los pueblos indígenas con mayor población de Colombia. Los censos poblacionales realizados por el Gobierno hablan de más de 270.000 personas pertenecientes a este pueblo en Colombia[2]. Es un pueblo transfronterizo separado por la frontera entre Colombia y Venezuela, aunque como ellos dicen en su cosmovisión no existen fronteras, solo las hay en el mundo «arijuna» (persona no indígena)[3]. Su mitología está relacionada primeramente con el vínculo espiritual que tienen con el territorio ancestral, que se ubica principalmente en el departamento de La Guajira. Una de las características del pueblo Wayuu es el mantenimiento de su cultura y de su espiritualidad. Una espiritualidad marcada por su relación con los difuntos y con los cementerios claniles que ocupan los espacios más importantes del territorio. Además, en su espiritualidad tiene diversas deidades relacionadas con los territorios con los que guardan una estrecha relación como es Maleiwa, quien es el creador de la vida y del pueblo Wayuú, Ka'i (sol), Mma (la tierra) Juyaá (lluvia) y la Pulowi (espíritu del agua). Todas estas deidades cumplen un rol fundamental para los Wayuú, porque brindan pautas para el comportamiento en comunidad.

El derecho fundamental al territorio de los pueblos indígenas tiene un marco jurisprudencial con base a las declaraciones constitucionales (Artículos 58, 63 y 229 de la Constitución Política de Colombia) y de cara al Convenio 169 de la OIT ratificado por Colombia mediante la Ley 21 de 1991 en sus artículos del 13 al 19 y dentro de los cuales se le reconocen a las comunidades el derecho a la propiedad colectiva sobre sus resguardos y territorios ancestrales, como principal medio de pervivencia y que hacen parte de su cosmovisión y ley de origen[4].

Pero dichas normatividades no han sido aplicables a la realidad que enfrenta actualmente el pueblo Wayuú, por el confinamiento que viven a causa de la falta de territorio, toda vez que han tenido que padecer múltiples circunstancias como el despojo de tierras como consecuencia de actividades extractivas sobre sus recursos naturales, el desplazamiento y abandono del territorio en el marco del conflicto armado, y la ocupación posterior de las

---

1 https://piedepagina.mx/transicion-ecologica-y-despojo-en-la-guajira-colombiana-el-megaproyecto-eolico-que-amenaza-a-las-comunidades-wayuu/.

2 https://www.onic.org.co/pueblos/1156-wayuu.

3 FMW, «Reflexiones de mujeres wayuu frente al cambio climático Mujeres amigas del viento "Na'leewain joutaikai"», FMW, Oxfam Colombia, 2023.

4 Corte Constitucional de Constitucional de Colombia, sentencias T-188/93; T-59/93; T-380/93; T-405/93; C104/95; C-139/96; SU510/98; T-525/98; T525/98; T-634/99 y T-606/01.

tierras abandonas adjudicadas a particulares no Wayuu por parte del Estado, desconociendo su carácter ancestral y el vínculo espiritual que tienen las comunidades Wayuú con sus territorios. El territorio Wayuú es considerado de interés estratégico para la economía del Estado, dado que posee gran variedad de recursos naturales que son apetecidos por los mercados internacionales. Las comunidades Wayuu son consideradas por muchos actores, principalmente económicos, como un obstáculo para el desarrollo del país, porque exigen el respeto de sus derechos internacionalmente reconocidos.

Resulta complicado conocer con exactitud el número de proyectos que se están intentando desarrollar a la vez en la Guajira. De manera constante surgen nuevos proyectos e, incluso, nuevos negocios como el hidrogeno verde. Algunas informaciones hablar de 52 parques eólicos en territorios indígenas[5]. La información más actualizada es la que habla de un total de 57 parques eólicos en el territorio Wayuu de la Guajira, con un total de 2833 aerogeneradores cada vez más potentes gracias a las nuevas tecnologías, que plantea un total de capacidad energética de 12,8GW. Además, resulta interesante el número de empresas que están operando en la Guajira y la forma en la que lo están haciendo. Hay un total de 17 casas matrices de empresas que han creado un total de 29 empresas registradas en el País para operar en la región. De todas estas empresas la presencia de empresas europeas es relevante con la presencia de ENEL de Italia, ELECNOR y ACCIONA de España, EDPR de Portugal, EDF de Francia y Mainstream Renewable Power de Irlanda[6].

Los parques eólicos se reservan cerca de 30.000 hectáreas en donde serán instaladas torres hasta de 120 metros de altura con aspas entre 100 y 140 metros de diámetro; el área que cubre cada parque no sólo es la del polígono demarcado por filas con torres cada una de 200 a 250 m y separación de 500 mts entre filas, sino por vías y autorización de redes y de movimientos en cada fase del proyecto. Cambia por supuesto la movilidad de la población y sus costumbres de territorios compartidos y de usos estacionales. La modalidad de convenios o contratos que se está imponiendo conlleva un fraccionamiento de las comunidades y acentúa dominios, competencia y desintegración del pueblo Wayuu. Cada comunidad que pacta aislada con el inversionista que desarrolla el parque en su territorio pasa a comportarse como propietario privado y se desdibuja al extremo la relación de pueblo entre comunidades en un proceso de occidentalización individual.

Lo que está ocurriendo en territorio del Resguardo Wayuu Alta y Media Guajira, es una muestra de la transición energética vertiginosa que está operando en muchos países al ritmo de tecnologías limpias más económicas que

5 https://piedepagina.mx/transicion-ecologica-y-despojo-en-la-guajira-colombiana-el-megaproyecto-eolico-que-amenaza-a-las-comunidades-wayuu/.

6 https://indepaz.org.co/por-el-mar-y-la-tierra-guajiros-vuela-el-viento-wayuu/.

las de hidroeléctricas o con respecto a las térmicas con fuente de energía fósil. Sin embargo, uno de los desafíos que enfrenta dicha transición obedece al ordenamiento territorial que implica adjudicar 10.007 MW en capacidad de generación de energía y su respectiva interconexión mediante líneas de trasmisión.

Ante la gravedad de la situación de las comunidades en la Guajira y de los problemas de las empresas para avanzar en el desarrollo de los proyectos eólicos, el Presidente Petro aprobó el Decreto 1276 el 31 de julio de 2023 para declarar el Estado de emergencia económica, social y ecológica en la Guajira y poder promover diversas medidas de manera más fácil como promover medidas de sostenibilidad económica para apoyar a las comunidades o dar prioridad en la tramitación y desarrollo de proyectos eólicos en la Guajira[7]. El pasado 8 de octubre de 2023, la Corte Constitucional a través de la sentencia C-383/23 declaró inconstitucional parte del decreto del Presidente Petro. La Corte consideró que el Gobierno no sustentó con claridad por qué la crisis de La Guajira requería medidas legislativas extraordinarias, cuando el Gobierno cuenta con una gran cantidad de instrumentos ordinarios que no ha usado vigorosamente y con los cuales puede enfrentar esta crisis o al menos limitarla[8]. Estas variaciones normativas permanentes aumentan la confusión de las empresas sobre los marcos normativos que pueden y deben aplicar, la presión que siguen ejerciendo sobre el Gobierno para intentar que se adopten medidas que les permita operar sin tener que respetar los derechos de las comunidades indígenas, y la conflictividad con las comunidades que se muestran firmes en su postura de exigir a todas las empresas que quieran entrar en sus territorios el respeto de sus derechos.

1. Debida diligencia en territorios indígenas: consulta y participación

El marco internacional de empresas y derechos humanos establece nuevos retos para las empresas materializados principalmente alrededor de la debida diligencia. Más allá de la forma en la que dicho concepto es materializado en los Principios Rectores sobre Empresas y derechos humanos de Naciones Unidas (principios 17 a 21), la debida diligencia ha tenido una evolución muy importante en los últimos años. Una de las propuestas conceptuales más completas que se han planteado hasta la fecha la encontramos en

7 https://www.energiaestrategica.com/colombia-publica-resolucion-clave-para-comenzar-a-aprovechar-el-recurso-renovable-de-la-guajira/.

8 https://www.dejusticia.org/column/la-corte-y-la-emergencia-en-la-guajira/.

el informe anual de 2018 del Grupo de Trabajo de la ONU sobre la cuestión de los derechos humanos y las empresas transnacionales y otras empresas a la Asamblea General:

> «La debida diligencia en materia de derechos humanos es una manera de que las empresas gestionen en forma proactiva los riesgos reales y potenciales de los efectos adversos en los derechos humanos en los que se ven involucradas... Incluye cuatro componentes básicos: (a) Identificar y evaluar los efectos adversos reales o potenciales sobre los derechos humanos que la empresa haya causado o contribuido a causar a través de sus actividades, o que guarden relación directa con las operaciones, los productos o los servicios prestados por sus relaciones comerciales; (b) Integrar los resultados de las evaluaciones de impacto en los procesos pertinentes de la empresa, y adoptar las medidas adecuadas conforme a su participación en el impacto; (c) Hacer un seguimiento de la eficacia de las medidas y procesos adoptados para contrarrestar los efectos adversos sobre los derechos humanos a fin de saber si están dando resultado; (d) Comunicar de qué manera se encaran los efectos adversos y demostrar a las partes interesadas —en particular a las afectadas— que existen políticas y procesos adecuados...Las empresas deberían identificar y evaluar los riesgos en función del contexto geográfico, el sector y las relaciones empresariales en sus propias actividades (tanto en la empresa matriz como en las subsidiarias) y la cadena de valor. La prevención de los efectos adversos sobre las personas es el objetivo principal de la debida diligencia en materia de derechos humanos. Concierne a los riesgos para las personas, no a los riesgos para las empresas. Deber ser continua, ya que los riesgos para los derechos humanos pueden cambiar con el tiempo; y debe basarse en la participación significativa de las partes interesadas, en particular las partes afectadas, los defensores de los derechos humanos, los sindicatos y las organizaciones de base»[9].

De todo esto hay dos cuestiones que son relevantes para el análisis que estamos realizando. La debida diligencia propone que se deben respetar los estándares internacionales de derechos humanos y que la participación de los grupos de interés es uno de los ejes transversales que se deben aplicar siempre. Si trasladamos estos argumentos al contexto de los pueblos indígenas encontramos que las empresas que están intentando desarrollar proyectos en los territorios del pueblo Wayuu deberían respetar los estándares internacionales de derechos humanos reconocidos para los pueblos indígenas y deberían garantizar procesos participativos para las comunidades de sus áreas de afectación.

En relación a los estándares internacionales de derechos de los pueblos indígenas los podemos encontrar en el Convenio No 169 de la OIT sobre derechos de pueblos indígenas, la Declaración de la ONU sobre derechos de

---

9 *Informe del Grupo de Trabajo sobre la cuestión de los derechos humanos y las empresas.* A/73/163 de 18 de julio de 2018. https://documents-dds-ny.un.org/doc/UNDOC/GEN/N18/224/90/PDF/N1822490.pdf?OpenElement.

pueblos indígenas y la jurisprudencia de la Corte Interamericana en virtud de la cláusula de competencia del artículo 62 de la Convención Americana de derechos humanos. Y en relación a la garantía de procesos participativos hay que tener en cuenta que entre los estándares internacionales mencionados la participación es uno de los derechos más relevantes que tienen los pueblos indígenas, materializado a través del derecho a la consulta o consentimiento previo, libre e informado y el derecho a la participación que plantea el artículo 15 del Convenio No 169 de la OIT para los pueblos indígenas(participación en la gestión de todos los proyectos que se desarrollan en sus territorios y la participación en beneficios).

1.1. Aplicación de estándares internacionales de derechos humanos

Hasta la fecha, las comunidades Wayuu que están afectadas por proyectos energéticos en La Guajira, independientemente de que estén a favor del desarrollo de dichos proyectos o no, están experimentando una serie de vulneraciones a sus derechos humanos comunes a todas ellas, como consecuencia de la aplicación de un patrón similar de relacionamiento con las comunidades por parte de las empresas. En términos generales las empresas no conocen los derechos de los pueblos indígenas reconocidos tanto a nivel nacional como internacional ni tienen equipos preparados para trabajar con comunidades indígenas; las empresa confunden la interculturalidad y el respeto a las autoridades tradicionales con contratar a una o dos personas de etnia Wayuu para que vayan a las comunidades; Las empresas no respetan la organización interna de las comunidades y clanes, el liderazgo y autoridad de las autoridades tradicionales, los derechos culturales y los derechos territoriales. Tampoco entienden y respetan el derecho a la consulta previa, libre e informada (y mucho menos el consentimiento). En contra de los derechos de las comunidades indígenas, las empresas han intentado generar divisiones y conflictos internos en las comunidades para lograr licencias, han engañado a muchas autoridades y no han ofrecido toda la información relacionada con los proyectos.

Entre los impactos que están generando en los derechos de las comunidades podemos destacar impactos sobre derechos de autonomía y autogobierno, impactos sobre los derechos territoriales, impactos sobre los derechos de las mujeres Wayuu, impactos sobre los derechos culturales, impactos sobre sus derechos medioambientales e impactos sobre sus derechos de desarrollo económico. En relación con los derechos de autonomía y autogobierno, las empresas no respetan el derecho de autogobierno y el derecho a tomar sus propias decisiones en materia de derechos. No respetan los tiempos de las comunidades y los procesos internos para tomar decisiones. Se han visto casos de enfrentamientos dentro de las propias comunidades por las posturas sobre los proyectos. Enfrentamientos que también son promovidos por las propias empresas. También se producen conflictos por la desigualdad económica que los proyectos están generando entre las comunidades que tienen proyectos en sus territorios y comunidades que no tienen.

En relación con los derechos territoriales tampoco se están garantizando. Los trabajadores de las empresas se mueven dentro de los territorios comunitarios en muchas ocasiones sin el permiso de las autoridades tradicionales, los recursos naturales no se consideran propiedad de las comunidades tal y como dicen los estándares internacionales y se negocia las servidumbres de paso y los alquileres de territorios con personas que no son las autoridades tradicionales de las comunidades, que son las únicas que pueden hablar sobre sus territorios.

En relación con los derechos de las mujeres Wayuu hay que llamar la atención sobre la mayor vulnerabilidad de las mujeres Wayuu frente a la presencia de las empresas en los territorios Wayuu. La presencia de trabajadores de las empresas (mayoritariamente hombres) aumentará la situación de violencia y abuso que sufren las mujeres Wayuu que ya es muy preocupante. Además, la desigualdad entre hombres y mujeres aumenta dentro de las comunidades.

Los derechos culturales también se están viendo afectados ya que las están promoviendo procesos de colonización en la Guajira y promueve la presencia de muchas personas no indígenas por el territorio. Además, no respetan el uso del idioma propio, no respetan a las autoridades espirituales y no están respetando las creencias sobre las relaciones culturales y espirituales con el viento.

En la parte ambiental, los impactos ya están siendo muy visibles con la construcción de vías de circulación adecuadas para el tráfico pesado de camiones que requieren los proyectos, con el ruido que producen las obras de construcción de los parques y el impacto paisajístico que genera, con las afectaciones y erosiones que se generan en el suelo, con la utilización de agua en una región desértica donde el agua es un bien muy escaso y con la perdida de fauna en la zona.

Por último, en relación con los derechos relacionados con el desarrollo los proyectos eólicos y solares van a impedir que las comunidades puedan promover sus propios procesos de desarrollo coherentes con su cultura. Se les impone un modelo de desarrollo con la presencia de las empresas en la zona. De manera muy especial, El turismo va a ser una de las actividades que se van a ver afectadas por todos los parques eólicos que se van a poner. Los primeros años por todos los procesos de construcción de los parques y las molestias que causaran todas las obras alrededor. Después por la presencia de los aerogeneradores que provocará un descenso del turismo porque mucha gente preferirá buscar otras zonas donde no haya aerogeneradores para ir de turismo[10].

10 FMW, *«Reflexiones de mujeres wayuu frente al cambio climático. Mujeres amigas del viento "Na'leewain joutaikai"»*, FMW, Oxfam Colombia. 2023. documento más completo sobre impactos de las empresas de energía sobre los derechos del pueblo Wayuu y más en concreto sobre los derechos de las mujeres Wayuu.

1.2. Consulta y participación desde los estándares internacionales

El derecho a la consulta previa, libre e informada es un derecho de los pueblos indígenas plenamente consolidado en los estándares internacionales de derechos humanos. Establecido por primera vez en el Convenio No 169 de la OIT (artículos 6.1, 6.2, 15.2, 22.3, 27.3 y 28), se ha consolidado definitivamente en la Declaración de la ONU sobre derechos de los pueblos indígenas (artículos 10, 11, 15, 17, 19, 28, 29, 30, 32, 36 y 38). La Corte Interamericana de Derechos Humanos también ha contribuido a dicha consolidación con diversas sentencias, de entre las que destaca la sentencia del caso *Sarayaku vs Ecuador.*

La consulta previa libre e informada es un proceso de diálogo y negociación que implica la buena fe de ambas partes y la finalidad de alcanzar un acuerdo mutuo. Según el Relator Especial de la ONU sobre Derechos de Pueblos Indígenas, James Anaya, es un proceso abierto «*donde los indígenas puedan opinar, influir en las decisiones y donde haya buena voluntad para buscar consensos*»[11].

La finalidad de los procesos de consulta no es otra que la de alcanzar acuerdos entre las partes. En caso de que estos acuerdos no se puedan alcanzar los gobiernos deben tomar la decisión final. En este sentido pueden decidir seguir adelante con sus decisiones, pero argumentando los motivos que le llevan a no tener en cuenta la posición de los pueblos indígenas. Existen diversas circunstancias en las que si no existe acuerdo el Estado no debe seguir adelante. Son las excepciones en las que el Estado debe lograr el consentimiento libre, previo e informador de las comunidades indígenas. Estas excepciones son tres: Traslado y reubicación de sus territorios. *art. 16.2, C 196 OIT y art.10, DPI);* El almacenamiento o vertido de desechos tóxicos en las tierras indígenas *(art.29.2, DPI);* Proyectos de desarrollo a realizarse total o parcialmente en los territorios indígenas cuando estos vayan a producir fuertes impactos sobre el territorio y la cultura o cuando los impactos puedan poner en riesgo la supervivencia física o cultural de las comunidades que van a ser afectadas. *(Sentencias Corte Interamericana Saramaka vs Surinam y Sarayaku vs Ecuador).*

Hasta la fecha las comunidades y organizaciones indígenas Wayuu son muy críticas con los procesos de consulta previa que se están dando en la Guajira. De hecho, y como veremos en el apartado siguiente, la protocolización de consultas previas por parte de las empresas y el Ministerio de Interior no garantiza la reducción de los conflictos con las comunidades y la acepta-

---

11 Anaya J. conferencia de WIN (Red Indígena Mundial), realizada del 26 al 29 de mayo en Darwin, Australia, 4 de junio 2013.

ción de los proyectos. Las propias autoridades indígenas han sido muy claras para afirmar graves problemas a los procesos consultivos que están llevando a cabo todas las empresas.

Entre los problemas más importantes que identifican las autoridades podemos destacar que en los procesos de realización de las consultas previas que implementan las empresas con la aprobación del Ministerio del interior no se realiza una identificación real de los impactos en derechos humanos y ambientales y los pocos impactos que se identifican no se cuentan bien a las comunidades; No se facilitan los estudios de impacto ambiental en wayuunaiki ni se les permite a las comunidades tener acceso a personas expertas que les puedan asesorar. Una estrategia habitual de las empresas ha sido «presionar» para que no busquen asesores externos con el argumento de que «esto es mejor que lo acordemos entre la empresa y la comunidad, las asesorías externas traen retrasos y complican todo»; Los acuerdos económicos pactados con las empresas carecen de sentido. Las cantidades que se ofrecen en los acuerdos son muy reducidas. Además, se les ponen condiciones para que esos acuerdos solo se puedan realizar a través de la propia empresa con proyectos productivos. Las empresas no ofrecen la información económica de los proyectos y siempre condicionan los apoyos a que no haya «paros»; Las obras anexas, como las carreteras de acceso de los proyectos, no cuentan con consulta previa. Este punto es de suma importancia ya que con la cantidad de proyectos estas obras anexas son muchas y van a provocar impactos irreparables en el futuro, dañando arroyos, generando inundaciones y cambios de los cauces de los ríos. Estas obras tampoco cuentan con licencia ambiental; Los acuerdos económicos alcanzados en el marco de las consultas previas, son cuando menos miserables, se hablan de cifras muy generales, no se muestran sus proyecciones ni reales ganancias y se hacen acuerdos en el marco de nuestra miseria[12].

A todas estas críticas sobre los procesos de consulta previa, libre e informada hay que añadir los problemas con los incumplimientos diversos con el derecho de participación. Y en esta cuestión es importante tener en cuenta que los pueblos indígenas, además de beneficiarse de los derechos de participación como parte de la población colombiana, tienen un derecho de participación específico que incluye la participación en la utilización, administración y conservación de los recursos naturales y la participación en los beneficios que se generen en los proyectos que se desarrollan en sus territorios[13].

12 Memorias de la reunión del 17 de diciembre del 2022 en Riohacha con las propuestas al PND de la comunidad Wayuu en lo que respecta a la transición energética justa (en el archivo personal del autor).

13 Convenio No 169 de la OIT. Artículo 15.

En relación con estos derechos de participación, las empresas no los están respetando ya que no están siendo transparentes con las comunidades con la información de los proyectos. Generalmente dan poca información y siempre en castellano y no suelen informar de la parte económica (inversiones, beneficios por parque...). Además, las comunidades, y mucho menos, las autoridades, no participan en la gestión social de los proyectos. Las empresas contratan a algunas personas Wayuu, pero eso no significa que haya participación comunitaria. Por otro lado, los proyectos energéticos que han llegado a la Guajira no están promoviendo modelos de negocio que incluyan la participación en beneficios de las comunidades.

A pesar de que La Guajira se considera el epicentro de la transición energética en Colombia, la llegada de los proyectos eólicos ha acentuado conflictos que ya existían en este territorio, en su mayoría de la comunidad étnica wayuu. Estudios realizados por INDEPAZ, así como denuncias elevadas ante Comisión Interamericana de Derechos Humanos (CIDH), han advertido que, en muchos casos, las empresas eólicas no están firmando los acuerdos o realizando las consultas previas con los wayuu dueños del territorio, sino con personas que viven allí, pero que no son los dueños de la tierra, lo que ha aumentado la conflictividad en la región. Incluso, en diciembre pasado, un documento firmado por 105 líderes wayuu de varias zonas de La Guajira y dirigido a la ministra de Minas, Irene Vélez, solicitaba repetir todas las consultas previas desarrolladas en ese territorio en el marco de la transición energética. Esto, con el fin de poder organizar el territorio y evitar que las eólicas trajeran más disputas[14].

La vulneración del derecho a la consulta previa, libre e informada y de la participación se ha convertido en uno de los principales motivos de la confrontación que viven muchas de las empresas que están intentando operar en la Guajira con las comunidades. Y por consiguiente de los obstáculos permanente, e incluso, de las paralizaciones de la construcción de diversos parques. La debida diligencia requiere que las empresas garanticen dichos derechos y que las empresas operen en un contexto de respeto de todos los estándares internacionales. En el caso colombiano las empresas tienen mayores facilidades que en otros países para garantizar dichos derechos ya que los procedimientos establecidos por el Ministerio de Interior para implementar la consulta previa otorgan a las empresas un papel protagónico (en contra, incluso, de los estándares internacionales). La realidad de los proyectos eólicos en la Guajira está demostrando que las empresas solo van a poder entrar en los territorios comunitarios con garantías para desarrollar sus proyectos cuando apliquen totalmente la debida diligencia en derechos humanos.

14 https://elpais.com/america-futura/2023-05-14/el-viento-de-la-transicion-energetica-lleva-disputas-a-la-guajira-colombiana.html.

2. Empresas europeas en el desarrollo de parques eólicos

Desde que el Gobierno Colombiano anunció su interés por desarrollar proyectos de energías renovables en la Guajira diversas empresas europeas han mostrado interés en desarrollar parte de esos proyectos. Como adelantábamos anteriormente en la actualidad las empresas europeas que tienen intereses en la Guajira son ENEL, ELECNOR, ACCIONA, EDPR, EDF y Mainstream Renewable Power de Irlanda.

El gran reto para todas estas empresas, como para el resto, se sitúa en la relación con las comunidades Wayuu teniendo que aplicar diversos marcos normativos que se derivan, no solo de la legislación colombiana, sino también de los países de origen de dichas empresas. Y en el caso de Europa es conocida la evolución que se está produciendo para desarrollar marcos normativos nacionales y regionales sobre debida diligencia en derechos humanos.

Hasta la fecha las empresas europeas no han tenido mucho éxito en su intento de desarrollar proyectos eólicos, a pesar, incluso, de que en el caso alguna de ellas, como ENEL, fueron de las primeras en entrar a los territorios comunitarios para desarrollar sus proyectos. No han cuidado las relaciones con las comunidades indígenas ni el marco internacional de sus derechos y han acabado teniendo dificultades importantes en algunos proyectos. De hecho, en que llevamos del 2023 ENEL renunció públicamente a seguir con la construcción de uno de sus proyectos y EDPR ha visto como dos de sus proyectos más importantes sufrían retrasos considerables. No han aplicado la debida diligencia en materia de derechos humanos y no han generado un proceso de diálogo y participación solido con las autoridades tradicionales. Resulta curioso analizar como en un marco de aplicación de la futura directiva europea de debida diligencia en derechos humanos y medio ambiente, que se encuentra en las últimas fases de su proceso de negociación interna, estás empresas podrían tener problemas serios por incumplir los estándares internacionales de derechos humanos de los pueblos indígenas y de empresas y derechos humanos.

De todas las empresas identificadas hay tres que son las que más complicaciones han tenido con las comunidades indígenas hasta la fecha. A continuación, analizamos cada una de ellas.

2.1. ENEL

ENEL tenía previsto construir 12 parques eólicos en La Guajira y el parque windpeshi era el primero de los parques que iba a instalar y que ENEL presentaba como el parque más avanzado de Colombia. En total tenía previsto instalar 775 aerogeneradores para un total de 1550 MW de energía[15].

En la actualidad ENEL tiene proyectados los siguientes parques en La Guajira:

- El parque Eólico Tumawind (Antes Kuisa) tenía proyectado entregar 200 MW de energía gracias a unos 45 aerogeneradores más o menos. Las comunidades afectadas por el parque certificadas por el Ministerio del Interior son Ipashirain, Jouwou, Jeyuulü, Kasisein, Kemiinee, Utapalí, Jasaainmoukuliriou, Kauttamana, Urutsú, Kaushalipa, Pishiinapú y Eruuma. Los acuerdos de la consulta previa se encuentran protocolizados desde 2016 y tenía que haber entrado en operación a finales de febrero de 2023.
- El parque Eólico Windpeshi, era el proyecto más avanzado en construcción de la empresa ENEL. Tenía una capacidad de 200MW con un total de 45 aerogeneradores. Las comunidades afectadas por el parque eran Utkap, Paliiyawain, Kalinchon, Jaika Kalinchon, Patajatamana, Matajuna, Romana, Wimpeshi, Kamuschipa, Flor de la Frontera, Mashuamana y Yotojoroin. Todas las consultas previas fueron protocolizadas en 2017 y tenía licencia de la ANLA desde 2017.
- El parque Eólico Urraichi-Chemeski tenía una previsión de energía de 112 MW para un total de 25 aerogeneradores que debería estar operativo a finales de febrero de 2023. En agosto de 2022 se modificó el proyecto para pasar a tener 360 MW y 88 aerogeneradores. Los procesos de identificación de las comunidades indígenas y de consulta previa no han iniciado todavía.
- El parque Eólico Castilletes, se proyecta como un parque eólico con capacidad de 100 MW y con un promedio de 23 aerogeneradores. Según el Ministerio del Interior las comunidades afectadas por el parque son Castilletes, Macaraipao, Wososopo, Puerto Libre, Cuatro Bocas y Juluoson. Los procesos de consulta previa no se han realizado.
- Por último, el parque Eólico Florguajira se planeó para tener una capacidad de 100 MW y 23 aerogeneradores. Las comunidades certificadas son Orolu, Itallibou, Jotomana-Juyannali, y Jepiajain, de Uribia[16].

ENEL es una de las empresas que más conflictividad está viviendo con comunidades Wayuu como consecuencia de intentar desarrollar los proyectos sin respetar los derechos de las comunidades. ENEL ha sido acusada de

15 González C., «El viento del este llega con revoluciones», INDEPAZ, 2018, disponible en https://indepaz.org.co/wp-content/uploads/2018/10/EL-VIENTO-DEL-ESTE-LLEGA-CON-REVOLUCIONES.pdf.

16 Barney J, *Por el mar y la tierra guajiros, vuela el viento Wayuu*, julio 2023, disponible en https://indepaz.org.co/por-el-mar-y-la-tierra-guajiros-vuela-el-viento-wayuu/.

negociar con las comunidades con mala fe, ocultando información relevante para los acuerdos de la consulta previa, como los beneficios que obtendría en cada proyecto, tratando de engañar a los dirigentes de las comunidades o imponiendo el castellano como lengua de negociación cuando las comunidades hablan su idioma propio. También se les ha acusado de hostigar a las comunidades para forzar su desalojo, e incluso la utilización de la violencia y armas de fuego para intimidar a las familias de las comunidades. Además, se ha denunciado que las medidas de compensación que han aceptado las empresas son insuficientes para todas las familias de las comunidades afectadas. Esta actitud de las empresas ha generado la oposición de las comunidades a su presencia en su territorio[17].

Los conflictos más llamativos se han producido alrededor del desarrollo del parque Windpeshi. Se ha acusado a ENEL de haber provocado un conflicto violento entre personas de una misma familia en una de las comunidades del área de influencia que entre el año 2019 y 2022 han ocasionado diversas agresiones entre los dos bandos de la misma familia. En 2019 se produjo una pelea a machetazos entre una parte de la familia que estaba a favor de los parques y otra parte que estaba en contra. Y en 2022 parte de la familia que estaba en contra de los proyectos fueron disparados y amenazados para que abandonarán su territorio ancestral donde se iban a ubicar los aerogeneradores. Como consecuencia de esta violencia parte de la familia ha tenido que abandonar la comunidad y desplazarse a un lugar más seguro[18].

La conflictividad asociada al proyecto ha provocado paralización de las obras durante mucho tiempo y retrasos considerables en la construcción. Todo ello provocó que en mayo de 2023 la empresa anunció la decisión de la Junta Directiva de la empresa de suspender de manera definitiva la construcción del parque Windpeshi. Problemas con las comunidades Wayuu provocaron, bloqueos, paralizaciones y retrasos muy costosos de la construcción del parque y dificultaban mucho la viabilidad futura del mismo[19].

2.2. EDPR y Vientos del norte

EDP Renováveis (EDPR) es una compañía del Grupo Energías de Portugal que opera en el campo de las energías renovables en distintos países del

17 https://www.infobae.com/noticias/2023/03/31/despojo-en-la-guajira-el-proyecto-eolico-que-amenaza-al-pueblo-indigena-wayuu/.

18 https://piedepagina.mx/transicion-ecologica-y-despojo-en-la-guajira-colombiana-el-megaproyecto-eolico-que-amenaza-a-las-comunidades-wayuu/.

19 https://elpais.com/america-colombia/2023-05-25/enel-suspende-indefinidamente-la-construccion-del-parque-eolico-windpeshi-en-la-guajira.html#:~:text=La%20compa%C3%B1%C3%ADa%20de%20energ%C3%ADa%20Enel,hasta%20205%20megavatios%20de%20energ%C3%ADa.

mundo. EDPR presenta a EDP como su principal accionista. En Colombia presenta un entramado de empresas que operan en La Guajira diferentes parques eólicos. A continuación, se detallan estas empresas y los parques eólicos que desarrollan cada una en La Guajira:

- Eolos Energía S.A.S. E.S.P. — Parque Eólico Beta.
- Vientos del Norte S.A.S. E.S.P. — Parque Eólico Alpha.
- Empresa Kappa S.A.S. — Parque Eólico Kappa.
- Elipse Energía S.A.S. E.S.P. — Parque Eólico Elipse.
- Omega Energía S.A.S. E.S.P. — Parque Eólico Omega.

A continuación, se describen los parques:

- El parque Eólico Elipse, tendrá una capacidad de generación de 200 MW y estará en jurisdicción de Maicao, en cercanías del Cerro de la Teta. En 2022 Corpoguajira otorgo a la empresa el permiso para instalar una antena de medición eólica en la comunidad de Youruna, municipio de Maicao.
- El parque Eólico Beta tiene licencia ambiental de la ANLA desde agosto de 2019 Tendrá una capacidad instalada de entre 250 y 300 MW y estará ubicado entre los municipios de Uribia y Maicao. Las consultas previas se protocolizaron en 2018 con las comunidades Cacherin, Curalirrain, Kijotchon, Majayut, Sukulowou, Mapuachon y Tewou.
- El parque Eólico Alpha tiene licencia ambiental de la ANLA desde diciembre de 2018. Según la licencia contará con una capacidad instalada de 234 MW, generada por medio de 65 aerogeneradores.
- El parque Eólico Kappa generará 500 MW y se ubica en Uribia. La empresa Kappa comenzó a hacer consultas previas, según los datos abiertos del Ministerio del Interior, en mayo de 2020 con las comunidades Flor del Paraíso, Marrantial, Haimana, Ipunamana, Uruitpana, Tres bocas, Palanapuluop, Trancamana, Jetsa, Jimana, Uretchi y Kaspaichi. Sin embargo, los territorios que se contemplan para ese parque están situados en la frontera con Venezuela en los corregimientos de Windpeshi, Jojoncito y Taparaijin.
- El parque Eólico Omega tendrá una capacidad instalada de 300 MW a través de 85 aerogeneradores.

Lamentablemente las acciones de EDPR en la Guajira no están exentas de conflictos con las comunidades. Al igual que en el caso anterior, EDPR ha sido acusada de negociar con las comunidades con mala fe, ocultando información relevante para los acuerdos de la consulta previa, como los beneficios que obtendría en cada proyecto, tratando de engañar a los dirigentes de las comunidades o imponiendo el castellano como lengua de negociación cuando las comunidades hablan su idioma propio. También se les ha acusado de hostigar a las comunidades para forzar su desalojo, e incluso la utilización de la violencia y armas de fuego para intimidar a las familias de las comunidades. Además, se ha denunciado que las medidas de compensación que han aceptado las empresas son insuficientes para todas las familias de las comunidades afectadas. Esta actitud de las empresas ha generado la oposición de las comunidades a su presencia en su territorio[20].

Los principales conflictos se han presentado alrededor de los proyectos Alpha y Beta. En este último proyecto las autoridades de una de las comunidades de su área de influencia han denunciado la intromisión de la compañía y la generación de un conflicto interno. Cuando la autoridad tradicional de la comunidad Jawou, que también engloba a la comunidad Tewou, rechazo la instalación del proyecto en su territorio la empresa negocio directamente con parte de la comunidad y protocolizo consultas previas en 2018 sin la participación y el consentimiento de la autoridad tradicional. Además, la empresa logro que el municipio de Uribia con posterioridad a dicha protocolización reconociera como autoridad a quien había negociado directamente con ellos[21].

El resto de las comunidades en el área de influencia del proyecto Beta tampoco están satisfechas con las negociaciones realizadas y desde que la empresa ingreso al territorio Wayuu se han producido diversos paros de las comunidades para protestar contra la empresa. El último paro se produjo en agosto de 2022 para protestar por las afectaciones que producía la ampliación de la carretera de acceso, la falta de consulta previa de dicha ampliación y la exclusión de varias comunidades de los procesos de consulta previa y compensación[22].

Por otro lado, las comunidades de los proyectos Alpha y Beta han denunciado los cambios unilaterales producidos por la empresa en los acuerdos de compensación que se hicieron antes de que se aplicasen nuevas tecnologías y se redujese el número de aerogeneradores. También han denunciado que los acuerdos de compensación están siempre condicionados al desarrollo de proyectos productivos que tiene que aprobar la empresa[23].

En febrero de 2023 la empresa hizo público que los proyectos Alpha y Beta, con una capacidad de 492 MW se encuentran con diversos problemas económicos y sociales que ponen en cuestionamiento su viabilidad. Entre los problemas económicos se encuentran los cambios en los precios de diver-

20 https://www.infobae.com/noticias/2023/03/31/despojo-en-la-guajira-el-proyecto-eolico-que-amenaza-al-pueblo-indigena-wayuu/.

21 Barney J, *Por el mar y..., op. cit.*

22 *Ibid.*

23 *Ibid.*

sas materias primas que impide mantener los costes del contrato que tiene EDPR con el Gobierno. Y los problemas sociales se deben principalmente a las malas relaciones con las comunidades Wayuu y a que el trámite de la consulta previa para la línea de transmisión desde los parques hacia la subestación Cuestecitas fue archivado por la Autoridad Nacional de Licencias Ambientales (ANLA) en noviembre del 2022 debido a que la información presentada por la compañía para solicitar la licencia tenía vacíos y debilidades que impedían su aprobación. Este archivo del trámite de la Consulta previa obliga a la empresa a iniciar todo el proceso nuevamente y retrasar la entrada en operación de los parques hasta diciembre de 2024[24].

2.3. ENERFIN (ELECNOR)

La empresa Enerfín/Elecnor es socia de Isagén en la construcción de sus parques Guajira 1 y Wesp 01, pero, igualmente, los desarrolla mediante varias empresas de las que es controladora matriz.

Las cinco empresas son:

- Guajira Eólica II, responsable del Parque Eólico Rutkain, conocido, antes, como Dividivi.
- Eólica La Vela, responsable del Parque Eólico Trupillo.
- Eólica Musichi, responsable del Parque Eólico Musichi.
- Guajira Eólica I, responsable de la construcción del Parque Eólico El Ahumado.
- Eólica Alta Guajira, responsable del Parque Eólico Brisas del Caribe.

A continuación, se describen los parques:

- El parque Eólico Rutkain de momento solo tiene concedida la instalación de una antena de medición en el área de la comunidad de Moisorinama, del corregimiento de Bahía Portete.
- El parque Eólico Trupillo, ubicado en el municipio de Uribia, tiene planeada la instalación de 27 aerogeneradores para un total aproximado de generación de energía de 100 MW, en un polígono de unas 3.400 hectáreas. Este parque no tiene, aún, un punto de conexión asignado; por eso, su entrada en funcionamiento dependería del atraso de algún otro parque con conexión a La Colectora.
- El parque Eólico Musichi de momento tiene permiso para la instalación de su torre de medición, ubicada en la comunidad de Isalamana. El Ministerio del Interior ha certificado a las siguientes comunidades:

24 https://www.portafolio.co/economia/finanzas/energia-eolica-dos-proyectos-a-entregar-se-encuentran-en-lios-578952.

Guarralakatshi, Catchirramana, Watchuwamana, Casutaren, Jirramasain, Casishon, Walitkale, Hereirapu, Caletamana, Caño Seco, Mauren, Maulen, Merayon, Isalamana, Ishishoikat, Sigmana, Campin, Casischon, Tulundo, Porkis, Kapuan, Runcan, Wachumana.

- El parque Eólico El Ahumado tiene licencia de Corpoguajira desde 2020 para una capacidad de 50 MW, con 16 aerogeneradores. El proyecto se encuentra en un territorio híbrido: allí hay comunidades étnicas, un terreno sobre fincas privadas y un espacio cercano a la llamada línea negra de los pueblos indígenas de la Sierra Nevada de Santa Marta (SNSM). Se hizo consulta previa con estos tres grupos poblacionales durante 2017, 2018 y 2019.
- El parque Eólico Brisas del Caribe es la apuesta más grande de la empresa Enerfín en la Guajira con una previsión de 600 MW.

Además de estos parques la empresa ELECNOR ha construido para ISAGEN el parque eólico Guajira I en el corregimiento del Cabo de la Vela, entre el desierto y el mar Caribe que fue inaugurado en enero de 2022. En total se instalaron 10 aerogeneradores para una capacidad de 20 MW en un área de 5,5 hectáreas[25].

ENERFIN/ELERNOR no está exenta de conflictividad que se centran principalmente alrededor de los parques El Ahumando, El Trupillo y Brisas del Caribe. En estos parques las comunidades han denunciado los impactos que van a provocar en la migración del flamenco rosado y la pérdida del turismo especializado en aves; han denunciado que no se las tuvo en cuanto para tomar la decisión de instalación de los parques; han denunciado que la empresa ha atraído grupos de población para que se instalen en los territorios y generen conflictos con las comunidades ancestrales, llegando incluso a certificar comunidades que no están en el territorio y que no tienen derechos; y han denunciado irregularidades importantes en los procesos de protocolización de las consultas previas como por ejemplo la falta de acceso a la información sobre los proyectos y a los estudios de impactos ambientales, la imposición de acuerdos injustos, la imposibilidad de dialogar y llegar a acuerdos de consenso, el rechazo de impactos importantes sobre derechos culturales y espirituales, la imposición de acciones de remediación en muchos casos totalmente insuficientes con los impactos que se van a provocar y la imposición de tiempos y fechas de acceso a los territorios[26].

Por último, es importante también tener en cuenta diversos conflictos provocados por ENERFIN en la construcción del parque Guajira I para ISAGEN. Tanto el parque como la empresa han tenido y siguen teniendo diversas acusaciones de vulneraciones de derechos de las comunidades. En cualquier

25 https://www.elcolombiano.com/inicio/ya-funciona-guajira-1-el-parque-eolico-mas-grande-de-colombia-OD16407382.

26 Barney J, *Por el mar y..., op. cit.*

caso, vamos a centrarnos en aquellas vulneraciones asociadas a la actividad desarrollada por ENERFIN. Durante la fase de construcción ENERFIN tuvo que hacer frente al descontento generalizado de las comunidades que llegaron a provocar hasta 37 paros para que se cumplieran los acuerdos de compensación, se redujeran los impactos en el proceso de construcción y se reconociera que estaban utilizando el territorio tradicional. También hubo problemas por los impactos provocados y no resueltos a diversos lugares importantes para las comunidades como es el caso de algún cementerio de clanes de la zona y el destrozo de un comedero de chivos[27].

3. Conclusiones

A partir de la exposición que se ha realizado en los apartados anteriores se puede afirmar que las empresas que están desarrollando proyectos de energías renovables en La Guajira tiene un déficit importante en relación con la debida diligencia en materia de derechos humanos. No están aplicando los estándares internacionales de derechos de los pueblos indígenas con relación a sus derechos de autogobierno, derechos territoriales, derechos culturales, derechos ambientales y derechos de las mujeres. Y muy particularmente están aplicando estándares de consulta previa, libre e informada muy alejados de los estándares establecidos en el ámbito internacional. Esta situación está generando constantes conflictos y enfrentamientos con las comunidades que afectan a los procesos de construcción de los parques con retrasos en la construcción debido a bloqueos y cierres en las vías de acceso y rechazo por parte de las comunidades de los proyectos con todo tipo de recursos administrativos y judiciales en contra de los proyectos.

Esta situación resulta más grave si tenemos en cuenta que las comunidades Wayuu que se encuentran en las áreas de afectación de los proyectos tienen conocimientos de sus derechos, así como de los mecanismos nacionales e internacionales existente para protegerlos, están bien organizadas y tiene buenos equipos de asesores y abogados. De esta manera están consiguiendo paralizar proyectos, que no se otorguen licencias para otros proyectos y bloquear la construcción de aquellos que lo han intentado. La realidad a día de hoy es que hay muy pocos proyectos construidos y el retraso es muy importante.

Resulta interesante analizar que si la directiva europea sobre debida diligencia en derechos humanos y medio ambiente estuviese en vigor las prácticas de las empresas que se han analizad debería ser totalmente diferentes a como han sido. Aun siendo conscientes de que no estaban respetando los estándares internacionales de los derechos de los pueblos indígenas.

27 Barney J, *Por el mar y..., op. cit.*

Tendrían que haber realizado un análisis de riesgos desde el punto de vista de los derechos humanos, estudios participativos de impactos en derechos humanos, planes de mitigación y remediación para los impactos negativos y planes de monitoreo y comunicación posterior. Nada de esto se ha realizado hasta el momento.

Otra reflexión interesante que nos deja la situación en la Guajira es que en la actualidad no respetar los derechos de los pueblos indígenas o los estándares internacionales de debida diligencia acaba resultando muy costoso desde el punto de vista económico e, incluso, también reputacional. Los casos de ENEL y EPDR demuestran que arrastrar conflictos con las comunidades indígenas genera mucho retraso en los proyectos y aumenta los costes económicos, hasta el punto de renunciar a una inversión ya iniciada y paralizar la construcción de uno de los parques. Las empresas deben analizar en profundidad los riesgos que les va a suponer desarrollar sus proyectos sin respetar estos marcos jurídicos.

La situación en la Guajira se encuentra en permanente ebullición. Hay demasiados intereses económicos depositados en esta región como para pensar que las tensiones van a disminuir y que los derechos de las comunidades se van a respetar. En cualquier caso, la evolución de los marcos normativos desarrollando el concepto de la debida diligencia en derechos humanos genera retos y oportunidades para las empresas. Retos porque en muy poco tiempo no van a poder desarrollar sus proyectos sin aplicar la debida diligencia y van a existir nuevas posibilidades de proteger los derechos aplicando el principio de la extraterritorialidad y denunciando a las empresas en sus países de origen. Y oportunidades porque si las empresas entienden el carácter preventivo de la debida diligencia van a poder enfocar sus relaciones con las comunidades indígenas desde un enfoque de respeto de sus derechos humanos, pero en el contexto de desarrollar sus proyectos.

En relación a la situación actual que persiste en la Guajira y después de analizar los casos de las empresas europeas se pueden plantear algunas recomendaciones finales:

Las empresas deberían modificar sus formas de relacionamiento con las comunidades indígenas en la Guajira, aplicando debida diligencia en derechos humanos en todos aquellos casos en los que los procesos de consulta previa han generado más conflictos o en aquellos casos que han generado divisiones internas en las comunidades.

En relación con la debida diligencia y las compensaciones económicas, las empresas deben modificar sus estrategias de remediación de impactos. Las compensaciones económicas deben ser ajustadas a la remediación de los impactos que han provocado, deben contar con la aprobación de las comunidades y no deben estar condicionadas de ninguna manera por la empresa. No puede supeditarse las compensaciones económicas a que las comunidades desarrollen proyectos productivos con las empresas.

Las empresas deberían generar un diálogo genuino con las autoridades tradicionales de las comunidades donde quieren operar para generar un nuevo proceso de confianza y garantizar el derecho de participación de las comunidades indígenas. Muy especialmente el derecho a la participación en beneficios.

Las empresas deben asumir que los recursos naturales son parte de los territorios indígenas y por consiguiente son propiedad de los pueblos indígenas. En ese sentido deben promover nuevas alianzas con las comunidades que conlleven espacios de participación en los beneficios y dentro de las empresas para las comunidades indígenas.